La Búsqueda de la Verdad

Contestando las Preguntas Ineludibles de la Vida

F. LEROY FORLINES

Publicado por Casa Randall de Publicaciones
114 Bush Road
Nashville, TN 37217

Traducido por Ronald Callaway y Alejandro Johnson

Imprimido en Los Estados Unidos de América

ISBN 13:9781614841845

Prefacio

Me ha sido un privilegio durante cuarenta años, enseñar teología sistemática al nivel universitario. He usado como libro de texto mi libro *Systematics*, que fue publicado en 1975, y fue traducido al castellano con el título *Teología Cristiana Sistemática*. Esta traducción se ha utilizado para ministrar a aquellas personas hispano-hablantes en los Estados Unidos, España, México, Uruguay, Panamá y Cuba.

Algunos años atrás, la editorial Casa Randall y yo decidimos que yo debería revisar la edición de 1975. Por aquel entonces, la Casa Randall había puesto el libro en unos diskettes para uso en una computadora. Esto ha servido de gran ayuda para hacer posible esta revisión.

En 1995, el reverendo Eugene Waddell y otros representantes del Departamento de la Misión Internacional de los Bautistas Libres viajaron a Rusia y a Ucrania para conocer a algunos líderes bautistas rusos. Se tomó la decisión a traducir *Systematics* al ruso. También se decidió que mi esposa, Fay, y yo fuéramos a Ucrania y a Rusia en 1996, donde yo daría unas conferencias sobre la teología arminiana.

Durante ese viaje, di conferencias sobre la teología arminiana en algunos institutos bíblicos bautistas y unos seminarios bautistas en Kiev, Odesa y Moscú, y en varias iglesias en otras ciudades rusas. Antes de viajar a la antigua Unión Soviética, reorganicé y amplié el capítulo sobre la perseverancia para que fuera traducido al ruso. Estando en Rusia, revisé este capítulo aún más y se convirtió en el capítulo sobre la perseverancia. Esta versión revisada fue publicada por la *Editorial Bible for Everyone Publishing House*, en San Petersburgo, Rusia.

En la preparación para esta obra, empleé los discos provistos para la traducción rusa. Las revisiones y expansiones son de tal naturaleza que este libro es nuevo en comparación con *Teología Cristiana Sistemática*. Los capítulos 2, 15, 16, 17 y 18 son totalmente nuevos.

La Audiencia

La audiencia directa de este libro se encuentra en los estudiantes universitarios, seminaristas, pastores y laicos que quieren meditar y pensar en la cosmovisión cristiana.

Mi intención ha sido escribir el libro de tal modo que se pueda entender por una audiencia general. Es mi deseo tratar significativamente con la sustancia, pero al mismo tiempo exponerlo tan claro como sea posible para que se pueda captar bien.

Justo antes de los dieciocho años (1944), fui salvado. Aunque había asistido fielmente a los servicios y a la escuela dominical de la iglesia durante diez años, me di cuenta de que no sabía cómo podía ser salvo. El reverendo R. N. Hinnant fue el pastor especial invitado durante aquel año. Habló con gran claridad. Hizo muy claro que la única manera en la que cualquier persona podría ser salvo era por medio de la fe en Jesucristo. También recalcó que la fe en Cristo es la única condición para la salvación. Entregué mi corazón a Cristo. El siguiente domingo, por la tarde, me bauticé. Aquella noche fui hecho miembro de la Iglesia Bautista Libre de Winterville, Carolina del Norte. Dos años más tarde, después de un periodo en el que el Espíritu Santo me hizo saber que sin duda Él quería que yo predicara Su Palabra, contesté positivamente a Su llamado. En enero de 1948 recibí información del Free Will Baptist Bible College y me matriculé como estudiante allí en septiembre de 1948 para prepararme para el ministerio.

El hecho de que yo había asistido a los servicios de mi iglesia durante diez años sin haber oído claramente cómo ser salvo me dejó una impresión profunda. Como resultado de esa experiencia, siempre he tenido un deseo de exponer todo tan claro como posible. Me comprometí a que haría lo mejor que pudiera para comunicar la verdad de tal manera que se pudiera entender bien. Al mismo tiempo he sido motivado por la convicción de que las personas necesitan tener una comprensión significativa de la sustancia de la verdad. Los laicos deben tener un entendimiento de la esencia de su fe.

Para poder cumplir con mi compromiso a exponer todo lo más claro posible, prefiero palabras sencillas a las complejas. No obstante, he tratado de no esquivar los términos teológicos importantes. Mi meta ha sido asegurarme de que el significado de estos términos sea claro para el lector que quizás no tenga familiaridad con ellos. En particular me interesa que usemos popularmente esos términos teológicos que también son bíblicos, palabras como *justificación, regeneración, santificación*, etcétera. Si la gente no conoce los términos, deben ser empleados de tal manera que les lleguen a ser familiares.

Para que la lectura de este libro sea más fácil para las personas que no tengan un trasfondo en el tema, a veces he escrito de nuevo lo que ya se ha dicho previamente en el libro en vez de referir al lector al tratamiento anterior. Ocasionalmente esto ocurrirá en el mismo capítulo. Otra razón para repetir lo que he dicho en algún capítulo anterior es que sé que muchas personas sólo seleccionarán un capítulo en particular para leer. Tanto como me haya sido posible, he querido que lo que diga en estos capítulos sea comprensible para las personas que no han leído los capítulos previos. Cuando creo que le será provechoso al lector para un mejor entendimiento en un capítulo, le remito a lo que se ha escrito en otro capítulo o lugar.

Se notará que empleo liberalmente citas largas. Hay varias razones. En primer lugar, pienso que las citas largas ayudarán a los que no conocen bien las obras teológicas. También, cuando haga crítica de algún escrito, me gusta exponer bastante material de esta persona para que el lector pueda juzgar por sí mismo si ha comprendido debidamente el pensamiento de otro. Así el lector puede sacar su propia conclusión de si son justificados mis críticas de lo que la persona ha dicho, si he citado un escritor que sostiene mi posición o si realmente apoya mi punto de vista. También hay veces cuando dependo de la pericia de la otra persona en un área en la que no soy bien cualificado. Estoy utilizando sus escritos como una autoridad para sostener lo que estoy diciendo. En tales casos la cita larga capacitará al lector para decidir si el otro escritor está diciendo lo que creo que dice. Sobre este tema, me parecen apropiadas aquí las palabras de Jacques Barzun y Henry F. Graff. Ellos escriben:

> Citar a otros escritores y los lugares donde se encuentran sus palabras, es ahora una práctica tan común que es perdonable ver el hábito como natural, sin decir instintivo. Desde luego, no lo es, pero es un acto muy sofisticado, singular a una civilización que emplea libros, cree en la evidencia y se caracteriza por asignar crédito o culpa de una manera detallada y verificable.[1]

Para aquellos que no tienen un trasfondo en la lectura de teología, me gustaría ofrecer este pequeño consejo. Si no entiende todo lo que lee, continúe leyendo mientras que cree que está ganando un conocimiento que vale la pena de lo que lee. Esto funciona también para todos los libros que uno lee. Hago uso de este principio para guiarme en mi lectura.

El Cambio del Paradigma del Modernismo al Postmodernismo

En el "Prólogo" de la primera edición, dije: "La verdad no cambia, pero la escena a la cual la verdad se dirige, y la que tiene el ingrediente común del pecado y la necesidad de redimirse, ésta, sí cambia." Estoy aún más convencido de la verdad de esa afirmación que cuando lo escribí hace 25 años. Continué a decir: "Mientras presento una verdad eterna, he intentado siempre darme cuenta de la escena actual y dirigirme a ella. He estado más preocupado con la escena actual [de los años 70], tan influenciada como está por el secularismo, que por los conflictos y las controversias del mundo teológico, aunque tampoco he desatendido la escena teológica." Creo que es una aseveración que sigue igual para esta obra actual.

Reflexionando ahora, sé que la primera edición fue escrita cuando la cultura secular estaba en medio de un cambio de paradigma. En esta edición actual, señalo que la cultura americana de 1960–1990 estaba sufriendo algunos cambios drásticos. Pero no tenía ninguna idea que estábamos en medio de una transición de un cambio de paradigma principal en la cultura secular.

La edición de 1975 iba básicamente dirigida al paradigma secular modernista. Sin embargo, presté atención a lo que Francis Schaeffer llamó el *piso alto* irracional, que ahora reconozco que fue una parte de la historia del postmodernismo. Así, pues, aunque en los índices de sus obras completas, la palabra *postmodernismo* no aparece, la lectura de ellas es esencial para la persona que quiere poseer un conocimiento real del postmodernismo.

Un Enfoque de la Personalidad Total al Pensamiento y a la Vida

Cuando escribí *Teología Cristiana Sistemática* (1975), mi interés fue que mi tratado de la teología hablara a las preocupaciones de la vida. Este interés mío ha crecido durante los años. En ningún momento de mi experiencia como estudiante o maestro, he tenido problema alguno en cuanto a mi compromiso y confianza a la verdad del cristianismo ortodoxo y conservador. Pero he experimentado algunas luchas profundas en juntar la Verdad y la vida. Las cosas no siempre me han sido tan simples en la aplicación de la Verdad a la vida como parecería que otras personas decían que lo era para ellas. Mis padres instruyeron en mí un énfasis fuerte en cuanto a la integridad, de tal modo que nunca he podido decir honestamente que "todo está bien," cuando no lo es. Pero sabía que era el diseño de la Verdad librar a las personas. Esto lo reconocía como verdadero porque Jesús lo dijo en Juan 8:32. Aquí no hay tiempo para revivir la historia de mis luchas para llegar a la confianza que ahora sostengo en el hecho de que la Verdad nos libra (Juan 8:32). He aprendido a llevar mis dolores a la Biblia y a llevar la Biblia a mis heridas.

También debería mencionar un factor muy significativo en mi interés que tengo en la relación entre la Verdad y la vida. Cuando escribí el primer libro, era Decano de Estudiantes en Free Will Baptist Bible College. Algunos años antes de esto, era Decano de los Hombres. Sentía que era mi obligación ayudar a aquellos que venían buscando respuestas para sus problemas. Rehusé creer que no había respuestas. Tenían que existir respuestas que ayudarían a las personas que vivían en un mundo lleno de una realidad severa. Mis propias luchas y mi trabajo con otros tratando con las realidades severas de la vida fueron un factor muy significativo en el desarrollo de mi enfoque a la teología.

Cuando escribí la edición de 1975, ya había desarrollado un interés firme en el enfoque de la personalidad total a la apologética y al estudio de la Biblia y de la teología. Esta preocupación sigue actual y es mucho más visible en este libro que en la primera edición. Mirando atrás creo que este enfoque de la personalidad total me iba preparando para ministrar y enfrentarme a la cultura postmodernista una vez que pude reconocerla por lo que era.

El concepto del diseño de Dios en la creación del hombre y del diseño de Dios en la redención ya formaron una parte significativa de mi pensamiento en cuanto al entendimiento de las necesidades humanas y en cuanto a cómo Dios las satisface. Ahora mi convicción de la importancia de reconocer este diseño divino es aún más fuerte y recibe un mayor énfasis en este libro.

Uno de los productos del diseño divino es lo que llamo *las preguntas ineludibles de la vida*. Cada ser humano, en su desarrollo hacia la madurez, se enfrenta con tales preguntas como: ¿Hay un Dios? Si hay, ¿cómo es? ¿Cómo conozco la diferencia entre el bien y el mal? ¿Cómo puedo disfrutar de una vida significativa? En la primera edición se demuestra la presencia de estas *preguntas ineludibles de la vida*. Forman la preocupación que impulsa esta obra.

Se ve este interés en el enfoque de *la personalidad total* en la siguiente cita de la edición de 1975 en cuanto al criterio para probar un sistema de pensamiento que asevera proponer una explicación para la totalidad de la realidad:

> En cuanto a las pruebas racionales, un sistema que propone explicar el total de la realidad debe mostrarse satisfactorio para nuestra personalidad entera, como seres que piensan, sienten y actúan. La lógica no puede divorciarse de la vida y hacerse juez preciso de un sistema. Creo que las pruebas siguientes son un paso en la dirección correcta para establecer el criterio que protegerá el interés de la personalidad entera: [1] ¿Hay consistencia interna?, es decir, ¿está la estructura lógicamente relacionada con la fundación? ¿Van juntas todas las partes armoniosamente?, [2] ¿Hay suficiencia interna?, o sea, ¿son adecuadas las causas para producir los efectos que se atribuyen a éllas [sic]?, [3] ¿Se conforma a lo que es innegablemente verdadero? y [4] ¿Contesta a las preguntas ineludibles de la vida? A pesar de que un sistema pueda aprobar muy bien las tres primeras

> preguntas, si no puede aprobar la cuarta, no es un sistema adecuado y debe ser rechazado (*Teología Cristiana Sistemática*, p. 9).

En este libro, el pasaje se lee así:

> Un sistema que propone explicar la totalidad de la realidad (o de una cosmovisión) debe probarse satisfactorio a nuestra *personalidad total* como seres que piensan, sienten y actúan. La lógica no puede divorciarse de la vida y hacerse un juez adecuado de un sistema. Creo que las pruebas siguientes forman un paso en la dirección correcta para establecer el criterio que protegerá el interés de la *personalidad total*: (1) ¿Contesta *las preguntas ineludibles de la vida*? (2) ¿Hay una consistencia interna?, es decir, ¿es la estructura relacionada lógicamente a la fundación? ¿Encajan armoniosamente todas las partes? (3) ¿Son adecuadas las causas?, o sea, ¿son adecuadas para producir los efectos que se atribuyen a ellas? (4) ¿Se conforma a lo que es innegablemente verdadero?
>
> Si una cosmovisión no contesta *las preguntas ineludibles de la vida*, no merece nuestra consideración. (*Búsqueda de la Verdad*, p. 18)

El único cambio de palabras entre los dos párrafos es de "¿Hay consistencia interna?" a "¿Son adecuadas las causas?" No representa un cambio en sustancia. Pienso que decir "causas adecuadas" es una mejor manera para expresar lo que quería decir. El cambio principal de la edición del 1975 en hacer que "¿Contesta las preguntas ineludible de la vida?" sea la primera prueba.

En el 1975 se había retado al modernismo, pero todavía seguía en su trono. Con el énfasis dado a la razón en el modernismo, encajaba comenzar con: "¿Hay consistencia interna?, es decir, ¿está la estructura lógicamente relacionada con la fundación? ¿Van juntas todas las partes armoniosamente?" Esta fue la prueba racional de la coherencia.

No conocía a nadie que había formulado una pregunta que demandaría francamente que una cosmovisión verdadera sea relacionada eficazmente con la vida; lo expuse como, "¿Contesta las preguntas ineludibles de la vida?" Sentí que era necesario exigir esta prueba por dos razones: Primero, la búsqueda de la Verdad era motivada por las demandas de mi propia naturaleza interior. Sabía que si estas preguntas fueron para mí de mucho interés, tenían que serlo para otros. Mientras creía en la singularidad de la experiencia de cada persona, también estaba convencido de la experiencia común de las personas.

El segundo factor, y muy importante, fue lo que reconocí como la fuerza que impulsaba el movimiento "hippie," el descontento estudiantil de los años 60 y el comienzo y la extensión de la cultura de la droga. Según mi percepción, el problema real detrás de esos movimientos fue que habían reconocido que la razón y la ciencia no habían podido ministrar las necesidades profundas e interiores de la naturaleza humana. Para usar mi terminología: "El naturalismo no ha podido contestar *las preguntas ineludibles de la vida*." La ciencia había hecho maravillas en el área de la tecnología, pero dejó a la gente vacía en cuanto a lo que tenía que ver con sus necesidades más profundas e interiores. Muy dentro de cada corazón humano hay la necesidad para el propósito y el significado para la vida. Mi convicción iba afianzándose que si una cosmovisión no contesta *las preguntas ineludibles de la vida*, no merece ninguna consideración.

En la preparación de este libro, se me hizo aparente que la primera pregunta a la que cada sistema debe someterse es: ¿Contesta *las preguntas ineludibles de la vida*? Si puede superar esta prueba, el sistema puede someterse entonces a las otras preguntas. No queremos confiar el cuidado de nuestro ser total para la actualidad y la eternidad a lo no que es verdadero.

Sintiendo el dolor que el modernismo y el postmodernismo han ocasionado en nuestra cultura, creo que es imperativo que nosotros, como cristianos, manifestemos al mundo herido que sentimos su dolor y hemos de hacerles saber que nos importan. Para citar a Francis Schaeffer, debemos hacerles saber que hay "verdad verdadera." Hemos de declararles que el informe bíblico sobre la creación, la caída, los pactos hechos con Abraham e Israel, el nacimiento, la vida, Su muerte como sacrificio y la resurrección corporal de Jesucristo todos son realidades objetivas e históricas. Las promesas de Cristo son verdaderas. Él regresará.

Tenemos que compartir con un mundo herido el hecho de que creemos las palabras del apóstol Pedro cuando dijo: "Porque no os hemos dado a conocer el poder y la venida de nuestro Señor Jesucristo siguiendo fábulas artificiosas, sino como habiendo visto con nuestros propios ojos su majestad" (2 Pedro 1:16).

Como una parte de este enfoque de *la personalidad total* a la Verdad, he abandonado el concepto de que objetividad debería ser lo ideal en guiar nuestra búsqueda de la Verdad. Creo muy firmemente en la Verdad objetiva, pero no creo que una búsqueda desapasionada de ella es la mejor manera de encontrarla. Más bien, creo que nuestra búsqueda de la Verdad ha de ser apasionada bajo el control de la integridad. Deberíamos pensar en y sentir nuestro camino a través de un estudio de la teología.

No creo que nadie encuentre, en ningún punto de este libro, donde este énfasis del enfoque de la personalidad total a la Verdad ha debilitado mi compromiso a la Verdad objetiva, a la autoridad objetiva de la Biblia y a un lugar significativo dado al razonamiento. Mi pasaje bíblico favorito es: "y conoceréis la verdad, y la verdad os hará libres" (Juan 8:32).

Diferencias entre esta edición actual y la edición del 1975

Como punto técnico, me equivoqué en la edición del 1975 cuando escribí: "Creo que el conocimiento de Dios no es innato" (76). Mi problema fue un mal entendimiento del significado de "innato." Lo que quería decir era que no creía que un infante de un día tenga pensamientos sobre Dios. Sigo de la misma opinión, pero esto no es lo que quiero decir cuando digo que el conocimiento de Dios es innato. Decir que tal conocimiento sobre Él es innato es exponer que es un producto natural de la imagen de Dios en el ser humano para creer en Dios. Hay una naturaleza innata en el ser humano que en su desarrollo natural conduce a la creencia en la existencia de Dios.

En cuanto al contenido, pienso que la edición actual reflejará una madurez y una clarificación de lo que se escribió en la primera. El concepto de una *cosmovisión* estaba en la edición del 1975, pero no el uso del término. Es un término que existía mucho antes del 1975, pero no había ganado la prominencia de uso en aquel entonces como hoy en día. Tampoco utilicé los términos *modernismo* y *postmodernismo* en esa edición. Lo que dije en el libro iba dirigido principalmente al paradigma modernista. Pero pienso que el enfoque de *la personalidad total* fue una preparación significativa para dirigirme al paradigma postmodernista. Ya iba en la dirección correcta.

Para tratar adecuadamente con el modernismo y el postmodernismo, fue necesaria la adición de un capítulo nuevo, Capítulo 2: "La Adquisición del Conocimiento del Piso Alto").

En la edición de 1975 se hizo referencia a la doctrina de la elección, pero no fue desarrollada. En esta edición los capítulos 15, 16 y 17 desarrollan detalladamente esta doctrina. El capítulo final capítulo 18, se titula: "Comunicando el Mensaje Cristiano en una Cultura Postmodernista." Aunque este tipo de discusión no suele verse en un tratado sobre la teología sistemática, yo sentí, habiendo establecido su base en el libro, que la necesidad para tal discurso incumbía incluirlo.

Aunque esta edición toca algunas áreas no incluidas en la primera, todavía falta cubrir lo mínimo en lo que se debería exponer en una introducción a la teología sistemática.

Se han hecho planes tentativos, quizás juntamente con otros, de tratar los temas de la eclesiología y la escatología.

El Lugar de este Libro en el Espectro Teológico

Es un tratamiento conservador de la teología sistemática. Estoy firmemente comprometido a la inspiración e inerrancia de la Biblia. Creo en el punto de vista trinitario de Dios. Sin duda alguna, creo que Jesús nació de una virgen y que Jesús, aunque una sola persona, fue totalmente Dios y totalmente hombre (dos naturalezas), que Su sufrimiento y muerte en la cruz pagó la pena completa de nuestros pecados, que el mismo cuerpo que fue puesto en la tumba fue levantado por Dios y que fue la confirmación divina de las aseveraciones y la enseñanza de Jesucristo. Creo en la segunda venida corporal de Cristo. Aunque el tema no surge en este libro, en cuanto a mi escatología, soy premileniarista. Mi pensamiento en este área se desarrolla alrededor del concepto de los pactos de redención. Creo en una relación conjuntiva entre Israel del Antiguo Testamento y la Iglesia del Nuevo Testamento, a diferencia de una relación disyuntiva.

Como ya he mencionado anteriormente mi enseñanza de la teología arminiana en Ucrania y en Rusia, este libro es un trato de la teología arminiana. Llamo esta teología "arminianismo clásico" a diferencia del "arminianismo wesleyano." El nombre "clásico" se emplea porque pienso que mi punto de vista está en acuerdo esencialmente con los escritos de Jacobo Arminio. Además del hecho de que los arminianos wesleyanos exponen una segunda obra de gracia, creo que hay algunas diferencias importantes entre mi punto de vista y el del arminianismo wesleyano. En su mayoría, los arminianos wesleyanos aceptan el punto de vista gubernamental de la expiación o al menos alguna variación de esta teoría. De acuerdo con Arminio, el arminianismo clásico se compromete firmemente al punto de vista de la satisfacción de la expiación.

En los seminarios teológicos durante los últimos treinta años ha habido un avivamiento del calvinismo clásico de los "cinco puntos" y de los "cuatro puntos." (Existe una tendencia fuerte hacia esta dirección en los seminarios de los Bautistas del Sur de los EE. UU.) El seminarista que cursa estudios en los niveles avanzados y en el nivel del doctorado va a encontrar muchos más tratos de eruditos sobre la teología calvinista que sobre la teología arminiana. También va a leer de la forma debilitada del arminianismo promovida por tales eruditos como Clark Pinnock. Enfrentados con esas alternativas, muchos seminaristas optan por el calvinismo de cuatro o cinco puntos.

Creo que el ambiente está para un avivamiento del arminianismo clásico. A nivel popular hay un descontento creciente con esta tendencia hacia el calvinismo. Es particularmente así en cuanto a la cuestión de la elección.

Creo que el arminianismo clásico encaja particularmente bien con el reto. Expone un punto de vista firme en cuanto a los efectos de la caída de Adán sobre la raza. De acuerdo con Arminio, el arminianismo clásico asume la posición de que la culpa del pecado de Adán se imputa a cada miembro de la raza humana y como resultado del pecado de Adán cada ser humano nace con una naturaleza depravada. Es su posición que los infantes son "salvos" más bien que "seguros."

En cuanto a la expiación, el arminianismo clásico está firmemente plantado al lado del punto de vista de la satisfacción penal. La justificación está basada en la imputación de la muerte y la justicia de Cristo—ésta y nada más, nada menos. Somos salvos sólo por Cristo sobre la condición sola de la fe.

Nadie puede acudir a Cristo aparte del poder del Espíritu Santo que le llama. Este poder se extiende a todos. Es este poder divino que capacita a una persona para que llegue al punto donde puede tomar una decisión positiva. Pero tal persona puede resistir y decir que no. El momento en que una persona cree, es regenerada instantáneamente por el Espíritu Santo y se hace una criatura nueva en Cristo. La santificación comienza al momento de la regeneración y progresa durante la vida.

Una persona es salva mientras que continúa guardando su fe en Cristo como Señor y Salvador. Si hay un regreso deliberado y desafiante a la incredulidad, tal persona dejará de ser salva y estará más allá de la redención. Es importante tener en cuenta que los cristianos no viven sin pecar. No es pecar por causa de la debilidad lo que causará que un cristiano no sea salvo. Más bien, es un regreso deliberado a la incredulidad.

No creo que podamos lograr una unidad entre los calvinistas y los arminianos decidiendo guardar silencio. Es una versión limitada del cristianismo el que no trata con los temas como la elección, la extensión de la expiación, si se puede resistir la gracia o no y la perseverancia de los santos. Hemos de poder disfrutar del compañerismo cristiano los unos con los otros y, al mismo tiempo, participar honestamente en las discusiones de estos temas.

Una Invitación Para la Crítica

En la edición del 1975, dije:

> Tengo un gran respeto de la opinión de los que son eruditos devotos de la Biblia, pero no he vacilado en criticar sus puntos de visa cuando a mí me parecían estar en error. Espero que a la vez también vayan a criticar mis opiniones de igual modo (Prólogo).

Me gustaría reafirmar estas mismas palabras con respecto a esta edición actual. Una de las razones para exponer mis ideas en forma escrita es para que puedan ser evaluadas y criticadas por otros. Quiero que se examine críticamente lo que he escrito. Me encantan las preguntas y comentarios.

Sobre las Versiones Bíblicas

Se emplea la versión *Reina-Valera 1960* en la mayoría del libro. Ocasionalmente se hará uso de la versión la *Nueva Biblia de las América (NBLA)*. Cualquier otra versión empleada será notada en el texto.

Reconocimientos

Esta es la parte más difícil de escribir para mí. Hay tantas personas a las que tengo que agradecer, de una manera u otra, que han contribuido a la realidad de este libro. Pienso que sería de lo más ingrato no mencionar a varias personas que han hecho una contribución significativa. Pero temo omitir, sin querer, a alguien que también ha contribuido a este escrito.

Comienzo con mi esposa, Fay. Ella ha leído porciones del manuscrito y ha hecho muchas sugerencias buenas. Ella me ha puesto delante la pauta de la excelencia. Debido a ella, disfruto de un punto de vista más amplio de la vida que de otro modo no podría haber experimentado. Fay ha estado a mi lado en los tiempos difíciles. Me sería imposible comprender todas las maneras en las que ella ha contribuido a hacer posible esta edición.

Tengo que mencionar a mis padres que me dieron un hogar y trasfondo cristiano. Fue sobresalientemente firme su carácter y adiestramiento en cuanto a la honestidad, la integridad, el sentido de deber, de lealtad, de pureza, de equidad, de solicitud, y dentro del límite de sus posibilidades, un énfasis en cuanto a la belleza y la excelencia.

Quiero dar gracias para la memoria del Reverendo R. N. Hinnant, quien ya he mencionado, por haberme aclarado el plan de la salvación. El hecho de él me expuso tan claramente que somos salvos por la fe sola ha significado más para mí que jamás podré saber. Nunca he vacilado sobre este punto.

Sería imposible explicar la importancia del adiestramiento teológico y bíblico que recibí en el Free Will Baptist Bible College. Debo mucho a los doctores J. P. Barrow, L. C. Johnson, LaVerne Miley y Charles A. Thigpen. El ejemplo y la enseñanza de estos hombres en sus cursos sobre la Biblia y la teología impactaron mi vida.

El curso que más me impactó, más que cualquier curso que jamás haya tomado, fue el de "La Teología Arminiana" enseñada por el Dr. L. C. Johnson, el Presidente Fundador del Free Will Baptist Bible College. Fue ese curso que puso las bases por lo que llamo el "arminianismo clásico." En ese curso, la teología cobró vida para mí. La contribución singular más importante para mí fue que me ayudó basar para siempre mi creencia en el punto de vista de la satisfacción de la expiación.

Durante esos días, otra persona significativa fue Robert E. Picirilli. Como estudiantes discutíamos los puntos de la teología. También estuvo en la misma clase de "La Teología Arminiana." Llegué a formar parte de la facultad del Free Will Baptist Bible College en 1953. Él llegó en 1954. Continuamos hablando de esos temas. Hubo algunos intercambios fuertes que ampliaron y dieron forma a mis pensamientos. Se podría decir que éramos contrincantes de combate. Más tarde, el Dr. Picirilli se hizo Decano Académico, y entonces los dos teníamos demasiadas ocupaciones para seguir como hacíamos antes. Esas discusiones fueron de gran valor para mí.

También quiero mencionar a otro compañero, Ralph C. Hampton. En el transcurrir de los años le he pedido información muchas veces. Siempre me ha sido provechoso hablar con él sobre estos temas.

En mi trabajo como seminarista, tuve el privilegio de escuchar a algunas de las mentes más grandes del mundo evangélico entre 1954 y 1970. Estudié en la Winona Lake School of Theology, en el Northern Baptist Theological Seminary y en la Chicago Graduate School of Theology (antes la Winona Lake School of Theology). Me gustaría mencionar a algunos de los profesores que contribuyeron tanto a mis pensamientos. Los doctores Arnold C. Schultz, H. Dermot McDonald, Edward J. Young, Kenneth Kantzer, Milford Henkel y Carl F. H. Henry todos han impactado mi pensamiento.

Durante el tiempo que estuve escribiendo este libro, he consultado con muchas personas distintas cuyas sugerencias me han sido provechosas. Entre ellas son el Dr. Darrell

Holley, el Dr. Garnett Reid, el Dr. Stephen M. Ashby, el reverendo J. Matthew Pinson, el Dr. Fisher Humphries y el Dr. Jonathan Wilson.

Steve Ashby y Matt Pinson han leído y comentado sobre todo el manuscrito. Me han servido como asesores. Steve Ashby es un profesor de filosofía y religión en la Universidad de Ball State de Muncie, Indiana, EE. UU. Matt Pinson es el pastor de la Iglesia Bautista Libre de Colquitt, Georgia, EE. UU. Él está cursando sus estudios doctorales en la historia de la iglesia en la Universidad de Florida State de Tallahassee, Florida, EE. UU. También da clases de historia y religión en el Bainbridge College de Bainbridge, Georgia, EE. UU. Estos dos caballeros conocen bien la educación teológica y la universitaria. Tienen buenas bases en la teología y en la filosofía. Están al tanto de lo que ocurre en la cultura y me han sido una ayuda muy provechosa.

A la luz del cambio del paradigma del modernismo al postmodernismo, ha sido particularmente provechoso consultar con Matt y Steve durante el progreso del libro. Les llamé a menudo. A veces simplemente quería discutir algunas ideas distintas. A veces era que quería asegurarme de que entendía bien lo que exponía, especialmente en cuanto a los temas relacionados con la cultura. Otras veces para hablar de la mejor manera para expresar lo que quería decir.

Al final, la responsabilidad de lo que expone el libro es mía. Aprecio profundamente la contribución de cada una de las personas mencionadas para que este libro fuese una realidad.

Habiendo terminado el proyecto, me uno con el himnólogo George Keith cuando dijo: "¡Cuán firme cimiento se ha dado a la fe de Dios en Su eterna Palabra de amor!"

F. Leroy Forlines
Nashville, Tennessee, EE. UU.

1

Introducción

Puedo recordar los años 1930 y 1940. Dentro del tiempo de mi memoria el aumento del conocimiento humano del universo físico ha sido asombroso. Esto incluye la disponibilidad de tal ciencia a las multitudes información que una vez fue compartida sólo por unos pocos. Han habido descubrimientos casi inimaginables hace algunos años. Hoy en día es de dominio público el hecho de que la estrella más cercana después de nuestro sol, según se dice, está a cuatro años y medio luz de distancia de la tierra (un año luz equivale a la distancia que la luz recorre en un año a la velocidad de 297.600 kilómetros por segundo). También nos dicen que hay algunas estrellas a millones de años luz de distancia. Los últimos sesenta años han introducido la división del átomo, el uso de la energía atómica, la televisión como medio de comunicación masiva, el viajar por el espacio, el trasplante del corazón, la cirugía por láser, las computadoras, etcétera. Alguien ha dicho: "Nací en una era y moriré en otra." Esto se me aplica a mí.

Al mismo tiempo que el conocimiento de la humanidad sobre el universo físico ha aumentado, la certeza que muchos han mantenido con respecto a la verdad cristiana ha disminuido ampliamente. La cultura de la juventud mía fue grandemente influenciada por el pensamiento cristiano. Tal no es el caso actual.

El pluralismo y el relativismo marcan las pautas actuales. La única cosa que algunas personas creen ciertamente es que no hay nada que sea verdad y nada que sea falso. Se determinan las creencias por la preferencia y la cultura. Hay tolerancia para todo menos para aquellos que creen que la verdad definitiva existe y se puede conocer.

Las Preguntas Ineludibles de la Vida

El tono corriente de duda e incertidumbre en la cultura actual presenta problemas para los seres humanos. Es imposible que nos escapemos de tales preguntas como: ¿Hay un Dios? Si existe, ¿cómo es? ¿Le puedo conocer? ¿Quién soy yo? ¿Dónde estoy? ¿Cómo puedo distinguir entre el bien y el mal? ¿Hay vida después de la muerte? ¿Qué debería hacer y qué hago en cuanto a mi culpa? ¿Cómo trato mi dolor interior? Estas son lo que llamo *las preguntas ineludibles de la vida*. Cuando un individuo fracasa y no encuentra las respuestas satisfactorias a estas preguntas, tampoco hallará el significado en su vida.

Mientras que sea verdad que algunas personas tienen más pasión para estas preguntas que otras, no hay nadie que haya llegado a ser adulto sin haber prestado alguna atención a cuestiones de este tipo. Durante la primera parte del año 1996, mi esposa Fay y yo estuvimos cuatro meses en Ucrania y Rusia. No aprendí nada distinto que despertara duda alguna en mi mente en cuanto a la universalidad de esas observaciones. La influencia del ateísmo de la Rusia comunista de ninguna manera había silenciado estas preguntas.[1]

El Retrato Trágico de Nuestros Tiempos

La persona que ha aprendido algo sobre la inmensidad del universo y la potencia que está dentro de él, pero a la vez se ha hallado sin respuestas seguras y satisfactorias en cuanto a *las preguntas ineludibles de la vida* tiene grandes problemas. Esta persona puede experimentar una sensación de desesperación que poca gente ha podido sentir antes que en la actualidad. Está abrumada por la inmensidad del universo. Está inundada por los secretos que se han revelado que han hecho posibles tantas invenciones y descubrimientos. El hombre está frustrado por el hecho de que los científicos han podido navegar el universo, enviando naves espaciales a la luna y a los planetas, pero no le han dado respuesta alguna que sea aceptable para las preguntas que él no puede evitar hacer. No puede encontrar el propósito y significado de la vida. No sabe cómo tratar con su culpabilidad, la soledad, la depresión y la desesperación. En su desesperación exclama: "¿Quién soy?" "¿Dónde estoy?" "¿Cuál dirección he de tomar?" Con su oído puesto hacia el naturalismo, no oye ninguna voz que le lleve a la verdad que le podría librar. El empirismo no tiene respuestas que satisfagan estas preguntas. Por la agonía de una sed insaciable, cada vez más personas recurren a las drogas ilegales, al alcohol y al sexo promiscuo. Esas cosas pueden aliviarles temporalmente, pero a la larga llegan a formar parte del problema mismo. El olor de la incredulidad, la incertidumbre, el miedo, la soledad, el aburrimiento, la depresión, la desesperación y el pesimismo saturan el ambiente.

Vivimos en medio de una población confusa y frustrada. Jesús dijo: "Conoceréis la verdad, y la verdad os hará libres" (Juan 8:32). Es mi convicción de que estas palabras de Jesús tienen una importancia particular para las personas experimentado los problemas corrientes en nuestra sociedad. No hay otro remedio aparte de la verdad. Cualquier cultura que niega que la verdad no exista o que sea inaccesible *se encuentra con una necesidad desesperada de la verdad.*

El Propósito de Este Estudio

Se ha diseñado este estudio para presentar las verdades básicas de la fe cristiana. Se ha escrito con un corazón lleno de interés para la redención de las personas. Tengo una gran preocupación evangelística para que la persona que no es cristiana llegue a conocer a Jesucristo, porque conociéndole a Él es conocer al que da la vida eterna (Juan 6:68). Tengo un gran interés en la persona ya salva, que crezca hacia la semejanza de Cristo (Romanos 8:29) y que pueda apropiarse de toda la gracia suficiente de Dios en medio de las complejidades de la vida cotidiana (2 Corintios 12:9). Esta preocupación redentora tiene una motivación doble: (1) que la gente pueda ser libertada de la miseria y de la angustia que acompañan al poder de las tinieblas en esta vida y en la venidera, y aún más que sea traslada al reino del amado Hijo de Dios para experimentar este gozo, esta paz y esta satisfacción que pertenecen al reino de Cristo igualmente en esta vida y en la venidera (Colosenses 1:13). Y, (2) que Dios reciba su lugar de honra y gloria en nuestros corazones y nuestras mentes como el Señor y Redentor soberano (Filipenses 2:9–11).

El Enfoque de Este Estudio

ORIENTADO PARA LA VIDA

Tradicionalmente, la tendencia en el mundo de la erudición ha sido distinguir claramente entre lo académico, que trata con el contenido de la Verdad, y lo práctico, que tiene que ver con la aplicación de la Verdad. Al estudiar el contenido de la Verdad, lo ideal era ser objetivo. Se creía que combinar el estudio del contenido de la Verdad con su aplicación sería contaminar la objetividad con la subjetividad. Ser objetivo se veía como tratar de ser imparcial en cuanto al tema del estudio. Una persona debía investigar como si las conclusiones sacadas de sus estudios no hiciera ninguna. La idea era que la objetividad era necesaria para poder mantener una honestidad intelectual.

Si que propongo la idea que de la objetividad no ha de ser el ideal que guía en la búsqueda de la Verdad, no estoy diciendo que la Verdad en sí no sea objetiva. La Verdad existe fuera de la mente que la conoce. Al mismo tiempo la Verdad es para la vida. No es una colección fría y seca de ideas abstractas e impersonales.

Durante mis primeros años como maestro (1950s), me esforcé mucho para mantener objetividad. Exigí que los estudiantes escribiesen sus ensayos en la tercera persona. Insistí que en un ensayo exegético el estudiante sólo incluyera la exégesis limpia del texto. Reprendí a un alumno que había incluido un poema en su ensayo.

He llegado a creer que existen algunos problemas serios en tratar de mantener la objetividad como el ideal para guiar la búsqueda de la Verdad. La objetividad trata de obligar que el investigar sea neutral en cuanto a la Verdad. ¿Por qué se piensa que una persona será más capaz de descubrir la Verdad si es neutral, en vez de siendo una persona que es profundamente involucrada en lo que hace y que se siente firme en cuanto a ello? ¿Quién aprende más sobre el arte, una persona neutral en cuanto a ella, o una persona que la ama? ¿Quién aprende más sobre el béisbol, la persona que estudia el juego con sentimientos de imparcialidad, o la persona que lo ama? Si creemos que la Verdad habla a la vida, no debemos eliminar los sentimientos de ella. El pensar y el sentir deben ir juntos.

Es de lo más importante que mantengamos honestidad e integridad en nuestra búsqueda de la Verdad. Hablar de una búsqueda deshonesta de la verdad es una contradicción. No obstante, casarse con la objetividad para tratar de garantizar la honestidad quiere decir divorciar la mente del resto de la personalidad. La Verdad es para *la personalidad total.* Puede que haga falta un compromiso fuerte a la honestidad cuando una persona se ve involucrada profundamente en un asunto. Sin embargo, esto es lo que ha de ocurrir. La honestidad y el involucramiento profundo han de hallarse en la misma persona para poder llegar al nivel más alto de competencia en descubrir la Verdad.

No somos espectadores en nuestra búsqueda de la Verdad. Estamos profundamente interesados e involucrados. Estudiamos con pasión. Es particularmente importante que estudiemos la teología como personas interesadas e involucradas porque la Verdad teológica es para la vida. No es un mero ejercicio mental. Nuestra búsqueda se orienta hacia la experiencia. En su estudio del alcance amplio de la teología sistemática, la persona debería sentirlo hablándole. Debería experimentar toda una gama de emociones. Dependiendo de su relación con Jesucristo, puede experimentar sentimientos de miedo, temor, reprenda o alivio, paz, satisfacción, tranquilidad y gratitud. Debería ir desarrollando una preocupación hacia otras personas. Se sentiría retada y motivada. La vida ha de cobrar significado y propósito.

Muchas veces autores han determinado escribir en la tercera persona como medio de mantener un grado más alto de objetividad.[2] El resultado ha sido que se han escrito como personas indiferentes. En gran parte esto ha separado sus escritos de la vida. Hay un elemento perdido que hace que muchas obras teológicas destacadas no hayan podido hablar al corazón. No fueron diseñadas para hablar al corazón. Se dejó esto para los estudios devocionales.

Mi meta aquí no es la objetividad. Escribo como una persona profundamente involucrada e interesada. Quiero que el lector se sienta que me importa y que lo que digo es real para mí. Por lo cual, escribiré en la primera persona. Me esforzaré en ser honesto. Dado que soy sujeto a las debilidades humanas, puede que no siempre lo logre; a pesar de ello, ésta será mi guía ideal.

Una combinación de lo académico con lo práctico en este estudio no presupone que se desarrollarán todas las implicaciones de lo práctico como podría ser en un libro más bien dedicado a ello. No obstante, su enfoque se orientará para la vida. Cualquier presentación de la Verdad que no hable a la vida falta un elemento. Puede que no podamos demostrar una aplicación para la vida en cada oración o párrafo, o aún en cada página, pero el proceso de descubrir la Verdad debería ser un proceso de aprender más en cuanto a cómo vivir en nuestro mundo complejo. Creo que la Verdad es práctica. La Verdad es para la vida.

ORIENTADO SISTEMÁTICAMENTE

Cuando se aplica el término "doctrina," distinguida de la teología sistemática, a un estudio de un sistema cristiano de la Verdad, se refiere a un estudio temático de las verdades cristianas básicas. Como regla general, se diseña tal estudio para exponer las enseñanzas bíblicas sobre estos temas. Se presta poca o ninguna atención a lograr un entendimiento racional de la fe ni para demostrar las interrelaciones de unas doctrinas a las otras. También se da poca atención a las interpretaciones distintas.

La teología sistemática toca esencialmente las mismas áreas que un estudio de doctrina, más o menos completo, toca. Trata de ayudar a la persona que desarrolle un entendimiento racional de su fe. En su intento de ser sistemática, busca poner una fundación y edificar una estructura de pensamiento sobre ella. Se presta atención a cómo crece lógicamente esta estructura desde esta fundación y cómo las doctrinas se relacionan entre sí para producir la armonía del sistema. Como regla general, la teología sistemática es más que un tratado doctrinal. Produce más documentación por lo que se expone y presta más atención a los puntos de vista distintos. Mi experiencia se encuentra en la enseñanza de la teología sistemática más bien que la doctrina.

Nos será provechoso distinguir entre la teología sistemática y la rama de teología que se llama teología bíblica. La teología bíblica es un estudio de las enseñanzas bíblicas en su revelación progresiva, o sea, como se exponen en una sección en particular de la Biblia, un libro, o los escritos de un autor en particular. Cuando hablamos de la teología bíblica, mencionamos la teología del Antiguo Testamento, la teología del Nuevo Testamento, la teología del Pentateuco, la teología paulina, etcétera.

La teología sistemática es un estudio tópico de la totalidad de la Verdad cristiana, que emplea cualquiera y todas las fuentes de la Verdad, con un propósito de ver las partes que componen una entidad íntegra y armoniosa, resultando en una cosmovisión cristiana. Hablar de una teología bíblica distinguida de la teología sistemática no quiere decir que la sistemática no tenga una base bíblica. Formulada debidamente, la teología sistemática se apoya firmemente sobre la autoridad de la Biblia. Al hablar de la teología bíblica como una rama de la teología, se demuestra cómo una doctrina en particular se desvela y desarrolla en la Biblia. No tiene el mismo interés que la teología sistemática en armonizar las doctrinas y desarrollar una cosmovisión total.

Las Presuposiciones

Por presuposiciones quiero decir las creencias básicas que son esenciales para hacer o dirigir un tipo de estudio en particular. Aquí no estoy planteando la cuestión en cuanto a cómo ni de qué forma estas presuposiciones pueden ser demostradas. Se elaborará este punto cuando lleguemos a ellas en el estudio. Estoy diciendo que en todo momento estas presuposiciones serán tratadas como verdaderas y que son necesarias para el estudio en su totalidad. No hay plataforma neutral alguna desde donde se pueda comenzar. No podemos empezar "en ningún punto." Debemos partir de algún lugar. La honestidad requiere que hagamos esta admisión.

- **Que Dios Existe Como el Dios de la Trinidad y que Su Auto-revelación se Ve en:**
    1. Jesucristo
    2. La Biblia
    3. La naturaleza y la experiencia de los hombres

- **Que la Revelación de Dios es Para el Hombre y que el Hombre Puede Conocer a Dios**

El hombre fue creado a la imagen de Dios para una relación con Dios. La Verdad que el Creador revela está diseñada para satisfacer las necesidades de la persona que Él ha creado en la condición en que sus experiencias la han dejado. Es el propósito mismo de la Verdad de Dios de liberarnos (Juan 8:32). Siempre se debe estudiar la verdad con este propósito en mente.

El *diseño* de haber sido creados a la imagen de Dios, junto con la ayuda divina que nos es provista, crea la posibilidad de que podamos entender la Verdad. Aparte de esta confianza no existiría ninguna teología.

- **Que la Verdad es una Totalidad Íntegra y Armoniosa**

No pretendo tratar toda la Verdad. No obstante, afirmo toda la Verdad como una totalidad íntegra y armoniosa. Para aquellos que ven la Verdad de esta manera, es fundamental un estudio de la teología. Se coloca toda la Verdad en su perspectiva debida. Privar a alguien del conocimiento de la teología, es privarle de la perspectiva de lo necesario para satisfacer las necesidades de la *personalidad total.*

- **Que Todas las Experiencias de la Vida Actúan Dentro del Marco de Cuatro Relaciones Básicas e Involucran Cuatro Valores Básicos**

Las *cuatro relaciones básicas* son: (1) la relación del hombre con Dios, (2) la relación del hombre con otros hombres, (3) la relación del hombre con el orden creado y (4) la relación del hombre consigo mismo. El hombre es una criatura hecha para relacionarse. Todas nuestras experiencias, de una forma u otra, involucran una o más de estas cuatro relaciones básicas. Esto tiene que ver tanto con nuestras acciones como con nuestros pensamientos.

Los cuatro valores básicos son: la santidad, el amor, la sabiduría y los ideales. El hombre es una persona orientada hacia estos valores. Está constituido de tal manera que no puede borrar de su ser las categorías de la justicia e injusticia, del bien y del mal. Se involucran uno o más de estos valores en todas de las experiencias de la vida, incluyendo las acciones y los pensamientos. Los cuatros valores básicos proveen los principios que guían a una funcionamiento debido de las cuatro relaciones básicas.

La función de la teología es identificar a Dios, al hombre y al orden creado, y manifestar el sistema de la Verdad que se deriva de la *aplicación* de los *cuatro valores básicos* a las *cuatro relaciones básicas.* En este sistema de la Verdad se hace la fundación para la aplicación de los cuatro valores básicos a sus cuatro relaciones básicas en la vida real.

El Propósito

Mi propósito en este estudio es de presentar un sistema de verdad doctrinal que es (1) cristocéntrico, (2) basado en la Biblia y (3) orientado para la vida.

2

La Adquisición del Conocimiento del Piso Alto

En mis años tempranos (los años 1930 a 1940), la mayoría de las personas de los Estados Unidos creía en Dios y que la Biblia era la Palabra de Dios. Fue lo que Francis Schaeffer llamaría un "consenso cristiano". La tremenda mayoría de las personas aceptó los ideales de la moralidad cristiana básica. Fue así aún cuando no vivió conforme con esos ideales. Aunque no produjo una sociedad ideal, la existencia de un consenso cristiano tuvo un impacto positivo y sirvió como una influencia para refrendar la sociedad. Hoy día este consenso no existe. ¿Cómo podemos explicar un cambio tan drástico?

En mi vida ha ocurrido un cambio importante en la manera de pensar sobre la cosmovisión al nivel básico de la gente. De hecho, ha habido más que un cambio principal en mi vida.

La cosmovisión de una persona es su explicación de la totalidad de la realidad. En el capítulo uno, hablé de lo que llamo las *preguntas ineludibles de la vida*. Estas preguntas son las que se expresan interiormente y tratan con las preguntas sobre Dios, el origen del universo, el origen del hombre, el bien y el mal, la vida después de la muerte y el significado y propósito de la vida. Cuando una persona intenta contestar estas preguntas, está desarrollando una cosmovisión.

Al desarrollar una cosmovisión, una de las preguntas más básicas para tratar es: ¿Cómo podemos saber?, y ¿cómo sabemos que sabemos? Se trata del campo de la epistemología. Este es el estudio de cómo se *adquiere* el conocimiento y cómo se puede *probar* el conocimiento. Nuestro interés tiene que ver con cómo se puede adquirir y probar el conocimiento en cuanto a cómo se relaciona con la contestación de las *preguntas ineludibles de la vida*.

Primero, prestaremos nuestra atención a cómo se adquiere el conocimiento. Una vez que una persona determina la manera en que cree que se adquiere el conocimiento, ya se ha determinado mucho en cuanto a la cosmovisión que desarrollará. Nuestro interés en este libro tiene que ver con lo Francis Schaeffer llamó "el conocimiento del piso alto".

El Piso Bajo y el Piso Alto

Creo que la distinción de Schaeffer entre el *piso bajo* y el *piso alto* es muy provechoso.[1] El *piso bajo* trata con los particulares, por ejemplo, las matemáticas, la mecánica, las ciencias físicas, etc. Puede estudiarse adecuadamente con la mente mientras se refleja sobre los datos de la observación y la experiencia. El *piso alto* trata con las preocupaciones morales y religiosas de la vida. O, expuesto distintamente, el *piso alto* trata con las *preguntas ineludibles de la vida*. En una cosmovisión racional, el *piso alto* trata con los universales. Los enfoques no racionales al *piso alto* niegan la existencia de la Verdad universal.

Nuestro interés en este libro tiene que ver con la manera en la qué adquiriremos el conocimiento del *piso alto*. El gráfico ilustrará los pisos *alto* y *bajo*.

PISO ALTO
Las respuestas a las *preguntas ineludibles de la vida*: el conocimiento de Dios, los universales, el conocimiento moral, el conocimiento religioso, el significado y propósito para la vida, etc.
PISO BAJO
Los particulares, las matemáticas, la mecánica, las ciencias físicas, etcétera.

Las Fuentes de los Datos

Cuando aprende, la mente recibe algunos datos y refleja sobre ellos. Una cuestión importante que la epistemología decide es: ¿Cuáles son las fuentes de los datos? Todo el mundo reconoce la validez de la observación y la experiencia como fuentes de datos. La pregunta es: ¿Y en cuanto a la revelación y conocimiento innato?

El punto de vista que limita datos sólo a la observación y la experiencia se llama *empirismo*. Rechaza igualmente la revelación divina y las ideas innatas como fuentes válidas de datos. David A. Rausch define el empirismo como: "La teoría filosófica donde todas las ideas se derivan de la experiencia, aseverando que las experiencias internas y externas forman la única fundación para el conocimiento verdadero y para la ciencia".[2]

Como un enfoque a la epistemología, el empirismo funciona con la presunción de que los únicos métodos válidos para recibir el conocimiento son la observación y la experiencia. En su enfoque más estrecho, el empirismo toma por sentado que el único conocimiento válido es aquel que viene por medio de una reflexión sobre los datos de los sentidos (aquel que se descubre por medio de los cinco sentidos asistidos por los instrumentos de precisión). Este el método empleado por los positivistas lógicos.[3] Solían decir: "Si no se basa en los datos sentidos, es 'no ciencia' [del inglés: 'sin sentido']".

En un uso más amplio, el empirismo acepta datos de otras fuentes que no sean de los cinco sentidos. Por ejemplo, los datos recogidos por las encuestas de opinión se consideran válidos para una investigación empírica.

La epistemología de aquellos que aceptan la cosmovisión cristiana reconoce la validez de la investigación empírica como una manera de aprendizaje, pero también admite la revelación divina como fuente de datos.

El empirismo rechaza la validez de la revelación divina. Así, pues, aunque el pensamiento cristiano acepta sin problema la validez de la investigación empírica como medio de aprendizaje, rechaza el empirismo.

No puede haber ningún entendimiento verdadero del escenario norteamericano u occidental sin reflejar sobre el camino que nuestra cultura ha viajado para llegar adonde estamos actualmente. Se observará que los cambios de la cultura, en su mayoría, reflejan cambios en el enfoque a la manera en la que se *adquiere el conocimiento.*

Otro enfoque que intentó formular una cosmovisión sin hacer uso de la revelación divina fue el racionalismo. Trató de desarrollar una cosmovisión racional basada en la razón empleando las ideas innatas sin el aporte de los datos de la revelación divina. Puesto que el empirismo ha sido la epistemología dominante del modernismo norteamericano, me enfocaré principalmente en él.

La Historia de la Epistemología en el Pensamiento Occidental

A nivel básico, la cultura de mi juventud fue formada por el pensamiento cristiano y por sus morales e ideales. Al mismo tiempo, hubo una fuerza poderosa obrando para impactar la cultura. Fue la influencia del pensamiento secular. Ha continuado como una fuerza potente en las universidades. Por el año 1960 se había hecho evidente que era una fuerza principal a nivel de básico. Mirando hacia atrás, sabemos que al mismo tiempo que la influencia del pensamiento secular iba creciendo a nivel básico estaba ocurriendo un cambio significativo en el pensamiento secular. Ahora sabemos que fue el comienzo de la manifestación de un cambio de paradigma[4] del modernismo al postmodernismo.

Para conseguir una comprensión de lo que ocurrió y de lo que está sucediendo en nuestra cultura, nos será provechoso examinar la manera en que se ha tratado la adquisición del conocimiento desde el tiempo de Copérnico. No ganamos mucho discernimiento en cuanto a los pensadores del pasado o los de la actualidad si sólo leemos sus conclusiones sin saber las fuentes de datos que ellos aceptan y las que rechazan. La única verdad que una persona puede descubrir es aquella que su *epistemología* le permite hallar.

Yuri A. Gagarin, el primer cosmonauta ruso, después de haber viajado alrededor del mundo en su nave espacial, declaró: "No vi a Dios allí arriba". Su epistemología excluyó *a priori* su creencia en Dios. Si no podía ver a Dios, sacó la conclusión que Dios no estaba allí. Una epistemología le cerró la puerta a cualquier conocimiento de Dios.

La Ascendencia del Empirismo

Nos ayudará si estudiamos la manera en que el empirismo llegó a ocupar el trono de la mayoría del pensamiento en las universidades occidentales. Mi presentación de la batalla será breve. Para las personas que desean un tratamiento más completo, les sugiero el libro en inglés: *Protestant Thought and Natural Science* de John Dillenberger.[5] Al final de su libro, Dillenberger abraza la neo-ortodoxia, pero creo que expone un trato preciso del conflicto entre los puntos de vista copernicano y ptolemaico del universo.

Antes del tiempo de Copérnico (1473-1543), el sistema ptolemaico era indiscutible en la iglesia. Se veía la tierra como un planeta inmóvil en el centro del universo. Ella fue maldecida, pero el resto del universo se creía, no llevaba las marcas de la maldición. El resto del universo servía a la tierra. Dillenberger observa: "Fue filosófica y científicamente claro que el drama cristiano fue entretejido en la tela misma de la historia y la naturaleza. Se había emergido un punto de vista totalmente coherente en que todo tenía su lugar y propósito. No sería fácil abandonar un cuadro tan magnífico que satisfacía tanto".[6]

Dillenberger se refiere a este entendimiento geocéntrico como le punto de vista aristotélico-ptolemaico. Fue visto poseyendo igualmente la autoridad de la teología y la de Aristóteles mismo. La batalla que se entabló que tenía que ver con la exactitud de este punto de vista duró unos 140 años. Al llegar al tiempo de Isaac Newton (1642-1727), el punto de vista copernicano había ganado. Fue aceptado fuera y dentro de la iglesia.

No es justo pensar en el rechazo temprano del punto de vista copernicano por la iglesia como un mero caso de oposición por parte de los teólogos. Dillenberger explica:

> Se ha escrito mucho en cuanto a la manera en que los teólogos rechazaron a Copérnico. Pero en cualquier evaluación final de las bases para su aceptación o rechazo de los puntos de vista del científico, es de la importancia máxima prestar mucha atención a las fechas. Tan temprano como 1525, Copérnico ya disfrutaba de alguna fama, aunque su obra magna no apreció hasta 1543. El libro, *De Revolutionibus Orbium Caelestiu*, no fue aceptado extensamente por los astrónomos durante las décadas que seguirían su publicación. Fue así a pesar de la aparición de una estrella nueva en la constelación de Casiopea en 1572 y el trazado del camino de la cometa del 1577. Los dos eventos sugirieron que los conceptos científicos tradicionales no fueron adecuados. No obstante, la evidencia genuina para la posición copernicana básica tenía que esperar a la obra de Kepler y Galileo durante los comienzos del siglo diecisiete. Antes de ese tiempo, no se podía decidir aceptar o rechazar nada basándose en lo que más tarde se entendía como una base científica.[7]

Él continúa diciendo: "El profesor Butterfield fecha la descompostura del sistema aristotélico-ptolemaico desde el tiempo de Galileo, pero añade que no apareció ningún sistema alternativo satisfactorio hasta el tiempo del *Principia* de Newton en 1687".[8]

Además, explica:

> Es importante que pensemos en esos períodos cuando consideramos la historia del avance científico. Primero es el período de Copérnico a Galileo. Durante este tiempo no hubo ninguna razón convincente ni para aceptar ni para rechazar el punto de vista copernicano. Quizás la balanza se encontró hacia el lado del rechazo. Se puede afirmar esto aún si se desacredita la parcialidad fuerte de los aristotélicos a favor de la posición antigua. El segundo período es el del tiempo entre Galileo y Newton. Aquí todavía fue posible mantener las dos posiciones alternativas, aunque el peso de la evidencia ciertamente se encontró inclinando en la dirección del punto de vista copernicano. El tercer período es el de la cosmovisión newtoniana. El genio de Newton había traído un concepto unificado del universo. Esta posición también tenía sus problemas; no obstante, la posición copernicana básica fue científicamente irrefutable.[9]

LA AUTONOMÍA DE LA CIENCIA

Al llegar al tiempo de Galileo (1564-1643), ya se veía los principios de lo que se llegaría a considerar como la autonomía de la ciencia. Con su telescopio, Galileo ganó apoyo, con sus observaciones de los cielos, para el punto de vista copernicano. Robert G. Clouse explica: "En 1610, con la ayuda de su telescopio recientemente inventado, Galileo descubrió cuatro lunas que giraban alrededor de Júpiter. Por analogía él razonaba que los plantes giran alrededor del sol. Esto le guió a sostener la explicación copernicana del sistema solar".[10]

Fueron necesarios ciertos pasos esenciales en el desarrollo de Copérnico a Galileo a Newton que produjeron el efecto que desconectó del método científico floreciente de cualquier referencia final a lo divino. Como lo expone Dillenberger:

> Para Galileo, el proceso podría describirse aparte de Dios, pero el crédito o la data le pertenecía a él. La seriedad de los intereses religiosos de Galileo fue muy clara. Pero en cuanto a que la descripción podría continuar sin referencia a lo divino, ya se había preparado el escenario para quitar a Dios de cualquier relación vital con el orden de la naturaleza.[11]

En cuanto a la contribución de Newton, Dillenberger explica:

> Se está generalmente de acuerdo que los componentes distintos del cuadro de Newton fueron conocidos antes de su tiempo. Pero fue el genio de Newton el tener la visión de, y verificar por experimento, un cuadro singular y unificado de lo que podemos llamar la realidad científica. Por medio de la llamada "ley de la gravedad" universal, Newton podía producir orden de la confusión, y esto con relativa simplicidad. ... Ya se hacia patente de que la nueva ciencia de la mecánica terrestre, a la que los experimentos de Galileo habían contribuido tanto, fue aplicable a las esferas celestiales. Desapareció la última esperanza para una diferencia apreciable entre las esferas terrestres.[12]

Dillenberger quiere recordarnos que Newton mantenía unos intereses teológicos muy firmes y trataba de protegerlos. Sin embargo, "A pesar de lo que fueran sus intenciones, su influencia se veía en aquellos que sostuvieron un punto de vista mecánico del mundo".[13]

Al tiempo de la contribución de Newton, según el pensamiento de muchos, la ciencia se había hecho autónoma. Aunque los que contribuyeron tanto a la victoria copernicana no tenían ninguna intención de debilitar la teología, en las mentes de muchos la razón, asistida por la experiencia y la observación (el empirismo) había triunfado sobre la teología. Ya no hacía falta de Dios. Si Dios, de alguna manera, todavía estuviera en el cuadro, la Biblia tendría que someterse a la ciencia más bien que la ciencia a la Biblia. El empirismo se sentaba en el trono. Había llegado un momento crucial en el pensamiento occidental.

LA CONTRIBUCIÓN DE DARWIN

Mientras que, para muchos, ya se había marcado la pauta para una cosmovisión de la vida sin Dios, en 1859 cuando Darwin publicó su *Origen de las Especies* les vino un empuje importante. Explica Dillenberger:

> Hubo una diferencia entre Newton y Darwin que hizo más difícil que Darwin ganara aceptación. Aunque los puntos de vista teológicos de Newton no fueron aceptados extensamente, él afirmó que el mundo tenía una fundación cristiana. ... Por la otra parte las teorías de Darwin parecían retar un entendimiento cristiano del mundo. Además, se sabía que Darwin fue un agnóstico.[14]

Dice adicionalmente:

> Durante el período entre Copérnico y Newton, los teólogos habían visto un cambio en el pensar humano en que la relación de Dios al cosmos se había limitada cada vez más. Para muchos, ya no era necesario pensar en Dios. Ahora el hombre mismo no era singular; esencialmente era un animal. Fue el producto de unas fuerzas funcionando sin diseño ni propósito. Era un ser que pertenecía esencialmente a la naturaleza de donde había emergido. En la medida que el darvinismo fue el producto final de un desarrollo largo en el que se había cuestionado no sólo los conceptos significativos del mundo y de Dios, sino también los del hombre, fue inevitable que la batalla fuera amarga.[15]

Divisiones Principales en el Pensamiento Occidental

Lo que sigue puede parecer una simplificación excesiva. No obstante, pienso que nos ayudará a captar lo que ha estado ocurriendo en el pensamiento occidental desde Newton a la actualidad.

FUERA DE LA IGLESIA

Al llegar al tiempo de Isaac Newton, muchos ya no aceptaron la Biblia como una revelación divina. El triunfo del punto de vista copernicano quería decir para ésos que la Biblia se equivocó en cuanto a ese tema tan importante, es decir, el punto de vista geocéntrico del universo. Como resultado de la influencia de la Ilustración, se había exaltado la razón al árbitro final de la Verdad. Para muchos la Biblia no aprobó el examen de la alta crítica. Para tales personas la Biblia ya no se pudo considerar como una autoridad infalible. La pregunta que quedó fue: ¿Dónde vamos ahora? Miremos la manera en la que se afectó el pensamiento, en cuanto a su relación al *piso alto*, por el entronizamiento el empirismo y el destronamiento la Biblia como una revelación divina que comunicaba la Verdad objetiva.

El Deísmo

Con la pérdida de la fe en la autoridad de la Biblia como una revelación divina, muchos ya no creían en el mensaje cristiano de la redención por medio de Jesucristo. Al mismo tiempo no quisieron abandonar a Dios. Se hicieron deístas. Quizás Jesucristo y la Biblia fueran fuentes para una Verdad moral, pero la razón fue la autoridad para decidir lo que era verdadero y falso en la Biblia. H. M. McDonald tiene razón cuando describe el deísmo como una "religión natural" que puede entenderse simplemente por un uso debido de la razón. Por otra parte, lo que decididamente no se necesita es un conocimiento revelado ni lo que viene a través de la enseñanza de la iglesia.

Detalla las doctrinas básicas del deísmo así:

(1) la creencia en un ser supremo;
(2) la obligación de adorar;
(3) la obligación de una conducta ética;
(4) la necesidad para el arrepentimiento de los pecados; y
(5) recompensas y castigos divinos en esta vida y en la venidera.[16]

Entre los deístas conocidos se encontraron Voltaire, Tomás Jefferson y Benjamín Franklin. Una vez familiarizados con estos principios básicos del deísmo, no nos es difícil reconocer que esas formas de pensamiento influenciaron los documentos principales de la fundación de los Estados Unidos.

Aunque no aceptaron la necesidad de la redención y del evangelio, los deístas creyeron en el concepto de la creación divina. La realidad era racional. Creían en un orden moral. Fueron defensores de la idea de la ley natural. Fueron imbuidos con el optimismo de la Ilustración.

Seguían enfrentados con el cristianismo ortodoxo en cuanto la revelación divina, la caída del hombre, la deidad de Cristo y la verdad del evangelio. Estaban de acuerdo con el cristianismo en cuanto a la esencia de una moralidad básica y sobre el hecho de que fue posible una explicación racional de la totalidad de la realidad.

Hoy día el deísmo no tiene una voz en el pensamiento occidental. Aquellos que hubieran sido atraídos a su enfoque han buscado abrigo en el modernismo o en alguna forma del cristianismo liberal.

El Modernismo

Los modernistas van más lejos que los deístas. Mantienen una interpretación naturalista para la totalidad de la realidad. Creen que el único conocimiento racional es el conocimiento empírico. Son empiristas y exponen una cosmovisión secular.

Aunque hay algunos modernistas que afirman el ateísmo y otros que son agnósticos, la mayoría probablemente afirmaría una creencia en la existencia de Dios. Sin embargo, para ellos Dios es una mera añadidura a su cosmovisión. Su Dios no sirve ningún propósito en el desarrollo de su cosmovisión. El resultado de tal pensamiento es una epistemología atea, y la cosmovisión producida por ella es ateísta. Hace falta más que un mero reconocimiento de la existencia de Dios para evitar una cosmovisión ateísta. Requiere que esta creencia en Dios también contribuya al desarrollo de la cosmovisión de la persona.

El modernismo compartía el optimismo de la Ilustración. Sus defensores creían que el razonamiento humano sólo, aparte de la revelación divina, podría contestar todas las preguntas de la gente y resolver todos sus problemas. La naturaleza tenía la respuesta. La naturaleza era racional y moral. El modernismo fue optimista y utópico. Fue idealista.

El modernismo se enfrentaba seriamente con el cristianismo. Descartó por completo la revelación divina como una fuente de datos. Rechazó la deidad de Jesucristo. No aceptó lo milagroso de la Biblia. Se casó con la ley de la uniformidad. Para el modernista todo lo que jamás ocurrió podría explicarse basándose en las causas y los efectos naturales. Todo lo que ocurrirá en el futuro se producirá por las causas naturales. Nuestra única esperanza se encuentra en la naturaleza, pero es una esperanza optimista. Se suele llamar este punto de vista el *humanismo secular*.

El Postmodernismo

Actualmente el postmodernismo nos exige la atención. Si no lo conoce por su nombre, mientras que va leyendo esta explicación le sonarán las ideas que se exponen. Es muy obvio que ha habido un cambio de paradigma importante. Sabemos que algo nuevo se ha presentado, pero ¿cómo lo vamos a describir?¿Cuándo comenzó?

No hemos de pensar que el modernismo haya salido del escenario. Pero ya no reina en el pensamiento secular. Es más probable que se le relegará a un lugar entre los fracasos de la historia porque su epistemología le hizo *incapaz de cumplir con sus promesas.*

El postmodernismo no salió de la nada. Surgió del fracaso del modernismo. El modernismo creía que la Verdad existía y que la razón la podía encontrar. Fue optimista. En los tiempos de gran esperanza fue utópico. Aquellos que lo abandonaron para el postmodernismo lo hicieron debido a que habían comido en la mesa del modernismo y se levantaron con hambre.

El experimento del modernismo tenía unos 200 años para cumplir con sus aseveraciones. Fracasó en producir un punto de vista unificado de los *pisos bajo* y *alto*. No produjo la Verdad. Pagó caro con dudas e incertidumbres.

La preponderancia de la adición a las drogas y al alcohol, el índice de los crímenes, el porcentaje de suicidios, el número de embarazos en jóvenes, el aumento de abortos, el predominio del sentir vacío y perdido, etc. nos dicen que estamos lejos de una utopía. En la actualidad la economía marcha bien. Pero estamos inciertos en cuanto al futuro. Los avances tecnológicos nos asombran. Pero el modernismo no encontró las respuestas para las *preguntas ineludibles de la vida*. El modernismo ha dejado a sus discípulos que habían puesto sus esperanzas en él con un sentir de estar perdidos, vacíos y con heridas interiores.

El modernismo creía que la verdad existía, pero no la pudo encontrar. El postmodernismo no cree que ella exista ni le interesa buscar una Verdad última. Joseph Natoli y Linda Hutcheon lo explican en la "Introducción" de su *Postmodern Reader*, diciendo que "una parte inevitable de la condición general de la postmodernidad: [es] un reconocimiento de la imposibilidad (y de hecho la indeseabilidad) de encontrar cualquier 'Verdad' absoluta y final".[17] Las marcas del postmodernismo son la duda, la incertidumbre, la ambivalencia, la contingencia, el relativismo, el pluralismo y la tolerancia.

El modernismo creía que fue posible una cosmovisión racional, pero siempre fracasó en producirla. Se le describe bien con las palabras de Pablo: "Estas siempre están aprendiendo, y nunca pueden llegar al conocimiento de la verdad" (2 Timoteo 3:7).

Son incisivos Natoli y Hutcheon cuanto escriben:

> Si uno de los mensajes del postmodernismo es que los valores culturales siempre son locales y particulares, y que no son universales y eternos, entonces también tendremos que pensar en si, por ejemplo, la configuración francesa del postmodernismo debería ser necesariamente la misma como la canadiense, o si la norteamericana blanca necesita asemejarse al modelo afro-americano. La definición de Jean-François Lytard en cuanto al postmodernismo denota la muerte de la gran "meta-narrativa", que solía explicarnos nuestro mundo, nos llega de unos parámetros históricos e intelectuales distintos que el argumento contrario expuesto por Jurgen Habermas en cuanto a que el proyecto modernista de la Ilustración requiere racionalmente que llegue primero a su finalización.[18]

El rechazo de la meta-narrativa por el postmodernismo quiere decir que se ha rechazado la idea de una cosmovisión que explica la totalidad de la realidad. Hay cosmovisiones, pero no hay una sola que es la verdadera y que juzga a las otras como falsas. Hay un rechazo de la teoría de la correspondencia de la Verdad.

Nos queda la pregunta: ¿Dónde comenzó el postmodernismo? No hubo un punto de tiempo exacto cuando se dio su comienzo. Emergió durante un período de tiempo. Se reconoce la afinidad del pensamiento postmoderno con el de Friedrich Nietzsche (1844-1900). Cuando la Primera Guerra Mundial no fue "la guerra para terminar con todas las guerras", comenzó a debilitarse el optimismo del modernismo. Al llegar al fin de la Segunda Guerra Mundial, muchos que llevaban la vanguardia del pensamiento secular comenzaron a ver que el modernismo, como una cosmovisión, había fracasado. Fue durante la mitad de los años 60 cuando la negación de la verdad del *piso alto* comenzó a penetrar entre las masas. Se veía en los comienzos del movimiento "hippie". Esos se encontraron descontentos con la vida. Tomaban por sentado que nadie había podido encontrar el significado y el propósito de la vida. Se rebelaron en contra el *establecimiento*. El *establecimiento* quería decir el gobierno, la iglesia, la tradición, etc. Buscando respuestas, trataban de destruir, sin saber qué edificar en su lugar. Algunos experimentaron con drogas psicodélicas con la esperanza de encontrar alguna respuesta durante sus "viajes". El fracaso de su búsqueda para encontrar un significado y propósito para la vida aumentó su desesperación. La influencia del relativismo comenzó a estar presente en y llenar la cultura.

Lo que nos referimos actualmente como "postmodernismo" se veía durante un tiempo como una forma divergente del modernismo. Por lo menos, es como parecía a la mayoría de los pensadores cristianos que lo veía desde afuera. Fue una parte de lo que llamábamos el "humanismo secular".

Probablemente no hubo otro escritor y conferencista que mejor les preparó a los cristianos como Francis Schaeffer (1912-1984) para comprender el postmodernismo, una vez que el movimiento fue desenmascarado. No obstante, el término *post-modernismo* no aparece en sus escritos. Él trató clara y firmemente con los conceptos que ahora entendemos como el postmodernismo. Cuando leemos los materiales que tratan sobre los pensamientos y las tendencias mencionados en este capítulo, es muy importante que miremos las fechas de su publicación. Esto nos ayudará trazar el progreso del desarrollo del movimiento. Las ideas, y aún el término mismo, se encontrarán empleados antes, pero el uso extenso del término *postmodernismo* comenzó en los finales de los años 80.

El destronamiento verdadero del modernismo y el entronizamiento del postmodernismo ha ocurrido en estos últimos diez años. Thomas Oden es muy preciso en cuanto a cuándo ocurrió. Explica:

> Por "postmodernismo", queremos decir el curso de la historia actual siguiendo la muerte de la modernidad. Por "modernidad" queremos decir el período, la ideología y el malestar del 1789 al 1989, de la Bastilla a la Muralla de Berlín.[19]

Añade:

> La manera más fácil para identificar el *espacio de tiempo* o la época de la modernidad es este período preciso de 200 años entre 1789 y 1989, entre la revolución francesa y la caída del comunismo.
>
> Mientras que se admite que el fechar del período histórico tendrá su oposición, este período parece reclamar un reconocimiento especial. Fue proclamado con un punto de partida tan espectacular (el abrir y asaltar la muralla de la prisión de la Bastilla en París con todo su favor igualitarismo). Se cerró con un momento preciso de derrumbamiento (la caída literal de una muralla de hormigón altamente simbólica en Berlín que todo el mundo vio). Se puede cronometrar con tanta precisión el fin de la modernidad a la hora exacta, aún el instante, de la caída de esa muralla en Alemana.[20]

Mientras que no todo el mundo estaría de acuerdo con la precisión del tiempo de Oden en cuanto a la transferencia del período moderno al postmoderno, pienso que podemos decir, sin equivocarnos, que al llegar al año de 1990 se reconocía generalmente que se había destronado al modernismo y que el postmodernismo ya estaba reinado desde el trono.

En un sentido podemos decir que en el postmodernismo todo es "verdad" y todo es "falso". El postmodernismo acepta todo y rechaza todo. No se preocupa con la ley de la no-contradicción.[21] Todo es la verdad en el sentido que es "verdad para ti" o "verdad para mí". Nada es verdad en el sentido de una norma de Verdad absoluta. En ese sentido todo el falso.

Una de las cosas del modernismo particularmente ofensiva a los postmodernistas fue la idea que nosotros en el occidente intentaríamos convencer al resto del mundo de que todo lo que nosotros tuviésemos fuera superior a lo que ellos tuvieran. El postmodernismo diría que las cosas sólo son diferentes. Se abole la deseabilidad de la competición en cualquier forma. El concepto cristiano del evangelismo mundial es particularmente ofensivo al postmodernista. Según el postmodernismo no hay ninguna cultura que sea superior a otra en la manera en la que trata de encontrar el conocimiento y el entendimiento. No hay maneras válidas ni inválidas para ganar conocimiento. En el postmodernismo no hay nada que quede cierto. Aún la ciencia se encuentra en peligro. Stanley J. Grenz nos dice:

> Los postmodernistas tienden a valorar la diferencia por encima de la uniformidad y a respetar lo local y particular más que lo universal. Por esta razón los pensadores postmodernos no echan de menos la pérdida de la ciencia como una iniciativa unificadora. Puede que el postmodernismo marque el fin del "mundo", de la "meta-narrativa" y de la "ciencia", pero denota el comienzo de una revolución de conocimiento.[22]

Se debe recordar que la ciencia empírica no comenzó en un vacío. El estudio científico requiere la uniformidad de la naturaleza. Para que una investigación científica proceda, ha de haber la suposición que si se reproduce el mismo grupo de causas, cada vez acontecerá el mismo efecto. Fue el punto de vista cristiano de un *universo ordenado* que hizo posible los comienzos de lo que llamamos la *ciencia moderna*. Un piso bajo que hizo posible la ciencia dependía de un Creador quien puso el orden en la naturaleza. El problema con el modernismo fue que no hubo nada para dar la "naturaleza" su naturaleza. El modernismo preponía que la naturaleza era racional y moral, pero no tenía ninguna fundación para sostener esta presuposición. El postmodernismo rechaza la presuposición de que la naturaleza es racional y moral. No presupone la ley de la uniformidad. Quita la base para la ciencia. La naturaleza, como se ha visto históricamente, está muerta. En un mundo postmodernista, ¿durante cuánto más tiempo podemos seguir disfrutando de los beneficios de la investigación científica? ¿Puede continuar coexistiendo la civilización con el postmodernismo? No es que los bárbaros vienen, sino que ya están morando en la tierra.

DENTRO DE LA IGLESIA

Muchos de los que aceptaron la victoria del punto de vista copernicano, y que también estuvieron de acuerdo con que la alta crítica había desacreditado la Biblia como fuente de Verdad autoritaria, no estaban totalmente dispuestos a aceptar ni el deísmo ni el modernismo. No estaban dispuestos a abandonar el cristianismo.

El Liberalismo

El liberalismo teológico cree que el conocimiento ganado por medio de la alta crítica y la ciencia ha erradicado la creencia de que se puede considerar a la Biblia como una revelación divina que comunica la verdad objetiva. Sin embargo, los liberales no están dispuestos a abolir la cristiandad. Friedrich Schleiermacher (1768-1834) intentaba dar una respetabilidad empírica al cristianismo por medio de la consideración de los datos de la experiencia religiosa como datos empíricos válidos. Se le llama el padre del liberalismo.

Este movimiento creía en la bondad fundamental del hombre. Fue optimista. Jesucristo era un gran maestro moral y un gran ejemplo, pero no era divino. No aceptaba lo milagroso de la Biblia. Ejercía una influencia importante hasta el tiempo de la Segunda Guerra Mundial. El sueño optimista de la teología liberal no llegaba. Los estragos de las dos guerras mundiales hicieron difícil mantener el optimismo del liberalismo teológico.

La Neo-ortodoxia

Los neo-ortodoxos Karl Barth (1886-1968) y Emil Brunner (1889-1966) estaban de acuerdo en que se había destruido la autoridad objetiva de la Biblia, pero rechazaron el enfoque del liberalismo anterior. Rechazaron el punto de vista liberal en cuanto a la bondad del hombre. No veían nada del optimismo basado en los logros humanos. El hombre era profundamente pecaminoso. Existía un abismo enorme que separaba al hombre de Dios. La razón decía que Dios fue tan totalmente distinto al hombre que no podía revelarse al hombre. Para la persona que llega a tener un encuentro con Dios, la fe dice que Dios se ha revelado. La razón dice que no podría haber una encarnación de Dios en carne humana. La fe dice que Dios se hizo encarnado en Jesucristo. La fe en tal caso es irracional. El *piso alto* es irracional.

La teología contemporánea sigue, con algunas modificaciones, las pisadas del pensamiento neo-ortodoxo o liberal. De nuevo vemos que las palabras de Pablo: "Ella siempre están aprendiendo, y nunca pueden llegar al conocimiento de la verdad" (2 Timoteo 3:7) se aplican apropiadamente a este movimiento.

El Cristianismo Ortodoxo y Bíblico

Ha habido un consenso en cuanto a la aceptación del punto de vista copernicano igualmente dentro como fuera de la iglesia. Sin embargo, no hay tal consenso dentro de la iglesia en cuanto al rechazo de la Biblia como una revelación divina y autoritaria.

Los cristianos ortodoxos aceptan el punto de vista copernicano del universo, pero a la vez lo ven en armonía con la Biblia. Si hacemos uso del punto de vista de Francis Schaeffer de los *pisos alto* y *bajo*, los cristianos ortodoxos exponen un punto de vista unificado de los *pisos alto* y *bajo*. Aceptan la revelación divina como una autoridad objetiva. Creen que se ha creado el hombre a la imagen de Dios y que algunas ideas son innatas. Por ejemplo, la ley de Dios está escrita en nuestros corazones. Los cristianos ortodoxos aceptan los datos de la revelación divina (la Biblia), de las ideas innatas, igualmente como de la observación y la experiencia. Los defensores de este enfoque llevan tales etiquetas como *conservadores, evangélicos* o *fundamentalistas*. Se puede referir a este punto de vista simplemente como el cristianismo bíblico. El cristianismo bíblico recibe la Biblia como la revelación divina y desarrolla su teología desde la misma. Mi tratamiento de este tema es breve dado que este es el punto de vista expuesto en todo el libro.

Probando la Validez del Conocimiento del Piso Alto

Este capítulo se interesa en la adquisición del conocimiento del *piso alto*. Otra preocupación que tiene que ver con la epistemología es: ¿Cómo probamos o demostramos la validez de lo que se presenta como conocimiento del *piso alto*? O, ¿cómo podemos probar las aseveraciones de la Verdad como una cosmovisión? Aquí sólo expondré las pruebas. En los otros capítulos éstas se desarrollarán y detallarán más.

Un sistema que propone explicar la totalidad de la realidad (o de una cosmovisión) debe probarse satisfactorio para nuestra *personalidad total* como seres que piensan, sienten y actúan. La lógica no puede divorciarse de la vida y hacerse un juez debido de un sistema. Creo que las pruebas siguientes componen un paso en la dirección correcta para establecer un criterio que protegerá los intereses de la *personalidad total*: (1)¿Contesta las *preguntas ineludibles de la vida*? (2) ¿Hay una consistencia interna?, o sea, ¿se relaciona lógicamente la estructura con la base? (3) ¿Son adecuadas las causas para haber producido los efectos atribuidos a ellas? (4) ¿Se conforma a lo que es verdadero innegablemente?

Si una cosmovisión no puede contestar las *preguntas eludibles de la vida*, no merece nuestra consideración. El universo sería insoportable si los seres humanos fueran constituidos de tal manera que no pudieran evitar hacer ciertas preguntas, pero a la vez no existieran respuestas. No estoy diciendo que todas las preguntas imaginables tengan respuestas, pero que las preguntas grabadas indeleblemente en la constitución del hombre deben contestarse.

El Reto Ante la Iglesia

Una de las ventajas de haber vivido durante mucho tiempo es que ves las cosas desde una perspectiva más amplia. Cuanto más vive una persona, tanto más es su contexto del tiempo. El reto ante la iglesia es siempre: ¿Cómo podemos alcanzar a las personas para Cristo? ¿Cómo hemos de demostrar las implicaciones del mensaje cristiano para la vida y el pensamiento?

El reto actual es más difícil que era hasta los años 30 y 40. Se ha ido progresivamente haciéndose más difícil hasta nuestros días. La supremacía del postmodernismo en el trono del pensamiento secular ha cambiado drásticamente la naturaleza y la dificultad de nuestro reto. Con la llegada del postmodernismo, ha habido un cambio de paradigma importante en la manera en la que la gente se acerca al conocimiento. Ese cambio de paradigma le ha dado a la iglesia un reto distinto y uno drásticamente más difícil.

Reflexiones Personales

He pasado bastante tiempo meditando en las diferencias entre la manera en la que se veían las cosas en mi juventud y la manera de ver las cosas hoy día. No existiría ningún valor que yo escribiera en este libro sobre mi meditación en cuanto a estas diferencias si simplemente fuera para dar una mirada hacia lo nostálgico de los "días buenos del pasado". Me viene a la mente la historia contada por Carl Hurley de dos señoras que hablaban del pasado. Una dice: "Las cosas ya no son como eran". La otra le responde: "Nunca lo fueron". Hay mucha verdad en lo que la segunda contestó. Cuantos más años tengamos, más tratamos de pintar de color rosa el pasado. Si mi reseña del viaje que nuestra cultura ha tomado durante los últimos 60 años no nos ayuda entender mejor la actualidad y cómo hemos de tratar con ella, no servirá ningún propósito provechoso para este libro.

Morales e Ideales[23]

En cuanto a los ideales y la moralidad, la *cultura* de mi juventud hizo mucho mejor en adiestrar a las personas que lo que hace la *iglesia* actual. Había un énfasis firme en cuanto al bien y el mal, la honestidad, la integridad, la pureza, el pudor, la responsabilidad, el deber, la diligencia, la fidelidad, la lealtad, el dominio propio, el respeto hacia los ancianos, hacia la autoridad, la preocupación por los demás, la solicitud, la amabilidad, la cortesía, la buena educación, la dignidad, la belleza y la excelencia. No quiero dejar la impresión de que todo el mundo fuera un ejemplo destacado de estas virtudes. Algunos no lo eran. Pero esas virtudes fueron levantadas, y así hacía una diferencia en las personas.

Existían diferencias de opinión en cuanto a los detalles finos de la aplicación en áreas morales, pero no había conflicto en cuanto a la moralidad básica de los Diez Mandamientos. En cuanto a los ideales, había algunas variaciones en los detalles, pero nunca hubo ningún conflicto tocando la sustancia involucrada en esas virtudes.

Había aquellos que vivían en violación seria de esos ideales, pero ésos no idealizaron tal comportamiento. Se consideraba como pecado una violación de la moralidad básica de los Diez Mandamientos. Se atribuía una violación de la moralidad básica a "la carne" o a la depravación. En cuanto a las cortesías, la buena educación, la dignidad, la belleza y la excelencia, un fracaso en estas áreas fue atribuido a que no le importarse a la persona. Se decía que tal persona no tenía buena crianza. Reflejaba negativamente sobre sus padres.

Un énfasis en el bien y el mal ayudó a la gente a desarrollar un sentido de responsabilidad, deber y compromiso a la diligencia. El énfasis en las virtudes: consideración, amabilidad y cortesía motivaba una preocupación hacia el prójimo. En énfasis en las virtudes: cortesía, buena educación, dignidad, belleza y excelencia levantó la visión de las personas. Les dio a la gente algo a lo que podía aspirar. La gente tenían ganas de vestirse bien. El descuido no estaba de moda. Mientras que no todo el mundo estaba igualmente comprometido a esas virtudes, había muchas personas que sí lo fueron y muchos podían testificar de cómo esas virtudes les ayudaron a encontrar la satisfacción y avanzar con sus vidas.

EL EVANGELISMO

En los años 30 y 40, casi todo el mundo en mi ambiente creía que el cristianismo era la verdad. Todos tenían planeado ser salvos antes de la muerte. Las responsabilidades principales del cristiano en el evangelismo fueron: (1) recordar a los pecadores de los peligros de aplazar la salvación y (2) aclararles el evangelio.

Cada evangelista tenía sus historias de aquellos que habían muerto aplazando la salvación. Los evangelistas contaron de las personas que habían perdido sus vidas trágicamente como jóvenes. También recordaron a la gente que con el avance de los años el corazón se iba endureciendo. Tenían ilustraciones de aquellos que endurecieron sus corazones aún en la cara de la muerte. La llamada del predicador fue: "he aquí ahora el día de salvación" (2 Corintios 6:2).

Esas advertencias ayudaron a los pecadores que prestaran más atención. El predicador explicaría que las buenas obras, el bautismo, la membresía en la iglesia y otras coas en las que la gente podría dependerse de no salvarían a nadie. Entonces, detallaría que el único camino de la salvación era recibir a Jesucristo por fe como Señor y Salvador. El Espíritu Santo movía poderosamente durante muchos de estos servicios. Muchos respondieron y se salvaron.

No tengo que decirte que lo que he dicho no describe nuestros días. Han ocurrido algunos cambios drásticos.

EL PROBLEMA DEL LIBERALISMO TEOLÓGICO

Antes de 1930 ya se habían entablado batallas feroces entre el fundamentalismo y el liberalismo teológico. En cuanto a los votos, ganaron los liberales. En las denominaciones principales, los liberales lograron el control de los seminarios y los programas de misiones internacionales; muchos púlpitos fueron ocupados por predicadores liberales. Para el joven seminarista fue un problema verdadero encontrar un seminario conservador donde pudiera estudiar. Muchos perdieron su fe en esos seminarios liberales.

En la actualidad, es mucho más fácil encontrar un buen seminario conservador que hace 30 años. La situación ha mejorado un poco sobre lo que era hace 50 o 60 años.

UNA EXPLICACIÓN PARA LA CULTURA DE MI JUVENTUD

Durante varios años he meditado sobre la pregunta: ¿Cuál fue la razón para la influencia firme del pensamiento cristiano durante mis años formativos? En particular me interesa lo que estaba ocurriendo en el nivel básico. La tentación es de decir que la diferencia se explica por las distinciones entre las iglesias actuales y las de aquel entonces. Es cierto que se debe mucho crédito a las iglesias de esos días. Pero no creo que toda la respuesta se deba a la influencia de ésas.

Para encontrar una respuesta para las diferencias en las culturas de ahora y de aquel entonces, debemos examinar las fuerzas que iban dando forma a las dos. Para comprender el éxito o el fracaso de las iglesias en sus esfuerzos evangelísticos y en impactar los valores de una cultura durante un período dado, debemos mirar la *oposición* que se enfrentara a las iglesias durante el período considerado.

Se pueden explicar muchos cambios culturales en base a los principios sociológicos. Pero pienso que los cambios profundos que han ocurrido en nuestra sociedad, tales como el rechazo de la existencia de una Verdad última y el ascenso del relativismo moral y cultural, encuentran su explicación en los cambios del pensamiento de la cosmovisión. Si vamos a entender la cultura de los años 30 y 40, debemos ver como la cultura fue impactada por el pensamiento de su cosmovisión.

Así, pues, ¿qué había, aparte del pensamiento cristiano, que impactó la cultura de aquel entonces? El modernismo ejercía una influencia importante. Ese movimiento en aquel entonces promovía lo opuesto a lo que el postmodernismo promueve actualmente. Fue más racional, moral y optimista en cuanto a que tenía que ver con su enfoque principal. Recuerdo una vez durante la segunda mitad de los años 40 que leí en un periódico que algún profesor en una universidad estaba promoviendo el "amor libre" (el término empleado en aquel entonces para indicar sexo fuera del matrimonio). Se le consideró como excéntrico.

El modernismo representaba una amenaza a las creencias cristianas, pero no lo fue para los ideales altos. Se promovía la excelencia. El modernismo del día no hubiera salido al lado de un ataque directo de la moralidad básica de los Diez Mandamientos. Lo que se podría decir del modernismo de la era iba igualmente para el liberalismo teológico del tiempo. No hubo ninguna voz significativa que atacaba los ideales morales. El problema que existía en aquel entonces fue que el poder de la depravación causaba que las personas violasen sus conciencias igualmente como su juicio sano.

Cuando se guardan intactos los ideales morales, es más fácil oír el mensaje cristiano al nivel básico. El modernismo y el liberalismo fueron un problema, pero no plantearon la misma amenaza en el área de las morales y los ideales que presenta el postmodernismo.

Lo que he dicho sobre los años 30 y 40 se aplica, en grado menor, a los años 50. Ocurrían unos cambios que prepararían el camino para el tiempo turbulento de los años 60.

Los Años 60

El optimismo del modernismo ya no convencía a nadie. Durante un experimento de unos 150 años, la razón autónoma (la razón no informada por la revelación divina) había fracasado en cumplir con su promesa de encontrar una solución para la necesidad humana. Este fracaso resultó en el movimiento "hippie". Esos se rebelaron en contra del establecimiento, es decir, contra las instituciones de la sociedad. La iglesia formaba parte de este establecimiento. Así, pues, ella también fue rechazada como habiendo fallado en encontrar las respuestas para las preguntas y los problemas de la vida. Sin embargo, el interés principal tenía que ver con el modernismo. Se veía al cristianismo como una reliquia del pasado. Se tomaba por sentado que, como opción viable, el cristianismo había muerto con la llegada del modernismo. Así, que, en cuanto al movimiento "hippie" no existía razón alguna para volver a investigar el cristianismo como una respuesta posible para los problemas de la gente. Esto probablemente ocurrió en varios instantes. Pero tal investigación nunca fue una preocupación de ese movimiento.

En muchas universidades hubieron disturbios y edificios quemados. Existía una falta de confianza en cualquier persona que tuviera más de 30 años. No sabían en qué dirección moverse, pero estaban convencidos de que las respuestas que buscaban no se encontrarían en el pasado. En un intento de desesperación para encontrar esas respuestas, muchos del movimiento fueron hacia las drogas psicodélicas para las respuestas. No encontraron nada. Esto les condujo a una desesperación aún más grande.

La esperanza optimista de que el hombre solo resultara ser su propio Salvador ya no pudo mantenerse. Mirando hacia atrás, ya sabemos que el modernismo estaba entrando en la enfermedad que traería su muerte. El postmodernismo con su negación de la verdad, con sus dudas, incertidumbre, ambivalencia, relativismo moral y cultural, pluralismo, etc. iba emergiendo.

La turbulencia de los años 1960 se apaciguó durante los años 1970, pero el movimiento hacia un postmodernismo completo continuaba. Durante un tiempo parecía como si simplemente estuviésemos observando un cambio dentro del modernismo. Se llamaba el "humanismo secular". Ahora que está más claro lo que ha ocurrido, ya no lo llamamos así, porque el término "humanismo" sugiere que hay esperanza. Supone una aspiración para las mejores cosas de la vida. No estamos viendo tal cosa. Se ha ido la esperanza. No hay nada mejor a que aspirar. Una cosa es tan buena como cualquier otra. Todo es cosa de preferencia y gusto, y estos se condicionan culturalmente. Lo llamamos postmodernismo. El postmodernismo reina.

Los Años 90

Es evidente que ha ocurrido un cambio de paradigma principal. Ha cambiado nuestra sociedad. Los ideales altos del modernismo ya no existen. Los ideales altos del cristianismo no atraen. Se rechazó el concepto de la Verdad. Desesperadamente necesitamos un avivamiento de morales.

David Wells nos dice:

> Hubo una vez cuando la cultura occidental puso gran valor en los logros elevados de la naturaleza humana: el discurso racional, el buen uso del lenguaje, la ley justa e imparcial, la importancia de nuestra memoria colectiva, la tradición, el corazón de los axiomas morales a que se dio una aprobación colectiva, los logros estéticos en las artes que representaban el cenit del espíritu humano. Ahora todo estos se están batiendo en retirada. Generalmente el discurso racional ha desaparecido; en una nación donde el alfabetismo va cayendo hacia el suelo, se ha reducido el lenguaje al público al mínimo común denominador, a los dichos vulgares de la cultura de la juventud; se ha desintegrado el corazón de los valores; las artes son degradas; la ley, politizada.[24]

El cristianismo se basa en la Verdad. Jesús dijo: "y conoceréis la verdad, y la verdad os hará libres" (Juan 8:32). El postmodernismo niega la existencia de una Verdad última. El cristianismo es racional. Cree en la ley de la no-contradicción. El postmodernismo es irracional. No se molesta con la ley de la no-contradicción. El cristianismo cree en una Verdad moral absoluta. El postmodernismo cree en el relativismo moral.

No estoy sugiriendo que todo el mundo ha rendido todo que es bueno y noble. No es necesario que una persona tenga que aceptar todo el "paquete" del postmodernismo para ser afectada por él. Hay una *atmósfera postmodernista*, y ésta está condicionando nuestra cultura. Los sentimientos de la gente en cuanto a la verdad y el bien y el mal ya han sido insensibilizados. Ya no se siente igual en cuanto al pecado, un sentir que se exige para sostener las doctrinas del juicio, del infierno y de la necesidad de la expiación como expuestas por la teología cristiana.

Observaciones Concluyentes

Espero que se haya hecho patente en este capítulo lo muy importante que es lo que la gente crea en cuanto a la adquisición del conocimiento del *piso alto*. Si sólo se permiten los datos de la observación y la experiencia, estamos eliminando una cosmovisión cristiana. No es una cosa de inteligencia o no. Tiene que ver con cuáles datos son admisibles. Nadie puede construir una cosmovisión cristiana cuando los únicos datos admisibles son los de la observación y la experiencia. Nadie que acepte los datos de la revelación divina puede aceptar el modernismo o el postmodernismo.

Debe ser obvio que los 200 años de experimentos nos dicen que el empirismo no puede resolver el problema de la necesidad humana. Fue el fracaso de ese experimento que dio entrada al postmodernismo. El postmodernismo no es una solución. Es el anuncio de un experimento fracasado.

Al trazar la historia de la cultura en mi propia vida, debería ser obvio que la gente tiene una necesidad desesperada para las respuestas a las *preguntas ineludibles de la vida*. Se ve claramente que el pensamiento de una cosmovisión afecta el comportamiento para bien o para mal.

El fracaso del experimento del modernismo y la ausencia de cualquier esperanza en el postmodernismo deberían presentarnos como cristianos con una oportunidad. Necesitamos dejar que las personas sepan que, aunque el experimento del modernismo fracasó, no quiere decir que haya desaparecido toda esperanza. Deben saber que el modernismo no podía hacer nada menos que fracasar porque no permitió los datos importantes de la revelación divina.

Pablo nos dice: "*No hay quien entienda*" (Romanos 3:13). El verbo griego "entender" es *suniemi*. En cuanto a este término, Randolf O. Yeager explica:

> Entender en este sentido es "reunir todo junto". Tal pensador busca y encuentra una consciencia máxima. La verdad es consistente, coherente y corresponde a la realidad. No hay ninguna parte de la verdad que se opone a las otras partes. Cada parte cohesiona con todas las otras partes y todas las partes corresponden al mundo real.[25]

Decir lo que Pablo dijo con términos modernos es decir que sin Dios es imposible componer una cosmovisión verdadera y adecuada. Una cosmovisión sin Dios, la Biblia y Jesucristo es inadecuada. No puede satisfacer las necesidades de una persona en esta vida ni en la venidera.

Al eliminar a Dios, a Jesucristo y a la revelación divina del cuadro, el modernismo se colocó a sí mismo con propósitos contrarios a la imagen de Dios. Ha conducido al pesimismo y desesperación. Creó una sociedad vacía y turbada.

Es allí donde el modernismo ha dejado a las personas. El postmodernismo reconoce el problema, pero no ofrece ninguna solución. Ha llegado a la conclusión de que no hay solución. Lo que somos *se determina* por nuestra cultura y la comunidad de nuestro idioma. *No somos libres.*

Necesitamos poder explicar este vacío que la gente experimenta. Tenemos que dirigirnos a este vacío. Debemos demostrar a las personas que hay esperanza. Jesús dijo: "yo he venido para que tengan vida, y para que la tengan en abundancia" (Juan 10:10). Pablo dijo: "la piedad para todo aprovecha, pues tiene promesa de esta vida presente, y de la venidera" (1 Timoteo 4:8).

El impacto del postmodernismo sobre la cultura presenta un problema mucho más grande para el avance de los intereses cristianos que fue el caso con el modernismo. El modernismo dejó esencialmente intactos los ideales morales. El pluralismo y el relativismo del postmodernismo debilita los morales e insensibiliza la manera en que las personas se sienten en cuanto a los morales que aceptan.

Si queremos tener un impacto significativo en la gente de la cultura actual, hemos de informarla en cuanto a dónde estamos y cómo llegamos aquí. Debemos aprender cómo confrontar a las personas con la Verdad, personas condicionadas por el relativismo, y hemos de hacerlo de tal manera que les demos esperanza. Tenemos que ayudar a los que han sido engañados para creer que no hay significado y propósito para la vida. El único mensaje que da significado y propósito para las vidas de las personas es el evangelio. Esto es lo que Jesucristo nos ha comisionado a hacer.

3

La Auto-revelación de Dios

Si usamos la división expuesta en el capítulo dos entre el *piso bajo* y el *piso alto*, todo el mundo reconocerá que los seres humanos tienen experiencias del *piso alto*. Innegablemente, las personas tienen experiencias morales y religiosas. También se reconoce que estas experiencias son muy significativas en el desarrollo de una personalidad sana o no sana. La pregunta es: ¿Hay verdad que guía estas experiencias que haga que algunas ideas sean verdaderas o falsas, y algunas acciones buenas o malas? Aquí es donde termina el acuerdo.

Yo solía creer que todo el mundo creía que la vVerdad existía. Sabía que había diferencias de opinión en cuanto a lo que la Verdad fuera. También reconocía que no hubo un acuerdo en cuanto a cómo se encuentra la Verdad. Entendía que había algunas personas que mantenía una actitud agnóstica en cuanto a la posibilidad de encontrar la Verdad. Creo que este entendimiento describía la tremenda mayoría de las personas hasta nuestros días, incluyendo los del mundo académico. Con el cambio de paradigma del modernismo al postmodernismo, todo ha cambiado.

Describiendo el escenario universitario en 1987, Allan Bloom dice:

> Hay una cosa de la cual el profesor puede estar absolutamente cierto: cada estudiante que entra la universidad cree, o dice que cree, que la verdad es relativa. Si se pone a la prueba esta creencia, se puede saber de antemano la reacción del estudiante: no comprenderán. El hecho de que alguien cuestionaría la proposición como auto-evidente les asombra, como si se estuviera cuestionando que 2 + 2 = 4. Estas son cosas sobre las que uno no piensa.[1]

Continúa diciendo: "No hay enemigo excepto el hombre que no esté abierto a todo".[2]

Si le entiendo a Bloom, él está diciéndonos que hubo un tiempo cuando las universidades insistían en que sus profesores tuvieran libertad académica. Lo requirieron porque creían que la Verdad sí existía. No querían limitar la búsqueda del profesorado de la Verdad. Ahora, exponen una *apertura* porque no creen que exista cualquier cosa que sea una Verdad absoluta. Él dice: "Así, pues, lo que se proclama como una gran apertura es realmente un gran cierre".[3] La mente *que niega* la existencia de la Verdad *está cerrada* a la Verdad.

Algunos han creído que Dios es como un gran aguafiestas. Tales personas piensan que la creencia en Dios inflige culpa sobre la gente e infiere con el gozo de vivir. Ésas creen que, si sólo pudiesen quitar a Dios del cuadro, entonces todo el mundo podría seguir adelante con el gusto de la vida.

Una vez que se quita a Dios de en medio, no hay ninguna autoridad para infligirnos con culpabilidad. Se piensa que cada persona será libre para crear sus propias morales. El sueño es que una sociedad condicionada por tales pensamientos será libre para disfrutar de un placer sin interrupción. Una de las áreas principales para ser retocada por este sueño es el área del sexo. Se cree que la liberación de las restricciones divinas en cuanto al sexo abrirá el camino para una vida feliz. La única preocupación es de un sexo sin peligro para protegerse de los embarazos no deseados y de las enfermedades. En tal sociedad el vivir juntos sin casarse recibe la misma aprobación que el matrimonio. Se ve la homosexualidad con la misma posición moral que la heterosexualidad.

Nuestra sociedad se ha movido una distancia muy grande de lo que he descrito. Hemos visto un abandono masivo de las normas morales y de los ideales altos. Esta es la pregunta: ¿Nos ha traído la felicidad que se esperaba? No creo que haya muchas personas que digan que sí. La adicción extensiva a las drogas y al alcohol debería mostrarnos que un abandono del idealismo moral no ha podido producir ninguna felicidad. La depresión, el pesimismo y la desesperación son extensos. Es así a pesar de una prosperidad económica experimentada actualmente en algunos países. Vivimos en sociedades turbadas. El intento de negar la culpa real no ha resuelto los problemas de la gente.

Con muchos, es la seducción del hedonismo que hace tan atractiva la negación de la Verdad y también el rechazo de la autoridad moral. Sin embargo, esto no es lo que ha producido el cambio de paradigma del modernismo al postmodernismo. Este cambio no se hizo porque la gente creía que la clave de la felicidad se encontrara en una autonomía moral. Los líderes del cambio de paradigma eligieron lanzarse al postmodernismo porque creían que todos los intentos para encontrar la verdad para las experiencias del *piso alto* habían fracasado y que continuarían fracasando. Creían que se había terminado la búsqueda de la Verdad. No hay respuestas para las *preguntas ineludibles de la vida*.

Respeto a los postmodernistas por haber reconocido, por medio de la reflexión sobre los datos de la observación y la experiencia, que el empirismo no puede encontrar la verdad del *piso alto*. Tengo respeto hacia los postmodernistas por haberse dado cuenta que el modernismo se encuentra en bancarrota. Respeto a aquellos que rechazan las respuestas excesivamente simplificadas para los problemas que nos asedian como seres humanos. Sin embargo, creo que hay respuestas. Creo que hay esperanza. No ando con una cosmovisión de sueños en cuanto a la vida. No adscribo a las respuestas excesivamente simplificadas. Vivimos en un mundo lleno de una realidad severa. No hay garantías de que una persona pueda escaparse de participar en algo de esta severidad de la vida. Pero es posible encontrar las respuestas que darán propósito y significado a la vida. Hay ayuda para el viaje.

Una Lección de Copérnico

A Copérnico se le enfrentó un problema por el cual no pudo encontrar respuestas. Al no encontrarlas, volvió al pasado y encontró ayuda. Edward Rosen explica:

> En el principio de su carrera Copérnico se dio cuenta de los defectos serios en el sistema astronómico ptolemaico que él, como estudiante, había aprendido. Esperando poder eliminar esos problemas graves, comenzó a repasar toda la literatura antigua sobre el tema, y encontró una opinión minoritaria que hacía tiempo que se había ignorado. Esa opinión colocó el sol en el centro del universo en lugar de que la tierra fuera en el centro, y fue sobre este concepto heliocéntrico que Copérnico escogió para basar su sistema.[4]

Una necesidad y una disponibilidad para indagar en el pasado puso a Copérnico en el camino que revolucionaría nuestro entendimiento del universo. Su búsqueda se recompensó y nosotros somos los beneficiarios.

Una Evaluación de la Crisis Actual

Creo que cualquier evaluación honesta de la situación actual nos dirá que la cultura tiene problemas serios. Estamos en crisis. Yo sugeriría que miramos a las víctimas del postmodernismo.

LA MUERTE DE LA VERDAD

El postmodernismo significa la muerte de la Verdad. Comenta Dennis McCallum: "El postmodernismo, en cuanto a que se aplica a nuestras vidas cotidianas, es la muerte de la verdad como la conocemos".[5]

Para sostener esta evaluación, me refiero a la cita de Joseph Natoli y Linda Hutcheon que empleé en el capítulo anterior. Iluminan esta valoración en su "Introducción" de *A Postmodern Reader*, diciendo: "una parte inevitable de la condición general de la postmodernidad: [es] un reconocimiento de la imposibilidad (y de hecho, de la indeseabilidad) de encontrar cualquier 'Verdad' absoluta y final".[6]

¿Podemos permitirnos el lujo de seguir un enfoque que niega la existencia de la Verdad, incluso que rechaza la idea de que desearíamos encontrarla?

LA MUERTE DE LA RAZÓN

Con su énfasis en el relativismo y el pluralismo, el postmodernismo es irracional en cuanto a lo que tiene que ver con el *piso alto*. No se molesta con la ley de la no-contradicción. La razón muere cuando se ignora la ley de la no-contradicción.

¿Podemos permitirnos el lujo de escuchar un enfoque que mató la razón?

LA MUERTE DE LA NATURALEZA

El cristianismo y el modernismo igualmente reconocieron que hay un orden en la naturaleza. Esta tiene una "naturaleza". Se creía que esa "naturaleza" tenía orden y que la mente podría estudiarla. Aquellos que estudiaron científicamente la naturaleza hablaban de las leyes de la naturaleza. Se veía la "naturaleza" de la naturaleza, igualmente en el cristianismo y el modernismo, como racional y moral. Cuando se niega esta "naturaleza", desaparece la naturaleza en el sentido que históricamente ha sido creído. Está muerta. No hay orden en la naturaleza. No hay leyes de la naturaleza. No hay una base para la ciencia. La naturaleza no es inherentemente moral.

¿Podemos permitirnos el lujo de seguir un enfoque que roba a la naturaleza de cualquier esencia consistente?

LA MUERTE DE LA ESPERANZA EN LA META-NARRATIVA (O COSMOVISIÓN)

Jim Leffel y Dennis McCallum nos dicen: "Las meta-narrativas son las explicaciones generales de la realidad basada en algunas 'verdades' centrales y organizadas".[7] Una *meta-narrativa* sería lo mismo que lo que llamo yo una cosmovisión si se la considera una explicación veraz de la totalidad de la realidad. El postmodernismo no tiene ningún uso para una meta-narrativa ni para una cosmovisión mundial veraz. (Yo prefiero el término "cosmovisión".)

¿No permitiremos el lujo de seguir un enfoque que elimina cualquier esperanza de la existencia de una cosmovisión veraz?

LA MUERTE DE UN CONSENSO MORAL

Como indiqué en el capítulo anterior, durante los años 30 y 40 hubo un consenso moral al nivel básico de la sociedad. Mientras que en los puntos precisos de la aplicación no habría existido un acuerdo entre el cristianismo conservador, el modernismo y el liberalismo teológico, no guerrearon el uno contra el otro en cuanto a la moralidad básica de los Diez Mandamientos. Este consenso moral hizo una diferencia. No produjo una sociedad perfecta, pero sí una sociedad más sana que la actual. El relativismo y el pluralismo están causando estragos en la gente de nuestra sociedad. No ofrecen ninguna solución para los problemas de la población. Forman parte del problema. Hacen más difícil llegar a las personas con el mensaje cristiano.

Chuck Colson nos recuerda:

> Nunca ha habido un caso en la historia en que una sociedad ha podido sobrevivir por mucho tiempo sin un código moral firme. Y nunca ha habido un tiempo cuando no se informa un código moral por la verdad religiosa. Rescatando nuestro código moral, nuestra verdad religiosa, es la única manera que nuestra sociedad pueda sobrevivir. Los montones de cenizas de Auschwitz, los campos de matanza del sudeste de Asia y la tierra congelada del gulag nos recuerdan que la ciudad del hombre no basta, sino que hemos de buscar la ciudad de Dios.[8]

David Wells se dirige a la extensión del relativismo moral cuando dice:

> Sosteniendo todas las otras culturas principales fueron las suposiciones religiosas, fueren del hinduismo, islam o cristianismo. Sin embargo, sostenido nuestra cultura no hay tales suposiciones religiosas, y es la primera vez que cualquier civilización importante ha intentado edificarse así.[9]

Adicionalmente Wells dice:

> Durante el siglo diecinueve en particular, hubo varios intentos de establecer un sistema de morales sin suponer de la existencia de Dios y de Su revelación. Esas experiencias fueron todas conducidas por una pequeña vanguardia de filósofos, novelistas y artistas. Lo que ha cambiado ahora es que toda la sociedad se ha he-

> cho vanguardista. Es la sociedad entera la que actualmente está involucrada en este experimento masivo para hacer lo que ninguna otra civilización ha podido hacer, es decir, reconstruirse deliberada y auto-conscientemente sin ninguna fundación religiosa. Y lo esencial de este intento es que la verdad en cualquier sentido absoluto se ha ido. La verdad, a igual que la vida, está fracturada. Como la experiencia, está descoyuntada. Igual que nuestras percepciones de nosotros mismos, es incierta. Su parecer va cambiando mientras nos movemos entre las unidades pequeñas que componen nuestra experiencia social. Igual que nuestro comportamiento, debe adaptarse a cada contexto y permanecer flexible. Es simplemente un tipo de protocolo. No tiene autoridad, ningún sentido de justicia, porque ya no puede encontrar un anclaje en algo que sea absoluto. Si persuade, lo hace porque nuestra experiencia la han dado un poder persuasivo, pero puede que mañana nuestra experiencia sea distinta.[10]

¿Podemos permitirnos el lujo de continuar en esta senda de devastación?

LA MUERTE DE UN CONSENSO DE LOS IDEALES ALTOS

Mis memorias más tempranas me hacen volver a los días de la Gran Depresión. Aún como un niñito preescolar escuché a los adultos hablar bastante de modo que supe que el país estaba experimentando una depresión severa. Pero a pesar de la severidad de los tiempos, mis padres siempre hacían lo necesario para asegurar que la familia tuviera lo que llamábamos en esos días "ropa de domingo". Mis padres podrían haber dicho fácilmente: "No podemos comprarte ropa de domingo". Pero se sentían obligados por una determinación de que no se nos negaran todas las experiencias de la belleza y la excelencia. Por lo menos iban a proveernos con un conocimiento simbólico de los ideales altos. Creo que la provisión de ropa de domingo, por parte de mis padres, levantó mi mirada y me ayudó escoger un camino más alto para mi vida. Todo el mundo estaba de acuerdo en que había un camino *alto* y un camino *bajo* a viajar para cada persona. No hubo ninguna confusión en cuanto a lo que era lo *alto* y lo que era lo *bajo*. Ahora, hay una resistencia aún en contra de la idea misma de que haya una distinción entre un camino *alto* y uno *bajo*.

En aquel entonces había algunos, distintos de mis padres, que no dieron mucha importancia en cuanto a la manera de vestirse ni a otras áreas que manifestaban un interés hacia los ideales. Pero aún así, nadie estaba exaltando el descuido en el vestir ni la falta de interés. Hubo un consenso en cuanto a la necesidad de la meta para llegar a los ideales altos. Si una persona previamente había sido privada culturalmente, se creía que cuando asistía a la universidad, experimentaría un refinamiento.

No tengo que decirles que lo he descrito no es la situación de los años 90. Más bien de promover los ideales altos, las instituciones de educación llevan mucha de la culpa para el barbarismo que domina nuestra cultura.

¿Deberíamos continuar en esta dirección? ¿Es esto lo que quiere para usted mismo, para sus hijos y para sus nietos?

Un Resumen de los Desarrollos que Nos Han Traído a Donde Estamos

Como señalé en el capítulo anterior, alrededor el tiempo de Isaac Newton (1642-1727), hubo un cambio en el pensamiento occidental. Con el triunfo del punto de vista copernicano muchos creyeron que ya no les hacía falta Dios. El empirismo reinaba desde el trono del pensamiento secular. Para muchos, desapareció la esperanza que la Biblia fuera una autoridad divinamente revelada. El único enfoque válido al conocimiento fue que la mente reflejara sobre los datos ganados por medio de la observación y la experiencia. Se abandonó el teísmo y se buscó el naturalismo. El empirismo dio la bienvenida a este reto. Se enfrentó al desafío con gran optimismo.

Había aquellos que aceptaron el punto de vista copernicano, recibieron los descubrimientos de la ciencia y continuaron a ejercitar su confianza en la Biblia como una revelación divina. Este punto de vista ha sobrevivido y es avanzado por los grupos cristianos conocidos como conservadores, fundamentalistas o evangélicos. Nuestro interés presente tiene que ver con los que limitan los datos para la reflexión racional a la observación y la experiencia. Esto no necesariamente quiere decir que todos los que habían aceptado el punto de vista secular rechazaron la existencia de Dios. Lo que debemos tener en cuenta es que Dios no entró en el pensamiento de su cosmovisión. Aunque tales personas reconocen la existencia de Dios, esta creencia en Él no contribuye a su cosmovisión. Es lo que llamo el ateísmo epistemológico.

Se ha encontrado esta devoción al empirismo entre los que llamamos modernistas. Como se observó en el capítulo anterior, el modernismo reinó durante unos dos cientos años. La relación entre el postmodernismo y el empirismo es extraña. En un sentido el empirismo es el padre del postmodernismo. En otro sentido el postmodernismo es el rechazo del empirismo. El postmodernismo nunca habría existido sin el empirismo y el modernismo. El empirismo demanda un "ateísmo epistemológico". El fin lógico del ateísmo epistemológico es la negación de la Verdad. Engendra el relativismo, el pluralismo, el nihilismo, el pesimismo y la desesperación. Lo que llamamos el postmodernismo se encontró inherente en el empirismo desde su principio. Solamente faltaron dos siglos para que saliera a la luz y dominara el nivel básico de la sociedad.

Un Reto a Seguir el Ejemplo de Copérnico

Me gustaría retar a aquellos influenciados por el postmodernismo a que sigan el ejemplo de Copérnico. Él vio que habían existido aquellos que en el pasado que habían expuesto un punto de vista heliocéntrico del universo. Pero aquellos que siguieron el punto de vista geocéntrico (ptolemaico) dominaron el escenario. Copérnico miró al pasado y avivó un punto de vista descartado y esto cambió la historia. ¿Qué hubiera ocurrido si Copérnico no hubiera estado dispuesto a aprender del pasado? ¿Qué si no hubiera querido cambiar su manera de pensar?

Volvamos a considerar el período en el pensamiento occidental cuando la mayoría de los universitarios eligieron descartar el teísmo cristiano y en su lugar cambiaron al naturalismo. Hubo un rechazo de la revelación divina como una fuente de datos. Se decidió restringir los datos para la reflexión racional a la observación y la experiencia. El fracaso del modernismo debería hacer que una persona piense seriamente en cuanto a una nueva consideración del teísmo cristiano que fue rechazado por la mayoría del pensamiento occidental. El corazón y la mente humana piden más que la desesperación y la desolación del postmodernismo.

Copérnico volvió a examinar un punto de vista descartado. El reto al lector es que se someta a un examen del punto de vista descartado por el pensamiento universitario principal. Siga el lector con nosotros en nuestra investigación y exposición de la cosmovisión cristiana. Considérelo completamente. Qué la *personalidad total* entre en este estudio.

En toda seriedad, ¿se puede creer que todo lo que existe es indiferente o quizás hostil a la necesidad humana? ¿Estamos perdidos sin rumbo en el mar de vida sin brújula y sin un norte para guiarnos? ¿Es que no hay ninguna base para una esperanza para algo mejor?

Pienso que podemos decir, sin equivocarnos, que el empirismo ha llevado a sus seguidores al único lugar donde pudo. Les ha descargado en un lugar donde: No hay un lugar para la Verdad. En cuanto a una experiencia del tipo *piso alto*, la razón está muerta. La naturaleza, en cuanto a poseer un orden y ser capaz del estudio racional, está muerta. La esperanza de un punto de vista racional está muerta. La esperanza de un consenso moral está muerta. La esperanza para cualquier regreso a la aspiración a los ideales altos está muerta. ¿Es que no hay nada que podemos hacer excepto desarrollar unos nervios de acero y demostrar que tenemos agallas y así esperar la aniquilación?

¿Es la razón principal del fracaso del modernismo y de la tragedia del postmodernismo arraigada en una decisión equivocada por algunos pensadores occidentales hace unos 200 años? Según como lo veo yo, sólo hay dos elecciones: el cristianismo o la desesperación. Estoy convencido de que el cristianismo es verdadero. Insto a aquellos que se encuentran agarrados en la desesperación del postmodernismo que vuelvan al cruce de caminos. Que se fijen donde el empirismo les ha dejado plantado. Que miren honestamente al punto de vista que acepta igualmente la observación, la experiencia y la revelación divina como fuentes de datos para la reflexión racional. Si hay un Dios, la única esperanza para conocerlo es que Él mismo se nos revele a nosotros.

Michael Bauman expone este reto con palabras firmes, diciendo:

> Si cree en los años 60, o si cree en los 90, has creído una mentira. Igual que yo, necesita librarse de la decepción. Para encontrarlo, tiene que volver más allá de los años 60, a una sabiduría mucho más antigua que el tiempo mismo. Necesita volver a Dios y a la sabiduría que habló y creó este universo. Debe regresar al Dios que le hizo y le ha redimido. No se encuentra ninguna respuesta real en ningún otro lugar.[11]

El testimonio de Bauman es:

> Lo que yo tenía que aprender ya eran noticias viejas en los días de Jeremías, el profeta antiguo, que escribió: "Paraos en los caminos, y mirad, y preguntad por las sendas antiguas, cuál sea el buen camino, y andad por él, y hallaréis descanso para vuestra alma" (Jeremías 6:16).[12]

La Auto Revelación de Dios es la Única Respuesta

No debería parecer extraño que el empirismo no puede hallar la verdad del *piso alto*. Yo solía escuchar al filósofo cristiano, Gordon Clark, decir: "El empirismo conduce al escepticismo". La primera vez que lo oí no entendía lo que estaba diciendo. Ahora ya sé que decía que aquellos que restringen el conocimiento racional a aquel que se conoce por la experiencia y la observación no pueden conocer a Dios. No pueden hallar la verdad del *piso alto*.

La investigación y el razonamiento empíricos no pueden contestar las preguntas que tenemos en cuanto a Dios. Si se le va a conocer, Dios tiene que revelarse. Creo que hay dos razones básicas por las que nuestro conocimiento de Dios nos debe llegar por medio de Su auto revelación: (1) No se puede percibir a Dios por medio de los cinco sentidos, ni aún con cualquier instrumento de precisión que tengamos a nuestra disposición, y (2) el hecho de que Dios es personal significa que no se le puede conocer si Él no se nos revela a nosotros.

Como seres humanos, no podemos saber lo que hay en la mente de otra persona si ella no nos lo revela a nosotros. Al mismo tiempo, el hecho de que somos seres que piensan, sienten y actúan quiere decir que una persona puede revelar a otra lo que está pensando. Puesto que Dios es personal, Él puede hablar. Y esto es exactamente lo que nosotros los cristianos creemos que ha ocurrido. No estamos perdidos en el mar de la vida. Dios se ha revelado a nosotros y nos ha dado las respuestas para las *preguntas ineludibles de la vida*.

La gran mayoría de las religiones mundiales toman por sentado que Dios es impersonal. Sólo el cristianismo, el judaísmo y el islam aseveran haber recibido una revelación divina escrita de un Dios personal. Consideraremos, por el momento, lo que sería la situación si Dios fuera impersonal: Él (o, la cosa) es un objeto que no podemos percibir por medio de los cinco sentidos. Si es impersonal, no puede hablar. Por lo tanto, Él (o, la cosa) no puede ser conocido. En tal caso, una persona sólo podría especular sobre un dios del cual no está seguro si existe o no.

Cuando Pablo escribió: "el mundo no conoció a Dios mediante la sabiduría" (1 Corintios 1:21), era probablemente una referencia al hecho de que los mejores intentos de la mente humana, ilustrados por los filósofos griegos Sócrates, Platón y Aristóteles, habían fracasado en encontrar o conocer a Dios. Se pronunciaría el mismo veredicto sobre las búsquedas de los filósofos desde ese entonces. El panteísmo, deísmo, agnosticismo y ateísmo todos manifiestan la vanidad de los intentos humanos para localizar lo Último. La idea misma de que ha que encontrar a Dios implica la idea de un dios impersonal.

Si Dios es personal pero no le hubiera hablado a la raza humana, entonces las palabras de Elías dirigidas a los profetas de Baal serían apropiadas: "Gritad en voz alta, porque dios es; quizás está meditando, o tiene algún trabajo, o va de camino; tal vez duerme, y hay que despertarle" (1 Reyes 18:27).

Sin embargo, si Dios es personal, Él puede hablar. Como cristianos, creemos que Él ha hablado. Nosotros no encontramos al Dios de los cristianos, sino que es Él que nos ha hablado. Dios se nos ha revelado. Tocando sobre esta revelación, Bernard Ramm dice: "La revelación es la autobiografía de Dios, es decir, es la historia que Dios narra sobre sí mismo. Es aquel conocimiento sobre Dios que nos viene de Dios".[13]

La Revelación General

En el estudio de la revelación divina, se hace una distinción entre la revelación general y la especial. La revelación general se refiere a la revelación de Dios en el orden creado y en la naturaleza básica del hombre. En la especial, Dios comunica, de una manera directa, un conocimiento sobre sí mismo y sobre Su plan a una persona o a un grupo en particular.

A veces se refiere a la revelación general como revelación natural, y se hace una distinción entre una revelación natural y una sobrenatural. El término "general" es mejor que "natural" dado que la expresión "revelación natural", distinguido de la frase "revelación sobrenatural", podría inferir que la natural no es sobrenatural. Toda revelación de Dios es sobrenatural. Louis Berkhof observa: "Se reconocía que la distinción entre la natural y la sobrenatural era algo ambigua [sic] dado que toda revelación es sobrenatural en su origen y, como revelación de Dios, también lo es en su contenido".[14]

Puesto que el contenido de la revelación especial es mucho más extenso que el de la revelación general, fácilmente se puede pasar por alto la importancia de la general. Es equivocación sacar la conclusión que dado que tenemos la especial no nos es necesario prestar mucha atención a la general.

LA REVELACIÓN GENERAL DE ROMANOS 1

El capítulo más importante en la Biblia en cuanto a la revelación general es el primero de Romanos. Han habido muchos puntos de vista distintos sobre el tema de la revelación general. Karl Barth tomó la posición de que no hubo ningún conocimiento de Dios aparte de la revelación de Dios en Jesucristo. Por lo tanto, la revelación de Dios en la naturaleza sólo podría reconocerse por aquellos que tienen la revelación de Dios en los evangelios.[15] Entre los teólogos conservadores, se acepta la revelación general, pero con una variedad de opiniones en cuanto a su papel.

EL SIGNIFICADO DE *GNOSTOS* DE ROMANOS 1:19

En nuestro intento de contestar la cuestión sobre la naturaleza de la revelación general, hemos de examinar Romanos 1:19. En la RVR1960, *gnostos* se traduce por "se conoce", igual que en *La Biblia De Las Américas* ("se conoce"). No hay debate en cuanto al significado de *gnostos* en los otros pasajes donde se emplea en el NT (Lucas 2:44; Juan 18:15-16; Hechos 1:19; 2:15; 4:10, 16; 9:42; 13:38; 15:18; 19:17; 28:22, 28). En todos estos versículos se refiere a "conocer", y no a la "posibilidad de conocer".

Los eruditos del griego nos informan que en el griego clásico, el término *gnostos* llevaba el significado de "conocible". Los comentaristas se dividen en cuanto a que si su significado en Romanos 1:19 es: "lo que se puede conocer" o "lo que es conocido".[16]

Esta es la pregunta para decidirse: En Romanos 1, ¿nos dice Pablo que la revelación general es de tal naturaleza que es *posible* que las personas tengan un conocimiento de Dios?, o ¿nos está enseñando que las personas *realmente* tienen un conocimiento de Dios por medio de la revelación general? Creo que Pablo expone que las personas tienen un conocimiento de Dios.

El Significado de la Imagen de Dios en el Hombre

Se desarrollará el significado de ser creado a la imagen de Dios en el capítulo titulado "La Naturaleza del Hombre". Aquí quiero exponer que, en el pensamiento cristiano, el ser humano es creado a la imagen de Dios (Génesis 1:26). Lo que significa es que los seres humanos son racionales (Colosenses 3:10) y constituidos moralmente (Efesios 4:24). Los humanos no son *tabulas rasas* (o sea, hojas en blanco). Somos seres *diseñados*. Creo que esto es lo que Pablo nos dice, que el conocimiento de Dios y el conocimiento de la moralidad básica se han escrito en nuestro propio ser.

No se nos ha lanzado al espacio para vagar sin rumbo. Dios nos ha pre-programado con un conocimiento de Él y de cómo es Él. Un entendimiento de la moralidad básica se ha escrito en nuestro corazón. Silenciar la revelación de Dios y la revelación moral escrita dentro de nosotros es una violación de nuestra propia naturaleza. Al pecar en contra de Dios, pecamos en contra de nosotros mismos.

En nuestro estudio de lo que Pablo nos enseña sobre la revelación general, nuestro ser interior testificará que un conocimiento de Dios y un conocimiento de una moralidad básica están escritos indeleblemente en nuestro ser más profundo. La Verdad encuentra cabida en nosotros, nos habla. Nos ayudará a comprender lo que está ocurriendo interiormente. En un sentido, podemos decir que la Verdad es auto-autenticante.

No hay nada más racional que creer en Dios. Sin embargo, no estamos hablando de una lógica fría, sin pasión. Buscamos las respuestas para las preguntas que no podemos dejar que hacernos. Buscamos estas respuestas significativas para las necesidades que sentimos tan profundamente. Desesperadamente necesitamos respuestas. Salomón se dirigió a la naturaleza interior de los seres humanos cuando dijo que Dios "ha puesto eternidad en el corazón" de las personas (Eclesiastés 3:11). En cuanto a esta frase, Fran Delitzsch explica sobre el hombre: "Se halla en su naturaleza el no estar contento con lo temporal, sino que siente la necesidad de romper y cruzar los límites con que se le ha encerrado, de escaparse de la esclavitud y la inquietud interior que le dominan, y entre los cambios de tiempo constantes de consolarse al dirigir sus pensamientos hacia la eternidad".[17]

La Revelación General y el Conocimiento Moral

ROMANOS 2:14, 15

Estamos tratando dos intereses: (1) el conocimiento de Dios y (2) el conocimiento moral. Nos será más fácil si establecemos el hecho de que Pablo nos está contando que el conocimiento moral está escrito en nuestros corazones. Esto es exactamente lo él nos dice en Romanos 2:14. Al hablar de aquellos que nunca habían visto la Biblia, escribió: "Porque cuando los gentiles que no tienen ley, hacen por naturaleza lo que es de la ley, éstos, aunque no tengan ley, son ley para sí mismo".

Pablo nos explica que nadie puede exponerse como si fuese ignorante de la ley de Dios porque está escrita en el corazón de cada ser humano. La ley escrita en nuestro ser es la misma que está escrita en la ley moral de los Diez Mandamientos. El pecado, igualmente dentro de nosotros y en la cultura que nos rodea, ha producido confusión en muchos temas, pero cuando hablamos con personas que poseen la moralidad básica de los Diez Mandamientos, no estamos dando información a unos huecos morales. La regeneración, el alumbramiento del Espíritu Santo y la instrucción dada en las Escrituras clarifican las cosas y enfocan las percepciones morales de una persona, pero estas experiencias nunca son el comienzo del conocimiento moral. Cuando la gente se pone en conflicto con estos conceptos morales que Dios ha programado en sus seres más profundos, lo hacen a su propio daño.

ROMANOS 1:32

Comencé esta discusión sobre el conocimiento moral con la referencia a Romanos 2:15 debido a la claridad innegable que este pasaje trae al tema. Ahora volvamos a Romanos 1 para demostrar que allí Pablo está hablando del hecho de que las personas *sí* tienen un conocimiento de Dios y de lo moral. No está hablando sobre de la *mera posibilidad* de haber recibido un conocimiento de Dios y de las morales.

Al mencionar a aquellos que nunca habían recibido la revelación especial, Pablo explicó: "quienes habiendo entendido el juicio de Dios, que los que practican tales cosas son dignos de muerte" (Romanos 1:32). Dice claramente que esas personas *sí* tienen conocimiento del juicio de Dios. *Sí* reconocen que eran dignos de muerte.

Reconozco que la idea de que todas las personas ya tienen un conocimiento de la moralidad básica revelada en los Diez Mandamientos causa muchas preguntas. Hay muchos que se opondrían a esta aseveración. Llamarían a nuestra atención al hecho de que hay muchas personas que tienen ideas en cuanto a una ley moral que va en contra de la moralidad de los Diez Mandamientos.

ROMANOS 1:18

Para poder tratar este asunto, necesitamos examinar Romanos 1:18. Según este versículo, la ira de Dios se extiende universalmente en contra de: (1) la impiedad, (2) la injusticia y (3) la supresión o detención de la Verdad. La RVR traduce esta expresión: "que detienen con injusticia la verdad". La mayoría de la erudición bíblica entiende que el verbo griego *katecho* (en este versículo) significa detener o suprimir "la verdad", y así lo traduce la mayoría de las versiones.[18] El contexto también favorece el significado de "detener la verdad".

En concepto de sofocar o detener la verdad es esencial para entender lo que Pablo está enseñando en Romanos 1. ¿Cómo podría aseverarse que todas las personas, si lo admiten o no, reconocen que todos los que violan la moralidad básica entienden que "el juicio de Dios, que los que practican tales cosas son dignos de muerte" (Romanos 1:32)? Se ve la respuesta en el hecho de que *el conocimiento detenido sigue siendo conocimiento*. Hasta cierto punto podemos suprimir el conocimiento de la mente consciente a la mente subconsciente. Pero no lo podemos erradicar de la mente. No importa el esfuerzo que una persona dé para negar la veracidad de las enseñanzas morales de los Diez Mandamientos, no puede erradicar la preocupación por la moralidad básica de ellos que está escrita en nuestro ser más profundo. Los seres humanos no son huecos morales.

No estoy diciendo que por medio de la revelación general una persona tenga una doctrina bien desarrollada del juicio y del infierno. Lo que expongo es que cuando la revelación especial llega a una persona y le instruye sobre estos temas, no hay un vacío en su mente en cuanto a éstos. Más bien, ya existe en la mente un nivel de reconocimiento moral y preocupación a la que se dirige, aclara y desarrolla la revelación especial.

La Revelación General y el Conocimiento de Dios

Al igual que hay muchas personas que detienen el conocimiento moral, hay aquellos que sofocan el conocimiento de Dios que se ha pre-programado en sus mentes. Señalé anteriormente que en Romanos 1:19, Pablo no nos dice simplemente que es posible conocer a Dios. Nos afirma que Dios *es conocido* en la revelación general, que el conocimiento de Dios es innato en el hombre. Cuando una persona asevera ser atea, está sofocando el conocimiento de Dios que se encuentra en su mente subconsciente. Es responsable para el conocimiento que está deteniendo.

ROMANOS 1:20

Este conocimiento, suprimido o no, llevaba a Pablo a decir que la ira de Dios va en contra de la impiedad y la injusticia (Romanos 1:18). En el versículo 20 nos dice que, basado en el conocimiento obtenido sólo en la revelación general, se anula cualquier defensa expuesta para la impiedad de la gente (o sea, el no reverenciar a Dios) y para la injusticia (o sea, el no vivir conforme a la ley moral de Dios). Pablo construyó su caso en el hecho de que la revelación general destruye cualquier posibilidad de una defensa que una persona pudiera decir que era ignorante de su pecado.

Romanos 1 no trata con la cuestión de que si una persona puede mostrar la existencia de Dios o no. Más bien Pablo nos está diciendo que cada ser humano tiene un conocimiento de Dios.[19] Trataré la cuestión de las "pruebas" para la existencia de Dios en el capítulo 7, "Probando las Cosmovisiones".

El Contenido de la Revelación General

En Romanos 1.20, Pablo señala en cuanto al contenido de la revelación general que es un conocimiento de Su "poder eterno y deidad". En primer punto es que por medio de la revelación general la gente reconoce que Dios es eterno y que es poderoso. Luego, está la palabra griega *theiotēs*, traducida en la RVR "deidad". Algunas versiones traducen *theiotēs* como "naturaleza divina". Me parece que la mayoría de los eruditos cree que "naturaleza divina" es lo más correcto. La referencia tiene que ver con el hecho de que por medio de la revelación general las personas pueden captar la idea de cómo es Dios. Pienso que podríamos decir que es por medio de la revelación divina que la gente reconoce que Dios es eterno, poderoso, soberano, santo, justo y amor. Aún aquellas personas que niegan la existencia de Dios saben qué tipo de ser es el que están aseverando que no existe.

Los humanos no comienzan sus vidas como una *tabula rasa* en cuanto al conocimiento de que si Dios existe o no y en cuanto a qué tipo de ser que es Él.

David nos dice: "Los cielos cuentan la gloria de Dios, y el firmamento anuncia las obras de sus manos". (Salmo 19:1) Pablo y Bernabé, al hablar a la gente de Listra, les informaron lo siguiente en cuanto a la revelación general: "si bien no se dejó a sí mismo sin testimonio, haciendo bien, dándonos lluvias del cielo y tiempos fructíferos, llenando de sustento y de alegría nuestros corazones" (Hechos 14:17). Según estos dos pasajes, por medio de la revelación general una persona puede saber algo sobre la gloria de Dios y sobre Su bondad.

En Hechos 17:28, Pablo les recordó a los paganos en el Areópago que "algunos de vuestros propios poetas también han dicho: 'Porque linaje suyo [de Dios] somos'". A través de la revelación general la gente puede reconocer que Dios nos creó.

Una parte del conocimiento contenido en la revelación general es innata o "pre-programada". Otros aspectos de él se basan en la observación y la experiencia. Se aprende empíricamente. Igualmente, los datos del conocimiento innato y los datos de la observación y la experiencia llegan a la mente para la reflexión.

El conocimiento ganado por medio de la revelación general no es salvífico. Sin embargo, sirve para preparar a una persona para la recepción del mensaje de la redención. Uno de los grandes problemas encontrados en el postmodernismo es que no sólo se roba a las personas de la revelación especial, sino que también se trata de callar la revelación general y así distraer a la gente de su mensaje. Al punto que tenga éxito, el postmodernismo no sólo es una amenaza al cristianismo, sino también lo es a la civilización. Esta necesita el beneficio de la revelación general.

La Revelación Especial

LA NECESIDAD DE LA REVELACIÓN ESPECIAL

A veces se piensa que fue sólo después de la caída de Adán y Eva que se hizo necesaria la revelación especial. Tal no es el caso. Es el hecho de que Dios es personal que hace necesaria la revelación especial. No hubo nada en la mente del hombre antes de la caída que le podría haber capacitado para saber lo que había en la mente de Dios en cuanto a Su plan. Por ejemplo, la única manera que Adán y Eva tuvieron para saber que morirían al comer el fruto del árbol del conocimiento del bien y del mal fue que Dios se los dijera. Esta es la revelación especial.

Kenneth Kantzer bien expuso el caso cuando dijo: "La revelación especial no fue una idea que le ocurrió a Dios después de la caída para pasar por encima esa caída, sino formó parte del plan divino original. Sólo como un resultado de la maldición y la expulsión del huerto se convirtió en algo "especial" tal información inmediata entre el hombre y Dios (Génesis 3:24)".[20]

Se puede leer el mensaje del juicio en la revelación general, pero no el mensaje de la redención. Pablo nos dice: "Antes bien, como está escrito: Cosas que ojo no vio, ni oído oyó, ni han subido en corazón de hombre, son las que Dios ha preparado para los que le aman" (1 Corintios 2:9). En unas palabras corrientes Pablo está diciendo que la investigación empírica y el razonamiento no han descubierto el conocimiento de la redención. No lo pueden hacer. A pesar de lo muy inteligente que sea el investigador ni cuán sofisticadas las herramientas que pueda haber, él no puede descubrir el evangelio de la redención por medio de una reflexión sobre los datos de la observación y la experiencia. El conocimiento del plan de redención divino debe recibirse a través de la revelación especial.

Tan enfáticamente como Pablo niega que podamos leer una revelación de redención de la revelación general, asevera positivamente que Dios nos ha dado un mensaje de redención. Escribe: "Pero Dios nos las reveló a nosotros por el Espíritu" (1 Corintios 2:10).

EL MENSAJE DE LA REVELACIÓN ESPECIAL

Después de la caída, la revelación especial de Dios tenía que incluir un mensaje de juicio. Un Dios santo debe juzgar el pecado.

Fue necesario que la revelación especial tuviera un mensaje de *juicio*. Pero no fue necesario que este mensaje de revelación especial tuviera que involucrar un mensaje de redención. El juicio del pecado es un acto necesario del Dios santo. Ofrecernos la redención es un *acto libre de un Dios de amor*.

Aunque no fue necesaria, gracias sean dadas a Dios, la revelación especial provista a una raza caída tiene como su tema básico el mensaje de la redención. Se centra en Jesucristo. La iniciativa por parte de Dios al proveer la redención tiene sus raíces únicamente en Su amor libre y sin paralelo (Romanos 5:7, 8). Desde el primer pecado de Adán y Eva, Dios podría haberse revelado en juicio y haber dicho "adiós" a la raza humana en cuanto a cualquier relación positiva con Él. Si hay algo en el lector que quiere rechazar esta aseveración, hemos de tener en cuenta el hecho de que Dios nunca ha hablado a los ángeles caídos con un mensaje de redención. La santidad de Dios demanda que se castigue el pecado, pero no hay *nada* en la naturaleza de Dios que le exija que nos ofrezca la redención. Es un *acto libre de su amor*.

EL PROBLEMA DE LA COMUNICACIÓN Y LA RECEPCIÓN DE LA REVELACIÓN ESPECIAL DE DIOS

Como hemos visto de Romanos 1:18-32, el hombre caído ve en la revelación general el hecho de que, como resultado del juicio de Dios, es digno de muerte (1:32), pero él trata de negarlo al detener este conocimiento.

El hombre cambió de estar dispuesto a recibir la revelación divina a alguien que detiene la revelación de Dios. La revelación de Dios ya no va dirigida a una raza que es santa, sino a toda la raza que ha pecado.

La comunicación y la recepción de la revelación de redención están repletas con dificultad. El hecho de que se ha hecho el hombre a la imagen de Dios sigue siendo verdad, pero la imagen ha sufrido daños. Los hombres han resistido la revelación de la justicia de Dios (Juan 3:19). Ellos no han dado la bienvenida, con brazos extendidos, al Redentor y a Su mensaje (Juan 1:11). El daño causado por la caída creó un problema en cuanto al entendimiento humano de la revelación, pero no destruyó la posibilidad de que haya tal entendimiento. Carl F. H. Henry explica: "La imagen divina en el hombre no sufrió, en la caída, a tal punto que el razonamiento del hombre ya no puede recibir en las revelaciones general y especial un conocimiento conceptual del mundo espiritual sobrenatural".[21]

LA RELACIÓN ENTRE LA REVELACIÓN GENERAL Y LA ESPECIAL

El mensaje de juicio en la revelación especial no se dirige a una persona que es totalmente ignorante de tal conocimiento. El conocimiento moral de la revelación general forma la base para un punto de contacto para el mensaje del juicio en la revelación especial. La revelación especial intenta aclarar este conocimiento del pecado y del juicio como un medio por el cual abrir el camino para la recepción de la revelación de redención. Se necesita la revelación especial para vencer la tendencia de la depravación a distorsionar y detener lo que se revela claramente en la revelación general.

La revelación general prepara el camino para la especial. Por medio de la general se abre el telón para la recepción de un mensaje más claro del pecado y del juicio. Está presente un sentir de necesidad que, cuando clarificado por la revelación especial, se entiende como la necesidad de la redención. Un anhelo está presente que se que identifica como un deseo para la redención. Me acuerdo de las palabras de Agustín cuando dijo: "Nos hiciste para ti, y nuestro corazón está inquieto, hasta que descanse en ti".[22]

Es extremadamente dudoso que una persona que nunca haya pensado en Dios ni en el pecado (correcta o incorrectamente, con o sin confusión) pudiera tomar en serio un mensaje de redención. A la mente que está deseando un entendimiento que le explique la totalidad de la realidad, la revelación especial bíblica le hablará. La revelación especial es un complemento necesario para la revelación general. A la persona que se da cuenta que le falta algo, la revelación especial está con su mensaje de redención que le comunicará.

Mientras que nos mantengamos firmes en nuestra insistencia en que la revelación general no pueda comunicar el mensaje de la redención, hemos de tener en mente las palabras de G. C. Berkouwer cuando dice: "Debemos insistir en que la revelación 'general' no puede significar un ataque sobre la revelación especial en Jesucristo".[23]

Observa B. B. Warfield: "Es importante que no pongamos las dos especias o etapas de la revelación en oposición la una a la otra, ni que se obscurezca la estrechez de sus relaciones mutuas ni la constancia de su interacción. Constituyen una entidad unida, y cada una se encuentra incompleta sin la otra".[24]

La Forma General de la Revelación

Dios no eligió darnos Su revelación en la forma de una teología sistemática. La carta a los Romanos expone un tratado lógico doctrinal, pero no se considera una teología sistemática. A la primera vista, nos parecería que hubiésemos sido mejor informados si Dios hubiera decidido darnos una presentación sistemática de Sus doctrinas. Tal caso hubiera eliminado la controversia entre el calvinismo y el arminianismo. Hay muchas controversias teológicas que nunca habrían existido, o por lo menos, habrían sido menores.

Mientras que una teología sistemática podría haber presentado alguna ventaja en la clarificación de ideas, la manera en la que Dios nos ha dado Su revelación sirve mejor para dirigirse a la vida. En su mayoría, se presenta la revelación divina como un informe de Dios hablando, actuando y tratando con las personas, básicamente con Israel y con la Iglesia, y con su relación con Él. Vemos la verdad demostrada en términos de relaciones. Observamos la fidelidad de Dios a Sus promesas. Escuchamos el juicio mientras cae sobre el pecado. Sentimos las tristezas y la agonía traídas por el pecado. Compartimos el gozo que resulta de una vida justa y en sumisión a Dios. Vemos a las personas que viven en medio de un mundo real y las escuchamos decir que: "estamos atribulados en todo, mas no angustiados; en apuros, mas no desesperados; perseguidos, mas no desamparados; derribados, pero no destruidos" (2 Corintios 4:8, 9). La revelación divina de Dios, en la forma en que nos llega, está entretejida en la tela de la vida. Es para la vida en un mundo real.

El hecho de que Dios no eligió darnos Su revelación en forma de una teología sistemática de doctrinas no indica que tales intentos por parte nuestra sean indebidos. Asumir que fuera así sería no apreciar el tipo de razonamiento demostrado en la carta a los

Romanos. No obstante, al dirigirnos a la vida y la preparación para vivirla, ganamos mucho más viendo como se demuestra la Verdad en las experiencias de Dios con las personas y en las de las éstas con Dios.

Los Efectos del Rechazo de la Revelación Divina

LOS EFECTOS DEL RECHAZO DE LA REVELACIÓN ESPECIAL

Al considerar el rechazo de la revelación divina, solemos pensar en el rechazo de la forma de la revelación especial que nos llega en la Biblia. Es obvio que negar que la Biblia sea una revelación divina es cortar a la persona del evangelio de la redención por medio de Jesucristo. La verdad del evangelio depende de la verdad de la revelación divina del Dios de la Biblia. Cualquier forma del cristianismo (supuestamente llamado así) que no se basa en las aseveraciones sobre la verdad de la Biblia no es el cristianismo expuesto en las Escrituras.

Un rechazo total, por parte de la raza humana, de la revelación especial divina significaría la muerte del cristianismo. Cuando digo esto no estoy exponiendo que creo que va a ocurrir tal cosa. Sólo lo menciono en un sentido teorético para demostrar la relación esencial entre la revelación especial divina dada en las Escrituras y la preservación y promoción del evangelio de la redención por medio de Jesucristo. Yo sé que tal rechazo no va a ocurrir porque Jesús dijo: "Edificaré mi iglesia y las puertas del infierno no prevalecerán" (Mateo 16:18).[25]

Mientras que no hay peligro de que el cristianismo deje de existir, cuando no hay respeto por parte de la población general hacia la revelación especial se hace más difícil la obra de la iglesia. Es más difícil alcanzar a las personas para Cristo. También cuesta más demostrar las implicaciones del cristianismo bíblico para la vida cristiana.

El rechazo de la revelación especial divina involucra más que simplemente cerrar la puerta al evangelio de la redención. Al hablar de las circunstancias de aquellos que abandonan la Biblia y Jesucristo, Pablo dijo: "No hay nadie que entiende" (Romanos 3:11). Como ya se ha notado en el capítulo anterior, exponer en el lenguaje contemporáneo lo que Pablo dijo es que sin Dios, la Biblia y Jesús es imposible formular una cosmovisión verdadera y adecuada.

El modernismo fracasó en su ambición de desarrollar una cosmovisión que cumpliría lo que ese movimiento prometió. El postmodernismo proclama una anatema sobre todos los intentos de producir una meta-narrativa (o cosmovisión). En cuanto a los intentos de componer una cosmovisión que no incluya a Dios, a la Biblia y a Jesucristo, *los postmodernistas han llegado a la misma conclusión que Pablo.*

Los efectos del rechazo de la revelación General

Como ya hemos visto, la revelación general ayuda en la preparación para el evangelio dado por medio de la revelación divina. El rechazo de la revelación general ejercerá una influencia negativa devastadora sobre el evangelismo. Pero tal influencia negativa va más allá de su efecto en el evangelismo. También toca y trastorna nuestra esperanza para una existencia significativa en esta vida.

El modernismo no reconoció la revelación general, pero su influencia negativa en este respecto no fue tan devastadora como la del postmodernismo. Aunque negaba la revelación general, no pudo hacer callar su voz. Fue así porque el modernismo creía que de alguna manera la racionalidad y la moralidad formaron parte de la tela de nuestra constitución moral. No tenía tal base para creerlo, pero no negaba la realidad de nuestra constitución moral. Así, pues, la voz de la constitución moral en la revelación general no fue callada totalmente.

El postmodernismo rechaza la presuposición de que la naturaleza sea racional y moral. Como se ha visto históricamente, la naturaleza ha muerto. Ya no hay más "naturaleza" en la naturaleza. No existe ningún conocimiento moral innato. No hay ley natural.

Este rechazo del hecho de que se constituye moralmente la naturaleza asola nuestra cultura. Paul B. Henry dice: "Se han establecido prácticamente todas las sociedades sobre las fórmulas éticas en contra del asesinato y el incesto sobre la base de lo que se puede llamar una ley o un instinto natural".[26]

Es sólo cuando aquellos hechos a la imagen de Dios *detienen* el conocimiento que Dios ha diseñado dentro de ellos mismos que llegan a dar su *aprobación abierta* al sexo fuera del matrimonio, a la homosexualidad, al aborto, a la eutanasia, etc. Aún cuando la gente reconoce los ideales cristianos como representativos de la manera en la que debería vivir, el poder de la depravación sigue arrasando a muchos a las profundidades del pecado. Pero ha aparecido algo peor.

Los seres humanos tienen una necesidad tremenda para una cosmovisión racional. Cuando se niega la naturaleza racional, se elimina cualquier esperanza que haya tal cosmovisión. El postmodernismo cierra la puerta en la cara de cualquier esperanza para una cosmovisión racional (o sea, para una meta-narrativa).

La Contribución al Conocimiento de Aquellos que Rechazan la Revelación Divina

Dado que vivimos en el mismo mundo con aquellos que rechazan la cosmovisión cristiana, se nos confronta un problema real. ¿Podemos aprender algo de una persona que rechaza, aún siendo hostil, la cosmovisión cristiana?

Es difícil entender la naturaleza exacta del efecto de la caída sobre la naturaleza racional humana. Nadie puede negar lo que la ingeniosidad humana ha logrado mucho en cuanto a lo científico y tecnológico. No ha habido tanto éxito en el área del comportamiento humano ni es satisfacer las necesidades de la personalidad.

Parece que cuando la mente acepta y se comprometa a la premisa correcta, puede lograr un razonamiento bueno. El problema es que el pecado ciega a la gente y le pone en oposición a lo que es más fundamental para el razonamiento sano. Cuando esta ceguera (y oposición) coloca a la persona en oposición al reconocimiento de Dios y la Biblia como la revelación divina, entonces es imposible la Verdad en términos de un pensar comprensivo y sistemático. Es por esto que Pablo dijo: "*No hay quien entienda*" (Romanos 3:11). Sin Dios, la Biblia y Jesucristo es imposible realizar una cosmovisión que sea real y adecuada.

Aunque una persona no puede sostener una cosmovisión adecuada sin Dios, no es lo mismo como decir que tal persona no pueda contribuir nada de valor al mundo del conocimiento. Una gran parte de la investigación científica de la que beneficiamos actualmente viene de personas que no dan a Dios su lugar debido en su manera de pensar.

Nuestra presuposición no es que las personas que tratan de eliminar a Dios del cuadro nunca tengan algo verdadero que decir. La imagen de Dios no está totalmente callada ni infructuosa aún en aquellos que le rechazan. Puede que haya algún discernimiento de valor en algunas de sus experiencias del piso alto.

Tales personas pueden desarrollar fragmentos de conocimiento o aún segmentos de conocimiento que tienen valor para la humanidad y para los cristianos que viven en este mundo. Sin embargo, en el contexto más amplio de la vida y del pensamiento, tal conocimiento es imperfecto. Tanto más que una persona intente tratar con la personalidad y con el problema de la vida, tanto *más inadecuado* e *imperfecto* será tal punto de vista cuando se pasa por alto o se ignora a Dios, a la Biblia y a Jesucristo.

Comentarios Finales

Los postmodernistas tienen razón cuando reconocen que el modernismo ha fracasado en su intento de producir una cosmovisión que sea verdadera y adecuada. También tienen razón en cuanto a sus conclusiones de que es imposible, por medio de la reflexión en los datos de la observación y la experiencia, producir una meta-narrativa. Sin embargo, fallan cuando eliminan toda esperanza para la existencia de tal meta-narrativa. La esperanza vuelve cuando reconocemos que un Dios personal existe y que se ha revelado a sí mismo en la Biblia y en Jesucristo. El apóstol Pablo habla de la piedad como aquella que "tiene promesa de esta vida presente, y de la venidera" (1 Timoteo 4:8).

Nuestro paso siguiente en exponer la cosmovisión cristiana será un estudio de la inspiración y la autoridad de la Biblia.

4

Inspiración y Autoridad

Un estudio de la revelación no está completo sin no abarca igualmente un examen de la inspiración y la autoridad de la Biblia. La revelación especial nos llega en la Biblia. Estamos intensamente interesados en este Libro. Queremos saber lo que ella asevera en cuanto a sí misma. Necesitamos saber si tiene respuestas para las *preguntas ineludibles de la vida*. Queremos saber si podamos confiar en ella. Si creemos que ya conocemos las respuestas a estas preguntas, queremos tener una comprensión racional para nuestra fe. Queremos asegurar nuestra seguridad. Somos seres racionales. No podemos escapar este hecho. Al mismo tiempo, no podemos separar el racionamiento del resto de nuestra personalidad. Necesitamos algo que habla a nuestra personalidad total y nos ayuda enfrentar todas las responsabilidades de la vida en medio de sus complejidades.

Con gran interés, estudiamos este libro que asevera que es la revelación divina. El modernismo no ha podido cumplir con sus promesas, y el postmodernismo no ofrece ninguna esperanza. Nuestro ser total pide esperanza. No obstante, no podemos comprometernos a una esperanza falsa. En otro capítulo, reflejaremos seriamente sobre el porqué creemos que la Biblia es una revelación divina. En este capítulo, vamos a examinar las aseveraciones que la Biblia hace sobre sí misma.

El Origen de las Escrituras

LA AUTORÍA DIVINA

De 2 Timoteo 3:16, se habla del origen divino de las Escrituras. El término griego traducido por "es inspirada por Dios" es *teopneustos*. Quiere decir "soplada (o, alentada) por Dios". Las Escrituras son el producto del aliento de Dios. Al comentar sobre este pasaje, B. B. Warfield observa:

> No hay otro término que pudiera haber sido escogido que habría aseverado más enfáticamente la producción divina de la Escritura que el que se ha empleado aquí. En la Escritura, el "aliento de Dios" es el símbolo de Su poderío, lo que lleva Su palabra creadora. Leemos en el Salmo 33:6: "Por la palabra de Jehová

> fueron hechos los cielos, y todo el ejército de ellos por el aliento de su boca". Y este término se encuentra presente en particular cuando la obra de Dios es enérgica—y es empleado para designar estas operaciones—el aliento de Dios es el flujo irresistible de Su poder. Así, pues, cuando Pablo declara que "toda Escritura es soplada por Dios", está aseverando, con tanta energía como podría haber empleado, que la Escritura es el producto de una operación divina.[1]

La palabra *teopneustos* no ocurre en ningún otro lugar de las Escrituras. Sin embargo, está claro que Pablo estaba utilizando este término fuerte para atribuir a la Escritura lo que ella ya se había atribuido a sí misma. Se ha dicho que tales expresiones como: "así dice el Señor", "el Señor dijo" y "la palabra del Señor vino a tal o cual persona" o lo equivalente se encuentran más que 3.800 veces en el Antiguo Testamento. Jesús se refería al Antiguo Testamento como el libro investido con aquel tipo de autoridad que solo Dios podría dar (Mateo 4:4, 7, 10; 5:17, 18; Lucas 24:44, 45; Juan 5:39; 10:34, 35). Pedro expone evidencia del hecho de que el mensaje de los profetas fue la Palabra de Dios (2 Pedro 1:21).

Está claro que cuando Pablo dijo en 2 Timoteo 3:16 que "toda Escritura es soplada por Dios", quería incluir todo el Antiguo Testamento. El problema es: ¿También quería incluir el Nuevo Testamento? Creo que sí.

En 2 Pedro 3:2, el apóstol coloca los escritos de los apóstoles al mismo nivel que los de los profetas, diciendo en amonestación a sus lectores: "para que tengáis memoria de las palabras que antes han sido dichos por los santos profetas, y del mandamiento del Señor y Salvador dado por vuestros apóstoles". En 2 Pedro 3:16, después de haber hecho referencia a las epístolas de Pablo, Pedro se refiere a "otras Escrituras". El hablar de "otras" Escrituras quiere decir que Pedro consideraba los escritos de Pablo como Escritura.

Parece que Pablo se refería a los escritos de Lucas como Escritura cuando dijo en 1 Timoteo 5:18: "Pues la Escritura dice: "No pondrás bozal al buey que trilla"; y "Digno es el obrero de su salario". La primera parte del versículo viene de Deuteronomio 25:4, y la segunda parte de Lucas 10:7. Si la intención de Pablo era que "la Escritura dice" se refiere a todo el versículo, entonces consideraba que el Evangelio según Lucas era Escritura.

Pablo creía que sus propios escritos fueron de origen divino cuando dijo: "Si alguno se cree profeta, o espiritual, reconozca que lo que os escribo son mandamientos del Señor" (1 Corintios 14:37).

La evidencia expuesta sostiene la inclusión de la parte del Nuevo Testamento escrito hasta el tiempo de la referencia de Pablo a "toda Escritura" en 2 Timoteo 3:16. Entonces,

¿qué de la parte de la Biblia escrita después de 2 Timoteo 3:16? Creo que puede exponer un argumento para incluir estos escritos también como parte de la Escritura inspirada.

Si preguntamos a una empresa de construcciones qué tipo de ladrillo está usando en un proyecto, y se nos informa de un tipo en particular que se emplea en aquel momento, creemos que nos está diciendo no sólo lo que usa sino también el tipo de ladrillo que continuará a utilizar en el resto del proyecto. Cuando Pablo dijo: "Toda Escritura es inspirada", nos explicó una característica de todo escrito que fue debidamente llamado "Escritura" en su uso del término. Se aplicaría esta característica igualmente a cualquier otro escrito que vendría más tarde que se podría nombrar debidamente "Escritura". B. B. Warfield explica:

> Lo que ha de entenderse al evaluar el testimonio de los escritores del Nuevo Testamento en cuanto a la inspiración de las Escrituras es que "Escritura" se plantaba en sus mentes como el título de un cuerpo de libros unido que en su totalidad era el don de Dios por medio de Su Espíritu a Su pueblo y que, al mismo tiempo, este cuerpo de escritos se comprendía como un conjunto que crecía, de modo que lo que se decía de él se aplicaba a los escritos nuevos que iba añadiéndose mientras que el Espíritu los diera. Lo que era verdad de los libros del pasado que ya formaban parte del cuerpo de escritos se aplicaba completamente a los nuevos...Lo que puede aseverar debidamente a ser "Escritura" en su sentido eminente por aquellos escritores, también puede, por la misma aseveración justa, proclamarse "inspirado" con el significado como se atribuye a toda "Escritura".[2]

LA AUTORÍA HUMANA

Hay varios factores que indican que hay una autoría humana de la Biblia. El más obvio es el hecho de que en muchos libros o cartas el escritor se identifica a sí mismo (Isaías 1:1; Jeremías 1:1.; Amos 1:1; Romanos 1:1; 1 Corintios 1:1; 2 Corintios 1:1; Gálatas 1:1-3). También hay otros que se refieren a los escritos de un autor en particular, así identificándole como el autor de tal libro o carta (Romanos 9:27, 29; 2 Pedro 3:15, 16).

Que la Biblia fue escrita por seres humanos es demasiado obvio para debatirse. La pregunta es: ¿Fueron sólo secretarios o fueron, en un sentido real, autores? ¿Como autores recibieron meramente dictados, o entraron sus personalidades como seres que piensan, sienten y actúan en sus escritos?

Hay una abundancia de evidencia para demostrar que los escritores fueron más que meros secretarios. Si La carta a los Romanos hubiera sido dictada por Dios, no es muy probable que lo hubiera dictado a Pablo y luego, en turno, Pablo a Tercio (Romanos 16:22). Se pensaría que lo hubiera dado directamente a Tercio.

A través de toda la Biblia se puede detectar las huellas de las personalidades de los escritores. Se manifiestan sus propios estilos y vocabularios en los escritos. La personalidad de un escritor no se manifiesta tanto en algunos escritos que en otros. Tales libros como Reyes y Crónicas, que dependen bastante en algunos informes escritos, no reflejan tanto a los autores humanos como, por ejemplo, la carta a los Romanos, donde el pensamiento de Pablo entra tanto en el argumento. No obstante, la misma personalidad total del autor se involucra naturalmente, aunque no al mismo nivel, con estos primeros tipos de escritos que en los del segundo tipo.

No estoy diciendo que no haya ningún dictado en las Escrituras. Los Diez Mandamientos fueron copiados, directamente de las piedras escritas con el dedo de Dios, al libro de Éxodo (Éxodo 32:15-19; 34:1-4). Fundamentalmente es lo mismo que cualquier dictado. A veces, parece que los profetas fueron mensajeros con palabras que no habrían diferenciado drásticamente de un dictado (Jeremías 34:1-7). Cualquier cosa que se pueda decir en cuanto al uso posible del dictado, no fue el método normal empleado por Dios con los autores humanos para darnos la Biblia.

LA NATURALEZA DE LA INFLUENCIA DIVINA SOBRE LOS AUTORES HUMANOS

No se nos explica completamente la naturaleza de la influencia divina sobre los autores humanos. Pedro nos aclara que hubo tal relación y que ella garantizó que lo que los autores dieron fuera la Palabra de Dios. Dijo: "nunca la profecía fue traída por voluntad humana, sino que los santos hombres de Dios hablaron siendo inspirados por el Espíritu Santo" (2 Pedro 1:21). El verbo griego traducido por "inspirados" o "llevados" es *fero*, y literalmente significa llevar o traer. B. B. Warfield explica en cuanto a este término:

> El término empleado aquí es muy específico. No ha de confundirse con guiar o dirigir o controlar, ni aún conducir en el sentido más amplio. Va más allá de tales términos en que asigna el efecto producido específicamente en el agente activo. Lo que es "llevado" es llevado por el agente activo, y es llevado a la meta del que lo lleva y no a la del que es llevado. Por lo tanto, se declara aquí que los

hombres que hablaron de Dios fueron llevados por el Espíritu Santo y traídos por Su poder a la meta que Él escogió.[3]

Han habido varios intentos de explicar la naturaleza de la influencia divina, a la que se refiere por el término *inspiración*. Algunos han usado el término *iluminación* para describir esta influencia. Se dice que las percepciones naturales del escritor fueron elevadas e intensificadas por el Espíritu Santo. Todos los creyentes experimentan la iluminación del Espíritu. La diferencia entre los escritores bíblicos y los otros creyentes fue solamente cosa del nivel de iluminación.

Describir la inspiración como iluminación no hace justicia a tales pasajes como 2 Timoteo 3:16 y 2 Pedro 1:21. La iluminación no es una explicación adecuada de cómo los escritores bíblicos fueron llevados por el Espíritu Santo para poder producir un producto al que se puede atribuir debidamente la característica de ser del *aliento de Dios*.

Otro término empleado para describir esta influencia divina es la palabra *dinámica*. Este punto de vista se suele explicar más en el sentido del tipo de producto producido que en la naturaleza de la influencia, aunque la palabra misma habla de influencia. Se utiliza para referirse a una influencia más fuerte que la iluminación. Hay un interés en particular en que se vean los escritores como autores y no meramente escribas. El resultado producido es un guía infalible en asuntos de fe y práctica, pero no inerrante en algunas áreas que no tienen que ver directamente con la fe y la práctica. Como resultado, aquellos que exponen este punto de vista hablan de una inspiración de "concepto" más bien que una inspiración verbal. Más adelante habrá una discusión de las debilidades de esta teoría cuando examinemos la extensión de la influencia divina en la inspiración y la autoridad de las Escrituras. Por ahora, sólo notaremos esta pregunta: ¿Hace justicia esta teoría a 2 Timoteo 3:16 y 2 Pedro 1:21?

El punto de vista que expone que el Espíritu Santo usó los escritores para producir una Biblia infalible e inerrante se llama la inspiración *plenaria* y *verbal*. Sin embargo, estas palabras no describen la naturaleza de la influencia divina. Más bien, hablan de la naturaleza del producto. No hay ningún término común y aceptado que describe esta influencia.

En lo último citado de Warfield, él notó que la influencia divina mencionada en 2 Pedro 1:21 no ha de ser confundida con "guiar o dirigir o controlar, ni aún conducir en el sentido más amplio". No tenemos ninguna palabra que la describiría adecuadamente. Es probablemente por esto que se ha prestado más atención a la extensión de la inspiración y la autoridad bíblica que a la naturaleza de la influencia divina.

La dificultad en describir la influencia divina sobre los autores humanos de la Biblia surge del hecho de que estamos tratando de examinar *una relación entre personas*. El Espíritu Santo es una *persona*. Los escritores fueron *personas*. Es más fácil describir y medir alguna relación mecánica. El lenguaje tiende a darnos una elección entre ver una relación o activa o pasiva. Cuando tiene que ver con las relaciones y respuestas personales, no se someten a un análisis simple de "activa" o "pasiva".

No hemos de pensar en los autores humanos como simplemente pasivos. Vemos igualmente en 2 Pedro 1:21 la voces activa y pasiva empleadas con respeto a los autores. Ellos "hablaron" (voz activa) mientras que fueron "llevados" (voz pasiva) por el Espíritu Santo. Él actuó en uno que fue activamente involucrado en escribir.

Aunque no podemos describir por completo la relación entre los autores humanos y el Autor divino, podemos sacar unas ciertas conclusiones definidas:

1. La autoría divina es de tal naturaleza que las Escrituras son sopladas por Dios. Son de origen divino.
2. La relación de la autoría divina al autor humano garantizó que lo que él escribió fue la Palabra de Dios.
3. Los escritores humanos fueron autores en el sentido verdadero de la palabra. Se involucraron activamente sus personalidades en la preparación para escribir y en el acto mismo.

El Grado de la Influencia Divina en las Escrituras

Nuestro enfoque en este capítulo es averiguar: (1) lo que la Biblia dice específicamente sobre sí misma, y (2) lo que se puede inferir y deducir lógicamente sobre la Biblia de sus propias afirmaciones. Es vital entender lo que un libro que asevera ser una revelación divina tiene que decir sobre sí mismo. Pensaríamos que un libro que expone tales aseveraciones en cuanto a ser divino haría tal afirmación. Tenemos interés en cualquier cosa que hable sobre su naturaleza básica. No aceptamos cada libro que propone ser una revelación divina. Pero rechazar a todos nos deja abandonados en el mar de la vida sin un norte. No podemos navegar por el océano de la realidad. Encontrar un libro que creemos que es realmente una revelación divina nos otorga las respuestas para las *preguntas ineludibles de la vida*. Llegamos a conocer quiénes somos, dónde estamos y a dónde vamos. Nos quita nuestro sentido de estar perdidos, y nos da propósito y significado para la vida. Desde lo más profundo de nuestro ser reclamamos este norte. No nos atrevemos a separar nuestra mente racional del resto de nuestra personalidad para dejar que rechace la revelación que Dios da. Hablaré de esto en un capítulo más tarde sobre por qué creemos en la Biblia y en Dios. Por ahora, volvamos a nuestra investigación de lo que la Biblia dice de sí misma.

Por la extensión de la influencia divina hay dos áreas de interés: (1) ¿Se extiende a *todas las partes* de la Escritura? (2) ¿Se extiende a las *palabras* de las Escrituras?

EL ALCANCE PLENARIO

Ya se ha señalado que los Antiguo y Nuevo Testamentos son soplados por Dios (2 Timoteo 3:16). Existe una diferencia de opinión en cuanto a que si la palabra griega se debe ver como "toda" o "cada"."Toda" se referiría a todo el cuerpo de la Escritura. "Cada" incluiría la totalidad, pero daría énfasis a las partes que forman la unidad. En cuanto al significado de "toda", Warfield observa: "En ambos casos de las sagradas Escrituras se declara que deben su valor a su origen Divino, y en ambos casos se asevera su origen Divino enérgicamente de la tela entera".[4]

El término *plenario* se usa para abarcar la idea de que la Biblia es inspirada *igualmente en cada parte y en su totalidad*. El Dr. Warfield describe la inspiración plenaria como:

> la doctrina de que la Biblia es no en parte sino completamente, en todos sus elementos igualmente,—en las cosas descubiertas por la razón igual que los misterios, temas históricos y científicos igual que los de la fe y la práctica, palabras al igual que pensamientos.[5]

VERBAL EN CUANTO A LOS DETALLES

Frecuentemente se añade la palabra "verbal" a "plenaria" para destacar el hecho de que la inspiración extiende a las palabras empleadas. Se ve la aseveración de la inspiración verbal claramente en 1 Corintios 2:13. Pablo declara que la verdad redentora no puede descubrirse por medio de la investigación humana (2:9). Afirma que Dios ha revelado la verdad redentora por medio del Espíritu Santo (2:10). En 2:13, dice en cuanto a la verdad recibida a través de la revelación: "lo cual también hablamos, no con palabras enseñadas por sabiduría humana, sino con las que enseña el Espíritu".

El hecho mismo de que se habla de las Escrituras como sopladas por Dios (2 Timoteo 3:16) quiere decir que la inspiración se extendió a las palabras empleadas. Se pronuncia que el producto es soplado por Dios, y si el resultado mismo es conocido apropiadamente como soplado por Dios, fue necesario que Dios tuviera una relación con cada parte para que se describiera de esta manera. También, dado que los escritores fueron llevados de tal manera por el Espíritu Santo que hablaran el mensaje de Dios (2 Pedro 1:21), debemos por necesidad inferir que la inspiración se extendiera a las palabras.

Aparte de la inspiración verbal, no se puede comprender las palabras del Señor Jesús cuando dijo: "Porque de cierto os digo que hasta que pasen el cielo y la tierra, ni una jota ni una tilde pasará de la ley, hasta que todo se haya cumplido" (Mateo 5:18). Lo mismo se puede decir de su afirmación: "la Escritura no puede ser quebrantada" (Juan 10:35).

LA RELACIÓN ENTRE LOS CONCEPTOS Y LAS PALABRAS

Algunos han hablado de una *inspiración de pensamiento o de concepto* más bien que una *inspiración verbal.* Se expone que Dios dio a los escritores los pensamientos y que ellos los expresaron con sus propias palabras. La realidad es que este punto de vista es una teoría de una revelación sin inspiración. La revelación tiene que ver con Dios dando la verdad. La inspiración es la obra divina de Dios en la que se llevaron a los escritores por el proceso de la comunicación de esa verdad que recibieron por medio de la revelación.

Si hablamos honestamente de una *inspiración de pensamiento*, no puede separar de la *inspiración verbal.* Hablar de una *inspiración de pensamiento* es decir que Dios actuó sobre los escritores de la Biblia de tal manera que comunicaron los pensamientos de Dios. La Biblia nos ha llegado en las palabras del lenguaje humano. Si Dios inspiró a los escritores que escribieran de tal manera que garantizó la comunicación de los pensamientos de Dios, de necesidad tuviera que significar que la inspiración garantizó el uso de las palabras que comunicarían esos pensamientos. Si no fuese así, no existiría ninguna inspiración, o que no se extendiera tampoco a los pensamientos.

Aunque no podemos divorciar la inspiración de las palabras, no es necesario sacar la conclusión de que en ninguna instancia no pudiera haber sido otra palabra que el autor podría haber empleado. En lo que hemos de insistir es que en cada caso las palabras apropiadas fueron escogidas que comunicarían los pensamientos de Dios. En los casos en que hubo una palabra sola que comunicaría el pensamiento de Dios podemos estar seguros de que se empleó esa palabra en particular. Así se permite que un autor en particular entre personalmente en sus escritos, pero al mismo tiempo se garantiza la comunicación del mensaje de Dios. Una comparación de los discursos distintos de Jesús en los evangelios parece sostener esta conclusión. Tenemos el mismo mensaje, pero alguna variación en las palabras.

Mientras que es de máxima importancia que se emplearan las palabras *apropiadas*, debemos tener en cuenta que el enfoque final de Dios se centra en el mensaje. Las palabras *apropiadas* son importantes porque sirven como el medio necesario para la comunicación del mensaje de Dios a nosotros. Las palabras son el *medio*. El *mensaje* (*conceptos* o *pensamientos*) es el *fin*. Otra manera para expresar lo mismo es: El *mensaje* es la *sustancia*. Las *palabras* son la *forma* empleada para transmitir esta sustancia.[6]

A menudo se dice que los *pensamientos* no pueden existir sin *palabras*. Creo que esta afirmación es errónea. Los pensamientos existen independientemente de las palabras. Veamos con esta ilustración.

Una persona puede tomar un curso de francés. El conocimiento aprendido en el curso se almacena como *pensamientos* o *conceptos*. *Pensamientos* y *conceptos* son la *sustancia*. Las palabras utilizadas en el idioma son la *forma*.

Al comunicar esos *pensamientos* o *conceptos* aprendidos en un curso donde se emplea la *forma* de palabras franceses, el estudiante puede transmitir lo que ha aprendido en la *forma* de palabras ingleses o las de cualquier otro idioma que conozca sin la necesidad de una traducción tipo "palabra por palabra". Si es así, los *pensamientos* son independientes de las *palabras*.

Otra ilustración es nuestro uso frecuente del dicho: "en otras palabras". Con esta expresión queremos decir que vamos a decir la misma cosa con palabras distintas. Para que ocurra esto, los pensamientos han de ser independientes de las palabras.

Aunque los pensamientos y las palabras son independientes los unos de las otras, en aprender y comunicar hay una relación esencial entre los pensamientos y las palabras. Las palabras dan luz a los pensamientos. Por lo tanto, son esenciales en el proceso de aprender y en la comunicación. La comunicación que podemos tener entre las personas se limita sin el uso de palabras. Pero hay una libertad que es nuestra en cuanto a cuáles palabras decidimos usar para expresar nuestras ideas de una persona a otra.

Estas observaciones deberían aclarar la declaración: "Las palabras son el *medio*. El mensaje (conceptos o pensamientos) es el *fin*". Es una observación muy importante debido a lo siguiente:

1. Se puede traducir la Biblia a otros idiomas. Si el uso de unas ciertas palabras, y únicamente ésas, hubiera sido la meta principal de Dios al darnos la Biblia, se hubiera eliminado cualquier posibilidad de traducir la Biblia a otras lenguas. Se da prioridad, en los textos, a los idiomas originales porque en ésos tenemos la Palabra de Dios (la sustancia) en la forma de palabras inspiradas por Dios. No obstante, en cuanto al mensaje debidamente traducido de los textos hebreos y griegos, tenemos la Palabra de Dios en nuestro propio idio-

ma. Tenemos el mensaje (la sustancia) de Dios, pero no en las palabras (la forma) en que fue dado originalmente.

2. No hemos de vacilar en decir que una buena traducción es la Palabra inspirada de Dios. No aseveramos la inspiración verbal para las traducciones debido a que los traductores no son inspirados en su labor. Esta afirmación es veraz a pesar de la precisión que tenga una traducción. Tenemos el mensaje de Dios, y es un mensaje inspirado.
3. No solamente leemos y memorizamos la Biblia. Dado que el mensaje es el fin y las palabras son el medio, sigue que la Biblia puede ser, y debe ser, interpretada. La memorización de las Escrituras es bueno, pero hemos de ir más allá de simplemente citar la Biblia. Debemos interpretar su mensaje y aplicarlo a la vida.
4. El hecho de que las palabras son el medio y el mensaje el fin nos ayuda al confrontarnos con el campo de estudio llamado la crítica textual. La labor de los estudios en este campo es importante porque nos asegura que, en tanto que sea posible, tenemos las mismas palabras empleadas en los textos originales. No obstante, cuando nos damos cuenta que los conceptos fueron el interés principal de Dios al dar la Biblia, veremos que aún en los puntos donde haya una diferencia de letra o palabra, no hay razón alguna para preocuparnos. Casi nunca se altera significativamente un concepto cuál sea la variación textual escogida. En ninguna variación textual se pone en juego ninguna doctrina bíblica.

LA CUESTIÓN DE LA INSPIRACIÓN PLENARIA Y VERBAL Y EL DICTADO

Aquellos que critican el concepto de la inspiración plenaria y verbal constantemente han acusado a los que lo defienden de creer que la Biblia fue dado por medio del dictado. Los términos “plenario” y “verbal” hablan del producto, no de la producción. Es posible que una persona crea en una Biblia inspirada plenaria y verbalmente y al mismo tiempo creer que vino por medio de un dictado divino. Sin embargo, son muy pocas las obras que exponen tal concepto. No es muy probable que la mayoría de los que acusan a los defensores de la inspiración verbal de exponer una teoría del dictado podría ni nombrar a uno que exponga tal idea sin hablar de sostener tal acusación.

No conozco ninguna otra falsa acusación, de cualquier tipo, que sea más inexcusable que la que acusa, en general, a todos los defensores del punto de vista plenario y verbal de exponer que la Biblia fue dada de Dios, por medio de un dictado. Asistí a un *Bible College* durante cuatro años. He pasado más de cuatro años en un seminario. Durante varios veranos asistí a clases en un seminario que, cada año, traía a algunos de los eruditos conservadores más destacados de América y de otros países para enseñar esas sesiones. He escuchado la predicación de muchas personas, educadas y no tan educadas. En la totalidad de mi experiencia nunca he escuchado ni una sola persona defender la teoría del dictado divino de la Biblia. El único caso de un libro que expone este concepto, en estos últimos años, fue *Our God-Breathed Book—The Bible* (Murfreesboro, Tennessee: Editorial Sword of the Lord 1969), escrito por John R. Rice. En cuanto a que sepa yo, este libro no atraía a muchos que adoptaran tal teoría.

Comenta R. Laird Harris:

> Ningún credo de importancia de la Iglesia Cristiana jamás ha enseñado la teoría del dictado aunque, como veremos, los credos están llenos de aseveraciones de que no hay contradicciones en las Escrituras, que hay que creer toda la Escritura, que Dios es el autor de la totalidad de la Escritura, etc. Ni tampoco hay muchos autores teológicos de peso que han expuesto la teoría del dictado, aunque el punto de vista normal, durante toda la historia de la Iglesia Cristiana, ha sido que las Escrituras son la verdad aún en el detalle más pequeño.[7]

H. D. McDonald, en su libro *Theories of Revelation, An Historical Study 1860-1960* dice: "Antes del año 1860, la idea de una Escritura infalible e inerrante fue el punto de vista corriente".[8] McDonald explica en cuanto al período que comenzó con el año 1860:

> Se ha marcado todo el período que seguía la repudiación de la inerrancia y la introducción de la crítica alta con un ataque sobre la teoría "mecánica" de la inspiración. Sin embargo, sólo es justo notar que este fue un punto de vista de inspiración atribuido generalmente a los tradicionistas más bien que algo que ellos realmente enseñaron.[9]

Luego en el mismo capítulo, señala que había tres obras importantes durante el período de 1860-1960 que podrían haber expresado el punto de vista tradicionista de tal modo que alguno podría haberles entendido de haber abogado por tal punto de vista mecánico. Fueron (1) *The Inspiración de la Biblia* (*La inspiración de la Biblia*) por C. Wordsworth (1861), página 5; (2) *Theopneustia: The Plenary Inspiration of the Holy Scripture* por L. Gaussen (traducido al inglés por David Scott en 1863), página 24; e (3) *Inspiration and Interpretation* por J. W. Burgon (reimprimido en 1905), 86. (Esta tercera obra se refiere a un sermón predicado por J. W. Burgon en Oxford en el año 1860.) McDonald explica, que una investigación de lo que esos hombres escribieron revela que, debidamente entendidos, no sostuvieron un punto de vista mecánico que excluía la autoría humana.[10]

Debería ser muy obvio que no existe absolutamente ninguna justificación para la carga general que acusa a los defensores de la inspiración verbal de creer en el punto de vista dictado de la inspiración. Tales acusaciones representan una erudición débil por la parte de personas que no han examinado los escritos de los que exponen la inspiración verbal, o que las personas que los acusan son deshonestas. Si los oponentes de la inspiración verbal quieren decir que requiere, de una manera lógica, un dictado, tienen el derecho para exponer tal aseveración, aunque será un error por su parte. Sin embargo, tal *afirmación en general* al efecto de que los que creen en la inspiración verbal exponen una inspiración por dictado es nada menos que una irresponsabilidad académica o es deshonesto.

La Interpretación de las Escrituras

Antes de tratar el tema de la autoridad bíblica, quiero prestar atención, aunque brevemente, a la interpretación bíblica. Esta discusión ayudará proveyendo el contexto debido para hablar de la autoridad bíblica.

Cualquier discusión seria sobre la autoridad de las Escrituras, sea en favor o en contra, debe tomar por sentado que la Verdad existe. Ha de creer que la Verdad existe y que la Biblia es una autoridad sobre la Verdad, o considerar que hay otra autoridad sobre la Verdad que va encima de la de la Biblia. Si no hay una Verdad, nada del tema de la autoridad bíblica tiene sentido.

El modernismo creía que la Verdad existía, pero la razón fue el árbitro final de la Verdad. En el modernismo la razón rechazó la autoridad bíblica. Como un libro, la Biblia no tenía ninguna autoridad. La razón se sentó como juez para decidir lo que era verdadero de la Biblia y lo que no lo era. En el postmodernismo la verdad no existe. Nada del tema de la autoridad de las Escrituras ni de la cuestión de la inerrancia bíblica tiene sentido.

En la cosmovisión cristiana es un cuadro distinto. La Verdad existe. La cuestión de que si algo es verdadero o falso tiene significado. Este hecho nos lleva a la cuestión de la interpretación.

En estos últimos años se ha escrito mucho que puede sugerir dudas serias en cuanto a cualquier esperanza de comunicación entre las personas. El enfoque del postmodernismo ha cambiado de la intención del autor a la interpretación dada por el lector. La intención del autor es irrelevante. El significado dado por el lector se condiciona culturalmente. Se considera que el lenguaje en sí no es adecuado para comunicar el significado del autor al lector. Se descartan la Verdad objetiva y el significado. El significado subjetivo va a ser distinto para una persona o para otra y entre una cultura y otra. Lo que es importante es que cada persona decida lo que "es verdad para mí". Si tu concepto funciona para ti, "es tu verdad". Si no te funciona, no es verdad para ti.

En una cultura condicionada por la cosmovisión postmodernista, el significado de las palabras, las funciones gramaticales y la sintaxis han perdido su importancia. Ha bajado una penumbra sobre todo el intento de entender lo que otra persona quiera decir.

El pensamiento cristiano no está dispuesto a unirse con este sentir de tinieblas. Los cristianos creen en un Dios personal que ha creado al hombre a Su propia imagen (Génesis 1:26). Dios es racional y es el autor de la racionalidad. Dios ha creado al hombre para que pueda comprender la revelación divina dada en la Biblia. No es simplemente que el lenguaje es adecuado para comunicar el significado. Tiene que ver con lo que los seres humanos, creados a la imagen de Dios, pueden hacer con tal lenguaje. La Biblia no deja ninguna duda de que el lenguaje puede transmitir el significado a los seres humanos. Pedro escribió a sus lectores: "Gracia y paz os sean multiplicadas, en el conocimiento de Dios y de nuestro Señor Jesús. Como todas las cosas que pertenecen a la vida y a la piedad nos han sido dadas por su divino poder, *mediante el conocimiento de aquel* que nos llamó por su gloria y excelencia" (1 Pedro 1:2-3) [énfasis añadido].

Es posible entender la Biblia. Para aquellas personas que creen que se puede transmitir un significado de una persona a otra por medio de uso del lenguaje humano, se les anima saber que el que es Rey de reyes, Señor de señores y el Creador del universo y de los seres humanos nos ha hablado, expresando un mensaje de esperanza.

La Biblia nos ha llegado en unos idiomas humanos. Hace uso del lenguaje del mismo modo que se usó en el hablar y escribir ordinarios. Esto quiere decir que ha de interpretarse la Biblia por medio de las leyes normales del lenguaje. En la Biblia un sustantivo es un sustantivo. Un adjetivo es un adjetivo. Un verbo es un verbo. Un adverbio es un adverbio, etc.

El enfoque hermenéutico bíblico que estudia la Biblia a la luz de estas leyes ordinarias del lenguaje se llama la interpretación gramático-histórica. Terry explica: "El sentido gramático-histórico de un escritor es una interpretación de su lenguaje tal como las leyes de la gramática y los hechos de la historia lo exigen".[11]

A menudo se refiere a este tipo de interpretación como "interpretación literal". Terry dice: "A veces hablamos del sentido literal, con lo que queremos decir el significado más sencillo, directo y ordinario de las frases y las oraciones".[12]

Entiendo lo que se quiere decir con la expresión "interpretación literal", prefiero lo que E. R. Cravens llama una interpretación "normal" más bien que "literal". Dice:

> Se usa "normal" en lugar de "literal" (que es el término que generalmente se emplea en esta conexión) porque es más expresivo de la idea correcta. No se pudieran haber escogido dos términos peores para designar las dos grandes escuelas de la exégesis profética que "literal" y "espiritual". Los dos no son términos antitéticos, ni son, propiamente dicho, significativos de las peculiaridades de los sistemas respectivos que caracterizan. Son perfectamente erróneos y confusos. "Literal" no es la antítesis de "espiritual" sino lo es de "figurativo". "Espiritual" es la antítesis, en parte, de lo material, y por otra parte, de lo carnal (en el sentido malo). El llamado literalista no es la persona que niega que se usen el lenguaje figurativo y los símbolos en la profecía, ni tampoco rechaza que se expongan grandes verdades espirituales por medio de su uso. Su posición simplemente es que las profecías han de ser interpretadas normalmente (es decir, según las leyes normales del uso del lenguaje) como son cualquier otra cosa dicha—lo que es manifiestamente literal se considera como literal, lo que es perfectamente figurativo se lo considera así.[13]

El gráfico siguiente expondrá el problema que surge cuando se habla de una interpretación literal.

Aunque no es la intención del gráfico, parece como si se interpretase el lenguaje figurativo de una manera literal. La interpretación literal parece ser mucho más apropiada para el lenguaje literal que por el figurativo.

Este otro gráfico demostrará la conveniencia de hablar de la interpretación normal.

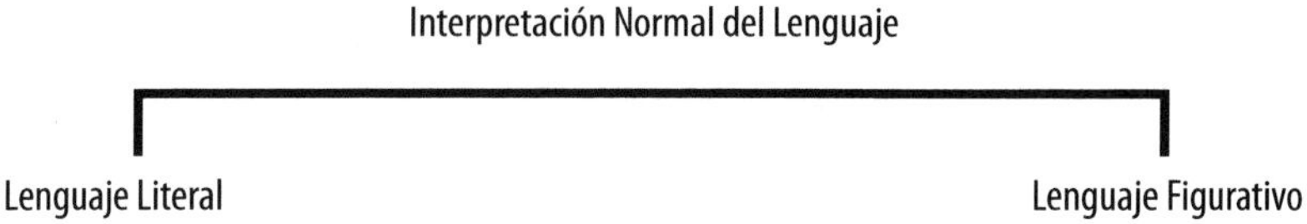

En la interpretación normal, tratamos el lenguaje literal como literal y el lenguaje figurativo como figurativo. Así es como vamos interpretando las cosas en la vida cotidiana, y así deberíamos estudiar la Biblia.

La interpretación normal (o la literal) tiene el mismo enfoque como el método gramático-histórico de interpretación. El uso de *normal* recalca el hecho de que se involucran los mismos principios básicos en la interpretación bíblica como en otros usos del lenguaje. Se interpreta según las leyes de la gramática y del contexto histórico.

En el estudio bíblico, hemos de tener en cuenta que la Biblia tiene que ver con la *personalidad total*, y no la mente sola. Hay que estudiar las Escrituras en el área de la vida. Tus estudios dan vida a la Biblia y traes tu vida a la Biblia. La Biblia llega a tus dolores y los llevas a la Biblia. Cuando se entiende la Biblia debidamente, nos hace libres (Juan 8:32). Da significado y propósito a la vida. Tenemos algo por lo cual vivir y tenemos algo por lo cual podemos morir.

La Autoridad de las Escrituras

La pregunta más importante para decidirse es: ¿Tiene la Biblia autoridad en todas las áreas de las cuales habla?, o ¿se encuentra limitada en su autoridad? Hoy día hay gran apoyo para el punto de vista que dice que la Biblia es inerrante en todo lo que dice. Hay otros que han tomado la posición de que tiene autoridad en cuanto a los asuntos de la fe y la práctica, pero no en cuanto a tales temas como la historia, la geografía y la ciencia. Aún hay otros, que aseveran ser evangélicos, que están dispuestos afirmar que hay errores bíblicos en el área de la fe y la práctica. Prefieren hablar de la Biblia con una autoridad suficiente en asuntos de la fe y la práctica.

¿Enseña la Biblia misma su propia inerrancia? Algunos, mientras no niegan la inerrancia bíblica, dicen que no lo enseña. Everett F. Harrison dice:

> Sin duda la Biblia enseña su propia inspiración. Es un Libro de Dios. No nos exige que expongamos la inerrancia, aunque ésta es un corolario natural de la inspiración plena. Los fenómenos que presentan dificultades no han de ser descartados ni subestimados. Estos han conducido a muchos creyentes sinceros, que creen en la veracidad de la Biblia como una guía espiritual, a que expongan una posición modificada en cuanto a los materiales no revelados. Cada persona debe ser persuadida en su propia mente.[14]

Hay muchos que no están de acuerdo con el Harrison, y creen que la Biblia enseña su propia inerrancia. Estoy con éstos que exponen que la Biblia nos requiere que creamos en su inerrancia.

Dijo Roger Nicole:

> Desde su principio al fin, los autores del Nuevo Testamento adscriben una autoridad total a las Escrituras del Antiguo Testamento. Cuando se cita algo del Antiguo Testamento, se ve como normativo. No encontramos en ningún lugar del Nuevo Testamento una tendencia de cuestionar, argüir o repudiar cualquier verdad de algo que las Escrituras exponen.[15]

Leyendo la Biblia nos enfrentamos con una impresión persuasiva de que sus contenidos no contienen ningún error. En todas las páginas de la Biblia no hay la menor indicación de que se afirma un error. Jesús y los escritores del Nuevo Testamento usaron el Antiguo Testamento de tal manera que nos sentimos obligados a creer que ellos lo entendían ser sin error.

No sacamos nuestras conclusiones sólo de una impresión general. El dicho del Señor Jesús que "de cierto os digo que hasta que pasen el cielo y la tierra, ni una jota ni una tilde pasará de la ley, hasta que todo se haya cumplido" (Mateo 5:18) nos requiere que creamos que Él creía verdadero el Antiguo Testamento hasta su detalle más pequeño.

La afirmación de Jesús que "la Escritura no puede ser quebrantada" (Juan 10:35) es sinónima con "la Escritura no puede contener ningún error".

A la luz de Mateo 5:17, 18 y de Juan 10:35, parece extraño que alguien diga que la Biblia no nos requiere creer en su inerrancia. Nadie puede negar que asevera ser la verdad. Jesús dijo: "tu palabra es verdad" (Juan 17:17). Esta es una afirmación positiva. De ella se implica necesariamente la negativa: "Tu palabra no contiene error".

Añadido a lo anterior está el hecho de que la Biblia enseña dos conclusiones ineludibles que nos exigen creer en una tercera. La primera es que Dios no puede mentir (Números 23:19; Tito 1:2; junto con toda la enseñanza bíblica en cuanto a la justicia y la santidad de Dios). La segunda es que la Biblia es la Palabra de Dios (2 Timoteo 3:16; junto con las muchas referencias donde los escritores de la Biblia aseveran hablar el mensaje de Dios). Se puede exponer de esta manera:

Premisa Principal: Dios no puede mentir.
Premisa Menor: La Biblia es la Palabra de Dios.
Por lo tanto, la Biblia no puede mentir.

Decir que la Biblia no puede mentir es exponer que no puede contener ningún error.

El Origen del Interés en la Inerrancia Bíblica[16]

Al mismo tiempo que creo que la Biblia enseña su propia inerrancia, es mi teoría que el interés en la inerrancia bíblica tiene su origen en la enseñanza de la Biblia misma. La mayoría de las personas que cree en la inerrancia bíblica no puede, en un momento, demostrar que ella enseña su propia inerrancia.

La raíz de la preocupación de la inerrancia bíblica viene del *diseño* de nuestro ser. Creo en lo que llamo el enfoque de la *personalidad total* al aprendizaje y a la apologética. La personalidad tiene que ver con pensar (la actividad de la mente), sentir (la actividad del corazón, que se refiere al lugar de nuestras emociones) y actuar (la actividad de la voluntad). Mientras que podemos distinguir entre la actividad de la mente, del corazón y de la voluntad, no podemos separar la actividad. El movimiento de cada uno se involucra profundamente con los otros. La mente, el corazón y la voluntad componen una unidad funcional. Es importante tener en mente que la personalidad existe en dos niveles: el consciente y el subconsciente. En el nivel subconsciente cada persona tiene pre-programada una vasta nave de ideas y actitudes. Hay un proceso racional que saca de todos los datos almacenados en la mente subconsciente. Lo que una persona cree se basa más en lo elabora conscientemente como sus razones. Las *preguntas ineludibles de la vida* están escritas profundamente sobre el subconsciente de la mente de cada persona. Una persona puede contestar erróneamente a estas preguntas, pero no puede prevenir que, a veces, ellas surjan de su mente subconsciente para entrar en su mente consciente.

Junto con estas preguntas implantadas en nuestra mente subconsciente hay ciertas conclusiones tipo *a priori* (*a priori* quiere decir "con precedencia", o sea, antes que una investigación de los hechos del caso). Una de estas conclusiones es: Si hay un Dios, Él es un ser perfecto. Él es santo y justo. Nuestro ser entero no aguanta la idea de un dios que no sea perfecto, ni santo, ni justo. Es este punto de vista *a priori* de lo que Dios es, si existe, que hace que algunas personas duden, o aún rechacen, la existencia de Dios. No saben cómo armonizar lo que les ocurre ni lo que ven a su alrededor con la santidad, justicia y equidad de Dios. Como resultado, su creencia en Dios tropieza sobre estas dudas. A veces en lugar de dudar de la existencia de Dios, una persona culpa a Dios por ser injusto, pero aún este acto viene de una creencia *a priori* en la soberanía de Dios.

La idea misma de Dios aparte de creer en Su existencia ya lleva en sí la idea de que si Dios existe, es santo, justo y soberano. Es aquí donde entra mi enfoque de la personalidad total al aprendizaje y a la apologética. La única manera en que una persona posiblemente pueda imaginar, excepto en el caso de una respuesta emocional pasajera a una desilusión, que Dios no sea perfecto, santo y justo es divorciar la mente del resto de su personalidad. Tal persona puede aseverar que cree que Dios podría ser menos que perfecto, santo, justo y soberano, pero dudo que tome es serio tal punto de vista. Por lo menos nadie ha desarrollado tal punto de vista que haya resultado en algo de consecuencia.

Lo que he dicho hasta aquí ha servido para establecer un caso para la creencia *a priori*. Esta afirmación *a priori* es que hay un libro que se llama debidamente la Palabra de Dios y que no contiene error alguno. Expuesto de una manera positiva: Es un libro en el que todo lo que se afirma es la verdad. Creo que es una verdad manifiesta que cualquier libro que sería la Palabra de Dios sería inerrante. Sé que hay los que dicen que no creen en la inerrancia de la Biblia, pero estoy bastante cierto que tales personas por lo menos se han enfrentado a la cuestión de la inerrancia bíblica en su propio ser interior. Para tal persona considerar la idea de una Palabra de Dios que no sea inerrante hace, en mi opinión, violencia a su personalidad en términos de su unidad funcional. Pienso que sería interesante saber cuántas personas, de aquellas que han rechazado la inerrancia, una vez la habían aceptado antes. No se tiene que enseñar a las personas a creer en la inerrancia de lo que ellas llamen la Palabra de Dios. Si lo rechazan, tendrían que haber sido desviados de la idea. Nuestro *ser entero* se repela por la idea de un libro que es la Palabra de Dios pero que al mismo tiempo *no sea inerrante*.

No nos acercamos a un libro que consideramos ser la Palabra de Dios sin ninguna opinión en cuanto a su inerrancia; llegamos creyendo que será inerrante. No quiere decir que a ciegas creemos que cualquier libro que asevere ser la Palabra de Dios no tenga error. Lo que significa es que se nos crean unos problemas serios en creer que tal libro sea la Palabra de Dios si contiene errores. Soy bien consciente del hecho de que hay los que dicen que creen que la Biblia es la Palabra de Dios y que contiene errores. Sin embargo, dudo que éstos hubieran creído que fuera la Palabra de Dios si en el principio hubieran pensado que contuviese errores.

Algunos pueden argüir que este enfoque enfatiza demasiado una experiencia subjetiva al dar tal importancia a una creencia *a priori* que cualquier libro que se llamaría debidamente la Palabra de Dios no contendría errores. Puede que digan que tal enfoque abre la puerta para todo tipo de creencia basada en la experiencia subjetiva personal. Es importante que hagamos una distinción entre esas ideas con las que tenemos que enfrentarnos debido a nuestra naturaleza interior y las que no encajan en esta categoría.

Hay una ilustración buena de lo que me refiero en una repuesta propuesta al argumento ontológico de Anselmo para la existencia de Dios. Anselmo empleó la idea de que Dios es un ser perfecto para desarrollar la idea de la existencia de Dios puesto que la idea de la perfección incluiría la existencia. Respondió Gounilo: "Tengo la idea de una isla perfecta, pero esto no quiere decir que tal isla exista". Mientras no estoy seguro del significado exacto que debamos dar al argumento ontológico de Anselmo, la objeción expuesta no derroca el argumento. Tenemos una idea *a priori* de que si Dios existe, debe ser perfecto. No podemos escaparnos de tal idea si creemos en Dios o no. Sin embargo, no tenemos una idea *a priori* de una isla perfecta. Podemos escaparnos de esta idea. La mayoría de las personas nunca ha pensado en una isla perfecta.

Las ideas que estoy exponiendo como las que debemos respetar son las que no podemos evitar. *Si* las *preguntas ineludibles* mencionadas anteriormente no tienen respuestas positivas, y si las creencias *a priori* a las que me he referido han de ser rechazadas, vivimos en un *universo irracional* y el hombre se queda *sin esperanza. Si* estas *preguntas ineludibles* tienen respuestas en el cristianismo y *si* estas creencias *a priori* se confirman en el cristianismo, entonces tenemos un *universo racional.* Hay una consistencia entre Dios y el hombre. Dios ha diseñado estas preguntas y estas ideas en nuestro ser como una medida que nos ayuda a llegar al conocimiento de la Verdad. Estas ideas son innatas en el hombre. Igual que el crecimiento y desarrollo e interacción con otras personas activarán a una persona para hablar y desarrollar el pensamiento racional, así el crecimiento, desarrollo e interacción con otras despertarán estas *preguntas ineludibles* y estas ideas.

No estoy diciendo que nuestra inerrancia de lo que creemos ser la Palabra de Dios se acepte únicamente en esta creencia *a priori.* Consideramos racionalmente una idea, pero una parte de los datos en nuestra consideración racional sí es una creencia tipo *a priori.*

Quiero aclarar que no estoy exponiendo que tengamos una convicción *a priori* de que la Biblia es la Palabra de Dios. Digo que *si creemos que es la Palabra de Dios, tenemos la creencia a priori que es inerrante.* En el capítulo 7 se tratará la cuestión de por qué creemos que la Biblia es la Palabra de Dios.

Problemas Planteados para Aquellos que Creen en la Inerrancia.

En cuanto a los fenómenos o los hechos del las Escrituras, todo el mundo que las ha examinado admite, por lo menos, que es difícil armonizar todas sus llamadas contradicciones. Una lista parcial de estos pasajes "problemáticos" es la siguiente. Si la Biblia es inerrante, ¿por qué a Pablo le hizo falta pensar dos veces para recordar cuántas personas había bautizado en Corinto? (1 Corintios 1:14-16). Hay lo que parece ser un problema con los números al comprar 2 Samuel 8:4 con 1 Crónicas 18:4, y 2 Samuel 10:18 con 1 Crónicas 19:18. En Mateo 10:9-10, Jesús dijo: "No os proveáis…ni de bordón…", pero en Marcos 6:8, permitió que se llevase un bordón. Informando de un mismo relato, Mateo se refiere a dos hombres (Mateo 8:28), mientras Marcos (Marcos 5:2) y Lucas (Lucas 8:27) solamente mencionan a un hombre. En Mateo 26:34, 74-75 y en Lucas 22:34, 60-61, se dice que Pedro negaría a Cristo tres veces antes que cantara el gallo. En Marcos 14:30, 72, dice que negaría a Cristo antes de que el gallo cantara dos veces.

Sin ser una lista completa, lo anterior bien ilustra las dificultades internas involucradas para la persona que cree en la inerrancia bíblica. Mi primera observación en cuanto a estas dificultades es que algunas de las mentes más grandes de la historia de la iglesia bien han conocido estos problemas, pero han continuado exponiendo firmemente la doctrina de la inerrancia. Entre éstas se encuentran Charles Hodge, Benjamin Warfield y Carl F. H. Henry en nuestros días. El reconocimiento de estos problemas no es algo nuevo para la iglesia. No pienso que éstos sean el tema crucial para aquellos que hoy día rechazan la inerrancia. Más tarde trataré con lo que considero ser el problema principal.

Hay que hacer algunas observaciones aquí en cuanto a cómo tratamos con este tipo de problema. La primera cosa para decidir es lo que queremos decir por "inerrancia".

Los críticos de la inerrancia contienden que es casi imposible decidir lo que la gente quiere decir por "inerrancia" y que la manera en la que algunos de los defensores de la inerrancia la definen casi en sí es un rechazo de la doctrina. Tengo que decir que no veo ninguna dificultad real en decidir lo que el término significa.

Cuando decimos que la Biblia es inerrante, queremos decir simplemente que en lo que afirma ser verdad es *verdad*. La Biblia *no* afirma como *verdadero* lo que es *falso*. *Tampoco* declara *falso* lo que es *verdadero*.

¿Cómo vamos a descubrir lo que la Biblia confirma ser verdadero? Aprendemos lo que la Biblia afirma ser verdadero por medio del enfoque detallado anteriormente. Al considerar si lo afirmado es verdadero o falso, no deberíamos contemplar nada como falso excepto si se considera falso en el uso normal del lenguaje. La Verdad y la precisión absoluta no son sinónimos. Al contestar una pregunta en cuanto a cuántas personas estuvieron presentes en una ocasión dada, todas las respuestas podrían ser verdaderas: 297, 300, 325 u otra cantidad en este alcance. Como respuesta precisa, 297 sería la correcta. Como una respuesta expresada en términos de números redondos, 300 podría ser correcta aún citada por alguien que sabe que el número exacto era 297 si no dice que 300 era el número preciso. La cantidad de 325 podría ser una estimación verdadera. La veracidad se equipa con la precisión sólo cuando se la asevere. Un resumen de un discurso, si es preparado debidamente, es verdadero. Sin embargo, es posible que se pierda algo de la precisión debido a la condensación del discurso.

Puede que dos informes parciales del mismo evento parezcan contradictorios. Sin embargo, un informe completo puede demostrar que los dos parciales contaron la verdad y son reconciliables el uno con el otro.

Una ilustración de mi propia experiencia puede mostrar la manera en que un informe parcial de un evento puede ser irreconocible en sí, pero al saber toda la historia, se ve fidedigno. A menudo le digo a una reunión de jóvenes que nunca pasé por el grado undécimo en la escuela sino que me gradué directamente del duodécimo grado. Les explico que la mayoría de las explicaciones ofrecidas para este caso no encaja. No pasé por encima el grado undécimo. No estudié unos cursos extras para adelantarme. No asistí a una escuela de verano para acelerarme.

Una vez quitadas estas explicaciones de en medio, parece que una de las dos primeras afirmaciones es falsa. Puesto que en tales reuniones de jóvenes estoy presente, expongo el problema y luego explico como las dos aseveraciones pueden ser verdaderas. Serían verdaderas si yo explicara las aclaraciones o no. Los jóvenes ya convencidos de mi integridad y de que yo no les trataba de engañar creerían las dos aseveraciones mías si les diese las explicaciones o no. Aquellos que no creerían sin las aclaraciones estarían dudando de mi integridad o pensarían que yo fuese demasiado ignorante para reconocer que lo que decía no era la verdad.

Los hechos aclaran que las dos afirmaciones fueron la verdad. El año que cumplí el décimo grado, el estado donde vivía decidió implementar un cambio de sistema de once años de estudios a un sistema de doce años para las escuelas públicas. No se hizo por simplemente añadir otro año adicional a lo que ya existía. Más bien, el cambio comenzó con los estudiantes que estaban a punto de comenzar el octavo grado. Los estudiantes que comenzarían este grado serían los primeros, en aquel entonces, de cumplir el nuevo sistema de doce años.

El siguiente año, los informes de las notas de los estudiantes del noveno grado leían "décimo grado", los del décimo año "undécimo grado" y para nosotros que hubiéramos formado el undécimo grado, los informes leían "duodécimo grado". Así pues, según mi informe de notas, me gradué del duodécimo grado sin haber pasado por el undécimo grado.

Es bastante obvio que las Escrituras están llenas de relatos y discursos parciales. Por lo cual, no debería sorprendernos cuando hay alguna aparente contradicción no fácilmente reconciliable sin tener el informe completo. Si un pasaje no nos da tal informe completo no es muy probable que se encuentre este informe completo. Si creemos que la Biblia es la Palabra de Dios, y por lo tanto inerrante, reconocemos el problema, pero tenemos confianza de que lo que parece ser una contradicción sólo lo parece y no es una contradicción real.

No estoy a favor de negar ni pasar por encima las dificultades que pueden estar involucradas en estas aparentes contradicciones. No obstante, creo que el problema se hace menos importante cuando reconocemos que la verdad y la precisión absoluta no son términos sinónimos. En nuestra experiencia cotidiana, la verdad es sinónima con la precisión únicamente en las ocasiones cuando se afirma una precisión absoluta. Lo mismo es verdadero para la Biblia. Se pueden exponer la verdad en frases absolutas, en frases relativas y en frase generales. Es así en la vida real. También es así en la Biblia. En la vida cotidiana no tenemos grandes problemas en decidir el significado de lo que se nos dice. No deberíamos tener problemas en esta área con la Biblia. En la vida hacemos uso de números específicos, redondos y estimaciones. No tenemos problemas en reconocer cuál es cuál. Tampoco deberíamos tener problemas similares con tales usos en la Biblia.

Muchas de las llamadas contradicciones bíblicas se solucionan fácilmente. Hay otras que presentan más dificultades. Personalmente no creo que tengamos que encontrar una solución para cada una de las contradicciones aparentes. Los críticos sacan más provecho de lo que parece ser unos intentos forzados para explicar algunos de los problemas que lo que podrían ganar si dijéramos plenamente que no creemos que hay necesidad de encontrar respuestas para todo que no comprendemos totalmente. Cuando se haya tratado un número representativo de problemas, no hace falta tratarlos más. Esto se ha hecho una y otra vez. Nuestra fe en una Palabra inerrante no depende de nuestra habilidad de proveer una respuesta para cada problema.

Se aplica la doctrina de la inerrancia a los manuscritos originales. Creemos en la fiabilidad de los textos hebreos y griegos. No aseveramos que durante los años los escribas no hicieran ninguna equivocación en copiar los manuscritos. Los críticos del texto nos aseguran que tenemos un texto que es fiable. Cuando distinguimos entre *las palabras* y *las ideas*, aún cuando no sabemos cuál fue la *palabra* exacta empleada en un texto, la veracidad de la *idea* no está en juego. Las equivocaciones de los copistas, en cuanto a asuntos de fe y práctica o al fenómeno de la Escritura, no han de equipararse con algún error en las *ideas* de las Escrituras. No niego que una equivocación de un escriba podría incluir un error técnico, pero no lo indica necesariamente. La mayoría de las llamadas contradicciones en la Biblia, como la tenemos en nuestras versiones, pueden explicarse sin tener que llegar a la conclusión de que fueran errores de un copista. La mayoría ni son errores.

Es natural que una persona tenga un interés en cuanto a lo que se refiere como "errores bíblicos". Como regla general, cuando una persona los examina encuentra las respuestas sin mucha dificultad. Después, llega a tener tanta confianza que se pueden encontrar las respuestas para los otros "problemas", si uno tiene toda la información disponible, que abandona su búsqueda e invierte sus energías en otra cosa.

EL PROBLEMA DE LA AUTORÍA HUMANA DE LAS ESCRITURAS

Casi todos los defensores de la inerrancia bíblica, además de creer en la autoría divina de las Escrituras, también creen que los autores humanos fueron verdaderamente involucrados en lo que escribieron y merecen nombrarse autores humanos. Algunos oponentes de la inerrancia insisten en que la realidad de la autoría humana introduce un elemento falible en las Escrituras dado que los humanos son falibles.

Aquellos que exponen algún tipo de inerrancia limitada deberían decir que la Biblia *contiene* la Palabra de Dios más bien que *es* la Palabra de Dios. Sin embargo, tal *no* es el caso de los que aseveran que creen en una inerrancia limitada. Dicen que la Biblia es la Palabra de Dios, no que ella la contiene.[17] Algunos llegan a afirmar que suscriben a la "inspiración verbal". Quiere decir que los llamados errores de la Biblia son la Palabra de Dios igual que la verdad que contiene. Nuestro *ser total* protesta enfáticamente contra la idea de que lo que podría llamarse debidamente la Palabra de Dios incluya un error.

Cuando se emplea la idea de la *autoría humana* para argumentar que hay errores en las Escrituras, *no* se puede restringir tal error a un aspecto en particular de la Biblia. Si el concepto de la autoría humana requiriese que en necesidad hubiera errores en tales áreas como la historia, geografía y ciencia, sin duda introduciría errores también en las áreas de la fe y la práctica. Tampoco se puede excluir las áreas que son cruciales a la relevancia a la fe y a la práctica de la presencia de errores mientras hay lugar para errores basados en el hecho de que hay autores humanos de la Biblia. En tal caso, la autenticidad de la autoría humana tendría que significar que los autores humanos fueron igualmente propensos a introducir errores en asuntos de fe y práctica que en cuanto a los fenómenos de la Escritura. De hecho, el autor humano habría sido más propenso a introducir tales errores en cuanto a la fe y la práctica. Puesto que se llama la Biblia la "Palabra de Dios", mi contención es que debemos sacar la conclusión que la inspiración del Espíritu Santo influenció de tal manera a los escritores de la Biblia que *no* pudiesen introducir errores en sus escritos. No hemos de permitir que nuestra preocupación para la autenticidad de la autoría humana debilite la realidad de la *divina*. La autenticidad de la autoría divina de la Biblia elimina la posibilidad de la presencia de cualquier error en los manuscritos originales.

Hay algunos que dicen que, dado el hecho de que Dios usó a hombres, cuya falibilidad se ha demostrado durante toda la historia de la iglesia, no hay razón que Él no nos podría haber dado una Biblia en que la falibilidad de un autor humano introdujese errores en sus escritos. Hay una diferencia marcada entre emplear los intentos falibles de los hombres en la obra de la iglesia y permitir que la falibilidad de los autores humanos introdujera errores en la Biblia. Las obras de los predicadores, teólogos y otros cristianos no forman la "Palabra de Dios". La Biblia es la Palabra de Dios. Podemos aceptar el hecho de que aún los mejores cristianos pueden errar, pero nuestro ser total no tolerará la idea de que la Palabra de Dios tenga errores. Insisto en que la Biblia es la Palabra de Dios. Puesto positivamente, es verdadera en todo que afirma. Puesto negativamente, es sin error.

EL PROBLEMA DE LOS AUTÓGRAFOS PERDIDOS

Se aplica la aseveración de la inerrancia bíblica a los manuscritos originales de los escritores bíblicos, llamados los autógrafos. Se suele conceder que puede haber algún error menor o insignificante en los textos actuales del Antiguo Testamento (hebreo) y en los textos del Nuevo Testamento (griego). Los críticos de la inerrancia arguyan que hay poco, si algo, de diferencia en tener errores en los manuscritos originales y tenerlos en los textos hebreos y griegos actuales.

Contiendo que hay una diferencia muy grande. Tengo una convicción *a priori* de que al dar lo que se llama la Palabra de Dios que tiene que ser sin error. No tengo una misma convicción de que sería imposible que una persona copiando la Biblia cometiera un error.

Creo que se ha exagerado grandemente el problema de los errores presentes en los textos actuales. Cuando hablamos de la verdad y del error, estamos hablando de ideas. Los problemas textuales no afectan seriamente las ideas, especialmente en cuanto a como se relaciona a cambiar las ideas a errores. Escasamente nadie seriamente se preocupa seriamente de la fiabilidad de los textos hebreos y griegos actuales.

LA NECESIDAD DE LA INERRANCIA

Los oponentes de la inerrancia arguyen que no es esencial creer en la inerrancia para poder perseverar las otras doctrinas evangélicas. De hecho, parecen pensar que la doctrina de la inerrancia es un estorbo al mantenimiento de estas doctrinas. Señalan que cuando los defensores de la inerrancia insisten en que el abandono de la doctrina de la inerrancia conducirá al abandono también de otras doctrinas, que muchos que no pueden aceptar la inerrancia también van a dejar las otras doctrinas. Algunos que rechazan la inerrancia dicen que su propia fe en las otras doctrinas evangélicas es una prueba de que tal abandono de la inerrancia no pone en moción un rechazo de otras doctrinas evangélicas. Este es el argumento de Stephen T. Davis.[18]

Pienso que Harold Lindsell bien ha expuesto la posición de que cuando se va la inerrancia, corriendo el tiempo, las otras doctrinas evangélicas también se pondrán a un lado. Puede que tal cosa no ocurra en la vida de un individuo, pero la historia atestigua al hecho de que ha ocurrido muchas veces en las denominaciones, seminarios y otras organizaciones.[19] De mi lectura, no encuentro a nadie que trata de contestar la prueba de Lindsell de que el abandono histórico de la inerrancia ha resultado en el abandono de otras doctrinas evangélicas. Davis trató de demostrar que no hay ninguna prueba lógica de que un abandono de la inerrancia conduciría a la pérdida de otras doctrinas, pero él no trató con la lección de la historia. Hemos de aprender de la historia para no repetir sus equivocaciones.

LA FUENTE REAL DE LA DIFICULTAD

Es mi opinión que ninguna de las razones que he expuesto hasta este punto explican realmente el distanciamiento de la inerrancia por la parte de algunos. Ninguno de esos problemas es reciente. Los hombres consagrados los han considerado durante la historia de la iglesia sin sentir la necesidad de abandonar la doctrina de la inerrancia. Hasta la actualidad, el problema real, como lo veo yo, tiene que ver con la teoría de la evolución y el deseo de algunos de obtener el respeto de la comunidad académica modernista. Desde el tiempo de Darwin, el problema principal, para aquellos que han dejado la doctrina de la inerrancia, ha sido que ellos han aceptado como creíble la teoría de la evolución. No podían armonizar la evolución con la inerrancia bíblica, así pues, abandonaron la inerrancia. Algunos trataron de armonizar la evolución y las Escrituras, pero la tendencia entre ésos ha ido moviéndose hacia un punto de vista más débil de las Escrituras. Una vez que han encontrado "problemas" con un punto específico, digamos, con la doctrina de la creación, todo lo que ya he mencionado les parece añadir más peso a su decisión de confiar menos en la historicidad de las Escrituras. Hay muy pocas personas que realmente han abandonado la inerrancia simplemente porque no podían armonizar todas las aparentes contradicciones de las Escrituras. En la mayoría de los casos tal cosa no ha sido en problema real.

La evolución es particularmente importante al modernista por estas dos razones básicas: (1) Afianzaba su confianza de que podían explicar la totalidad de la realidad sin Dios. La física newtoniana les había convencido que no les hacía falta Dios para poder explicar el *universo físico*. La respetabilidad científica dada por Darwin a la evolución aumentó más su confianza. Podrían explicar al *hombre* sin Dios. (2) El principio del cambio y progreso arraigado en la hipótesis evolucionista también atraía a los modernistas. Al aplicar esta filosofía a las otras áreas del pensamiento y de la vida, encajaba perfectamente con el optimismo del modernismo. Por medio de la ingeniería social ellos podían acelerar el progreso hacia una sociedad ideal.

No parece que los defensores del postmodernismo van a compartir el mismo interés en la evolución que los modernistas. Probablemente estarán contentos por cualquier daño infligido al pensamiento cristiano por la evolución, pero no emplearán los argumentos de la evolución en su contra. La razón se encuentra en su rechazo de las categorías de "verdadero" y "falso" en el sentido absoluto de la palabra. El postmodernismo no tiene gran uso de la razón.

Una Preocupación Adicional

Estos puntos de vista que niegan la inerrancia bíblica que he expuesto ven la Biblia con un tipo de autoridad en cuanto a la fe y a la práctica. Sin embargo, esta relación, en algunos casos, va llegando a ser tan imprecisa que es difícil decidir exactamente lo que es. Esta imprecisión abre la puerta para cualquier persona que asevere exponer tal punto de vista, pero al mismo tiempo sostener un punto de vista neo-ortodoxo de la revelación o de otra forma de teología contemporánea. Es especialmente probable cuando se emplean tales palabras (en cuanto a las Escrituras) como suficiencia y adecuada.

Se basa el punto de vista neo-ortodoxo en la suposición de que Dios es tan "totalmente otro" del hombre que no puede haber ninguna comunicación de Dios al hombre. La razón dice que Dios no puede revelarse al hombre. A pesar de ello, Dios rompe la barrera y se revela al hombre. La fe que experimenta este encuentro con Dios es un salto de fe, y cree que Dios se ha revelado. Dios se revela en Jesucristo y cuando Él habla al hombre por medio de la Biblia.

La Biblia no es una revelación sobre Dios. La Biblia es un testigo del hecho de que Dios se ha revelado a sí mismo y que se revelará. El punto de vista que la Biblia es un testigo a la revelación la hace importante en el encuentro revelatorio con Dios, pero no hay ningún mensaje inspirado de Dios en la Biblia. La Biblia es el informe de la revelación, pero no es la revelación. La Biblia escrita no es la Palabra de Dios. En algún sentido se hace la Palabra de Dios o es un instrumento de revelación cuando Dios habla por medio de ella, pero aún así sus palabras o su mensaje no llegan a componer la Palabra de Dios.

En la neo-ortodoxia, no hay ningún contenido revelador. La revelación es una revelación de Dios mismo, no una revelación sobre Dios. La Biblia sería una reflexión de los escritores bíblicos en cuanto a sus encuentros con Dios, no una comunicación de un mensaje de Dios. Así, que, se la llama un testigo a la revelación. La teología no sería el resultado de una interpretación de un mensaje revelado de Dios, sino una reflexión de un encuentro personal con Dios.

Es bastante obvio que este punto de vista de la Biblia es muy diferente de el de Jesús y de los escritores del Nuevo Testamento cuando ellos comenzaron sus afirmaciones del Antiguo Testamento con la frase: "escrito está". Su actitud nos dice que ellos aceptaron el Antiguo Testamento como un contenido revelado de Dios. Un buen ejemplo de este hecho se ve en la respuesta dada por Jesús a Satanás cuando el maligno le tentó: "Escrito está: 'No sólo de pan vivirá el hombre, sino de toda palabra que sale de la boca de Dios'" (Mateo 4:4).

La teología contemporánea, con sus muchas formas, es una modificación de la teología neo-ortodoxa. Hay un conflicto epistemológico serio entre el cristianismo bíblico y la teología contemporánea. El cristianismo bíblico cree que Dios nos ha dado un contenido revelado en la Biblia. Esta revelación es verdadera. Los cristianos evangélicos no deberían sentir ninguna fascinación con los sistemas teológicos que rechazan la idea de que Dios ha dado un contenido verdadero en Su revelación que es la Biblia.

Aunque la neo-ortodoxa es anterior al postmodernismo, se puede ver que estaba en la misma lucha con los problemas que el postmodernismo actual. Nosotros que creemos que la Verdad objetiva existe tenemos un enfoque distinto al de la neo-ortodoxia, de la teología contemporánea o del postmodernismo. La doctrina de la inerrancia bíblica no tiene sentido para personas que no creen que ninguna Verdad objetiva exista. Al mismo tiempo, tiene gran significado para nosotros que creemos en una cosmovisión que reconoce la Verdad objetiva, universal y eterna.

Un Reto Final

La Verdad de la Biblia es objetiva, eterna, universal e inmutable. Nos ha venido en lenguaje humano. Es distinta y no contaminada de las vidas y culturas de las personas de los Antiguo y Nuevo Testamentos, pero al mismo tiempo está entretejida en ellas. Hoy día está dispuesta a entrar en las vidas y las culturas de la gente. Ella juzga y transforma a la cultura. Nunca debe ser contaminada por la cultura.

Los retos encontrados por la Verdad de la Biblia cambian de una cultura a otra. No obstante, la Verdad de la Biblia no cambia. Hay una diferencia significativa entre el reto que el modernismo presenta a la Verdad y el que presenta el postmodernismo.

El modernismo aceptaba el hecho de una Verdad universal. Los creyentes bíblicos no tenían que debatir ese hecho con los modernistas. La batalla tenía que ver con la verdad de algunos particulares de la Biblia. Los creyentes tenían que tratar esos problemas. Su propio ser interior exigía respuestas satisfactorias. Si ellos querían influencia a los no cristianos, debían de demostrar que conocían los problemas y que los habían tratado con integridad. Un hecho interesante es que la lista detallada de retos en cuanto a la precisión de las Escrituras, que viene de los historiadores, arqueólogos y científicos, es la más breve que ha sido desde el comienzo del modernismo.

Hay una cosa que quiero destacar. *No creemos que la Biblia sea la Palabra de Dios debido a su inerrancia.* Más bien, *creemos que la Biblia es inerrante porque creemos que es la Palabra de Dios.* Esperamos que sea inerrante porque creemos que es la Palabra de Dios. No hay *ningún hecho empírico* que *contradice* la Biblia. La falta de información sobre algunos asuntos puede significar que todavía no tenemos una repuesta disponible que resolverá un problema. Pero, no hay ningún caso creíble que dice que la evidencia claramente establezca una contradicción.

El postmodernismo presenta unos retos distintos. Desafía la existencia misma de la Verdad. Tal es un reto que debe ser contestado con atraer la atención a la *personalidad total.* Este es el reto al que se dirige este libro.

Debemos prestar atención a los tiempos en los que vivimos. Tenemos que estar alertos al hecho de que los tiempos cambian. Sin duda esto es lo que ha ocurrido en mi vida. Entre 1930-1960, los paradigmas en las Américas fueron expuestos por el modernismo y por el cristianismo. La competición tenía que ver con el contenido de la Verdad, no con si ella existiera o no. Entre 1960-1990 hubo un tiempo de transición. El paradigma del modernismo fue desplazado. Al llegar a 1990, el cambio del paradigma fue completo. El modernismo fue destronado, y el postmodernismo había usurpado el trono. Jesús dijo: "edificaré mi iglesia; y las puertas del hades no prevalecerán contra ella" (Mateo 16.18). Si no fuese por esta afirmación del Señor, probablemente diríamos que el cristianismo se encuentra en una lucha de vida o muerto con el postmodernismo. Sin embargo, el que es REY de REYES y SEÑOR de SEÑORES, y que conoce el fin desde el principio, ha declarado que Su iglesia prevalecerá.

Mientras que nos es importante entender los tiempos en los que vivimos cuando tratamos con las cuestiones de la Verdad de la Biblia, es más importante que tengamos en cuenta *a quién estamos sirviendo y a quiénes estamos ministrando*. Jesús dijo, en oración, al Padre: "tu palabra es verdad" (Juan 17:17). Nuestro llamamiento es ministrar a los que están hechos a la imagen de Dios (Génesis 1:26). Es la verdad que liberta a las personas (Juan 8:32). Aunque necesitamos comprender los tiempos en los que vivimos para poder administrar eficazmente la Verdad de Dios, Dios *no nos ha dado permiso* a negociar o traficar con Su Verdad dependiendo del tono prevaleciente de la cultura.

No es simplemente que hemos de estar firmes por parte de la Verdad en oposición a nuestra cultura. Tenemos que encontramos al lado de la Verdad *debido a la necesidad de nuestra cultura*. Ella está herida porque ha rechazado la Verdad de Dios. Los humanos han sido creados para la Verdad. Nos encontramos con una necesidad tremenda de la Verdad. El vacío y la confusión que existen debido a ese rechazo de la Verdad nos presentan con una oportunidad. No debemos fallar a nuestra raza.

5

Naturaleza y Atributos de Dios

Cuando se contesta en una manera positiva la *pregunta ineludible*: "¿Hay un Dios?", se presenta otra igualmente ineludible: "¿Qué tipo de ser es Dios?". La respuesta a ésta es de suprema importancia. El hecho mismo de que sea Dios significa que es el Gobernador Supremo y el Señor y Juez de mi vida. Mi relación a Él es la más importante de todas mis relaciones. Su naturaleza y sus atributos forman la fundación para el único sistema de valores. Es el sistema de valores por medio del cual seré juzgado. Debo vivir conforme con este sistema si he de poseer una armonía interior. Mi sistema de pensamiento debe reconocer a Dios y reflejar un compromiso a los valores divinos.

En este capítulo hablaremos de Dios como Dios, es decir, tocaré todo que es igualmente verdad de cada miembro de la Trinidad. Nos equivocamos si sólo entendemos que una discusión de la naturaleza y de los atributos de Dios es una investigación de Dios el Padre como distinto a Dios del Hijo y Dios el Espíritu Santo. Lo que es verdadero en cuanto a la naturaleza y los atributos básicos de Dios es igualmente verdadero de todos los miembros de la Trinidad.

La Naturaleza Básica de Dios

Por la naturaleza básica de Dios, quiero decir lo que Dios es dentro de sí mismo aparte de cualquier consideración de Su relación con la creación. Estos hechos sobre Dios son consideraciones importantes al pensar en Su relación con Su creación, pero las podemos estudiar aparte de Su relación a Su creación.

DIOS ES ESPÍRITU

Dios es un ser espiritual (Juan 4:24) distinguido de un ser material. Es correcto pensar en Dios con una esencia o sustancia, pero la sustancia es inmaterial más bien que material. Nuestras mentes están tan acostumbradas a pensar en lo material que nos es difícil pensar en una sustancia inmaterial. Sin embargo, debemos pensar en una sustancia inmaterial si hemos de comprender algo de la esencia espiritual de Dios, o si hemos de pensar en nuestro propio espíritu humano o la esencia espiritual de los ángeles.

Hay dos consecuencias lógicas del hecho de que Dios es espíritu: (1) Él es incorporal, y (2) Él es invisible.

Por incorporal, se quiere decir que Dios no posee un cuerpo físico. Es de la naturaleza misma de un espíritu que no tiene carne y huesos (Lucas 24:29). Es verdad que la Biblia habla de las manos, los pies, los ojos, los oídos, etc. de Dios (Isaías 59:2; Génesis 3:8; 1 Pedro 3:12). Se han de entender estas expresiones como metafóricas que sirven para ayudar en la comunicación. Cuando Isaías dijo: "He aquí no se ha acortado la mano de Jehová para salvar" (Isaías 59:1), no pensamos en el Señor como un ser con manos grandes con las cuales salva a las personas. Lo que estos términos antropomórficos (o sea, términos que describen a Dios con características humanas) hacen es comunicar lo de Dios en términos figurativos y análogos con los órganos con los que funcionamos nosotros similarmente a las funciones adscritas a Dios. A la luz del uso frecuente que nosotros hacemos del lenguaje figurativo, tal manera de descripción no nos debería parecer extraña al emplearla en hablar de Dios.

Conforme con el hecho de que Dios es incorporal, Él es invisible. Juan dijo: "A Dios nadie le vio jamás" (Juan 1:18). Se crean algunos problemas con pasajes como Génesis 32:30; Éxodo 24:10; 33:18-23; Jueces 13:22 (y otros) donde se dice que Dios tomó una forma visible, pero a la luz de la afirmación de Juan, hemos de entender que esos eventos involucraron algo menos que ver a la esencia misma de Dios.

DIOS ES PERSONAL

Al hablar de Dios como Dios, prefiero decir que Él es personal más bien que es una persona. "Él es una persona", sería más apropiado para hablar de una sola persona. Puesto que hay tres "personas" en la Deidad, es mejor referirse a Dios como personal. Por personal queremos decir que es un ser que piensa, siente y actúa. Que el Dios de la Biblia piensa, siente y actúa es demasiado obvio para requerir una documentación bíblica.

El hecho de que Dios es personal quiere decir que Él es el Dios viviente. Es distinto y separado de los ídolos que no pueden ver, oír, hablar ni actuar (Deuteronomio 4:28; Salmo 115:8).

El hecho de que Dios es personal le distingue del dios impersonal de la filosofía. No es un objeto impersonal que se encuentra por medio de nuestra búsqueda. Él es el Dios personal que se interesa en las personas y se ha declarado a sí mismo como Dios.

El hecho de que Dios es personal no es una observación que se hace y luego se olvida. Merece mucho pensamiento para poder ver y apreciarlo por sus implicaciones extendidas. Si Dios fuera impersonal, nuestra relación con Él (o, en tal caso, con lo que sea) sería una relación ininteligible y mística, o simplemente una relación con unas leyes. Pero dado que Dios es personal, la relación última es personal. Como seres personales necesitamos relaciones personales. Necesitamos saber que el ser supremo de todo nos cuida. Una relación personal puede ser una relación llena de cariño.

La doctrina de la revelación es un desarrollo lógico del hecho que Dios es personal. Ella depende del mismo hecho. Un Dios personal que habla nos da aquel que está más allá del alcance del empirismo. Él habla la Verdad (Juan 17:17). Esta Verdad nos liberta (Juan 8:32). La fe en un Dios personal abre el camino para las respuestas a las *preguntas ineludibles de la vida*. Da significado y propósito a la vida. La Verdad hablada por Dios nos rescata. No estamos perdidos en el mar de incertidumbre del postmodernismo.

Los milagros no son problema para el Dios personal quien creó el universo y lo gobierna. Él no está limitado por las "leyes" de la naturaleza. No tiene que suspender las leyes de la naturaleza para poder hacer un milagro. Simplemente actúa directamente. Puede que Su actividad contradiga las leyes de la naturaleza, pero no tiene que suspenderlas. Si vamos en carro y hay un niñito con nosotros pero de reprende tenemos que parar abruptamente, extendemos la mano para prevenir que caiga el pequeño. Si no le hubiésemos alcanzado con la mano para sostenerlo, las leyes de la naturaleza en su funcionamiento le hubieran causado que cayese. Como personas podemos extender la mano e introducir otra ley de la naturaleza que contradice las leyes de la naturaleza que le hubiera causado daño. No suspendimos la ley de la naturaleza. Si nosotros, como personas, podemos contradecir una ley de la naturaleza por medio de otra ley de la naturaleza, ¿no puede el Gobernador del universo interponer Su propia actividad sin suspender las leyes de la naturaleza? ¿No está libre para actuar así?

La cuestión en cuanto a cuándo hacer un milagro es algo que pertenece sólo al control de Dios. La posibilidad lógica para los milagros está claramente presente debido a que hay un Dios personal. En el estudio de la Biblia, no nos atrevamos a ser guiados por una cosmovisión que a priori elimina la posibilidad de los milagros. Este es el tipo de pensamiento que el modernismo empleaba para tratar de negar o encontrar una explicación para los milagros bíblicos.

DIOS ES INDEPENDIENTE

Dios no depende de nada fuera de sí para Su propia existencia. Él mismo es la base para Su propia existencia. Hablamos de la auto-existencia de Dios. Dios no es la causa de Su existencia porque aquel que no comenzó no puede ser causado. Dios es un ser no causado.

Explica Fred H. Kooster:

> La independencia de Dios incluye más que la idea de la aseidad o auto-existencia. Su independencia caracteriza no sólo Su existencia, sino también Su ser total y Sus atributos, Sus decretos y Sus obras de la creación, la providencia y la redención.[1]

No hay ni fuerza ni persona fuera de Dios que represente una amenaza para Dios ni que le obligue tomar una cierta acción. Las acciones de Dios se encuentran de acuerdo con Su propia naturaleza y Su propio plan.

La independencia de Dios no quiere decir que Él no haya entrado en algunas relaciones personales con las personas que Él creó, ni que no les use en Su obra. Significa que la idea de estas relaciones y el uso de Sus criaturas para hacer Su obra fue Suya y no le fue impuesta. Su independencia no quiere decir que no haya oposición a Él, pero sí quiere decir que Él no se encuentra en ningún peligro de ser vencido por Sus enemigos. El puede tratar con ellos según Sus propios planes y propósitos. Cuando Él decida, puede terminar con la oposición. Su independencia no quiere decir que no nos responderá, pero sí significa que Su respuesta va en línea con Su propia naturaleza, con Sus promesas y con Sus planes. Nosotros no le obligamos a Dios a que nos responda.

DIOS ES INFINITO EN RELACIÓN CON EL ESPACIO

La infinidad de Dios con relación al espacio se suele nombrar con el uso del término inmensidad. Esta palabra se refiere a la infinidad de la sustancia de Dios en relación con el espacio (1 Reyes 8:27; Hechos 17:24). La inmensidad de Dios forma la base de Su omnipresencia.

DIOS ES INFINITO EN RELACIÓN CON EL TIEMPO

Dios es eterno. No tuvo principio ni tendrá fin (Deuteronomio 33:27; Job 36:26; Salmo 41:13; 90:2; Isaías 43:13; 57:15; Romanos 1:20).

Hasta algún punto podemos comprender un futuro eterno. Podemos imaginar un ser que no tiene fin. No podemos captar la eternidad pasada de Dios. No podemos comprender la idea de un ser sin un comienzo. Pero tampoco podemos imaginar que Dios tuviera principio. No nos es creíble pensar que hubiera algo que pudiera haber producido a Dios. Son apropiadas aquí las palabras de Stephen Charnock:

> Aunque no podemos comprender la eternidad, sí entendemos que hay eternidad; igualmente que no podemos comprender la esencia de Dios, es decir, lo que él es, no obstante podemos comprender que él es; podemos entender la idea de su existencia, aunque no podamos comprendemos la infinidad de su naturaleza.[2]

La manera más común en la que los teólogos describen la eternidad de Dios es de referirse a ella como la ausencia de tiempo. Se dice que Dios no tiene pasado ni futuro. Todo con Dios es un eterno ahora. Se expone que el tiempo es una creación de Dios y que Él la terminará. Se caracteriza el tiempo por el pasado, el presente y el futuro y tiene una sucesión de eventos. La eternidad sólo tiene el presente, y por lo tanto no tiene ninguna sucesión de eventos.

En cuanto a la relación de Dios con el tiempo, Strong, quien sostiene el punto de vista del eterno ahora, escribe:

> Sin embargo, está lejos de nosotros decir que el tiempo, en cuanto a que existe, no tenga una realidad objetiva a Dios. A él, el pasado, el presente y el futuro son todos un "eterno ahora", no en el sentido como si no hubiera distinción entre ellos, sino sólo en el sentido que él ve el pasado y el futuro tan vívidamente como ve el presente. El tiempo comenzó con la creación, y puesto que las sucesiones de la historia son sucesiones auténticas, él que ve según la verdad debe reconocerlas.[3]

Esta explicación de Strong de la relación de Dios al tiempo encuentra apoyo general entre los teólogos que exponen el punto de vista de un eterno ahora. Es mi contención que decir que "el pasado, el presente y el futuro son un 'eterno ahora'...sólo en el sentido que él ve pasado y el futuro tan vívidamente como ve el presente" contradice el punto de vista del eterno ahora. Confunde la omnisciencia con el eterno ahora. Ver con una claridad igual como presente lo que Dios reconoce como el pasado y el futuro no es lo mismo que decir que los tres son el *ahora* para Él.

Pienso que ha de decidirse entre creer en el eterno ahora y creer que Dios puede observar las experiencias humanas como pasadas, presentes o futuras con una clareza igual. Si para Dios, toda la eternidad es un "ahora", todas las experiencias humanas son un solo "ahora" para Él. No es lo mismo que decir que Dios ve el pasado y el futuro tan vívidamente como ve el presente. Según el punto de vista del eterno ahora, para Él, lo que a nosotros es el pasado y el futuro, debe verse como ocurriendo ahora mismo. Esta sería una presentación consistente del punto de vista del eterno ahora. Es sólo cuando se *presenta de una manera consistente* que se puede hablar correctamente de un eterno ahora.

Como lo veo yo, cuando se presenta consistentemente este punto de vista, no puede defenderse. Para mí, el momento presente es el único momento que tiene una realidad objetiva. Ayer tuvo su realidad objetiva. Mañana la tendrá. Si mis ayeres y mis mañanas son reales objetivamente a Dios, entonces Él tiene una norma distinta de la realidad objetivad para Él, en cuanto a que se relaciona conmigo, que me ha dado a mí para mí mismo. Esto es inconcebible.

Algunos han argüido que al igual que Dios llena todo el espacio, llena toda la eternidad, o igual que Su infinidad llena uno, llena la otra. Tal conclusión no es necesaria. Hay una diferencia enorme entre el espacio ocupado por un elefante y una pulga, pero a cada uno de ésos el espacio es igual.

La esencia de Dios llena el espacio. No se puede llenar la eternidad del mismo modo. Dios es eterno en que no tiene principio ni fin. El lenguaje claro de las Escrituras nos explica que Dios tiene duración; tiene un pasado, un presente y un futuro (Salmo 90:2; 102:12; Romanos 3:21; Hebreos 13:8). La cuestión de la viveza con que Dios ve el pasado y el futuro se discutirá al hablar de Su omnisciencia.

Algunos han buscado apoyo para el punto de vista del eterno ahora en 2 Pedro 3:8: "Mas, oh amados, no ignoréis esto: que para con el Señor un día es como mil años, y mil años como un día". Pero este pasaje quiere decir que Dios no vea ninguna diferencia objetiva entre un día y mil años. Salmo 90:4 explica el significado del pasaje: "Porque mil años delante de tus ojos son como el día de ayer, que pasó, y como una de las vigilias de la noche".

En este salmo es obvio que se habla de la experiencia subjetiva del tiempo. Objetivamente el tiempo es lo mismo para un niño que para un adulto. Subjetivamente, nos parece que con más años el tiempo pasa más rápidamente. Para nosotros mil años parecen como un período muy largo. Para Dios no es así.

Se ha expuesto el pasaje del Apocalipsis 10:6 para exponer la terminación del tiempo. Un ángel fuerte dijo: "el tiempo no sería más". Este dicho ha de entenderse a significar que no habrá más demora. No hay nada en el pasaje que indique que tiene referencia a un fin del tiempo en sí.

Parte del problema parece ser el de pensar en el tiempo poseyendo un comienzo y un fin. Se suele considerar el tiempo como una sucesión de eventos. Basándose en esta definición, se cree que el tiempo comenzó con la creación.

La definición expuesta por Buswell es provechosa aquí. Dice: "Por lo tanto, el tiempo debería definirse por la mera posibilidad abstracta de una relación en una secuencia de duración".[4] El tiempo es la posibilidad del presente y del futuro.

Visto desde esta perspectiva, el tiempo es la posibilidad de una sucesión de eventos. La posibilidad existe si los eventos están presentes o no. De este punto de vista, no hay razón para no creer que el tiempo es eterno.

Siguiendo este mismo principio, "El espacio es la mera posibilidad abstracta de unas relaciones dimensionales".[5] El espacio sería la posibilidad de "aquí y allí". El espacio sería eterno. No tendría que haber sido creado. La posibilidad de la distancia entre los objetos fue eterna. Sólo hicieron falta ser creados los objetos. Así, pues, ya existiría la distancia entre los objetos. Cuando los objetos se movían de un lugar a otros ocurriría una sucesión de eventos.

Buswell, quien rechaza la teoría del eterno ahora dice:

> Si el pasado no es el pasado para Dios igual que para el hombre, entonces todavía nos encontramos en nuestros pecados; Cristo no ha venido y nunca vendrá, porque Él es Deidad y por lo tanto sin tiempo. Pero se ha dicho que Él vino en 'el cumplimiento del tiempo' (*cronos*) y "a su debido tiempo (*kairos*)". Si el pasado no es el pasado para Dios, todavía estamos bajo la ira y la maldición del Juez justo.[6]

El punto de vista del tiempo y de la eternidad expuesto aquí no tiene ninguna dificultad en reconocer a Dios como el Dios de la historia, ni tampoco en ver los actos de redención de Dios en la historia. Ve a Dios como el Rey de reyes y el Señor de señores y como el Juez supremo del universo, pero no es el Totalmente Otro cuya revelación es un interrumpir irracional, como exponen los teólogos neo-ortodoxos.

Soy muy consciente de que la mayoría de los teólogos conservadores exponen en alguna forma el punto de vista del eterno ahora.[7] No les acuso de poseer algunas tendencias neo-ortodoxas porque este punto de vista ha existido antes de la neo-ortodoxia. Sin embargo, hago estas preguntas: Para aquellos que exponen el punto de vista del eterno ahora, ¿no existen algunas dificultades lógicas si uno quiere evitar el punto de vista de la revelación expuesta por la neo-ortodoxia en conexión con la eternidad y con el tiempo? Al tratar con estas dificultades, ¿no en efecto descarta el punto de vista del eterno ahora?

DIOS ES INMUTABLE

Por la inmutabilidad de Dios quiere decirse que ni Su esencia ni Sus atributos cambian. Se enseña esta inmutabilidad claramente en las Escrituras (Números 23:19; 1 Samuel 15:29; Salmo 33:11; 119:89-91; Malaquías 3:6; Hebreos 6:17; Santiago 1:17; y otros).

Se crea algún problema debido a los pasajes que hablan de que Dios se arrepiente (Génesis 6:6; Éxodo 32:14; 2 Samuel 24:16; Jonas 3:10). Se ve la explicación de algunos de estos pasajes en la dificultad de describir, con el lenguaje humano, a Dios y Sus actos. Quizás la experiencia humana que más aproxima a la referida experiencia divina sea el arrepentimiento. Sin embargo, algunos aspectos de esta experiencia humana pueden no ser aplicables a la experiencia divina. Tal es el caso de Génesis 6:6 donde dice: "Y se arrepintió Jehová de haber creado al hombre en la tierra". También se explicará lo dicho en 2 Samuel 24:16 de la misma manera.

En otros pasajes el arrepentimiento representa un cambio de actitud, por parte de Dios, como respuesta a un cambio de actitud por parte de la gente. Este aspecto se encuentra perfectamente armonioso con la inmutabilidad de Dios. Él está comprometido inmutablemente a cambiar Su actitud hacia aquellos que cambien su actitud hacia Él. También está decidido inmutablemente a contestar, bajo ciertas condiciones, las peticiones de Su pueblo. Tal cambio de actitud, más que representar un cambio en Su esencia y en Sus atributos, demuestra verazmente Su inmutabilidad en Su esencia y Sus atributos. Este aspecto explica lo de Éxodo 32:14 y Jonás 3:10.

Henry C. Thiessen nos ayuda en este punto:

> La inmutabilidad de Dios no es la de una piedra que no responde a los cambios a su alrededor, sino es como una columna de mercurio que sube y baja según los cambios en la temperatura. Su inmutabilidad consiste en que Él siempre hace lo correcto y en adaptar Su trato con Sus criaturas según las variaciones en Su carácter y en Su conducto.[8]

Los Atributos Naturales de Dios

Al distinguir los atributos de la naturaleza básica de Dios, estoy viendo los atributos de Dios como las características divinas que, en nuestra concepción, involucran Su relación a Su creación. No estoy sugiriendo que Él no tuviera estas características antes de Su acto de creación. Expongo que según nuestro entendimiento de estos atributos tendemos a siempre pensar en Su relación a la creación. Cualquier división que escojamos para hablar de Dios tendrá sus fallos. No hay ningún enfoque que sea del todo perfecto.

DIOS ES OMNIPRESENTE

A menudo no se hace distinción entre la omnipresencia y la inmensidad de Dios. Y cuando se la hace, la inmensidad se refiere a la infinidad de la existencia de Dios. La omnipresencia de Dios significa que Él está presente en todo el universo para una relación con Su creación. Es la inmensidad de Dios que forma la base para Su omnipresencia.

No importe dónde estemos, Dios está allí (Salmo 139:7-12; Jeremías 23:23; Hechos 17:24-28). No podemos escapar de Su juicio porque Él siempre está presente. Nunca nos encontramos con una necesidad donde Él no esté presente. Él es el Siempre Presente.

DIOS ES OMNISCIENTE

Cuando hablamos de Dios como omnisciente, queremos decir que Su conocimiento es infinito. No hay nada que ha existido, que existe o que existirá que esté fuera de Su conocimiento. Thiessen explica:

> "Él se conoce a sí mismo y conoce todo lo demás, sea real o posible, sea del pasado, presente o futuro, y Él conoce todo a la perfección y lo conoce desde la eternidad. Él conoce todas las cosas inmediata, simultánea, exhaustiva y verdaderamente".[9]

Nuestro conocimiento existe en dos niveles. En la mente consciente mantenemos una cantidad limitada de conocimiento. La mayoría de lo que conocemos existe en nuestra mente subconsciente. Una parte de este conocimiento está disponible casi inmediatamente para la mente consciente. Otra parte no nos viene tan fácilmente. Con Dios no existe tal subconsciencia. Como dice Thiessen: "Él conoce todo inmediatamente".

El apoyo bíblico es abundante para demostrar la omnisciencia de Dios. Por ejemplo, he aquí algunos pasajes: 1 Reyes 8:29; 1 Crónicas 28:9; Job 32:21, 22; 42:2; Salmo 44:21; 147:4, 5; Isaías 29:15; 40:27, 28; 46:10; Hechos 15:18; Hebreos 4:13.

Ahora volvemos a la discusión en cuanto a la claridad con que Dios conoce el pasado y futuro que fue aplazada del trato de la eternidad de Dios. Dios ve el pasado y el futuro tan vívidamente como ve el presente. Es una necesidad lógica si Dios es omnisciente. Sin embargo, sólo el presente es objetivamente real para Dios. El pasado era objetivamente real para Él. El futuro le será objetivamente real.

Cuando decimos que Dios ve el pasado y el futuro con una clareza igual a Su conocimiento del presente, estamos considerando dos aspectos de este conocimiento: (1) conocimiento de los hechos, y (2) conocimiento como una realidad subjetiva.

Al pensar en el conocimiento divino de los hechos, no hay nada del pasado que Dios supo en aquel entonces, que Él no conoce ahora. No hay nada en cuanto al presente que Él conoce ahora, que no lo supo en el pasado. No poseerá más conocimiento del futuro cuando se haga presente que ya conoce ahora y que siempre ha conocido.

Cuando hablamos de haberlo conocido vívidamente, no sólo pensamos en conocer los hechos, sino que también en haberlo conocido de una manera subjetiva. Esta experiencia subjetiva de Dios de haber conocido el pasado es la misma que fue cuando fuera presente. Su experiencia subjetiva del presente es la misma que fue cuando todavía, en aquel entonces, fuera futura. Su conocimiento subjetivo del futuro es lo mismo ahora que será cuando el futuro se haga presente.

Una ilustración de la realidad subjetiva, cuando la realidad objetiva de algo no está presente, ocurre cuando nosotros repasamos o recordamos un evento del pasado. La realidad objetiva del evento ya no existe, pero continuamos viéndolo con una realidad subjetiva. Se puede decir lo mismo de la anticipación de un evento futuro.

El conocimiento objetivo que Dios tiene del pasado, presente y futuro es total. La realidad subjetiva del pasado, presente y futuro no conoce ninguna diferencia. Sin embargo, sólo el presente le es objetivamente real. Así, pues, podemos decir que Dios ve el pasado, el presente y el futuro con una viveza igual. Esto no es lo mismo que exponer que todo es un eterno ahora con Dios. Para mí, hablar del conocimiento objetivo y subjetivo de Dios es mucho más fácil de comprender, y se acuerda con las Escrituras. Es más aceptable a la mente humana.

DIOS ES OMNIPOTENTE

Por la omnipotencia de Dios, queremos decir que Dios puede lleva a cabo cualquier acto que sea consistente con Su naturaleza. Él no está limitado en cualquier actividad por una falta de poder (Génesis 17:1; 18:14; Job 42:2; Mateo 19:26; Hechos 26:8; Apocalipsis 19:6).

Por omnipotencia, no queremos decir que Dios pueda hacer lo ridículo y lo absurdo. Hay cosas que Dios no puede hacer. Él no puede mentir (Tito 1:2). No puede hacer que un círculo sea cuadrado.

A menudo, en las discusiones teológicas, se oye decir: "No quiero limitar a Dios". Es verdad que debemos tener cuidado en expresarnos, pero no tenemos que rehusar exponer, en algunas circunstancias: "Dios no puede hacer tal o cual". La omnipresencia no impide la posibilidad de que haya algunas cosas que Dios no pueda hacer. Sí elimina la posibilidad de que Él jamás se encuentre limitado por falta de poder. La naturaleza misma de Su ser asegura el hecho de que Él puede hacer lo que quiera.

Los atributos morales de Dios

DIOS ES SANTO

Cuando pensamos en Dios como santo, la idea es que Él es absolutamente libre de pecado en pensamiento, palabra y hecho. No existe la mínima posibilidad de pecado en Él. Es absolutamente puro. El apóstol Juan escribió: "Dios es luz, y no hay ningunas tinieblas en él" (1 Juan 1:5). En ninguna manera puede Él consentir el pecado. El profeta Habacuc dice: "Muy limpio eres de ojos para ver el mal, ni puedes ver el agravio" (Habacuc 1:13).

Uno de los temas principales del Antiguo Testamento es una declaración y demostración del hecho que Dios es santo (Éxodo 15:11; Levítico 19:2; 1 Samuel 2:2; 6:20; Job 34:10; Salmo 47:8; 89:35; 119:9; Isaías 6:3; 57:15). Este tema continúa en el Nuevo Testamento (Juan 17:11; Santiago 1:13; 1 Pedro 1:15, 16; 1 Juan 1:5; Apocalipsis 4:8; 15:4).

Como santo, Dios no tolerará el pecado. Es debido a Su santidad que "la ira de Dios se revela desde el cielo contra toda impiedad e injusticia de los hombres que detienen con injusticia la verdad" (Romanos 1:18). La primera revelación de la santidad de Dios es una revelación de juicio. Dijo a Adán (y a Eva): "mas del árbol de la ciencia del bien y del mal no comerás; porque el día que de él comas, ciertamente morirás" (Génesis 2:17). El juicio de Dios en contra del pecado revela Su determinación a mantenerse santo.

Los actos de juicio revelados en la historia bíblica testifican del odio de Dios hacia el pecado y de Su determinación a mantenerse santo. El diluvio, Sodoma y Gomorra, y los muchos otros actos de juicio en la Biblia no dejan duda alguna en cuanto a la actitud de Dios hacia el pecado.

El castigo eterno de los malvados revela la actitud intolerante de Dios hacia el pecado. La Biblia habla del castigo de los impíos, empleando tales expresiones como: "las tinieblas de afuera" (Mateo 8:12; 22:13; 25:30), "el horno de fuego" (Mateo 13:42, 50), "el fuego eterno" (Mateo 18:8; 25:41), "al castigo eterno" (Mateo 25:46), "el fuego que no puede ser apagado" (Marcos 9:43-48), "pena de eterna perdición, excluidos de la presencia del Señor y de la gloria de su poder" (2 Tesalonicenses 1:9) y "el lago que arde con fuego y azufre, que es la muerte segunda" (Apocalipsis 21:8).

La cruz de Jesucristo también manifiesta la determinación de Dios a mantenerse santo. Su cruz es un testimonio eterno al hecho de que Dios no perdonará el pecado hasta que haya sido castigado. Si vemos en Dios un patrón de pureza y justicia pero no captamos Su odio del pecado, habremos fracasado en nuestra comprensión del punto de vista bíblico de la santidad.[10]

La voluntad santa de Dios es una expresión de Su naturaleza santa. Thiessen escribe: "En Dios vemos la pureza de su ser antes de la pureza de su voluntad. Dios no quiere lo bueno porque es bueno, ni es lo bueno porque Dios lo desea; de otra manera existiría algo bueno encima de Dios o, lo bueno sería un bueno arbitrario y cambiante. Más bien, la voluntad de Dios es una expresión de su naturaleza, que es santa".[11]

No hemos de imaginarnos que Dios puede, por un acto arbitrario de Su voluntad, declarar que una cosa sea santa y será santa. En el pensamiento islámico, la voluntad de Alá es suprema y es arbitraria. En el pensamiento cristiano, la voluntad de Dios siempre es una expresión de Su naturaleza. Es incompatible con la naturaleza de Dios declarar que una persona esté obligada a la moralidad de los Diez Mandamientos y al mismo tiempo afirmar una moralidad contraria para otra. Bajo tal arreglo, Dios podría reinar por medio de capricho y antoja. No sabríamos qué nos vendría de Él.

Gracias al hecho de que la voluntad de Dios es una expresión de Su naturaleza santa, la moralidad es racional. Podemos descubrir los principios de nuestro estudio de las Escrituras y los podemos aplicar a las cosas no mencionadas en la Biblia.

La santidad es el atributo fundamental de Dios. Explica Thiessen: "Debido al carácter fundamental de este atributo, la santidad de Dios, más bien que el amor, el poder o la voluntad de Dios, debería ocupar el primer lugar. La santidad es el principio que reglamenta los otros tres; porque se establece el trono en su santidad (Salmo 47:8; 89:14; 97:12).[12]

Esta es una de las observaciones más importantes que se puede hacer en un estudio de doctrina. Cuando se exponga el amor como el atributo básico de Dios, se conduce a la idea de una salvación universal, una idea que no encuentra lugar alguno en las Escrituras. También termina en un compromiso en los temas morales. Un amor no sometido a la santidad es propenso a modificarse y comprometerse. Sólo es cuando se ve la santidad, no el amor, como el atributo básico de Dios que las doctrinas bíblicas del infierno y de la expiación pueden mantenerse. Es la santidad, no el amor, de Dios que envía a los pecadores al infierno. Es la santidad, no el amor, que exigía el castigo del pecado antes de que Dios pudiera perdonarlo.

La justicia y el juicio fluyen de la santidad de Dios. Cuando hablamos de Dios como justo, queremos decir que Él hace todo correctamente. La justicia es un término general que se refiere a todos los tratos de Dios como correctos y buenos.

El juicio es un aspecto de la justicia. Se refiere al hecho de que Dios es justo en Sus procedimientos judiciales al castigar lo malo y al recompensar lo bueno. La justicia remunerativa es el juicio de Dios que garantiza que la obediencia recibirá su recompensa apropiada. La justicia retributiva es el juicio de Dios que garantiza que la desobediencia recibirá su castigo apropiado. El juicio es el guardián de la santidad de Dios.

DIOS ES AMOR

Las Escrituras afirman abundante y claramente que Dios es un Dios de amor (Deuteronomio 4:37; 7:7, 8; Salmo 42:8; 63:3; 89:33; 103:13; Jeremías 31:3; Oseas 11:1; Juan 3:16; Romanos 5:8; 1 Juan 3:1; 4:8-10). Por el amor de Dios se quiere decir Su preocupación cariñosa. Se expresa en las Escrituras por medio de términos como: "amor", "misericordia" y "compasión". Este amor se expresa en la preocupación divina igualmente por el bienestar temporal y eterno del hombre.

La preocupación amorosa de Dios se evidencia en el Antiguo Testamento, particularmente en los salmos, pero la revelación del amor de Dios llega a su culminación con Jesús. Él fue la compasión en acción. Se conmovía con compasión al ver los enfermos, los enlutados y los hambrientos. Se describe una de las escenas más conmovedores de la Biblia cuando Mateo relata el lamento del Señor sobre Jerusalén: "¡Jerusalén, Jerusalén, que matas a los profetas, y apedreas a los que te son enviados! ¡Cuántas veces quise juntar a tus hijos, como la gallina junta sus polluelos debajo de las alas, y no quisiste!" (Mateo 23:37).

Tan conmovedora como fue la compasión en la vida de Cristo, el punto culminante de la revelación del amor de Dios no vino durante la vida del Señor, sino que llegó en la cruz. Como Pablo lo expone: "Mas Dios muestra su amor para con nosotros, en que siendo aún pecadores, Cristo murió por nosotros" (Romanos 5:8).

La muerte que Jesús experimentó por los pecadores no fue una muerte ordinaria. Fue una muerte en que Él pagó la penalidad por los pecados de la humanidad. Sufrió la ira plena de Dios por el pecado del hombre. Que el Hijo de Dios impecable pagó la penalidad plena por nuestros pecados para que nosotros que habíamos pecado pudiéramos ser salvos fue la manifestación más alta del amor de Dios. El amor de Dios hacia nosotros es real. Es el amor en acción. Es un amor que le costó todo.[13]

El amor de Dios manifiesta la preocupación profunda que Dios tiene hacia nosotros. Algunos han negado que Dios tenga sentimientos. Estoy de acuerdo con Thiessen cuando dice:

> A menudo los filósofos niegan que Dios tenga sentimientos, diciendo que la emoción implica una pasividad y una susceptibilidad de impresiones desde a fuera, y que tal posibilidad es incompatible con la idea de la inmutabilidad de Dios. Pero la inmutabilidad no quiere decir la inmovilidad. El amor verdadero involucra necesariamente las emociones, y si no hay tales sentimientos en Dios, tampoco hay amor en Dios.[14]

Dios siente el amor que tiene hacia nosotros. Él experimenta Su ira hacia el pecado. Las explicaciones de Dios que niegan que Él sea personal y que niegan que Él sienta emociones nos hacen pensar que no podemos acercarnos a Él. Nos es difícil creer que podría tener cuidado de nosotros. Creo que tales explicaciones de Dios surgen de la idea de que la razón divorciada del resto de nuestra personalidad tiene un don especial para encontrar la Verdad. Creo que el contrario es la verdad. No nos apartamos de nuestra razón, pero ella funciona como parte de nuestra *personalidad total.*

Cuando el amor de Dios es manifestado hacia aquellos en la miseria y en las dificultades, lo llamamos misericordia. Cuando Su amor se extiende hacia los no merecidos se llama gracia por se recalca el hecho que tal amor no es merecido. El amor divino hacia los pecadores es misericordioso en que ellos se encuentran en la miseria y en las dificultades. Es gracia en que no lo merecen.

Técnicamente, la gracia, como *gracia salvífica*, no es un atributo de Dios. La gracia salvífica es una *provisión de Dios* hecha posible por medio de la expiación. Dios no podría salvar a los pecadores simplemente por medio de ejercer un atributo de gracia. Tal idea es incompatible con Su santidad. Él sólo puede ejercer la gracia según la provisión de la expiación y la aplicación de esta expiación sobre la condición de la fe.

También es de interés notar que la gracia recibe su característica no solamente del amor, sino también de la santidad. El hecho que se *ofrece* la gracia se debe al *amor* de Dios. El hecho de que es *gratis* se debe a la *santidad* de Dios. La misma santidad que exigió que se pagara la penalidad plena del pecado antes de que el hombre podría ser perdonado, también demandó que no se cobrara más que lo ya pagado. La santidad no tolerará un pago de menos ni de más. Cobrar más de lo que Cristo pagó por medio de Su expiación por nuestro perdón resultaría en una injusticia y la santidad no toleraría tal acción. Por lo tanto, la característica de la gracia que la describe como un don no merecido debe su origen a la santidad.

El amor de Dios manifestado hacia los buenos y hacia los malos se llama la benevolencia. Fue este amor que Jesús tenía en mente cuando dijo: "vuestro Padre...hace salir su sol sobre malos y buenos, y que hace llover sobre justos e injustos" (Mateo 5:45).

DIOS ES SABIO

La Biblia tiene mucho que decir en cuanto a la sabiduría de Dios (Proverbios 3:19; Daniel 2:20, 21; Lucas 2:40, 52; 11:49; Romanos 11:33; 1 Corintios 1:24; Efesios 3:10). Me doy cuenta que no es normal detallar la sabiduría como uno de los atributos morales de Dios. Como regla general, se la menciona brevemente en conexión con Su omnisciencia.

Mientras que no está fuera de lugar considerar la sabiduría en conexión con la omnisciencia, creo que ella más bien pertenece lógicamente con los atributos morales de Dios. Es sólo en aquel entonces que recibirá su significación debida. Consideremos el valor que Dios pone en la sabiduría: Job 28:12-28; Proverbios 3:13-18; 4:5-9; 8:11-21; 16:16, 20-24. Un estudio de Dios debería llamar la atención a la importancia de su sabiduría y al hecho de que hay una responsabilidad correspondiente para nosotros a ejercerla. Sin embargo, en la mayoría de los estudios de los atributos de Dios, se pasa por encima de ella casi sin mención.

Creo que se debería considerar la sabiduría con los atributos morales de Dios porque es imposible considerarla aparte de su tono moral. Strong dice: "La omnisciencia, calificada por su voluntad santa, se nombra en las Escrituras por la 'sabiduría'. En virtud de su sabiduría Dios elige los fines más altos y usa los medios más debidos para llevarlos a cabo".[15]

Las observaciones siguientes de Charnock demuestran que la sabiduría es totalmente moral. Explica:

Pero en particular, la sabiduría consiste,

1. En actuar para un fin *correcto*. La parte principal de la prudencia es determinar el fin *correcto*, y en elegir un medio *debido* y en dirigirlos para lograrlo...
2. La sabiduría consiste en observar todas las circunstancias para la acción. Se considera sabia la persona que emplea la oportunidad *más correcta* para llevar a cabo sus diseños...
3. La sabiduría consiste, en querer y actuar conforme a la razón *correcta*, conforme con un juicio *debido* de las cosas.[16] [énfasis añadido]

Anthony Hoekema explica: "La sabiduría significa la aplicación del conocimiento para alcanzar una meta. La sabiduría de Dios implica que Dios emplea los mejores medios posibles para alcanzar las metas que Él ha establecido para Él mismo".[17]

La sabiduría de Dios funciona en plena armonía con Su santidad y con Su amor. Asegura que se lleven a cabo los mejores intereses posibles. Sin embargo, el tono moral de la sabiduría no es que simplemente actúa conforme con la santidad y el amor. La habilidad de lograr los fines bajo unas circunstancias complejas es en sí una virtud o un valor. El ejercicio de la sabiduría es una obligación moral.

La sabiduría es una de las características admirables de Dios. Por medio de Su sabiduría Dios puede dirigir los asuntos del universo de tal manera que se lleve a cabo Su plan. Esto toma en cuenta la libertad del hombre y la existencia del mal. Se mantiene la soberanía de Dios sin tener que depender constantemente de la pura fuerza de Su omnipotencia. Por medio de Su sabiduría, Dios creó al hombre como un *ser personal* y le permite la libertad inherente en ser una persona sin tener que renunciar Su soberanía. Fue la sabiduría de Dios que arregló un plan por medio del cual la santidad de Dios pudiera *satisfacerse* y por medio del cual el amor de Dios pudiera proveer la *redención* para el hombre caído.

Cuando comenzamos a ver la sabiduría de Dios en Su perspectiva debida, nos unimos de todo corazón con Pablo cuando dice: "¡Oh profundidad de las riquezas de la sabiduría y de la ciencia de Dios! ¡Cuán insondables son sus juicios, e inescrutables sus caminos!" (Romanos 11:33).

SE INTERRELACIONAN LA SANTIDAD, EL AMOR Y LA SABIDURÍA

Hay un sentido en que la santidad, el amor y la sabiduría se abrazan. Quitar el amor o la sabiduría de la santidad resultaría en una corrupción de ella. Quitar la santidad o la sabiduría del amor terminaría en la ruina de ella. Extraer la santidad o el amor de la santidad corrompería la santidad. Sin embargo, son atributos distintos. No pensamos en la compasión surgiendo de la santidad. No consideramos la ira como parte del amor. Pensamos en la sabiduría en conexión con el arreglo del plan de la redención. Consideramos el amor como la base para la provisión de la redención.

Las características generales de Dios

Una parte de lo que voy a tratar como las características generales de Dios suelen considerarse como atributos de Dios. He elegido tratarlos así porque me parecen caracterizar la totalidad de Dios más bien que describir una cierta característica de Dios.

DIOS ES EL DIOS VERDADERO Y ES EL DIOS DE LA VERDAD

Dios no es ninguna mentira como son los ídolos (Romanos 1:25). Él es real. Él existe. Él habla y actúa. Todo lo que dice es verdad (Tito 1:2). Todo que es la verdad depende de Él. Nada que sea la verdad puede explicarse total y últimamente sin una referencia a Dios.

Para el postmodernismo, a cualquier discusión del "Dios verdadero y el Dios de la verdad" le falta sentido y es irrelevante. El modernismo no negaba la existencia ni la importancia de la Verdad, pero sí creía que se podría explicar todo sin referencia a Dios. Durante un período de unos 200 años, el modernismo trataba en vano de desarrollar una cosmovisión consistente y significativa. En vano intentaba hacer progreso hacia una sociedad utópica. Sus intentos se destacan hoy día como uno de los fracasos de la historia.

Creo que en la profundidad del corazón y de la mente de cada ser humano hay un deseo real, un anhelo para la Verdad. Las *preguntas ineludibles de la vida* reclaman unas respuestas que son verdaderas. El Dios de la Verdad nos ha dado estas respuestas en la Biblia.

En junio del 1996, cuando mi esposa y yo regresamos a los Estados Unidos de nuestra visita a la Unión Soviética, pasamos tres semanas en Japón con unos misioneros. El misionero Dale Bishop me invitó a que fuera con él a un estudio bíblico, reuniéndonos con un hombre y su esposa. La mujer es cristiana, pero él no. Se había jubilado de una posición dentro del sistema educativo japonés. En aquel entonces, el hombre empleaba su tiempo ayudando con casas para los minusválidos y para los ancianos. Dale le contó algo sobre nuestro viaje a Rusia. Me hizo varias preguntas sobre este país, sobre la condición económica y sobre las elecciones presidenciales que iban a celebrarse a los finales de ese junio. También me preguntó en cuanto al cristianismo en Rusia. Pronto la discusión cambió a Japón. Sus preguntas hicieron que fuera muy natural hablar de las insuficiencias de los enfoques a una cosmovisión sin Dios. El señor mencionó que antes del año 1945, Japón vivía en una *era mística*. Desde 1945, han vivido en una *era realista*. Explicó que en este período Japón ha valorado grandemente los logros científicos y económicos. La nación ha tenido gran éxito en este aspecto. Pero a pesar de tal éxito económico, el hombre se lamentó de una vacío que existía en la nación. La gente sabe que hay más en cuanto a la vida que la economía y la tecnología. Parece que donde están los éxitos económicos y científicos más grandes, existe también el vacío más grande. El corazón humano reclama la Verdad.[18]

DIOS ES BUENO

A menudo se refiere a la bondad de Dios como el principio de los atributos morales. Otros tienden a restringirla más bien a una categoría en la que se consideran el amor y Sus atributos relacionados.

Estoy de acuerdo en que la bondad abarca igualmente las cualidades de la santidad y el amor, pero va más allá que esto. Abraza todas las cualidades de una persona ideal. La santidad y el amor son términos específicos que llevan mucha fuerza. La bondad es un término general. No parece que les hace justicia a la santidad y al amor considerarlos como puntos secundarios bajo un término tan general como es la bondad. Prefiero considerarla como una característica general de Dios que abarca todas las características de una persona ideal.

DIOS ES GLORIOSO

Cuando consideramos la gloria de Dios, pensamos en Su esplendor. Estamos delante de Él asombrados, maravillados. Su presencia nos asombra. Le alabamos. Le honramos. Le adoramos.

DIOS ES MAJESTUOSO

Cuando consideramos la majestuosidad de Dios, pensamos en Su dignidad real. Él es el Rey de reyes. Él es realeza en todo sentido de la palabra.

DIOS ES PERFECTO

Perfecto quiere decir completo. Cada cualidad de una persona idea se encuentra presente en Dios. Cada una de estas cualidades existe a Su totalidad en Él.

Unas observaciones en cuanto a "lo asombroso" de Dios

En la cultura norteamericana, la palabra "asombroso" (inglés: *awesome*) ha cambiado en su uso en las últimas décadas de su significado histórico. Actualmente en la cultura de la juventud, el significado sólo se relaciona vagamente con su uso bíblico.

El diccionario *The Oxford Dictionary of New Words: A Popular Guide to Words in the News* (*El diccionario Oxford de palabras nuevas: una guía popular a las palabras en las noticias*) nos ayuda a entender como la palabra "asombroso" se ha debilitado en su uso popular. Sobre su significado explica:

En el argot norteamericano (especialmente entre los jóvenes): maravilloso, grande, estupendamente bueno. Originalmente asombroso quería decir "lleno de temor", pero al llegar a los finales del siglo 17°, también podría emplearse en el sentido de "espantoso, inspirando temor". El aparente cambio del significado que ha ocurrido ahora comenzó con una debilitación del significado de la palabra durante las décadas medianas del siglo 20° para querer decir "extraordinario"; luego se debitó más en los años 80 para resultar en nada más que un término de aprobación entusiástica.

Dentro de la cultura de la juventud, los términos de aprobación se vienen y se van rápidamente con la moda. Después de haber llegado al significado debilitado de "alucinante" en los años 60 y 70, "asombroso" ha llegado a ser uno de los términos más de moda para una aprobación general entre la juventud norteamericana. En particular se la asocia con el habla de los preppies y con la élite de Nuevo York, y a menudo parece formar una frase dicha juntamente con "totalmente", como en "totalmente asombroso" (inglés: *totally awesome*). Sorprendentemente el término ha mantenido su popularidad en los años 90 entre la juventud, extendiéndose desde los Estados Unidos a Canadá y a Australia. En este sentido también se usa en Gran Bretaña, pero realmente como una caricatura del habla estadounidense.[19]

Para ver hasta dónde este término se ha extraviado de sus raíces bíblicas, miremos al significado de la palabra *asombro* en la Biblia. Paul G. Chappell explica el significado bíblico de *asombro* como:

Una reverencia profunda y el respeto hacia Dios que se forma con temor. Esta reverencia aguda se caracteriza por una admiración solemne mezclada con espanto en vista de la presencia grande y terrible del Ser Supremo. La palabra hebrea *yir'a* y la griega *fobos* se emplean comúnmente para referirse a este temor santo de Dios. El asombro es el significado más característico del término "temor" en la Biblia y se basa en el reconocimiento y la conciencia de la santidad y la majestuosidad suprema de Dios.[20]

En cuanto a una respuesta debida a lo asombroso de Dios, comenta Ralph Enlow:

Al ser confrontado con la presencia asombrosa de Dios, la respuesta humana inevitable es temblar y agacharse con temor. De hecho, la Biblia nunca registra

> ningún encuentro con Dios en que el individuo no se quedara visiblemente sacudido por lo asombroso de Dios. Cuando Dios le apareció a Moisés en la zarza ardiente, escondió su rostro y tembló ante Dios (Éxodo 3:6). Cuando Isaías vio al Señor en su gloria y majestad, exclamó: "¡Ay de mí! que soy muerto" (Isaías 6:5). Cuando el Cristo resucitado apareció a Saulo el opresor en el camino a Damasco, Saulo cayó al suelo atemorizado (Hechos 9:3).[21]

Es verdad que Dios es "extraordinario" y una "maravilla". Sin embargo, como hemos visto, estas palabras no llegan al lo que los usos bíblico e histórico quieren decir con el término "asombroso". Es importante que los jóvenes comprendan la diferencia entre el uso popular del término y el uso bíblico. Puede que haya un uso legítimo de "asombroso" en el argot de la juventud en referencia a Dios. Sin embargo, me parece que tal uso debería ser temporario y dejado con el crecimiento espiritual del joven.

Quizás la mejor solución al problema será que usamos debida y frecuentemente tales palabras como asombroso y santo. Necesitamos confrontar a las personas con la visión de Dios que tuvieron Moisés, Isaías y Pablo cuando ellos fueron confrontados por Dios (Éxodo 3:6; Isaías 6:5; Hechos 9:3). Tiene que haber un lugar o un tiempo cuando las personas experimenten el temor de Dios. Cuando el pecador llegue cara a cara con lo asombroso de Dios, se interesará por conocer el amor, la misericordia y la gracia de Dios que se nos manifiestan en Jesucristo. Cuando el cristiano se confronte realmente con lo asombroso verdadero de Dios, estará listo para adorar y servirle verdaderamente.

Observaciones concluyentes

Lo que nosotros creemos en cuanto a la naturaleza y los atributos de Dios tiene una importancia suprema. Penetra cada área de la vida y el pensamiento. Cualquier pensamiento o acción no consistente con la naturaleza y con los atributos de Dios no resistirá la prueba.

Los cuatro valores básicos de la santidad, el amor, la sabiduría y los ideales, igual que los valores humanos, encuentran su fundación en Dios. La santidad, el amor y la sabiduría tienen su fundamento en los atributos morales de Dios. Los ideales se basan en las características generales de la bondad y la perfección. Dios ha entretejido estos valores en la tela de la Verdad y de la vida. Si los pasamos por alto, nos dañamos a nosotros mismos. Si nuestra vida y nuestro pensamiento los tienen como guía, entonces forman la fundación para el pensamiento verdadero y para la vida feliz.

6

La Trinidad

Lo que sabemos de Dios, lo sabemos a través de la revelación. Por medio de la revelación general sabemos algo sobre la naturaleza de Dios. Puesto que Dios es un ser personal, además del hecho de que no encaja dentro de la vista de los cinco sentidos, si vamos a tener un conocimiento de algunas cosas sobre Él, tendremos que depender de la revelación especial. Nuestro conocimiento del hecho de que Dios es Trinidad encaja en esta categoría. Como observa Warfield: "El hecho es que, la doctrina de la Trinidad es una doctrina totalmente revelada. Es decir, abarca una verdad que nunca ha sido descubierta, y que no se puede descubrir, por medio de la razón natural".[1]

Nuestra creencia en la Trinidad no es el producto de nuestro razonamiento. No hay contradicción entre "uno" y "tres" al aplicarse a Dios excepto si quiere decir que uno y tres son iguales. La razón no tiene que originar lo que cree. El razonamiento no necesita comprender completamente lo que cree. De hecho, en la totalidad de la realidad, la razón espera encontrar dificultad en comprender algunas cosas. Es incomprensible que nuestras mentes finitas podrían comprender completamente cada verdad. La razón necesita ver que lo que se cree no viole la ley de la no-contradicción, y que forme una parte de un sistema vital del conocimiento. Cada verdad debe verse como una parte de una explicación que da significado a la totalidad de la realidad.

La cuestión de la compatibilidad del pensamiento trinitario con la ley de la no-contradicción sólo tiene significado para las personas que reconocen la validez de la verdad y la razón. En el pensamiento occidental estamos hablando del cristianismo bíblico y el modernismo. Me gustaría animar a sus raíces se encuentren en el modernismo que piensen seriamente en el cristianismo bíblico.

Cuando el postmodernismo rechaza la Verdad, la ley de la no-contradicción (que es la ley básica para el pensamiento racional), la "naturaleza" moral de la naturaleza y la aspiración hacia los ideales altos, ofende lo que es más importante para el modernismo y el cristianismo. Mientras que se puede comprender por que el postmodernista ve el experimento (de 200 años) del modernismo como un fracaso, ofende a la totalidad de nuestro ser, como humanos, el descartar la existencia de la verdad, abrazar la irracionalidad, rechazar las categorías del bien y del mal y borrar las distinciones entre los ideales altos y bajos. No tenemos que descartar toda esperanza.

Para aquellas personas bajo la influencia de las tendencias postmodernistas, toda la idea de la doctrina de la Trinidad es una cosa de la preferencia personal. Aplaudo a los postmodernistas por haber comprendido el fracaso del modernismo. No obstante, me gustaría retarles de nuevo a que sigan el ejemplo de Copérnico y que vuelvan a examinar el camino que llevó a la ruina del modernismo. Investigad el cristianismo bíblico.

Ahora vamos a poner nuestra atención en la base bíblica de la doctrina de la Trinidad.

Hay un Solo Dios

Uno de los cargos del Antiguo Testamento era establecer firmemente, en las mentes del pueblo de Dios, que había un solo Dios (Deuteronomio 6:4-5; 1 Reyes 8:60; Isaías 45:5-6; 14:18; 46:9). Se adhiere claramente a esta convicción en el Nuevo Testamento (Marcos 12:29; 1 Corintios 8:4-6; Santiago 2:19).

Debido a la naturaleza misma de las cosas, solamente puede haber uno que, en el sentido más amplio, es Dios. Adscribimos la infinidad a Dios. Sólo puede haber un ser infinito. La idea de dos seres infinitos es una contradicción lógica. Si tratamos de concebir de dos seres sin límites, estamos confrontados con el problema que si uno no puede controlar al otro entonces no es infinito en poder. Si puede controlar al otro, el controlado no es infinito en poder. Al intentar pensar en dos seres infinitos, o sacamos la conclusión que ninguno de los dos lo es, o que sólo uno de los dos es infinito. No podemos atribuir la infinidad a los dos. Igualmente las Escrituras como la lógica sostienen la conclusión de que hay un solo Dios.

El hecho de que hay un solo Dios elimina la posibilidad del *triteismo* que enseña que hay tres dioses, cada uno teniendo una esencia distinta y separada. El triteismo ha tenido pocos adherentes durante la historia de la Iglesia. Sirve principalmente como un error con el que contrastamos el entendimiento correcto de la Trinidad. El triteismo mantendría que se ve la unidad de la Deidad en el propósito y en el esfuerzo divino. No cuestionamos el hecho de que hay propósito y esfuerzo entre las tres personas de la Deidad. Sin embargo, esto no es lo queremos decir cuando hablamos de un solo Dios.

Al decir que hay un solo Dios, queremos decir que hay un solo Ser. Hay una sola esencia. Hay un solo espíritu-esencia que es compartido totalmente por las tres personas.

El Padre, el Hijo y el Espíritu Santo son Cada Uno Deidad

EL PADRE ES DEIDAD

Puesto que no existe ningún debate en cuanto a la deidad del Padre, sólo mencionaré unas cita bíblicas que la sostienen y no desarrollaré más el argumento (2 Corintios 1:3; Efesios 1:3; 5:20; Colosenses 1:3, y otros).

EL HIJO ES DEIDAD

Una de las verdades más seriamente contestadas en la historia de la iglesia es la de la deidad de Cristo. Sin embargo, es una doctrina clara e incuestionablemente enseñada en las Escrituras, igualmente por afirmación directa y por inferencia necesaria.

Se le llama Dios (Juan 1:1; 20:28; Tito 2:13; Hebreos 1:8). Los Testigos de Jehová, que niegan la deidad de Cristo, han insistido en que Juan 1:1 no puede utilizarse para demostrar la deidad de Cristo. En la declaración "El Verbo era Dios," no hay un artículo griego antes de "Dios". Insisten en que debe traducirse: "El Verbo era un dios".

Exponer la traducción de "un dios" no es válido por estas razones: (1) Se contradirían las enseñanzas de las Escrituras en otros pasajes que indican claramente que Jesús es Dios en el sentido más completo. (2) Demuestra un mal entendimiento total del uso del artículo y de la ausencia del artículo en el lenguaje griego. Los autores Dana y Mantey explican: "La construcción articular recalca la identidad: la construcción sin un artículo destaca el carácter". Basándose en esta distinción ellos explican que la construcción griega sin el artículo en la oración: "y el Verbo era Dios" "recalca la participación de Cristo en la esencia de la naturaleza divina".[2] Se ve el énfasis en la naturaleza divina del Verbo. Este entendimiento se mantiene veraz en el griego y es consistente con la totalidad de las Escrituras. También se debe señalizar que la presencia del artículo con "Verbo" y la ausencia del artículo con "Dios" demuestra claramente que "el Verbo" es el sujeto de la frase. (3) Hay muchas referencias clarísimas a la deidad donde tampoco se usa el artículo. De hecho existen tantas que es difícil concebir de la idea de que alguien sacaría la conclusión que la ausencia del artículo en Juan 1:1 indicaría que Jesús fuera menor que Dios en el sentido más amplio de la palabra. Algunas referencias encontradas en el Evangelio de Juan donde la referencia es claramente de deidad, que no contienen el artículo griego antes de "Dios", deberían servir para refutar las falsas aseveraciones de esa secta (Juan 1:6, 12, 18; 3:2—la primera ocurrencia de "Dios" en este versículo; y 16:30).

Puede que algunos cuestionen el uso de Tito 2:13 como una aseveración de que se llama a Jesús "Dios". Dirán que la oración "nuestro gran Dios y Salvador Jesucristo" se refiere a dos personas más bien que a una. Dana y Mantely citan a Granville Sharp, quien explica:

> Cuando el copulativo *kai* conecta dos sustantivos del mismo caso, si el artículo *ho* o cualquiera de sus casos precede el primero de dichos sustantivos, y no se repite antes del segundo sustantivo o participio, el segundo siempre se refiere a la misma persona que se expresa o describe por medio del primer sustantivo o participio; es decir, denota una descripción adicional de la primera persona nombrada.[3]

Los autores Dana y Mantely proceden a señalar que se encuentra la misma construcción griega, mencionada por Granville Sharp, en 2 Pedro 2:20 donde indica que Jesús es igualmente Señor y Salvador. También exponen, como ejemplos, 2 Pedro 1:1 donde significa que Jesús es nuestro Dios y Salvador y Tito 2:13 donde se asevera que Jesús es nuestro gran Dios y Salvador.[4]

Continuando con nuestra prueba de la deidad de Cristo, observamos que se le llama el Hijo de Dios (Mateo 14:33; 16:16; 17:5; Marcos 1:1; 5:7; 14:61, 62; 15:39; Lucas 9:35; 10:22; Juan 1:34; 3:16; 9:35-37; 20:31; y otros).

Está claro que los judíos entendían que Jesús aseveraba ser deidad cuando dijo que era el Hijo de Dios. Leemos: "Por esto los judíos aun más procuraban matarle, porque no solo quebrantaba el día de reposo, sino que también decía que Dios era su propio Padre, haciéndose igual a Dios" (Juan 5:18).

Observa Warfield:

> Puede que sea muy natural ver en la designación "Hijo" una intimación de subordinación y derivación de ser,...Pero es muy cierto que esa no fue la denotación...en la consciencia semítica que forma la fraseología de las Escrituras; y quizás sea hasta dudoso si tal idea aún se encontrara en sus pensamientos remotos. Lo que forma el concepto de ser un hijo en el habla bíblico es simplemente "semejanza"; lo que el padre es, igualmente lo es el hijo. De esta manera, la aplicación enfática del término "Hijo" a una de las personas de la Trinidad asevera más bien Su igualdad con el Padre que una subordinación a Él.[5]

Una tercera prueba de la deidad de Jesús es el hecho de que tenía el poder para perdonar los pecados. En Marcos 2:1-11, Jesús dijo a un paralítico: "Hijo, tus pecados te son perdonados" (v. 5). Los escribas cavilaban en sus corazones, diciendo: "¿Por qué habla éste así? Blasfemias dice. ¿Quién puede perdonar pecados, sino solo Dios?" (v. 7).

Jesús no negó su cargo de que nadie sino Dios podía perdonar los pecados. Más bien, dijo:

> "¿qué es más fácil, decir al paralítico: 'Tus pecados te son perdonados', o decirle: 'Levántate, toma tu lecho y anda'? Pues para que sepáis que el Hijo del Hombre tiene potestad en la tierra para perdonar pecados (dijo al paralítico): 'A ti te digo: Levántate, toma tu lecho, y vete a tu casa'" (vv. 9-11).

Otra prueba de la deidad de Jesús es el hecho de que era y es el objeto de adoración (Mateo 2:2; 9:18; 14:33; 15:25; 20:20; 28:9; Marcos 5:6; Lucas 24:52; Juan 5:23; Apocalipsis 5:8-14; y otros). Las Escrituras aclaran que se adora a Dios solo. Sin embargo, Jesús fue adorado. Él nunca denunció a nadie por haberle adorado. Aceptó su adoración.

En Su tentación por Satanás, el Señor recalcó enfáticamente que era a Dios y sólo a Dios que se debía la adoración. Dijo: "porque escrito está: 'Al Señor tu Dios adorarás, y a él solo servirás'" (Mateo 4:10).

Cuando Pedro llegó a la casa del romano Cornelio, éste se postró a sus pies para adorarle. Pero Pedro, levantándole, dijo: "Levántate, pues yo mismo también soy hombre" (Hechos 10:26).

Después de haber curado al hombre de Listra, cojo de nacimiento, la gente de ese pueblo creyó que Pablo y Bernabé fueron dioses y estaban al punto de ofrecerles sacrificios. Horrorizados al pensar que la gente les iba a adorar, los dos hombres rasgaron sus ropas y aseguraron a los de Listra que fueron hombres igual que ellos y que no se les debería adorar (Hechos 14:8-18).

En el Apocalipsis, en dos ocasiones el apóstol Juan iba a adorar a un ángel que le hablaba. El ángel le advirtió que era un consiervo juntamente con Juan y no se le debería adorar (Apocalipsis 19:9-10; 22:8, 9).

Leemos, en Hechos 12, lo que ocurrió al rey Herodes cuando aceptó las aclamaciones de la gente de que era un dios. "Al momento un ángel del Señor le hirió, por cuanto no dio la gloria a Dios; y expiró comido de gusanos" (Hechos 12:23).

A la luz de estas observaciones, no puede haber duda en cuanto al hecho de que Jesús aceptó la adoración de Sus discípulos demuestra Su deidad. A diferencia de Pedro, Pablo, Bernabé y el ángel que Juan iba a adorar, el Señor no rehusó ser adorado. No experimentó un fin como el de Herodes. ¡Él es Dios!

Una quinta prueba de Su deidad se ve en el hecho que ha existido desde toda la eternidad (Miqueas 5:2; Juan 1:1-3; Colosenses 1:17). Solo Dios existe desde toda la eternidad. Sin embargo, Jesús ha existido desde la eternidad. Por lo tanto, Él es Dios.

Se pueden añadir otras pruebas, pero el argumento ya establecido es más que adecuado. No hay ninguna justificación para negar la deidad de Cristo, ni para entender el término a ser menos o distinto cuando se aplica al Hijo que cuando aplicado al Padre.

EL ESPÍRITU SANTO ES DEIDAD

La cuestión principal en cuanto a la naturaleza divina de la Trinidad siempre se ha centrado en Jesús. No parece haber transcurrido ningún intento extendido para abogar por un punto de vista binario de la Deidad, es decir, que sólo consiste en el Padre y el Hijo, negando la deidad del Espíritu Santo. Por lo tanto, sólo prestaremos una atención limitada para la defensa de la deidad del Espíritu Santo.

Al verle en las Escrituras, siempre tenemos la impresión de que es miembro de la Deidad. Las referencias al Espíritu Santo en Mateo 28:19 y 2 Corintios 13:14 le ven como igual con el Padre y con el Hijo.

El apoyo principal para Su deidad viene de las referencias en que se le llama "Dios". En Hechos 5:3, Pedro le preguntó a Ananías: "¿por qué llenó Satanás tu corazón para que mintieses al Espíritu Santo…?" Luego, Pedro le dijo: "No has mentido a los hombres, sino a Dios" (v. 4). En 1 Corintios 3:16, Pablo escribe: "¿No sabéis que sois templo de Dios, y que el Espíritu de Dios mora en vosotros?" El Espíritu de Dios habita en el templo de Dios. Está claro que se ve al Espíritu de Dios como Dios. En 1 Corintios 12:4-11, Pablo elabora las maneras distintas en las que el Espíritu Santo obra en nosotros, otorgándonos dones. En cuanto a la obra del Espíritu Santo, Pablo explica: "Y hay diversidad de operaciones, pero Dios, que hace todas las cosas en todos, es el mismo" (v. 6). Pablo se refiere claramente al Espíritu Santo como Dios.

El Padre, el Hijo y el Espíritu Santo son personas distintas

EL MODALISMO FRACASA EN QUE NO RECONOCE A LAS TRES PERSONAS EN LA DEIDAD

Los argumentos expresados con anterioridad a favor de la creencia en un solo Dios y en la deidad del Padre, del Hijo y del Espíritu Santo han sido aceptados por algunos que no llegan a exponer un punto de vista trinitario de la Deidad. El punto de vista conocido por el modalismo fue introducido en el siglo tercero por Sabelio. Él creía en una Trinidad de *revelación*, no en una Trinidad *ontológica*. (Una Trinidad ontológica es una Trinidad de ser. Dios es Trinidad en la naturaleza básica de Su ser.)

Han habido variaciones dentro del modalismo, pero hay básicamente dos tipos: (1) Los nombres de Dios son nombres empleados durante períodos particulares en la historia de la redención: el Padre en la creación y en dar la ley, el Hijo en la redención y el Espíritu Santo en la regeneración y la santificación. Algunos dirán que fue el Padre en el Antiguo Testamento, el Hijo en los Evangelios y el Espíritu en los Hechos y que continúa así en la actualidad de la iglesia. (2) Se entienden los nombres como títulos que se relacionan a las funciones distintas, tales como una persona puede ser un padre, un esposo y un hombre de negocios. Esta idea es similar a la primera perspectiva pero se diferencia en que se puede ver a Dios, al mismo tiempo, como los tres.

LAS LLAMADAS PRUEBAS DEL MODALISMO

Antes de exponer la enseñanza positiva bíblica que apoya el trinitarismo y demostrar la falacia del modalismo, miremos primeramente dos pruebas que se han adelantado que supuestamente apoyan el modalismo.

Juan 10:30

En Juan 10:30, Jesús dijo: "Yo y el Padre uno somos". Algunos exponen que han encontrado una prueba irrefutable de que Jesús enseñó que el Padre y el Hijo fueron la misma persona.

Se ve un paralelo interesante en 1 Corintios 3:8. "Y el que planta y el que riega son una misma cosa...". En este pasaje la expresión griega "son una misma cosa" es *hen eisin*. En Juan 10:30, "unos somos" es *hen esmen*. La construcción es idéntica excepto que en 1 Corintios 3:8 *eisin* es la tercera personal plural que corresponde al sujeto: "el que planta y el que riega". En Juan 10:30 *esmen* es la primera persona plural que corresponde al sujeto: "Yo y el Padre".

En 1 Corintios 3:8, está claro que "el que planta y el que riega" se refiere definitivamente a dos personas, es decir, a Pablo y Apolos. Si en 1 Corintios 3:8 se refiere a dos personas como "una misma cosa", no existe razón alguna que el Padre y el Hijo no puedan ser dos personas de quienes se dice que son: "una misma cosa". El hecho mismo de que Jesús se había referido justo antes a "mi Padre" lo hace mucho más correcto pensar en ellos como dos personas más bien que una sola persona.

¿En qué sentido fueron Pablo y Apolos una misma cosa? Fueron una misma cosa en que no hubo ninguna división entre los dos. Estaban de acuerdo. La iglesia de Corinto se encontraba dividida en cuanto a los dos (y a otros); pero Pablo y Apolos estaban de acuerdo. Fueron una misma cosa.

Jesús y el Padre son una misma cosa en que están de acuerdo totalmente, pero Su unidad va mucho más allá. El triteísmo podría exponer la misma verdad. Son una misma cosa en que tienen la misma esencia.

Mateo 28:19

El uso en el singular de "en el nombre" (Mateo 28:19) se ha promovido frecuentemente como una prueba de que, en este pasaje, "el Padre, el Hijo y el Espíritu Santo" son una sola persona. Se dice que el nombre de la persona es "Jesús".

No se puede demostrar que el uso en el singular de la palabra "nombre" requiere que el Padre, el Hijo y el Espíritu Santo todos tengan un solo nombre. En 1 Samuel 14:49, la primera vez que aparece la palabra "nombres", se traduce en el plural en nuestras versiones castellanas, sin embargo en el hebreo es un término singular. Y así, en el singular, vienen detrás dos nombres. Se ve la misma situación en 1 Samuel 17:13, es decir, hay el uso en el singular (hebreo) de "nombre" con tres personas nombradas que siguen la palabra. No es imposible que algo similar ocurre en Mateo 28:19.

Por medio de esta explicación se demuestra que no se puede exponer un caso final para el uso singular de "nombre" para decir que debe ser un nombre solo aplicado al Padre, al Hijo y al Espíritu Santo. Creo que hay una explicación más probable para Mateo 28:19. En las Escrituras el uso de la palabra "nombre", como se puede notar con el uso de una concordancia, no se limita a la designación con que se llama a una persona. El "nombre" se refiere a la persona, a su carácter, a su reputación, a su poder, a su autoridad, etc. Cuando se dice en Proverbios 22:1: "De más estima es el buen nombre que las muchas riquezas", está claro que no se refiere a un buen nombre "cristiano" ni a un bueno "apellido", sino más bien a una reputación buena basada en el buen carácter. Cuando Pedro dijo: "Por la fe en su nombre, a éste, que vosotros veis y conocéis, le ha confirmado en su nombre; y la fe que es por él ha dado a éste completa sanidad" (Hechos 3:16), quería decir que fueron el poder y la autoridad de Jesucristo.

Guardando el uso bíblico de la palabra "nombre", que también encuentra paralelos en nuestro propio uso del término, me parece mejor entender "nombre" en Mateo 28:19 no como una designación, sea de uno o de tres, por medio del cual se llama a una persona (o, a unas personas). Más bien, el nombre se refiere al carácter, el poder y la autoridad del Padre, del Hijo y del Espíritu Santo.

PROBLEMAS CON EL MODALISMO

El Padre, el Hijo y el Espíritu Santo tienen relaciones objetivas el uno con el otro

El Padre dice: "Este es mi Hijo amado, en quien tengo complacencia" (Mateo 3:17). El Padre envió al Hijo (Juan 3:34; 14:24). El Padre ama al Hijo (Juan 3:35). El Padre envió al Espíritu Santo (Juan 14:16, 26).

El Hijo oró al Padre (Juan 17). El Hijo regresó al Padre (Juan 16:16). El Hijo envió al Espíritu Santo (Juan 16:7).

El Espíritu Santo testifica del Hijo (Juan 15:26), y le glorifica (Juan 16:14).

Las relaciones personales entre los miembros de la Deidad eliminan esa forma de modalismo que considera que los nombres "Padre, Hijo y Espíritu Santo" son títulos relacionados a las funciones distintos de Dios. Es verdad que una persona puede ser padre, esposo y hombre de negocio, pero en estos papeles el hombre no experiencia relaciones personales consigo mismo. Todos nosotros tenemos más que un solo papel en la vida, pero al escribir una autobiografía sobre nosotros mismos no conduciría a que otros piensen que uno sea dos o más personas sanas e inteligentes. No podemos escaparnos del hecho de que en el Nuevo Testamento vemos a Dios como tres personas distintas.

El Padre, el Hijo y el Espíritu Santo son concurrentes

El Padre, el Hijo y el Espíritu Santo todos estuvieron presentes en el bautismo de Jesús (Mateo 3:16, 17; Marcos 1:10-11; Lucas 3.21-22). La referencia al Padre, al Hijo y al Espíritu Santo en Mateo 28:19 y en 2 Corintios 13:14 también indica que el Padre, el Hijo y el Espíritu Santo son concurrentes.

La concurrencia del Padre, Hijo y Espíritu Santo elimina lo que expone el modalismo en cuanto a que los nombres de Dios son nombres para períodos en particular de la historia de la redención.

A veces los trinitarios se equivocan en sus pronunciamientos de que se reveló al Padre en el Antiguo Testamento, al Hijo en los Evangelios y al Espíritu Santo en el libro de los Hechos y en las cartas del Nuevo Testamento. En el Antiguo Testamento se reveló a Dios sin referencia a cuál persona se revelaba. En el Nuevo Testamento, tenemos la revelación de la Trinidad. Es verdad que Jesús es el centro de los Evangelios, pero también allí es donde se revelan al Padre y al Espíritu Santo como miembros distintos de la Deidad. Es verdad que recibimos un mejor entendimiento del Espíritu Santo comenzando con los Hechos, pero el Hijo continúa como la persona central en cuanto a que tiene que ver con el enfoque de la revelación de la redención.

Sabemos menos sobre la doctrina del Padre, en cuanto a que tiene que ver con su papel distinto, que sabemos sobre los papeles del Hijo y del Espíritu Santo. En algunos libros de teología, la sección que trata la naturaleza y los atributos de Dios se llama la doctrina del Padre. Esto es un error. Lo que se dice sobre la naturaleza y sobre los atributos de Dios es igualmente verdadero del Padre, del Hijo y del Espíritu Santo. Algunos libros expondrán algunas afirmaciones específicas sobre el Padre, pero éstas no justifican que se llame la sección la doctrina del Padre.

No tengo conocimiento de ningún desarrollo detallado de la doctrina de Dios el Padre. Quizás en sí tal hecho no sea tan desafortunado como parece en vista de los papeles del Hijo y del Espíritu Santo en la redención y de nuestra necesidad del conocimiento de estos papeles. Se ve parte de la razón de la falta de una doctrina bien desarrollada de Dios el Padre en el hecho de que Su papel no siempre es tan fácilmente distinguido como son los del Hijo y del Espíritu Santo. Quizás sea por esta razón que encontramos nuestra discusión del Padre dentro de la investigación del Hijo y del Espíritu Santo.

Del Antiguo Testamento se da a entender la Trinidad

Sin la ayuda de la revelación del Nuevo Testamento, nadie vería un concepto trinitario en el Antiguo Testamento. Sin embargo, una vez que se reveló la Trinidad, podemos, con la ayuda de esta revelación, ver que algunas afirmaciones del Antiguo Testamento se comprenden mejor a la luz de la revelación trinitaria. Como explica Warfield:

> Podemos comparar el Antiguo Testamento a un cuarto ricamente amoblado pero con poca luz; la introducción de más luz no trae nada a la sala que no estuvo allí anteriormente; pero saca a la luz más claramente mucho de lo que se encuentra allí pero solamente se veía oscuramente o quizás ni se podría percibir. El misterio de la Trinidad no fue revelado en el Antiguo Testamento; pero este misterio pone la base para la revelación del Antiguo Testamento, y acá y allá casi se manifiesta claramente.[6]

INSINUACIONES CLARAS DE LA TRINIDAD

A veces cuando habló Dios, hizo uso del pronombre plural "nosotros" (Génesis 1:26; 3:22; 11:7). Una vez conocida la revelación de la Trinidad, parece claro que deberíamos entender "nosotros", en estos pasajes, como unas referencias a las personas de la Trinidad.

Habiendo visto la revelación del Hijo en el Nuevo Testamento, es natural que interpretamos el Padre y el Hijo en el Salmo 2:7 que se lee: "Yo publicaré el decreto; Jehová me ha dicho: Hi hijo eres tú; yo te engendré hoy". Habiendo visto en el Nuevo Testamento que el Espíritu Santo es una persona distinta, interpretamos tales pasajes como Génesis 1:2; 6:3 y Salmo 51:11 como referencias al Espíritu Santo.

Parece ser que en Oseas 1:7, se ven dos personas distintas más bien que una sola: "Mas de la casa de Judá tendré misericordia, y los salvaré por Jehová su Dios". Parece que, a la luz de la revelación trinitaria, que las referencias "[yo] salvaré" y "Jehová su Dios" tienen que ver con dos personas en la Trinidad.

ALGUNAS INSINUACIONES SUGERIDOS DE LA TRINIDAD EN EL ANTIGUO TESTAMENTO NO PARECEN VÁLIDAS

Uno de las insinuaciones más comúnmente sugeridas sobre la Trinidad en el Antiguo Testamento es el uso del nombre plural de Dios, *Elohim*. En Génesis 1:1, 26 y 48:15 se emplea este nombre plural con un verbo en el singular. Pienso que este uso del plural es debidamente entendido por G. F. Oehler. Después de rechazar las interpretaciones variadas del plural, entre ellas que se implica la Trinidad, él explica:

> Es mucho mejor explicar *Elohim* como el *plural cuantitativo*, que se usa para denotar la grandeza ilimitada en los *shamayim* (cielos) y en las *mayim* (aguas). El plural significa una plenitud infinita del poder que se encuentra en el Ser divino, y así pasa por encima del *plural intensivo*, como lo llama Delitzsch.[7]

Se encuentra otra ilustración del plural intensivo en Isaías 53:9. La palabra "muerte" en el hebreo es un sustantivo plural. Se empleó el plural para mostrar que esa no fue una muerte ordinaria.

Existe justificación para usar el plural intensivo para demostrar la grandeza de Dios. Pero tratar de enseñar la pluralidad de personas con el uso del nombre plural de Dios corre el riesgo de entrar en el triteismo.

Algunas personas creen que a lo que se refiere en Isaías 6:3 como el *trisagia* (una expresión donde se repite la palabra "santo" tres veces con referencia a Dios) es una insinuación de la Trinidad. No veo por qué la repetición de la palabra "santo" tres veces tiene que ser una referencia a tres personas. Parece mucho más probable que su significado es exaltar la santidad de Dios.

Otras personas ven la bendición triple aarónica de Números 6:24-26 como una bendición que viene de cada miembro de la Trinidad. Una vez más, no veo ninguna conexión. La única similitud es que hay tres bendiciones y hay tres personas en la Trinidad. Hace falta más que una mera conexión para interpretar la Trinidad de este pasaje.

¿Cómo Explicamos la Trinidad?

A menudo, aunque una persona tiene una fe clara en la Trinidad, habrá una tendencia de moverse en la dirección del triteísmo o hacia el modalismo cuando trata de explicar la Trinidad. Es por esta razón que debemos considerar los estudios y la habilidad que tenga una persona para expresarse antes de que le juzguemos como un hereje basándonos en sus explicaciones de la Trinidad. Hay una explicación que expone la singularidad de Dios como una unidad de propósito y esfuerzo. Sin embargo, ésta no se distingue suficientemente del triteísmo. Hay unidad de propósito y esfuerzo entre las personas de la Deidad, pero esto no es lo que quiere decir con Dios es un Dios solo. Cuando decimos que hay un solo Dios, queremos decir que sólo hay una sola esencia divina. Cada persona comparte la totalidad de la esencia divina.

Debemos tener cuidado cuando explicamos la Trinidad diciendo que hay tres manifestaciones. Éstas podrían ser tres personas que se manifiestan, o podría significar que hay una persona que se manifiesta en tres maneras como en el modalismo. Para evitar la confusión, es mejor emplear la palabra "personas" más bien que manifestaciones personales.

La palabra *persona* es mejor que el término *personalidad.* Aunque es posible emplear persona y personalidad de la misma manera, hay una tendencia a pensar en la personalidad más bien en términos de características de la personalidad. Si exponemos que hay tres personalidades en la Deidad, corremos el riesgo de que alguien nos vaya a entender como si estuviésemos diciendo que el Padre, el Hijo y el Espíritu Santo tienen características de la personalidad distintas. Tal no es el caso. El uso de la palabra persona nos ayuda evitar este mal entendimiento.

La cosa principal a tener en cuenta es que hay tres personas en una misma esencia. Adicionalmente, para clarificarnos más, podemos decir que cada una de las tres personas comparte la esencia entera. Las distinciones personales son eternas. Las personas son iguales. Cada persona puede decir "Yo". Con referencias a las otras, puede llamarles como "Tú", o puede referirse a cada uno de los otros como "Él".

Puede ser algo arriesgado el intento de ilustrar la Trinidad. Suelen resultar en ilustraciones del triteísmo o del modalismo. Se expone la ilustración de un huevo, diciendo que el huevo se compone de la yema, la clara y la cáscara. Pero esta es una ilustración del triteísmo porque la yema, la clara y la cáscara cada una tiene una esencia distinta. La ilustración de una familia compuesta de tres miembros también ilustra el triteísmo porque cada miembro tiene una esencia distinta. La ilustración del agua, el vapor y el hielo ilustra el modalismo porque, aunque tienen el misma esencia o sustancia, no son concurrentes. No hay ninguna ilustración que ilustre debidamente la singularidad y la trinidad de Dios. No estoy sugiriendo que nunca debamos usar ilustraciones, sino que hemos de entender los problemas involucrados con éstas. La meta final es ayudar a que otras personas entiendan aparte de las ilustraciones.

Por la Trinidad se quiere decir que el Padre, el Hijo y el Espíritu Santo son personas igualmente eternas e iguales, que experimentan relaciones interpersonales, y que existen en una sola esencia divina con cada persona compartiendo la esencia entera.

¿Cómo Hemos de Entender los Nombres Padre, Hijo y Espíritu Santo?

¿Tienen estos nombres un significado ontológico? Es decir, ¿hay algo en la naturaleza misma de la Trinidad que hace, por la naturaleza del Padre, que se le llame "Padre", por la naturaleza del Hijo, que se le llame "Hijo" y por la naturaleza del Espíritu Santo, que se le llame "Espíritu Santo"? O, ¿son los nombres Padre, Hijo y Espíritu Santo relacionados sólo a sus funciones en la estructura de la redención?

Puesto que debería haber menos dificultad al decidirnos, comencemos con el nombre "Espíritu Santo". ¿Hay algo en la naturaleza misma del Espíritu Santo que hace que se le llame "Espíritu Santo" más bien que nombrar a otro miembro de la Trinidad por este nombre? Si la palabra "Espíritu" es Su nombre debido a que Su esencia es de espíritu, pues lo mismo es verdad de los otros dos miembros de la Trinidad. Si la palabra "santa" forma parte de Su nombre porque Él es santo, pues lo mismo es igualmente verdad de los otros miembros de la Trinidad. ¿Es que no se le llama el "Espíritu Santo" debido a Su ministerio especial de convencernos del pecado, atraer a personas a Cristo, regenerar a aquellas personas que creen y continuar la obra de la santificación en los creyentes? O sea, Él obra en nosotros para hacer que seamos un pueblo santo.

Si podemos aceptar el punto de vista del significado funcional con referencia al nombre del Espíritu Santo, no debería tan difícil hacer lo mismo con referencia al Padre y al Hijo. El problema aquí viene de la doctrina de la generación eterna del Hijo del Padre.

En el tercer siglo, el cristiano Origen introdujo la doctrina de la generación eterna del Hijo. Esta idea ha sido aceptada generalmente por los teólogos ortodoxos. Sin embargo, hay algunos que no están de acuerdo. Después de haber examinado cuidadosamente lo que se considera como la base bíblica de esta doctrina de la generación del Hijo, el Buswell observa:

> Hemos examinado todos los pasajes en que se aplican las palabras "engendrar" o "nacer" (u otras palabras relacionadas) a Cristo, y podemos decir confiadamente que la Biblia no dice nada en absoluto en cuanto a "engendrar" como una relación eterna entre el Padre y el Hijo. La sugerencia que nos olvidemos de la doctrina de la generación eterna es algo revolucionario. Puede que alguien no nos comprenda.... No obstante creo que la enseñanza sobre una "generación eterna" del Hijo debería ser descartada.[8]

La generación eterna del Hijo del Padre se refiere a una emanación eterna del Hijo del Padre. No es una emanación o generación de la esencia porque el Hijo tiene la misma esencia que el Padre. Es una generación de la persona. No se supone que quiere decir que el Padre existiera antes que el Hijo porque la generación fue eterna. Aquellos que exponen este punto de vista consideran que la generación del Hijo por el Padre es la base para los nombres "Padre" e "Hijo". Así pues, se consideran que los nombres "Padre" e "Hijo" tienen un significado ontológico.

Después de haber referido a Juan 3:16; 5:26; 10:38; 14:11; 17:21 y Hebreos 1:3 como pasajes empleados para sostener la generación eterna del Hijo, Loraine Boettner dice:

> No obstante, este autor presente siente la necesidad de decir, que en su opinión los pasajes citados no enseñan la doctrina en cuestión. Cree que el propósito principal de estos versículos es enseñar que Cristo se asocia íntimamente con el Padre, que es igual con el Padre en poder y gloria, que es, de hecho, Deidad plena. No enseñan que Su Persona es generada por ni origina en un proceso eterno que continúa en la Deidad. Aunque se hace el intento para salvaguardar la equidad esencial del Hijo al decir que el proceso por medio del cual se le genera es eterno y necesario, este escritor no cree que el intento tenga éxito.[9]

Para mí, la expresión "generación eterna" se contradice a sí misma. Una "generación" implica un proceso que tiene un comienzo. La palabra "eterna" niega la idea de un comienzo. Un intento de modificar la generación por "eterna" es un intento de negar la idea de un comienzo. La idea entera de una generación eterna es incomprensible. No lo es simplemente porque esté más allá de la comprensión, sino porque habla de un proceso que implica un comienzo como si no tuviera un comienzo.

No rechazamos una idea porque sea incomprensible, sin embargo cuando es incomprensible debido a que parece que se contradice a sí misma, se exigiría un apoyo incuestionable en la revelación bíblica antes de que se nos requeriría creerla. Los pasajes citados anteriormente, juntamente con Salmo 2:7, fracasan en el intento de impresionarme. Para aquellos que les gustaría estudiar un examen completo de los versículos principales citados para sostener la idea de una generación eterna, yo les recomendaría el tratamiento de Buswell que cité anteriormente, páginas 106-111.

Aquí nos hace falta prestar atención también a la procesión eterna del Espíritu Santo del Padre y del Hijo. La idea es básicamente la misma con la de la generación eterna del Hijo excepto el Hijo "es generado" del Padre mientras que el Espíritu Santo procede el Padre y del Hijo.

El pasaje empleado para sostener la procesión eterna del Espíritu Santo es Juan 15:26. Las palabras "el cual procede del Padre" se entienden adecuadamente como que el Espíritu es enviado como fue enviado en el día de Pentecostés. Yo presentaría el mismo argumento contra la procesión eterna del Espíritu Santo igual que presenté en contra de la generación eterna del Hijo. Es probable que cualquier persona que expone la doctrina de la procesión eterna del Espíritu Santo, también va a creer en la generación eterna del Hijo. Igualmente Buswell y Boettner rechazan la doctrina de la procesión eterna del Espíritu Santo.

Ya he indicado que pienso que el nombre "Espíritu Santo" es un nombre funcional más bien que ontológico. El nombre del Espíritu Santo es perfectamente consistente con la naturaleza ontológica del Espíritu Santo, pero al mismo tiempo se puede decir lo mismo del Padre y del Hijo.

Si fracasa la doctrina de la generación eterna del Hijo del Padre, entonces tampoco hay base para otorgar ningún significado ontológico a los nombres del "Padre" e "Hijo" como miembros de la Trinidad. No hay nada distintivo en la naturaleza ontológica de los miembros de la Trinidad que haría que un nombre sea más apropiado para uno que para otro.

Parece que los nombres "Padre" e "Hijo" fueron seleccionados por los miembros de la Trinidad designados como el Padre y como el Hijo debido a que Su relación funcional en la redención, particularmente en cuanto a que se relaciona a la encarnación, es semejante a la relación de padre e hijo. No hay absolutamente ninguna subordinación ontológica de un miembro de la Trinidad a otro, pero parece haber alguna subordinación voluntaria del Hijo al Padre (Juan 6:38, 29; Lucas 22:41, 42). El hecho de que el Espíritu Santo es enviado igualmente por el Padre y el Hijo implica alguna subordinación funcional.

Warfield observa:

> Puede que sea natural tomar por sentado que una subordinación en los modos de operación debe basarse en una subordinación en los modos de esencia: que la razón que es el Padre que envía al Hijo y que el Hijo envía el Espíritu es que el Hijo es subordinado al Padre y el Espíritu al Hijo. Pero debemos tener en cuenta el hecho de que estas relaciones de subordinación pueden bien ser un arreglo entre las personas de la Trinidad, un "pacto" (llamado técnicamente), por virtud de que una función distinta de la obra de la redención se lleva a cabo voluntariamente por cada uno.[10]

Mientras que nos damos cuenta que la subordinación se refiere a un arreglo voluntario, y que no es una subordinación ontológica, no se implica ninguna desigualdad.

Nos queda una pregunta más: ¿Son los nombres "Padre", "Hijo" y "Espíritu Santo" los nombres eternos de las tres Personas de la Trinidad? Yo diría "Sí", pero no basado en ningún significado ontológico, sino en el hecho de que el plan de la redención es un plan eterno. En la anticipación eterna de las funciones adscritas a cada miembro de la Trinidad, eternamente han sido el Padre, el Hijo y el Espíritu Santo.

7

Poniendo A Prueba Las Cosmovisiones

Al tratar de establecer la verdad del cristianismo, algunos comienzan con el intento de probar la existencia de Dios. Lo intentan con el uso de los argumentos de la *causa* al *efecto*, tales como los argumentos cosmológico y teleológico. Su propósito es demostrar que la Biblia es la Palabra de Dios por medio de unos argumentos basados en la indestructibilidad de la Biblia, la unidad y nobleza del pensamiento de la Biblia y la influencia para el bien que la Biblia ha ejercitado y por medio de la profecía cumplida.

Hay otros que tratan de demostrar que Jesús fue resucitado corporalmente de la tumba. Es su convicción que, si se puede establecer la verdad de la resurrección de Cristo, ella afirmará la verdad de las aseveraciones de Cristo. La existencia de Dios tendría que ser aceptada y la verdad de la Escritura seguirá por necesidad de las conclusiones.[1]

Yo prefiero el enfoque que prueba las cosmovisiones en cuanto a su validez. Dado que nuestro interés tiene que ver principalmente con la cosmovisión cristiana, la modernista y la anti-cosmovisión del postmodernismo, pondremos estas tres a la prueba para su veracidad y suficiencia.[2] Este estudio no será exhaustivo, pero llegará al corazón de la cuestión. Expondrá una perspectiva en cuanto a qué procedimiento usaremos para probar estas cosmovisiones (y la anti-cosmovisión).

Una de las preocupaciones que tenemos cuando probamos las cosmovisiones tiene que ver con la relación entre la *fe* y la *razón*. Por fe, en nuestro uso actual, nos referimos a la fe en Dios y en la Biblia o, en términos más amplios, a la fe religiosa, o al conocimiento de lo que se encuentra en el *piso alto*. El *piso bajo* trata con el mundo físico. El *piso alto* tiene que ver con las experiencias morales y religiosas. Las *preguntas ineludibles de la vida* reflejan nuestra preocupación por el conocimiento del *piso abajo*.

Una parte de nuestro problema cuando hablamos del conocimiento religioso es que estamos hablando de un conocimiento que es por la fe. En este conocimiento que viene por la fe, creemos que algo es verdadero que no encaja dentro del alcance de los cinco sentidos.

Aún en nuestras experiencias diarias hacemos uso del conocimiento por la fe. Creemos que algo es la verdad que no encaja, al momento de creerlo así, dentro de esta vista de los cinco sentidos. Sin embargo, puede que, en su fundamento, uno pueda observarlo, pero lo creemos antes de que sea observado.

Se ilustra el conocimiento que viene a través de la fe por un evento que ocurrió cuando algunos hombres me llevaron a cazar mapaches. Los perros ladraban, indicando que tenían algo atrapado en un árbol. Era novato en esa cosa de cazar mapaches, pero mis compañeros fueron veteranos. Me aseguraron que en el árbol hubo un mapache. No lo vi, ni tampoco ellos lo vieron porque las copas eran espesas. Uno de los hombres vio un reflejo de los ojos del animal en el árbol cuando usó su antorcha. Me aseguraron que en el árbol hubo un mapache basándose en lo siguiente: (1) Los perros no continuarían ladrando si no estuvieran seguros de la presencia de algo en el árbol. (2) El árbol fue más alto que las zarigüeyas solían subir, pero no para un mapache. (3) Si hacía falta más prueba de que hubo algo en el árbol, el reflejo de la luz de la antorcha en los ojos de un animal fue una indicación segura de la presencia de un animal en el árbol. Basándome en la integridad de los cazadores, su experiencia en cazar mapaches y su confianza en sus perros, yo también creí que había un mapache en el árbol. Ese era conocimiento por fe porque yo no veía al mapache.

Mientras que mi conocimiento de un mapache en el árbol fue conocimiento por fe, no fue sin un involucramiento de la razón. Las razones no proveyeron ninguna prueba empírica absoluta del hecho de que hubo mapache en el árbol, pero los razonamientos hicieron que mi fe fuera completamente compatible con la razón.

Me doy cuenta que mi conocimiento por fe en Dios es distinto de mi conocimiento por fe del mapache en el árbol. Esos hombres habían visto mapaches en los árboles. Nadie jamás ha visto a Dios. No obstante, pienso que el mero hecho de que yo estaba creyendo algo que no vi, ni toqué, ni gusté, ni olí significa que hay por lo menos algunas comparaciones. Las comparaciones principales de mi interés son: (1) Hacemos uso del conocimiento por la fe. (2) Se involucra la razón en el conocimiento por la fe.

La Relación Entre la Razón y la Fe

Hay varias opiniones en cuanto a la relación entre la razón y la fe. Se extiende de una confianza completa en que la razón sostiene la fe hasta un rechazo total de cualquier involucramiento de la razón en la fe.

LA CONFIANZA COMPLETA EN QUE LA RAZÓN SOSTIENE LA FE

Algunos están totalmente convencidos de que los argumentos para la existencia de Dios ofrecen una prueba absoluta de que Dios exista. Creen que es imposible refutar estas pruebas.

LA RAZÓN NO ESTÁ INVOLUCRADO EN LA FE

Este punto de vista restringe el área de trabajo de la razón al *piso bajo*. Ella sólo puede obrar con los datos encontrados por la observación y la experiencia. La razón no tiene nada que ver con el *piso alto*, porque allí todo es irracional.

Según este enfoque, la ley de la no-contradicción no se aplica al conocimiento que viene del *piso alto*. La fe, con referencia al *piso alto*, no es producida por la razón si es sujeta a una examinación por la razón. Los teólogos contemporáneos que niegan que Dios nos haya dado información en cuanto a Sí mismo, en cuanto al hombre y en cuanto a Su plan para los humanos tienden a exponer esta posición. Los teólogos neo-ortodoxos, Karl Barth y Emil Brunner, fueron los primeros en popularizar la idea de una negación de un lugar para la razón en la fe.

UNA DESCONFIANZA EN LA RAZÓN

Este punto de vista no acepta la idea de que lo que se encuentra en el *piso alto* sea irracional, pero no tiene confianza en los poderes del razonamiento del hombre, especialmente siendo afectado por la caída del hombre en el pecado. Los defensores de esta teoría no dudan en usar la razón cuando les parece tener un valor, pero vuelven a la desconfianza de ella cuando haya interpretaciones difíciles. Llaman la atención a pasajes como 1 Corintios 1:21. Pablo escribió: "Pues ya que en la sabiduría de Dios, el mundo no conoció a Dios mediante la sabiduría, agradó a Dios salvar a los creyentes por la locura de la predicación". También recalcan 1 Corintios 2:14, que dice: "Pero el hombre natural no percibe las cosas que son del Espíritu de Dios, porque para él son locura, y no las puede entender, porque se han de discernir espiritualmente". Se expone este enfoque más popularmente que por los eruditos bíblicos.

LA RAZÓN INVOLUCRADA EN LA FE

Este punto de vista es distinto del primero en que no propone exponer una prueba absoluta para el conocimiento que viene por la fe. Es distinto del segundo en que tiene un lugar para la razón en el conocimiento del piso alto. La diferencia entre éste y el tercero varían entre persona y persona, dependiendo en el grado de desconfianza que la persona tenga de la razón. Puesto que el tercer punto de vista no rechaza por completo la razón en el conocimiento que viene por la fe, habrá alguna semejanza. El uso que el tercer punto de vista hace de la razón estará mucho más de acuerdo con el cuarto punto de vista que con el primero. A veces aquellos que desconfían de la razón hacen que suene que la razón no tenga lugar absoluto en la fe. De hecho, hacen que parezca que la razón es el enemigo de la fe. Pero hay otras ocasiones cuando emplean la razón.

Creo que el punto de vista número cuatro tiene razón. Los seres humanos somos profundamente racionales. Es imposible que un humano pueda sofocar por completo su racionalidad. No podemos evitar el uso de la razón y de los intereses racionales.

No pienso que sea la función de la razón de buscar o intentar encontrar algún tipo de plataforma neutral y luego tratar de demostrar la existencia de Dios y la verdad de que la Biblia es el producto de la revelación divina. Está más allá de cualquier duda que una persona no puede, por la reflexión racional sobre los datos de la observación y la experiencia, hallar ningún camino a establecer una relación justa con Dios. Esto es evidentemente el significado de 1 Corintios 1:21 y 2:9.

Mientras que se sujeta el pensamiento cristiano igualmente en las revelaciones general y especial, el mensaje de la redención sólo nos llega a través de la especial. Los fundamentos de la cosmovisión cristiana nos llegan como datos fijados para nuestra consideración. Cuando se emplea la razón con sinceridad, diligencia e integridad, ella es necesaria y de valor para determinar la verdad o la falacia de una cosmovisión. Mientras es posible que creamos algunas cosas sin tener todas las respuestas y sin tener todos nuestros problemas resueltos, no nos atrevemos a aceptar una cosmovisión que nuestra razón nos indica que fracasa en la prueba de la consistencia racional.

La Manera de Probar las Cosmovisiones en Cuanto a su Validez

Creo que hay cuatro criterios que una cosmovisión debe aprobar para ser considerada verdadera y digna de una consideración seria. Son: (1) ¿Contesta las *preguntas ineludibles de la vida*? (2) ¿Hay una consistencia interna, es decir, se relaciona lógicamente la estructura a la fundación? ¿Encajan todas las partes de una manera consistente? (3) Hay una suficiencia causal, es decir, son las causas adecuadas para poder producir los efectos que son atribuidos a ellas? (4) ¿Se conforma a lo que es en verdad innegablemente?

La primera prueba es: ¿Contesta las preguntas difíciles de la vida en una manera que me equipará para vivir en el mundo real? O, ¿me ayuda encontrar las respuestas que en turno me ayudarán a enfrentarme con la vida?

Las pruebas dos y tres involucran lo que los filósofos llaman la coherencia. Tienen que ver con si una cosmovisión es consistente lógicamente o no. Si es racionalmente consistente, no violará la ley de la no-contradicción. Todas sus partes encajarán para formar un unidad sistemática, integrada y armoniosa. Mientras la tercera prueba se implica en la segunda, creo que es mejor tratarla separadamente. El significado de la suficiencia causal en la apologética quiere decir que merece un tratamiento separado.[3]

La cuarta prueba sugiere la cuestión de que si la cosmovisión contradice lo que sabemos ser verdad indudablemente. ¿Aprueba la observación empírica? Esta prueba involucra lo que los filósofos llaman la prueba de la correspondencia.

Poniendo a la Prueba la Cosmovisión Modernista en Cuanto a su Validez

Aunque el modernismo ya no reina en el pensamiento secular, todavía no ha persigue. Muchas personas, aún en los círculos académicos, siguen basándose en el paradigma modernista. Por lo tanto, hemos de tratar con él. También, tiene que ser tocado porque se propone a sí mismo como una cosmovisión (o por lo menos quería presentarse así).

Miremos el tercer criterio. ¿Hay una suficiencia causal? ¿Son las causas capaces de producir los efectos adscritos a ellas?

Un modernismo total no adscribe ninguna actividad a ningún ser divino. Se basa en el naturalismo. Esta filosofía funciona en la suposición de que el único tipo de causas que funciona en la totalidad de la realidad son causas naturales. Se expone que es un principio igualmente válido para el pasado y para el futuro.

El modernismo está obligado a creer que la materia es eterna. Puede que algunos hablen de la energía más bien que de la materia, pero esto es simplemente cosa de la semántica. Desde el punto de vista del naturalismo o la materia es eterna o la "nada" creó la materia de la nada lo es. La segunda posibilidad es inconcebible. No puede haber prueba absoluta de que la materia sea eterna, pero en el modernismo tal creencia es una necesidad lógica.

El problema que sigue es que o la vida debía de ser eterna, o debió de haber sido originada de una materia sin vida (inanimada). Es un cargo enorme para ser llevado por el intelecto, pero la creencia normal del modernismo es que la vida tuvo su origen en la materia inanimada. Se la considera una carga más fácil para la mente que creer que la vida fuera eterna.

En efecto, el modernismo otorga muchos de los atributos y las actividades, que se suelen atribuir a la deidad, a la materia. La materia es el Creador. ¿Es capaz la materia de todo esto? El modernismo fracasa en la prueba de la suficiencia de causa.

Otro punto débil del modernismo es que no da ninguna explicación adecuada para la presencia de las *preguntas ineludibles de la vida* ni para las preocupaciones representadas por estas preguntas. Si no hay ningún Dios, entonces ¿por qué la pregunta: "¿Hay un Dios?"? En su reinado de dos cientos años, el modernismo fracasó al no poder contestar tales preguntas como: ¿Habrá vida después de la muerte? Si hay, ¿cómo debo prepararme para ella? ¿Por qué me preocupo tanto en cuanto al bien y al mal? ¿Cómo puedo saber la diferencia en el bien y el mal? ¿Por qué existe la propensión en los humanos hacia lo religioso? ¿Por qué es que no puedo olvidarme de estas preguntas? El modernismo nunca contestó estas preguntas de una manera satisfactoria ni explicó porqué las tenemos.

La imagen de Dios en el hombre anhela que todo nuestro conocimiento sea racionalmente consistente. Esto incluye igualmente el conocimiento del *piso bajo* que el del *piso alto*. El modernismo trataba de desarrollar un punto de vista racionalmente consistente y unificado de la totalidad de la realidad, pero nunca pudo llevarlo a cabo.

Nadie puede aseverar que los seres humanos no tengan experiencias *morales* y *religiosas*. Pero el empirismo no puede descubrir la Verdad que guía estas experiencias. La investigación empírica puede hacer encuestas y encontrar cuál porcentaje de personas, en cualquier tiempo dado, cree que el sexo fuera del matrimonio no es correcto, pero no nos puede informar si tal práctica sea mala o no. Existe un problema cuando el modernismo trata de mover del reino del SER al reino del DEBER. El empirismo *no puede* hacer esta transición. Esta inhabilidad quiere decir que el empirismo nunca puede producir una cosmovisión adecuada.

Aunque este punto de vista trataba valientemente de producir una cosmovisión verdadera y de encontrar las respuestas para las necesidades humanas, fue un fracaso total. Cuando se reconoció este fracaso, el barco modernista del humanismo secular fue abandonado. El postmodernismo ha tomado sobre sí el modo de pensamiento principal que da dirección a la cultura.

Poniendo la "Anti-cosmovisión" Postmodernista a la Prueba en Cuanto a su Validez

Es difícil poner a la prueba un punto de vista que no asevera nada en cuanto a la Verdad. En este caso sólo hay una de las cuatro pruebas para probar las cosmovisiones que sea relevante: ¿Contesta las *preguntas ineludibles de la vida*? Estas preguntas surgen de nuestro ser más profundo. Reclaman una respuesta. El corazón humano espera que haya respuestas que le ayudarán a enfrentarse con el estar perdido, el vacío, la soledad, el aburrimiento y el sentir miserable. Más bien que contestar estas preguntas, el postmodernismo rechazo todas las aseveraciones de la Verdad como "falsas" y acepta todas las aseveraciones de la Verdad como "verdaderas". Estoy cierto que profundamente dentro de cada ser humano hay algo que rebela en contra de tal manera de pensar (o, ¿no deberíamos decir "tal manera de no pensar"?).

Cuando los postmodernistas anunciaron el hundimiento del barco del humanismo secular, no proclamaron la llegada de un transporte más seguro en el mar. Más bien que abordar en un barco que por lo menos aseveraba ir mar adentro bajo la bandera de la Verdad, el postmodernismo niega la existencia de la Verdad. Los mares tempestuosos de la vida se deben enfrentar sin la Verdad. No hay barco de la Verdad. No hay ningún Capitán que pueda navegar las mares de la vida. Los únicos que cruzan el océano de la vida son ficciosos. Las sociedades distintas construyen sus propias narrativas. Estas narraciones son ficciosas que capacitan a la gente (que cree en ellas) a enfrentarse con los problemas y las luchas de la vida. Con tanto hablar de vivir según las construcciones ficciosas de narrativas, ya hace tiempo se debe proclamar valientemente: "El emperador no lleva ropa".[4]

Puesto que las narrativas no son juzgadas verdaderas o falsas, el postmodernista proclama: "Tolerancia". Aunque llaman por ella, no siempre la practican. Gene Edward Veith nos recuerda:

> A los que celebran los logros de la civilización se les acusa de una estrechez de mira "Euro-centrista"; se reta este punto de vista por el "Afro-centrismo" que exalta a África como el pináculo de la civilización. El pensamiento dominado por los hombres es reemplazado por los modelos feministas. Se retan las "religiones patriarcales" como el judaísmo y el cristianismo y las sustituyen con religiones matriarcales; la influencia de la Biblia se contesta con la influencia del culto a las diosas. La homosexualidad ya no se considera como un problema psicológico; más bien lo es la homofobia.[5]

Mientras que predican la tolerancia, los postmodernistas promulgan la división y los conflictos. Nunca olvidaré las palabras, de hace algunos años, de un señor sentado a mi lado en un avión. Me dijo: "La idea de libertad para un esclavo es tener esclavos".

Me parece que para muchos postmodernistas la libertad de la opresión es sujetar a otra persona bajo la opresión.

Al mismo tiempo que te predican una libertad para construir tu propio significado para la vida, proclaman un determinismo. Se construye socialmente el conocimiento. Se pierde el "Yo" individuo en el "Nosotros" colectivo de la sociedad. El individuo es nada más que una pieza del mecanismo. La maquinaría le mueve a la pieza. La imagen de Dios en el hombre no se encuentra feliz con este arreglo.

Comiendo a los postmodernistas por haber reconocido que el empirismo no puede producir una cosmovisión adecuada. Esto les coloca al lado de apóstol Pablo.[6] Sin embargo, su propio enfoque no sólo se demuestra ineficaz, sino desastroso. ¿Hay otro resultado posible que pueda venir de: la muerte de la Verdad, la muerte de la razón, la muerte de un consenso moral, la muerte de la naturaleza y la muerte del interés y un consenso en cuanto a los ideales altos? Si el reino del postmodernismo continuara desenfrenando, eventualmente resultaría no sólo en la muerte del alma, sino también en la muerte de la ciencia (proclama el postmodernista: "No hay ningún orden en la naturaleza) y la muerte de la civilización (no hay un consenso moral ni hay consenso sobre los ideales).

Para aquellas personas que se encuentran esforzándose en los mares de la vida, el "Antiguo Barco de Sion" (el barco de la salvación pilotado por Jesucristo) está navegando por estas aguas turbadas. Es un barco en buenas condiciones para navegarlas. Se oyen a los pasajeros cantando:

Jesús, Salvador, sé mi piloto,
Sobre las mares tempestuosas de la vida;
Las olas no vistas caen sobre mí,
Escondiendo las rocas y los bancos peligrosos;
Carta y brújula vienen de ti—
¡Jesús, Salvador, mi piloto sé!

Como una madre tranquiliza a su hijo,
Tú puedes silenciar el océano bravo;
Las olas tempestuosas obedecen Tu voluntad
Cuando las dices: "¡Sea la calma!"
Soberano maravilloso del mal,
¡Jesús, Salvador, mi piloto sé!

Cuando finalmente alcance yo la orilla,
Y las grandes olas terribles rugen
Entre mí y el descanso pacífico,
Entonces, con mi cabeza en Tu pecho,
Que yo te oiga decirme:
"¡No temas! Yo tu piloto seré!"[7]

El gran barco antiguo de Sion viene bien equipado con un equipo de salvavidas. El Capitán te dice:

A los hombres débiles y asustados échales la cuerda de salvamento,
Los que van hundiéndose en la angustia donde nunca has estado;
Pronto los vientos y la tentación y las olas de penas
les lanzarán más allá donde corren las aguas negras.

Pronto haber terminado el tiempo de rescate,
Pronto irán acercándose a la orilla de la eternidad;
Así, que, apúrate, mi hermano—no hay tiempo de perder,
Échales la cuerda de salvamento y sálvales hoy.

¡Échales la cuerda de salvamento!
¡Échales la cuerda de salvamento!
Alguien va allí alejándose en la mar.
¡Échales la cuerda de salvamento!
¡Échales la cuerda de salvamento!
Alguien se está hundiendo hoy.[8]

Si estás cansado de luchar con la culpa y los problemas presentes en tu vida, si anhelas el propósito y el significado para tu vida, si tu ser mismo reclama para un punto de vista racional de la vida, entonces presta atención a las palabras de Jesús: "Venid a mí todos los que estáis trabajados y cargados, y yo os haré descansar" (Mateo 11:28).

Poniendo a la Prueba la Cosmovisión Cristiana en Cuanto a su Validez

Más tarde prestaré atención brevemente a la cuestión de las "pruebas" para la existencia de Dios. Por el presente, simplemente diré que aún si una persona debidamente preparada pudiera probar la existencia de Dios, y después demostrar que la Biblia es la Palabra de Dios, luego que Jesús es Dios encarnado y finalmente revelara por demostración que todas las demás cosmovisiones son falsas, tal camino no es la manera normal en que la mayoría de las personas llega, por la fe, a conocer a Dios. Al mismo tiempo debo decir que nadie que viene a Cristo puede apartar la razón. La fe cristiana es racional.

No nos colocamos a fuera de la cosmovisión cristiana para allí demostrar la validez de los puntos principales de ella y luego proceder a montarla como entidad. La cosmovisión ya existe. Nos antedata. No nos ponemos a fuera de ella para examinarla. No hay lugar para colocarse a las afueras de la cosmovisión cristiana. Cualquiera que sea la verdadera cosmovisión, formamos parte de ella. Estamos profundamente involucrados en ella. Es desde adentro de ella que aplicamos las pruebas. Las bases de la cosmovisión cristiana nos vienen como ideas ya formadas. Se nos dan para examinar. Las ponemos a la prueba en cuanto a su racionalidad y suficiencia.

Igualmente el modernismo que el postmodernismo no aprueban el examen en cuanto a su relación a las *preguntas inevitables de la vida*. Es aquí en este punto donde nuestra cosmovisión se demuestra fuerte. A la pregunta: "¿Hay un Dios?", la respuesta es: "Sí". Para la pregunta: "¿Cómo lo podemos conocer?", la respuesta es: "Por medio de la revelación general, la Biblia y Jesucristo". A la pregunta: "¿Hay vida después de la muerte?", la repuesta es: "Sí". Para la pregunta: "¿Cómo podemos prepararnos para la vida después de la muerte?", la respuesta es: "Por medio de la fe en nuestro Señor y Salvador Jesucristo". A la pregunta: "¿Cómo puedo saber la diferencia entre el bien y el mal?", la respuesta es: "Por medio de nuestra constitución y la revelación moral de Dios reveladas en la Biblia".

Estas respuestas traen paz y satisfacción a los anhelos profundos de nuestro ser interior. Creemos que cualquier sistema de la Verdad que intenta explicar la totalidad de la realidad contestará estas preguntas. Esta expectación demuestra que somos ciudadanos de un universo racional. No estamos abandonados. Las *preguntas inevitables* tienen respuestas. Estas preguntas no simplemente existen para atormentar y confundirnos. Existen para prepararnos para creer que hay respuestas verdaderas y luego recibirlas. Igual que la sed prepara a una persona para el agua y el hambre prepara a uno para la comida, estas preguntas y estos anhelos nos preparan para un conocimiento de Dios y para una experiencia con Él.

Soy consciente del hecho de que lo que vengo diciendo no demuestra que hay un Dios. Pero sí demuestra que la fe en Dios es una fe razonable. No estamos tratando simplemente con una *causa* y sus *efectos*. No estamos diciendo simplemente que Dios seas la causa y las *preguntas ineludibles* sean el *efecto*. Todo esto es verdad, pero estas observaciones involucran mucho más.

En una cosmovisión racional no solamente tenemos unas relaciones adecuadas de *causa* y *efecto*, sino también hay "unidad", "cohesión" e "ínter-racionalidad". La Verdad es un sistema funcional. Las ideas encajan la una con la otra. En una cosmovisión racionalmente consistente, las ideas mantienen una relación de engranaje las unas a las otras. El creer en Dios contesta las preguntas de nuestro ser interior y satisface los anhelos de nuestro ser más profundo de tal manera que estas ideas y experiencias encajan las unas con las otras para formar una parte de un sistema de Verdad funcional. Hay unidad, cohesión e interrelación. En otras palabras, tenemos coherencia.

Mientras estas observaciones no dan pruebas de la existencia de Dios, si vivimos en un universo racionalmente consistente podemos rechazar, sin ninguna duda, como falsa cualquier cosmovisión que no trata adecuadamente con las *preguntas ineludibles de la vida*. Podemos descartar cualquier cosmovisión que no posee esta unidad, que no es cohesiva y que no se interrelaciona entre sí misma. Sin duda tenemos el derecho de creer en y de adoptar una cosmovisión que aprueba todos los criterios de ser una cosmovisión verdadera. De hecho, nos sentiremos obligados a aceptar tal cosmovisión.

Una cosmovisión adecuada debe satisfacer las necesidades de nuestra *personalidad total*, es decir, de nuestra mente, corazón y voluntad. Es por esta razón que empecé con el criterio de poder contestar las *preguntas ineludibles de la vida*. La Verdad debe satisfacer estas necesidades. La cosmovisión que no se dirige a *ésta no es digna de consideración*. No podemos arriesgarnos con una cosmovisión ni con una anti-cosmovisión, que no trate adecuadamente con estas necesidades. Sin embargo, debemos tener en cuenta que nuestra mente racional forma parte de nuestra personalidad total. La imagen de Dios dentro de nosotros reclama una cosmovisión racionalmente consistente. Por lo tanto, hay algunas otras pruebas a las que una cosmovisión debe someterse, pruebas que van más allá que hablar a nuestro ser interior. Pienso que era apropiado comenzar con esta prueba dado que la Verdad pertenece a la vida (Juan 8:32) y sólo aquel que habla a la vida es digno de consideración.

Ahora, apliquemos el criterio: ¿Hay una suficiencia causal? De nuevo la cosmovisión cristiana, con su fe en un Dios personal, aprueba el examen. Dios, descrito en la doctrina cristiana, es completamente capaz de crear el universo, con sus habitantes. Tiene sentido pensar en el universo y sus habitantes como un *efecto* y en Dios como su *causa*. De nuevo, vemos unidad, cohesión e interrelación. Todo encaja perfectamente como una parte del sistema de la Verdad.

Tiene mucho más sentido ver a Dios como el Ser eterno quien creó la materia de la nada que pensar en la materia como si fuera eterna, y así la "creadora" del universo, de la vida y de la personalidad. Puede que haya alguna dificultad en captar la idea de que Dios ha existido desde la eternidad pasada, pero no hay ninguna en creerlo. Si creemos en Dios, no podemos concebir de Dios diferente que es, sin principio. Creer en la eternidad pasada de Dios va con la idea de creer en Él. No tiene que encajar con nuestro entendimiento del tema para creerlo. Encaja con la idea de Dios creer que Él creó la materia, el universo, la vida y la personalidad. No encaja con la idea de la materia atribuir a ella la obra del Creador del universo, de la vida y de la personalidad. Esta es la razón que se escucha poco sobre este aspecto de la materia por los que exponen que es eterna. Es vergonzoso intelectualmente exponer que la materia es el Creador.

Los seres humanos están interesados ineludiblemente con los temas morales. ¿Cómo podemos explicar la presencia ineludible del interés moral en los humanos? Un Dios santo, el Creador del hombre y el Legislador moral y Juez del universo nos provee la respuesta adecuada. Tiene sentido creer que Dios creó al hombre con una constitución moral de la cual no puede escaparse. Nunca podemos evitar totalmente las categorías del bien y del mal. El imperativo moral es demasiado fuerte para ser auto impuesto por el hombre. Es demasiado fuerte para ser impuesto por la cultura. El secularismo no tiene ninguna explicación adecuada para la presencia de esta profunda preocupación moral hallada en los humanos. Tiene sentido creer que nuestro interés moral se relaciona a una relación con y una responsabilidad moral al Creador santo, que también es Legislador y Juez del universo.

Es muy importante esta relación de *causa* y *efecto* entre Dios y el hombre en cuanto a esta preocupación moral indeleble. Es racionalmente sana, pero su impacto también se basa en el hecho de que satisface una necesidad experiencial dentro de nosotros. No hay otra necesidad en nuestra existencia total que sea más real para nosotros que nuestra necesidad moral. Debería existir una explicación adecuada por esta necesidad tan grande entre de nosotros. La cosmovisión cristiana con su fe en Dios es una explicación adecuada. Necesitamos una autoridad moral de la cual podemos recibir leyes, pautas y principios morales. El sistema cristiano con su creencia en la Biblia satisface esta necesidad. ¿Hay una respuesta en cuanto a la culpa moral? El sistema cristiano nos provee la respuesta por medio de Jesucristo. También, mientras estudiamos sus enseñanzas morales, nos ayuda a distinguir una culpa falsa de la verdadera.

De nuevo vemos unidad, cohesión e interrelación. Nuestras mentes racionales se satisfacen igual que las necesidades de nuestro ser interior. No nos atrevemos a conformarnos con menos.

La cosmovisión cristiana presenta la existencia de Dios, junto con su relación al hombre, como la causa de la existencia en el hombre de la presencia inescapable de una idea de Dios. De nuevo tenemos una relación de *causa* y *efecto* que no sólo es racionalmente sana, sino que también satisface las necesidades de nuestro ser interior. Habla a las necesidades de la vida. No sólo explica la suficiencia de la existencia de la idea de Dios, sino que también explica el hecho del porqué el hombre es tan profundamente religioso. Igualmente la cosmovisión modernista como la anti-cosmovisión postmodernista fracasan lamentablemente en este punto.

Es un hecho innegable que algunas personas digan que no creen en Dios, y que hay muchas otras que no adoran al Dios verdadero. Cualquier punto de vista de la totalidad de la realidad debe proveer una repuestas por estos hechos. La cosmovisión cristiana es completamente consciente de este problema. El problema no nos coge desprevenidos. Se encuentra la respuesta en el pecado y en Satanás. El pecado ha colocado al hombre en una situación difícil. En su constitución el hombre es tan profundamente moral que no puede escaparse de las categorías del bien y del mal. Sin embargo, el pecado hace que quiera deshacerse de su restricción moral. Esto no lo puede hacer totalmente. Debido al pecado, el hombre quiere librarse de la autoridad. Se sabe que algunos tratarán de lograr esto tratando de negar la existencia de Dios, mientras otros buscarán crear a un dios más ideal para sus propios gustos. Nuestras observaciones de aquellos que han intentado estas alternativas nos demuestran que éstos no han encontrado la satisfacción.

La cosmovisión cristiana tiene una explicación adecuada del porqué muchas personas creen en Dios y porqué otras no. Se encuentra este hecho innegable dentro de la cosmovisión cristiana. De nuevo vemos la unidad, cohesión e interrelación.

Nuestra investigación de la cosmovisión cristiana, con su creencia en Dios, ha demostrado que aprueba el examen de los criterios: (1) Contesta las *preguntas ineludibles de la vida*. (2) Es consistente internamente. (3) Hay una suficiencia causal. (4) Se conforma a lo que es innegablemente verdad. Nuestra creencia en Dios aprueba las pruebas de la racionalidad. Cuando permitimos que la totalidad de nuestra personalidad sea una parte de creer, creo que seremos compelidos a creer en Dios. No hay otra alternativa a ésta que satisfaga las necesidades más profundas de nuestra personalidad. Rechazar a Dios es un rumbo que no se puede seguir sin gran pérdida. Rehusar creer en Dios quiere decir estar perdido en los mares de la vida.

Creer en Dios por medio de Jesucristo abre la puerta a una vida racional y experiencialmente satisfactoria. Abre el camino para un conocimiento unificado de los pisos alto y bajo. Resulta en que podemos ser ciudadanos inteligentes y funcionales del piso alto y del piso bajo.

Creer en Dios o no no es una elección entre un conocimiento por la fe y el conocimiento por la visa (o sea, conocimiento por los sentidos). El naturalismo es conocimiento por la fe. Nadie ha observado que la materia sea eterna, ni se ha demostrado que la materia es el Creador del universo, de la vida y de la personalidad. Creer en Dios o no es igualmente conocimiento que viene por la fe. Tenemos dos elecciones: (1) Recibir un conocimiento de la fe en una cosmovisión que forma la base para el conocimiento unificado de la totalidad de la realidad, que satisface nuestras mentes y satisface nuestras necesidades más profundas de nuestra personalidad. (2) Recibir un conocimiento de la fe en una cosmovisión en que las cuestiones básicas de los orígenes no son racionalmente satisfactorias, y que deja a uno perdido en las mares de la vida en cuanto a que tiene que ver con las necesidades más profundas de la vida. En cuanto a mí, continuaré en el conocimiento de la fe que satisface las necesidades de mi personalidad total.

También, se debería destacar el hecho de que el cristianismo ofrece la base para la continuación de la ciencia. Ella, como la conocemos, tuvo su nacimiento dentro de la comunidad de pensadores cristianos. El pensamiento cristiano cree que el universo físico se caracteriza por el diseño y el orden. Hay consistencia en las relaciones de *causa* y *efecto*, algo que puede ser observado por la mente humana. El problema con el modernismo es que creía en un universo ordenado, pero no tenía ninguna base para su creencia. El cristianismo cree en un universo ordenado y basa su creencia en un Dios personal y racional que creó el universo físico con una consistencia racional, y que creó a los seres humanos con mentes racionales de modo que podían estudiar el universo físico por medio de la reflexión sobre los datos de la observación y de la experiencia, así pues, ocurrió el nacimiento de la ciencia.

El cristianismo también forma la base para la preservación de la civilización. La moralidad encuentra su base en un Dios santo. Los ideales altos encuentran su fundamento en un Dios que es el epítome de lo alto y lo noble. Se nos reta que aspiremos a lo alto y a lo noble (Filipenses 4:8).

Unas Observaciones en Cuanto a por qué Creemos en Dios

NUESTRA CONSTITUCIÓN Y NUESTRA FE EN DIOS

Creo que estamos hechos para creer en Dios. Nos es natural creer en Dios, pero requiere el ambiente o las circunstancias debidas para que podamos creer en Él.

Es natural que un grano de maíz brote y produzca una mata de maíz. No obstante, es un hecho que solamente ocurrirá en el medio ambiente debido. Debe estar en la tierra, recibir la cantidad debida de agua y la temperatura también ha de ser la correcta. Si se pone el grano encima de una mesa, nunca brotará porque el debido medio ambiente no existe. Es el caso a pesar de que brotar sea la naturaleza del grano. Al plantar el grano de maíz en la tierra, se activa por la tierra, el agua y la temperatura, y así, pues, brota lo que se hará la mata del maíz.

Si un miembro de la raza, desde su nacimiento, se críase en el aislamiento total de todos los demás de los seres humanos, es dudoso que creería en Dios. En un sentido, tal persona sería menos que humano. Poseería, se podría decir, todas las partes necesarias para componer un ser humano. El problema es que no estaría en el medio ambiente que le activaría para ser lo que es un ser humano funcional.

No se puede describir a un ser humano meramente en términos de un individuo. Es un miembro de un grupo. Es una criatura de relaciones. El grano de maíz depende de su relación con la tierra, con la humedad y con la temperatura para desarrollarse a su naturaleza más completa y verdadera. Un ser humano depende de los otros miembros de la raza, del orden creador y de Dios para poder desarrollarse a su ser más verdadero y completo. La mención de Dios le viene de otras personas. El procedimiento normal para este desarrollo viene por medio de la interacción con otros, con una reflexión sobre el orden creado y la interacción con Dios. Todo esto la activa para creer en Dios. Se requiere un contexto social para que un ser humano pueda ser todo que Dios le diseñó a ser. Un desarrollo completo del conocimiento exige un contexto social.

No estoy sugiriendo que se crían a algunas personas en un contexto insuficiente para que no puedan creer en Dios. Sería imposible que se criara a una persona, desde su nacimiento, en un aislamiento total de otras personas. Si tal cosa pudiera ocurrir, la persona no estaría totalmente activada en todo lo que significa ser un humano.

Cada ser humano está en un ambiente donde se activará la idea de Dios dentro de sí mismo. Es la activación de algo que ya existe dentro. Nunca podemos hablar de Dios con cualquier persona y estar diciéndole algo que esté totalmente ajeno a todo lo que haya pensado antes. Cada persona que se nombra "atea" pensado sobre Dios. El ateísmo no es la ausencia total de la idea de Dios. Más bien, es un intento de rechazar la idea de Dios que ya existe dentro.

Es verdad que hay algunos que dicen que no creen en Dios. Es mi opinión que tales personas lo hacen a su propio daño. Se introduce un funcionamiento defectuoso en su experiencia. El ateísmo coloca a una persona en contra de los propósitos de la imagen que le está dentro. Produce una gente turbada.

EL LUGAR DE LA RAZÓN EN CREER EN DIOS

Aún si fuera posible que algunos pudieran probar la existencia de Dios, esa no sería la razón por la que la mayoría de las personas cree en Dios. La mayoría que cree en Dios no asevera que tiene pruebas para Su existencia. Muchas de las pruebas elaboradas por los filósofos y los teólogos son demasiadas difíciles a entender para muchas personas. Es por esta razón que esas pruebas no podría ser la razón por la que la mayoría de las personas cree en Dios.

La mayoría de los cristianos no puede construir bien las pruebas para la existencia de Dios. Sin embargo, esto no es lo mismo que decir que no se involucra la razón en su fe en Dios. Estoy convencido que un cierto conocimiento de Dios, junto con algunas ideas básicas sobre el tipo de ser que Dios es, es innato dentro de cada ser humano. Hay ciertas cuestiones que surgirán que causarán que cada persona dé una consideración racional en cuanto al hecho de que Dios existe. Creo que pensamos en la idea de la existencia de Dios considerando su racionalidad, más bien que establecer algunos argumentos a favor de Su existencia. Pienso que aún aquellos que no se involucran en un estudio formal de su creencia en Dios tienen una fe racional. Los humanos no pueden escaparse de pensar racionalmente en cuanto a lo que creen.

Estamos constituidos de modo que no podemos apartar a un lado la razón. Aún aquellas personas que tratan de no hacer uso de su razón exponen sus razones para no emplearla. Si Juan nos dice: "Vi a José en el terminal", nosotros ponemos a la prueba (subconscientemente) la afirmación para ver si es razonable aceptarla como veraz. Si Juan conoce a José; si Juan es una persona honesta; si no conocemos ninguna otra razón para dudar de que José no estuviera en el aeropuerto; y si sabemos que no hubiera motivos malos por los cuales Juan podría haber dicho que vio a José en el aeropuerto cuando realmente no estuvo; entonces aceptamos como veraz su afirmación. Si Juan no conoce bien a José; si la veracidad de Juan es cuestionable; si tenemos buenas razones para creer que José estaba en otra parte; o si sabemos de algún motivo que Juan habría tenido para mentir en cuanto a ver a José en el terminal o no; cuestionaremos la afirmación de Juan o la rechazaremos por completo. Si la respuesta no es inmediatamente obvia, la analizaremos en la mente consciente. No podemos oír Juan decir: "Ví a Juan en el terminal", y no dar ningún pensamiento racional en absoluto a lo que dijo. Si la respuesta no es inmediatamente obvia, puede que decidamos que no nos vale la pena buscar una solución, pero esto será una decisión racional.

He empleado la ilustración para demostrar cómo nuestras mentes racionales están funcionando continuamente en juzgar, analizar y afirmar. No puede ser diferente. Nuestra decisión de intentar y deliberadamente apagar nuestra razón es en sí una decisión tomada por el uso de la razón. Aquellas personas que no se fían de la razón la usan de todos modos. Aquellas que tratan de negar a la razón un lugar en algunas áreas del conocimiento nunca realmente tienen éxito en su intento. El esfuerzo mismo de aplastar el proceso racional en nosotros es doloroso y crea problemas. Nuestro ser interior reclama el significado y propósito en la vida. Anhelamos ver la Verdad como una entidad unificada y total.

Uno de los aspectos más importantes en la construcción del caso para creer en Dios es que debemos decidir entre dos alternativas. No es que simplemente rehusamos creer en Dios. Debemos escoger una alternativa. Antes de rechazar nuestra creencia en Dios debido a cualquier problema, haríamos bien en examinar las alternativas para ver los problemas que tengan. Debemos creer en Dios, hacernos agnósticos o ser naturalistas. Hay muchos matices de creer en algo, pero todas encajan en una de estas tres categorías. Supongo que el postmodernista contestaría: "Ninguna de las tres" y "Todas". La imagen de Dios *nunca tendrá paz* con el "no pensar".

En el paradigma postmodernista la razón no entra en la cuestión de creer en Dios o no. Pero como cristianos, no abandonamos la razón cuando tratamos con los postmodernistas. Esto es porque *no son meramente postmodernistas*. Están hechos a la *imagen de Dios*. Es nuestra responsabilidad, con la ayuda de Dios, rescatar a la imagen de Dios en el hombre de la devastación del postmodernismo. En este intento de rescate, no dependemos de una razón que es fría, seca, abstracta y sin vida. Hablamos de la totalidad de nuestra personalidad a la suya. Sentimos su dolor. No les contestamos con unas respuestas simplificadas. No hablamos de siempre "sentir bien". La vida es mucho más que un período de aleluyas. Pero, al mismo tiempo que experimentamos la realidad severa de la vida, podemos decir con el apóstol Pablo: "...que estamos atribulados en todo, mas no angustiados; en apuros, mas no desesperados; perseguidos, mas no desamparados; derribados, pero no destruidos" (2 Corintios 4:8, 9).

Otro factor que no debemos olvidar es que hay muchos, aún en el mundo académico, que siguen funcionando dentro del paradigma modernista. También hemos de dirigirnos a éstos. Es por esta razón que continuamos hablando del naturalismo con sus insuficiencias. El *naturalismo* es la afirmación positiva mientras que el *ateísmo* es la declaración negativa de este punto de vista. No podemos permitir que el ateo salga con la suya derribando nuestro punto de vista sin haber sostenido su cosmovisión.

Prefiero el término "naturalismo" al "ateísmo", aunque se usan los dos, porque el naturalismo atribuye todo a las causas naturales. Demasiado a menudo hemos dejado que el naturalista nos ponga en la defensiva, resaltando nuestros problemas. Necesitamos ponerle a él en la defensiva. Debemos exponer la insuficiencia que tiene el naturalismo como una cosmovisión.

Cuando decidimos que la cosmovisión aprueba el examen de la racionalidad, al mismo tiempo hemos sacado la conclusión de que la fe en Dios aprueba el examen de ser razonable. Mientras que la mayoría de los cristianos no está adiestrada, por lo menos formalmente, a poner a la prueba las cosmovisiones, sí piensa de una manera racional en cuanto a su fe en Dios. Es mi opinión que la mayoría de los creyentes descubrirá que las pruebas que he expuesto aquí ya les son familiares. El cristianismo no es anti-racional. Es racional en el centro de su ser. Es la única cosmovisión racionalmente consistente. La imagen de Dios dentro del hombre reclama una consistencia racional.

UNA INVESTIGACIÓN DE LOS ARGUMENTOS PARA LA EXISTENCIA DE DIOS

Ya he señalado que no utilizo el enfoque de los argumentos para probar la existencia de Dios. Puesto que otros sí lo hacen, expondré los argumentos y demostraré por qué no creo que éstos prueben la existencia de Dios. Como ya he indicado, pienso que muchos de los datos son provechosos para demostrar la racionalidad de creer en Dios. De hecho, no creo que haya otra alternativa que sea racionalmente consistente.

El Argumento Cosmológico

Este es probablemente el argumento empleado más extensivamente de todos para demostrar la existencia de Dios. Se arguye del *efecto* a la *causa*. Todo lo que tiene un comienzo es un *efecto* que debe haber tenido su *causa*. El universo tuvo un comienzo y, por lo tanto, debe tener una *causa*. Esa *causa* es Dios.

He aquí el problema: ¿Cómo sabemos que el universo tuvo tal comienzo? ¿Podemos probarlo? ¿No se basa nuestra confianza en que el universo tuvo un comienzo en la categoría del conocimiento que viene por la fe? Si nuestra suposición es que el universo tuvo un comienzo, ¿cómo sabemos que la causa que lo produjo no fue en sí el producto de otra causa? Este tipo de razonamiento podría continuar sin par. Es bastante fácil saber lo que creemos en cuanto a que si el universo tuvo comienzo o no. Es fácil rechazar la idea de unas causas sin fin, pero ¿hemos probado nuestro punto en cada caso?

Sin duda, la respuesta más razonable para el origen del universo y de los humanos es la fe en un Creador Personal.

El Argumento Teleológico

El argumento teleológico arguye de la presencia del diseño en el universo a la existencia de un Diseñador. Se expone que la presencia del orden, de la armonía y de las indicaciones de un propósito en el universo argumentan a favor de la existencia de una causa inteligente quien es Dios. Este argumento presupone el argumento del efecto a la causa involucrado en el argumento cosmológico. Por lo cual, tiene todas las debilidades del argumento cosmológico.

Mientras que la presencia del orden y de la armonía es impresionante, se puede sugerir la pregunta: ¿Y qué en cuanto a la presencia del desorden y la falta de armonía? ¿Estos aspectos negativos nos dicen algo sobre la causa de origen? Creemos que tenemos la repuesta a esta pregunta, pero debemos admitir que el problema existe.

Sin duda, la explicación más razonable para la presencia del diseño en el universo es un Diseñador Personal.

El Argumento Moral

Este es otro argumento del *efecto* a la *causa*. En este caso, el *efecto* es la presencia de un imperativo moral en el hombre. Puesto que a veces al hombre le gustaría escapar de este imperativo moral, no parece suficiente decir que es un imperativo auto-impuesto. Se considera la existencia de Dios como el Legislador como la causa de este imperativo moral.

Sin dependernos de la revelación divina, ¿podemos demostrar, en el sentido de una prueba absoluta, que la moralidad no sea un producto de la cultura? ¿Podemos probar que las ideas morales no han tenido su origen en la interacción de las personas en la sociedad? Pienso que la respuesta de un Creador Moral es mucho más razonable, pero reconozco el problema de demostrar la imposibilidad de la alternativa cultural de una manera absoluta.

El Argumento Ontológico

Este requiere más pensamiento para captarse que los previos. Se expone así:

Tenemos la idea de un ser absolutamente perfecto.
La existencia es un atributo de la perfección.
Por lo tanto, un ser absolutamente perfecto debe existir.

Es un argumento muy fascinante. Desde un punto de vista lógico es más difícil captar que los otros. Sin embargo, parece ser menos convincente. Está diciendo que la única manera en que podemos pensar en un ser absolutamente perfecto es pensar en su existencia. Se expone que la idea misma de un ser perfecto involucra la idea de su existencia. Pensar en un ser perfecto y no pensar en su existencia es pensar en algo menos que un ser perfecto. El problema en mi mente es: ¿No podemos tener lógicamente la idea de un ser absolutamente perfecto y pensar en su existencia como parte de esta perfección, y luego negar la realidad de la idea entera? Me parece que la existencia es más bien un atributo de *ser* que de la *perfección*. La existencia es un atributo de un ser real distinguido de un ser imaginario. La dificultad en captar la esencia de este argumento querría decir, por lo menos, que no sería la razón por la fe de muchas personas.

Una variación de este argumento dice simplemente que, dado el hecho de que tenemos la idea de un ser perfecto, la única explicación suficiente para ella es que Dios existe y es la causa de que hayamos tenido esta idea. Se arguye que los seres imperfectos no originarían la idea de un ser perfecto. Es cierto que la existencia de Dios es una explicación razonable para la idea de un ser perfecto, pero ¿podemos demostrar que sería imposible que la idea no pudiera haberse originado de unos seres imperfectos?

Han habido variaciones de estos argumentos, y se han expuesto otros también, pero lo que se ha explicado aquí ilustra los principios involucrados en el problema de las pruebas. El valor de estas "llamadas pruebas" varía dependiendo de la escuela de pensamiento.

En cuanto al valor de los argumentos para la existencia de Dios, James Oliver Buswell explica:

> Al acercarnos a los argumentos teístas debemos preguntarnos en primer lugar en cuanto al propósito que tengan....Se observan hechos y se infieren unas implicaciones de los hechos, que conducen más o menos a unas conclusiones probables que más o menos son válidas. No hay ningún argumento que no sea conocido que, como argumento, resulte en más que una conclusión probable

> (muy probable)....Los argumentos teístas no son ninguna excepción a la regla de que todos los argumentos inductivos en cuanto a lo que exista son argumentos de probabilidad. En cuanto a los argumentos, como argumentos, no se pueden aseverar más.[9]

Berkhof dice en cuanto al valor de los argumentos:

> Tienen algún valor para los creyentes mismos, pero deberían llamarse testimonia más bien que argumentos. Son importantes como interpretaciones de la revelación general de Dios y como una exposición de la racionalidad de la fe en un ser divino. Además, pueden servir en alguna manera para contestar al adversario. Mientras que no demuestran la existencia de Dios más allá de la posibilidad de la duda, o sea, para compeler un acuerdo, pueden ser presentados para establecer una probabilidad importante y por lo tanto hacer callar a los incrédulos.[10]

Addison H. Leitch explica, con referencia a los argumentos:

> Se han sometido a mucha crítica y por lo tanto han repasado mucho refinamiento durante la historia del pensamiento. Sin embargo, a pesar de tal crítica, continúan surgiendo de una forma u otra, con un argumento, o una manera para exponer el argumento, apelándose a una generación más que a otra; pero ninguno de los argumentos desparece. Que estos argumentos continúan a renacer es probablemente una razón por su fuerza fundamental; los hombres sienten alguna presión para definir lo que saben que debe ser la verdad sobre Dios, algo que reconocen en el mundo exterior.[11]

Se suele conceder que los argumentos en cuanto a la existencia de Dios no la demuestran, en el sentido absoluto de la palabra. No obstante, se las mencionan frecuentemente sin esta clarificación. Algunos los toman como pruebas en el sentido absoluto.

Por qué Creemos que la Biblia es la Palabra de Dios

EL PUNTO DE PARTIDA DE NUESTRA FE EN EL ORIGEN DIVINO DE LAS ESCRITURAS

La Biblia se identifica a sí misma a nosotros como una revelación divina. Pensaríamos que una revelación de Dios se nos identificaría como tal. No podríamos concebir que no llevara las marcas de la auto-autenticidad. No pensamos que cada parte lleve la marca de tal autenticidad, pero sí que la totalidad de la revelación llevará la etiqueta de una revelación de Dios. Sólo en aquel entonces consideraríamos un mensaje o un libro como una revelación divina.

¿Por qué tanto interés en un libro que asevera ser la Palabra de Dios? Porque tiene un mensaje para nosotros. Nos exige ciertas cosas. No se enciende nuestro interés simplemente porque propone ser un mensaje para nosotros que nos impone demandas. Se despierta nuestro interés debido a las *preguntas ineludibles* que representan unos anhelos insaciables. El mensaje de la Biblia nos suena como lo que nuestro ser interior necesita. En la Biblia vemos las respuestas para nuestras *preguntas ineludibles.* En la Biblia encontramos las provisiones para nuestras necesidades experimentadas. Ella habla a la totalidad de nuestra personalidad. En ella vemos el alivio de nuestro estado de estar perdidos.

Igual que cualquier persona que cree que tiene alguna enfermedad temida de repente encuentra un interés real en lo que asevera ser la cura, nosotros nos encontramos interesados en aquello que propone ser un mensaje de Dios y que es una respuesta a nuestras preguntas y necesidades. La persona con la enfermedad debe preocuparse en la validez de las aseveraciones de la cura. Hay que someterlas a las pruebas debidas. Igualmente es así con aquella que asevera ser la Palabra de Dios. Hay que sujetarla a las pruebas.

LAS ASEVERACIONES DE LAS ESCRITURAS BAJO PRUEBA

En mi convicción que en alguna manera Dios ha puesto en nuestra constitución ciertas ideas que son verdades auto-evidentes sobre cualquier libro que sea verdaderamente una revelación divina. Dios pone éstas en nosotros para prevenir que algo nos desvíe. Los mismos datos que empleé para demostrar la racionalidad de creer que la Biblia es la Palabra de Dios se usan por otros para construir unos argumentos para creer que ella es la Palabra de Dios.

Es una verdad auto-evidente que cualquier libro que se presenta como una revelación divina también será indestructible. El hecho de que la Biblia históricamente ha resistido muchos ataques serios hasta ahora quiere decir que ella lo aprueba de la única manera posible. Desde este punto de vista, no hay dificultad en creer que es una revelación divina.

Es una verdad auto-evidente que cualquier libro que se presenta como una revelación divina se caracterizará por la unidad y por la nobleza de pensamiento. Para mí, la Biblia aprueba también este requisito. Creo que también lo hará para otros si llegan a ella con la actitud debida del corazón y de la mente. La persona que desarrolla una actitud crítica hacia las Escrituras que le ciega en cuanto a esta unidad y nobleza de pensamiento las rechazará como una revelación divina. Lo hará porque no cree que sea una verdad auto-evidente que una revelación divina debería caracterizarse por la unidad y nobleza de pensamiento. Debe existir una disponibilidad para ver la Verdad antes de que pueda verse (Juan 7:17). Es me convicción que aquellas personas que llegan a las Escrituras con una actitud correcta ven esta unidad y nobleza de pensamiento. Para tales personas, la Biblia aprueba este requisito y, en cuanto a esta prueba, no hay peligro en aceptarla como una revelación divina.

Es una verdad auto-evidente que un libro que se presenta como una revelación divina ejercería una influencia buena. Para mí la Biblia lo hace. Creo también que lo mismo es la verdad para otros que se acercan a ella con la actitud debida. Como fundamento, la misma elaboración adicional podría exponerse sobre esta verdad auto-evidente que para las otras. La Biblia aprueba el requisito.

Es una verdad auto-evidente que una cantidad significativa de la profecía cumplida tendría que venir de una fuente sobrenatural. Si se asocian tales profecías con lo bueno y se las relacionan consistentemente al resto de la cosmovisión, la fuente sobrenatural será Dios. Es mi convicción que para aquellas personas que se acercan a la Biblia con la actitud debida, la Biblia cumple también este requisito.

Si alguien quiere oponerse al llamar estas verdades auto-evidentes como una prueba de revelación divina, yo, en turno, le preguntaría: "¿Creerías un libro de revelación divina que no aprobara estas exigencias?"

También se manifiesta la racionalidad de nuestra fe en las Escrituras por el hecho de que la Biblia encaja en un sistema funcional de la Verdad (o, una cosmovisión). Cuando creemos en Dios, en la Biblia, en Jesucristo y en el hombre, con todas sus necesidades, todo encaja perfectamente. Hay unidad, cohesión e interrelación. Si rechazamos la Biblia como una parte del sistema de pensamiento, el efecto sería la destrucción del sistema entero. La Biblia se relaciona integralmente a Dios, a Jesucristo y a las necesidades del hombre. Requerimos que la Verdad tenga esta unidad, cohesión e interrelación.

Deberíamos dar consideración especial al testimonio de Jesucristo en cuanto a las Escrituras (Mateo 5:17, 18; Juan 10:35). Él atestigua del origen divino y de la veracidad de ellas. La Biblia también habla de la verdad de las aseveraciones de Jesucristo (Juan 5:39). En un sentido creemos a la Biblia debido a Jesucristo y creemos en Jesucristo debido a la Biblia. Creer en una es creer en el otro.

Inmediatamente alguien se pondrá, diciendo: "Es un razonamiento circular". No pasa nada con el razonamiento circular mientras que se use para demostrar la unidad, la cohesión y la interrelación. Cualquier sistema presentará muchas oportunidades para el razonamiento circular. No es válido cuando asevere cosas incorrectas para el sistema.

Nuestra creencia en la Biblia como una parte del sistema cristiano de la Verdad aprueba el criterio que tenemos para probar un sistema.

1. Contesta las preguntas *ineludibles de la vida*. La Biblia es incomparable en este punto. Satisface las necesidades de nuestra *personalidad total*. El rechazarla es perderse en los mares de la realidad.
2. Tiene una consistencia interna. Hay una consistencia entre creer en la Biblia, en Dios y en las otras partes del sistema. Hay consistencia en la Biblia.
3. Sus *causas* son suficientes. El Dios de la Biblia es perfectamente capaz de haber revelado la Verdad de la Biblia y de haber inspirado a los escritores que la escribiesen. Las *causas* expuestas en la Biblia son capaces de haber producido los *efectos* adscritos a ellas.
4. Ella se conforma a aquello que es innegablemente la verdad. No existe ningún hecho de la realidad que sea innegablemente verdadero que se contradiga en la Biblia. Puede que haya algunas cosas que pueden cuestionarse, pero éstas no son innegablemente verdaderas ni contradicen la Biblia.

Una Investigación de los Argumentos Expuestos para la Inspiración Divina de la Biblia

He indicado previamente que no creo que la construcción de argumentos sea el mejor enfoque para defender el hecho de que la Biblia es la Palabra de Dios. La mejor manera es de demostrar la manera en que creer que es la Palabra de Dios cumple los requisitos para formar parte de una cosmovisión racional. Pienso que, por lo menos, es apropiado exponer una descripción breve de estos argumentos. También daré una evaluación breve de éstos. He empleado parte de la información expuesta previamente para demostrar que es racional creer que la Biblia es la Palabra de Dios.

En primer lugar examinaremos el argumento basado en la indestructibilidad de la Biblia. Ella ha sobrevivido en medio de gran adversidad. Se han hecho muchos intentos de destruirla, pero todos han fracasado. Se cree que esta supervivencia, a pesar de los intentos de erradicarla, presenta evidencia (algunos dirían una prueba) para el origen sobrenatural de la Escritura.

El hecho de que la Biblia siga con nosotros demuestra que no ha sido destruida, pero no dice que no podría ser destruida. No puede haber ninguna prueba de que no se la podría destruir. Creemos que no puede serlo, pero esta creencia se basa en nuestra propia fe en su testimonio (Mateo 5:18; 24:35). No podríamos demostrar a un incrédulo que la Biblia sea indestructible y luego usar tal prueba como una base desde la que construiríamos nuestro argumento.

Otro problema con este argumento es: Si encontramos otro libro que hubiera sobrevivido los mismos intentos de destruirlo, ¿por la misma razón creeríamos que ese libro fuera la Palabra de Dios? Sin duda, tal argumento no nos convencería.

Un segundo argumento que a menudo se emplea tiene que ver con el carácter de la Biblia. La Biblia se caracteriza por unidad y nobleza de pensamiento. Es así para nosotros que la creemos y amamos, pero los incrédulos muy a menudo retan su unidad y nobleza de pensamiento. Un argumento basado en el carácter de la Biblia no va a convencer a tal persona. La unidad y la nobleza de pensamiento de la Biblia es un conocimiento compartido por los creyentes, pero no por los que la critican.

Aquí podemos hace esta pregunta: Si descubriésemos otro libro caracterizado por la unidad y nobleza de pensamiento, ¿de necesidad lo creeríamos ser inspirado divinamente? Creo que no.

Un tercer argumento se basa en la influencia de la Biblia. A dondequiera que haya estado la Biblia, ha ejercitado una influencia edificante sobre la sociedad. Muchos creyentes creen que este factor es una evidencia de la inspiración divina de las Escrituras.

Igual que los otros argumentos, este puede ser contestado con las mismas preguntas empleadas previamente. Hay personas que no creen que la Biblia haya ejercitado ninguna influencia buena. Con tales personas, no podríamos usar esta información para demostrar el origen divino de las Escrituras. De nuevo, hay la pregunta: ¿Creeríamos de origen divino otro libro que ha ejercitado buena influencia en la sociedad?

Se basa un cuarto argumento en la profecía cumplida en la Biblia, particularmente aquella cumplida dentro del período bíblico. El creyente cree que la Biblia expone mucha profecía, junto con su cumplimiento. También acepta el hecho de que cualquier profecía todavía no cumplida lo será en el futuro. El problema con el uso de este argumento para convencer a un incrédulo es que hay algunas personas que o encuentran otras explicaciones para las afirmaciones proféticas de la Biblia o las consideran como historia más bien que profecía. Para estas personas este argumento no tiene ningún valor. Otro problema se ve en el hecho de que se ha visto la influencia satánica en el cumplimiento de algunos eventos. Por lo cual, no aceptamos, en cada caso, que un dicho profético que resulta veraz sea de Dios.

Los datos empleados en estos argumentos son provechosos para demostrar la racionalidad de nuestra fe. Es una equivocación usarlos para construir unos argumentos y luego exponerlos como unas pruebas. No podemos demostrar que un sistema sea veraz por comenzar con algunas premisas mayores, generalmente aceptadas, y luego decir que las ideas básicas del sistema son una conclusión lógica y necesaria. Más bien, sometemos el sistema a ciertas pruebas. Examinarlo en cuanto a su validez no es lo mismo que demostrar que algo es una necesidad lógica. Además, debemos preocuparnos más por la necesidad que por la necesidad lógica.

Conclusión

El enfoque empleado en este capítulo me satisface mucho. La cosmovisión cristiana, con su fe en Dios y en la Biblia, satisface cada prueba de la racionalidad. Mi fe en Dios y en la Biblia satisface mis necesidades personalidades. No me siento amenazado por cualquier otra cosmovisión. Para mí, fracasan trágicamente igualmente de un punto de vista racional como en el hecho que no satisfacen las necesidades de la totalidad de la personalidad. De todo corazón, recomiendo a Dios, la Biblia y a Jesucristo a cada ser humano.

8

La Creación del Hombre

Una de las *preguntas ineludibles de la vida* es: "¿Quién soy yo?" Conocemos nuestros nombres, pero necesitamos ayuda para conocer nuestra identidad completa. ¿Qué es la naturaleza real del hombre? El conocimiento de la naturaleza plena del hombre se vincula con su origen. Como personas comprometidas al sistema cristiano de la Verdad, también estamos comprometidos a lo que la revelación divina dice en cuanto al origen del hombre. Este conocimiento nos viene como algo ya dado en la revelación divina. Está relacionado integralmente con el sistema cristiano. Nuestra primera obligación es estudiar los datos dados en la revelación para ver lo que dice sobre el origen del hombre.

La Enseñanza Bíblica en Cuanto al Origen del Hombre

La Biblia atribuye claramente el origen del hombre a un acto creativo de Dios. Génesis 1:27 lee: "Y creó Dios al hombre a su imagen, a imagen de Dios lo creó; varón y hembra los creó". Génesis 2:7 lee: "Entonces Jehová Dios formó al hombre del polvo de la tierra, y sopló en su nariz aliento de vida, y fue el hombre un ser viviente".

Según la Biblia, no puede haber debate en cuanto a que si Dios es el Creador del hombre o no. La pregunta es: ¿Hay lugar en la Biblia para la evolución teísta? Según esta teoría, Dios dirigió el proceso de la evolución y la usó para hacer que el hombre llegara a existir. Según la evolución teísta, el hombre tendría una ascendencia animal física. Habría llegado a ser hombre cuando Dios soplara en su nariz el aliento de vida y se hiciera un alma viviente.

Muchos han sentido, compelidos por las evidencias de la ciencia, a aceptar la evolución teísta. El problema para el cristiano es: ¿Qué dice la revelación divina? ¿Son compatibles las enseñanzas bíblicas con la evolución teísta? El creyente debe aplicar las leyes del idioma al informe bíblico para ver si éste es compatible con la evolución teísta. Si no, debe rechazarla.

Es mi convicción que el informe bíblico es incompatible con la evolución teísta. Ofreceré dos pruebas: (1) Los días de la creación no permiten suficiente tiempo para la evolución teísta. (2) La creación de Eva se encuentra definitivamente fuera del patrón de la evolución.

EVIDENCIA EXEGÉTICA PARA EL PUNTO DE VISTA DEL DÍA SOLAR EN CUANTO A LOS DÍAS DE LA SEMANA CREATIVA

Hay que decir algo aquí en cuanto a pruebas. En la discusión sobre nuestra fe en Dios y en la Biblia, señalé que deberíamos aplicar la prueba de la racionalidad más bien que tratar de demostrar la existencia de Dios y del origen divino de las Escrituras. Ahora estoy hablando de una prueba de la Biblia que es incompatible con la evolución. Una vez que se haya aceptado un sistema como veraz, podemos hablar de probar cosas a otras personas que creen que el sistema es veraz. En principio, podemos demostrar que la Biblia enseña un punto de vista estudiando sus enseñanzas a la luz de las leyes de la interpretación. Se puede demostrar una prueba a aquellas personas que aceptan la Biblia como la Palabra de Dios sin que nuestra interpretación les convenza. No tendrá ningún significado para aquellos que no aceptan la cosmovisión cristiana con veraz. Quizás no siempre tengamos éxito, pero en principio podemos demostrar la verdad de las cosas a los que creen que la Biblia es la Palabra de Dios.

Es mi creencia que los días de la semana creativa deben entenderse como días literales. Es verdad que la palabra hebrea *yôm* (día), igual que la palabra castellana "día", puede referirse, en ciertos contextos, a un período de tiempo más largo que un día de 24 horas. Sin embargo, creo que en Génesis 1 el caso está claro en contra de tales días "largos". Aunque sea verdad que *yôm* puede referirse a un período más largo que un día de 24 horas, no todos los eruditos del hebreo están de acuerdo que *yôm* sea un término apropiado para una "era". No me involucraré en esta discusión, puesto que pienso que el contexto va en contra de tal uso aún si la palabra fuera apropiada en un cierto contexto para significar "era".

La primera razón es que se clasifican los días como una *tarde* y una *mañana*. La tarde y la mañana son los fenómenos que componen un día solar. La traducción hebrea se traduce literalmente: "Y hubo tarde y hubo mañana".

Día con la clasificación de una tarde y una mañana *sólo puede significar un día solar*. Algunos piensan que podrían interpretar tarde y mañana de una manera figurativa.

Edwin K. Gedney dice:

> Es natural que pensemos en esto con el significado de un fin (tarde) y un comienzo (mañana), porque es así en nuestra cultura. No fue así en la era hebrea.

El comienzo del día fue la tarde y es lógico pensar que eso fue el propósito del autor aquí...La tarde y la mañana tienen el sentido de "comienzo" y "fin" en el pasaje.[1]

Buswell comenta:

Es obvio que si la palabra "día" es figurativa, las partes del día serán figurativas, como cuando decimos: "un nuevo día viene amaneciendo", que quiere decir: "Hay una era nueva que se nos abre". Los hebreos consideraron el comienzo del día nuevo con la puesta del sol. Así, pues, las palabras: "y fue la tarde y la mañana el día —º, " sería la misma cosa, en los dichos modernos: "La época tenía un comienzo paulatino, y paulatinamente iba mezclando con la época que seguía.[2]

Él propone que si se toma "día" de una manera figurativa, sigue que la tarde y la mañana también han de verse figurativamente. Estoy de acuerdo que si tomara el "día" de una manera figurativa, también lo serían la tarde y la mañana. Sin embargo debemos movernos con caución aquí. La tarde y la mañana son descriptivas del *yôm* (día). El significado de la tarde (*'erev*) y el de la mañana (*bōqer*) son los que determinan el significado de día (*yôm*). Un uso figurativo de día depende de un uso figurativo de la tarde y de la mañana. Si un uso figurativo de la tarde significa "comienzo" y si la mañana significa "fin" no puede sostenerse entonces que hay que abandonar el uso figurativo de *día*.

El problema que se nos enfrenta no es si la palabra *día* (*yôm*) puede referirse a un período largo de tiempo o no. Es, ¿puede la tarde (*'erev*) significar figurativamente "comienzo" y puede la mañana (*bōqer*) significar figurativamente "fin"? Examinemos la evidencia.

El uso figurativo, como propuesto por Gedney y Buswell, es algo sin paralelo en el Antiguo Testamento. (Baso mis conclusiones en un estudio de las ocurrencias de las palabras hebreas para "tarde" y "mañana" detalladas en *La Concordancia Inglesa del Hebreo y Caldeo del Antiguo Testamento.*) En ningún pasaje encontramos que se usa "tarde" de una manera figurativa como "comienzo" ni que se usa "mañana" para "fin". De hecho, la mañana no terminó el día literal. En un día literal la mañana se refería al cambio de la oscuridad a la luz, y no la última parte de un día de 24 horas. Nunca se usa "mañana" de una manera figurativa para significar "fin". Se usa figurativamente como "temprano". Se ve este hecho en el uso de esta palabra hebrea en el contexto de los salmos 46:5; 90:14; y 101:8. Un estudio de estos pasajes demostrará que en un sentido figurativo, indica temprano.

Es de interés adicional notar que cuando los israelitas se referían a las horas de luz durante un día, hablaron de éstas *desde la mañana a la tarde* (Éxodo 18:13, 14). Desde un punto de vista físico consideraron la mañana como "temprano" y la tarde como "tardío" a pesar del hecho de que desde un punto de vista técnico, las 24 horas comenzaron en la tarde.

Es muy interesante el pasaje de Jueces 19:9 que dice: "He aquí ya el día declina para anochecer, te ruego que paséis aquí la noche; he aquí que el día se acaba" (RVR60). La versión RVR95 lo traduce: "Ya el día declina y va a anochecer; te ruego que paséis aquí la noche. Puesto que el día se acaba, duerme aquí".

En cuanto al hebreo para "el día declina para anochecer", Garnett H. Reid expone la explicación siguiente en cuanto al desarrollo de esa expresión. "En Jueces 19:9, *'ārav* es un verbo diminutivo 'llegar a ser la tarde', de la misma raíz que el sustantivo *'erev* 'tarde'. Que la construcción infinitiva, más *l*, parece ser un indicador de tiempo: 'el día declina para anochecer'".[3] Está muy claro que en el uso hebreo el acercamiento de la tarde fue considerado como *tarde, no temprano*.

Es contrario del uso bíblico el interpretar de una manera figurativa y decir que la *tarde* significa "comienzo" y la *mañana* como el "fin". Por lo tanto, los términos *tarde* y *mañana* no pueden controlar la interpretación de que los días de Génesis 1 sean épocas. Cuando se emplean la tarde y la mañana en el mismo contexto, solo pueden referirse a un día solar y nada más.

Hay apoyo adicional para el punto de vista de que son días literales en la referencia a la semana creativa mencionada en Éxodo 20:8-11. En el versículo 11 de este pasaje, el significado más natural de *seis días* es entender que quiere decir lo mismo que en el versículo 9. En el versículo 9, los días obviamente son días solares.

Problemas para el Punto de Vista de que los Días de la Semana Creativa son Días de 24 Horas

EL CUARTO DÍA Y LA FUNCIÓN DEL SOL

Desde un punto de vista exegético, se han sugerido dos problemas en cuanto al punto de vista de que son días literales. El primero es el hecho de que el sol no fue mandado a funcionar hasta el día cuatro. Se puede contestar que este problema es aún más grande para la teoría de los días-como-épocas que para la de los días literales. El punto de vista de los días literales sólo tiene el problema durante 72 horas. La teoría de que los días eran épocas tiene un problema que se extiende entre millones y miles de millones de años. Es bastante dudoso que cualquier defensor de la teoría de los días-como-épocas realmente crea que la tierra existiera durante tanto tiempo antes de que el sol comenzara a funcionar.

Si tomamos la explicación de Buswell en cuanto al funcionamiento del sol durante esos días, no hay problema con respecto a los primeros tres días. Él sugiere que el sol funcionó durante los primeros días, pero no fue visible. La luz del sol se difundía a través una atmósfera nubosa.[4] En tal caso, el funcionamiento del sol habría sido suficiente para permitir la transición de la oscuridad a la luz y luego de la luz a la oscuridad durante los primeros tres días. No existiría ningún problema bajo tales circunstancias en cuanto a considerar esos días como días solares.

Cualquiera que fuera el caso durante los primeros tres días, el hecho de que las palabras *tarde* y *mañana* se emplean desde el cuarto día y adelante nos ayudan a interpretar las referencias previas. Si el sol funcionara o no durante los primeros tres días, hubo una división entre luz y oscuridad. Se nos dice en Génesis 1:4, "separó Dios la luz de las tinieblas". Está claro que el sol estaba funcionando de una manera normal en el día cuatro y en adelante. El hecho de que se describan todos los días de la creación con la misma expresión: "Y fue la tarde y la mañana...", nos indica que todos esos días fueron el mismo tipo de día. No puede haber razón alguna para comprender los primeros tres días de la semana creativa de una manera distinta, por lo menos en cuando a su duración, a los últimos tres días.

LA DURACIÓN DEL SÉPTIMO DÍA

El otro problema exegético se presenta en una referencia al día séptimo en Hebreos 4. En el versículo 4 se dice "Porque en cierto lugar dijo así del séptimo día: 'Y reposó Dios de todas sus obras en el séptimo día'". En el versículo 5, hay una advertencia en cuanto a que aquellos rebeldes en el día de Moisés no entrarían al descanso, dando a entender que el descanso de Dios continuaba (y todavía continúa). Dado que el descanso continúa, se saca la conclusión de que el día séptimo también continúa. Esto indicaría que ese día era un día "largo". Si el séptimo día de Génesis 1 y 2 fuera un día largo, seguiría que los primeros seis también lo fueran.[5]

Mi respuesta al problema es que aunque el descanso continúa, no es lo mismo en cuanto al día. Claramente se trató el séptimo día como un hecho de la historia: "Y reposó Dios de todas sus obras en el séptimo día" (Hebreos 4:4). Se presenta el séptimo día como una parte ya cumplida en el pasado. El lenguaje de Éxodo 20:11 y de Génesis 2:2, 3 también trata el séptimo día como un hecho cumplido del pasado. Si el día séptimo ya es historia, no hay base alguna para interpretarlo como un día "largo".

Comenta H. C. Leupold:

> No debería de existir la necesidad de refutar la idea de que *yôm* quiere decir período. Los diccionarios de renombre como Buhl, BDB o K.W. no saben nada de esta noción. Los diccionarios hebreos son nuestra fuente de información fidedigna en cuanto a las palabras hebreas. Los comentaristas con tendencias teológicas críticas exponen afirmaciones muy decididas en esta instancia. Dice Skinner: "La interpretación de *yôm* como un eón, un recurso favorito de los armonistas de la ciencia y la revelación, se opone al sentido normal del pasaje y no tiene lugar en el uso del hebreo". Dillman comenta: "Las explicaciones expuestas por los escritores antiguos y modernos con sus intentos de interpretar esos días como períodos largos de tiempo no son suficientes".[6]

En cuanto a mí, no hay duda alguna de que los días fueron días literales. Si la descripción dada en Génesis 1 no es de unos días literales, uno se pregunta cómo podría haber sido expuesta más claramente para significar días literales. Tomando por sentado que "días literales" es el significado que Dios quería exponer en este pasaje, ¿hay algo dicho que podría confundir la cuestión, o algo no expuesto que haría falta para clarificarlo?

Puedo apreciar el hecho de que personas consagradas hayan pensado mucho en cuanto a la cuestión de que si los días de la semana creativa podrían entenderse como unos períodos largos de tiempo. Hay muchos que han aceptado la teoría de los días-como-épocas que, al mismo tiempo, no han aceptado la evolución teísta. Algunos han aceptado el punto de vista que se llama creacionismo progresivo. Según esta teoría, Dios, por medio de varios actos de creación por *fiat*, creó los filos y las familias de los animales. Entre ésos hubo un desarrollo evolutivo, pero el desarrollo no excedió las limitaciones de los "géneros". Al llegar al hombre, el creacionismo progresivo rechaza la ascendencia animal del hombre. El hombre fue creado por un acto de creación especial.[7] Estas personas aceptan el punto de vista de una tierra muy antigua, más bien que una tierra joven. Mientras que no acepto este punto de vista, pienso que es injusto e irresponsable tachar esta teoría como un tipo de evolución teísta. Me gustaría retar a los creacionistas progresivos a que vuelvan a examinar los problemas que he presentado previamente para los que quieren exponer una historia larga para la tierra, los animales y el hombre que está permitido por la interpretación de la semana creativa de seis días de 24 horas.

Problemas para el Punto de Vista de la Semana Creativa de Días-como-épocas

FRACASA EN EL INTENTO DE ARMONIZAR LA CIENCIA Y LA ESCRITURA

Además del hecho de que la teoría del día-como-época no puede encontrar apoyo como una interpretación de Génesis, hay otro problema serio con este punto de vista. Fracasa en que no resuelve realmente el problema de una armonización de las opiniones científicas sobre la geología y la paleontología con las Escrituras. Carl F. H. Henry, aunque no un defensor del punto de vista de que los seis días fueran días literales de 24 horas, al hablar de las dificultades de la teoría del día-como-época señala que "los días de Génesis no armonizan completamente con la cronología propuesta por la ciencia moderna".[8]

Bernard Ramm, que tampoco acepta el punto de vista de que los días fueran días reales de 24 horas, rechaza también la teoría del día-como-época porque el aceptarla y admitir el orden en que los días aparecieron no puede hacer frente a la ciencia. Él ilustra el problema diciendo: "Tenemos una creación botánica sin animales y una creación mamaria sin la creación de las plantas, sin embargo la ciencia de la biología nos informa de la relación íntima en la que se interrelacionan las plantas, los animales y los insectos en el orden de la naturaleza".[9]

La única cosa que la teoría del día-como-época realmente hace es permitir más tiempo, pero el orden de lo que ocurrió sigue sin encajar en la ciencia moderna. Por lo tanto, esta teoría fracasa como un medio para lograr esta armonía.

LA TEORÍA TAMPOCO OFRECE AYUDA PARA SABER CUÁNTO TIEMPO EL HOMBRE HA ESTADO EN LA TIERRA.

Otra observación es que *la teoría del día-como-época no ofrece ninguna ayuda absoluta para resolver el problema de la cantidad de tiempo que el hombre haya estado sobre la tierra*. La cuestión de la antigüedad del hombre es estudiada por los científicos en conexión con los fósiles. Es obvio que cuando se halla un fósil, ha ocurrido una muerte. Es igualmente patente que a pesar de la duración de los días creativos que los hombres no murieron hasta después del sexto día creativo. Seguramente no haya nadie que quiera colocar a Génesis 3 en el día sexto. La muerte ocurrió en la raza humana después de Génesis 3. Esto quiere decir que todos los restos fósiles de los seres humanos deben explicarse después del fin del sexto día creativo. La persona que acepta la teoría del día-como-época y otra que cree en seis días literales de 24 horas para la creación tendrán que mirar y examinar, las mismas posibilidades exactas, en el registro bíblico para resolver la edad del hombre.

Es obvio que Fetzer pasó por encima este hecho cuando dijo lo siguiente: "Al tomar la teoría del día-como-época y al darnos cuenta de que a las tablas genealógicas de Génesis les faltan algunas generaciones, nos podemos librar de cualquier noción de que el hombre fuera creado en el 4.004 a.C.".[10]

La posibilidad de estos vacíos en las genealogías puede ayudar datar el origen más temprano (algo sobre lo que se hablará un poco más adelante), pero la teoría del día-como-época no puede emplearse para *aumentar el tiempo que el hombre haya estado sobre la tierra ni un minuto* más de lo que puede el punto de vista de los días literales. Una vez más, se ve que esta teoría del día-como-época no ofrece ninguna ayuda.

EL PROBLEMA DE LAS CONDICIONES EXIGIDAS PARA LA SEMANA CREATIVA

Otro problema encontrado, cuando por medio de la teoría del día-como-época u otro punto de vista, se intenta permitir la presencia de enormes cantidades de tiempo para los seis días de la creación, es el tipo de condiciones que debían de haber regidas durante este tiempo. El estrato geológico requiere algunas condiciones catastróficas, y los fósiles de los animales requieren la muerte.

Ramm demuestra que es consciente de este hecho cuanto escribe: "Hubo enfermedad y muerte y derramamiento de sangre en la Naturaleza mucho antes del pecado del hombre".[11] Además dice:

> Fuera del Huerto de Edén existían la muerte, las enfermedades, las malas hierbas, los cardos y espinos, los carnívoros, las serpientes venenosas y el clima inclemente. Pensar al contrario es ir en contra a una avalancha inmensa de datos. Una parte de la bendición recibida por el hombre fue que, en el Paraíso, se le guardaba de todas esas cosas, y una parte del juicio del hombre fue que tuvo que abandonar el Paraíso y entrar en el mundo como existía fuera del Huerto, donde los cardos crecían y la mala hierba fue abundante y donde había animales salvajes y donde se ganaba la vida únicamente por el sudor de la frente.[12]

Muchos no aceptan lo que Ramm dice en adscribir tales condiciones a la tierra y a los animales antes del pecado del hombre. Sin embargo, para poder sacar una ayuda de la teoría del día-como-época, una persona tiene que admitir la existencia de tales condiciones en la tierra antes del pecado de Adán.

Quizás no sepamos cuáles fueran todas las condiciones exactas sobre la tierra antes del pecado del hombre, pero es bastante difícil reconciliar lo que Ramm expone con lo que Dios dijo a Adán después de su pecado: "Por cuanto obedeciste a la voz de tu mujer, y comiste del árbol de que te mandé diciendo: 'No comerás de él'; maldita será la tierra por tu causa; con dolor comerás de ella todos los días de tu vida. Espinos y cardos te producirá, y comerás plantas del campo" (Génesis 3:17, 18).

También, con respecto a la aseveración: "Una parte de la bendición recibida por el hombre fue que, en el Paraíso, se le guardaba de todas esas cosas, y una parte del juicio del hombre fue que tuvo que abandonar el Paraíso y entrar en el mundo como existía fuera del Huerto", Ramm pasa por alto el hecho de que la responsabilidad del hombre le hubiera llevado fuera del huerto aún si no hubiera pecado. Esto se ve en que el hombre, antes de haber pecado, recibió la orden que "señoree en los peces del mar, en las aves de los cielos, en las bestias, en toda la tierra, y en todo animal que se arrastra sobre la tierra" (Génesis 1:26).

Es una cosa no saber las condiciones exactas en la tierra antes del pecado del hombre, pero debemos sacar la conclusión de que es diferente ahora como resultado de la maldición. También tenemos que darnos cuenta de que el hombre hubiera ido sobre toda la tierra si nunca hubiera pecado.

Aquellos que quieren exponer un punto de vista que trata de explicar la presencia de los fósiles animales y los cambios geológicos dentro de los seis días de la creación deben preguntarse si pueden reconciliar las condiciones, dentro del informe de Génesis, que los habrían producido. Hay que prestar una atención especial a la frase que se repite al final de los días 3, 4 y 5 que dice: "Y vio Dios que era bueno". La afirmación divina al final del día sexto incluye toda la creación: "Y vio Dios todo lo que había hecho, y he aquí que era bueno en gran manera" (Génesis 1:31).

Si los días de la semana creativa eran días literales de 24 horas, no puede existir ninguna armonía entre la Biblia y la evolución. El hecho de que el hombre, según la Biblia, fuera creado en el sexto día hace esta distinción clara. Veinticuatro horas no permiten bastante tiempo para ninguna evolución. En mi opinión, el caso para la interpretación de seis días literales de 24 horas queda probada; por lo tanto, no veo ninguna posibilidad para la existencia de la evolución.

Otros Problemas para las Personas que Quieren Creer en la Biblia y Aceptar la Evolución Teísta

LA CREACIÓN DE EVA

Como ya se ha expuesto, si una persona acepta el punto de vista de seis días literales, no puede creer en la evolución. Sin embargo, la evolución teísta no ha ganado su argumento con aquellos que creen en la Biblia aún si la teoría del día-como-época fuera un hecho probado. Hay muchos que aceptan el punto de vista del día-como-época que rechazan la evolución. La niegan por otras razones. El informe de la creación de Eva (Génesis 2:21, 22) requiere que se crea que la creación de Eva fue instantánea y por medio de una acto directo de Dios que evitara el proceso natural. Nadie tiene esperanza de escaparse del hecho aseverando que su creación fue poética o simbólica. Si el lenguaje puede ser entendido de cualquier manera, quiere decir que Dios tomó algo de Adán y por medio de un acto directo creó a Eva. Las personas que abogan por una evolución teísta no están dispuestas a admitir que Eva fuera creada por un acto especial de Dios. Aquellos que aceptan que Eva fue creada por un acto especial también lo creen de Adán.

LA CUESTIÓN DE UNA CREACIÓN TERMINADA

Otro problema en cuanto a la evolución teísta es que expone que las fuerzas que actúan hoy día fueron las mismas funcionando durante la semana de la creación. Si es así, ¿qué quiere decir: "Y acabó Dios en el día séptimo la obra que hizo; y reposó el día séptimo de toda la obra que hizo" (Génesis 2:2)? Con la evolución teísta no puede haber ninguna creación terminada, ni hay una cesación de la actividad creativa porque esa teoría fracasa en que no distingue, en esencia, entre la actividad creadora y la actividad de la providencia.

Después de haber investigado Génesis 1 y 2, uno quiere preguntar: "Si Dios hizo uso del proceso evolutivo para hacer que el hombre existiera, ¿por qué hizo tan difícil creer en la evolución después de haber estudiado Génesis 1 y 2?"

Problemas Bíblicos Involucrados en Aceptar las Fechas Expuestas por los Científicos Seculares para el Origen del Hombre

El Obispo Ussher, basándose en un estudio de los datos bíblicos, expuso la fecha de 4.004 a.C. como el tiempo de la creación. Otra persona, usando el mismo método, podría variar en alguna fecha sugerida para el origen del hombre según el registro bíblico. Hoy día no hay casi nadie que expondría una fecha tan precisa como 4.004 a.C.

Una persona tendría que ser ignorante o menos que honesta al negar que hay problemas. Por un lado, la Biblia, según mi entendimiento, elimina cualquier posibilidad de una ascendencia animal del hombre. El hombre llegó a existir por medio de un acto creativo de Dios. Por el otro lado, vivimos en un mundo donde hay hombres, competentes en sus campos, que insisten en la hipótesis evolutiva del origen del hombre y en un período de tiempo de varios cientos de miles de años (o más) para la existencia del hombre sobre la tierra. ¿Cómo vamos a enfrentarnos con todo esto?

LA LATITUD QUE LAS ESCRITURAS PERMITEN

El punto de partida para los cristianos es la investigación de las Escrituras para ver cuánta latitud tienen para adaptarse al pensamiento científico. El creyente debe moverse dentro del cuadro de estas limitaciones. No cumplir con este requisito sería menos que honesto y violaría su racionalidad como una persona comprometida a la cosmovisión cristiana.

Hay algunos aspectos ya decididos hasta este punto que ayudarán a poner los límites de este cuadro de posibilidades. (1) No puede haber lugar para la consideración de una manera positiva del punto de vista evolutivo del origen del hombre. (2) Cualquier intento de extender el tiempo del hombre sobre la tierra más allá de unos 6.000 años debe encontrar cabida en el día sexto de la creación. Fue notado previamente que esto es igualmente el caso para la teoría del día-como-época que la de los seis días literales. Pues, es verdad porque la muerte habría ocurrido después del sexto día creativo a pesar de la duración de ese día. Por lo cual, hay que datar todos los fósiles del hombre al período de historia que ocurrió después del sexto día. La teoría del día-como-época ofrecería una posibilidad de un período más largo para la historia de la vida animal y más tiempo para las épocas geológicas, pero en ese caso las condiciones que debían de haber existido en aquel entonces son, en cuanto a mi investigación, imposibles a reconciliar con el informe bíblico de Génesis 1 y 2.

Hay dos temas más para discutir que dan luz sobre las limitaciones bíblicas en cuanto a cuánta latitud se puede permitir: (1) la posibilidad de vacíos en las genealogías y (2) el significado de "géneros" en Génesis 1.

LA POSIBILIDAD DE VACÍOS EN LAS GENEALOGÍAS

La única manera para permitir una cantidad de tiempo significativa más allá de 4004 a.C. (la fecha expuesta por Ussher) es por medio de la posibilidad de algunos vacíos en las genealogías de Génesis 5 y 11. Es un hecho establecido, determinado por la comparación de unos relatos distintos de las mismas genealogías, que hay algunos nombres dejados fuera de algunas de las genealogías.[13]

El hecho de que existan estos vacíos en algunas de las genealogías sólo crea la posibilidad (pero no la necesidad) de que haya vacíos en otras genealogías. Sin embargo, sí quiere decir que la posibilidad de éstos no puede ser eliminada. Existe el derecho de especular sobre tales posibilidades. Si hay vacíos, obviamente se extendería el tiempo desde el tiempo desde la creación del hombre. También, si existen la exclusión de algunos nombres en Génesis 5, la cantidad de tiempo que habría ocurrido (para cada nombre eliminado) sería más grande que el tiempo de una vida en nuestros días, dado que las personas en aquel entonces vivían muchos años más que nosotros.

Algunos han tomado la posición de que si hay vacíos entonces podemos considerar cualquier fecha conjeturada por los científicos. Racionan, exponiendo que un número de vacíos desconocido de una duración desconocida podría resultar por cualquier cantidad de años. Hace falta caución aquí. Puede que se admita que todos esos datos desconocidos hacen que una persona no pueda exponer dogmáticamente los límites hasta donde uno pueda extender la edad del hombre sobre la tierra. Sin embargo, impone un estrés sobre la flexibilidad de una imaginación controlada por la razón el creer que esos datos desconocidos, igual que los vacíos desconocidas, podrían permitir cualquier edad imaginable, que no llegue a la infinidad, para la raza humana.

Con caución podríamos considerar la posibilidad de unos pocos miles de años añadidos a la fecha de 4.004 a.C., pero no podemos llegar a unos cientos de miles de años.

EL COMIENZO DE LA CIVILIZACIÓN

Sería bueno tener en cuenta que mientras podemos considerar esos vacíos como una posibilidad para alargar la antigüedad del hombre, también hemos de recordar los hechos citados por Ramm en sus estudios sobre esta dificultad.

Parece que él se encuentra atrapado entre el pensamiento científico y los hechos de la Biblia. Resalta una parte del problema cuando acepta una fecha temprana para el origen del hombre. Nos explica:

El problema principal con un origen del hombre fechado a los 500,000 a.C. es la conexión entre Génesis 3 y 4. Puede que podamos extender las tablas de los antepasados por unos miles de años pero ¿lo podemos hacer por unos 200,000 años? En los capítulos 4 y 5 de Génesis encontramos varias listas de nombres, edades de personas, pueblos, agricultura, metalurgia y música. Todo esto implica la habilidad de escribir, contar, construir, labrar la tierra, fundir y componer. Además, esas acciones fueron logradas por los descendientes inmediatos de Adán. La civilización no revela ninguna evidencia de su existencia hasta más o menos 8,000 a.C., o para algunos, 16,000 a.C. No hay manera alguna que podemos extender su comienzo a los 500,000 a.C. Es problemático interpretar a Adán como habiendo sido creado en el 200,000 a.C., o más temprano, y exponer que la civilización no comenzó hasta, digamos, el 8.000 a.C.[14]

LA DURACIÓN DEL TIEMPO DE GÉNESIS 3:15 A LA PRIMERA VENIDA DE CRISTO

Otro punto para tener en cuenta es que nos exige un gran esfuerzo creer que entre la promesa redentora de Génesis 3:15 y la venida de Cristo habrían pasado cientos de miles de años. De alguna manera imaginamos poder interpretar la historia bíblica para demostrar un movimiento de Génesis 3:15 a la cruz. Este problema presenta bastante dificultad en simplemente pensar en unos miles de años. ¿Qué explicación se podría exponer para unos cientos de miles de años entre la promesa de la redención y la llegada del Redentor? Al decir que los seres humanos han estado en la tierra por unos 500,000 años, sería exponer que hubieran sido 498,000 entre Génesis 3:15 y la venida de Cristo. Estaríamos exponiendo que pasaran 496,000 años entre Génesis 3:15 y la llamada a Abram para que fuera el antepasado y generador de Israel. La nación de Israel fue el canal por medio del cual Dios escogió introducir el Mesías en el mundo. ¡Todo esto habría hecho que pareciese que Dios estuviera dormido!

EL SIGNIFICADO DE "GÉNEROS"

Ahora vamos a prestar atención al significado del término "géneros". La clasificación zoológica en filos, clases, ordenes, familias, géneros y especies no existía cuando Moisés escribió el Pentateuco. No hay base exegética para equiparar género con especie. Esto es verdad si de hecho son iguales o no. La palabra hebrea por género quiere decir forma o figura. Las limitaciones de cada género están fijas, pero no hay manera para demostrar que estas limitaciones equivalen con especie. Puede que haya unas variaciones dentro del género, pero cada género permanecería dentro de sus propios límites.

La posición tomada de que los "géneros" de Génesis no tienen que ser equiparados con nuestro término especie ha sido aceptada entre los eruditos más conservadores. Junto con este hecho viene el reconocimiento que ha habido nuevas especies desde el tiempo de la creación.

John W. Klotz dice: "Sin duda alguna tenemos que reconocer que ha habido nuevas especies".[15]

Henry M. Morris escribe:

> Nada en el informe [Génesis] indica cuántas "especies" originales hubiera, ni lo que constituye una "especie"...La única unidad biológica identificada allí se llama género...los varios tipos de criaturas vivientes habían de producirse "según su género". Esto expone, muy sencillamente, que habían de existir unos límites precisos al cambio biológico posible....Pero dentro de esas limitaciones, sin duda se puede inferir que la variación y la especialización [origen de nuevas especies] son posibles.[16] (Corchetes añadidos míos)

No soy capacitado para hablar en cuanto a la cuestión de que si ha habido nuevas especies o no, ni si pueden surgir o no. Sin embargo, cuando hombres como John W. Klotz y Henry M. Morris, personas que no tienen ningún deseo de someter las Escrituras a ninguna interpretación dudosa para armonizarlas con las opiniones científicas, sí creen que ha habido nuevas especies, tiendo a creer lo mismo. Sin embargo, debemos movernos con precaución sobre este punto puesto que es dudoso que el punto de vista de que los seis días de la creación son días literales no deja mucho tiempo para el desarrollo dentro de los géneros.

Cuando hablamos de la posibilidad de unas especies nuevas, no estamos hablando del hombre, sino de las plantas y de los animales. En cuanto a las Escrituras, hay una cantidad limitada de variación de lo que fue creado que es permisible debido a que no tenemos una prueba de que se han de equiparar una especie y un género.

LA POSIBILIDAD DE UN INTERVALO ENTRE GÉNESIS 1:1 Y GÉNESIS 1:2

Algunos cristianos han buscado ayuda para reconciliar la ciencia y la Escritura proponiendo un intervalo de tiempo entre Génesis 1:1 y 1:2. Las personas que sugieren esta posición exponen que Génesis 1:1 es una descripción de un universo creado perfecto. Entonces, dicen que el versículo dos es una descripción de una tierra bajo maldición. Algunos de ellos relacionan esta maldición con la caída de Satanás. Otros exponen la idea de una raza pre-adánica que cayó.

Tal intervalo permitiría un período para las épocas geológicas, pero no ofrecería ninguna ayuda en cuanto a ésas donde se encuentran los fósiles incrustados en la roca excepto si uno quiere creer que hubo una creación de plantas, animales y una raza que fueron destruidos antes de la semana de la creación descrita en Génesis 1 y 2. Tales personas consideran que los fósiles datados con las fechas más extremas son de una tal creación pre-bíblica. Así, comenzando con Génesis 1:3, entienden que la referencia es a una restauración de la tierra y a una nueva creación de las plantas, los animales y el hombre. Personalmente no me encuentro impresionado con la idea de tal creación anterior a la semana creativa. No hay absolutamente ninguna evidencia bíblica que sostendría tal teoría. Hace algunos 50 o 60 años la teoría del intervalo fue muy popular, pero ya no disfruta de una gran aceptación.

LA CUESTIÓN DEL TIEMPO DEL COMIENZO DEL PRIMER DÍA DE LA CREACIÓN

Hay algo de un problema en cuanto al punto exacto, en Génesis 1:1-3, cuando empezara el primer día de la creación. No parece haber comenzado con Génesis 1:1. Si no comenzó allí, no tenemos ningún dato para indicar cuánto tiempo la tierra llevara en las condiciones descritas en el versículo 2 antes de que empezara el primer día. Podría haber sido un período corto, o podría haber sido un tiempo muy largo. Un período largo ayudaría en pensar en una tierra más antigua, pero no ofrecería ninguna ayuda en cuanto a la edad de los fósiles.

La Influencia de la Teoría de la Evolución

Nota: Quería notar aquí que la influencia que la filosofía evolutiva ha ejercitado sobre el pensamiento popular ha disminuido en los círculos de erudición desde la publicación de mi *Teología Cristiana Sistemática*. Retrospectivamente, veo que su influencia ya iba disminuyendo en 1975, pero su disminución no fue tan evidente. Puesto que lo escribí en aquel entonces resume de una manera adecuada la influencia de la filosofía evolutiva y presenta una perspectiva desde los años 70, en la sección que sigue no hay esencialmente ningún cambio de lo que fue previamente publicado. Después de esta sección, haré algún comentario sobre la situación actual.

Alguien puede preguntar: "¿Por qué tanta preocupación sobre la evolución?" La razón principal es que esta teoría va en contra de las Escrituras. Sin embargo, se puede preguntar: "En vista de toda la mala interpretación que esta teoría ya ha recibido, ¿por qué no se muestra más compresión hacia los que creen que pueden armonizar la evolución con Génesis 1 y 2?" El problema es que existe una filosofía de la vida que suele acompañar la evolución y ésta ha tenido un efecto devastador sobre el cristianismo y sobre todo lo que representa la fe cristiana.

Desde luego puede decirse que los evangélicos que aceptan la evolución no aceptan la filosofía evolucionista de la vida. Como réplica podría decirse que tal vez sea la verdad en algunos casos en particular, pero difícilmente permanecerá así. Parece que el respeto hacia la erudición de los geólogos y los paleontólogos ha sido una de las razones principales por la que la mayoría de los que creen en la evolución teísta la hayan aceptado. Los que exponen la filosofía evolucionista de la vida o la filosofía evolucionista del origen de la religión están tan adiestrados en sus campos de estudio como los geólogos y los paleontólogos en los suyos. ¿Vamos a aceptar las conclusiones de un grupo basándonos en el respeto hacia la erudición? y, al mismo tiempo, ¿rechazaremos las conclusiones de otro grupo aunque su erudición sea igualmente respetable?

Eventualmente los que son motivados por el respeto hacia la erudición de otros aceptarán el punto de vista evolutivo en su total, incluyendo su filosofía de la vida. Los que se basan en las Escrituras tendrán que hacerlo a coste del rechazo por parte de mucha de la llamada erudición respetable. Al decir esto, no quiero arrojar una mala reflexión sobre la erudición como tal. Sin embargo, se trata de aclarar el hecho de que no podemos aceptar el sistema cristiano de pensamiento sin rechazar mucho de lo que se reconoce por la erudición respetable de otros sistemas de pensamiento. ¿Somos aun peores por rechazar las conclusiones de unos geólogos y paleontólogos que cuando rechazamos lo que otros eruditos dicen?

Soy muy consciente del hecho de que un evangélico que cree en la evolución teísta no acepta, ni aceptará, la mayoría de las cosas que son destacadas como productos del pensamiento evolutivo. Sin embargo, creo que la corriente de opinión se mueve en esa dirección y que muchos de los que toman el primer paso de la evolución teísta continuarán, con diferentes grados de aceptación, en esa dirección.

Carl Henry habla abiertamente de la influencia pasada de la evolución. Explica:

> La especulación evolucionista desafiaba no sólo la dignidad del hombre basada en la creación; sino también el hecho de su caída y de su pecaminosidad. Estos dos conceptos han sido sustituidos por el dogma del progreso humano y su perfectibilidad en la filosofía evolutiva. En consecuencia, eliminó la doctrina de la necesidad del hombre de la redención sobrenatural. El movimiento intelectual del siglo pasado relata una pérdida de fe en el Credo de los Apóstoles que ha ocurrido simultáneamente con la eminencia de fe en el credo de la evolución. La nueva importancia dada al cambio ha estimulado un ataque devastador contra las Sagradas Escrituras como la revelación dada por Dios, y en contra de Jesucristo como la encarnación divina absoluta.[17]

La teoría de la evolución biológica llevó a la prominencia en el principio del cambio y del progreso. Cuando este punto de vista se quedó grabado profundamente en las mentes de los eruditos, llegaron a estar convencidos de que cada área de la vida debía de someterse al fundamento del cambio y progreso. No iban a eximir la religión y la moralidad.

LA INFLUENCIA SOBRE EL PENSAMIENTO RELIGIOSO

Cuando se aplicó ese fundamento a la esfera de la religión, inmediatamente aparecieron resultados devastadores. Según ese fundamento, habían de estudiarse el origen y el desarrollo de la religión dentro del cuadro de la filosofía evolutiva. Conforme a ésta, se halló que el comienzo de la religión fue de un nivel tan bajo como la superstición o el culto de los antepasados, y a través de un desarrollo paulatino el cristianismo finalmente entró en la escena. Hasta que una persona reconozca esta manera de ver el desarrollo, no puede tener una comprensión inteligente del liberalismo.

En el liberalismo el fundamento evolutivo llegó a ser el principio rector para interpretar el Antiguo Testamento. Algunos de los resultados de la aplicación de ese principio han sido: (1) el rechazo de Moisés como el autor del Pentateuco, (2) que la teoría de que el monoteísmo comenzó con Amós y (3) que se había de fechar el origen de la ley después de la cautividad en Babilonia.

También existe la negación de la historicidad del relato de un Adán y una Eva, sin pecado, puestos en el huerto de Edén y del relato de la caída en pecado. La filosofía de la evolución no deja ningún lugar para un estado de perfección porque se piensa que el estado anterior del hombre era más bajo que el estado actual. Tampoco hay lugar para una caída en pecado porque el hombre está subiendo siempre hacia arriba. Es muy fácil ver que todo esto podría ser muy destructivo para la doctrina cristiana. La neo-ortodoxia, con su fidelidad a la evolución, ha negado que Adán y Eva fueran personas históricas. Ha rechazado el optimismo del liberalismo, pero su respeto por la evolución no permitirá que adopte una posición ortodoxa en cuanto a Adán y Eva.

LA INFLUENCIA SOBRE LOS MORALES

Es muy obvio lo que ha sucedido con la aplicación del fundamento del cambio y progreso en el reino de la moralidad. No puede existir una referencia hacia el pasado de un juego de principios morales revelado en una Biblia que se escribió hace tanto tiempo. No puede existir ninguna duda que la aplicación de ese principio ha sido la razón más grande de la ruina moral que a su vez ha dado una respetabilidad, en muchos círculos, a una inmoralidad grosera.

Henry escribe:

> En realidad el triunfo de la filosofía de la evolución produjo una de las decadencias morales más sorprendentes en la historia del mundo. La degradación llegó a sus extremos más anchos con el dogma especulativo que proclamaba que el hombre era sólo un animal, y con la aplicación de la doctrina antigua de Grecia del cambio a todos los campos de estudio, incluyendo la religión.[18]

OBSERVACIONES FINALES

Es verdad que en el pasado los cristianos han rechazado, durante un tiempo, algunas de las cosas que todos nosotros ahora aceptamos. Por ejemplo, todo el mundo religioso cree y acepta que el mundo es un globo. Sin embargo, no ha habido tal punto de vista que ha ejercitado un efecto tan devastador sobre la cristiandad cuando fue aceptado.

Sería realmente extraño es Dios hubiera empleado tal método en la creación que, al entenderlo el hombre, tendría tales efectos en el primer siglo de su aceptación como ha sido el caso con la evolución. ¿Debería pensarse extraño que hay tantos que no pueden aceptar la evolución dentro de la fe cristiana?

Observaciones para el Presente

Cuando la evolución recibió una respetabilidad científica por medio de la publicación de *El Origen de las Especies* de Darwin en 1859, pareció colaborar perfectamente con el optimismo del modernismo. Llegó a formar la base del pensamiento modernista. El principio evolutivo aplicado a las áreas moral, religiosa, social, económica y política se hizo, para el modernista, la base para su optimismo extremo.

Con un entendimiento de la función de los principios evolutivos, se creía que se podría acelerar el proceso. Después de esto llegó el apogeo del Liberalismo. La Primera Guerra Mundial se hizo la gran esperanza de la guerra para terminar con todas las guerras. No ocurrió así.

En menos de veinticinco años el mundo estaba involucrado una vez más en una guerra masiva. Nunca se ha hablado de la Segunda Guerra Mundial como una guerra para terminar con todas las guerras. Aunque ganaron los aliados, no fue una ocasión para el optimismo en el escenario mundial. El pesimismo iba ganando la guerra contra el optimismo. Se emergió el existencialismo pesimista.

¿Qué había ocurrido? ¿Cuál fue la causa de este movimiento hacia el pesimismo? ¿Qué fue mal? Pienso que se encuentra una parte de la respuesta en la influencia negativa de la evolución.

Visto de un lado, la evolución fue la base para el optimismo. Pero también existía su lado negro. El intento de explicar el hombre sin la necesidad de Dios quitó la dignidad que fue suya debido a que fue creado a la imagen de Dios. Lo mejor que se podría decir sobre él es que fue lo más alto del reino animal. Esto fue una bajada bastante grande y significativa. Con la negación de la dignidad humana vino, mano y mano, la disminución de la esperanza humana y de la expectación moral. Cuando el hombre es creado a la imagen de Dios, el carácter de Dios se hace la norma a que la persona ha de anhelar llegar. Cuando es simplemente el más alto en el reino animal, no hay valores que transcienden la experiencia humana.

Al aceptar el concepto de la supervivencia del más fuerte, motiva a aquellos de motivos viles para luchar para poder para someter a otros bajo su control. Cuando los individuos, o las masas, se encuentran bloqueando sus sueños utópicos, esas personas contestan con la fuerza bruta, y así vemos la llegada al poder de un Hitler o un Stalin.

Puesto que la evolución recalcaba el principio del cambio y progreso, quitó la base de la Verdad absoluta. Cada pensamiento estaba abierto a un cambio. No hubo lugar para la Verdad. Esa tendencia hacia la negación de la Verdad absoluta, durante un tiempo, logró para algunos un sentido falso de libertad, libertad de la tiranía de Dios. Pero esa victoria no duró mucho. No existió ninguna base para la esperanza.

El lado oscuro de la evolución se encontraba en conflicto con el lado del modernismo que alimentaba el optimismo. En lugar de promover los morales altos, se eliminó su base. En lugar de ideales altos, existía la negación de cualquier aseveración de la Verdad en cuanto a esos ideales. Sin una base para la Verdad moral, no hay manera en que podamos insistir que haya una norma para la belleza y la excelencia. No hay base para la esperanza ni para el optimismo. En lugar de acelerar el movimiento hacia las esperanzas anticipadas del modernismo, la realidad es que la evolución contribuyó a la derrota del modernismo y promovió el levantamiento del postmodernismo.

Una Investigación de los Enfoques Científico y Teológico al Estudio del Origen del Hombre

Creo que una investigación cuidadosa de los enfoques científico y teológico al estudio del origen del hombre revelará que la cuestión final en la determinación de que si la evolución es verdad o si la creación lo es tiene que ver con si el naturalismo o el teísmo cristiano es la cosmovisión correcta. No se pueden tratar como dos cuestiones distintas el origen del hombre y el origen del universo. Se debe resolver en el contexto del pensamiento en cuanto a la cosmovisión.

SUPOSICIONES DEL ESTUDIO CIENTÍFICO DEL ORIGEN DEL HOMBRE

1. La persona que lleva a cabo una investigación científica presupone que aquel que es el objeto de sus estudios fue producido por unas causas naturales.
2. El único tipo de datos permitidos son los datos de los sentidos. No se pueden considerar las declaraciones bíblicas como datos fidedignos porque no encajan en la categoría de los datos de los sentidos.
3. Se toma por sentado que la uniformidad de la naturaleza era la misma en el pasado, incluyendo en el origen del hombre. El mismo sistema de causa y efecto que funciona actualmente funcionaba en el pasado y fue ese sistema que resultó en la existencia del hombre.

En el sentido más amplio, la palabra "ciencia" incluiría todos los campos de estudio donde se ejerce los principios de una erudición sana y buena. En el sentido restringido, se limita la ciencia al reino de la naturaleza que puede estudiarse por medio de los cinco sentidos. Es la ciencia en este sentido limitado que se propone estudiar el origen del hombre.

Todo pensamiento lógico requiere que una persona encuentre uno o más principios fijos con los que todo lo demás deben armonizarse. La persona haciendo un estudio científico para determinar el origen del hombre tiene como aceptado un principio inflexible: "Por medio de unas causas naturales se puede explicar el origen del hombre".

CONCLUSIONES INHERENTES EN UN ESTUDIO CIENTÍFICO DEL ORIGEN DEL HOMBRE

Ahora podemos ver algunas conclusiones obvias de este enfoque:

1. Si ha de encontrarse la respuesta al origen del hombre por medio de la ciencia, esta contestación no será un acto divino de creación. Es así puesto que la actividad divina es de la categoría de lo sobrenatural, no de lo natural.
2. La misma observación vista del otro lado nos dice que si la respuesta al origen del hombre se encuentra en un acto divino de creación, entonces no es algo que la ciencia pueda descubrir puesto que ella sólo encuentra sus respuestas entre las causas naturales.
3. Si la vida tuvo un comienzo, debía de ser en un nivel muy bajo. Es muy difícil que alguien crea que la vida llegara a ser a partir de materia inerte a través de unas causas naturales. Si una persona acepta tal comienzo bajo del hombre, es obvio que tratará de reducir sus dificultades tanto que pueda exponiendo que la primera vida fue vida de una sola célula. Nadie podría creer que unas causas naturales pudieran resultar en la vida humana de la materia inánime.
4. Toda persona que cree que el hombre tiene su origen en unas causas naturales presupone algún tipo de evolución. Las causas naturales no podrían tomar una sola célula y cambiarla a un ser humano totalmente desarrollado.
5. Es obvio que todo esto involucraría un proceso largo y paulatino. Se exigiría un período enorme de tiempo.

Eugenie C. Scott, un evolucionista declarado, hace algunas observaciones interesantes en cuanto a los límites de la investigación científica. Tiene discernimiento cuando explica:

> Por definición, la ciencia no puede considerar las explicaciones sobrenaturales: si hay una deidad omnipotente, el científico no tiene manera para excluir o incluir esta información un el diseño de su investigación. Esto es especialmente claro en cuanto a la investigación de experimentación: no se puede "controlar" a

una deidad omnipotente (como un bromista comentó, "no puedes meter a Dios en una probeta, ni puedes prevenir que la entre"). Así pues, por definición, si un individuo está tratando de explicar, por medio de la ciencia, algún aspecto del mundo natural, debe actuar como si no existieran ningunas fuerzas sobrenaturales funcionando en el mundo. Pienso que los evolucionistas bien entienden este materialismo metodológico. Pero al mismo tiempo que excluimos lo sobrenatural de nuestro territorio científico, estamos eliminando la posibilidad de proclamar, por medio de la epistemología de la ciencia, que no hay sobrenatural. Uno puede sacar la conclusión filosófica de que no hay Dios, y aun puede basar esta conclusión filosófica en su entendimiento de la ciencia, pero en el fin esta es una conclusión filosófica y no una científica. Si se limita la ciencia a la explicación del mundo natural por medio de causas naturales, y así no puede admitir explicaciones sobrenaturales, también la ciencia se auto-limita de otra manera: no puede rechazar la posibilidad de lo sobrenatural.[19]

Robert C. Clark y James D. Bales, en su libro *Why Scientists Accept Evolution* (*Porqué los científicos aceptan la evolución*) exponen claramente que un compromiso al naturalismo es lo que dio a luz a la teoría de la evolución. En el prefacio de su libro explican: "Si se decide que todo debe explicarse por leyes naturales, entonces es obvio que se tiene que aceptar alguna hipótesis de la evolución a pesar de si hay base científica para esta o no".[20] En este libro bien documentado, proceden a demostrar que fue este compromiso al naturalismo antes, durante y después del tiempo de Darwin que realmente dio ímpetu a y formó la base para la aceptación de la evolución.

NATURALISMO BASADO EN LA FE

Es importante recordar que estas observaciones previas son conclusiones necesarias por la parte de la persona que trata de contestar, con la ciencia, la cuestión sobre el origen del hombre. Son conclusiones inherentes en el enfoque mismo aún antes de acercarse a los primeros datos de la evidencia. Sólo quedan dos cosas que la evidencia puede hacer: (1) describir el patrón del desarrollo, y (2) si la evidencia es suficiente, ayudar en sostener las conclusiones preconcebidas inherentes en el enfoque.

Otra observación importante es que creer que algunas causas naturales dieron origen a todo el universo, a la vida y al desarrollo de la vida es una conclusión de fe. No hay, ni puede haber, ninguna prueba de que las causas naturales puedan explicar la totalidad de lo que hay en el alcance de nuestra experiencia y observación. Esta afirmación en cuanto a esta conclusión de fe no depende de si las causas naturales explican todo o no. Se la expone porque no está disponible para poner a prueba. Aquellos que aceptan el enfoque científico no pueden salir con lo suyo negando que se basa su sistema en la fe. Si su fe es equivocada, entonces su sistema es defectuosa.

La única manera en que una persona puede tomar todo el paquete de la ciencia en cuanto al origen del hombre y la edad de la tierra es aceptando el naturalismo como su sistema de pensamiento que explica la totalidad de la realidad. Si Dios ha actuado, sus actos no son sujetos a la investigación científica. No estoy sugiriendo que nada de lo que trata con la duración de la historia humana sea sujeto a la investigación científica. Lo que expongo es que la ciencia no puede resolver ni en favor ni en contra de la creación por medio de un acto sobrenatural. Estoy diciendo que, si creemos en Dios, tendremos que permitir que la revelación nos cuente si Dios creó o no, y cuáles son los límites de la investigación científica.

Suposiciones del Enfoque Teológico al Estudio del Origen del Hombre

Un enfoque teológico al estudio del origen del hombre toma por sentado que:

1. Dios existe.
2. Dios ha dado una revelación proposicional de sí mismo y de Su plan en la Biblia. Esta revelación puede entenderse por medio del método de interpretación llamado el método gramático-histórico.
3. Hay un reino sobrenatural y uno natural. Se interrelacionan, pero son distintos.
4. Lo que la Biblia expone como perteneciendo al reino sobrenatural debe ser aceptado así. Teológicamente, el origen del hombre se relata como habiendo ocurrido por un acto directo de Dios durante un período de tiempo de no más de 24 horas. Basada en las suposiciones expuesta aquí, ya se ha dado la evidencia para esta posición.

¿TEOLOGÍA O CIENCIA?

He aquí el punto: Si el método teológico es un enfoque válido para estudiar el origen del hombre, entonces el método científico no lo es. Si el método científico es un enfoque válido para estudiar el origen del hombre, entonces el método teológico no lo es. El individuo puede escoger el uno o el otro, pero el cristiano evangélico debe aceptar el enfoque teológico.

LA ACTITUD CRISTIANA HACIA LA CIENCIA

El propósito de este enfoque no es ponerse en contra de la ciencia. Sólo trata de encontrar los límites debidos para ella. Aceptamos la uniformidad de la naturaleza, pero no colocaremos todo el reino de la realidad dentro de la naturaleza. En tales reinos como la medicina, la química, la física, etc., usamos el mismo enfoque de cualquier científico. Sin embargo, cuando la Biblia atribuye algo a un acto directo de Dios, no debemos ni podemos considerarlo como un objeto para la investigación científica. La ciencia deja de ser ciencia cuando trata de entrar en la esfera de lo sobrenatural.[21]

Es su propia esfera, deberíamos mantener un gran respeto para el método científico. Ninguna generación como la nuestra jamás hay sido tan bendecida por la investigación científica. Es el postmodernismo, y no el cristianismo, que plantea la amenaza para la supervivencia de la ciencia. Explica Loren Fishman:

> Bajo el régimen del postmodernismo, no puede haber ninguna confianza en las conclusiones basadas en los datos, porque, se expone, el lenguaje es incapaz de comunicar los hechos o de ser empleado lógicamente. Mucho menos debemos confiar en los informes de los investigadores; los que nos vienen del pasado no muy antiguo....

Fishman continúa diciendo:

> Si, como querrían que fuera los postmodernistas, el significado y la Verdad se vinculan inexorablemente al contexto y al trasfondo histórico, entonces se desvanecerá todo el propósito para el teorizar científico, y se tendría que eliminar la ciencia misma.[22]

El punto de vista cristiano de la ciencia no habla de comenzar con las conclusiones de la ciencia. Simplemente limita la ciencia a la esfera de lo natural. Esta limitación hace que podamos pensar en cualquier campo de estudio no bíblico como un estudio con límites cristianos. Por supuesto, el cristiano reconoce el reino de la naturaleza como la creación de Dios.

Con esta limitación de ciencia, la diferencia principal entre el cristiano y el no cristiano es: Cuando el cristianos descubre las maravillas tremendas de la naturaleza, quiere cantar: "¡Cuán Grande Es Él!". El no cristiano siente que puede cantar: "¡Cuán Grande Soy!" o "¡Cuán Grandes Somos!" o "¡Cuán Grande Es El Hombre!".

El problema con muchos de los esfuerzos de armonizar la Biblia con la ciencia es que los armonizadores eligen mal su punto de partida. La ciencia no es cristiana debido a sus conclusiones. Es cristiana cuando permite que la revelación divina determine lo que es lo sobrenatural, y por lo tanto, no un objeto de la investigación científica. Es muy obvio que las ideas en cuanto al origen del hombre que vienen de la investigación científica no serán las mismas que en un enfoque teológico. Sin aceptamos las conclusiones de los científicos en cuanto al origen del hombre, es bastante obvio que se tendrá que rechazar el informe bíblico o será torcido para encajar. Cuando se impone la limitación debida sobre la ciencia, no hay dificultad. En el reino de la naturaleza, no hay diferencia en cuanto al método de un cristiano y el de un modernista en cuanto a la investigación científica.

La Cuestión de la Edad de la Tierra

Hasta aquí nuestra discusión se ha centrado en el problema del origen del hombre. Está igualmente claro que la investigación científica no puede descubrir la edad de la tierra si las suposiciones teológicas son correctas.

TRES EVENTOS UNIVERSALES NO CAUSADOS POR CAUSAS NATURALES

Según la Biblia hay tres eventos universales que no encajan en la categoría de eventos causados por causas naturales:

1. La creación
2. La maldición
3. El diluvio

No tenemos manera alguna para saber cómo fue el mundo inmediatamente después de la creación. No podemos medir la actividad creadora.

Reconocemos que la maldición ha afectado a la tierra, pero no sabemos determinar exactamente cómo la ha afectado.

Sabemos que hubo un diluvio muy devastador en sus resultados. Aquellos que tengan las debidas credenciales científicas pueden ayudarnos con algunas observaciones provechosos. Pero aún éstos no pueden explicar con precisión la manera en la que el diluvio afectaría la cuestión de fechar la edad de la tierra.

LA CREACIÓN, LA MALDICIÓN Y EL DILUVIO SOBREPASADOS POR EL NATURALISMO

El estudio científico, basado en las suposiciones naturalistas, pasa por alto los tres eventos mencionados anteriormente. Si estos eventos ocurrieron, y si nuestras suposiciones teológicas son correctas, es imposible descubrir la edad exacta de la tierra, porque no sabríamos cómo tener en cuenta debidamente los tres eventos. También, si las suposiciones teológicas son correctas, cualquier intento de descubrir la edad de la tierra que atribuye todo que jamás le haya ocurrido a la tierra a unas causas naturales resultará, de necesidad, en una edad mucho más antigua que es realmente el caso.

Podemos ilustrar nuestro punto de esta manera: Supongamos que habíamos visto una parte del agua convertida en vino por Jesús (Juan 2), pero que no supimos que fue un milagro que lo había cambiado a vino. Tomaríamos por sentado de que se había cambiado a vino debido al proceso natural. Si alguien nos hubiera preguntado cuánto tiempo hizo falta para producir el vino, les habríamos informado del tiempo de la producción por medio del proceso natural. No habríamos tenido razón. ¿Por qué? Sería debido a nuestro fracaso de no haber tomado en cuenta que fue hecho milagrosamente.

Si nuestras suposiciones teológicas son verdaderas, es fácil entender porqué aquellos que no aceptan los actos directos de Dios en la creación, en la maldición y en el diluvio expondrán una respuesta equivocada en cuanto a la edad de la tierra. Podemos tener confianza en que el mundo tiene muchos años menos que nos informan los científicos naturalistas. Sin embargo, no podemos saber la edad exacta de la tierra porque la Biblia no nos lo dice.

Morris observa algunas de las mismas cosas ya expuestas. Explica:

> El cuadro bíblico involucra tres hechos principales de la historia, cada uno de los cuales fue de suma importancia con respecto al estudio científico de los datos sobre estos problemas. Estos hechos tienen tanto significado obvio que pasarlos por alto quiere decir que se rechaza de una manera arbitraria hasta la posibilidad de que Dios podría haber dado una revelación genuina de los comienzos en Su Libro de Comienzos. Los tres hechos son: (1) una creación real; (2) la caída del hombre y la maldición resultante sobre la tierra; y (3) la inundación universal en los días de Noé.[23]

Con referencia a la creación, escribe:

> Ahora bien, esto sólo puede significar, dado que nada en el mundo ha sido creado desde el fin del período creativo, que todo lo creado en aquel entonces debió haber sido creado por unos procesos que ya no funcionan y que no podemos estudiar por ningún método de la ciencia. Estamos limitados exclusivamente a la revelación divina en cuanto a la fecha de la creación, la duración de la creación y el método de la creación, y que cada otra pregunta relacionada con la creación, de necesidad, involucra una "apariencia de edad". Es imposible imaginar una creación genuina de algo sin que la entidad tenga parecer de cierta edad en el instante de su creación.[24]

EL PROBLEMA DE LOS FÓSILES

Uno de los problemas más inquietantes para el cristiano tiene que ver con los fósiles. Los fósiles de los hombres tendrían que haber venido después de la maldición. Es más que probable que se puede decir lo mismo en cuanto a los fósiles animales. Tomando por sentado que los fósiles ocurrieron después de la creación y después de la maldición, sólo uno de los tres eventos ya mencionados ocurrió durante la historia de los fósiles, este es el diluvio. Esa inundación tuvo bastante que hacer con la distribución de los fósiles, pero no estoy preparado para exponer que habría afectado el proceso de envejecimiento de los fósiles o no.

Las personas calificadas científicamente para perseguir este asunto deberían considerar tales cuestiones como el diluvio y los fósiles; aspectos que afectan el proceso de envejecimiento; y la precisión de los métodos para datar los fósiles. También, hemos de tener en cuenta que mientras al cristiano le gustaría ver una fecha tardía para los fósiles, el científico tenderá a favorecer la idea de unos fósiles extremadamente antiguos. Es así porque su sistema requiere una antigüedad extrema para la vida sobre la tierra. Nosotros tenemos tanto derecho a buscar las posibilidades de datar los fósiles más tarde como ellos tienen para buscar la posibilidad de fecharlos más temprano.

EL PREJUICIO DE LA MAYORÍA DE LA INVESTIGACIÓN CIENTÍFICA EN CUANTO A LOS FÓSILES.

Es interesante observar que la gran mayoría de los estudios científicos hechos sobre la edad de los fósiles se ha llevado al cabo por personas que creen en el naturalismo. Creen que el origen y el desarrollo del hombre debían de explicarse por medio de unas causas naturales. Este prejuicio les ha hecho buscar evidencias para una historia larguísima del hombre sobre la tierra. También les he empujado a que interpreten los datos disponibles en favor de tal historia larga. ¿No es razonable creer que el prejuicio del naturalismo podría haber causado que el científico pasara por alto alguna evidencia que podría haber sostenido una edad más tardía para los fósiles? ¿No es razonable pensar que si suficiente gente que creyera en la creación especial y en una historia más reciente para el hombre y los animales habría estado estudiando la evidencia que quizá ella tenga más respuestas a los problemas perplejos en cuanto a la edad sobre esta tierra?

ADELANTOS EN LA INVESTIGACIÓN CREACIONISTA DESDE EL AÑO 1970

Lo que escribí en 1975 en el párrafo anterior se ha demostrado verdadero. Ha sido publicada una abundancia de materiales científicos desde esta fecha que demuestra muchísimo progreso en cuanto a contestar las preguntas sugeridas por los científicos naturalistas. Muchas organizaciones que promueven la verdad y la credibilidad científica desde el punto de vista bíblico de la creación han hecho una gran labor. El mejor conocido de estos grupos es el Instituto para la Investigación Creacionista encabezado por Henry Morris. Desde 1970 se han producido más materiales buenos que fueron producidos en toda la historia del mundo antes de esta fecha. Es imperativo que hagamos que los cristianos tengan conocimiento de lo que los científicos creacionistas han producido.

Cuando hablamos de la credibilidad científica para el punto de vista bíblico de la creación, no queremos decir que hay evidencia científica para un acto de creación por Dios. Hablamos de un modelo creacionista que interpreta los datos relacionados a la geología, la paleontología, etc. Nos referimos a un modelo creacionista como opuesto a uno evolutivo.

Observaciones Finales

Para nosotros es mejor admitir que no tenemos unas respuestas para todos los problemas sugeridos por los científicos en cuanto a la evolución y al creacionismo. Los capacitados pueden dar las respuestas para la mayoría de los problemas, pero no pueden resolver todas las dificultades.

Puesto que no podemos fácilmente manifestar las respuestas para todas de estas preguntas, ¿qué haremos con nuestra fe en el punto de vista bíblico del hombre? Una lección que he aprendido en la vida es que nunca creeremos nada si no podemos creer a pesar del hecho que no tenemos todas las respuestas para todos los problemas.

Por miedo a que dejemos que el evolucionista nos trastorne y nos intimide cuando confesamos que creemos juntamente con los problemas, llamémonosle la atención a algunos de sus problemas. En primer lugar, él debe creer que la materia o la energía son eternas en una forma u otra. No tiene pruebas de esto. Se lo cree de necesidad. Tiene que ser en un punto algo embarazoso porque casi nunca lo oímos mencionado.

La generación espontánea de la vida de la materia inánime coloca un estrés enorme sobre el intelecto. No hay prueba para ello. No puede haber prueba para ello. Aún si los científicos pudieran crear la vida de la materia, no representaría ninguna prueba de que la vida originase espontáneamente de la materia inánime. Si los hombres, después de miles de horas durante un período de varios años finalmente pudieran crear la vida de la materia, esto no denostaría que lo mismo podría haber ocurrido sin todos los cerebros, el equipo y las condiciones controladas. Sin embargo, y a pesar de toda la dificultad, las personas que buscan las causas naturales para la respuestas están obligadas a creer que ocurrió así.

¿Y qué en cuanto a esta fe en el naturalismo? No hay prueba para este punto de vista. No puede haber prueba para él. Es una cuestión de la fe. El naturalista tiene un montón de problemas, pero sigue creyendo de todos modos. Puede que pueda señalizar a grandes números de estudiosos y obras de erudición que sostienen su posición. Pero no debe ser un gran confort cuando su punto de vista le conduce a la bancarrota en cuanto a las respuestas de las preguntas básicas de la vida. Tanto más que se quitan los indicios de la influencia bíblica por los que creen en el naturalismo, cuanto más se encuentran en quiebra en cuanto a los temas básicos de la vida. Esto se evidencia claramente por el vacío que se ve en el postmodernismo.

También se acepta el teísmo por fe. Sin embargo, no hay vergüenza en ello. Ni tampoco trata de ocultar el lugar de la fe en el sistema. Se confiesa claramente que es por fe. Hay muchos que siguen en los caminos del naturalismo que tratan de no admitir el lugar de la fe en su sistema.

Hay problemas en creer el punto de vista bíblico de la creación. Sin embargo, también hay problemas en creer en la evolución y en explicar la vida en términos de unas causas naturales. El naturalismo quiebra moral y espiritualmente a una persona. Le deja flotando en las mares de la vida sin brújula, un guía o un norte. El teísmo y la explicación bíblica del origen del hombre y de la relación de Dios al hombre abren la puerta a las riquezas en las áreas más importantes, la moral y la espiritual. ¿No es razonable creer que la Verdad sobre el origen del hombre y el conocimiento de la vida no se contradirán? ¿No esperaremos que la misma fuente de la Verdad que nos informará sobre cómo enfrentarnos con la vida también nos dará las respuestas en cuanto al origen del hombre?

La Verdad es para la vida. Últimamente toda la Verdad encajará para presentar una cosmovisión racional. Sería un mundo muy extraño si la Verdad nos dejara sin las respuestas para las *preguntas ineludibles de la vida.* La Verdad bíblica satisface nuestras necesidades contestando estas preguntas y dando una guía práctica para la vida. ¿No esperaremos que también nos dé una respuesta correcta en cuanto al origen del hombre? Sí, hay problemas, pero la respuesta evolutiva también tiene sus problemas. Mantengamos la respuesta que también nos prepara para la vida.[25]

La preocupación que expresé en 1975 en *Teología Cristiana Sistemática* se ha disminuido bastante gracias a las labores que he mencionado previamente. Hay muchos creyentes que tienen buenas credenciales científicas. Al escribir esto hoy, todavía tendría que decir que hay algunas preguntas difíciles, pero las personas que exponen las respuestas evolutivas tienen más problemas que nosotros. Se han producido muchos debates entre los creacionistas bíblicos y los evolucionistas naturalistas. Los creacionistas hacen muy bien en estos debates. El evolucionista no cristiano tiene muchas más preguntas sin respuestas que nosotros que creemos en el punto de vista bíblico de la creación.

9

La Naturaleza del Hombre

El salmista hace una de las preguntas más importantes jamás sugerida por un ser humano: "¿Qué es el hombre, para que tengas de él memoria...?" (Salmo 8:40). La respuesta a esta pregunta no es simplemente un ejercicio de curiosidad mental por algunas personas sentadas alrededor de la mesa redonda intelectual. Nuestro ser entero reclama una respuesta.

Una identificación debida es importante. Aún una maquina requiere su identificación debida. Un motor necesita la identificación debida para que se le eche el combustible correcto, se entienda la función del motor, se sepa hacer los ajustes correctos, se puedan pedir los recambios correctos, etc. Una identificación equivocada puede tener resultados serios. Se puede decir la misma cosa de las plantas. Lo que podría ser letal para una planta quizás no dañe a otra. Y es igual con los animales, porque una identificación equivocada de un animal enfermo puede ser peligrosa y aún la causa de la muerte si se le da una medicina inadecuada.

De una manera, parece absurdo aún hablar de una identificación incorrecta del ser humano dado que somos humanos. Nos observamos los unos a los otros. El problema se ve en el peligro de una descripción indebida del hombre. Existen dos puntos de vista conflictivos de los seres humanos que nos reclaman la atención. Uno de ellos describe al hombre en relación con el mundo animal. Expone que tiene una historia animal. Sus necesidades corresponden a un animal de su tipo. El otro punto de vista le describe como creado por Dios a la imagen de Dios. Es responsable a Dios.

Es obvio que la respuesta expuesta para las necesidades del hombre variará grandemente dependiendo de cuál de estos dos puntos de vista a la que una persona adscribe. Si una respuesta incorrecta causa un funcionamiento defectuoso, y aún unos resultados desastrosos para una máquina, debería ser aún más obvio que una respuesta indebida en cuanto a los seres humanos tendrá *las consecuencias más serias.* Necesitamos las respuestas correctas para nuestras vidas. Las respuestas debidas sólo pueden venir una vez que identifiquemos correctamente al hombre. Las respuestas correctas, basadas en nuestro diseño, resultarán en la verdadera felicidad.

La revelación especial quita toda la adivinación de la identificación. Es una identificación que nos viene como información dada por el Creador mismo. La naturaleza real de la personalidad del hombre, juntamente con lo que hace falta satisfacer estas necesidades, nunca se descubrirá por medio de la observación y la experiencia. Es información que se nos viene dada.

No estoy sugiriendo que el cuadro total del hombre viene tan amplificado que no haya lugar para más estudio. Sin embargo, expongo que la revelación nos provee lo básico y que toda amplificación de los detalles debe involucrar la reflexión sobre los datos de la revelación. También, tenemos que estar constantemente sujetando lo que se pueda conocer por medio de la investigación y la observación a la autoridad de la revelación.

Es importante notar en cuanto a cualquier sistema que no se puede identificar nada del sistema por completo sin referencia a las otras partes del sistema. Cada parte del sistema se vincula al sistema mismo por medio de su relación a las otras partes. Estas relaciones deben ser reconocidas en la identificación de cada parte. Se ve claramente la relación de la identificación del ser humano en esta afirmación: "El hombre a sido creado a la imagen de Dios". Identificar al hombre sin identificar a Dios y después intentar elaborar el significado de "la imagen de Dios" es desastroso.

El Significado de Ser Creado a la Imagen de Dios

Nos equivocamos si comenzamos nuestra identificación del ser humano diciendo: "El hombre es un pecador". Es la verdad, pero hay algo más fundamental en explicar lo que es un ser humano. Los humanos son creados a la imagen de Dios.

Si un hombre en un taller de reparaciones empieza a trabajar en la reparación de un carro siniestrado, tendrá que saber cómo fue el auto antes del choque. Es lo mismo con los hombres. Mientras que es necesario que reconozcamos que "todos han pecado", necesitamos saber cómo fueron los humanos antes de que pecaran. Decir que un ser humano es pecador nos dice que tiene un problema muy serio, pero no nos explica lo que es. En nuestra identificación del hombre es importante reconocer que fue creado por Dios, pero aún esto no nos dice lo que es un ser humano. También fueron creados por Dios las plantas y los animales. No hemos expuesto lo que un ser humano es hasta que digamos que es creado a la imagen de Dios.

Una vez que sabemos lo que quiere decir creado por Dios a Su imagen, entonces podemos comenzar a hablar del hecho de que el hombre es un pecador, de los problemas que conlleva este hecho y de la esperanza y el significado de la redención. Se comprende lo que es la personalidad humana y cómo funciona cuando entendemos el significado de ser creado a la imagen de Dios. Las necesidades fundamentales de los seres humanos se determinan al reconocer el diseño de los humanos como llegaron a existir de las manos del Creador.

Se declara en Génesis 1:26, 27 que el hombre es creado a la imagen de Dios. El significado es que el hombre es modelado según el patrón de Dios. ¿En qué sentido? Es demasiado obvio que no fue una semejanza física. Nuestro estudio sobre la naturaleza de Dios nos demostró esta imposibilidad.

UNA SEMEJANZA RACIONAL

Colosenses 3:10 y Efesios 4:24 nos dan una pista en cuanto a lo que involucra el ser creado a la imagen de Dios. Leemos en Colosenses 3:10 sobre el hombre nuevo que es: "... revestido del nuevo, el cual conforme a la imagen del que lo creó se va renovando hasta el conocimiento pleno". Se vincula la imagen del Creador en el hombre a la racionalidad. Por lo cual, podemos sacar la conclusión que ser creado a la imagen de Dios involucra el hecho de que el hombre es racional. No hacemos que las personas sean racionales por medio de la educación. Podemos enseñar a las personas por que, por diseño de la creación, son racionales.

El hecho de que los humanos sean creados como seres racionales quiere decir que nos es posible pensar, razonar y aprender. Es asombroso lo que los cerebros humanos han podido lograr. Todo esto ha sido posible porque Dios creó al hombre con inteligencia.

De haber sido creado racional no sólo quiere decir que nos es posible pensar y razonar, sino también significa que tenemos necesidades racionales. Necesitamos conocimiento y entendimiento.

Las personas necesitan las respuestas para las *preguntas ineludibles de la vida*: ¿Hay un Dios? Si lo hay, ¿cómo es? ¿Cómo le puedo conocer? ¿Cómo podemos explicar el origen del universo y del hombre? ¿Qué es un ser humano? ¿Cómo puedo distinguir entre el bien y el mal? ¿Hay vida después de la muerte? Si la hay, ¿Cómo me puedo preparar para ella? Los seres humanos son muy necesitados de las respuestas a estas preguntas. Los hombres requieren una cosmovisión. Una vez que una persona comience a contestar estas preguntas, está desarrollando una cosmovisión.

Si nosotros los cristianos vamos a servir eficazmente a una generación ya condicionada por el tono postmodernista, es urgente que ministremos a las necesidades racionales de las personas. Debemos ir más allá del cristianismo mínimo (Hebreos 6:1, 2). Hemos de esforzarnos a darle a la gente un entendimiento comprensivo y significativo en cuanto a la vida y al pensamiento. No se ha de limitar este movimiento a las universidades y a las aulas de los seminarios. Debe ocurrir en las iglesias de las comunidades. Fue Dios quien determinó que los seres humanos tuvieron necesidad de la Verdad (Juan 8:32). La imagen de Dios dentro del hombre necesita un conocimiento aún si la mente consciente lo reconoce o no. Es nuestra responsabilidad ministrar a las necesidades diseñadas de la imagen de Dios.

UNA SEMEJANZA MORAL

Pablo escribió en Efesios 4:24: "y vestíos del nuevo hombre, creado según Dios en la justicia y santidad de la verdad". De esta afirmación podemos sacar la conclusión de que la imagen de Dios en el hombre incluye el hecho de que el hombre es una criatura moral. En este punto cuando pensamos en las morales, hemos de considerarlas en el sentido más amplio para incluir el alcance entero de lo que se involucra en la santidad, el amor, la sabiduría y los ideales. No causamos que la gente sea moral por enseñárselo. Podemos enseñar las morales a las personas porque, por diseño de la creación, son criaturas morales. Pablo nos ha informado que cada ser humano tiene la ley de Dios escrita en su corazón (Romanos 2:14, 15).

La necesidad de vivir conforme a la norma moral de Dios y de apreciar la belleza y la excelencia forma parte del diseño de cada ser humano. No podemos decidir si necesitamos vivir según la norma moral de Dios o no. *Dios lo decidió* cuando nos creó. Podemos decidir si queremos vivir conforme con las enseñanzas morales de Dios o no, pero la decisión en cuanto a si necesitamos hacerlo o no no es nuestra. Dios ya tomó esta decisión. Ninguna persona puede ir en contra de la ley moral de Dios sin sufrir las consecuencias.

Cualquier sociedad que intenta pasar por alto la moralidad de los Diez Mandamientos será una comunidad turbada. Tendrá mucha gente que tratará de escapar el dolor de la realidad usando cualquier remedio que les sea disponible. En nuestra sociedad, se busca un refugio de la realidad por medio del alcohol, el sexo ilícito, el juego o las drogas. Es especialmente penoso cuando las personas violan la moralidad sexual de la Biblia (1 Corintios 6:18).

Hoy día una de las preguntas favoritas hechas es: "¿Quién puede decir que el sexo fuera del matrimonio no sea algo bueno?" (o, podría ser cualquier otra pregunta sobre la moral básica). La respuesta a esta pregunta es "¡Todo el mundo, que permita que la imagen de Dios en su interior hable, lo dirá!".

Dado que tenemos que tratar con nuestra propia pecaminosidad, nos ayuda cuando podemos ver las cuestiones morales tratadas en la Biblia, pero aun la revelación general cumple bien su propósito de informarnos en cuanto a la moralidad básica. Al llegar el día del juicio, no hay nadie que pueda decir honestamente: "No sabía que no se debía mentir". "Nadie me dijo que no se debía robar". "Es que no sabía lo de no asesinar". "No me di cuenta de que no se debía tener relaciones sexuales fuera del matrimonio". En aquel entonces, la supresión de la Verdad ya no va a funcionar. Quizás sea provechoso repasar lo que se ha escrito sobre la revelación general en el capítulo tres.

Hasta que Jesucristo vuelva, siempre tendremos que contender con el pecado. Antes de Su regreso no va a desaparecer ningún pecado dentro de la raza humana. Pero hay una diferencia marcada entre la presencia del comportamiento pecaminoso y la idealización de tal behaviorismo. Ese fue el problema a que Pablo se refería en Romanos 1:32 cuando escribió en cuanto a las personas que iban dando su aprobación a los pecados mencionadas en 1:39-41. "[Q]uienes habiendo entendido el juicio de Dios, que los que practican tales cosas son dignos de muerte, no sólo las hacen, sino que también se complacen con los que las practican." El verbo traducido, "se complacen con", es *suneudokeō*. El significado literal es "pensar bien con". Cuando se da la aprobación al comportamiento indebido y tales actos son idealizados, vamos tocando fondo. Precisamente es allí donde nos encontramos en Estados Unidos en cuanto al aborto y el sexo fuera del vínculo matrimonial.

LA SEMEJANZA RESUMIDA EN LA PALABRA PERSONA

La palabra singular que resume el ideal de la racionalidad y la moralidad es "persona". Dios es personal. El hombre es personal. El enfoque principal de la idea de ser creado a la imagen de Dios se ve en el hecho de que *el hombre es un ser personal.* Una persona es alguien que piensa, siente y actúa.

EL SIGNIFICADO DE MENTE

Pensamos con nuestra mente. Se refiere a la mente en Mateo 22:37; Romanos 14:5; y Hebreos 8:10. A menudo se ven en las Escrituras los términos "pensar", "razonar" y "entender". Pensamos con nuestras mentes. Captamos ideas. Razonamos. Tomamos decisiones. Sacamos conclusiones. Evaluamos situaciones.

EL SIGNIFICADO DE CORAZÓN

Se refiere al corazón en Mateo 22:37; Romanos 10:1, 9; y Hebreos 8:10; y en muchos otros pasajes. Sentimos con el corazón. Es el centro de las emociones. Con el corazón sentimos la realidad de la verdad que conocemos con nuestra mente. El corazón registra el valor que ponemos en las cosas. Es con el corazón que sentimos la tristeza y el pesar. Estas dos emociones reflejan unos sentimientos de valor negativo. Los sentimientos de un valor positivo son el gozo, la felicidad, la satisfacción, la paz y el contento. El corazón humano reclama por más que un mero entendimiento del conocimiento.

EL SIGNIFICADO DE VOLUNTAD

El Nuevo Testamento no usa la forma sustantiva de la voluntad para referirse a la facultad de decisión que hay en el hombre. Sin embargo, el verbo (*thelō*) sí se emplea (Mateo 16:24; 21:29; 23:37; Marcos 8:34; Juan 7:17; Apocalipsis 22:17; y otros). Por voluntad queremos decir el poder de elegir. Cada mandamiento, cada prohibición, cada exhortación y cada súplica en la Biblia, extendida hacia la gente, presupone que las personas pueden tomar sus propias decisiones.

Si queremos pensar en un acto de la voluntad como la función de una facultad de la persona o simplemente pensamos que es una decisión de la persona, sigue siendo un hecho que la habilidad de escoger forma una parte de lo que es ser una persona. Esta habilidad de decisión es lo que llamamos la *voluntad*. En su totalidad, el hombre es *un ser que piensa, siente y actúa*. Piensa con su mente, siente con su corazón y actúa conforme con su voluntad.

LA SEMEJANZA CONSTITUCIONAL Y FUNCIONAL DE DIOS EN EL HOMBRE

A lo que se ha dicho en cuanto al hombre como una criatura personal, racional y moral se refiere frecuentemente como la semejanza formal de Dios en el hombre.[1] Yo prefiero hablar de este aspecto como la semejanza constitucional de Dios en el hombre. En el momento de la creación, la imagen de Dios en el hombre incluía más que la semejanza constitucional; también incluía la semejanza funcional (también llamada el contenido material[2]). La semejanza funcional quiere decir que el hombre, en su creación, pensaba, sentía y actuaba de una manera que agradaba a Dios.

Pienso que se ve la distinción entre las semejanzas constitucional y funcional aún más claramente si dividimos la idea de una persona entre el "hecho de ser una persona" y la "personalidad". El hecho de ser una persona abraza la semejanza constitucional de Dios, es decir, todos los elementos que se combinan para constituir a una persona. La personalidad se refiere a la manera en que una persona piensa, siente y actúa. A veces se emplean "persona" y "personalidad" como sinónimos, pero suele haber una diferencia. En este estudio, se emplea el término personalidad como definido antes. El hombre, en su creación, fue en la semejanza de Dios igualmente con respecto a ser una persona y con respecto a su personalidad.

LOS DOS NIVELES DE LA PERSONALIDAD

El funcionamiento de la personalidad ocurre en dos niveles: el consciente y el subconsciente. En su creación y en su desarrollo después de la creación, hasta el momento de la caída, funcionaba en la semejanza de Dios igualmente en el nivel consciente como el subconsciente.

La mente subconsciente está programada con ideas, actitudes y reacciones. En cuanto a como se refiere a la mente aquí, se emplea en el sentido amplio que incluye la mente, el corazón y la voluntad. Es este uso de la palabra "mente" cuando decimos: "He tomado la decisión en mi mente de hacer tal o cual". En este caso, la mente involucra más que la mente que raciona y piensa. Tiene que ver con nuestra personalidad total: nuestra mente, corazón y voluntad.

Por medio del estudio, pensamiento, observación y meditación, vamos almacenando el conocimiento o las ideas en nuestra mente subconsciente. En cualquier momento dado, sólo tenemos disponible una parte limitada de nuestro conocimiento para nuestra mente consciente. Todo el resto está guardado, para recordar, en la mente subconsciente. El almacenaje de las ideas es muy semejante a la programación de una computadora. Se programa la mente con una cantidad enorme de ideas, las cuales pueden ser recogidas para llegar al nivel consciente (a veces rápidamente y a veces no tanto).

En el proceso de la meditación, las ideas a las cuales estamos comprometidos toman las actitudes apropiadas en el corazón. Se nos programa a pensar y sentir en una cierta manera bajo ciertas circunstancias. Antes de la caída, la mente subconsciente de Adán y Eva fue programada o constituida con ideas y actitudes que se conformaban a la semejanza de Dios. En su ser más interior ellos fueron semejantes a Dios. Veo que estoy de acuerdo con Berkhof cuando escribe: "La imagen de Dios en que el hombre fue creado incluye lo que se llama generalmente la 'justicia original', o más específicamente, conocimiento verdadero, justicia y santidad...La creación del hombre a esta imagen moral implica que la condición original del hombre fue la de una santidad positiva, y no de un estado de inocencia o neutralidad moral".[3]

En los escritos teológicos, frecuentemente se hacen referencias a la "justicia origina" y al "pecado original". No he encontrado a nadie que haga comentario sobre el significado de la palabra "original" al hablar de la justicia original o al pecado original. Normalmente, pensamos en "original" como "primero" como distinguido de otro lugar en una secuencia numérica. A veces, tomas el significado de "original" como algo distinguido de una copia. Estas dos definiciones no modifican debidamente la justicia o el pecado en los términos "justicia original" o "pecado original".

Según el *Oxford English Dictionary*, uno de los significados de original es "innato". Innato parece satisfacer el significado de la justicia original y del pecado original. Al hablar del hombre, como creado, como poseyendo una justicia original, queremos decir que él fue justo innatamente. Los pensamientos, los sentimientos y las acciones justos fluyeron del diseño mismo de su naturaleza. Por pecado original, queremos decir que desde la caída de Adán y Eva los seres humanos nacen con una naturaleza innatamente depravada. Hay una propensión innata a pecar.

DISEÑADO PARA LAS RELACIONES

Inherente a la semejanza constitucional de Dios en el hombre y demostrado en la semejanza funcional es el hecho de que el hombre fue diseñado para las relaciones. No se puede describir adecuadamente a un ser humano aparte de estas relaciones. De hecho, una persona morirá, sufrirá malfuncionamiento o será menos que humano según las relaciones en las que se involucre y dependiendo del punto en que sea privado o que se prive de estas relaciones. Las relaciones son: (1) su relación con Dios; (2) su relación con otras personas; (3) su relación con el orden creado; y (4) su relación consigo mismo.

DISEÑADO PARA UNA RELACIÓN CON DIOS

Los seres humanos fueron diseñados para una relación con Dios. Se ve la relación del hombre con Dios en su compañerismo con y en su responsabilidad a Dios. Después de que se nos dice de la creación del hombre por Dios, leemos: "Y los bendijo Dios, y les dijo: 'Fructificad y multiplicaos; llenad la tierra, y sojuzgadla, y señoread en los peces del mar, en las aves de los cielos, y en todas las bestias que se mueven sobre la tierra'" (Génesis 1:28). Leemos también de la responsabilidad moral del hombre ante Dios cuando Dios le dijo: "mas del árbol de la ciencia del bien y del mal no comerás; porque el día que de él comieres, ciertamente morirás" (Génesis 2:17). De la referencia a Dios paseando en el huerto justo después de la caída, podemos inferir que él lo había hecho antes y que ellos tenían compañerismo con Dios. Antes de la caída funcionaron debidamente y de una manera en que Dios aprobaba de ellos y de su relación con él. No hacemos que la gente se haga religiosa con nuestra enseñanza sobre Dios. Enseñamos a las personas sobre Dios porque son religiosas por el diseño de la creación. Los seres humanos necesitan desesperadamente una relación significativa con Dios. Una cita de Agustín mencionada previamente en el capítulo 3 también expresa los sentimientos profundos interiores de cada ser humano: "Nos hiciste para ti, y nuestro corazón está inquieto, hasta que descanse en ti".[4]

DISEÑADO PARA LAS RELACIONES INTERPERSONALES

Se han diseñado a los seres humanos para relaciones sociales. Dios dijo: "No es bueno que el hombre esté solo; le haré ayuda idónea para él" (Génesis 2:18). Aunque la referencia directa aquí es a crear una esposa para Adán, dado el hecho que un ser humano es un miembro de la raza humana, es obvio que las relaciones sociales son una parte del diseño de Dios. La necesidad de una persona para relaciones sociales recíprocas no es menos real que su necesidad de aire, agua y comida. Esta necesidad para relaciones sociales fue creada en nuestro diseño básico y no *se puede pasar por alto* sin consecuencias serias. Se puede inferir de Génesis 2:18 que no es bueno que el hombre sea solitario. Los solitarios son gente con problemas.

El primer lugar de las relaciones sociales es el matrimonio. Es interesante que la primera mención de las relaciones sociales estaba vinculada con el matrimonio. Jesús dio su bendición al matrimonio cuando estuvo presente en la boda de Caná de Galilea (Juan 2). Jesús confirmó la institución del matrimonio cuando dijo: "¿No habéis leído que el que *los* hizo al principio, *varón y hembra los hizo*, y dijo: '*Por esto el hombre dejará padre y madre, y unirá a su mujer, y los dos sean una sola carne*'?" (Mateo 19:4-5). La Biblia conoce únicamente los matrimonios entre un hombre y su esposa.

Es agradable saber que la investigación empieza al reconocer que hay algunas diferencias verdaderas entre los hombres y las mujeres. No obstante, no teníamos que esperar a tenerlo confirmado por la investigación antes de saberlo. Nuestra propia experiencia como miembros de la raza humana nos lo contará. De hecho, una persona tiene que esforzarse mucho para pasar por alto estas diferencias. Lo que ya sabemos se confirma en Génesis 1:27 donde dice: "Y creó Dios al hombre a su imagen, a imagen de Dios lo creó, varón y hembra los creó". Mientras que hay un área grande de semejanza entre los hombres y las mujeres, cada uno tiene su contribución singular para hacer. Los hombres y las mujeres se complementan. Los hombres y las mujeres se atraen porque son diferentes. Si colocamos el polo norte de un imán cerca al polo sur de otro, su unen.

Es importante que entendamos de cuál cosmovisión o anti-cosmovisión viene una persona al hablar de las contribuciones a la vida que hacen los hombres y las mujeres. Dios hizo algo maravilloso cuan creó al hombre y a la mujer. Si reconocemos que los hombres y las mujeres son diferentes por el diseño divino, los hombre harán bien en ser hombres y las mujeres harán bien en ser mujeres.

DISEÑADO PARA UNA RELACIÓN CON EL ORDEN CREADO

Estamos diseñados para una relación con el orden creado (Génesis 1:26, 28-30; Salmo 8:6-8). El hombre fue diseñado con la responsabilidad de ejercer dominio sobre la tierra, las plantas y los animales. Esto significó que él tenía una responsabilidad administrativa sobre el orden creado. El hombre tendría que usar el orden creado para sus necesidades y para servir sus propósitos. Se ha referido a esa responsabilidad como el "Mandato Cultural".

Nuestra relación con el universo material es más que un mero medio para la supervivencia. Es para nuestro placer y para disfrutar. Nos presenta un reto. Es una oportunidad para poner en acción nuestras mentes creativas. El Mandato Cultural santifica y eleva el trabajo de granjeros, amas de casa, obreros adiestrados, asistentes, científicos, ingenieros, artistas, etc. a un nivel de servicio divino. La lista podría continuar. Cuando se hace todo para la gloria de Dios, todo lo que hagamos es un servicio divino. El reto es grande. El trabajo formó parte del plan original de Dios para el hombre. No involucró los aspectos no deseables que ya existen, pero el trabajo siempre ha formado una parte del plan divino.

Esta responsabilidad administrativa también debe involucrar una preocupación para la ecología. Debemos preocuparnos sobre la condición de las cosas que pasamos a las generaciones futuras.

En el Mandato Cultural, Dios le está diciendo a cada ser humano:

Te he creado a Mi imagen. Te he dado una mente. Tu mente es capaz de tomar lo que te he dado en el universo físico y lograr mucho que será para tu placer, comfort, satisfacción profunda y Mi gloria. Las posibilidades de logro creativo son ilimitados.

Te he dado una naturaleza moral. Mis leyes están escritas en tu corazón. Al cumplir este Mandato tu mente debe hacer su trabajo bajo la supervisión de tu naturaleza moral. Ve lo que puedes hacer con el reto que tienes delante. Un día, tendré que me reportes sobre como has sido un mayordomo de las oportunidades que has tenido.

La caída del hombre complicó el hecho de cumplir este Mandato. Pero el Mandato sigue teniendo su fuerza. Stephen M. Ashby nos recuerda que "es nuestra responsabilidad como mayordomos de este mandamiento divino el educar a la gente para pensar de manera cristiana con un campo integrado y unificado de conocimiento con respeto a su fe con su aprendizaje."[5]

DISEÑADO PARA UNA RELACIÓN INTRAPERSONAL

El hombre fue diseñado para una relación consigo mismo. Cuando hay una responsabilidad y un reto, también hay un lugar para una auto-examinación. ¿Cómo me fue?

¿Cómo puedo enfrentarme con el reto que tengo delante? Hay dos ilustraciones claras de responsabilidad: (1) la responsabilidad de refrenarse de comer del árbol del conocimiento del bien y del mal (Génesis 2:17); (2) la de ejercer el domino sobre la tierra con sus habitantes.

Comer del fruto prohibido fue cosechar la consecuencia de la muerte. También haría culpable el hombre. La culpa, reconocida por la persona, se hace negativamente un auto-juicio. Refrenarse de comer hubiera producido positivamente una auto-aceptación. La responsabilidad de ejercer el dominio sobre la tierra tiene los mismos resultados básicos en cuanto a que tiene que ver con el auto-juicio y la auto-aceptación. Puede que el tono moral no sea tan fuerte, pero se involucran los mismos principios básicos.

En conexión con la responsabilidad dada al hombre y el reto delante de él, vemos que el hombre está orientado hacia objetivos. El logro con sus recompensas, igual que el fracaso con sus pérdidas, son partes ineludibles de un ser humano diseñadas en él por el Creador.

La Importancia del Hecho de que el Hombre Fue Creado a la Imagen de Dios

CONTRIBUYE A UN SENTIDO DE VALOR DEBIDO

La imagen de Dios en el hombre le da dignidad e impone un sentido de valor sobre el hombre. Salmo 8:5-8 lee:

> Le has hecho poco menor que los ángeles,
> y lo coronaste de gloria y de honra.
> Le hiciste señorear sobre las obras de tus manos;
> todo lo pusiste debajo de sus pies:
> ovejas y bueyes, todo ello,
> y asimismo las bestias del campo,
> las aves de los cielos y los peces del mar;
> todo cuanto pasa por los senderos del mar.

Como resultado de la caída hay un lado tenebroso a la naturaleza humana, pero aún en el hombre caído hay señales de nobleza.

Fue del hombre caído de que habló Jesús cuando dijo: "Mirad las aves del cielo, que no siembran, ni siegan, ni recogen en graneros; y vuestro Padre celestial las alimenta. ¿No valéis vosotros mucho más que ellas?" (Mateo 6:26). Y en un sábado, cuando Jesús sanó a un hombre con una mano seca, fue al valor del hombre siendo más que los animales que Él expuso. "Él les dijo: '¿Qué hombre habrá de vosotros, que tenga una oveja, y si ésta cayere en un hoyo en día de reposo, no le eche mano, y la levante? Pues ¿cuánto más vale un hombre que una oveja?'" (Mateo 12:11-12).

Dado que el pecado complica la manera que sentimos o deberíamos sentir sobre nosotros mismos, esperaré hasta que tratamos el tema de la santificación antes de tratar el enfoque cristiano de la auto estima.

HACE QUE EL PECADO CONTRA SERES HUMANOS SEA UN ASUNTO SERIO

Se ve el pecado contra el prójimo como muy serio debido al hecho de que el hombre está hecho a la imagen de Dios. Génesis 9:6 demuestra que el hombre siendo a la imagen de Dios es la base para la pena de muerte. Vemos de Santiago 3:9 el hecho de que los hombres "están hechos a la semejanza de Dios" hace que maldecir a un prójimo sea algo muy serio.

A pesar de la raza, la nacionalidad o el sexo de una persona, todos los seres humanos han de verse con un valor especial, habiendo sido creados a la imagen de Dios. Es este respeto básico los unos por los otros que forma el punto de partida de una relación correcta entre las personas.

LOS SERES HUMANOS CARACTERIZADOS POR LA DEPENDENCIA, LA INDEPENDENCIA Y LA INTERDEPENDENCIA

El hecho de que el hombre esté creado a la imagen de Dios significa que el hombre se caracteriza igualmente por la *dependencia* y la *independencia*. La realidad de que el hombre fue creado por Dios significa que él depende de Dios. Porque es miembro de una raza, no sólo un individuo, quiere decir que las personas son *interdependientes* las unas de las otras. Siendo una persona significa que el hombre tiene una medida de independencia. Lo ideal para los logros humanos de una base individual involucra igualmente la independencia y la dependencia. Lo ideal para las relaciones sociales tiene que ver con la interdependencia. Mientras es necesario un sentido adecuado de independencia, es una equivocación pensar que una independencia total es un ideal para lograr. Tal meta interpone un estrés indebido sobre una persona e interfiere con las buenas relaciones interpersonales.

El hecho de que los seres humanos se caracterizan por la independencia, la dependencia y la interdependencia significa que la personalidad humana, en relación con otros, se caracterizará igualmente por la distancia y la cercanía. Moverse demasiado en una dirección u otra crea problemas. Agarrándose a la cercanía y empujando a otros (desarrollando la distancia) pueden verse claramente muy temprano en un niño y continúa progresando hasta ser adulto. Los años de la juventud son difíciles. Involucran un período de transición de la dependencia de la niñez a la independencia de ser un adulto. El movimiento hacia la independencia a veces planta la idea de la rebeldía. Lo ideal para ser adulto no es una independencia absoluta. Pero al llegar a ser un adulto, se debería haber desarrollado un sentido sano de independencia.

Durante toda la vida, lo horizontal (ser accesible) y lo vertical (mirar hacia arriba con respeto) deberían caracterizar nuestra relación con otras personas. Una de las cosas involucradas en el desarrollo de las relaciones interpersonales es la medida apropiada de cercanía y distancia para cada relación.

Cada persona necesitará esforzarse para encontrar el equilibrio entre la cercanía y la distancia en su vida. Demasiada dependencia (cercanía) produce una persona débil. Demasiado independencia (distancia) crea una persona fría e insensible. Algunas personas evitan la cercanía en las relaciones interpersonales debido al temor de que van a terminar sufriendo daño. Cuando tales personas sienten que se va desarrollando tal cercanía, automáticamente comienzan a distanciarse de otras personas. Es casi imposible acomodarse con algunas personas. A veces quieren distanciarse de ti. Tienen miedo de que puedan terminar en deuda a otro. Buscan refugio en la distancia. Aún cuando su vida va al pique, puede que tal persona se distancie de las personas que le podrían ayuda. Tal actitud se muestra prejudicial igualmente a la persona que la mantiene y a otros afectadas por ella.

Hay algunas instancias cuando la distancia es muy importante. Recientemente en la televisión, mi esposa y yo vimos la biografía del General George C. Marshall. El General Marshall hizo un buen uso de la distancia en su relación con el Presidente Roosevelt. Él no permitiría que el Presidente le llamara "George". No asistió a las funciones sociales de la Casa Blanca. Pero el Presidente Roosevelt le tenía en tanto respeto que le designó a la carga del Presidente del Estado Mayor Conjunto de las Fuerzas Armadas durante la Segunda Guerra Mundial. Hubo una vez, durante la guerra, que el Presidente le ofreció el mando del ejército en Europa. Esa fue una posición que Marshall consideraba muy deseable, pero cuando él sintió que en realidad el Presidente deseaba que se quedara en Washington, declinó la posición. Con alivio el Presidente Roosevelt le dijo: "Yo no podría haber dormido durante las noches sin usted aquí en Washington". Durante un tiempo importante de la historia el General Marshall demostró el valor de la distancia. Juntamente con sus grandes habilidades militares, la distancia le ganó un lugar muy cercano al presidente.

INFLUENCIA Y RESPUESTA, NO CAUSA Y EFECTO

Debe ser, en algún sentido, que las acciones de un individuo son *las suyas* y están *bajo su control*. Si esto no fuera el caso, él o ella sería *menos que una persona*. Sin embargo, el hecho de que sea una criatura de relaciones significa que sus acciones no pueden explicarse como independientes en el sentido absoluto. La *influencia* está llevada a soportar sus acciones. Nunca se puede equiparar la *influencia* en las decisiones personales con la *causa* como en las relaciones mecánicas de causa y efecto. *Influencia* y *respuesta* son términos más apropiados, en cuanto a las decisiones que la gente toma, más que los términos de *causa* y *efecto*.

Con muchas de nuestras decisiones, somos igualmente activos e influenciados. Tener que hacer una elección entre lo activo y lo pasivo es equiparar las relaciones personales con las relaciones mecánicas de causa y efecto. Estos principios se relacionan igualmente con nuestras relaciones a Dios y con nuestra relación a otros seres humanos. Es sólo cuando distinguimos entre la influencia y la repuesta, y la causa y el efecto que podemos comenzar a entender la manera en la que Dios obra con nosotros como seres humanos.

EL FACTOR DEL DISEÑO HUMANO

Es únicamente cuando vemos el significado completo del hecho de lo que somos diseñados a ser: (1) seres personales, racionales, morales y (2) que somos diseñados para las cuatro relaciones básicas, que podemos determinar nuestras necesidades según nuestro diseño. El *diseño* de los seres humanos representa *no sólo posibilidades, sino también necesidades*. No sólo es posible que nosotros seamos racionales y morales y que tengamos relaciones que funcionan, necesitamos funcionar racional, moral y debidamente en el esquema de las *cuatro relaciones básicas*. El fracaso en cualquiera de estas áreas significa pérdida. Todas las funciones racionales, morales y espirituales son funciones de la personalidad. Una psicología, una sociología y un sistema de ética cristiana deben tener, como parte de su base, un reconocimiento de lo que significa *ser creado a la imagen de Dios*. Es totalmente imposible que a través de la observación y la experiencia (empirismo) solamente que los seres humanos lleguen a un entendimiento adecuado de las necesidades y el comportamiento humanos. Es sólo cuando dejamos que la revelación especial divina nos informe del diseño humano y sus implicaciones que podamos desarrollar un entendimiento adecuado de la necesidad humana y de cómo ministrar eficazmente a ella. Es allí y sólo allí cuando podemos ayudar a nuestros prójimos ser lo que han de ser conforme a su diseño y lo que puedan ser por medio de la redención.

En cuanto a las máquinas prestamos mucha atención a su diseño y a cómo proveen lo que necesitamos. Tenemos mucho cuidado a llegar el tiempo de comprar un automóvil. Compramos diesel si para eso fue diseñado el vehículo. Compramos gasolina si fue diseñado para gasolina. ¿Seremos menos cuidadosos para averiguar nuestro propio diseño? ¿Pasamos por alto la cuestión del diseño humano para recomendar que la gente crea su propio significado y propósito o que simplemente continúa en la senda de la sociedad? Sabemos no echar agua en el depósito de petróleo nuestro vehículo. Es aún más importante que vivamos conforme al diseño que el Diseñador puso en nuestro ser al crearnos a Su propia imagen.

El postmodernismo tiene razón. El modernismo no tuvo éxito para encontrar la solución a la necesidad humana. ¡La tarjeta de puntuación del postmodernismo es aun peor! La raza humana no puede confrontarse con otros 200 años del postmodernismo.

EL RECHAZO DEL DISEÑO HUMANO POR EL EXISTENCIALISMO

Los existencialistas dicen que la *existencia* precede la *esencia*. La *esencia* se refiere al significado y al propósito. Esto quiere decir que una persona existe primero y luego debe crear su propio propósito y significado.[6] No hay tal cosa como una Verdad universal, precediendo su existencia, que ministra a sus necesidades y a la que debe someter. No hay una autoridad moral. Por lo tanto, no hay absolutos morales. Como dijo Jean-Paul Sartre: "Antes de que naces, la vida no es nada; depende de ti el darla un significado, y el valor es nada menos que el significado que escojas".[7]

UNA COMPARACIÓN DEL EXISTENCIALISMO MODERNO CON EL EXISTENCIALISMO POSTMODERNO

Gene Edward Veith, Jr., nos es provechoso con su resumen de esta comparación. Él explica:

> La ideología postmoderna es más que un relativismo sencillo. Mientras que el existencialismo moderno enseña que el significado es creado por el individuo, el existencialismo postmoderno expone que se crea el significado por un grupo social con su lenguaje. Según este punto de vista, la identidad personal y el contenido mismo de los pensamientos de una persona son construcciones sociales. El existencialismo viejo enfatizaba el individuo alienado, señorial

> en su soledad y su no conformidad; el existencialismo postmoderno recalca la identidad social, el pensar como grupo y la moda del grupo. El existencialismo postmodernista se extiende atrás a Nietzsche para enfatizar no sólo la voluntad, sino también el poder. La liberación resulta de la rebelión contra las estructuras de poder que existen, incluyendo nociones opresivas de "conocimiento" y "verdad".[8]

El postmodernismo no está contento con una negación simple de la Verdad. Es hostil a cualquier aseveración seria a una posesión de la Verdad. Si la afirmación de la Verdad se hace por el cristianismo o por el modernismo, los postmodernistas ven tal aserto con desconfianza. Más bien de ver la Verdad como aquella que libra a la gente, como se enseña en las Escrituras (Juan 8:31), los postmodernistas ven cualquier afirmación de la Verdad como expresiva de un deseo de poner a otra persona, particularmente las personas de otras culturas, bajo un control opresivo. El postmodernismo promueve la sospecha de opresión y de dar rienda al enojo, pero no ofrece ninguna creencia en unos principios universales de justicia e imparcialidad para guiar el proceso de corrección. La solución ha de hallarse en el poder.

Hay algo de razón en la preocupación de que hay personas que podrían usar las aseveraciones de la Verdad para maltratar a otra gente. Sin embargo, este peligro se ve limitado grandemente cuanto las declaraciones siguientes son verdad: (1) Se basa en una revelación divina abiertamente accesible; (2) Que se comprende esta revelación por las mismas leyes de interpretación que una persona normal emplea para interpretar otros documentos escritos; (3) Se conecta como una cosmovisión racional que lo abarca todo; y (4) Se guía por un sentido de justicia, imparcialidad, compasión, benignidad, etc., que todos los seres humanos son capaces de entender si no están controlados por el enojo, el odio y la desconfianza. Cualquier acercamiento a la Verdad que se considera a sí mismo ser cristiano y falla en no ser consistente con estas observaciones se ha equivocado en su entendimiento del cristianismo bíblico.

Las personas que mantienen afirmaciones de la Verdad se hacen opresivas cuando ellas: (1) Aseveran que tienen una comunicación con la Verdad que está disponible a otros; (2) Afirman que ellas solas, o sólo unas personas especiales pueden interpretar la verdad; (3) Se mueven con una indiferencia hacia la ley de la no-contradicción (no les hace falta la consistencia); (4) No reconocen los valores y principios éticos y morales universales a los que ellas y otros deben someterse y así mantienen un enfoque que se acomoda a "el fin justifica los medio"; (5) Están obsesionadas con un tema especial o una causa sin considerar el cuadro más amplio de las necesidades y preocupaciones humanas; y (6) Su liderazgo está lleno de ira y odio. Cualquier persona o movimiento que afirma enarbolar la bandera cristiana de la Verdad que sería culpable de cualquiera de estos ha pasado por alto de qué se trata el cristianismo bíblico.

LA POSICIÓN CRISTIANA DE LA ESENCIA Y DE LA EXISTENCIA

El cristianismo cree que la *esencia* precede la *existencia*. Hay significado y propósito para la vida que ha precedido el nacimiento de cada ser humano. La Verdad es eterna y universal. Tiene la autoridad sobre los seres humanos. Está diseñado para ministrar a las necesidades de cada persona. Se ha diseñado a cada ser humano para la Verdad. Cada ser humano comparte un diseño básico común. Cada persona es creada a la imagen de Dios, y se ha hecho para una relación con Dios. Este diseño determina sus necesidades y lo que hará falta para satisfacerlas. En el sentido básico, cada ser humano tiene las mismas necesidades programadas en su ser. La Verdad de Dios está estructurada para satisfacer nuestras necesidades igualmente como individuos y como miembros de una sociedad. Aunque la Verdad de Dios es eterna y no cambia, se ha diseñado para satisfacer las necesidades de cada ser humano que vuelve a Dios por medio de Jesucristo y busca y vive por Su Verdad. Trata nuestras necesidades, no importa donde estemos. Trata nuestras necesidades creadas por nuestra propia singularidad y la de nuestro entorno social.

El intento del modernismo de construir la vida sin Dios fracasó aún por las pruebas del postmodernismo. La construcción social de una "Verdad" (sea ficción o mito) por el postmodernismo es un fracaso. No se debería tomar 200 años para descubrir esto. Unas respuestas ficticias a las preguntas del *piso alto* nunca satisfacen las necesidades de un ser diseñado por Dios para la Verdad. Tal intento cambia "la verdad de Dios por una mentira" (Romanos 1:25 NBLA). La ficción está bien para divertirse, pero no es digno para alguien creado a la imagen de Dios escoger la ficción como una fundación de esperanza para esta vida y la próxima. ¡El mundo ha de despertarse! No podemos maltratar la imagen de Dios en nosotros mismos sin sufrir las consecuencias. Necesitamos buscar para encontrar la razón por la cual Dios nos ha diseñado y vivir según ese diseño.

LA IMAGEN DE DIOS Y EL GOBIERNO HUMANO

El gobierno, igualmente el secular y el eclesiástico, debería permitir el grado de libertad que se requiere para que una persona desarrolle su personalidad y que se prepare para encontrarse con Dios. Por una otra parte, debe existir un gobierno. Por la otra, debe haber libertad.

El reconocimiento que se ha creado el hombre a la imagen de Dios no requiere una conformidad religiosa en una cultura, pero sí ofrece esperanza para un consenso moral. Es obvio que los padres fundadores de los EE.UU. no tuvieron problemas con este punto.

La Declaración de Independencia de los EE.UU. hace referencia a "las Leyes de la Naturaleza y de la Naturaleza de Dios". Ella habla de "verdades evidentes". Se lee: "Sostenemos como evidentes estas verdades: que los hombres son creados iguales; que son dotados por su Creador de ciertos derechos inalienables; que entre estos están la vida, la libertad y la búsqueda de la felicidad".

Este documento reconoce que los seres humanos son creados por Dios. Son "dotados por su Creador de ciertos derechos inalienables". Se consideran estas verdades como "evidentes". Estas verdades evidentes fueron implantadas dentro del corazón y la mente humano cuando Dios creó al hombre.

Sobre la fundación del hecho que el hombre es creado por Dios, y con una creencia en las verdades evidentes y en los derechos inalienables, nuestros los padres de los EE.UU. fundaron una nación que ha sido el campeón de la libertad, la justicia, y los derechos humanos. La nación ha sido una bendición al mundo y un refugio para la gente oprimida.

No es el propósito de un gobierno civil aprobar un plan de redención, pero no puede llevar a cabo su función cuando elimina toda la Verdad. Mientras que el modernismo no reconoció la revelación general, por su reconocimiento de la naturaleza racional y moral de la realidad, dio oportunidad a que la revelación general pudriera transmitir su mensaje moral. Con la ayuda de la revelación general y la influencia cristiana podíamos tener un consenso esencial y moral antes del ascenso del postmodernismo. El postmodernismo niega la naturaleza racional y moral de la realidad. Al hacerlo, el postmodernismo no permite hablar a aquel que fue escrito dentro del hombre. No tiene lugar para las verdades evidentes.[9]

La Imagen de Dios en el Hombre y en la Encarnación

Uno de los hechos más importantes relacionado a que el hombre está creado a la imagen de Dios es que hizo posible la encarnación. No pudo haber ninguna encarnación por medio de un animal no racional, amoral y sub-personal. La posibilidad de la redención se relaciona estrechamente con el hecho de que el hombre está creado a la imagen de Dios.

Una Comparación de los Puntos de Vista de la Imagen de Dios en el Hombre

En su trato de la imagen de Dios, Erickson expone tres puntos de vista que se han dado durante la historia de la iglesia sobre el significado de ser creado a la imagen de Dios. Son: (1) el punto de vista sustantivo, (2) el punto de vista relacional y (3) el punto de vista funcional.

Según Erickson, en el punto de vista sustantivo la imagen de Dios se localiza "dentro de los humanos como una cualidad o capacidad interna".[10] Apunta que "el punto sustantivo ha sido dominante durante la historia de la teología".[11]

En cuanto al punto de vista relacional, Erickson explica: "Muchos teólogos modernos no conciben de la imagen de Dios como algo residente en la naturaleza del hombre".[12] Él expone a Karl Barth y Emil Brunner como partidarios de este punto de vista. Al describir el punto de vista de Brunner, escribe:

> Brunner usa la imagen de un espejo para clarificar la distinción entre la imagen de Dios formal y la material. Cuando tenemos la imagen de Dios en el sentido material, estamos en una relación positiva y responsiva con él. Brunner describe la imagen material utilizando el ejemplo del reflejo en un espejo. Ten en mente que la luz que refleja no queda impresa de forma permanente en la superficie del espejo, porque es un espejo, no una fotografía. Cuando apuntado a la luz, un espejo refleja esa luz. No es la fuente de la luz, ni la posee.[13]

En cuanto al punto de vista funcional, Erickson explica:

> Esta es la idea de que la imagen no es algo presente en la composición del hombre, ni es la experiencia de la relación con Dios o con los demás seres humanos, sino que la imagen consiste en algo que uno hace. Es una función humana, la que se menciona con más frecuencia es el ejercicio de la potestad sobre la creación.[14]

El punto de vista que he expuesto sería el punto de vista *sustantivo*. La imagen de Dios es algo que existe dentro de un ser humano. Dios es racional y moral. Somos racionales y morales. O, al describirlo con otras palabras, somos seres personales. Dios es personal. Somos personales. Los otros puntos de vista tocan algo sobre lo que es verdadero en el hombre, pero, como lo veo yo, fallan en hacer frente al corazón del tema. Es verdad que un ser humano refleja algo de cómo es Dios, pero esto es un derivativo de la imagen de Dios, más bien que la imagen misma. Si el hombre, en su ser mismo, no estuviera creado a imagen de Dios, no podría reflejar semejanza a Dios. El hombre caído todavía refleja indicios de la imagen de Dios, pero sólo las personas redimidas serán transformadas a la imagen funcional de Dios y reflejarán lo que quiere decir estar creado a la imagen de Dios.

El punto de vista relacional contiene un fallo exegético importante. Si la imagen de Dios se refiriera al hecho de que el hombre reflejaría a Dios o debería reflejar a Dios, entonces "imagen" de Génesis 1:26 debería ser un verbo. Pero es un sustantivo.

No he empleado el término "semejanza funcional" de la misma manera como a Erickson previamente. Mi uso de la frase es esencialmente sinónimo al "contenido material" en el punto de vista sustantivo. Como creado, en su comportamiento, el hombre funcionó en semejanza a Dios. Mientras que algo de esta semejanza permanece en el hombre caído, es grandemente distorsionado. Es el propósito de la redención el volver a establecer o devolver la semejanza funcional de Dios al redimido. Se hace progreso en esta vida mientras que crecemos en la santificación. Se cumplirá en la vida venidera.

Con respecto al punto de vista que Erickson llamó el "punto de vista funcional", sus proponentes confunden una responsabilidad que el hombre, como creado a la imagen de Dios, tiene con la imagen de Dios. Es verdad que el hombre es responsable para ejercer el domino sobre la tierra, pero esto no nos informa quién es él. Más bien, nos dice lo que debería hacer. La imagen en las Escrituras nos explica claramente lo que es el hombre.

El Hombre Creado Como un Ser Dicotómico

Ha habido gran debate sobre si el hombre es un ser dicotómico o tricotómico. El exponer que el hombre es un ser dicotómico es decir que consiste en un cuerpo (parte material) y un espíritu (algunos usan intercambiablemente las palabras alma y espíritu). Decir que el hombre es un ser tricotómico es verle como un ser que consiste de un cuerpo material y dos partes inmateriales—alma y espíritu.

Augustus Hopkins Strong da la explicación siguiente de la dicotomía:

> Llegamos a la conclusión de que la parte inmaterial del hombre, vista como una vida individual y consciente, capaz de poseer y animar a un organismo físico, se llama *psuchē* (alma); y se ve como un agente racional y moral, susceptible de la influencia y de estar habitado por lo divino, esta misma parte inmaterial se llama *pneuma* (espíritu). Así que *pneuma* (espíritu), es la naturaleza del hom-

> bre que mira hacia Dios, y es capaz de recibir and manifestar al *Pneuma Hagion* (el Espíritu Santo); *psuchē* (alma) es la naturaleza del hombre que mira hacia la tierra, y toca el mundo de los sentidos. *Pneuma* (espíritu) es la parte más alta del hombre, como se relaciona con el cuerpo, o como es capaz de tal relación.[15]

Como lo presenta Strong, el alma y el espíritu son términos diferentes que se refieren a la misma sustancia inmaterial. Estos términos, cada uno, hablan de la misma parte inmaterial desde un punto de vista distinto de función. Algunos tricotomistas asignan aproximadamente la misma función para el *alma* y el *espíritu*, pero los emplean para referir a dos partes inmateriales diferentes.

El Significado de Alma

Creo que el problema verdadero se centra en el tratar de pensar en el alma en términos de ser una "parte" del hombre. Una investigación de la palabra hebrea *nefesh* y la palabra griega *psuchē*, como se emplean en la Biblia, no parece sostener la idea de que se refiera a una sustancia inmaterial del hombre.

En Génesis 2:7; 14:21 y 17:4, *nefesh* significa un ser, un individuo o una persona. El uso en estos versículos no tendría sentido si *nefesh* se refriese a una parte de un hombre. Se trata de una persona, no una parte de una persona. Hay varias veces cuando se traduce *nefesh* como persona (Éxodo 16:16; Levítico 27:2; Números 19:18; Josué 20:3, 9; y otras). En Génesis 19:17; Éxodo 4:19; 21:23; Levítico 17:14 y muchos otros pasajes, se traduce "vida". En estos pasajes no tendría sentido pensar en *nefesh* como la parte inmaterial del hombre. De Levítico 26:11, 15; Salmo 42:2; y otros usos semejantes la referencia es al ser más interior. En esos casos sería posible que *nefesh* a refiriera a la parte inmaterial del hombre, pero no es necesario. También, uno se pregunta por qué el Salmo 42:2 no usara la palabra "espíritu" si son válidas las distinciones normales entre el alma y el espíritu hechas por los dicotomistas y los tricotomistas. El significado de *nefesh* de Números 16:38 es "vidas" (NBLA) o "almas" (RVR1960). Se traduce "vuestras almas" en Deuteronomio 4:15.

En el Nuevo Testamento a veces la palabra *psuchē* significa un individuo o una persona (Hechos 2:41; 7:14; 27:37; Romanos 13:1). En Lucas 1:46 y Juan 12:27 se refiere al "alma" como el ser más interior. De nuevo, basándonos en las distinciones normales, uno se pregunta porqué la palabra "espíritu" no apareciera en Lucas 1:46 más bien que "alma". En Efesios 6:6, se traduce *psuchē* por "corazón". De Lucas 12:29, vemos un ejemplo claro donde "alma" es el significado de *psuchē*.

Un estudio de la evidencia sostiene la conclusión que el ama no se refiere a una parte inmaterial del hombre. El alma se refiere a un individuo auto consciente, el ser más interior de la persona, el yo, la vida, la persona.

EL SIGNIFICADO DE ESPÍRITU

Salmo 31:5; Eclesiastés 3:21; 12:7; y Zacarías 12:1 son referencias claras a la palabra hebrea *ruach* (espíritu) en que el significado es a la parte inmaterial del ser humano. Juan 3:6 nos da una referencia clara donde la palabra griega *pneuma* (espíritu) indica la parte inmaterial del hombre. La naturaleza básica del hombre está en su espíritu (Juan 3:6; Romanos:1:9; 2 Corintios 2:13; y Hebreos 12:23). Las funciones y los estados que se atribuyen al espíritu humano no siempre requieren que sea una referencia a la parte inmaterial del hombre, pero siempre son consistentes con esa idea (Génesis 41:8; Éxodo 6:9; 1 Reyes 21:5; Salmo 34:8; Hechos 17:16; 18:5, 25; y Romanos 1). Estas observaciones, juntamente con el hecho de que también se llaman a los ángeles y a los espíritus malvados "espíritus", aparentemente debido a su composición inmaterial, nos lleva a la conclusión que el espíritu del hombre es la parte inmaterial y se describe como espiritual más bien que físico.

LA DIFERENCIA ENTRE EL USO DE LAS PALABRAS *ALMA* Y *ESPÍRIT*

Hacer un contraste entre el uso de *alma* y *espíritu* clarificará lo que quiero decir con mi punto de vista de dicotomía. El alma no es una parte inmaterial del hombre. El espíritu es una parte inmaterial del hombre. No hay ocurrencia de la palabra para alma que requiere que sea una parte del hombre.

Los únicos pasajes que presentan un problema son Apocalipsis 6:9 y 20:4 donde hay referencia a ver las almas de los mártires. Pienso que Alan F. Johnson ha entendido debidamente el uso de almas en estos versículos. Al comentar sobre Apocalipsis 6:9, él explica: "Generalmente se ha entendido el significado las almas incorporales de esos santos. No obstante, la palabra griega *psuchē* tiene varios significados y probablemente aquí quiere decir la "vidas" o "las personas" reales que fueron matadas más bien que sus "almas". Juan les ve como personas que están muy vivas aunque fueron matadas por la bestia".[16]

Hay muchas ocurrencias de la palabra que no pueden tomarse como referencias a una parte del hombre. Todas las ocurrencias de la palabra *espíritu*, excepto si estamos hablando de un espíritu de celos, un espíritu de sabiduría, etc., al referirse al hombre, son capaces de entenderse como referencias a la parte inmaterial del hombre. Hay muchas veces cuando el uso de la palabra *espíritu* debe entenderse como referencias a una parte del ser humano. Una manera para decirlo, aunque sea algo sencillo, es: *Soy un alma. Tengo un espíritu.*

Para la mayoría de nosotros es difícil pensar en el alma sin pensar en él como una parte de nuestro ser porque hemos estado acostumbrados a pensar así. Si damos al término *alma* el mismo significado básico de *persona*, esto nos ayudará a distanciarnos de pensar en el alma como una parte de nuestro ser. No pensamos en una persona como una sustancia inmaterial, ni una sustancia material. Somos una persona. Tenemos *un cuerpo y un espíritu*. También las palabras *mente*, *corazón* y *voluntad* no se refieren a partes inmateriales distintas de un ser humano. De la misma manera en que pensamos en estos términos, podemos adiestrarnos a no pensar en el alma como una sustancia inmaterial sino como un individuo consciente, el ser más interior, el yo, la vida o la personalidad.

LAS DIFERENCIAS ENTRE MI PUNTO DE VISTA Y EL PUNTO DE VISTA TRADICIONAL

Mi punto de vista dicotomista difiere del punto de vista tradicional que ve un alto grado de intercambio entre el alma y el espíritu. Puede que a veces sea verdad que una persona puede comunicar su propósito en una frase con el uso de un término o el otro, pero aún así no estará diciendo cosas idénticas. A veces el propósito de una frase no puede ser bien servido por un término en lugar del otro. Se debe elegir entre los términos. Si es una parte del hombre, debe ser el espíritu. Si es de una persona o un individuo, debe ser el alma. Al leer de varios tratos sobe el alma y el espíritu, he visto que algunos escritos llegan muy a cerca de mi punto de viso, pero no se desarrollan igualmente.

Un ser humano consiste en un cuerpo y un espíritu. Visto como una unidad funcional de un ser humano consciente que piensa, siente y actúa, se le llama un alma o una persona. Un ser humano sigue siendo un alma después de la muerte del cuerpo, pero no está completo. Tal persona espera la resurrección del cuerpo.

Hay una relación estrecha entre el espíritu y el alma. Sin el espíritu no habría ningún alma. En un sentido podríamos pensar en el alma como saliendo del espíritu. A tomar terminología prestada de Berkhof, al explicar la diferencia entre la naturaleza y la persona, el alma es el termino al que el espíritu tiende.[17]

LAS VENTAJA DE MI PUNTO DE VISTA

Creo que hay algunas ventajas muy definitivas para mi enfoque. El entendimiento tradicional del alma y el espíritu, sea dicotomista o tricotomista, hace incorrecto el término "ganar almas" dado que se entiende el alma como una función baja del hombre. Para ser consistente, uno debería hablar de ganar espíritus. Según mi punto de vista, "ganar almas" es una terminología adecuada dado que se refiere a ganar a la persona. El alma abraza *todas* las experiencias de una persona, *igualmente las ordinarias de la vida y también las de nuestra relación con Dios.*

Otra ventaja es que elimina la necesidad de tratar de decidir entre las funciones atribuidas al alma y las dadas al espíritu. Al distinguir entre el uso del alma y del espíritu, la dicotomía tradicional entra en esto casi igual como lo hace la tricotomía. El problema es que cuando terminamos, vemos las funciones atribuidas al alma que deberían ser atribuidas al espíritu. Cuando se ve el alma básicamente igual con la persona o con la personalidad, *cualquier acción o actitud puede ser atribuida al alma.* Cuando el alma se refiere a las funciones bajas del hombre, y el espíritu a las funciones más altas del hombre, nos choca leer que María dijo: "Engrandece mi alma al Señor" (Lucas 1:46). Es sorprendente al leer de Efesios 6:6 que "de corazón haciendo la voluntad de Dios" y descubrimos que la palabra griega traducida por "corazón" aquí es *puschē* (alma). Nos intriga cuando leemos de Santiago 1:21: "recibid con mansedumbre la palabra implantada, la cual puede salvar vuestras almas". Parecería que en la distinción que se suele hacer entre el alma y el espíritu suena extraño que la palabra espíritu no aparezca en este pasaje. Pero aquí vemos "alma". No obstante, no hay problema con el significado que he sugerido para el alma.

Es verdad que las funciones espirituales del hombre se adscriben frecuentemente al espíritu. En tales instancias, la intención no es dar las funciones del espíritu como distinguidas de las del alma, sino que se distingue el espíritu del cuerpo.

LA CUESTIÓN DE LA DIFERENCIA ENTRE LOS SERES HUMANOS Y LOS ANIMALES

Encontramos otro problema cuando tratamos de hacer las distinciones usuales entre el alma y el espíritu. Quizás pensemos que los animales tienen un alma pero no un espíritu. Sin embargo Eclesiastés 3:21 habla de "el espíritu del animal". Me inclino en este punto a estar de acuerdo con Buswell. Él escribe: "La distinción entre el hombre y las bestias es cualitativa, no sustantiva. No es que hombre tiene o es un alma, espíritu, corazón, mente, voluntad y un ser afectivo, sino que la parte inmaterial del hombre es una persona creada a la imagen de Dios".[18]

VERSÍCULOS USADOS PARA SOPORTAR LA TRICOTOMÍA

Los tricotomistas hacen referencia a 1 Tesalonicenses 5:23 y Hebreos 4:12 para sostener su punto de vista. No pienso que haya un conflicto entre mi punto de vista de dicotomía y estos versículos.

El Origen de la Parte Inmaterial del Hombre

Por origen de la parte inmaterial del hombre, no me refiero a la creación original por Dios, sino al origen de la parte inmaterial como se relaciona a aquellos descendientes de Adán y Eva. En un sentido, puede que esta discusión no pertenezca a un tratado del hombre como creado, pero en otro sentido, sí pertenece. El diseño de proveer la parte inmaterial del hombre no se relaciona a la caída, sino ya formaba parte del plan divino antes de la caída. El mismo plan habría continuado aún si no hubiera ocurrido la caída del hombre al pecado.

Hay tres enfoques: (1) la teoría de la preexistencia que enseña que la parte inmaterial del hombre existía antes de la creación del cuerpo. Dado que ese punto de vista nunca fue aceptado por los cristianos ortodoxos, no lo veo necesario a tratar. No hay razón que alguien tenga confusión sobre si la Biblia sostiene tal punto de vista o no. (2) La teoría creacionista enseña que Dios crea la parte inmaterial de cada persona y la pone en el cuerpo en algún momento entre la concepción y el nacimiento. (3) La teoría traduciana enseña que la parte inmaterial del hombre le es transmitida por medio de la propagación igual como es el cuerpo.

EL PUNTO DE VISTA CREACIONISTA

Una de las razones principales que la gente ha defendido el punto de vista creacionista es que se cree que es la única manera que Cristo naciera sin la depravación. Se piensa que el traducianismo resultaría en una naturaleza depravada de Cristo. Yo expondría que el mismo acto de creación que pudo proveer a Jesús con un cuerpo que no llevó las marcas de la depravación también podría santificar la parte inmaterial del hombre.

La objeción más seria al punto de vista creacionista es cómo se ha corrompido la parte inmaterial. Un pensamiento, que a veces se asocia con el punto de vista gubernamental del pecado de Adán y la raza, sugiere que Dios creó la parte inmaterial del hombre ya corrompida porque Adán violó el pacto que Dios hizo con él cuando él pecó. No puedo concebir que Dios creara algo corrompido. Otro punto de vista expone que Dios crea la parte inmaterial sin pecado pero se ha corrompido cuando hace contacto con el cuerpo.

Hay una relación estrecha entre el espíritu y el cuerpo, pero a culpar todo el proceso de la perpetuación de la depravación de la raza al cuerpo es más que se puede justificar. La depravación del espíritu es mucho más básica en nuestra depravación que la del cuerpo.

EL PUNTO DE VISTA TRADUCIANO

La teoría traduciana responde más fácilmente a la perpetuación de la depravación en la raza humana y de su efecto sobre la persona total. Algunos tienen la opinión que la Biblia no expone un caso claro para el creacionismo ni para el traducianismo. No creo que sea así. Leemos en Génesis 5:3: "Y vivió Adán 130 años, y engendró un hijo a su semejanza, y llamó su nombre Set". Si la creación del hombre a la imagen de Dios incluyera la persona y la personalidad de Adán, ciertamente el engendrar a Set a la imagen de Adán incluía la persona y la personalidad. El hecho de ser una persona y la personalidad no pueden basarse únicamente en el cuerpo, sino que también debe abarcar el espíritu. El traducianismo ofrece la única explicación adecuada de Adán engendrando a Set a su propia imagen.

LAS IMPLICACIONES DEL PUNTO DE VISTA DEL TRADUCIONISMO

Hay algunas implicaciones interesantes del traducionismo. Según este punto de vista el comienzo de una persona humana ocurre en la concepción. Esto quiere decir que en el evento de un aborto no provocado o provocado que un ser humano que vivirá para siempre ha llegado a existir. Habrá un ser humano quien vivirá con Dios para siempre. Son obvias las implicaciones como se relacionan al aborto. El aborto provocado mata a una vida humana. Se asesina a una vida humana sin defensa. La cuestión de cuándo comienza la vida humana no se resuelve científicamente por los profesionales médicos, sino teológicamente por aquellos que se suscriben a la Biblia como la revelación de Dios.

El Efecto de la Caída sobre la Imagen de Dios en el Hombre

En cuanto al efecto de la caída sobre la imagen de Dios, Henry explica: "La caída no es destructiva a la imagen formal (la personalidad del hombre) aunque involucra la distorsión (aunque no la demolición) del contenido material de la imagen.[19] Berkhof escribe: "Como creado a la imagen de Dios, el hombre tiene una naturaleza racional y moral que no perdió por medio de su pecado y que no podría perder sin cesar de ser un hombre. Esta parte de la imagen de Dios, sin duda, ha sido desmerecida por el pecado, pero todavía permanece en el hombre aún después de su caída en el pecado". Gordon H. Clark dice:

"El pecado ha afectado el pensamiento pero no lo prohíbe. No erradica la imagen pero causa su malfuncionamiento".[20]

Como se dijo previamente al hablar del significado de estar creado a la imagen de Dios, prefiero "semejanza constitucional" más bien que "imagen formal" y "semejanza funcional" en lugar de "contenido material", pero el significado es lo mismo no importa como se exponga. Además, yo hice una distinción entre el hecho de ser una persona y la personalidad. Esta distinción nos será particularmente provechosa a explicar el efecto de la caída en el pecado sobre la imagen de Dios en el hombre.

EL EFECTO SOBRE LA SEMEJANZA CONSTITUCIONAL

Con referencia a la semejanza constitucional, la caída no cambió este hecho. El hecho de ser una persona permanece intacto. El hombre continúa como un ser que piensa, siente y actúa. Todavía está constituido moralmente. Todas las partes constituyentes de ser una persona permanecen intactas después de la caída. Ellas han sufrido daño, pero todas de ellas existen. El daño se refleja en la personalidad.

EL EFECTO SOBRE LA SEMEJANZA FUNCIONAL

Se ve el efecto de la caída en la semejanza funcional. Un cambio básico y drástico ocurrió en la personalidad del hombre. Antes de la caída, el hombre pensaba, sentía y actuaba igualmente en los niveles conscientes y subconscientes con una conformidad absoluta a la semejanza de Dios. Después de la caída, esto ya no es verdad. El hombre ya no piensa, siente y actúa de una manera que agrada a Dios. Es verdad igualmente en el nivel consciente como en el nivel subconsciente. No obstante, no es tan fácil como decir que el hombre sea el opuesto exacto de lo que era antes de la caída. Debemos evitar unas explicaciones simplificadas excesivamente de cómo la caída afectó la imagen de Dios.

EL PROBLEMA DE EXPONER UNA DESCRIPCIÓN SENCILLA DEL HOMBRE CAÍDO

Queda claro que el hombre cayó del estado de santidad a un estado de pecado (Isaías 53:6; Romanos 3:23). Está claro que el pecado ha colocado al hombre bajo condenación ante Dios (Romanos 6:23; Apocalipsis 21:8). Es muy evidente que el hombre caído no puede agradar a Dios y no tiene compañerismo con Dios (Efesios 2:1-3; Romanos 8:7, 8). Se ve claramente que el hombre caído no puede volver o regresar a Dios sin el poder del Espíritu Santo para atraerle (Juan 6:44). Queda claro que una obra tan drástica como ser llamado a un nuevo nacimiento se requiere para la salvación del hombre (Juan 3:3-7).

Pero también vemos áreas donde el estado y la condición del hombre no se comprenden tan claramente.

Henry está lidiando con la dificultad de dar una declaración clara del efecto de la caída sobre la semejanza funcional en el hombre en lo que él dijo en la cita previa. Él dice que mientras hay una "distorsión" no hay una "demolición" del contenido material (la semejanza funcional). Berkhof y Clark también indican la dificultad de exponerlo claramente. Estamos tratando aquí con: ¿Hasta qué profundidad es la depravación del hombre? ¿Qué es lo que queremos decir al declarar que no hay una demolición de la semejanza funcional?

No estoy haciendo la pregunta de si el hombre está depravado totalmente; más bien de qué significa la *depravación total*. Charles C. Ryrie expone las observaciones siguientes sobre el significado de la depravación total:

> El concepto de la depravación total no quiere decir (1) que la gente depravada no puede hacer o no hace acciones que son buenas delante de los hombres o ante Dios. Pero tal acción no puede ganar favor con Dios para la salvación. Ni tampoco significa (2) que el hombre caído no tenga consciencia que decida, para sí mismo, entre el bien y el mal. Pero esa consciencia ha sido afectada por la caída de tal manera que no puede ser un guía sano y fiable. Tampoco quiere decir (3) que las personas participan en cada forma de pecado o de cualquier forma de pecado o de cualquier pecado al alcance posible.[21]

Comentando sobre los tres puntos de Ryrie, Ashby explica:

(1) Existe algo como el "bien relativo". Pero las personas depravadas no hacen lo bueno, con el motivo debido, de manera para satisfacer las expectaciones justas de un Dios santo.
(2) Estoy de acuerdo que el hombre caído tiene una consciencia—pero está torcida y juzga las cosas triviales como importantes y las cosas monumentales como triviales.
(3) La depravación no es una depravación ABSOLUTA. Cada persona no es un Hitler ni un Charles Manson. Pero cada aspecto del ser humano está condicionado por las inclinaciones pecaminosas.[22]

En resumen, *total* quiere decir que la corrupción se ha extendido a todos los aspectos de la naturaleza del hombre, a su ser total; y la *depravación* significa que debido de esa corrupción, no hay nada que el hombre pueda hacer para merecer el favor salvífico de Dios.

EL EFECTO DE LA PRESENCIA DE LA IMAGEN DE DIOS EN EL COMPORTAMIENTO DEL HOMBRE CAÍDO

¿Por qué es que cada pecador no exhibe su depravación tan completamente como podría? ¿Por qué es que cada pecador no comete cada pecado? ¿Por qué es que se puede encontrar un grado de preocupación moral entre los pecadores? ¿Por qué es que los pecadores pueden hacer actos buenos? La respuesta se ve en el hecho de que los pecadores siguen siendo seres personales. Son seres personales, racionales y morales debido a su constitución y diseño.

El hombre no se hizo inmoral en la caída, igual que tampoco se hizo irracional. Un ser debe ser moral, o sea, constituido moralmente, para ser inmoral. Él debe ser racional, es decir, constituido racionalmente, para hacerse irracional. Es la constitucional moral del hombre de lo que habla Pablo en Romanos 2:15 en cuanto a los gentiles que muestran: "la obra de la ley escrita en sus corazones" (RVR 1960).

El pecador, continuando en sí con la imagen de Dios, está tan constituido que tiene las categorías del bien y del mal. Se considera el bien como un factor positivo, y el mal como un factor negativo. Ningún ser humano hace lo que sabe que está mal sin considerarlo, hasta cierto punto, a ser un factor negativo. No se puede obliterar este hecho.

No digo esto como una persona que no haya tenido contacto con los problemas de la naturaleza humana. He tenido bastante experiencia lidiando uno a uno con personas turbadas. He aprendido a escuchar cuando las personas dan pistas a lo que está ocurriendo en su ser profundo.

Recuerdo un día cuando escuché un programa de radio de charla cuando una prostituta llamó. Ella dijo: Soy prostituta. No disfruto de lo que hago. Pero no sé otra cosa que hacer". Recientemente, vi un programa en la televisión que trataba la cuestión de prostitución en Rusia. Una de las mujeres entrevistada dijo: "No quiero que mi hija haga lo que estoy haciendo. Me siento humillada. Me siento sucia. Cobro dinero sucio".

Hace un tiempo miraba un programa que contaba de uno de los métodos de tratar con los jóvenes turbados. Un miembro del grupo se sentaría en frente del grupo durante un tiempo de preguntas muy duras en que el grupo trataría de averiguar la causa de lo que está turbando a la persona. El programa no fue de un centro religioso. Recuerdo que una chica comenzó a llorar y dijo: "Tuve un aborto. Maté al bebé dentro de mí".

El pecado ha introducido un elemento ajeno en el ser del hombre. El ser humano fue creado para la justicia. No fue creado para el pecado. El ser humano nunca puede vivir en pecado y al mismo tiempo tener respeto para sí mismo y mantener una armonía del ser. El pecado a colocado al hombre en conflicto, contradicción y confusión. El pecado pone a una persona en propósitos cruzados con la imagen de Dios interior de los cuales no hay escape. En la medida que una persona tenga perdida la moralidad de los Diez Mandamientos, a esta medida, la persona está en problemas—no sólo con Dios, sino consigo mismo. Ninguna persona que viva en una violación flagrante de la moralidad de los Diez Mandamientos puede ser feliz. Si dudas de esto, empieza a escuchar y verás cómo pronto tendrás tu propia evidencia.

Dado que el hombre no poder borrar totalmente su preocupación moral, él trata de cambiar las etiquetas. Intenta pegar la etiqueta "Bien" sobre lo que él quiere hacer. Esto incluiría el aborto y todo tipo de pecados sexuales. El intento nunca tiene éxito total. No importa de lo que ocurra en la mente consciente, una persona nunca puede aceptar, en su ser profundo, la violación de la moralidad básica de los Diez Mandamientos. Diez mil argumentos nunca harán que estas violaciones sean aceptables. Observa la falta de respeto por uno mismo entre aquellos que tratan de hacer esto. Se verá la necesidad del alcohol y de las drogas. Se verá la presencia de la miseria, de la desesperación y de la depresión. Todo esto nos cuenta que el ser profundo e interior no va a cooperar con el intento de apartar a un lado la moralidad humana básica. La imagen de Dios interior pide a gritos para la Verdad, para un uso debido de la razón, para la justicia personal moral, para el perdón del pecado y para una experiencia de belleza, de excelencia y de orden. La imagen de Dios anhela sentir lo que quiere decir estar a la imagen de Dios. La imagen de Dios interior puede ser pasado por alto, pero no sin un coste muy alto.

El hombre tiene una necesidad drástica de aprobación de sí mismo y de otros. Este hecho resulta en actos dignos entre los pecadores. Cada persona se siente bien cuando ella, por medio de una decisión consciente, hace lo que se cree que es correcto. Cada persona se siente bien cuando ella, por medio de una decisión consciente, complace a otra persona.

El hecho de que las categorías del bien y del mal, con el bien como un factor positivo y el mal siendo un factor negativo, están escritas indeleblemente en la constitución del hombre, no es totalmente incapaz de producir algún bien en el pecador. Este bien nunca proveerá la aceptación delante de Dios, ni tampoco satisfará las necesidades de la persona misma. Es la presencia de esta constitución moral en el hombre lo que provee un punto de contacto para el evangelio. Si el hombre caído fuera un vacío moral, o si tuviera cambiadas las categorías del bien y del mal, no existiría ningún punto de contacto para el evangelio. No habría base para la convicción del pecado.

LA INFLUENCIA DE LAS RESTRICCIONES EXTERNAS PARA RESTRINGIR LA EXPRESIÓN DE LA DEPRAVACIÓN HUMANA

Además de la influencia de la propia constitución moral del hombre para restringir su experiencia con el pecado y producir algún bien, hay unas restricciones externas que guardan a la gente de ser tan mala como lo sería de otra manera. Hay limitaciones de los padres, del gobierno, de la sociedad y de la iglesia. Bien puedo recordar que, a veces, no hice algo porque tuve miedo de que mis padres llegaran a saberlo.

EVALUANDO LA NATURALEZA VERDADERA DE LA DEPRAVACIÓN

Al evaluar la seriedad del poder y la influencia de la depravación, debemos tener en cuenta el hecho que el retrato más verdadero del pecado no siempre se manifiesta a sí mismo en actos abiertos. Cada uno de nosotros, en su imaginación, ha pensado en cometer pecados que no hemos cometido. La misma capacidad que puede imaginar el mal puede cometer el mal. Todo el mundo se ha gobernado en contra de un deseo para hacer un mal que ha querido hacer. Con la misma capacidad con que deseamos el mal, también podemos cometer el mal. Hay personas que disfrutan viendo a otros cometer pecado. La misma capacidad que disfruta del mal puede cometerlo.

LA IMPOSIBILIDAD DE QUE EL HOMBRE CAÍDO, POR SUS PROPIOS ESFUERZOS, ALCANZA UN ESTADO JUSTO DELANTE DE DIOS

Es posible, y a veces ocurre, que una persona no convertida alcance un grado de decencia y rectitud en la sociedad. Tal persona puede llevar a cabo unos hechos humanitarios, pero todos estos no llegan a la aprobación divina (Romanos 3:23). La presencia del pecado en su vida le mantiene injusta ante un Dios santo. El poder del pecado en su vida le deja con la necesidad del nacimiento nuevo.

La Cuestión del Libre Albedrío

La controversia real en cuanto a la depravación se centra en la voluntad. ¿Tiene el hombre caído un libre albedrío? Si los descendientes de Adán, en un sentido, no tienen libre albedrío, entonces habrán perdido el hecho de ser una persona. Uno de los factores involucrados en ser una persona es tener el poder de decidir o la habilidad de ejercer su voluntad. Solamente la voluntad puede escoger y actuar al punto de que está libre. Al negar el libre albedrío es no permitirlo a ser una voluntad. Creo que el debate entre el calvinismo y el arminianismo debería enfocarse alrededor de la cuestión de si el hombre caído es un ser funcional y personal. ¿Tiene una mente, un corazón y una voluntad que funcionan?

EL SIGNIFICADO DEL LIBRE ALBEDRÍO

Antes de proceder a la discusión del efecto de la depravación sobre la voluntad, hagamos claras algunas cosas sobre lo que se quiere decir por el libre albedrío y lo que no se quiere decir. El libre albedrío no significa que fuerzas o influencias no puedan actuar sobre la voluntad. En efecto, la misma naturaleza de la libertad de la voluntad quiere decir que fuerzas e influencias vendrán para actuar sobre ella. No quiere decir que esas influencias o fuerzas no puedan ser factores contribuyentes en el ejercicio de la voluntad. Significa que esas influencias o fuerzas *no pueden garantizar o determinar* la acción de la voluntad. Estamos tratando con influencias y respuesta, no causa y efecto.

LOS PARÁMETROS DE LAS POSIBILIDADES Y EL SIGNIFICADO DE LA LIBERTAD DE LA VOLUNTAD

La libertad de la voluntad es una libertad dentro del *marco de posibilidades*. No es una libertad absoluta. El hombre no puede ser Dios. No puede ser un ángel. La libertad de un ser humano encaja dentro del marco de las posibilidades provistas por la naturaleza humana. También las influencias que actúan sobre la voluntad tendrán su efecto sobre los parámetros de posibilidades.

Antes del pecado de Adán y Eva, dentro del marco de las posibilidades en que funcionaban, podían permanecer en la práctica de la justicia completa, o podían cometer pecado. Después de que pecaran, ya no quedó dentro del marco de posibilidades que ellos pudieran practican una justicia continua. Lo mismo es verdad ahora para el hombre caído (Romanos 8:7-8). Si alguien entiende que el *libre albedrío* quiere decir que una persona no convertida puede practicar la justicia y *no pecar*, no ha comprendido el significado de la libertad de la voluntad de los seres humanos caídos. El hecho que las Escrituras no enseñan tal cosa se ve claramente de Romanos 8:7, 8.

Jesús aclara que no está dentro del marco de posibilidades que un pecador pueda responder al evangelio excepto si es atraído por el Espíritu Santo (Juan 6:44). La influencia del Espíritu Santo obrando en el corazón de la persona que escucha el evangelio abre un marco de posibilidades en que una persona puede responder sí o no al evangelio. Si contesta "Sí", es su decisión. Si dice "No", es su decisión. Decir menos que esto crea unas cuestiones serias sobre la existencia de un ser personal real después de la caída. Si una persona no es, en algún sentido, un ser *auto-dirigido*, no es una persona. A veces esta auto-dirección puede tener un alto grado de dependencia, pero sigue siendo una auto-dirección. Como ya se ha aclarado, no estoy sugiriendo que el hombre caído puede escoger a Cristo sin la ayuda del Espíritu Santo. En efecto, rechazo plenamente tal idea. No obstante, estoy diciendo que no importa cuánto o qué fuerte la ayuda del Espíritu sea, la decisión de "Sí" sigue siendo una decisión que correctamente puede definirse como una decisión propia de la persona. También, la persona podría haber dicho "No".

El punto de vista que sostengo es el defendido por Jacobo Arminio. A través de la historia, han habido muy pocos individuos que han tenido tantos puntos de vista indebidamente atribuidos a ellos como el caso de Arminio. J. Matthew Pinson ha investigado considerablemente para clarificar lo que Arminio enseñó y lo que no enseñó. Pinson escribe:

> Arminio creía que los hombres y las mujeres no tienen ninguna habilidad de buscar a Dios ni a volver a él sin ser afectados radicalmente por la gracia de Dios. La mayoría de los intérpretes ha tomado por sentado (una suposición basada en un semipelagianismo) que Arminio exponía una doctrina del libre albedrío en que los individuos son totalmente libres a escoger a Dios o a rechazarle. Sin embargo, el punto de vista enseñado por Arminio de la libertad humana no significa una libertad a hacer nada bueno en vista de Dios ni a escoger a Dios por sus propias decisiones. Para Arminio, la libertad básica que caracteriza la voluntad humana es una libertad de la necesidad....Para algunos esto ha aparecido como un semipelagianismo, pero aunque Arminio declara que la voluntad humana está libre de la necesidad, dice inequívocamente que la voluntad no está libre del pecado y su dominación: "...el libre albedrío del hombre hacia el bien verdadero no sólo está herido, dañado, enfermado, torcido y debilitado (*nuatum*); sino también esta encarcelado (*captivatum*), destruido y perdido: Y sus poderes no sólo están debilitados e inútiles si no hay la ayuda de la gracia, pero no tiene ningún poder si no es excitado por la gracia." [Arminio, tomo 2, 193]. La humanidad caída no tiene habilidad ni poder, por su propia voluntad, para extenderse hacia la gracia de Dios.[23]

LA DIFERENCIA ENTRE MI PUNTO DE VISTA Y EL DEL CALVINISMO

Se puede llamar la fe un don en el sentido que ella no hubiera sido posible sin la ayuda divina. No es un don en el sentido que existe fuera de la persona y le es dado, ni es un don en el sentido que Dios cree para la persona. La persona misma cree por medio de la ayuda divina.

Pienso que el calvinismo erra en su entendimiento de "muerto en sus transgresiones". Cornelius Van Til explica la interpretación calvinista:

> Fue sólo como una criatura de Dios, creada a su imagen, que el hombre podía pecar. Así, pues, cuando un pecador, y como "muerto en sus transgresiones" e incapaz en sí aún para levantar una mano para recibir la salvación, es así que las Escrituras continúan tratando con él como un ser responsable. Se le llama a la fe y al arrepentimiento. Pero la fe es un don de Dios. Lázaro estuvo en la tumba. Estaba muerto. Pero Jesús le mandó que saliera. Y se levantó y salió.[24]

Esta interpretación interpreta "muertos" como en "muertos en vuestros delitos" (Efesios 2:1) como significando sin vida. El cuerpo muerto de Lázaro no tuvo vida. Fue incapaz de acción alguna hasta que fuera resucitado por Jesús. Si "muertos en vuestros delitos" quiere decir muerto en la misma manera, entonces es verdad la lógica del calvinismo. El pecador sería igualmente sordo y mudo. No sabría nada sobre Dios, el pecado y la salvación hasta que Dios le diera vida por medio del nuevo nacimiento. En aquel entonces, y sólo entonces, la persona podría oír y hablar.

Pienso que "muertos en vuestros delitos y pecados" o la muerte espiritual significa que el hombre esta separado de Dios, muerto en su relación a Dios. No hay comunión y no hay compañerismo con Dios. El fundamento es similar a lo que Pablo escribió: "por quien el mundo me es crucificado a mí, y yo al mundo" (Gálatas 6:14). Igualmente Pablo y el mundo vivían en el sentido que no estuvieron sin vida. No vivían en cuanto a lo que tenía que ver con una relación funcional entre ellos.

Si esta es la interpretación correcta, la muerte espiritual se refiere al hecho de que el pecador está separado de la comunión y el compañerismo con Dios. Es igual verdad porque el Dios santo requiere que sea así hasta que se resuelve lo del pecado, y porque también la inclinación del corazón al pecado va en contra de Dios. El hecho de que el pecador no tenga comunión con Dios no quiere decir que esté totalmente sordo a la comunicación de Dios. Si esto fuera el caso, el pecador ni aún podría distorsionar el mensaje de Dios.

Uno no puede deformar lo que no puede oír en absoluto. El hecho de que una persona es pecadora no significa que no puede oír bien. Su tendencia es resistir y oponerse a la Verdad y distorsionar la Verdad. El evangelio tiene que salir en contra de gran oposición. El Espíritu Santo debe hacer Su obra antes de que pueda haber una comunicación exitosa del evangelio al pecador y antes de que haya convicción y respuesta del pecador. Este enfoque reconoce la seriedad del pecado, la necesidad del poder del Espíritu Santo para iluminar y atraer y el hecho de que el pecador es un ser viviente.

Creo que la fe salvífica es un don de Dios en el sentido que el Espíritu Santo capacita divinamente al pecador, sin el cual la fe en Cristo sería imposible (Juan 6:44). La diferencia entre el concepto calvinista de la fe y el concepto mío *no puede* ser que el suyo es *monergístico* y el mío es *sinérgico*. En *ambos* casos es sinérgico. La participación activa de fe por parte del creyente significa que debe ser sinérgico. La fe no elimina la respuesta humana. La justificación y la regeneración son monergísticas. Cada una es un acto de Dios, no del hombre. La fe es un acto humano capacitado divinamente y por tanto no puede ser monergístico.

Las Consecuencias del Pecado de Adán sobre la Raza Humana

Las preguntas para contestar son: (1) ¿Está imputado el pecado de Adán a la raza? (2) Si lo está, ¿cómo y por qué? (3) ¿Cómo se transmite la depravación?

ROMANOS 5:12-19

El pasaje bíblico clave para decidir las consecuencias del pecado de Adán sobre la raza se encuentra en Romanos 5:12-19. ¿Cómo interpretamos: "así la muerte pasó a todos los hombres, por cuanto todos pecaron" del versículo 19? "La muerte pasó a todos los hombres" es el efecto. "Todos pecaron" es la causa. En cuanto al verbo griego traducido como "pecaron", hay dos posibilidades en cuanto a la gramática griega. "Pecaron" es una traducción de *hēmarton* que es un aoristo. Si entendemos el uso aoristo como un aoristo sencillo, lo traduciríamos "todos pecaron". Significaría que todos pecaron en un momento en el pasado. Esto querría decir que la muerte pasó a toda la raza porque ella pecó en algún momento en el pasado. Si entendemos que el aoristo es un aoristo gnómico, lo traduciríamos "todos pecan." Si creemos que es un aoristo culminante, lo expresaríamos como "todos han pecado". Al entender el griego como un aoristo gnómico o culminante, la interpretación sería igual. Significaría que la muerte pasa a todas las personas porque todas pecan.

Si entendemos que la muerte pasó a todos los hombres porque todo pecaron en algún tiempo en el pasado, la muerte pasaría a todos porque todos pecaron en Adán. Si entendemos que la muerte pasa sobre todas las personas debido a que todas pecan, la muerte pasaría a cada persona debido a sus propios pecados, no el pecado de Adán. El contexto debería decidir cuál de estas interpretaciones es la correcta.

Pienso que el gráfico que sigue nos ayudará ver cómo el contexto decide la cuestión.

CAUSA		EFECTO
5:12	"todos pecaron" o "todos han pecado"	"la muerte paso a todos los hombres"
5:15	"la transgresión de aquel uno"	"murieron los muchos"
5:16	"aquel uno que pecó"	"condenación"
5:17	"la transgresión de uno solo"	"reinó la muerte"
5:18	"la transgresión de uno" (griego: una sola ofensa)	"vino la condenación a todos los hombres"

En la lista de "efecto" del gráfico, es obvio que el efecto de 5:15-18 es lo mismo que el efecto del 5:12. Si se ve bien cuál es el efecto en 5:15-18, esto debería ayudar a cualificar cuál es la causa de 5:12. La causa de 5:15-18 es "aquel uno", "un solo pecado" y "la transgresión de uno solo". Uniendo todo esto, queda claro que la causa fue la transgresión singular de Adán cuando comió el fruto prohibido.

Si el pasaje de 5:12, 15-18 expresa el mismo efecto, se ha de creer que el mismo pasaje expondrá la misma causa. La causa queda clara en 5:15-19. Esto interpreta la causa de 5:12. Mientras la gramática griega puede permitir que la declaración de 5:12 se refiera al pecado del individuo, el contexto decide en contra de este aspecto y en favor de la otra posibilidad gramática. Está claro en el contexto total que 5:12 ha de interpretarse: "todos pecaron en Adán".

El pasaje de Romanos 5:12-19 determina decididamente el hecho de que el pecado de Adán es imputado o colocado en la cuenta de toda la raza. La pregunta que debe decidirse ahora es cómo y por qué se hizo esto?

LOS ENFOQUES EMPLEADOS PARA EXPLICAR LA IMPUTACIÓN DEL PECADO DE ADÁN A LA RAZA

Un punto de vista dice que se ve la respuesta en la cabeza natural (jefatura natural) de Adán de la raza. Otra opinión declara que mientras Adán es la cabeza natural de la raza, tal jefatura no proveyó una base para imputar el pecado de Adán a la raza. Adán fue designado la cabeza federal de la raza y las bases para la imputación se encuentran en esta jefatura federal de Adán.

Según el punto de vista que basa la imputación en la jefatura natural de Adán, el pecado es imputado a la raza porque la raza, siendo una parte de Adán, fue una parte de él cuando pecó, así identificada con él en su pecado y en la culpabilidad de ese pecado. Este punto de vista acepta el concepto traduciano del origen del espíritu humano. Se transmita la depravación por el proceso de la propagación.

Según el punto de vista de la cabeza federal, Adán se hizo el representante de la raza por medio de designación divina. La razón por haber sido designado Adán fue su cabeza natural, pero la jefatura natural de la raza no en sí involucró a la raza en el pecado de Adán. Dios entró en un pacto con Adán, prometiendo otorgarle la vida eterna a él y a su descendencia si él obedeciera a Dios, y si él desobedeciese a Dios, entonces corrupción y muerte pasarían a su descendencia. Es debido a la relación del pacto de la raza con Adán en virtud a que él fue designado el representante de la raza que involucra a la raza en las consecuencias de su pecado. En lugar de decir que la raza pecase en Adán, este punto de vista diría: "Todo el mundo es contado como pecadores".

Una Comparación de las Teorías de las Jefaturas Natural y Federal

Teoría de la Jefatura Natural	Teoría de la Jefatura Federal
1. Traducianista ser traducianista	1. Creacionista como regla, pero podría
2. Adán es el representante de la raza porque la raza estaba en él	2. Adán es el representante de la raza por designación divina
3. El pecado es imputado por la identificación de estar en Adán	3 El pecado es imputado porque Adán, como representante designado de la raza, violó el pacto
4. Todos pecaron	4. Todos son contados como pecadores
5. La parte inmaterial es transmitida con una una naturaleza depravada	5. La parte inmaterial es creada por Dios con naturaleza corrupta y depravada o creada sin corrupción y corrompida por contacto con un cuerpo corrupto. (Algunos estarían de acuerdo con el punto de vista tradiciano, pero no es lo más común.)

EL PUNTO DE VISTA DE LA JEFATURA FEDERAL

Mientras que una persona puede ser un traducianista y exponer el punto de vista de la jefatura federal, un creacionista debe aceptar este punto de vista de la imputación del pecado de Adán a la raza. Solo desde un punto de vista físico, estando en Adán en sí, no proveería una base adecuada para imputar el pecado de Adán a la raza si se relaciona a la personalidad total.

El punto de vista de la cabeza federal funciona sobre la suposición que el principio de la jefatura federal de la imputación explica la imputación de la muerte y la justicia de Cristo a los redimidos. De ahí, trata de construir un punto de vista paralelo a la imputación del pecado de Adán a la raza.

Puede que haya algunas personas que crean el punto de vista de la jefatura federal de Adán pero no aceptan una elección incondicional, pero el principio de la cabeza federal encaja lógicamente en el sistema calvinista. El pacto hecho con Adán, debido a la desobediencia de Adán, trajo la condenación a todos del pacto, o sea, en este caso, a toda la raza. El pacto hecho con Cristo, debido a Su obediencia y Su justicia, trajo la vida eterna a todos los que formaran parte del pacto. En esto caso, según el calvinismo, los del pacto eran solo los que fueron elegidos incondicionalmente para ser partidos del pacto que estaban en el pacto.

Por un acto de Su propia voluntad y basado solamente en Sus propias razones, Dios decidió incluir a toda la raza como recipientes de la culpa y las consecuencias del pecado de Adán. Él podría haber elegido hacerlo de una manera distinta. No hubo nada en la naturaleza de las cosas que hiciera necesario que lo hiciera de esa manera. Por medio de un acto de Su propia voluntad y basándose en Sus propias razones, Dios decidió no elegir a toda la raza human para hacerles participantes de los beneficios de la obediencia de Cristo. No hubo nada en la naturaleza del caso que le requiriera que Dios limitara el número de los elegidos. Menciono esas observaciones aquí porque al pensar sistemáticamente debemos ver la implicación posible sobre otras secciones de un sistema según la manera en la que interpretamos los principios y sus aplicaciones en un lugar particular.

Romanos 5:12—¿Apoyo para el Punto de Vista de la Jefatura Federal o para el de la Jefatura Natural?

¿Nos ayuda la Escritura en nuestra decisión entre los puntos de vista de la jefatura natural y de la federal? Pienso que sí nos ayuda. La evidencia presentada previamente sostiene la conclusión que Romanos 5:12 ha de interpretarse como: "Todos pecaron en Adán".

El lenguaje de Romanos 5:12 es más apropiado para el punto de vista de la jefatura natural porque las palabras de Romanos 5:12 y el punto de vista de la cabeza natural son idénticas. En el punto de vista federal, la expresión "todos pecaron" de Romanos 5:12 habría de ser cambiada para significar "todos son contados como pecadores". "Todos pecaron" es un verbo activo. Tal expresión como "todos son contados como pecadores" requeriría una voz pasiva.

EL PUNTO DE VISTA DE LA JEFATURA NATURAL

Para nosotros, en nuestro ser total, hay algo un poco difícil para aceptar la conclusión que toda la raza fue condenada por el pecado de Adán. Esto se hace más aceptable una vez que veamos que la naturaleza de las cosas fue lo que hizo necesario que la raza fuera culpada del pecado de Adán más bien que pensar que Dios tomara Su decisión sin relación a lo necesario. Hay los que nos rebatan, diciendo que Dios para hacer cualquier cosa no está limitado por la necesidad. Tal idea es no entender el caso. Dios ha de actuar según Su naturaleza. Como expresión de Su propia naturaleza, Dios ha construido ciertos principios y ciertas pautas en la naturaleza de la realidad. Él se obliga a sí mismo a seguir esos principios y esas pautas para que pueda mantener una consistencia racional con Su creación. Ya en este capítulo se han discutidas las características objetables del punto de vista creacionista sobre el origen del espíritu y cómo se corrompió, y no hace falta repetirlas aquí.

Ahora volvamos a una discusión extendida sobre el punto de vista de la jefatura natural. Ya hemos visto que se acuerda mejor con la Escritura. Ahora miremos a la defensa lógica.

La raza estaba en Adán y ha descendido, cuerpo y espíritu, de él. El hecho de que estábamos en Adán quiere decir que fuimos identificados con él en su pecado. Esto requiere que nosotros participamos con él en su culpabilidad y en su condenación. Al exponerlo distintamente, expondría que no todo de Adán fuera condenado porque lo que estaba en sus entrañas, que era potencialmente la raza, formaba una parte de Adán como cualquier parte de él. No importa cuántas subdivisiones que hayan, las partes nunca pierden su identificación verdadera como parte del original total. Nunca hemos perdido nuestra identificación con él en su pecado.

Yo no aceptaría algunas de las ideas que suelen asociarse con este punto de vista. Al explicar su punto de vista. A. H. Strong, dice: "Los poderes que ahora existen en hombres distintos fue en aquel entonces unificados y localizados en Adán; la voluntad de Adán fue todavía la voluntad de la especia. En el acto libre de Adán, la voluntad de la raza se rebeló contra Dios y la naturaleza de la raza se corrompió a sí misma".[25]

Suena como si Strong dice que la voluntad de cada ser humano actuó en la voluntad de Adán. No pienso que así sea el caso. Las voluntades no existen. Sólo existe la potencia para esas voluntades. Nuestras voluntades empiezan a ser cuando llegamos nosotros a existir como personas, como individuos. Exponer que todos pecaron en Adán no debe entenderse como si sus voluntades fueran activas en Adán. Podríamos decir que su voluntad fue la voluntad de la raza dado que la raza estaba en él y descendía de él, pero no podemos hablar de las voluntades de la raza combinadas en o con su voluntad.

El Paralelo entre el Principio de la Imputación del Pecado de Adán a la Raza y la Imputación de la Muerte y la Justicia de Cristo al Creyente

El principio involucrado en la imputación de algo de uno a otro es la *identificación al estar en o en unión con la persona*. Esto es verdad si es el pecado o si es la justicia. Las Escrituras no conocen otra manera en que la acción de una persona pueda ser imputada a otra. Esto es el principio involucrado en la imputación de la muerte y la justicia de Cristo al creyente.

La Biblia no conoce nada de ninguna imputación de uno a otro excepto en una manera que hace que la acción pueda, en un sentido, decirse que es *la acción de la persona misma*. Pablo escribió: "Con Cristo estoy juntamente crucificado..." (Gálatas 2:20). Por estar en unión con Cristo, Pablo se hizo tan identificado con Cristo que podría decirse que él estuvo crucificado con Cristo. Pablo no fue realmente crucificado con Cristo en el sentido de experimentar los sufrimientos de Cristo. Por medio de la identificación con Cristo la muerte de Cristo fue suya de manera en que él recibió crédito por Sus beneficios. (Para una examinación más completa de este tema, lee la discusión de la unión con Cristo en conexión con la doctrina de la justificación.)

De una manera similar en que la muerte de Cristo es la nuestra, el pecado de Adán fue nuestro. No hicimos el pecado por medio de un acto de nuestra propia voluntad, pero estuvimos en Adán cuando él cometió el pecado. Estamos identificados con él. Estuvimos en Adán en el tiempo de su pecado. Nuestra conexión con él se mantiene de una continuidad ininterrumpida entre Adán y nosotros. No estuvimos en Cristo en el momento de Su crucifixión, pero fuimos puestos en Él cuando ejercitamos nuestra fe en él. Ahora estamos en Él.

Pienso que el principio de la jefatura federal no interpreta debidamente la imputación del pecado de Adán ni la imputación de la muerte y la justicia de Cristo. Las Escrituras solo conocen un principio de la imputación de las acciones de una persona a otra y es una identificación por unión. El *punto de vista de la jefatura natural*, no la federal, *mantiene el paralelo entre Cristo y Adán* en conexión con el principio involucrado en la imputación. (Si el lector tiene problemas en este punto, yo podría sugerir que salte adelante para leer lo que se dice de la unión con Cristo en relación a la justificación. Allí se elabora mejor el caso total.)

LA CUESTIÓN DE LA MUERTE DE LOS INFANTES

Una pregunta que suele plantearse en conexión con esto es: ¿Y qué de los bebés que mueren como infantes? Voy a posponer la discusión hasta un poco más tarde. Aquí sólo diré que creo en la salvación de los infantes. Más debidamente esta discusión pertenece a las doctrinas de la expiación y la salvación.

Otros Puntos de Vista Sobre la Imputación del Pecado de Adán a la Raza

Hay dos puntos de vista más que deben mencionarse. La teoría de la imputación mediata niega que la culpa de Adán se impute a la raza. De él recibimos la depravación, y esta forma la base para culpabilidad y condenación. El pecado de Adán es la causa indirecta, no la directa de que se culpe a la raza con la culpabilidad. La imputación de la culpa precede los actos personales de pecado. Este punto de vista no está de acuerdo con las Escrituras como hemos visto de la discusión previa.

Otro punto de vista a que se refiere frecuentemente como el punto de vista arminiano enseña que la raza no está cargada con la culpa del pecado de Adán. Se hereda la depravación de Adán y esa causa que la gente peque. Las personas no están condenadas ante Dios hasta que se cometa pecado como individuos, donde se hacen responsables como personas. La discusión previa demuestra la deficiencia de este punto de vista.

Mientras que es verdad que algunos arminianos ha abogado por este punto de vista, de ninguna manera es universalmente aceptado y no debería ser llamando el punto de vista arminiano. Es especialmente así dado que no fue el punto de vista sostenido por Arminio mismo. Es algo desconcertante porqué hay personas que tienen buenas credenciales académicas que dirían que Arminio negó la imputación del pecado de Adán a la raza. Esta es la posición expuesta por A. H. Strong bajo el título: "La Teoría Arminiana, o la Teoría de la Depravación apropiada voluntariamente".[26] En su libro *With Wilful Intent* David Smith atribuye este punto de vista a Arminio y emplea a Strong como autoridad por lo que escribe.[27]

Pinson deja las cosas claras. Explica:

> Los puntos de vista de Arminio sobre el pecado original se resumen en el pasaje titulado "Los Efectos de Este Pecado". Queda claro aquí que Arminio es agustino....Su posición sobre el efecto del pecado de Adán sobre la raza es que "la totalidad de este pecado...no es peculiar a nuestros primeros padres, sino que es común a toda la raza y a toda su posteridad, quienes, al mismo tiempo cuando se cometió ese pecado, estuvieron en sus entrañas, y han descendido de ellos por medio de la propagación natural" [Arminio, tomo 2, 156].
>
> Arminio cree que todos pecados en Adán y somos culpables en él, aparte de nuestros propios pecados.
>
> En sus *Private Disputations*, Arminio hace eco de los sentimientos de sus debates públicos. En su debate treinta y uno, expone que "todos los hombres

que habían de ser propagados de [Adán y Eva] de una manera natural, se volvieron detestable para muerte temporal y muerte eterna, y [*vacui*] [los corchetes están en la cita] carecen de este don del Espíritu Santo o de la justicia original [Arminio, tomo 2, 371]. {corchetes de Pinson}

Una examinación de las creencias confesionales de Arminio y de sus escritos hace imposible creer algunas de las interpretaciones de su doctrina del pecado original.[28]

Uno de los intereses principales de los arminianos ha sido el negar que los infantes van al infierno. Algunos han buscado apoyo para esta negación al negar la culpabilidad antes de que la culpa individual entre al cuadro. Muchos otros han creído que la culpa de Adán fue imputada a la raza, pero fue quitada para todos en la expiación. Arminio mismo creía en la salvación de todos que morirían en su infancia. Él no se basó en la no participación con el pecado de Adán como base para creer que los que mueren en su infancia van al cielo cuando mueren.[29]

El Hombre como Afectado por la Redención

Se exponen aquí brevemente los principios básicos. Otro desarrollo más detallado de las ideas se dará en conexión con las doctrinas de la salvación.

La redención se preocupa por sí misma con la restauración de lo que se perdió en la caída. El diseño de la redención es restaurar la semejanza funcional de Dios en el hombre. Se diseña para hacer que el hombre, en su personalidad, sea como Dios. Se le hace estar en la semejanza de Dios igualmente en el nivel consciente como en el subconsciente en la manera en que piensa, siente y actúa.

El Reto Concluyente

Uno de los retos más grandes que enfrenta a la iglesia actualmente, a la luz de que el postmodernismo es la fuerza secular principal que da forma a nuestra cultura, es declarar que el hombre está creado, por Dios, a la imagen de Dios. Hemos de proclamar y explicarlo. Necesitamos explicar cómo el pecado ha entrado en el cuadro, pero que las necesidades básicas de la naturaleza humana se determinan por el hecho de que estamos hechos en la imagen de Dios. No se debe limitar esta discusión a las aulas de nuestros seminarios y de las universidades o a las conferencias teológicas. Debe ser enseñada en nuestras iglesias locales. Nuestros hijos deben oír esta enseñanza. Los incrédulos deben oír de la imagen de Dios y cómo determina la necesidad humana.

10

La Encarnación

El cristianismo está centrado en Cristo. Jesucristo es Creador, Redentor y Señor. Sin Jesucristo no existiría el cristianismo. Estaríamos sin esperanza en cautividad al pecado y bajo condenación. Estaríamos a tientas en la oscuridad sin una luz que nos guiara. Aparte de un plan de enviar a Cristo al mundo, el desvelo de la naturaleza y el plan de Dios para el hombre, lo que nosotros llamamos la revelación especial, todo hubiera terminado con la caída del hombre. Toda la revelación especial después de la caída presupone y está relacionada con el plan de Dios para la redención por medio de Cristo.

La pregunta que Jesús les hizo a Sus discípulos de Mateo 16:15 es una de gran importancia. Después de haberles preguntado lo que otros pensaban de Su identidad y de haber recibido varias respuestas, Él les dice: "Y vosotros, ¿quién decís que soy yo?" (RVR, 1960).

Jesucristo es igualmente el centro y la base del cristianismo. Este hecho mismo nos informa de la gran importancia de una respuesta correcta de la pregunta: "Y vosotros, quién decís que soy yo?" Nuestro entendimiento de la importancia de la respuesta no depende sólo de nuestro razonamiento. En la Escritura, Dios nos revela la importancia de contestar debidamente a esta pregunta. La veracidad o la falsedad de la respuesta de una persona a esta pregunta es una de las pruebas básicas para determinar si una persona está proclamando el evangelio o si promulga herejía (1 Juan 2:22, 23; 4:1-3; y 2 Juan 7-11). Cuando discutimos sobre algunos de los detalles más finos que no pueden determinarse por una exégesis de las Escrituras, no podemos esperar un acuerdo unánime. Sobre las bases claramente reveladas en la Escritura, ha de haber un acuerdo.

Nuestro interés en la doctrina de Cristo no se apoya únicamente en que es sano doctrinalmente, tan importante como lo sea. Jesucristo no es el punto central simple de un sistema de doctrina (o una cosmovisión). Él es central para nosotros como personas. Él es nuestro Redentor y Señor. Le amamos. Le adoramos. Queremos entenderle. Comprenderle es apreciarle más.

Un conocimiento de Cristo satisface igualmente el corazón y la mente. En un mundo estropeado por el pecado, es Él y solo Él que forma la fundación para la integración de los hechos de la realidad en un patrón de vida y pensamiento que provee el propósito y el significado para la vida. Él es el único que puede rescatarnos de la desesperación del pecado y el mar de confusión producido por el postmodernismo. Él es el único Capitán que puede pilotear nuestro barco al puerto de la felicidad eterna. Es con la apreciación más alta para Él y el sentido de responsabilidad más profundo que procedemos con el estudio de la encarnación.

El Propósito de la Encarnación

QUE CRISTO PUEDA SER NUESTRO PARIENTE-REDENTOR

La palabra hebrea para redentor es *goel*. Esta palabra es un participio del verbo *gaal*. Robert B. Girdlestone dice: "Quizás el significado original de la palabra es 'exigir una devolución, de ahí que librar o sacar algo". Al discutir el uso de *goel* de los capítulos 25 y 27 de Levítico, Girdlestone explica:

> En este caso, la liberación fue llevada a cabo por un pago o por un intercambio. En los casos de la pobreza, cuando no fue posible un pago, el pariente más cercano se hizo responsable para llevar a cabo la obra de redención de la deuda. De ahí, sin duda, llegó a ser que el familiar cercano fue llamado por el nombre Goel, como en Números 5:8; 1 de Reyes 16:1 y a través del libro de Rut. Se puede comprar Jeremías 32:7, 8.[1]

Basándonos en la observación de Girdlestone, entenderíamos que la palabra *goel* quería decir, en primer lugar, rescatar. Llegó a significar un pariente que tenía el derecho de redención por medio de su uso en Levítico 25 y 27, de donde venía el derecho dado a un familiar cercano de redimir. Para establecer unos principios, hagamos unas observaciones sobre el caso del hermano que se vendió a sí mismo a un forastero o a un extranjero (Levítico 25:47-55). Es importante que observemos que sólo un pariente cercano tenía el derecho de redimir a la persona que se vendió (vv. 48-49). El principio de substitución era que llegara a ser tan igual como posible como si fuera la acción de la persona vendida misma. Es verdad que un acto de un pariente no debería igualarse como la acción de la persona misma. No obstante, es tan posible como la acción del individuo sin ser la suya. Entonces, en el capítulo sobre la expiación y la justificación, miraremos el principio de la substitución involucrado en la expiación y la justificación, y podremos ver por qué se intentó hacer que la acción fuera tan cerca como posible a la de la persona redimida.

El tipo del pariente redentor fue usado por Dios para preparar el camino para la venida de Cristo, quien por medio de la encarnación se hizo nuestro Pariente para que Él tuviera el derecho de redimirnos. Después de haber examinado el uso de *gaal* y *goel*, Girdlestone concluye, escribiendo:

> En la mayoría de los pasajes examinados se puede considerar la redención como sinónimo con la liberación, pero siempre con la idea más o menos desarrollada que el Redentor entra en una cierta relación con la persona redimida—se aliara, en un sentido, con la persona, y así reclama el derecho de la redención. De esta manera la verdad expuesta fue, sin duda, con la intención de preparar las mentes del pueblo de Dios para la doctrina de la encarnación.[2]

No podría existir ninguna redención de la maldición del poder del pecado aparte de la encarnación de deidad. El pago fue más allá de lo que un mero humano pudiera haber pagado. La penalidad completa del pecado sólo podría ser pagada por la deidad. El Redentor tenía que ser un hombre para tener el derecho a redimir. Él tenía que ser Dios para poder redimir.

H. Dermot McDonald resume el pensamiento de Anselmo Arzobispo de Canterbury sobre la necesidad de la encarnación como se expresa en *Cur Deus Homo?*:

> El propósito de Dios de perfeccionar la naturaleza humana "no puede cumplirse excepto por una satisfacción completa del pecado, algo que ningún pecador puede hacer" (2:4). Dado que la deuda es infinita, sólo Dios puede pagarla; y dado que es el hombre con la deuda, el hombre debe pagarla. Por tanto, no hay nadie que puede cumplir esta satisfacción más que Dios mismo". "Pero nadie, sino el hombre debería pagar la deuda: de otra manera el hombre no cumple la satisfacción" (2:6). Así, pues, nadie sino Dios, y nadie sino el hombre, "es necesario que Él quien es el Dios-hombre debería satisfacerla"; es decir, aquel que es perfectamente Dios y perfectamente hombre. De esta manera Anselmo afirma la racionalidad de la encarnación de Dios el Hijo, quien como el Hijo de Dios vino en carne, es el Dios-hombre. Debe ser hombre para actuar como la raza, y debe ser Dios para cumplir la satisfacción inmensurable.[3]

El hecho de que un redentor tenía que ser un pariente explica porqué ninguna redención fue ofrecida a los ángeles caídos. Fueron creados como una compañía de individuos. No hubo nacimiento entre ellos. Un miembro de la Trinidad no podría identificarse, por nacimiento, con ellos. Para ellos, no podría haber un pariente redentor. Por tanto, ellos no pudieron recibir ninguna redención.

A pesar de lo que puedan ser las respuestas sobre la vida en el espacio, una cosa está clara. No se extenderá nuestra responsabilidad misionera. El derecho de redención por medio de la encarnación solo se extiende a la raza humana. Jesús sólo es un pariente redentor para la raza humana.

QUE CRISTO PUEDA REVELAR DIOS A NOSOTROS

La imagen de Dios en el hombre, en la creación, abrazó igualmente una semejanza constitucional y una semejanza funcional. En la caída, el hombre perdió la semejanza funcional. El diseño de la redención es para restaurar la semejanza funcional de Dios en el hombre.

La restauración de la semejanza funcional de Dios en el hombre no solo requiere la expiación, sino también un entendimiento mejor de cómo es Dios. Mientras que el hombre sigue siendo constituido moralmente, continúa confuso y su visión está borrosa en cuanto a cómo es realmente Dios. Uno de los propósitos de la encarnación fue darnos una comprensión mejor de cómo es Dios. Jesús reveló la semejanza de Dios en términos de experiencias y encuentros con la vida real.

El escritor del libro de Hebreos habla de Jesús como "el resplandor de su gloria [de Dios], y la imagen misma de su sustancia" (1:3). La respuesta dada a Felipe cuando dijo: "Señor, muéstranos al Padre, y nos basta" (Juan 14:8) fue: "¿Tanto tiempo hace que estoy con vosotros, y no me has conocido, Felipe? El que ha visto, ha visto el Padre; ¿cómo, pues, dices tú: 'Muéstranos el Padre'?" (14:9).

Una demostración de la vida real en un mundo real ofrece una dimensión a nuestro entendimiento que excede mucho más que una mera descripción. Los ejemplos conmovedores de amor cuando Jesús tuvo compasión de los enfermos, los afligidos, los hambrientos y los que fueron como ovejas sin un pastor nos cuentan algo del amor que caracteriza a Dios de una manera que una ninguna definición podría comunicar. El amor incomparable de Cristo mostrado por Su muerte para pagar la pena del pecado por los que habían pecado en Su contra nos demuestra una dimensión de amor que las mentes más sabias y los más dotados con el uso de palabras jamás podrían describir.

El ejemplo de una vida perfecta a pesar de los diseños más astutos de Satanás y a pesar de los encuentros provocadores con hombres viles y maquinadores, demuestra una dimensión de la santidad que no se puede comunicar por medio de las vidas de los más santos entre los redimidos. La declaración firme de Jesús cuando Él pronunció el juicio contra Corazín, Betsaida y Capernaum (Mateo 11:20-24); el lenguaje solemne que usó cuando pronunció los ayes sobre los fariseos (Mateo 23:13-26); y Su posición determinada en cuanto a la profanación del Templo cuando echó fuera a los cambistas de dinero (Juan 2:13-16) exhibe las exigencias justas de Su santidad, es decir, una intolerancia de pecado que las declaraciones doctrinales no pueden comunicar. La satisfacción de la santidad de Dios por medio de la muerte y los sufrimientos del Hijo de Dios declara la revelación sumamente más alta de la actitud de Dios hacia la santidad y hacia el pecado.

Necesitábamos toda la instrucción moral de las Escrituras, pero en sí las instrucciones no bastaban. Nos hizo falta un modelo que fue demostrado para nosotros en los encuentros con la vida real en un mundo real. Jesucristo es este modelo. Él ha revelado a nosotros y para nosotros lo que quiere decir estar en la semejanza funcional de Dios.

Jesucristo nos demostró la semejanza verdadera de Dios como la sustancia de esa semejanza que habría vivida en la forma de la cultura de un judío de Palestina del primer siglo. En esa cultura, Jesús vivía la verdad eterna, universal e inalterable de la semejanza de Dios. Jesús no vio la cultura como un valor neutral. Cuando el patrón de esa cultura era aceptable, demostró la semejanza de Dios en el patrón de esa cultura. Cuando el patrón de la cultura no era una medida aceptable para las normas divinas, la confrontó y se hizo una influencia transformadora en ella. En particular, esto se evidencia cuando la cultura producida por la tradición oral del fariseísmo se ponía en conflicto con la verdad divina.

Desesperadamente necesitamos un modelo para vivir la verdad de Dios en una cultura contaminada por el pecado. Debemos saber cómo vivir a la semejanza de Dios en medio de una sociedad que no se alinea con los valores divinos. Jesús se hizo el modelo para toda las personas de todas las culturas en y para todos los tiempos.

La Humanidad y la Deidad de Cristo

LA HUMANIDAD DE CRISTO

Dado que la controversia sobre Cristo suele enfoscarse en Su deidad más bien que su humanidad, ha existido la tendencia a no enfatizar tanto la naturaleza humana de Cristo y las implicaciones de Su humanidad. Se suele tomar por sentado que Él era humano. Dado que nuestra discusión previa trató la relación de Jesús como nuestro Pariente-Redentor, vemos que era igualmente esencial para Él ser humano, para ser el Redentor, como lo era el ser Divino.

El nacimiento de Cristo atestigua a la autenticidad de Su naturaleza humana (Mateo 1:18-25; Lucas 2:11). Es verdad que fue concebido milagrosamente (Mateo 1:18-25; Lucas 1:26-35), pero al mismo tiempo fue un nacimiento humano. Él poseía un cuerpo humano (Hebreos 2:14; Juan 2:21; Mateo 26:12) y un espíritu humano (Lucas 23:46). Experimentaba las necesidades humanas. Tenía hambre (Mateo 4:2; 21:18). Tenía sed (Juan 19:28). Estaba fatigado (Juan 4:6). Dormía (Mateo 8:24). Murió y fue enterrado (Marcos 15:43-46). En el Nuevo Testamento no hay ninguna indicación de que Jesús no fuera humano. Se refería a sí mismo como un hombre (Juan 8:40). Otros le llamaron un hombre (Juan 1:30; Hechos 2:22; 13:38; 1 Corintios 15:21, 47; Filipenses 2:8; y otros pasajes).

LA DEIDAD DE CRISTO

(Ver la discusión de la deidad de Cristo en el capítulo 6, "La Trinidad", páginas 107-122.)

Puntos de Visto Erróneos en cuanto a las Dos Naturalezas y la Persona de Cristo

Para obtener un entendimiento claro de la verdad, a veces nos ayuda contrastar la verdad con el error. Examinaremos brevemente algunos de los errores históricos de la iglesia para ayudarnos a ver más claramente la verdad. Para los lectores más interesados en un trato más completo de estos puntos de vistos erróneos que se presentarán aquí, tal examinación suele encontrarse en la mayoría de los libros de la teología sistemática, en los libros de la Historia de la Doctrina y en los libros sobre la Historia de la Iglesia.

LOS EBIONITAS

Los ebionitas surgieron alrededor de los principios del siglo segundo. Fueron un grupo judaico que dio a Jesús un lugar de importancia en sus creencias, pero ellos negaron que fuera deidad. Creían que el monoteísmo fue incompatible con atribuir deidad a Jesús.

LOS GNÓSTICOS

El gnosticismo desarrollado apreció más o menos el mismo tiempo que los ebionitas. No obstante se cree generalmente que una forma incipiente del gnosticismo ya existía alrededor de los medianos del primer siglo. La carta a los Colosenses (60 d.C.) trata esa forma temprana del gnosticismo. Los principios básicos del gnosticismo pueden encontrarse en la última parte del primer siglo, como se evidencia por algunas de las declaraciones de Juan, combatiendo los puntos de vistos heréticos de Cristo (1 Juan 4:1-3; y 2 Juan 7).

La suposición principal de los gnósticos fue que lo material era inherentemente malvado. Fue por eso que ellos negaron la realidad de la naturaleza humana de Jesús o negaron que fuera una encarnación verdadera. En cuanto a esa última forma de gnosticismo, Alexander M. Renwick explica: "Este Cristo celestial actuó en el hombre Jesús pero nunca se encarnó".[4]

LOS ARRIANOS

Arrio negó la integridad de la naturaleza divina de Cristo. Cristo fue el primero de los seres creados. Por medio de Él, lo demás de la creación fue creado. Se le podría llamar Dios, pero no en el sentido completo de la palabra.

El arrianismo fue condenado en el Concilio de Nicea en el 325. Arrio enseñó que Jesús fue una sustancia *semejante* (*homoiusia*) con el Padre. La oposición que finalmente prevaleció después de una lucha larga encabezada por Atanasio, quien enseñó que Jesús en Su naturaleza divina tenía la *misma* sustancia (*homousia*) que el Padre. El grupo actual conocido como los Testigos de Jehová expone un punto de vista similar al de Arrio.

LOS APOLINARISTAS

Mientras que Arrio negó la integridad de la naturaleza divina de Cristo, el apolinarismo negó la integridad de la naturaleza humana de Cristo, y expuso el punto de vista que un humano consiste de cuerpo, alma y espíritu. La naturaleza humana de Jesús tenía un cuerpo y un alma, pero no un espíritu humano (una mente). La inteligencia de Cristo le fue suplida por Su Logos eterno. Este punto de vista fue condenado en el Concilio de Constantinopla (381).

Con referencia a la controversia en cuanto al error del apolinarismo, McDonald comenta:

> En el siglo cuarto, Gregorio de Nacianceno repudió la humanidad abreviada del Cristo del apolinarismo con la observación de que lo que no se asume no se cura. Si sólo la mitad de Adán cayó, él argumenta, entonces lo que Cristo asume y salve debe ser también sólo la mitad; pero si toda la naturaleza cayó debe unirse con toda la naturaleza de Él quien fue engendrado y así está completo como un total. Él concluye diciendo que ellos no nos envidien nuestra salvación

> completa y que no vistan al Salvador con huesos y nervios y un mero retrato de humanidad.[5]

LOS NESTORIANOS

Nestorio fue acusado de una enseñanza incorrecta en cuanto a la unión de las naturalezas humana y divina de Cristo. Él fue condenado en el Sínodo de Éfeso (431). Lo que se llama el nestorianismo expone el punto de vista que la unión de las naturalezas humana y divina es algo análogo a la habitación del Espíritu Santo en el creyente. La diferencia es un grado de plenitud y control. El resuelto fue la existencia de dos personas.

La opinión de algunos eruditos es que no se entendió a Nestorio bien. McDonald explica:

> Aunque Nestorio fue condenado como hereje por el celo excesivo y el afán de venganza de Cirilo [de Alejandría], la cuestión de su falta de ortodoxia ha persistido. El descubrimiento en 1910 de la obra por Nestorio, *El bazar de Heracleides*, traducida al siríaco, ha abierto de nuevo el tema. Se han dado opiniones distintas. J. F. Bethune-Baker declara que Nestorio no fue nestoriano; mientras F. Nau defiende su condenación.[6]

De la investigación que hice sobre Nestorio en un ensayo que escribí en el seminario, me inclino a creer que la acusación contra Nestorio fue falsa. Pero nos ayuda en nuestro entendimiento del punto de vista verdadero cuando lo contrastamos con el punto de vista nestoriano.

LOS EUTIQUIANOS

Eutiques se quedó enrollado en una reacción exagerada contra el nestorianismo. Enseñó que las naturalezas divina y humana se combinaron para creer una tercera naturaleza. En cuanto a esa mezcla de naturalezas para creer una tercera, A. H. Strong explica:

> Dado en este caso que lo divino debe superar lo humano, sigue que lo humano fue realmente absorbido en o transmutado a lo divino, aunque lo divino no fuera, en todos los respectos, lo mismo después de la unión, como lo fue antes. Por tanto, muchas veces los eutiquianos fueron conocidos por monofisitas, porque prácticamente redujeron las dos naturalezas a una.[7]

Charles Hodge presenta unas preguntas importantes con respecto a este punto de vista:

> Pero ¿cuál fue la naturaleza que resultó de la unión de las dos? La humana puede ser exaltada a la divina, o perdida en ella, como una gota de vinagre (usando un ejemple de aquel entonces) en el océano. Entonces Cristo dejó de ser un hombre....¿Dónde, pues, está la obra redentora y su unión o simpatía con nosotros? O el efecto de la unión puede ser de combinar lo divino a lo humano, para que, después de todo, la naturaleza singular fuera solo la naturaleza del hombre. Entonces se negó la divinidad verdadera de Cristo, y sólo tenemos un salvador humano. O el efecto de la unión de las dos naturalezas fue la producción de una tercera, que no es humana ni divina, sino teoantrópica, como en las combinaciones químicas cuando se combinan un ácido y un alcalino. Entonces Cristo, en lugar de ser Dios y hombre, ni es Dios ni es hombre.[8]

El eutiquianismo fue condenado en el Concilio de Calcedonia (451). Fue el mismo concilio que expuso el punto de vista que llamamos el punto de vista ortodoxo.

El Punto de Vista Ortodoxo en cuanto a las Dos Naturalezas y la Persona de Cristo

LA INTERPRETACIÓN DE CALCEDONIA

El impulso principal de la decisión del Concilio de Calcedonia en 451 fue afirmar dos verdades principales sobre Cristo: (1) Él tenía dos naturalezas—una naturaleza humana y una naturaleza divina. Cada naturaleza existe en su totalidad e integridad. (2) Jesucristo es una sola persona.

En el Concilio de Constantinopla en 681, la doctrina monotelita, que enseña que Jesús tenía una sola voluntad, fue rechazada y la doctrina de dos voluntades y dos inteligencias fue añadida a la doctrina ortodoxa.

La Unión de las Dos Naturalezas en una Sola Persona

Explica H. C. Thiessen:

> "La persona de Cristo es teoantrópica pero no Su naturaleza. Es decir, podemos hablar del Dios-hombre cuando deseamos referirnos a la persona; pero no

podemos hablar de la naturaleza divina-humana, sino decimos las naturalezas divina y humana en Cristo".[9]

Si empleásemos el término "Dios-hombre" o las palabras "Divino-humano" para referirnos a las naturalezas de Cristo, en efecto estaríamos sugiriendo una mezcla entre las dos naturalezas. Estaríamos promoviendo el eutiquianismo.

La Evidencia que Cristo es una Sola Persona

Podemos hablar de *teoantrópico* (compuesta de dos palabras griegas que significan Dios-hombre) o de la persona Dios-hombre o de la personalidad de Cristo. Que Él fue una sola persona está claro. Cuando vemos a Cristo en los evangelios, la impresión es que estamos encontrándonos con una sola persona. Jesús se refiere a sí mismo como "Yo", no como "Nosotros". Se le refiere como "Él".

El Significado de la Personalidad Teoantrópica

¿Qué se involucra en el reconocimiento de la persona o la personalidad de Cristo como teoantrópica? No hemos de pensar en la personalidad de Cristo como una mezcla entre una personalidad divina y una humana. La personalidad de Cristo involucra todos los atributos igualmente de una personalidad humana y divina, pero no fue una mezcla entre las dos.

Los teólogos hablan de la naturaleza humana impersonal de Cristo siendo unida con la naturaleza divina de Cristo. Lo que esta declaración quiere exponer es el hecho que mientras que la personalidad divina existía antes de la encarnación, no hubo una existencia previa de una personalidad humana. La encarnación no involucró la unión de una personalidad humana y una personalidad divina. En la encarnación la naturaleza humana encontró la conciencia personal en la personalidad teoantrópica. Sin ninguna alteración a la personalidad divina, la personalidad de Cristo asumió los atributos de la personalidad humana y se hizo una personalidad teoantrópica.

En parte encontramos un paralelo cuando pensamos en el centro de un círculo ya trazado y luego dibujamos otro círculo usando el mismo centro. El centro que una vez fue el centro de un sólo círculo ya se hace el centro de otro círculo. Tenemos un centro y dos círculos. Las dos naturalezas de Cristo encuentran la conciencia personal en una sola personalidad. La naturaleza divina tenía una conciencia personal en esta personalidad antes de la encarnación cuando ésta asumió los atributos de una personalidad humana y dio una conciencia personal a una naturaleza humana que no tuvo una conciencia personal previa ni separada.

La Omnipresencia de la Personalidad Teoantrópica

La naturaleza humana está restringida a los límites del cuerpo humano. La personalidad teoantrópica de Cristo es omnipresente. La presencia personal de Cristo, en todo tiempo y todo lugar, siempre es teoantrópica.

Una Unión de las Dos Naturalezas, no un Recinto de la Naturaleza Divina en la Humana

Existe una idea equivocada que se desarrolla fácilmente en cuanto a la palabra encarnación, que significa "en carne". No hemos de pensar, como algunos, de la naturaleza divina siento reducida al tamaño de un espermatozoide y luego colocado en útero de la virgen María. Esa idea es el concepto de que la deidad, en la encarnación, fue envuelta dentro de los confines de un cuerpo humano.

En cuanto a estas observaciones, hay que decir, en primer lugar, que la deidad no se reducirá. Con la encarnación, es la unión de las naturalezas divina y humana, no el encerramiento de la naturaleza divina dentro de los confines del cuerpo humano.

¿Una Voluntad o Dos?

Ahora vamos a prestar atención a la discusión de si Cristo tuviera una o dos voluntades. Como se mencionó previamente, la doctrina de una sola voluntad (la doctrina monotelita) fue rechaza y la posición de dos voluntades de Cristo fue adoptada durante el Concilio de Constantinopla en 681. Estoy de acuerdo con Strong cuando escribe: "La teoría de dos consciencias y dos voluntades, que fue elaborada primeramente por Juan de Damasco, fue una adicción sin justificación a la doctrina propuesta en Calcedonia".[10]

Pienso que la pregunta verdadera es esta: ¿Es la voluntad un atributo de la personalidad o un atributo de la naturaleza? Si es un atributo de la naturaleza, Cristo tuvo dos. Si la voluntad es un atributo de la personalidad, tuvo una sola.

Al decidir si Jesús tuviera una voluntad o dos, creo que nos ayudará ver cómo las implicaciones de nuestro pensamiento afectarían la manera en que pensemos en la Trinidad. En la Trinidad, hay tres personas y una naturaleza. Si la voluntad se relaciona con la naturaleza, solo hay una voluntad en la Deidad. Si la voluntad se relaciona con la personalidad, habrá tres voluntades en la Trinidad.

A veces hemos llegado a estar tan acostumbrados a pensar en la voluntad como un "plan", que como cuando pensamos de la "voluntad de Dios", metemos ese significado cuando no es así. Sin duda, hay un plan en la Trinidad. Pero no estamos hablando de esto aquí. Estamos pensando en la capacidad de decir: "Es mi voluntad". Como lo veo, esta capacidad pertenece claramente a la personalidad como distinguida de la naturaleza. Si es así, hay tres voluntades en la Trinidad, pero una sola en Cristo. Si la voluntad pertenece a la naturaleza, hay dos voluntades en Cristo, pero una sola en la Trinidad.

Lo que quiero decir es esto. La misma consciencia consciente que reconoce la naturaleza divina de Cristo también reconoce una naturaleza humana en Cristo. La misma consciencia consciente de la determinación (voluntad) que dirige la naturaleza divina también dirige la naturaleza humana. Al dirigir la naturaleza divina, está conscientemente consciente de la naturaleza divina y de todos los atributos de la personalidad divina. Al ordenar la naturaleza humana de Cristo, está consciente de la naturaleza humana y de todos los atributos de la personalidad humana.

LOS PUNTOS DE ACUERDO ESENCIALES EN CUANTO A LAS NATURALEZAS Y LA PERSONA DE CRISTO

Es mi estimación que el profundizar a los misterios de la encarnación es más difícil, en cuanto a que podamos entender los dos, que comprender los misterios de la Trinidad. En nuestros intentos a profundizar en los misterios de la encarnación, deberíamos tener firmemente en cuenta estas verdades establecidas: (1) Debemos adherirnos a las dos naturalezas de Cristo, la divina y la humana, las dos en su totalidad e integridad. (2) Estas dos naturalezas están en unión, pero son distintas y de ninguna manera se mezclan la una con la otra. (3) Cristo es una sola persona. (4) La personalidad de Cristo tiene los atributos de la personalidad divina y de la personalidad humana, pero no es una mezcla entre la personalidad divina y la humana. No se han de negar estas verdades por declaración ni implicación. Cuando se mantienen estas verdades, podemos errarnos en los detalles, pero no en cuanto a las verdades básicas.

UN CONTRASTE DEL PUNTO DE VISTA VERDADERO CON LOS PUNTOS DE VISTA FALSOS

Nos es provechoso demostrar el contraste entre el punto de vista verdadero de Cristo con los puntos de vista falsos. En contraste con los ebionitas, creemos en la deidad de Cristo. En contrate a los gnósticos, creemos en la humanidad verdadera de Cristo y en una encarnación real. A diferencia de los arrianos, creemos en la totalidad e integridad de la deidad de Cristo. En contra del apolinarismo, creemos en la totalidad e integridad de la naturaleza humana de Cristo. En contraste con los nestorianos, creemos que Cristo es una sola persona, no dos. En contra del eutiquianismo, rechazamos la idea de una mezcla de las naturalezas de Cristo. Cada naturaleza, la humana y la divina, mantiene su totalidad e integridad.

La Relación de las Dos Naturalezas de Cristo Durante su Vida Terrenal

EL PROBLEMA EXPUESTO

El problema básico se centra alrededor de la omnisciencia, la omnipotencia y la omnipresencia, que son atributos de Su naturaleza divina. Ésta es la pregunta: ¿Se apartó Jesús esos atributos durante Su vida en la tierra? O, ¿fue alguna limitación sobre Su ejercicio? Algunos han contestado, diciendo "Sí", a la primera pregunta. Otros han contestado "No", a la primera pregunta, pero "Sí", a la segunda.

UNA REVISIÓN DE LOS DATOS BÍBLICOS

Filipenses 2:7

Un pasaje clave en el debate sobre lo que Jesús puso a un lado en Su encarnación es Filipenses 2:7. La palabra clave es *kenoō*, que puede traducirse "vaciarse". El RVR 1960 lo traduce: "sino que se despojó a sí mismo". Una traducción mejor sería: "sino que se vació de sí mismo…".

La pregunta es: ¿De qué se vació Jesús de sí mismo? No hay nada en el pasaje para dar la idea de que se vaciara de ninguno de Sus atributos. El tema del pasaje es la humildad. Pablo reta a sus lectores que debe haber en ellos "este sentir que hubo también en Cristo Jesús" (v. 5). El que había existido de la eternidad con todos los privilegios y la gloria de la deidad tomó sobre sí mismo la "forma de siervo, hecho semejante a los hombres; y estando en la condición de hombre, se humilló a sí mismo, haciéndose obediente hasta la muerte, y muerte de cruz" (vv. 7, 8).

Hay dos observaciones básicas: (1) Antes de venir a la tierra, Jesús había experimentado la *gloria total de Dios* (Juan 17:5). Al llegar a la tierra, como visto por los hombres, la gloria les fue velada. Su deidad no fue aparente en sí excepto para aquellos que creyeron en Él. Aun ésos no vieron la gloria de Su deidad. (2) *Fue un siervo*. Como sirvo fue obediente al Padre. Filipenses 2:5-8 no elabora sobre la naturaleza de esta sumisión al Padre más que decir que Él se hizo "obediente hasta la muerte, y muerte de cruz".

Considero que mientras el pasaje es muy provechoso para nuestro entendimiento de la humildad y la sumisión demostradas en la encarnación, no ofrece una solución al problema relacionado a Su omnisciencia, omnipotencia y omnipresencia. El hecho de la sumisión al Padre puede ayudar, pero cómo se relaciona a estos atributos y su uso necesitan más datos.

LA CUESTIÓN DE LA OMNIPRESENCIA

Antes de proceder más, quiero comentar sobre el problema de la omnipresencia. Si consideramos que la inmensidad se refiere a la infinitud de la esencia de Dios como distinguida de la omnipresencia, es imposible pensar que Él se vaciara de Su inmensidad. No hay manera en que la inmensidad de la esencia pueda someterse a una limitación voluntaria. Si Jesús no compartiera la esencia de Dios, no sería Dios. La infinitud de la esencia no puede ser cambiada.

La omnipresencia, distinguida de la inmensidad, se refiere a la presencia personal. El hecho de la presencia personal de Cristo no se limitaría. La acción de la persona se somete a una sumisión voluntaria al Padre, pero no el hecho de Su omnipresencia.

LA CUESTIÓN DE LA OMNISCIENCIA Y LA OMNIPOTENCIA

El problema se centra en la omnisciencia y la omnipotencia. Con respecto a Su omnisciencia, Él no siempre la empleaba. Dijo que no sabía el tiempo de Su segunda venida (Marcos 13:32). ¿Quiere decir que se había apartado Su omnisciencia? La evidencia dice lo contrario. Jesús vio a Natanael cuando estaba debajo de una higuera, aunque Jesús no estuviera allí. Al oír esas palabras hizo que Natanael le reconociera a Jesús como el Hijo de Dios (Juan 1:47-50). Jesús "conocía todos, y no tenía necesidad de que nadie le diese testimonio del hombre, pues él sabía lo que había en el hombre" (Juan 2:24-25).

Como se relaciona a la omnipotencia de Jesús, todo que Él hizo tuvo éxito. Sus milagros atestiguan al hecho de que la naturaleza divina no había apartado Su omnipotencia. Algunos se equivocan al decir que los milagros y toda la vida de Jesús fueran llevados a cabo en el poder del Espíritu Santo de la misma manera que el Espíritu Santo obra en nosotros. Si los milagros de Cristo hubieran sido llevados a cabo únicamente en el poder del Espíritu Santo, no habrían testificado de Su deidad (Hechos 2:22). Un punto de vista que coloca todo el éxito de la vida de Jesús solamente en la dependencia del Espíritu Santo indicaría una naturaleza divina inactiva durante Su vida terrenal. La evidencia al contrario es demasiado fuerte para que se tome en serio tal punto de vista. No niego que tenía una relación con el Espíritu Santo, pero digo que mucho de lo que hizo reflejó la acción de Su naturaleza divina.

EL PROBLEMA PRINCIPAL: LA OMNISCIENCIA

No hay problema en ver que el ejercitar la omnipotencia sea en sumisión a la voluntad del Padre. Hay un problema con la omnisciencia. Es difícil concebir de un miembro de la Trinidad sin el ejercitar completo siempre de la omnisciencia. No obstante, en Marcos 13:32, Jesús parece declarar claramente que Él no supo el tiempo de Su segunda venida. Enfrentados con esta dificultad, algunos han tratado de explicar este pasaje de una manera diferente. A pesar de los problemas, parece mejor aceptar la interpretación obvia y sacar la conclusión que hubo alguna limitación sobre el uso que Jesús tenía de la omnisciencia durante Su vida en la tierra. La sugerencia que Él no tuvo este conocimiento en Su naturaleza humana, pero sí en Su naturaleza divina, no es satisfactoria. Jesús no dijo que Su naturaleza humana no lo supiera. Más bien, dijo que el Hijo no lo supo.

Juan 6:38

Es evidente que Jesús vivía su vida en sumisión al Padre. De los evangelios la evidencia es más que obvia para que lo repitamos aquí. Jesús declara esta verdad claramente cuando dijo: "Porque he descendido del cielo, no para hacer mi voluntad, sino la voluntad del que me envió" (Juan 6:38)

UN EJERCER SUBORDINADO DE ESTOS ATRIBUTOS, MÁS BIEN QUE UNO COORDINADO

Una manera normal de hablar de la limitación voluntaria del uso de la omnisciencia y la omnipotencia es: Jesús rindió el uso independiente de esos atributos para un ejercer dependiente de ellos. En el uso de esos atributos Él se sometió al control del Padre durante Su vida terrenal. Warren Young prefiere hablar de Jesús rindiendo un ejercer coordinante de esos atributos más que un uso subordinado. Él dice que Jesús nunca hizo un uso independiente es esos atributos.[11] Es probablemente mejor hablar de los usos coordinados y subordinados de esos atributos que de los usos independientes y dependientes. El significado de los términos es el mismo, pero coordinado y subordinado parecen ser términos más apropiados para expresar las ideas involucradas.

El Problema de la Pecabilidad o la Impecabilidad de Cristo

EL PROBLEMA EXPUESTO

El punto de vista que expresa que Jesús podría haber pecado se llama pecabilidad. El punto de vista de la impecabilidad es que Jesús no pudo pecar. Han habido cristianos devotos que se han expresado por uno punto o el otro. En las Escrituras no hay enseñanza directa que habla del punto de la cuestión. La Biblia enseña claramente que Jesús no pecó. No nos dice si podría haber pecado o no. Yo expondré un argumento para la impecabilidad de Cristo.

El Resultado de la Unión de las Dos Naturalezas en una Sola Persona

En la unión de las dos naturalezas en una sola persona, *no creo que sea posible imputar la culpabilidad moral a Su humanidad sin imputarla a Su divinidad.* Cuando distinguimos entre la naturaleza y la persona, la responsabilidad pertenece a la persona. La naturaleza es moralmente responsabilidad solo como se manifiesta en la personalidad. Jesús tenía solo una personalidad. Está claro que la deidad no puede pecar (Tito 1:2). La culpa moral no podía ser experimentada por la personalidad teoantrópica de Jesús sin que pecase la deidad. Dado que la deidad no puede pecar, Jesús no pudo haber pecado.

No estoy diciendo que la naturaleza humana de Cristo no podría haber pecado si no existiera la unión con su naturaleza divina. Pero la naturaleza humana en unión con la naturaleza divina no puede pecar. Si yo pudiera entender una manera que Su naturaleza humana pudiera haber pecado sin imputar la culpa a la naturaleza divina, creería que podría haber pecado. Pero, dado que la naturaleza es moralmente responsable solo como se manifiesta en la personalidad, no creo que Jesús pudiera haber pecado. Si hubiera pecado, la culpa habría sido imputada a la personalidad teoantrópica. La personalidad humana puede pecar. Pero la personalidad teoantrópica no puede pecar.

La Realidad de la Tentación

Algunos han declarado que si Jesús no podría haber pecado, Su tentación no fue real y que no puede ser nuestro Sumo Sacerdote comprensivo. En primer lugar, necesitamos aclarar que hay dos fuentes de tentación. (1) La tentación puede sugerir desde dentro de una persona. Esto es lo que Santiago quería decir con: "que cada uno es tentado, cuando de su propia concupiscencia [pasión] es atraído y seducido" (Santiago 1:14). Él se refiere a la tentación que viene de nuestra naturaleza depravada. (2) La tentación puede venir de afuera. Esto es lo que ocurre cuando otra persona trata de convencernos de hacer algo malo.

Jesús fue tentado de la segunda manera mencionada. Él fue tentado por el diablo. Jesús no tenía una naturaleza pecaminosa. No tenía impulsos internos para pecar. En sí, el impulso interno a pecar ya es pecado. Jesús tenía hambre y deseaba comer, pero no deseó comer si el comer involucrara la obediencia a Satanás. En Él no existió ni la inclinación más mínima del deseo de obedecer a Satanás. Tal inclinación es en sí y de sí misma un pecado.

Se ilustra bien el principio por la oración de Jesús en el huerto de Getsemaní. El oraba: "Padre mío, si es posible, pase de mí esta copa; pero no sea como yo quiero, sino como tú" (Mateo 26:39). Jesús tenía temor de beber la copa de condenación por nuestros pecados. Hubiera preferido no hacerlo si fuera consistente con el plan de Dios. Él no exhibe el deseo más mínimo de no beber la copa si el abstenerse de ella involucrara la desobediencia a Dios. Es una equivocación entender a Jesús como llegando al punto de la desobediencia y al punto de abandonar todo el plan. *Su compromiso fue totalmente inquebrantable.*

Jesús sentía el peso de la tentación. Sentía las presiones de la vida. Él podría simpatizar fácilmente con el problema de un hambriento que lucha con la posibilidad de robar algo para comer. Puede que una persona de principios y convicciones, aun en un momento deprimido, no tenga dificultad en rechazar las drogas ilegales o el alcohol, pero como resultado de esa experiencia, ella tendría una comprensión mejor de la persona que sí tiene tal dificultad. Los encuentros de Jesús con la vida fueron reales. Sus propias necesidades internas fueron verdaderas, pero Su compromiso a lo recto no cambió. Él nunca necesitó limpiarse de un vil pensamiento.

La Razón de la Tentación

Algunos dicen: "Si Cristo no podría haber pecado, no hay razón para la tentación". Pienso que hubo razón. Una declaración que dice que Jesús no podría haber pecado nunca hubiera tenido el mismo significado para nosotros como un encuentro verdadero con el diablo en que el malo fracasó en su intento de que Jesús pecara. Una declaración que Jesús no podría haber pecado funcionaría para unos argumentos racionales, pero no hubiera satisfecho las necesidades de nuestra personalidad total tanto como una victoria real sobre la tentación.

Otro propósito servido en la tentación es que calla la boca del diablo. Él nunca puede decir: "No tuve la oportunidad para hacerle pecar. Si la tuviera le podría haber hecho pecado".

La Resurrección de Cristo

Se trata aquí la resurrección por dos razones: (1) Es apropiado si queremos continuar nuestra discusión de la encarnación para formar unas observaciones en cuanto a la encarnación como es en la actualidad. (2) La discusión de la propiciación (expiación) que se hará en el capítulo siguiente debería continuar a un estudio de la aplicación de la salvación sin una interrupción del pensamiento para volver a la resurrección.

LA INCOMPATIBILIDAD DEL NATURALISMO Y LA RESURRECCIÓN DE CRISTO

Para el naturalista que no cree en Dios, y para la persona que cree en "un dios", pero restringe sus actividades al eslabón de leyes de la naturaleza, no puede haber una resurrección corporal de Cristo de la muerte que ha sido llevado a cabo por Dios. No se permite tal idea dentro del sistema de pensamiento del naturalista ni en su cosmovisión. Esta persona ha eliminado tal conclusión aun antes de examinar los datos. Aún si tal persona fuera convencida que Jesús reviviera después de haber sido matado, no creería que Dios le levantara de entre los muertos. Su sistema no tiene lugar para tal cosa. No creerá que Dios levantó a Jesús de la muerte hasta que rechace el naturalismo y crea en la revelación divina. Algo tiene que ocurrir para atraerle al punto de ver y sentir la insuficiencia de su cosmovisión. Cuando ocurra esto, la persona tendrá más interés en escuchar y considerar la evidencia para la resurrección de Cristo. Una vez que nuestro sistema de pensar permita la posibilidad de la resurrección de Cristo, tenemos la oportunidad de recurrir a la revelación divina y a los testigos mencionados en ella.

LA EVIDENCIA BÍBLICA PARA LA RESURRECCIÓN CORPORAL DE CRISTO

Para los que creen en Dios y en la revelación bíblica, hay pruebas. La tumba fue vacía. Solo una resurrección corporal necesita una tumba vacía. Jesús había profetizado que Su cuerpo sería levantado (Juan 2:19-22; Mateo 27:62-66). Él le demostró Su cuerpo a Tomás (Juan 20:26-28). Declaró a Sus discípulos que tenía un cuerpo de carne y hueso (Lucas 24:39).

LA EVIDENCIA HISTÓRICA DE LA RESURRECCIÓN CORPORAL DE CRISTO

Hay pocas personas que desafían o cuestionan el hecho de que Jesús realmente vivía como una persona histórica. La evidencia sostiene la conclusión que fue crucificado y que realmente murió (Juan 19:31-27). Hubo testigos que confirmaron el hecho de que Él fue visto después de que murió (Mateo 28:9, 16-27; Lucas 24:39-51; Juan 20:11-29; Hechos 1:21-26; 2:32; 1 Corintios 15:3-8). Hay evidencia histórica y empírica que Jesús murió y que, después de Su muerte, Él fue visto vivo en el mismo cuerpo que fue crucificado. Existe más evidencia histórica y empírica para la resurrección de Cristo que para muchos otros eventos principales del mismo período de tiempo. Josh McDowell ha tratado extensivamente este tema.[12] No puede haber una evidencia empírica que Dios le levantó de la muerte. El acto divino de resucitar el cuerpo de Cristo no encaja dentro del aspecto de los cinco sentidos. El hecho que "Dios le levantó de los muertos" solo viene por medio de la revelación divina. Las personas que recibieron esa revelación nos la han comunicado en la Biblia (Romanos 10:9). La evidencia empírica sostiene la conclusión que Jesucristo murió y volvió a vivir. La única explicación razonable del hecho de fue que fue restituido a la vida después de haber sido crucificado es que Dios le levanto de los muertos.

LA CUESTIÓN DE QUE SI EL CUERPO DE JESÚS FUE UN CUERPO MATERIAL

Frecuentemente se hace la pregunta: ¿Fue el cuerpo resucitado de Jesús un cuerpo físico y material? De la Biblia ciertamente no hay evidencia al contrario. El hecho que Su cuerpo pudo pasar por puertas cerradas demuestra que no fue sumiso a las mismas leyes como lo fue antes, pero esto no es un argumento en contra de un cuerpo físico. Cuando Jesús alimentó a los 5.000, el pan y el pescado fueron multiplicados por un proceso más que uno normal, pero esto no niega que Jesús sí los dio de comer con comida verdadera. La carga de la prueba de que el cuerpo de Jesús no fue material recae en los que proponen que no lo fuera. A menos que trabajemos bajo alguna influencia del punto de vista gnóstico que lo material es inherentemente malo, no hay razón para negar que el cuerpo resucitado de Jesús fuera material. Lo material no es inherentemente malo.

Diferencias y Semejanzas Comparadas con Su Cuerpo antes de la Crucifixión

El cuerpo resucitado fue un cuerpo de carne y hueso (Lucas 24:39). De 1 Corintios 15:50, sacaríamos la idea que el cuerpo no poseía sangre. Su cuerpo llevaba las marcas de la crucifixión (Juan 20:24-28). Ya no fue limitado por las mismas restricciones como antes (Juan 20:19, 26). Ya no fue sujetado a la muerte (Romanos 6:9; Apocalipsis 1:18).

El significado de la resurrección de Cristo

Sin la resurrección de Cristo, se caería todo el sistema de verdad cristiana. La resurrección nos asegura de la verdad de las declaraciones divinas de Jesús (Romanos 1:4). Nos garantiza nuestra justificación (Romanos 4:25). La propiciación llevada a cabo en la cruz no podría haber sido aplicada por un Cristo muerto. Solo un Cristo viviente puede otorgar los beneficios de Su muerte. La resurrección de Cristo nos asegura de nuestra propia resurrección corporal (1 Corintios 15:13-23; 1 Tesalonicenses 4:14). Su resurrección es la base de nuestra vida victoriosa (Romanos 6:4, 5, 8).

EL VALOR APOLOGÉTICO DE LA RESURRECCIÓN DE CRISTO

De Romanos 1:4, Pablo nos dice que por medio de Su resurrección de la muerte, Jesucristo fue declarado, con poder, ser el Hijo de Dios.

> Los milagros del NT tenían un valor simbólico; o sea, tenía un significado teológico. Los milagros de Cristo fueron una señal del hecho que Dios puso Su aprobación sobre Jesucristo. De esta manera sus aseveraciones y enseñanzas fueron confirmadas como verdaderas (Hechos 2:22: Juan 20:30, 31). El milagro de la resurrección es el milagro de milagros. Por medio de la resurrección de Cristo, Dios le dio el sello de aprobación más claro posible. Si Jesús hubiera permanecido dentro de la tumba, todas Sus aseveraciones habrían sido anuladas. Cuando Dios le levanto de la muerte, declaró más claramente como posible que Él es el Hijo de Dios.[13]

En el Nuevo Testamento, el valor apologético de la resurrección de Cristo no va dirigido a los ateos para que crean en Dios. Fue principalmente a los judíos que ya creían en Dios. El valor apologético igualmente de los milagros de Cristo y sSu resurrección fue para evidenciar la aprobación de Dios sobre Jesucristo, sobre Sus aseveraciones y sobre Su enseñanza. Obviamente, creer en Jesucristo significaría que una persona también creía en el Antiguo Testamento y en el Dios del Antiguo Testamento. Pablo aclara en 1 Corintios 15:12-19 que volver a crucificar a Cristo significarían rechazar nuestra resurrección y la esperanza cristiana. Sin la resurrección de Cristo, el mensaje cristiano se desmorona.

Durante su mensaje a los paganos en el Areópago, Pablo hace referencia a la resurrección de Cristo (Hechos 17:18, 31). Dice que Dios: "ha establecido un día en el cual juzgará al mundo con justicia, por aquel varón a quien designó, dando fe a todos con haberle levantado de los muertos" (v. 31). En ese caso Pablo no trataba de convencer a unos ateos que Dios existiera. Más bien, intentaba persuadir a los que creían en dioses falsos, que el Dios judeo-cristiano era el Dios verdadero y que la única esperanza que tenemos se encuentra en Jesucristo.

El valor apologético de la resurrección de Cristo no viene de un enfoque desapasionado, impersonal, objetivo, frío y legal a la evidencia para la resurrección de Cristo dirigido a una persona objetivamente desinteresada. Obviamente, la credibilidad legal para la evidencia de la resurrección de Cristo es importante. Pero el potencial más grande del valor apologético de la resurrección de Cristo se realiza cuando hablamos y escribimos de una preocupación profunda y personal para las personas que se dan cuenta de la insuficiencia de la vida y el pensamiento sin Cristo. La persona que ha permitido que las *preguntas ineludibles de la vida* hayan hecho su obra es un candidato dispuesto a oír y escuchar la evidencia para la resurrección. También será provechoso si ella comprende que la cuestión de la resurrección de Cristo forma una parte del proceso completo de poner a prueba la cosmovisión cristiana para su validez. En tal caso, una persona no está simplemente tratando de resolver un punto académico. Está en medio de una lucha de vida o muerte. Tal persona debe pensar honestamente. Ahora no hay lugar para la decepción. Sino que tales personas entran en tal estudio con una esperanza desesperada para encontrar respuestas para sus deseos más profundos para el significado de esta vida y la próxima.

La Ascensión y Exaltación de Cristo

LA CONTINUIDAD DE LAS NATURALEZAS DE CRISTO

Jesús permanecerá siempre el Hijo de Dios encarnado. Siempre será totalmente humano y totalmente Dios. Su cuerpo es ahora un cuerpo resucitado y glorificado, pero continúa como un cuerpo. Buswell explica:

> Nuestro Señor Jesucristo continúa siendo un hombre y siempre será un miembro de nuestra raza. Desde luego, esto no quiere decir que Él está sujeto a las limitaciones materiales que caracterizan nuestra vida sobre la tierra, pero sí quiere decir que tiene una forma corporal tangible tal como fue manifestada a

Sus discípulos después de Su resurrección, y tal como va a aparecer a nosotros en Su segunda venida gloriosa.[14]

Se nos dice en Hechos 1:11: "Este mismo Jesús, que ha sido tomado de vosotros al cielo, así vendrá como le habéis ir al cielo".

LA EXALTACIÓN DE CRISTO

Pablo nos dice: "Por lo cual Dios también le exaltó hasta lo sumo, y le dio un nombre que es sobre todo nombre, para que en el nombre de Jesús se doble toda rodilla de los que están en los cielos, y en la tierra, y debajo de la tierra; y toda lengua confiese que Jesucristo es el Señor, para gloria de Dios Padre" (Filipenses 2:9-11).

Jesús no volverá a morir. Nadie nunca más va a escupirle ni burlarse de Él. Él es Rey de reyes y Señor de señores. Él está sentado en la gloria, a la diestra del Padre (Hebreos 10:12). Él volverá en y con poder triunfante (Apocalipsis 19:11-16).

11

Redención y Justificación

De todos los eventos de la experiencia de Cristo, Su nacimiento, Su vida, Su muerte y resurrección y Su regreso, Su muerte queda en el centro. Tan importantes como son los otros eventos en sí mismos y con relación a Su muerte, la muerte de Cristo permanece central porque aparte de la redención no existiría perdón de pecados. El cristianismo no existiría. Es el nacimiento que hace posible la muerte de Cristo, pero es la muerte que pone la importancia en Su nacimiento. Es la resurrección que hace posible la aplicación de los beneficios de Su muerte. Es la muerte que hace importante la resurrección y hace que Aquel que ha sido restaurado a la vida sea el Redentor.

Es de suma importancia que mantengamos una doctrina sana de la expiación. El estudio de la redención debe involucrar toda la personalidad, no solo la mente racional. Mientras que en sí un estudio de la redención es fascinante en su consistencia lógica, debe profundizarse más para ser comprendida. También tiene que captar el corazón. No hay nada que echa tanta luz sobre la seriedad de la santidad y sobre el pecado como la propiciación o redención que Dios proveyó para dar el perdón del pecado. Un punto de vista debido de la expiación viste a todo el estudio de la teología con la seriedad. Un estudio de un sistema de la ética que no comprende la seriedad del pecado y una comprensión de la santidad y el amor de Dios que se ve en la expiación será terriblemente inadecuado. Cualquier punto de vista de la gracia que no se basa en la propiciación será vacío, de poca profundidad y lleno completamente de las tendencias al antinomianismo.

No basta simplemente con proclamar la declaración: "Jesús murió para salvar a los pecadores". Esta es una frase cuyo significado esencial debe ser captado antes de que ella llegue a ser el evangelio. Es una frase que un teológico liberal o un cristiano evangélico puede pronunciar, pero con interpretaciones drásticamente distintas que surgen de puntos de vista de la autoridad de la Escrituras que son drásticamente diferentes.

La mayoría de la predicación no llega a proclamar un punto de vista desarrollado de la redención. Espero que esto se corrija. Necesitamos la predicación y la enseñanza que promulga un punto de vista desarrollado de la necesidad y la naturaleza de la redención y cómo se aplica en la justificación. Necesitamos hacer esto tan frecuentemente que las personas que nos escuchan tendrán un entendimiento inteligente de lo Jesucristo hizo por ellas. Los puntos de vista de la expiación no desarrollados corren el riesgo de ser reemplazados por puntos de vista falsos. Es con un reconocimiento que nuestra tarea es seria que entramos en nuestro estudio de la redención y de su aplicación en la justificación.

Prestaremos la mayoría de nuestra atención en este capítulo a un contraste entre el punto de vista de satisfacción en la redención y el punto de vista gubernamental de la redención con los puntos de vista resultantes de la justificación. Se mirará brevemente el concepto de la influencia moral de la expiación expuesto por el liberalismo. Para los que tengan interés en un estudio de los puntos de vista variados que han surgido en la iglesia, recomiendo el tratado dado por H. Dermot McDonald.[1]

El Punto de Vista de Expiación por la Satisfacción Penal

SUPOSICIONES BÁSICAS

Hay cinco suposiciones básicas en las que se apoya el punto de vista de la satisfacción penal de la redención: (1) Dios es soberano. (2) Dios es santo. (3) El hombre es pecaminoso. (4) Dios es amor. (5) Dios es sabio. Es desde un desarrollo de los principios inherentes que vienen las suposiciones básicas en que vemos la necesidad, la provisión y la naturaleza de la expiación, o sea, la redención.

Para que no nos caigamos en la trampa del razonamiento mecánico contra lo personal, es importante que nos acordemos que la redención se ha diseñado para resolver un conflicto entre personas—Dios y el hombre. Debemos ver la soberanía administrada personalmente por uno que piensa, siente y actúa. Dios puede sentir gozo, satisfacción, tristeza e ira santa. Negar a Dios la habilidad de sentir es negar la integridad de Su personalidad. Explica Henry C. Thiessen:

> Frecuentemente los filósofos niegan que Dios pueda sentir, diciendo que esta habilidad implica una pasividad y susceptibilidad de impresión desde afuera, y que tal posibilidad es incompatible con la idea de la inmutabilidad de Dios. Pero la inmutabilidad no significa la inmovilidad. De necesidad, el amor verdadero involucra los sentimientos, y si no hay un sentir en Dios, entonces tampoco hay amor de Dios.[2]

La santidad no es un principio abstracto, sino es un atributo de personalidad. Es una experiencia de la personalidad divina. Se involucran los principios y las actitudes por medio de que funciona la personalidad divina. Las mismas observaciones que se han hecho sobre la santidad también pueden aplicarse al amor y a la sabiduría. Estas son experiencias de la personalidad divina.

El hombre es personal. El pecado es una experiencia de la personalidad humana en conflicto con un Dios personal. Se ha diseñado la expiación para resolver este conflicto y formar la fundación para la restauración de la santidad como la experiencia de la personalidad humana.

LA NECESIDAD DE LA EXPIACIÓN

La necesidad de la redención depende de las primeras tres de las suposiciones previamente notadas. Dios como Soberano es igualmente el Legislador y el Juez del universo. Esto coloca al hombre en una posición de responsabilidad ante Dios. Dios no puede apartar Su responsabilidad como Juez, y el hombre no puede escapar su responsabilidad delante de Dios—el Juez Supremo del universo.

Si por la parte de Dios no hubiera responsabilidad y el hombre no fuera responsable ante Él, no existiría la necesidad de una redención, pero esta relación está ineludiblemente envuelta en la naturaleza del caso. Habiendo establecido esta relación—una relación de responsabilidad, todavía no hay necesidad de una expiación excepto como esa necesidad surja de la naturaleza santa de Dios. Es la naturaleza santa de el que es Soberano, Legislador y Juez que hace necesario resolver el conflicto entre el hombre y Dios, dado que Dios ha colocado al hombre bajo condenación.

LA NECESIDAD DE CASTIGAR EL PECADO

Desde el juicio advertido en cuanto al pecado de Génesis 2:17 hasta el juicio del Gran Trono Blanco en Apocalipsis 20:11-15, una vez y otra la Biblia nos recuerda de la actitud de Dios en cuanto al pecado. Se ve la culminación de la actitud de Dios hacia el pecado en la condenación eterna de los malvados (Mateo 25:45; Marcos 9:43-48; Romanos 6:23; Apocalipsis 21:8).

¿Por qué hay tal castigo terrible en cuanto al pecado? Ningún principio de conveniencia para un gobierno divino podría justificar la demanda para una medida tan fuerte en cuanto al pecado aparte de una necesidad absoluta. Todo nuestro ser detesta la idea de que Dios tomaría tal paso tan drástico como el castigo eterno aparte de que existe una necesidad absoluta dentro de la naturaleza de Dios. Tal paso sería una violación igualmente de la santidad y el amor de Dios. Nuestra confianza en Dios nos dice que no hubiera tomado tal paso como el castigo eterno aparte de una necesidad dentro de la naturaleza divina.

La ley de Dios fluye y es una expresión de Su naturaleza santa. Para que la santidad sea la santidad, no es que sólo se difiere del pecado, sino que es intolerante del pecado. Esta intolerancia se manifiesta en una pena contra la violación de la ley moral de Dios. Como escribe J. Oliver Buswell, Jr.:

> El castigo de todo que viole, o que vaya en contra del carácter santo de Dios es una implicación lógica y una consecuencia de la santidad de Dios. Si Dios es santo, debe ser que Él vindicará Su santidad en contra de todo pecado y toda corrupción que vayan en Su contra.[3]

La ley santa de Dios pronuncia una pena sobre la persona que viola esa ley. La obra de la justicia divina es ejecutar el castigo de la ley y así proteger la santidad de Dios. La justicia de Dios no tolerará cualquier intento de apartar o disminuir la pena de la ley quebrantada de Dios. No puede haber ningún perdón del pecado sin una satisfacción completa de la justicia de Dios en el pago de la pena.

Declara Romanos 3:26 que el diseño de la propiciación hizo posible que Dios mantuviera Su justicia mientras que, al mismo tiempo, justificara al pecador que viene a Dios creyendo en Jesús. La implicación es que, si Dios justificara a los pecadores sin una expiación, iría en contra de la justicia de Dios. Esto no puede ser. Está claro que en este pasaje Pablo nos explica que la justicia demandó una expiación antes de que pudiera existir el perdón.

Un punto de vista debido igualmente de la necesidad y la naturaleza de la redención surge de la necesidad absoluta de Dios de castigar el pecado. Esta necesidad viene de Su santidad.

LA NECESIDAD PARA UNA JUSTICIA ABSOLUTA

Creo que, en los capítulos 2 y 3 de Romanos, Pablo construye un caso fuerte para el hecho de que para nuestra justificación ante Dios se requiere nada menos que la justicia absoluta. Particularmente en 2:1-38, Pablo tiene una preocupación por los judíos que no habían recibido a Jesús como su Mesías. Él quiere que ellos entiendan que no están preparados para aparecer justos delante de Dios. Quiere que ellos comprendan que ser un mero descendente físico de Abraham por medio de Jacobo no les prepara para estar delante de Dios y recibir la herencia eterna prometida a Abraham en Génesis 13:14, 15 y 17:8.

Hay un consenso general que en Romanos 2 Pablo se dirige a los judíos. Hay opiniones variadas en cuanto a lo que Pablo trate de decir en los versículos 6-13. El problema se centra en lo que Pablo trata de decirnos en cuanto a lo que ocurrirá en "el día de la ira y de la revelación del justo juicio de Dios" (v. 5). Él habla de un juicio según las obras (v. 6). Se pagará la paciencia "conforme a sus obras". Las personas que no obedecen la Verdad estarán bajo la ira de Dios (vv. 8-9). Las personas que hacen bien recibirán "gloria y honra y paz". En el versículo 12, dice que los que han pecado sin la ley (los gentiles) perecerán. Los que tienen la ley (los judíos) y pecan serán juzgados por la ley (v. 12). En el versículo 13, escribe enfáticamente que el haber sido recipientes de la ley, como lo fueron los judíos, no tendría ninguna importancia en el juicio justo de Dios. Sólo a las personas que son hacedores de la ley serán justificadas.

Estas palabras han intrigado a los comentaristas. De ahí han surgido una variedad de interpretaciones. Muchos han sacado la conclusión que los versículos 6-13 se refieren a las obras buenas de los cristianos. En este caso el pasaje nos diría que las obras buenas son una evidencia esencial de ser un cristiano.

Hay dos problemas con esta interpretación. El primero es que no encaja en el contexto. Está claro, de Romanos 1:18-3:20 que Pablo constituye un caso para el hecho que todo el mundo, incluyendo igualmente judíos y gentiles, está condenado delante de Dios. No puede haber ninguna razón buena, por la cual Pablo dejaría este tema en el capítulo 2 para hablar del hecho de que los cristianos deberían hacer obras buenas como evidencia de su salvación. El segundo problema es que las obras de las cuales Pablo habla son absolutas. Construyendo su caso, Pablo lo declara del lado positivo y del lado negativo. Por lo positive, él habla de continuar en hacer el bien. Lo negativo es que la presencia del pecado significa el juicio. Los versículos 12 y 13 no dejan lugar para una interpretación de "hacer" que sea nada menos que "hacer sin excepción".

Otro punto de vista interpreta las buenas obras como "fe". Se ha buscado apoyo para esta interpretación en las palabras de Jesús cuando dijo: "Esta es la obra de Dios, que creáis en el que él ha enviado" (Juan 6:29). El problema con este punto de vista es que tampoco encaja en el contexto.

Una interpretación tercera es que Pablo habla hipotéticamente. Si fuera posible que una persona pudiera rendir obediencia absoluta a Dios, tal persona sería justificada. Pero, es obvio, que tal obediencia es imposible para los seres humanos.

Al exponer mi punto de vista, cito de mi comentario sobre Romanos:

> Estoy de acuerdo con los que sostienen el punto de vista hipotético a decir que el propósito de Pablo es que los judíos incrédulos vean que uno que viola la ley está bajo la condenación. Defiero con esta interpretación en que no lo veo como

> hipotético. Pablo no está simplemente escribiendo que el violador de la ley está bajo condenación; nos está diciendo lo que se requiere de todo el mundo que jamás será justificado delante de Dios.
>
> La única manera en que cualquier persona jamás pueda ser justificada ante Dios es poseer la justicia absoluta (o, a decirlo de otra manera, ser considerada una hacedora de la ley). Brevemente expuesto, en 2:6-13 Pablo dice que una persona debe poseer una justicia absoluta. Destaca en 3:10, "No hay justo". En 3:20, escribe: "por las obras de le ley ningún ser humano será justificado delante de él".
>
> Debemos tener una justicia absoluta (2:6-13). No tenemos tal justicia absoluta (3:10). No podemos producir ninguna justicia absoluta (3:20). La única esperanza de la justificación para judíos o gentiles es tener la justicia absoluta que nos es provista.[4]

Hay dos verdades que la justicia de Dios no permitirá: (1) Bajo ninguna circunstancia puede haber pecado sin castigo. (2) No hay circunstancias en que una persona pueda aparecer justificada delante de la presencia de Dios sin una justicia absoluta.

LA NATURALEZA DE LA EXPIACIÓN

El hombre pecaminoso se encuentra en una situación en que no hay solución propia. Está bajo la condenación de la muerte eterna. La justicia de Dios exige el pago de la pena. No se acepta nada menos.

No estoy sugiriendo que un concilio real ocurriera, lo que voy a describir, pero estoy diciendo que lo que sigue ilustra los principios involucrados. La justicia de Dios demandó que se pagara la pena del pecado. El amor de Dios tenía interés en salvar al hombre, pero tenía que someterse a la justicia de Dios. La sabiduría de Dios salió con un plan que satisficiera igualmente la santidad y el amor. Por medio de la encarnación de Cristo y la muerte propiciatoria de Cristo, el amor podría cumplir su deseo de salvar, y la santidad podría mantener su insistencia que se castigara el pecado.[5]

Hay dos aspectos de la redención: (1) la obediencia activa, y (2) la obediencia pasiva. La obediencia activa de Cristo se refiere al hecho que Él vivía una vida de obediencia absoluta al Padre. Vivía una vida absolutamente justa. La obediencia pasiva se refiere a la muerte de Cristo. Él se sometió a la ira de Dios por nuestros pecados. La parte principal de la discusión se centra en la obediencia pasiva porque se involucra el pago de la pena por nuestros pecados. Una investigación completa de la expiación abarca también la vida justa que Cristo vivió por nosotros que fue Su obediencia activa.[6]

LA OBEDIENCIA PASIVA DE CRISTO

¿Qué ocurrió en la obediencia pasiva de Cristo? La Biblia es muy clara en cuanto a los principios básicos involucrados. Isaías 53:6 nos dice: "Jehová cargo en él el pecado de todos nosotros". Pedro escribió: "quien llevó él mismo nuestros pecados en su cuerpo sobre el madero" (1 Pedro 2:24). Pablo dijo: "Cristo nos redimió de la maldición de la ley, hecho por nosotros" (Gálatas 3:13), y "Al que no conoció pecado, por nosotros lo hizo pecado" (2 Corintios 5:21).

Cuando Jesucristo fue a la cruz, todos los pecados de todo el mundo que habían sido cometidos, todos los pecados que se estaban cometiendo y todos los que jamás se cometerán fueron puestos sobre Él. Con nuestros pecados sobre Él, Jesús tomó nuestro lugar bajo la ira justa de Dios. La ira de Dios fue derramada sobre el Señor como si Él fuera culpable de todos los pecados de toda la raza. Leemos en Isaías 53:10: "Con todo eso, Jehová quiso quebrantarlo, sujetándolo a padecimiento". En un sentido totalmente real y literal, Jesús tomó el lugar de cada pecador.

Es incorrecto el restringir los sufrimientos de Jesucristo a lo que le fue infligido por los soldados romanos. Los sufrimientos de Jesucristo, los que sufrió por la muerte de crucifixión fueron la parte menor de Su padecimiento. El sufrimiento más grande infligido sobre Él vino de parte de Su propio Padre. Él tomó el lugar de los pecadores ante Dios y bebió la copa de ira que fue para los pecadores. Él sufrió tanto en la cruz como sufrirán los pecadores en el infierno eterno. Él experimentó la separación del Padre. El que había disfrutaba en el pasado del compañerismo eterno con el Padre exclamó de la cruz: "Dios mío, Dios mío, ¿por qué me has abandonado?" (Mateo 27:46). Este grito fue de agonía más bien que una pregunta de falta de entendimiento.

Cuando Jesús terminó con el padecimiento por los pecados del mundo, dijo: "Consumado es" (Juan 19:30). Al pronunciar esas palabras, nos estaba diciendo que había terminado con el pago por nuestros pecados. El mismo que sólo hace poco había exclamado: "Dios mío, Dios mío, ¿por qué me has abandonado?" ahora pudo decir: "Padre, en tus manos encomiendo mi espíritu" (Lucas 23:46).

Cuando Jesús pronunció las palabras: "Padre, en tus manos encomiendo mi espíritu", ocurrió la reunión más grande que el universo jamás haya conocido. Él, cuyo compañerismo con Dios había sido interrumpido por haber tenido puesto sobre Él nuestros pecados, había pagado la penalidad y quitó de en medio el obstáculo que le separó del Padre. El camino para Su reunión se abrió. Al abrirlo por sí mismo, lo abrió por nosotros. Él se identificó a sí mismo con nuestro compañerismo roto para que pudiéramos ser identificados con Su compañerismo. Se identificó a sí mismo con nuestro pecado para que pudiésemos ser identificados con Su justicia.

El pago de la penalidad por medio de un sustituto calificado fue la única manera en que pudo salvar al hombre. Como explica William G. T. Shedd:

> El Juez eternal puede mostrar misericordia o no, pero debe ejercer la justicia. No puede pasar por alto las demandas de la ley, ni siquiera en parte, y no puede abolirlas. Por tanto, el único modo posible de rescatar a una criatura que es odioso a las demandas de la justicia retributiva es satisfacerlas por ella. Las reclamaciones en sí deben ser satisfechas y extinguidas, o personalmente o por sustitución.... Y esta necesidad de la expiación es absoluta, no relativa. No fue hecha necesaria por una decisión divina, en el sentido que tal decisión pudiera haber sido distinta. *Es incorrecto decir que Dios podría haber salvado al hombre sin una expiación vicaria si hubiera deseado hacerlo así. Porque esto es lo mismo como decir que Dios podría haber abolido las demandas de la ley y la justicia se le hubiera complacido.*[7] [letra cursiva mía]

¿Cómo fue posible que Cristo pudo paga la pena completa de nuestros pecados en un tiempo tan corto en la cruz? Nos ayudará elaborar algo sobre la penalidad del pecado. Cuando la pena del pecado se relaciona al hombre, se llama muerte eterna. El pecador estará pagándola durante toda la eternidad. ¿Por qué? Expongo la explicación siguiente. La pena por haber pecado con una Persona santa e infinita es una pena infinita. El hombre sólo es infinito en una dimensión de su existencia, o sea, su duración. El hombre existirá eternamente. La única manera en que un ser humano puede pagar una pena eterna es pagar para siempre. Por tanto, el infierno debe ser eterno.

En la manera que esto se relaciona a Cristo, debido a Su naturaleza divina, Él es infinito en capacidad. Él puede sufrir una penalidad infinita sin tocar el tiempo infinito. Aparte de este hecho, no pudo haber ninguna salvación. El único redentor cualificado es el que es la encarnación de la deidad. Nuestro Redentor tenía que ser un *hombre* para tener el *derecho* de redimir. Tenía que ser *Dios* para *poder* redimir.

No estoy diciendo que Jesús sufriera la pena idéntica que el hombre habría pagado. Estoy diciendo que Él sufrió una pena equivalente. Si decimos que Jesús fue al infierno por nosotros cuando pagó nuestra penalidad, no queremos decir que fuera al lago de fuego. Estamos diciendo que fue sujeto a un castigo equivalente.

LA OBEDIENCIA ACTIVA DE CRISTO

En la discusión previa de la necesidad de la redención, señalé que hasta Romanos 3:20 Pablo había desarrollado un caso para decir que si vamos a estar justificados delante de Dios, nos es necesario que tengamos una justicia absoluta. Para nosotros, estas son malas noticias. No tenemos una justicia absoluta (Romanos 3:10). Y no podríamos producir una justicia absoluta (Romanos 3:2). En cuanto a que tiene que ver con sostenernos en nuestro propio mérito, ya ha terminado el juicio. Fuimos condenados. Estábamos indefensos, pero no sin esperanza.

> Con tanta certeza como Pablo, hasta el 3:20, establece nuestra necesidad, en 3:21-26 él proclama una provisión de la justicia absoluta de Cristo para satisfacer nuestra necesidad.
>
> Como seres humanos debemos ser "hacedores de la ley". En Cristo tenemos Su justicia que, en cuanto a lo que tiene que ver con nuestra justificación, nos hace "hacedores de la ley". La obediencia de Cristo llega a ser nuestra obediencia. Puede verse que ser hacedores de la ley (o sea, tener una justicia absoluta) no es un requisito que la gracia aparta. Más bien, la demanda que no podemos satisfacer, fue satisfecha por nosotros en Jesucristo.[8]

De Romanos 1:18-3:30 viene un cuadro tenebroso. En el 3:21, se cambia el retrato. El mismo Dios quien declaró que todo el mundo quedó corto del estándar exigido por la santidad de Dios ya ha hecho una provisión que puede estar en pie delante del examen rigoroso del Juez Supremo del universo. Pablo dice: "Pero ahora". Ahora en este punto de la historia humana y divina, "la justicia de Dios sin la ley se ha manifestado" (3:21). Esta justicia es una "justicia provista por Dios". Esta justifica es "sin obras". De ninguna manera entra nuestro guardar de la ley ni nuestro fracaso en no guardarla. Es la justicia de Cristo.

LA OBRA PROPICIATORIA DE CRISTO EN LA EXPIACIÓN

La palabra "propiciación" es el término más inclusivo del Nuevo Testamento que denota la expiación (redención). El pasaje clave para entender la propiciación es Romanos 3:25-26. No es necesario involucrarnos en todas las controversias sobre la traducción de la palabra. Personalmente, pienso que propiciación o el sacrifico propiciatorio la traduce debidamente.[9]

La palabra *propiciación*, en el contexto bíblico, quiere decir apartar la ira de Dios y restaurar a una persona al favor de Dios. En Hebreos 9:5, se traduce la palabra como "propiciatorio" (RVR 1960) donde se refiere a la tapa del Arca del Pacto. La tapa sobre el Arca del Pacto fue el lugar de propiciación en el tabernáculo del Antiguo Testamento. Aquí un entendimiento de lo que ocurrió en el lugar de la propiciación en el tabernáculo nos ayudará

El Arca del Pacto se encontró en el Lugar Santísimo donde el Sumo Sacerdote sólo entró una vez al año en el Día de la Expiación. Dentro del Arca del Pacto estaban las tablas de la ley (los Diez Mandamientos). Las tablas de la ley representaban las demandas de la ley: (1) la justicia absoluta y, (2) una pena en contra del pecado en caso de la desobediencia. Cuando el Sumo Sacerdote sacrificó el cabrío que fue matado en el día de la expiación y tomó su sangre dentro del Lugar Santísimo y la esparció o roció sobre el propiciatorio, fue como decir a la Ley: "Esto simboliza la satisfacción de las demandas que requieres de los pecadores".

El hecho de que el animal *no tuviera mancha ni defecto* simboliza la justicia. El hecho que el animal fuera *sacrificado* simboliza el pago de la penalidad por medio de un sustituto. La satisfacción de la ley fue simbolizada. Esta satisfacción incluía igualmente el pago de la pena y la provisión de la justicia.

De esta discusión, observamos que en el lugar de la propiciación la ley fue satisfecha. Esto, desde luego, nos dice lo que fue el diseño de la propiciación. Fue diseñada para satisfacer las demandas penales de la ley, así haciendo posible que Dios pudiera apartar Su ira del pecador que cree en Cristo, y al mismo tiempo mantener Su justicia. También fue diseñada para satisfacer la demanda de la justicia, así proveyendo la base positiva para que Dios mirase con favor al pecador que cree en Jesús y al mismo tiempo mantener Su justicia.

Lo que el sacrifico del Antiguo Testamento hizo simbólicamente en el día de la expiación, Jesucristo hizo en realidad. Él vivió una vida completamente santa, así cumpliendo la demanda para una justicia absoluta. Él pagó por completo la penalidad total para el pecado, así cumpliendo la demanda para una pena. Para resumir, la propiciación es la satisfacción completa de las demandas de la ley, para la justicia y el pago de una pena por Jesucristo, así haciendo posible que Dios pudiera apartar Su ira del pecador que cree en Jesús, verle con favor y al mismo tiempo, mantenerse un Dios de justicia.

LA REVELACIÓN DE LA SANTIDAD Y EL AMOR DE DIOS

En la obra propiciatoria de Jesucristo, vemos la revelación suprema de la santidad de Dios y el amor de Dios. Se ve la santidad de Dios en Su negación a dar una aprobación de un camino de salvación que no satisficiera cada demanda de la ley moral de Dios. El honor más alto jamás atribuido a la santidad de Dios fue pagado por el Hijo de Dios, cuando satisfizo totalmente las demandas de la ley para hacer posible nuestra salvación. La consideración más alta para la santidad se manifiesta en la expiación.

El amor manifestado en la cruz es la manifestación del amor más alta. Quedará para siempre como el ejemplo del amor sin paralelo. El Hijo de Dios, que no conoció pecado, por los que habían pecado en Su contra, sufrió la ira completa de Dios por sus pecados para que ellos pudieran ser perdonados de sus pecados. La cruz, como ningún otro punto de la historia ni del futuro, demuestra la supremacía de la santidad y la sumisión del amor a la santidad. Mientras que la cruz es la base de la gracia también es la fundación del interés máximo en la santidad por nuestra parte.

Como explica McDonald: "En la expiación la santidad de Dios está presente en la acción penal y el amor de Dios está presente en Su gracia paternal. La cruz en el lugar del juicio contra el pecado que Dios no puede retirar y del amor de los pecadores que él no retendrá.[10]

La Justificación Según el Punto de Vista de la Satisfacción Penal

El punto de vista completo de la expiación no se puede desarrollar sin también a aceptar la doctrina de la justificación. Es por esta razón que trato la justificación aquí más bien después que en otro capítulo.

LA NATURALEZA DE LA JUSTIFICACIÓN

Hay dos aspectos de la justificación. Hay un aspecto negativo que trata la remisión de la penalidad del pecado. Hay un aspecto positivo que trata la restauración al favor con Dios.

LA BASE DE LA JUSTIFICACIÓN

Nuestra justificación se basa en la imputación de la obra redentora de Cristo a nuestra cuenta. El gráfico que sigue nos ayudará ver lo que ocurre en la justificación.

Débitos	El Pecador	Créditos
Justicia Absoluta		Ninguno
Muerte Eterna		Ninguno
	CONDENADO	

Débitos	El Creyente	Créditos
Justicia Absoluta		La Justicia de Cristo
Muerte Eterna		La Muerte de Cristo
	PAGADO EN COMPLETO	
	JUSTIFICADO	

Ya hemos examinado como se logró la expiación. Ahora tenemos la pregunta: ¿Cómo se colocan la muerte y la justicia de Cristo a nuestra cuenta? La condición para recibir la muerte y la justicia de Cristo es la fe en Cristo (Romanos 3:28; 4:1-25; Gálatas 2:16; 3:1-18). Dado que voy a elaborar sobre la fe como la condición de la salvación en otro capítulo, aquí no voy a detallar más del tema aquí.

Mientras que *la fe en solo Cristo* es todo lo que se involucra de nuestra parte para recibir la muerte y la justicia de Cristo, hay más involucrado en la imputación de la muerte y la justicia de Cristo a nuestra cuenta. La *base* de la imputación de la muerte y la justicia de Cristo es la unión de Cristo y el creyente. La obra sustitutoria de Cristo por nosotros no fue una sustitución pura y simple. Fue una sustitución del tipo que en aplicación hizo posible que el creyente pueda decir: "Yo soy" o "[He sido] crucificado juntamente con Cristo" (Gálatas 2:20).

LA UNIÓN CON CRISTO Y LA IMPUTACIÓN DE LA MUERTE DE CRISTO AL CREYENTE

La evidencia de las Escrituras deja claro que es por medio de la unión con Cristo que los beneficios de la redención de Cristo, por medio de la cual estamos justificados, se nos aplican a nosotros. Pablo nos dice: "Así también vosotros consideraos muertos al pecado, pero vivos para Dios en Cristo Jesús, Señor nuestro" (Romanos 6:11). En este versículo "en" traduce la preposición griega *en*, que en traducciones inglesas se traduce "por medio de". "En" traduce más correcta y debidamente en el castellano. Es "en Cristo Jesús" que hemos de considerarnos como muertos al pecado y vivos a Dios. De nuevo Pablo dice:

"ninguna condenación hay para los que están en Cristo Jesús" (Romanos 8:1). La base para "ninguna condenación" es estar "en Cristo Jesús".

Romanos 6:1-11

En Romanos 6:3-4 y en Gálatas 3:27, se usa el bautismo como una metonimia. Una metonimia es una figura retórica en que se usa una palabra por otra que da la idea que la causa pueda ser el efecto o el efecto sea la causa. Un ejemplo es: "Porque él [Cristo] es nuestra paz" (Efesios 2:14). El significado es que Cristo es la causa o la fuente de nuestra paz. El envase se puede dar por lo que está dentro. Un ejemplo de esto se refiere a los contenidos de la copa como la copa en la Cena del Señor (1 Corintios 11:25). Se da el símbolo por la cosa simbolizada. Creo que un ejemplo de esto es el bautismo mencionado en Romanos 6.

En Romanos 6:3, Pablo dice: "¿O no sabéis que todos los que hemos sido bautizados en Cristo Jesús, hemos sido bautizados en su muerte?" Este versículo fue diseñado para informarnos de cómo la muerte del creyente al pecado, del versículo 2, fue logrado. Bautizados en Jesucristo, fuimos bautizados en Su muerte. Fue de esta manera que Su muerte llegó a ser la nuestra. También nos dice a cuál muerte que se refiere. Es la muerte de Jesús. El único tipo de muerte que murió al pecado fue una muerte penal.

Al decir que en este pasaje el bautismo es una metonimia, exponemos que las palabras acreditan el bautismo en el agua con lo que realmente permanece a lo que se simboliza. El bautismo de agua no bautiza a una persona en Cristo. Sólo simboliza el bautismo en Cristo. Es el bautismo del Espíritu Santo (1 Corintios 12:13) que bautiza al creyente en Cristo. En este bautismo uno se une con Cristo. En esta unión, Su muerte viene a ser nuestra muerte.

Que Pablo esté diciendo que una unión con Cristo se logra por este bautismo en Cristo se aclara en el versículo 5. La palabra *sumfutos* que se traduce "plantados juntamente" es un término horticultural. Se traduce mejor "crecidos juntamente". Conybeare and Howson dan esta traducción: "Porque si hemos sido injertados en la semejanza de su muerte". En una nota ellos explican: "Literalmente, nos hemos hecho participantes de una unión vital [como la de un injerto con el árbol en que fue injertado] *de la representación de su muerte* [en el bautismo]".[11] La LBLA y la NVI lo traducen como "unidos con". El significado es que por medio de la unión con Cristo tenemos la semejanza de Su muerte. Como regla general se dice simplemente que morimos juntamente con o en Cristo. En este caso se emplea "semejanza" para enfatizar el hecho que hemos sido dados crédito por Su muerte, pero no experimentábamos el dolor y la agonía de ella.

Que hemos recibido la muerte de Jesús en esta unión como la nuestra se desarrolla más en el pasaje. En el versículo 6, que se da para explicar el 5, se nos dice: "nuestro viejo hombre fue crucificado juntamente con él". Aquí nuestro viejo hombre es nuestro ser o persona antes de la salvación, no nuestra naturaleza pecaminosa. En nuestra conversión vinimos a ser un nuevo hombre. Lo que éramos antes de ese tiempo se conoce como "nuestro viejo hombre" porque ya somos una nueva persona.

Que la crucifixión de nuestro hombre viejo fue la muerte penal que morimos con Cristo queda claro del versículo 7 donde esta muerte resulta en la justificación. *Dikaioō* es la palabra traducida por justificado. Sólo una muerte penal puede justificar. La única muerte penal que puede justificarnos es la muerte de Cristo.

En el versículo 8 se desarrolla más la muerte por identificación: "Y si morimos con Cristo, creemos que también viviremos con él [Cristo]". Si, antes del versículo 11, hubiera una falta de claridad por parte de la mente de alguien sobre el hecho de que morimos por medio de nuestra unión con Cristo, el versículo mismo debería quitar toda duda. Pablo nos explica claramente que es "en Cristo Jesús" donde hemos de considerarnos "muertos al pecado, pero vivos para Dios".

De este pasaje hay tres verdades que se quedan muy claras: (1) Pablo habla de la unión con Cristo. (2) Esta unión nos identifica con la muerte de Cristo. (3) Esta muerte es una muerte penal.

Soy consciente del hecho de que la mayoría de los cristianos entienden que la muerte al pecado de este pasaje es una muerte ética más bien que penal. Durante una investigación para una tesis que trataba con la muerte del creyente al pecado me quedé completamente convencido que aquí Pablo se refería a una muerte penal. Se encontró sostén para esta posición en los comentarios sobre Romanos escritos por David Brown, Thomas Chalmers, Robert Haldane, James Morrison, H. C. G. Moule and William G. T. Shedd.[12] Dado que hay los que insisten en la interpretación ética, dado que Romanos 6 trata con la santificación, en el capítulo donde trato la santificación, demostraré cómo la muerte penal se relaciona a la santificación.

Gálatas 2:19-20

No dependemos sólo de Romanos 6:1-11. La interpretación penal encaja en el contexto de Gálatas 2:20. Esta muerte llega a ser la muerte de creyente por estar "en Cristo". Con referencia a Gálatas 2:19-20, Shedd cita a Ellicot:

El significado es: "No sólo morí en cuanto a lo que la ley entalla, sino también morí como la ley requiere". Así, pues, toda la cláusula para ser parafraseado: "Yo, por medio de la ley, debido al pecado, vine a estar bajo su maldición; pero habiendo pasado por esta maldición, con, y en la persona de Cristo, en el sentido más completo y profundo, morí a la ley; habiendo sido librado de sus demandas, y habiendo satisfecho su curso".

En hacer sus propios comentarios sobre el pasaje, Shedd explica:

Algunos comentaristas explican lo que San Pablo escribe sobre la crucifixión con Cristo, se refiere a sus propios sufrimientos por la causa de Cristo. Pero en los propios sufrimientos de Pablo, la razón no sería que él estuviera "muerto a la ley". Los sufrimientos propiciatorios de Cristo es la razón expuesta por Pablo.

Otros pasajes

Después de referirse a 2 Corintios 5:15-16 y 2 Timoteo 2:11, Shedd concluye: "Estos pasajes prueban abundantemente que la doctrina de la unidad del creyente con Cristo en su muerte vicaria por el pecado es familiar a San Pablo, y es fuertemente recalcado por él.[13]

Shedd sobre la Unión con Cristo

Shedd llama la unión entre Cristo y el creyente una unión espiritual. Al hablar de esta unión, explica:

Sobre esta unión espiritual y mística, se apoya la unión federal y legal entre Cristo y su pueblo. Dado que ellos son espiritual, vital, eternal y místicamente uno con él, su mérito se imputa a ellos, y el demérito de ellos se imputa a él. La imputación de la justicia de Cristo supone una unión con él. No podría ser imputada a un incrédulo, porque no está unido con Cristo por la fe.[14]

Walvoord sobre la Unión con Cristo

En cuanto a la unión de Cristo y el creyente, John F. Walvoord dice:

En las Escrituras hay verdades teológicas importantes relacionadas con la doctrina de la identificación [en otra sección del artículo él explicaba que comúnmente se toma la unión como un sinónimo de identificación]. Se identifica al creyente con Cristo en su muerte (Romanos 6:11); con su entierro (Romanos 6:4); con su resurrección (Colosenses 3:1); con su ascensión (Efesios 2:6); con su reino (2 Timoteo 2:12); y con su gloria (Romanos 8:17). No obstante, la identificación con Cristo tiene sus limitaciones. Cristo se identificó con la raza humana en la encarnación, pero sólo los creyentes verdaderos son identificados con Cristo. La identificación de un creyente con Cristo resulta en que ciertos aspectos de la persona y la obra de Cristo son atribuidos al creyente, pero esto no se extiende a la posesión de los atributos de la Segunda Persona, ni se eliminan las distinciones personales entre Cristo y el creyente. No obstante, tomada en general, la identificación con Cristo es una doctrina muy importante y es esencial al programa total de la gracia.[15]

Observaciones Sumarias

La identificación por medio de la unión hace que aquel que realmente no formó una parte de la experiencia de la persona ya es suyo por medio de la identificación. Por ejemplo, antes del tiempo cuando Hawái formara parte de los Estados Unidos, un ciudadano de Hawái no pudo decir: "Celebramos el día de nuestra independencia el 4 de julio". Inmediatamente después de que las islas llegaran a ser un estado, la misma persona que previamente no podía hacer tal declaración ya podría decir "Celebramos el día de nuestra independencia el 4 de julio". Lo que ocurrió el 4 de julio de 1776, se hizo parte de su historia. La historia de los Estados Unidos llegó a ser la historia de Hawái, y la historia de Hawái se hizo historia de los Estados Unidos.

Antes de la unión de Cristo sobre la condición de fe, una persona no podía decir: "Morí con Cristo". Inmediatamente con la unión con Cristo la persona ya puede decir: "Morí con Cristo". La historia de la cruz llegó a ser su historia, no en el sentido experimental, sino que por identificación él recibió el crédito completo por esa muerte. Al mismo tiempo, la historia de nuestros pecados llegó a ser la historia de Jesús, no en el sentido de que Su carácter fuera afectado, sino de modo de que nuestros pecados se conectaron con la penalidad que Él ya había pagado por ellos. Él tomó la responsabilidad de ellos, pero fue una responsabilidad que Él ya había tomado en la cruz. Es este lado de la verdad a que Shedd se dirigía en la cita previa cuando dijo: "Y sus deméritos [de los creyentes] se imputan a él".

LA UNIÓN CON CRISTO Y LA IMPUTACIÓN DE LA JUSTICIA DE CRISTO AL CREYENTE

Hasta aquí se ha prestado atención a la imputación de la muerte de Cristo al creyente; ahora prestemos nuestra atención a la imputación de la justicia de Cristo. Loraine Boettner comenta:

> Durante la historia de la Iglesia la mayoría de las discusiones teológicas han recalcado la obediencia pasiva de Cristo (aunque no siempre llamándolo así), pero se ha dicho poco sobre Su obediencia activa. El resultado es que hay muchos cristianos profesantes que reconocen que Cristo sufrió y murió por ellos, pero parecen ignorar el hecho de que una vida santa e impecable que Él vivió también fue una obra vicaria en su favor, llevada a cabo por Él en Su capacidad representativa y obteniendo por ellos el título a la vida eterna.[16]

Al hablar de la justicia de Cristo que nos es imputada, puede ser que entendamos que la justicia significa "aquella que se requiere para hacer que uno sea justo delante de Dios". Y, que esto incluye igualmente la muerte penal (obediencia pasiva) y la vida justa de Cristo (obediencia activa). Me inclino a estar de acuerdo con Robert Haldane cuando dice:

> Ninguna explicación de la expresión: "la justicia de Dios" se adaptará a la vez a la frase y a la situación en la que se encuentra en el pasaje delante de nosotros [Romanos 3:21], pero lo que hace que esa justicia, u obediencia a la ley, igualmente con sus penalidades y requisitos, sea lo que ha sido dada a ella por nuestro Señor Jesucristo. Esta es, desde luego, la justicia de Dios, porque ha sido provista por Dios, y desde el principio hasta el final ha sido lograda por Su Hijo Jesucristo, quien es el Dios Todopoderoso y el Padre de la eternidad.[17]

Si la justicia de Dios provista por nosotros incluye la muerte de Cristo o no, sin duda incluye la vida justa de Cristo.

Pablo escribe en 2 Corintios 5:21: "que nosotros fuésemos hechos justicia de Dios en él". Dice en Filipenses 3:9: "y ser hallado en él, no teniendo mi propia justicia, que es por la ley, sino la que es por la fe de Cristo, la justicia que es de Dios por la fe". La LBLA and la NVI añaden "*procede* de" para traducir *ek* como "de" en la RVR 1960. En estos versículos, la justicia es la nuestra "en Cristo". Filipenses 3:9 aclara que Pablo está hablando de una justicia que no es la suya propia en el sentido de haberla producido, sino que es una justicia que procede de Dios.

De Romanos 1:18-3:20, Pablo ha hablado sobre el hecho de que el hombre necesitaba la justicia, pero en sí mismo no la tenía, ni podía tenerla. Romanos 3:21 presenta un mensaje de esperanza para los que estuvieron sin ninguna posibilidad de una esperanza. Pablo escribe de una justicia provista por Dios que fue aparte de un guardar de la ley por ninguna persona. La justicia fue provista por Dios sobre la condición de fe (3:22). En Romanos 4:6, Pablo habló de la imputación de la justicia sin obras. De Romanos 5:17 leemos del don de la justicia. En Romanos 10:3, Pablo describió una justicia no establecida por nuestros propios esfuerzos, sino que se somete a ella. Tomando toda esta evidencia como un conjunto, sacamos la conclusión que la justicia que justifica es la justicia de Cristo colocada a nuestra cuenta, dada como un don en la condición de la fe.

JUSTIFICACIÓN BASADA EN UNA JUSTICIA VERDADERA, NO SIMPLEMENTE JUSTICIA DECLARADA

Sobre la condición de la fe, se nos pone en unión con Cristo. Basados en esa unión recibimos Su muerte y Su justicia. Basados en el hecho que la muerte y la justicia de Cristo se hicieron nuestra muerte y justicia, Dios como Juez nos declara justificados.

Algunos enfatizan mucho el verbo "declarar". Exponen que se nos declara justos, pero no somos justos. Siento disentir. Basado en que la muerte y la resurrección de Cristo se hicieron nuestras, somos justos. La justicia sobre la que se hace esta declaración es una justicia real. Es verdad que en nuestra propia persona no somos totalmente justos, pero no se nos declara justos en nuestra persona. Se nos declara justos sobre la base de una justicia verdadera, la justicia de Cristo. Como se verá más adelante, el énfasis en el participio "declarado" no pertenece al punto de vista de la satisfacción sino al punto de vista gubernamental.

LA JUSTIFICACIÓN, LA OBRA DE DIOS COMO EL JUEZ

Es importante que observemos que la justificación es la obra de Dios como Juez. Dios, como el Juez, no nos justificará por ninguna otra vía que no proteja Su propia santidad y que exhiba Su interés en nuestra santidad. Las preocupaciones morales de Dios se protegen y se manifiestan claramente en la provisión de Dios de la expiación y la justificación.

Un estudio poco profundo a una cuenta balanceada por un regalo de la muerte y la justicia de Cristo lleva a un punto de vista barato de la gracia y tiene consecuencias morales muy serias. Tiene rastros de antinomianismo y falta la apreciación de la responsabilidad moral del creyente.

Es verdad que la justificación es por la gracia, que es el favor no merecido. Nunca se debe comprometer este hecho. Hay una manera correcta y una indebida para acercarse al concepto de la gracia. Se ha de entender la gracia en *el contexto de la ley moral*, no la ley moral en el contexto de la gracia. Quiero decir con esto que comenzamos con la ley, y *la gracia se conforma a los requisitos y los intereses de la ley*. No comenzamos con la gracia para hacer que la ley se conforma a la gracia. No comenzamos con la gracia y luego a la ley. Más bien, el comienzo es con la ley, y después procedemos al evangelio. Es sólo cuando la gente entienda su posición delante de la ley de Dios que está dispuesta a prestar la atención debida a las buenas nuevas de la gracia de Dios. En este último siglo, se ha hecho mucho daño al mundo de la iglesia evangélica por predicar una gracia de una manera en que no se trataban debidamente los intereses de la ley y la santidad. El ejemplo más destacado de esto ha sido por parte de los cristianos que han abogado por la enseñanza que una persona puede recibir a Jesús como su Salvador sin recibirle como su Señor.

En Romanos 3:31, Pablo dice "¿Luego por la fe invalidamos la ley? En ninguna manera, sino que confirmamos la ley". La provisión de la gracia opera dentro del marco de la estimación más alta de la ley. El hombre fue condenado por la ley santa de Dios debido a su pecado. La santidad de Dios no toleraría un plan de redención que no rindió pleno respeto a la ley de Dios. No estamos refiriéndonos a una ley arbitraria. Hablamos de la ley como la expresión de la naturaleza santa de un Dios personal. No estamos hablando de jugar con un tecnicismo legal como ocurre a veces en nuestro sistema legal. Hablamos de la verdad. El único plan de redención al que Dios daría Su aprobación fue la que diera una satisfacción total a la santidad de Dios por cumplir todas las demandas de la ley. La justificación debe ser la obra de Dios como Juez. Como el Juez, Él procura que se mantenga el interés completo de la ley. A ninguna persona se le justifica aparte de la satisfacción completa de la ley. La protección completa y la manifestación clara de la preocupación moral de Dios se ven claramente por la manera en que Dios proveyó la redención y la justificación. Pensar que la determinación de Dios de proteger el interés de Su santidad en la expiación, y después, por medio de la justificación, a abrir el camino para la santidad cristiana como algo que se pueda tomar o dejar, sería absurdo.

Cuando comenzamos con la gracia o tratamos de establecer la gracia sobre una fundación moral débil, corrompimos igualmente la gracia y la ley. Las conclusiones sacadas apresuradamente son falsas y peligrosas. Se razona que mientas que la responsabilidad moral pueda ser buena, es opcional. Dado que Jesús satisfizo las demandas de la ley y la única condición para la salvación es la fe, algunos creen que cabe la posibilidad de que una persona pueda ser un cristiano y al mismo tiempo vivir en algún grado de pecado. Necesitamos tener mucho cuidado para combatir este error *para no corromper la gracia*; al mismo tiempo hemos de combatirlo *para no corromper igualmente la ley y la gracia*. Lo combatimos, no para cambiar la naturaleza de la expiación y la justificación, sino para sostener un punto de vista de la santificación que es un acompañamiento apropiado de la justificación. Esto lo haremos en el capítulo sobre la santificación.

RECONCILIACIÓN, EL RESULTADO

El diseño de la expiación y la justificación fue para resolver un conflicto entre Dios y el hombre. Del lado de Dios, la culpabilidad del hombre cerró la puerta de compañerismo con él. La justificación abrió esa puerta. Prepara el camino para la reunión y el compañerismo con Dios.

La reconciliación completa involucra la reconciliación por nuestra parte. Esto implica el arrepentimiento y la regeneración que se tratan más adelante. Como resultado de todo esto se nos restaura al compañerismo con Dios. La relación personal y funcional con Dios que nosotros necesitamos tan drásticamente se hace una realidad en la salvación. La base para todo se apoya en la redención y la justificación. La consistencia lógica y la suficiencia de la expiación y la justificación satisfacen las necesidades de nuestra mente. El perdón de los pecados y la restauración al favor y al compañerismo con Dios satisfacen las necesidades de nuestros corazones.

El Punto de Vista Gubernamental de la Redención

La mayoría de los teólogos que ven la Biblia como una revelación divina objetiva se ha adherido a las ideas básicas del punto de vista penal de la redención. Han habido algunos otros que han mantenido el punto de vista gubernamental de la expiación. Este punto de vista fue introducido primero por Hugo Grotius (1583-1645). Desde su tiempo, partidarios de este punto de vista incluyen Charles Finney, James H. Fairchild, John Miley y H. Orton Wiley. Para evitar algunas críticas que se han dado a este punto de vista, algunos han modificado el punto de vista gubernamental, pero la mayoría mantiene casi todos los esenciales.

PRESUPOSICIONES BÁSICAS

Las presuposiciones básicas son: (1) Dios es soberano. (2) El hombre es pecaminoso. (3) Dios es amor. (4) La meta de la soberanía de Dios es la felicidad del hombre.

LA NECESIDAD DE LA EXPIACIÓN

Uno de los principios básicos del punto de vista gubernamental es el rechazo de una necesidad absoluta de que se castigue el pecado. Miley escribe: "Mientras que así Grotius afirma el mal intrínseco del pecado, niega que haya una necesidad absoluta que surge de allí para su castigo. El castigo del pecado es justo, pero no es en sí una obligación".[18]

El pecado requiere un castigo sólo como sea necesario para asegurar los fines del gobierno de Dios. Fairchild explica la interpretación del fin del gobierno como se percibe por los que sostienen el punto de vista gubernamental:

> Y cuando hablamos del detrimento al gobierno de Dios, deberíamos significar el daño a los grandes intereses de su universo racional y dependiente. A veces hablamos de la necesidad de proteger la honra de Dios como gobernador, o de magnificar la ley de Dios o de satisfacer las demandas de la justicia. Estos términos tienen un significado limitado; pero se suman todos los hechos esenciales en la idea comprehensiva de asegurar el bien estar de las criaturas racionales de Dios, el sujeto de su gobierno. Este es el fin único del gobierno; y cuando se asegura el honor de Dios, y el de la ley, y de la justicia todo será asegurado. Se adopta la expiación para satisfacer estos fines.[19]

Dado que no es una necesidad absoluta que se castigue el pecado, la pena puede ser apartada y nunca pagada por la persona o por un sustituto, mientras que haya otro medio que pueda ser provisto para proteger los intereses del gobierno. Se concluye que la expiación es necesaria para proteger los intereses del gobierno dado que un perdón otorgado demasiado fácilmente presentaría problemas.

Miley explica en cuanto al punto de vista de Grotius:

> El perdón otorgado gratuitamente o repetido demasiado a menudo, y especialmente sobre bases no sólidas, anularía la autoridad de la ley, o la rendiría sin poder para sus grandes e imperativos fines. De ahí, encuentra la necesidad de la expiación—para alguna provisión vicaria—que, con la remisión de la pena, pueda conservar estos fines.[20]

La necesidad de la redención se apoya en la necesidad de una manera por medio de la cual se pueda perdonar el pecado sin perder el respeto para el gobierno. Al lograr esto, se puede apartar la penalidad y perdonar los pecados.

LA NATURALEZA DE LA EXPIACIÓN

Se puede ver que hay una diferencia drástica entre la necesidad de la redención entre el punto de vista de la satisfacción y el punto de vista gubernamental. Esa diferencia que se ve en la necesidad de la redención resulta en puntos de vista drásticamente diferentes sobre la naturaleza de la expiación.

LA SUPREMACÍA DE LA JUSTICIA PÚBLICA

En el punto de vista gubernamental, se satisface la justicia pública, no la justicia retributiva. No es la *naturaleza santa de Dios* que se satisface, sino el *bien público*. Explica Charles G. Finney:

> El ejercicio de la justicia pública consiste en la promoción y la protección de los intereses, por medio de tal legislación y tal administración de ley, como se demanda por el bien supremo del público. Se implica que el cumplimiento de las penalidades de la ley donde se viole el precepto, excepto cuando hay algo más hecho que eficazmente servirá el bien público. Al hacerse así, la justicia pública exige que el cumplimiento de la pena se dispensara, por la extensión del perdón al criminal. Con la justicia retributiva no hay excepciones, sino castigo sin misericordia en cada instancia de un crimen. La justicia pública hace excepciones, tanto a menudo que se permita o se requiera por el bien público.[21]

EL LUGAR DE UNA PENALIDAD EN LA JUSTICIA PÚBLICA

Al servir la necesidad de la justicia pública, una pena es *una fuerza moral para desalentar la desobediencia*. La muerte de Jesucristo no es una pena por el pecado. De vez en cuanto algunos que exponen el punto de vista gubernamental emplean la palabra pena en un sentido poco preciso pero nunca en un sentido técnico. La muerte de Jesucristo es un sustituto por una pena. Toma el lugar y sirve el mismo propósito como la penalidad.

Según Miley, Grotius vio la muerte de Cristo como un ejemplo penal.

> Y emplea libremente el termino de una sustitución penal. No obstante, no parece que considere los sufrimientos de Cristo como penales en el sentido más

estricto—ciertamente no como un castigo como sustituto del pecado en la satisfacción de una pura justicia retributiva.[22]

Fairchild explica la muerte de Cristo en el punto de vista gubernamental:

> *La teoría presentada no expone que Cristo sufrió la penalidad de la ley....* En un sentido muy debido *la muerte de Cristo toma el lugar del castigo del pecador penitente, como una fuerza moral en el gobierno de Dios*; y así, de esta manera las Escrituras representan que Cristo murió por nosotros; que "él llevó nuestros pecados en su propio cuerpo sobre el árbol". El sufrimiento de Cristo hizo innecesario el castigo del penitente.[23] [letra cursiva mía]

LA FUERZA MORAL DE LA MUERTE DE CRISTO

Se puede hacer la pregunta: ¿Qué es lo que constituye la fuerza moral en la muerte de Cristo, así haciendo posible la expiación? Fairchild explica:

> *Es una demostración de la estimación divina del pecado*, en que ningún otro arreglo menos significativo que la venida de Emanuel, y su paciencia y obediencia hasta la muerte, podría diseñarse, para contrarrestar la maldad del pecado, y libertar al hombre de la ruina....
>
> De nuevo, se ha de observar que *en la muerte de Cristo el pecado hizo una exhibición de sí mismo*....El pecado nunca manifestó tanto su malignidad y odio, como en ese hecho infame; y al ver la cruz desde aquel día hasta la actualidad, ha tendido a hacer poderosamente que el mundo sienta vergüenza por su pecado....
>
> *Exhibe la belleza de la santidad*, aún más impotentemente que la fealdad del odio del pecado. El carácter y la consagración del Salvador es la exhibición de bondad y devoción desinteresada que el mundo jamás ha visto....
>
> De nuevo, *la cruz es una exhibición del amor de Dios*, en el sentido de la simpatía y la compasión por pecadores....*La bondad y la severidad de Dios se unen en la lección grande de la cruz.*[24] [letra cursiva mía]

El valor de la muerte de Cristo en el punto de vista gubernamental es revelador. Se revela la actitud de Dios hacia el pecado, que el pecado es odioso, la belleza de la santidad y el amor de Dios.

LA JUSTIFICACIÓN SEGÚN EL PUNTO DE VISTA GUBERNAMENTAL DE LA EXPIACIÓN

Igual que hay una diferencia drástica entre los puntos de vista de la satisfacción y el gubernamental, también hay tal diferencia en cuanto a los puntos de vista de la justificación que surge de estos dos puntos de vista de la expiación.

NO HAY IMPUTACIÓN DE LA MUERTE NI DE LA JUSTICIA DE CRISTO AL CREYENTE

Escribe Fairchild:

> Los teólogos que exponen la imputación de nuestros pecados a Cristo, y la de su justicia a nosotros, tratan la justificación como un acto judicial, una proclamación del pecador delante de la ley....El punto de vista más sencillo y razonable es, que *no puede haber ninguna transferencia, o imputación, o de la culpa o de la justicia.*[25]

LA FE IMPUTADA POR LA JUSTICIA

En el punto de vista gubernamental se aparta la pena a la luz de la expiación cuando el pecador pone su fe en Cristo. El gráfico que sigue nos ayudará a ver lo que ocurre, según este punto de vista, en la justificación.

El Pecador

Débitos	**Créditos**
Justicia Absoluta	Ninguno
Muerte Eterna	Ninguno
CONDENADO	

El Creyente

Débitos	**Créditos**
Justicia Absoluta	La Justicia de Cristo
Muerte Eterna	La Muerte de Cristo
JUSTIFICADO O PERDONADO	

Los que expone el punto de vista gubernamental está de acuerdo que la justicia absoluta es lo que Dios requiere del pecador, y que la muerte eterna es la pena de la desobediencia. No obstante, a la luz de la fe en Cristo, Dios *aparta la pena*. La misma consideración que se habría dado a la *justicia absoluta* se da por la *fe*. La fe no es la justicia absoluta, sino se la cuenta "por" o "como" justicia. Como dice Fairchild: "*Fe es otra palabra para la justicia que la ley requiere*".[26] El significado exacto de "la fe contada por justicia" se entiende con algunas variaciones entre los gubernamentalistas, pero todos coinciden en negar que haya imputación absoluta de la muerte o la justicia de Cristo al creyente. Esas variaciones no tienen ningún efecto esencial sobre el punto de vista.

Puesto que, en el punto de vista gubernamental, la justificación declara a la persona justa sin que esta declaración sea basada en una justicia absoluta, se puede ver que es apropiado el enfatizar el verbo "declarar". Se declara al creyente justo, pero no es justo. Se supone que así es la manera que funciona la gracia. El punto de vista de la satisfacción no permite esta interpretación de "declarar". Se declara al creyente justo porque la justicia de Cristo, que es una justifica real, le pertenece.

LA JUSTIFICACIÓN, LA OBRA DE DIOS COMO SOBERANO

Un juez debe dirigirse por la ley y tiene que mantener la ley. Él solo puede declarar a una persona justa si es justa por la norma de la ley. Un gobernador tiene más flexibilidad. Esto se ve en el derecho de un gobernador a perdonar.

En el punto de vista gubernamental, Dios como Soberano declara al creyente justo no por una norma estricta de la ley sino de una manera que se diseña para proteger el bien público. Esto es lo que le permite apartar la penalidad. La justicia administrada no es una justicia *retributiva* sino una justicia *pública*.

Explica Finney:

> Los tribunales nunca perdonan, o apartan la ejecución de las penalidades. Este derecho no es suyo, sino del departamento ejecutivo o del departamento legislativo. A menudo, este poder de los gobiernos humanos se encuentra en la persona principal del departamento ejecutivo, que es generalmente una rama del poder legislativo del gobierno. Pero el poder de perdonar nunca se ejerce por el departamento judicial....
>
> Consiste no en que la ley pronuncie justo al pecador, sino en que le trata última y gubernamentalmente como si fuera justo; o sea, todo consiste en un

decreto gubernamental del perdón o amnistía—en parar o apartar la ejecución de la penalidad incurrida de la ley—...[27]

LA ANALOGÍA ENTRE EL PUNTO DE VISTA GUBERNAMENTAL SOBRE LA EXPIACIÓN Y EL GOBIERNO HUMANO

Es interesante notar que Hugo Grotius, el fundador del punto de vista Gubernamental de la expiación fue abogado. En efecto, tiene la distinción de ser el padre de la Ley Internacional. Charles Finney también fue abogado. El punto de vista Gubernamental de la Expiación y la Justificación se desarrolla por establecer una analogía entre la forma en que el gobierno de estado funciona en otorgar un perdón y la manera que obra Dios.

EL USO TÉCNICO DE LAS PALABRAS "PERDONAR" Y "JUSTIFICAR"

Si usáramos gramática y técnicamente el lenguaje, el punto de vista gubernamental debería hablar del "perdón" y el punto de vista de la satisfacción hablaría de "justificación". En el punto de vista de la satisfacción Dios, como Juez, declara al creyente *justificado* porque, en Cristo, se han cumplido todos los requisitos de la ley. Según el punto de vista gubernamental, Dios, como Soberano, declara al creyente justo y le perdona porque, en visa de la influencia reveladora de la muerte de Cristo, no se ha hecho ninguna violencia al interés del gobierno de Dios.

Dado que no siempre empleamos términos técnicos en el uso del lenguaje, continuaremos usando intercambiablemente *justificación* y *perdón*. Otro factor que mantiene vivo el término "perdón" es que se presta más fácilmente al uso en la poesía que el verbo "justificar".

Una Crítica del Punto de Vista Gubernamental de la Expiación y la Justificación

Aunque el punto de vista gubernamental tiene muchas diferencias importantes que lo distingue de la teoría de la influencia moral del liberalismo,[28] tiene algunos paralelos peligrosamente similares. (1) Los dos niegan que haya algún principio en la naturaleza divina que requiere una satisfacción en la redención. (2) Los dos niegan que sea absolutamente necesario a infligir una pena sobre el pecado. (3) Los dos puntos de vista consideran que se ve el valor de la muerte de Cristo en su aspecto revelador.

Las personas que exponen el punto de vista gubernamental han creído históricamente en la doctrina del Infierno para aquellas personas que no reciben a Cristo por la fe. El liberalismo cree en el universalismo. No hay penalidad en contra del pecado en el sentido estricto de la palabra. Con el liberalismo, el énfasis en el valor revelador de Cristo enfatiza el amor de Cristo. Es el amor de Dios, por un lado, que asegura al pecador que no hay obstáculo para su regreso. Por la otra parte, el amor de Dios es una fuerza moral que produce una transformación moral en el pecador. El significado del gran amor de Dios manifestado al enviar a Jesús a morir nos muestra que Dios nos ama y que es una revelación conmovedora del corazón y se diseña para producir un cambio moral. En el punto de vista gubernamental la muerte de Cristo revela la santidad de Dios, la seriedad del pecado, el amor de Dios y el interés Dios tiene en mantener Su gobierno.

En la discusión del punto de vista de la satisfacción, expuse la razón para creer que es una necesidad absoluta que se castigara el pecado. La naturaleza santa de Dios lo requiere. Si la naturaleza santa de Dios requiere que se castigue el pecado, es una cosa muy seria para negar tal verdad. El punto de vista gubernamental propone recalcar la importancia de la santidad y la seriedad del pecado. En contraposición a la importancia de la santidad y la seriedad del pecado en el punto de vista de la satisfacción, el punto gubernamental se queda muy corto. En el punto de vista de la satisfacción, la santidad es tan importante y el pecado es tan serio que nada menos que una satisfacción completa de la ley de Dios puede expiar el pecado, ni permitiría a Dios en Su capacidad como Juez declarar justo al creyente. En el punto de vista gubernamental, Dios en Su capacidad como Soberano puede apartar la pena del pecado y puede declarar justo al creyente que, de hecho, no es justo.

Todos los principios válidos que el punto de vista gubernamental propone a sostener se cumplen mejor por medio del punto de vista de la satisfacción. El punto de vista de la satisfacción demuestra más claramente la importancia de la santidad y la seriedad del pecado. Mantiene un punto de vista más alto del amor de Dios. Crea una fundación más sólida para el respeto del gobierno de Dios.

Mientras el punto de vista de la satisfacción revela la importancia de la santidad, la seriedad del pecado y las maravillas del amor de Dios, lo que revela *no es* lo que hace la expiación. La redención se basa en la satisfacción completa de las demandas de la ley. Dios usa la expiación como un instrumento de la revelación, pero la revelación no es un medio de la expiación. Esta revelación de Dios es empleada por Dios para llevar a personas a Cristo y para promover la santidad y el amor entre los creyentes.

Aunque haya diferencias importantes destacadas en el principio revelador entre el punto de vista gubernamental y el punto de vista liberal, no creo que esas diferencias sean adecuadas para proveer la protección necesaria contra la influencia liberal. Aunque no he investigado el tema en profundo, mi inclinación es creer que la historia mostraría que ha habido una pérdida entre los gubernistas en esta dirección.

La cosa más importante que se puede decir del punto de vista gubernamental es que sus defensores mantienen un punto de vista serio de la Escritura. Ellos han propuesto que su punto de vista es el punto de vista bíblico. Los defensores del punto de vista de la influencia moral han mantenido un punto de vista bajo de las Escrituras. Cualquier protección que los gubernistas tienen de haber tomado el punto de vista liberal, se apoya más en su respeto de las Escrituras que en los argumentos lógicos para mantener el punto de vista gubernamental como opuesto al punto de vista de la influencia moral.

Una de las distinciones más importantes entre el punto de vista de la satisfacción y el punto de vista gubernamental es los fines a los que proponen servir. El punto de vista gubernamental *se centra en el hombre*. Busca proteger el bien de la humanidad. El punto de vista de la satisfacción *se centra en Dios*. Busca vindicar la naturaleza divina.

Mi opinión es que el punto de vista gubernamental es seriamente inadecuado. Se acerca peligrosamente al punto de vista liberal. *Una vez que una persona niega la necesidad absoluta del castigo del pecado, no hay barrera lógica que prohíba una decadencia a la teoría de la influencia moral*. Cualquier seguridad que haya se ve en el compromiso a la Escritura más bien que una seguridad de la lógica del caso.

Objeciones a la Satisfacción Penal por parte del Punto de Vista Gubernamental

UNA SATISFACCIÓN PENAL NO ES NECESARIA

Para un desarrollo de la necesidad de una satisfacción penal, ve el trato mío de "La Necesidad de la Expiación" en la páginas 247, 265. Aquí quiero hablar de la importancia de mantener un punto de vista debido de la necesidad de la expiación para mantener la integridad del pensamiento cristiano.

LA IMPORTANCIA DE UNA PUNTO DE VISTA DEBIDO DE LA NECESIDAD DE LA REDENCIÓN

El punto de vista de la *necesidad* de la expiación sostenido por una persona determina su *punto de vista* de la redención. Cuando hablamos de la necesidad de la expiación, queremos decir que la redención fue necesaria si un camino de salvación fuera a estar provisto. La provisión de la redención no es una necesidad. No hay ninguna provisión de redención provista para los ángeles caídos.

El punto de vista de la expiación y su punto de vista del Infierno deben ser consistentes. Si el castigo eterno es una necesidad absoluta, sigue que la satisfacción penal exigida por aquel que es igualmente Dios y hombre sería el único medio para hacer posible el perdón del pecado. Si la satisfacción penal no ocurrió en la redención, entonces *el castigo eterno en el Infierno* (la única manera en que una persona *finita* pueda pagar una penalidad eterna) no es una necesidad divina.

Entre individuos particulares, se pueden mantener ideas sin adherir a una coherencia sistemática. Pero en la comunidad de la experiencia humana, las ideas suelen moverse hacia una consistencia lógica. Una persona en particular puede creer que el castigo eterno de los pecadores en el Infierno es una necesidad absoluta y, a la vez, no aceptar el punto de vista de la satisfacción penal. No obstante, cuando las mentes se unen para promover tal concepto, andando el tiempo la inconsistencia saldrá a la superficie. Se verá que, por un lado, no puedes hablar consistentemente de la necesidad del castigo del pecado, y por el otro, negar la satisfacción penal para explicar la expiación. *La creencia en la necesidad absoluta del castigo del pecado se moverá en la dirección del punto de vista de la satisfacción penal de la expiación.*

Puede que haya una persona en particular que no crea en el punto de vista de la satisfacción penal de la expiación, pero que crea que el castigo eterno de los pecadores en el Infierno es una necesidad absoluta. Sin embargo, en la comunidad de la experiencia cristiana la inconsistencia de tal acercamiento se hará evidente. Si persiste un rechazo del punto de vista de la satisfacción penal, andando el tiempo, habrá también un rechazo de la *necesidad absoluta* para el castigo del pecado. Si hay una necesidad absoluta que se castigue el pecado, sigue que si Jesucristo hizo la expiación por nuestros pecados, le fue necesario pagar la pena del pecado.

No hay una manera satisfactoria de *mantener* la doctrina de un Infierno eterno mientras, al mismo tiempo, se rechaza la necesidad absoluta del castigo del pecado en la expiación. Algunos desearán exponer que desaparece el problema si tomásemos el concepto de la aniquilación de los malvados más bien que el punto de vista de un castigo eterno. Mi primera respuesta es que no es nuestra responsabilidad buscar maneras que sean más aceptables que la que se da en la Palabra de Dios divinamente inspirada. También diría que la aniquilación no sería un acto de bondad. Se podría tolerar moralmente solo si fuera una necesidad absoluta. Si fuera tal necesidad, ¿cómo podría Jesucristo, nuestro sustituto, hacer una satisfacción? A pesar de lo que digamos, ¡Él ciertamente no fue aniquilado!

Emil Brunner creía en la aniquilación, y también creía en el punto de vista de la satisfacción penal de expiación.[29] No obstante, no trató de explicar cómo Jesucristo satisfizo la demanda penal de la aniquilación. Puedo entender cómo el sufrimiento infinito del que fue igualmente Dios y hombre podría ser equivalente al sufrimiento eterno por una persona finita. No puedo comprender cómo cualquier cosa que Jesús hiciera podría considerarse como algo equivalente a la aniquilación. Si hubo cualquier necesidad de un tipo de castigo del pecado, sería una necesidad absoluta que la satisfacción se hiciera por *un sustituto cualificado*. De otro modo no existiría una necesidad absoluta de castigar el pecado. Nuestro ser interior profundo no tolerará la idea de que Dios pronunciaría la pena de la muerte eterna excepto sobre la base que fue una necesidad absoluta que sale de Su naturaleza santa.

El poder con que el postmodernismo condiciona actualmente a los individuos disminuye seriamente la manera en que la gente piensa en el pecado. Aun los cristianos no piensan tan profundamente en el pecado como solían hacer antes de surgimiento del postmodernismo. El relativismo y los sentimientos profundos sobre el pecado no encajan.

Aun la gente, al hacer un cuestionario sobre asuntos básicas, no marcaría lo mismo sobre el bien y el mal como la gente de hace unos cuarenta o cincuenta años. Lo hace que sea más difícil que el Espíritu Santo inculque la convicción del pecado en los corazones de las personas. Se hace más difícil que el individuo piense en el pecado como algo serio que merezca la penalidad de un Infierno eterno. Si la gente no tiene sentimientos profundos sobre el pecado, el juicio y el Infierno, es obvio que no tendrá sentimientos profundos sobre la necesidad de una expiación por el pecado que requeriría que Jesucristo sufriera la ira completa de Dios por nuestros pecados. Todo esto lo hace mucho más difícil que antes para convencer a las personas que necesitan una salvación que sólo puede proveerse en Jesucristo.

El postmodernismo ha contribuido a una sociedad actual turbada y desorientada. Ese problema presenta una preocupación cristiana profunda. Pero tan importante como sea ayudar a las personas con sus vidas confusas, eso no es lo que hiciera necesario que Dios requiriese la expiación. Fue la culpa de nuestros pecados lo que demandó que un Dios santo requiriera la expiación antes de que pudiera perdonar nuestros pecados. La expiación es de una importancia tremenda para los que sus vidas están llenas de daño y pena, pero Jesús no tenía que irse a la cruz porque tuviésemos vidas penadas. Más bien, Él fue a la cruz porque fuimos culpables.

Si la gente solamente sufriera daños y penas, y si no hubiera problema de culpabilidad ante Dios, se podría construir un caso para la idea de que una encarnación sería provechosa. Pero no sería un caso para la necesidad de la expiación. La necesidad de la expiación se apoya sobre la culpabilidad humana y sobre la necesidad de la naturaleza divina de castigar el pecado—*eso y nada más.*

NO ES POSIBLE UNA SATISFACCIÓN PENAL POR MEDIO DE UN SUSTITUTO

Hay dos tipos de castigo que se sentencian por el sistema judicial—castigo pecuniario y castigo penal. El castigo pecuniario es aquel que toma la forma de una multa. Es posible que un sustituto pague la multa por otra persona. El castigo penal tiene que ver con el castigo de la persona. La persona va a la cárcel o a la prisión o a la pena de muerte. Dentro de nuestro sistema judicial, no existe ninguna sustitución en el área del castigo penal. El castigo del pecado no es pecuniario, sino penal. Por lo tanto, se presenta el argumento que no puede haber un sustituto por nosotros.

Esta observación sí presenta una preocupación válida. Una *sustitución* pura y sencilla, en que una persona a veces hace algo para o por otra, *sería inválida en la expiación.*

La respuesta a esta objeción se ve en la unión de Cristo y el creyente como se expuso en conexión con el punto de vista de la satisfacción. Por medio de su identificación con Cristo, el creyente puede decir: "Morí con Cristo". La acción puede considerarse suya, no simplemente una acción llevada a cabo por él. Como resultado de esta unión con Cristo, Dios puede ver la muerte y la resurrección de Cristo *como verdaderamente la muerte y la justicia del creyente.*

En el sistema judicial occidental, no podemos tener una sustitución penal porque no hay manera de que se puede decir que una persona fue a la cárcel sin realmente ir a la cárcel. En Cristo, podemos decir que morimos con Él sin verdaderamente haber pasado por esa experiencia. Por lo tanto, la sustitución penal es posible. Para una discusión más completa de la manera en que la unión con Cristo hace que Su muerte y la justicia se hacen una parte de la historia del creyente, ve la discusión en este capítulo sobre "La Base de la Justificación" (p. 255-256).

LA SALVACIÓN UNIVERSAL O LA EXPIACIÓN LIMITADA COMO UN RESULTADO NECESARIO

Se alega que todas las personas por quienes murió Cristo de necesidad deben ser salvas dado que Su muerte satisface la cuenta de todas ellas y, por lo tanto, forma la base necesaria para su perdón. La objeción es que si Cristo murió por todo el mundo entonces todo el mundo se salvará, o si murió solo por los elegidos, solo los elegidos se salvarán.

De nuevo la respuesta se encuentra en el tipo de sustitución involucrado. Cristo murió por todo el mundo en un sentido *provisorio.* Él sufrió la ira penal de Dios por el pecado, pero ese hecho en sí no coloca Su muerte en la cuenta de todo el mundo. Su muerte se hace eficaz sólo cuando se coloca en la cuenta de una persona. Solo puede ser colocado en la cuenta de una persona como un resultado de una unión con Cristo. La unión con Cristo se condiciona en la fe.

Puede que el calvinista quiera insistir en que la objeción es válida y que Cristo solo murió por los elegidos. La única manera en que este argumento podría ser válido sería negando la posibilidad de una expiación provisoria. Si no puede haber una expiación provisoria, *sigue* que si Cristo murió por una persona, que Su justificación *nunca será provisoria* sino siempre *real.*

Al explicar el punto de vista de la redención limitada, Louis Berkhof comenta: "El calvinista enseña que la expiación aseguró meritoriamente la aplicación de la obra de la redención para aquellos a quiénes estaba destinada y su salvación completa es cierta".[30]

Un vistazo cercano a lo que Berkhof dijo demostrará que no elimina el principio provisorio en la expiación. Dice que la expiación "hace cierta" la salvación de las personas por quiénes fuera propuesta. No dijo que la expiación salvaría automáticamente a todo el mundo por quiénes fuera propuesta. Los calvinistas no enseñan que los elegidos son justificados antes de que experimenten la fe. Enseñan que la persona por quién Cristo murió ciertamente será justificada, pero no consideran que una persona sea justificada hasta que reciba y ejerza la fe como la condición de la justificación. De modo que, la expiación solo es provisoria hasta el momento de su aplicación. *La única manera* de negar la naturaleza provisoria de la redención es considerar justificadas a todas las personas por quiénes Cristo murió *antes* que experimentaran la fe.

Una vez que se acepta que la expiación sea *provisoria*, la objeción que expone que la satisfacción penal lleva o al universalismo o a una expiación limitada se ve como inválida. La expiación es provisoria hasta que se aplique. Solo se aplica sobre la condición de la fe y sobre la base de la unión con Cristo. Una vez aplicada, la redención se hace eficaz. En aquel entonces y solo en este momento es eficaz la expiación. La objeción de que la satisfacción penal requiere o el universalismo o una expiación limitada fracasa.

Hay gran cantidad de evidencia bíblica que sostiene el hecho de que Cristo murió por cada persona, así fue provista una expiación provisoria por todo el mundo. Hebreos 2:9 aclara que Jesús gustó la muerte por cada persona. Juan nos dice que: "Él es la propiciación por nuestros pecados; y no solo por los nuestros, sino también por *los pecados de* todo el mundo" (1 Juan 2:2). Pablo escribe a Timoteo que Jesucristo "se dio a sí mismo en rescate por todos" (1 Timoteo 2:6), y que Jesús "es el Salvador de todos los hombres, mayormente de los que creen" (1 Timoteo 4:10). Se aplica esta redención provisoria a quienquiera satisfacer la condición de fe (Juan 3:16; Hechos 17:30; Romanos 10:13; 1 Timoteo 2:4; 2 Pedro 3:9; y Apocalipsis 22:17). Pienso que el hecho que muchos calvinistas han aceptado el punto de vista de la expiación ilimitada nos dice que el caso bíblico debe ser fuerte y convincente.[31] Se prestará más atención a la extensión de la expiación en un capítulo que viene, cuando trate los decretos y la elección.

UN PAGO DOBLE CON RESPECTO A LOS PECADORES QUE VAN AL INFIERNO

La discusión previa sobre la redención provisoria y la unión con Cristo contesta esta objeción. La muerte de Cristo no va a la cuenta del pecador que va al Infierno. Su cuenta no demuestra un pago doble. Es verdad que el pago de sus pecados fue provisorio, pero no hay un pago doble mientras que no haya una entrada doble en la cuenta de la persona. Ninguna persona irá al Infierno que tiene la muerte y la justicia registradas en su cuenta.

EL ANTINOMIANISMO, EL RESULTADO LÓGICO

Se argumenta que si recibimos la muerte de Cristo y la justicia de Cristo, se abre el camino para una licencia a pecar. Si Cristo ha resuelto totalmente la cuenta de una persona, se expone que la persona puede vivir como quiera.

Si creemos en la justificación *aparte* de la santificación, tenemos *antinomianismo.* No obstante, cuando entendemos que la justicia siempre viene acompañada por la santificación, vemos que la carga del antinomianismo es inválida. Es la naturaleza de la santificación lo que *no permite* el antinomianismo. En el capítulo siguiente sobre la doctrina de la santificación se verá la evidencia que anula la carga del antinomianismo.

No nos debería sorprender cuando nuestra doctrina de la expiación y la justificación resulta que se nos acuse de abrir el camino a libertinaje. Se acusó a Pablo de la misma cosa (Romanos 3:8; 6:1). Deberíamos preocuparnos si no podemos contestar la acusación. No damos respuesta cambiando la doctrina de la justificación, sino exponemos la doctrina de la santificación.

NECESARIAMENTE LLEVA A LA CONCLUSIÓN: "UNA VEZ SALVADO SIEMPRE SALVADO"

No es difícil ver porqué surge esta objeción, pero es fácil contestar. Si hubiésemos experimentado en persona lo que Jesús hizo en la cruz, seguiría que nunca se requeriría que pagáramos el mismo precio de nuevo. Es verdad que *mientras que tenemos la muerte y la justicia de Cristo somos salvos.* Mientras que *estamos en unión con Cristo, estamos salvados* de la ira de Dios, igual como lo es Cristo.

¿Es posible que podamos perder el derecho a nuestra salvación y estar perdidos de nuevo? La muerte y la justicia de Cristo son nuestras por medio de la identificación. Continúan siendo nuestras solo en la identificación con Él. La identificación con Cristo es la nuestra mientras que permanecemos en unión con Él. La unión es nuestra condicionalmente. Está condicionada a la fe en Cristo. Si hacemos naufragio de nuestra fe, la unión se romperá. Perderemos nuestra identificación con Cristo. Su muerte y Su justicia ya no nos pertenecerán.

Nos enseña Juan 15:2 que podemos estar separados de Cristo. Es la rama "en mí" que "él quita". Expondré más sobre esto en el capítulo sobre la perseverancia. Se menciona aquí solo para contestar la objeción expuesta con el punto de vista de la satisfacción.

La Salvación de los Infantes

En la historia de la iglesia, han habido aquellos que han pensado que los infantes que murieron sin ser bautizados fueron perdidos. Pero la tendencia ha sido que los teólogos han buscado una esperanza de que los que mueren en la infancia se rescaten de una condenación eterna. En el artículo titulado "La Salvación de los Infantes", en *The New Schaff-Herzog of Religious Encyclopedia*, se expone que, "con el calvinista el corazón es más fuerte que la lógica. El Dr. Charles Hodge enseña enfáticamente la salvación de todos los bebés que mueren en la infancia, y afirma que esta es la 'doctrina común de los protestantes evangélicos' (*Systematic Theology*, I, 26)."[32] Los arminianos siempre han tomado la posición que los que mueren durante la infancia fueron a estar Cristo. La tendencia es que la mayoría de las personas crean que los que mueren en la infancia son seguros o salvos.

LA BASE BÍBLICA PARA CREER EN LA SALVACIÓN DE LOS INFANTES

La Biblia no se dirige directamente al tema de la salvación de los infantes. Tenemos que proceder sobre la base de las implicaciones. Cuando el hijo infante de David murió, al explicar a sus siervos porque dejo de ayunar, David les dijo: "Pero ahora que está muerto, ¿por qué he de ayunar? Iré a él, pero él no me volverá a mí" (2 Samuel 12:23). Se infiere que David y el niño volvería a encontrarse después de la muerte. La implicación es que el niño estaría con Dios en la eternidad.

En Mateo 18:10, Jesús dijo: "Mirad que no menospreciéis a uno de estos pequeños; porque os digo que sus ángeles en los cielos ven siempre el rostro de mi Padre que está en los cielos". La referencia a "sus ángeles" implica que los pequeños están en una relación favorable con Dios. Para mí las implicaciones involucradas en estos pasajes construyen una base sólida para rechazar la idea que los infantes vayan al Infierno.

Mientras que yo creo en la salvación de los infantes, no creo como Summers, Flecher, Pope y Wiley en que Romanos 5:18-19 enseñan la salvación de los infantes.[33] Romanos 5:18 dice: "por la justicia de uno vino a todos los hombres la justificación de vida". Romanos 5:19 dice: por la obediencia de uno, los muchos serán constituidos justos". Si "todos" del versículo 18 se refiriese a todos los que componen la raza humana, se estaría enseñando la salvación universal, que no es lo que esos hombres enseñaron. Pienso que "todos" solo se refiere a los que están identificados con Cristo.

No hay indicación alguna en el contexto que Pablo estaría tratando específicamente con la cuestión de la salvación de los infantes. Hasta este punto en la carta Pablo ha dicho que la acción de Una Persona formó la base de la salvación de todos los que creen. Parecía demasiado bueno para ser la verdad. Un objetor podría hacer la pregunta: ¿Cómo podría la justicia de una sola persona ser la base para la salvación de muchos (todos los que creerían)?

> Cuando haya ocasión, Pablo hace uso de un argumento *a fortiori*. Este argumento trata de mover de algo que es más difícil a creer a algo más fácil a aceptar. Este es el tipo de argumento empleado en 5:8-10. En los versículos 12-29, Pablo demuestra que es más fácil creer que Cristo, una Persona, pueda ser la causa de la justificación de muchos, que creer que Adán podría ser la causa de la condenación de muchos.[34]

Si se puede establecer un caso para el punto de vista que expone que los infantes son identificados con Cristo, esto formaría una base para la salvación de los infantes. En tal caso, el significado sería inferido, no el significado directo del pasaje. Estos versículos no se dirigen a la cuestión de la salvación de los infantes.

UNA EXPLICACIÓN SUGERIDA DE CÓMO SE SALVAN LOS INFANTES

Se debería aclarar de nuevo aquí que mi posición es la de *la salvación de los infantes*. No estoy de acuerdo con los que basan la seguridad de un infante en su inocencia. Según tal punto de vista, los infantes son *seguros*, no *salvados*.

EL PROBLEMA DE LA FE COMO LA CONDICIÓN DE LA SALVACIÓN

La razón por la que hay un problema en pensar sobre la salvación de los infantes es que la fe es la condición de la salvación. Los infantes son incapaces de ejercer fe. Si no pueden ejercer la fe, ¿cómo pueden ser salvos?

El requisito de la condición de la fe es cómo trata Dios con nosotros como personas—gente que piensa, siente y actúa. Dios no va a trasgredir a nuestra personalidad. Al requerir la fe, Dios nos trata como personas y requiere una respuesta de nosotros. El no requerir una respuesta en que nosotros elijamos a Cristo sería un fracaso en tratarnos como personas. Este problema no existe con el infante. El infante es una persona, pero no está completamente desarrollada de manera para ser capaz de ejercer todos los derechos y privilegios ni para tomar todas las responsabilidades de ser una persona. No hay transgresión de la personalidad del individuo ni de la voluntad si Dios quitara su culpa racial dado que no es capaz de decir sí ni no. Puede que este enfoque sea todo que se necesita decir, pero me expondré más del tema en la discusión siguiente.

LA DIFERENCIA ENTRE LA CULPA RACIAL Y LA CULPA PERSONAL

La culpa racial nos pertenece simplemente por ser miembros de la raza humana—los descendientes de Adán. La culpa personal es nuestra debido a nuestros pecados personales. No debería parecer extraño si la aplicación de la expiación se considera algo distinto en el perdón por la culpa racial que en el perdón por nuestra culpa personal.

Nuestros pecados personales fueron cargados sobre Jesús en la cruz. Recibimos perdón por ellos cuando ponemos nuestra fe en Cristo y se nos coloca en unión con Él sobre una base individual.

LA IDENTIFICACIÓN DE CRISTO CON LA RAZA EN LA ENCARNACIÓN Y LA SALVACIÓN DE LOS INFANTES.

Cuando Jesucristo se encarnó, se hizo miembro de la raza. Se identificó a sí mismo con una raza bajo una condenación racial debido al pecado de Adán. En la encarnación, Jesús se hizo hombre y se identificó con nuestra culpa racial. La identificación por la unión es una calle de dos sentidos.[35] En nuestra unión personal con Cristo, nuestra culpa fue transferida a Cristo y Su muerte y justicia fueron transferidas a nosotros.

La identificación de Cristo con la raza en la encarnación[36] es una calle de dos sentidos. La culpa racial fue transferida a Cristo. Cuando Él murió y pagó por la culpa racial, hubo una transferencia automática de ese pago a la cuenta de la raza. Esto podría hacerse porque Jesús fue identificado con la raza. Con la encarnación de Jesús la culpa personal no pudo ocurrir automáticamente, porque como tal en Su encarnación Él no fue identificado con nuestra culpa personal. La transferencia de la culpa personal a Cristo y la transferencia de Su muerte y justicia por la culpa persona requiere una unión entre Cristo y el individuo.

Hay ciertos puntos que necesitamos aclarar. (1) Jesús no tuvo una naturaleza depravada. La concepción milagrosa de Su naturaleza humana santificó Su naturaleza humana. (2) Jesús no pecó en Adán. Él simplemente se identificó con el pecado de Adán. No cambió Su carácter como tampoco cambió cuando nuestros pecados fueron cargados sobre Él. En el acto Él no pecó en Adán igual que nosotros que en el acto morimos con Cristo. (3) La identificación de Cristo con la raza, mientras que no cambió Su carácter, sí le colocó a Él en una posición en la que pudo asumir la responsabilidad por el pecado racial y pudo pagar el precio de ese pecado.

Si aceptamos este punto de vista, creemos que de Adán la culpa y la condenación pasaron sobre la raza. Si no hubiera sido por Cristo, toda la raza humana habría sido perdida, incluyendo los infantes. Debido a la obra expiatoria de Cristo, la culpa racial ha sido perdonada para todo el mundo. Si una persona va al Infierno, irá debido a su propio fracaso a llegar a la norma de Dios de la santidad absoluta. Aquellos que mueren en la infancia no se escaparán del Infierno porque la culpa de Adán no les fue imputada, sino debido a la obra expiatoria de Cristo que les es aplicada.

LA EDAD DE RESPONSABILIDAD

Este enfoque a la salvación de los infantes no abre camino a que una persona llegue a la edad de responsabilidad habiendo vivido una vida justa y que no necesite salvarse. La depravación (o, el pecado original) no es estático. La base operacional de la depravación es la mente subconsciente. Mientras que la mente subconsciente opera bajo el nivel de la consciencia, no es pasiva. Se caracteriza por sus actitudes, inclinaciones, disposiciones, empujes y pasiones. Estos rasgos son activos. Ya están dispuestos a manifestarse en actos abiertos de pecado. Son culpables delante de Dios. Estas características están condenadas por Dios como *rasgos* antes que se manifiesten como *acciones*. De Romanos 8:7-8, Pablo nos asegura que la depravación se manifestará en actos de pecado.

Me inclino a creer que la culpa racial involucra más que la culpa imputada de Adán. La depravación, o el pecado original, no es pasiva en aquellos que no han llegado a la edad de la responsabilidad personal. La depravación se manifiesta aun en los infantes. Un berrinche por parte de un niñito no es consistente con la santidad de Dios. La depravación se manifiesta en la actividad pecaminosa antes de que un niño llegue a la edad de responsabilidad personal. Todo pecado que precede el tiempo de la responsabilidad personal es pecado racial. Todo pecado racial está perdonado porque el que fue a la cruz fue identificado con la raza. La transferencia de Su muerte y justicia fue automática. Fue diseñado como parte de la naturaleza del caso.

Cuando el niño llegue a la edad de responsabilidad, ha llegado al punto de su vida como una persona ya pecaminosa. La persona que ya es racialmente pecaminosa se hace ella que es personalmente pecaminosa. Desde ese momento, la única esperanza viene de una unión personal con Cristo condicionada en la fe personal en Cristo.

EL SIGNIFICADO DE LA EDAD DE LA RESPONSABILIDAD

La Biblia se dirige a las personas que son personalmente responsables. No trata la cuestión de la edad de responsabilidad. Lo que expongamos sobre el tema es, de algún modo, especulativo.

Los niños tienen algún sentido del bien y del mal antes de que lleguen a la edad de responsabilidad. En mi pensar, debemos distinguir entre los sentimientos de culpabilidad por parte de un niño en relación con sus padres y de la culpa en relación a Dios. La edad de responsabilidad se alcanza cuando el niño tenga alguna comprensión que ha pecado contra Dios.

Es mi opinión que la revelación general en sí es adecuada para llevar al individuo al tiempo o a la edad de responsabilidad, se llega más rápidamente cuando los niños son enseñados de la revelación especial de Dios en la Biblia. Yo pensaría que la enseñanza adecuada de la Biblia a los niños resultaría que un niño llegara más rápidamente al tiempo de la responsabilidad que en un caso cuando no haya ningún conocimiento bíblico, o por lo menos, muy poca enseñanza bíblica. El evangelio se involucraría en llevar al niño al tiempo de la responsabilidad espiritual. En tal caso, sería posible que el niño se salvara en ese tiempo. Aquellos que no tengan estas oportunidades llegarían a un punto de responsabilidad más tarde en sus vidas.

Aquellas personas que tienen un retraso mental severo deberían ser tratadas de la misma forma que los infantes. Hay buena razón para creer que la gente que nunca haya tenido nada sino la revelación general no llegaría a una edad de responsabilidad tan pronto como las que hayan tenido el beneficio de la revelación especial. No obstante, a la luz de Romanos 1:18-32, especialmente los versículos 19 y 20, debemos creer que en algún punto de la vida, las personas que llegan a ser adultos se hacen responsables.[37]

EL PUNTO DE VISTA DE ERICKSON SOBRE EL ESTADO DE LOS INFANTES

En su *Teología Sistemática*, Millard Erickson escribe:

> Mi forma actual de pensar es la siguiente: todos estamos implicados en el pecado de Adán, y por lo tanto recibimos la naturaleza corrupta que él poseía tras la caída, y la culpa y condena que iban unidas a su pecado. Sin embargo, con este asunto de la culpa, así como con el de la imputación de la rectitud de Cristo, debe haber cierta decisión consciente y voluntaria por nuestra parte. Hasta que esto no sea así, sólo hay una imputación condicional de culpa. Por lo tanto, no hay condena hasta que alcanzamos la edad de la responsabilidad. Si un niño muere antes de ser capaz de tomar decisiones morales genuinas, la imputación del pecado de Adán no se convierte en realidad, y el niño experimentará el mismo tipo de existencia futura con el Señor que los que hayan llegado a la edad de la responsabilidad moral y se les hayan perdonado sus pecados por haber aceptado la oferta de la salvación basada en la muerte expiatoria de Cristo.[38]

Erickson continúa explicando lo que ocurre cuando llegamos a la edad de responsabilidad moral y cómo nos hacemos culpables del pecado de Adán. Escribe:

> Nos hacemos responsables y culpables cuando aceptamos o aprobamos nuestra naturaleza corrupta. Hay un tiempo en la vida de cada unos de nosotros en el que nos damos cuenta de nuestra tendencia hacia el pecado. En ese momento, podemos aborrecer la naturaleza pecadora que ha estado presente en nosotros todo el tiempo. En ese caso podemos arrepentirnos de ello, e incluso si conoce-

> mos el evangelio, podemos pedir perdón a Dios y limpieza. Al menos habrá un rechazo a nuestra condición pecadora. Pero si nos sometemos a esa naturaleza pecadora, estamos diciendo, en efecto, que es buena. Dando nuestro consentimiento tácito a la corrupción, también estamos aprobando o dando nuestra conformidad a la acción del Jardín del Edén de hace tanto tiempo.[39]

Se observará que Erickson no emplea el término "salvación de los infantes". En el índice de su libro se encuentra "Infantes, condición de". Él expone la posición de una imputación condicional del pecado de Adán. Al llegar a la edad de responsabilidad moral, cuando una persona aprueba o se pone al lado de la naturaleza corrupta que ha recibido de Adán, cada persona se hace culpable del pecado de Adán. Ese acto de aprobación causaría que cada uno de nosotros fuéramos culpables delante de Dios "sin haber cometido un pecado propio". Si un niño muere antes de este tiempo, "sólo hay inocencia, y el niño experimentará el mismo tipo de existencia futura con el Señor que los que hayan llegado a la edad de la responsabilidad moral y se les hayan perdonado sus pecados por haber aceptado la oferta de la salvación basada en la muerte expiatoria de Cristo".

UNA EVALUACIÓN DE LA POSICIÓN DE ERICKSON

Profundamente, dentro de nosotros, no podemos soportar el pensamiento que los infantes que mueren pasarán la eternidad en el Infierno. Aun los calvinistas tratan de evitar tal conclusión. Al mismo tiempo, vacilamos cuando tratamos de explicar porqué pensamos que tal es el caso. No queremos dejar la impresión de que mantenemos un débil punto de vista del pecado o de la caída del hombre en el pecado. Obviamente no queremos llevar la etiqueta de pelagianismo o semi-pelagianismo. Pensamos que es casi más fácil pasar por alto el tema más bien que invitar un mal entendimiento y acusaciones que puedan surgir de un mal entendimiento. Es obvio que Erickson estaba luchando con sus pensamientos y sus palabras cuando trataba de exponer su posición sobre el estado de los infantes. Esto se evidencia cuando él introduce su discusión con las palabras: "Mi forma actual de pensar es la siguiente". Lo que sea que podamos decir sobre la posición de Erickson, no trató evitar el tema.

La esperanza expuesta por Erickson para la vida eterna para la persona que muere antes de llegar a la edad de responsabilidad moral es "inocencia". Basada en esta inocencia, la persona que muere antes de llegar al tiempo de la responsabilidad moral tiene el mismo futuro con Dios como aquellos que han puesto su fe en la obra expiatoria de Cristo. No se le imputa la culpa de Adán a quien muere antes de llegar a la edad de la responsabilidad moral. La imputación de la culpa de Adán al individuo es condicional. Se le imputa cuando el individual llega a la edad de responsabilidad consienta y aprueba la naturaleza corrupta heredada de Adán. En ese punto el individuo se hace culpable del pecado de Adán y de sus propios actos de pecado que se cometen desde este punto y adelante.

Me parece a mí que, puesto que la raza estuvo en Adán cuando él pecó, la misma naturaleza del caso significa que su pecado fue imputado necesariamente a la raza, incluyendo a los infantes. Erickson expone una imputación condicional del pecado de Adán. Por medio de ella él trata de proteger la inocencia de los infantes y de asegurar, de esta manera, su vida eterna. Me parece que es mucho mejor y más en línea con las Escritura reconocer que la naturaleza del caso requiere la imputación del pecado de Adán y entonces creer en la salvación de los infantes como he explicado previamente. Erickson intenta mucho distanciarse del punto de vista que dice que nosotros heredamos la depravación de Adán, pero no la culpa de Adán. Pero cuando se vuelve a la culpa condicional imputada basada solamente en la aprobación de la naturaleza corrupta al llegar de la edad de la responsabilidad, parece que él, de hecho, se ha distanciado del punto de vista de Adán como la cabeza natural de la imputación del pecado de Adán a la raza. Mientras esto parece ser lo lógico del caso, en la página previa de las citaciones dada aquí se compromete al punto de vista de la jefatura natural. Al resumir, él dice:

> Además, hemos expuesto el punto de vista de Agustín (la cabeza natural) de la imputación del pecado original. Todos estábamos presentes de forma indiferenciada en la persona de Adán que, junto con Eva, era toda la raza humana. Por lo tanto no pecó únicamente Adán, sino toda la raza humana. Todos estábamos implicados, aunque no de forma personal, y somos responsables del pecado.[40]

Cuando miramos a todos los pensamientos de Erickson sobre el tema del pecado de Adán y la raza y la cuestión de si los que mueren en la infancia están perdidos, estamos convencidos que él no cree que los que mueren en la infancia estén perdidos. Estamos seguros que él creía que heredamos una naturaleza corrupta de Adán. No obstante, estamos algo confusos sobre la cuestión de la imputación de la culpa de Adán. En una página dice: "Estábamos realmente presentes con Adán, de modo que todos pecamos en su acto. Por tanto, no hay injusticia en nuestra condenación y muerte como resultado del pecado original.[41] En otra página, habla de la imputación condicional de la culpa de Adán. Nos hacemos culpables del pecado de Adán sólo después de haber aprobado la naturaleza pecaminosa que recibimos de Adán.[42] Esto ocurre cuando llegamos a la edad de la responsabilidad. En tal caso, parece que el pecado de Adán no se imputa a nosotros porque estuviéramos en Adán, como enseña la teoría de la jefatura natural, sino porque nosotros personalmente elegimos ponernos al mismo lado con la naturaleza pecaminosa de Adán.

James Leo Garrett saca la conclusión que aunque Erickson "exponía" el punto de vista de la jefatura natural, por la manera con que él trataba con la cuestión de los infantes que él "abandonó el realismo [el punto de vista de la jefatura natural] y más bien optó... por la teoría placeana de la imputación de la depravación".[43] La teoría placeana propone la imputación indirecta del pecado de Adán como distinguida de la imputación inmediata del pecado de Adán.

Erickson sostiene su conclusión con respecto a los infantes implicando que hay un "paralelismo entre nuestra aceptación de la obra de Cristo y la de Adán".[44] Pienso que comprendemos porqué él hace esta sugerencia. Pero creo que hay una diferencia importante que invalida su sugerencia. Estábamos en Adán al momento de su pecado. Es el hecho de estar en Adán que forma la basa para la imputación del pecado de Adán. Estar *en Adán* hace que se requiera la imputación de su pecado. Si se requiere, no podría condicionarse en alguna aprobación personal que nosotros daríamos al llegar a la edad de la responsabilidad moral.

Con se relaciona con nuestros pecados personales, no estuvimos en Cristo en el momento de su muerte. La unión con Cristo, que nos identifica con Cristo y hace que Su muerte sea la nuestra, ocurrió en el momento cuando pusimos nuestra fe en Jesucristo como nuestro Señor y Salvador. Estando en Cristo no *meramente hace posible* que Su muerte y justicia se nos imputan. Estando en unión con Cristo *requiere que Su muerte y justicia sean imputadas a nosotros*. No puede ser de otra manera mientras que estemos en unión con Cristo. Si esto es así, si estábamos en Adán en el momento de su pecado, fue necesario que la culpa de su pecado se imputara a nosotros. Cuando la identificación por unión está presente, la imputación no es opcional con Dios. En el "Capítulo 9: La Naturaleza del Hombre", señalé:

> El principio involucrado en la imputación de algo de uno a otro es la *identificación al estar en o en unión con la persona*. Esto es verdad si es el pecado o si es la justicia. Las Escrituras no conocen otra manera en que la acción de una persona pueda ser imputada a otra. Esto es el principio involucrado en la imputación de la muerte y la justicia de Cristo al creyente.[45]

La naturaleza del caso significa que estábamos en Adán cuando él pecó. La naturaleza del caso significa que la encarnación identificó a Cristo con la raza. En la encarnación, hubo una identificación automática de Cristo con la culpa racial. Aquella identificación significó que cuando Cristo hizo expiación, dado que fue identificado con la raza. hubo una aplicación automática de los beneficios de la redención para la culpa racial de la raza.

Como se relaciona a nuestros pecados personales, fue distinto. Nuestros pecados fueron puestos sobre Cristo (Isaías 53:6). Los beneficios de la expiación para los pecados personales solo pueden ser aplicados cuando haya una unión personal con Cristo. Cuando una persona pone su fe en Jesucristo como Señor y Salvador, se le bautiza en Cristo por el Espíritu Santo. En este punto, la persona tiene la muerte y la justicia de Cristo colocadas a su cuenta.

12

La Santificación

Los dos aspectos del pecado son la *culpa* y la *depravación.* El pecado como culpa hace que la persona sea condenada a un castigo. Como depravación, es un poder en la vida del individuo que le hace pecar.

Los dos aspectos de la salvación diseñados para tratar con los dos aspectos del pecado son: la *justificación* y la *santificación.* La justificación termina con el problema de la culpa. Cambia nuestra posición ante Dios. La santificación trata el problema creado por la depravación. Cambia nuestra experiencia con Dios y con el pecado.

Será bien provechoso para comprender la doctrina de la salvación si tentemos un entendimiento claro de la diferencia entre la justificación y la santificación y de la relación entre las dos.

Contraste entre la Justificación y la Santificación

Justificación	Santificación
1. Posicional	1. Experiencial (estado)
2. Objetiva	2. Subjetiva
3. Justicia posicional ante Dios	3. Conformarse a la imagen de Cristo
4. Siempre plena y completa	4. Moviéndose hacia el cumplimiento
5. La justicia de Cristo	5. La justicia personal
6. La justicia absoluta	6. Una justicia relativa ahora; absoluta en la vida venidera

Un repaso de este gráfico después de estudiar este capítulo hará que sea más significativo. Lo presento aquí para avivar la mente para que podamos evitar una confusión entre la justificación y la santificación. Hay que notar que hay *distinciones claras entre la justificación y la santificación,* pero la Biblia no sabe *nada de una separación de las dos.* No podemos recibir la justificación sin que también recibamos la santificación.

Relación entre la Justificación y la Santificación

Al momento de la conversión, recibimos simultáneamente la justificación y la santificación. Mientras que se reciben al mismo tiempo, lógicamente la justificación es antes de la santificación y la hace posible. La santificación *depende* de la justificación. La justificación *no depende* de la santificación. La justificación depende de la muerte y la justicia de Cristo.

EL PUNTO DE VISTA DE FINNEY EN CUANTO A LA RELACIÓN ENTRE LA JUSTIFICACIÓN Y LA SANTIFICACIÓN

El punto de vista expuesto sobre este tema por Charles Finney es una ilustración de los errores que pueden surgir del punto de vista gubernamental de la expiación y la justificación. Él escribe:

> La santificación actual, en el sentido de una consagración plena y presente a Dios, es otra condición, no la base de la justificación. Algunos teólogos han expuesto que la justificación es una condición de la santificación, más bien que hacer de la santificación una condición de la justificación. Pero veremos que esto es un punto de vista erróneo del tema.... A veces se usa la santificación para expresar un estado permanente de obediencia a Dios, o sea de consagración. En este sentido no es una condición de la justificación actual, o sea del perdón y de aceptación. Sino que es una condición de una aceptación continua y permanente con Dios. No puede ser verdad que Dios acepta y justifica a una persona en sus pecados. En toda la Biblia se representa a las personas justificadas como santificadas, y siempre, bien explícita o bien directamente, se condiciona la justificación con la santificación, en el sentido de una obediencia presente a Dios.[1]

La Santificación—un Acompañante Esencial de la Justificación

Puedo apreciar la preocupación de Finney de no separar la justificación y la justificación y así permitir que una persona sea justificada que no es santificada. Sin embargo, su enfoque confunde la doctrina de la justificación y la pone en peligro.

La santificación es siempre un *acompañante* de la justificación, pero *no es una condición* o *base* de la justificación. Es simplemente que el "juego" de la salvación incluye las dos, y no se puede separarlas del "juego" salvífico. No podemos tener justificación sin santificación ni santificación sin justificación.

El propósito final de Dios en la redención es restituir los seres humanos caídos a Su favor para una relación funcional con Dios. La justificación es un paso absolutamente esencial en el proceso de la redención. El pasar encimar de la justificación o basarla en cualquier otra cosa que no sean la muerte y la justicia de Cristo es hacer violencia a la santidad de Dios y a la gracia. Romper el "juego" y permitir la justificación sin la santificación es cometer los errores siguientes:

1. Es un mal entendimiento serio de las Escrituras. Trataré esta cuestión más adelante en este capítulo.
2. Es basar la satisfacción de la santidad de Dios en la expiación y la justificación en una necesidad técnica de Dios más bien que una *necesidad personal* de Dios. Si se basa la satisfacción de la santidad en sólo una *necesidad técnica*, se puede apartar ese interés cuando se cumpla la parte técnica. Sería nada más que una formalidad exigida para mantener la letra de la ley. Si la satisfacción de la santidad se basa en la experiencia personal de Dios en cuanto a la santidad y en Su actitud hacia el pecado, ese interés sigue igualmente tan real aun después de que una persona sea justificada como lo fue antes. La justificación es un paso en el proceso de la redención que hace posible la santificación. Un Dios santo sin duda continuará con Su interés en la santidad del creyente.
3. Abre la puerta a una fe falsa, una fe que es barata y fácil que promete una justificación sin una santificación, un perdón sin un cambio. Es otro evangelio. Durante años, hemos funcionado con la suposición debida de que se corrompería la gracia con un involucramiento indebido de la ley, que de hecho sería otro evangelio; pero el peligro opuesto, en la mayoría de los casos, recibió caso omiso. Es verdad que el involucrar indebido de la ley puede corromper la gracia de modo que estaríamos predicando otro evangelio. Esto es lo que enseñó Pablo a los cristianos de Gálatas (Gálatas 1:8, 9). También es verdad que podemos abusar tanto de la gracia, así vaciando su interés en la ley de tal modo que estaríamos predicando otro evangelio. Esta es la advertencia de Pablo expone en 1 Corintos 6:9-11; Gálatas 5:19-21 y Efesios 5:37. La carta de Santiago expone este error a la luz. En Santiago 2:14-26 se ve el interés práctico dado al error. La primera carta de Juan advierte plenamente en contra de este error (1:6; 2:3, 4, 9-11; 3:3-10, 14, 15; 4:20). La corrección de este error no cambia la naturaleza de la doctrina de la justificación, pero tal corrección debe insistir en que la justificación siempre vaya acompañada por la santificación. *El perdón y el cambio siempre van juntos.*

LA INFLUENCIA DEL PSEUDO-CALVINISMO

Una corrupción de la doctrina calvinista de la perseverancia ha sido responsable generalmente por la extensión de una creencia fácil y barata. Este concepto habla de que las personas tienen una seguridad eterna a pesar de que no demuestran las evidencias de la santificación. Esta es una corrupción del calvinismo. El calvinismo histórico ha enseñado la perseverancia de los santos, no una seguridad eterna si las personas perseveran o no.

James Oliver Buswell, Jr., un calvinista, llama esta corrupción del calvinismo un *pseudo-calvinismo*. Explica:

> He escuchado a varios conferencistas pseudo-calvinistas hablando en una capilla de una universidad cristiana que han dicho: "Estimados jóvenes, hay dos caminos para llegar al cielo: el camino espiritual y el camino carnal. ¡Es tanto mejor que ustedes tomen el camino espiritual!" Conocí a cierto joven que creía esa doctrina falsa y dijo al decano: "Soy cristiano, pero no me importa sentar en los bancos. ¡Escojo ir al cielo por medio del camino carnal!"
>
> ¡No! El camino carnal es la senda al castigo eterno. Las personas que practican cosas de este tipo no van a heredar el reino de Dios. (Gálatas 5:21)[2]

Como ya se ha observado en los capítulos previos, no soy calvinista, pero pienso que es importante que igualmente los calvinistas y los no calvinistas estemos conscientes de las diferencias entre el calvinismo histórico y la corrupción del calvinismo por el pseudo-calvinismo. El pseudo-calvinista me recuerda de Ahimaas. Cuando Absalón fue matado, él pidió a Joab que él corriese con la noticia a David. Al principio, Joab le negó y mandó al etíope. Ahimaas pidió otra vez que le dejara ir. Finalmente, a regañadientes, Joab le dejó correr. Con gran celo, Ahimaas corrió con más prisa que el etíope y llegó primero a David. Cuando dio su reportaje a David, dijo: "Vi yo un gran alboroto cuando envió Joab al siervo del rey y a mí tu siervo; mas no sé qué era" (2 Samuel 18:29).

El pseudo-calvinista ha oído que la salvación es gratuita. Es un don. Es por la gracia. Sin pensar bien y poner todo en su perspectiva debida, ha sacado la conclusión de que la santificación es opcional. Ahí va con su media verdad. Es verdad que la salvación es gratuita, pero no es verdad que la santificación es opcional. La persona se va a medias teniendo un malentendido igualmente del calvinismo y de las Escrituras. El daño hecho a la Iglesia de Jesucristo está más allá de lo estimado. Una sociedad vaciada moralmente está confrontada por una iglesia anémica moralmente.

No sería justo culpar la extensión de la creencia fácil y barata únicamente a los pseudo-calvinistas. Muchos no calvinistas han tomado la canción de la creencia fácil y barata sin muchas modificaciones significativas y la han preciado. La doctrina de una creencia fácil y barata es inherente en la debilitación del empuje moral del cristianismo.

La tragedia de la creencia fácil y barata es que lleva a muchas profesiones de fe falsas. Ofrece seguridad a personas que nunca se han salvado. No es el evangelio. Es tanto una corrupción del evangelio como es un énfasis equivocado de la ley. Hay menos esperanza de rescatar a las personas de una creencia fácil y barata que hay para alcanzar a las que tienen un énfasis equivocado sobre la ley. El énfasis indebido en la ley corrompe la gracia pero no corrompe la ley. La creencia fácil y barata corrompe igualmente la ley y la gracia. Por no comprender la ley y la gracia, ha debilitado todos los puntos del llamamiento que podrían haber para corregirla.

No es fácil corregir el punto de vista que corrompe la gracia por medio de un énfasis indebido en la ley, pero existe tal posibilidad. Dejando la ley completa y de forma sana, se puede emplear la ley como un punto de partida desde el cual se puede mostrar a una persona que un entendimiento debido de la gracia satisface, honra y sostiene la ley.

La manera en que la Justificación Contribuye a la Santificación

Necesitamos elaborar, en este punto, la manera en que la justificación contribuye a la santificación. Ella hace una contribución negativa igual que positiva a la santificación.

SE ROMPE EL PODER DEL PECADO

En su aspecto negativo, se rompe el poder del pecado. Pablo dice: "Porque el pecado no se enseñoreará de vosotros; pues no estáis bajo la ley, sino bajo la gracia" (Romanos 6:14). Como hemos observado en el capítulo previo, Romanos 6:7 dice que la persona que ha muerto es justificada del pecado. Se refiere a la muerte penal de Cristo que ahora pertenece al creyente por medio de la unión con Cristo. Pablo expone que la base para su aseveración de que: "a fin de que no sirvamos más al pecado", es la justificación basada en la identificación del creyente con la muerte penal de Cristo (Romanos 6:6).

¿Cómo es que la muerte penal de Cristo recibida en la justificación rompe el poder del pecado? David Brown explica:

> Igual que la muerte disuelve todas las demandas, así todas las demandas del pecado, no sólo "reinar hasta la muerte", sino que también el mantener a su

> víctima en una esclavitud pecaminosa, han sido disueltas una vez para siempre, por medio de la muerte penal del creyente en la muerte de Cristo; así, pues, ya no es deudor, "para que vivamos conforme a la carne." (Capítulo 3:12)[3]

Antes de que se resuelva el problema de la culpa por medio de la muerte de Cristo, no hay nada para refrenar el poder el pecado. Él reina sin contenerse. Cuando se resuelve el problema de la culpa del creyente por medio de la muerte de Cristo, se rompe el poder del pecado. El cristiano es rescatado de la esfera donde reinaba el pecado y se le traslada a la esfera de la gracia, "para que así como el pecado reinó para muerte, así también la gracia reine por la justicia para vida eterna mediante Jesucristo, Señor nuestro" (Romanos 5:21).

LA ENTRADA DE LA GRACIA SANTIFICADORA DE DIOS

Por el lado positivo, la muerte penal de Cristo recibida en la justificación abre el camino para la entrada de la gracia santificadora de Dios. Pablo escribe: "Porque si fuimos plantados juntamente con él en la semejanza de su muerte, así también lo seremos en la de su resurrección" (Romanos 6:5). El estar en la semejanza de la muerte de Cristo es poseer su muerte como la nuestra para que recibamos los beneficios de ella. Esto involucra la justificación.

El estar en la semejanza de la resurrección de Cristo es vivir una vida del poder triunfante sobre el pecado. Pablo explica en Romanos 6:4 que "como Cristo resucitó de los muertos" es lo que abarca el andar "en vida nueva". La semejanza de la resurrección de Cristo se manifiesta en la vida nueva. Esto involucra la santificación. La semejanza de la muerte de Cristo (la justificación) abre el camino para la semejanza de la resurrección de Cristo (la santificación).

Nuestra culpa había erigido una barrera entre nosotros y el poder santificador de Dios. La santidad de Dios no le permitiría entrar en una relación personal con nosotros mientras que continuáramos con nuestra culpa encima de nosotros. Cuando se nos quitó la culpa por medio de la gracia justificadora de Dios, se abrió el camino para la entrada de la gracia santificadora de Dios. Como explica Robert Haldane:

> Mientras que el pecador viva bajo la culpa del pecado Dios no puede mantener ningún trato amistoso con él; porque ¿qué comunión tiene la luz con las tinieblas? Pero Cristo habiendo cancelado la culpa de su pueblo, y habiéndolos redimido de la maldición de la ley y habiéndolos vestido con la túnica de su justicia,

> ya no hay ningún obstáculo a su comunión con Dios, ni hay ninguna barrera a la entrada gratuita de la gracia santificadora.[4]

Igual que la gracia justificadora de Dios es eficaz en perdonar nuestros pecados y restituirnos a favor con Dios, así la gracia santificadora de Dios es eficaz en cambiar nuestra experiencia con Dios y con el pecado. Garantiza un cambio en nuestras vidas.

LA JUSTIFICACIÓN ES LA BASE DE LA SANTIFICACIÓN

Se puede ver que la justificación es la base para la santificación. Por un lado, el interpretar la santificación como si fuese una condición o base de la justificación, o por el otro, explicar la justificación como si contribuyese a un punto de vista débil de la santificación, es no entender nada de la enseñanza bíblica en cuanto a la salvación.

EL INTERÉS PERSONAL DE DIOS EN LA SANTIDAD MANTENIDA IGUALMENTE EN LA JUSTIFICACIÓN Y LA SANTIFICACIÓN

Cuando interpretamos los principios que se aplican igualmente a personas y a relaciones personales, tendemos a hacer algo mecánico. A veces no podemos evitar totalmente nuestro trato de los principios. No obstante, podemos, y debemos, compensar la influencia de esta tendencia por mantener constantemente las cosas en perspectiva por reconstruir el contexto en términos de personas y relaciones personales. Los requisitos de la santidad en la expiación se basan en el interés personal de Dios por la santidad. Él no está simplemente protegiendo la ley escrita ni algún detalle legal. Al ver la exigencia de la santidad en el contexto del interés personal de Dios por la santidad, se entenderá que no se puede parar o depreciarla por la satisfacción de la ley involucrada en la justificación. Se manifestará en una preocupación por una santificación que es consistente con la naturaleza santa de Dios. Se diseña el proceso redentor para restituirnos al favor con Dios y para restablecer la santidad que se perdió en la caída. La justificación es un paso en ese proceso provisto por un Dios personal sumamente interesado en la santidad. Ese interés nunca será disminuido.

El Significado de la Santificación

Santificar quiere decir hacer santo. La santidad es más que sólo un término moral. Habla también de una relación con Dios. Puede haber alguna medida de moralidad sin consagrarse a Dios, pero no puede existir la santidad sin esta consagración a Dios. La persona a quien nos referimos como una "buena persona moral", que no está consagrada a Dios, no es santa.

La primera Tabla de la Ley comienza con: "No tendrás dioses ajenos delante de mí", y continúa con: "Acuérdate del día de reposo para santificarlo" (Éxodo 20:3-11). La segunda Tabla de la Ley empieza: "Honra a tu padre y a tu madre", y termina con "No codiciarás" (Éxodo 20:12-17). La obediencia a la primera Tabla de la Ley constituye la *piedad*. La obediencia a la segunda Tabla de la Ley constituye la *justicia*. La *santidad* abraza igualmente la piedad (vivir reverentemente delante de Dios) y la justicia (conformidad a la norma moral de Dios). La desobediencia a la primera Tabla de la Ley compone la impiedad. Desobedecer la segunda Tabla de la Ley constituye la injusticia. La desobediencia a cualquier de los Diez Mandamientos significa fracasar en ser santo.

Es interesante, examinando los escritos de los profetas, ver cuál de las dos Tablas recibe la atención. Por ejemplo, la preocupación principal de Oseas tiene que ver con la violación de la primera Tabla de la Ley, mientras con Amós es la violación de la segunda Tabla.

El significado primario de la santidad tiene que ver con la consagración a Dios, pero no podemos pensar en el significado primario aparte del segundo, que es la separación del pecado. Moverse hacia Dios es apartarse del pecado tanto como irse al norte es alejarse del sur.

LA SANTIFICACIÓN POSICIONAL

La santificación posicional quiere decir estar puesto aparte posicionalmente por Dios. Como meta ella tiene la santificación experiencial. La idea es similar a la de elegir a una persona como presidente de una organización. Se le elige a servir. Al momento de que el término del presidente anterior termine, el nuevo es presidente posicionalmente por haber sido elegido. En experiencia él es presidente sólo mientras funciona en la capacidad a la que ha sido elegido. Dios nos pone aparte posicionalmente al momento de la conversión a Cristo. Vamos siendo santificados de una manera experiencial sólo mientras vamos practicando la santidad.

Para los propósitos de las definiciones, podemos distinguir entre la santificación posicional y la experiencial, pero no hemos de pensar en el creyente como santificado posicionalmente sin serlo experimentalmente. Desde aquí en adelante en este estudio, todo uso de la palabra *santificación* se referirá a la santificación experiencial excepto cuando se indica al contrario.

LA SANTIFICACIÓN EXPERIENCIAL

No sólo estudiamos el tema de la santificación donde se encuentran las palabras y las palabras relacionadas, sino que también lo investigamos dondequiera que halle el concepto (si aparecen la palabras o palabras relacionadas o no).

La santificación comienza con la conversión a Cristo (2 Corintios 5:17). Es en este mismo momento cuando una persona empieza a experimentar la santificación. Una vida cambiada es el fruto esencial de la conversión.

La santificación continúa a progresar en esta vida durante el proceso del crecimiento (2 Pedro 3:18). Cada reto para consagrarse a Dios y a separarse del pecado que se dirige al cristiano es una evidencia del hecho de que el Nuevo Testamento trata la santificación como progresiva y que involucra el crecimiento.

La santificación no se completará hasta la resurrección. El espíritu será completamente santificado en la muerte. Sin embargo, en la resurrección se completará en cuanto a lo que tiene que ver con el cuerpo. Después de la muerte, seremos totalmente santos. Nunca más tendremos algo en nuestra personalidad que no sea compatible con Dios ni no aceptable a Dios.

La Meta de la Santificación

LA RESTAURACIÓN DE LA SEMEJANZA FUNCIONAL A DIOS

Aparece de nuevo aquí la cuestión de la imagen de Dios en el hombre. Igual que se observó anteriormente, en la creación la imagen de Dios abarcó la *semejanza constitucional* que incluía el hecho de ser una persona y la *semejanza funcional* que abarcaba la personalidad. Después de la caída, seguían en pie todas las partes constituyentes del hecho de que somos personas, aunque éstas sufrieron daños. Este daño se refleja en la personalidad del hombre. En la caída, el hombre perdió su semejanza funcional a Dios. Ya no piensa, siente ni actúa según la semejanza a Dios. Es el diseño de la redención el restituir la personalidad del hombre a la semejanza funcional a Dios. Como Pablo nos escribe en Romanos 8:29, hemos de ser "hechos conformes a la imagen de su Hijo".

Es muy importante que nuestro concepto de la vida cristiana tome en cuenta el hecho de que el hombre es una persona. Dios nos ha creado como personas que piensan, sienten y actúan. Nunca somos más personales que cuando estamos muy cera de Dios, cuando nuestra personalidad está más conformada a Su semejanza.

LAS LIMITACIONES DE LAS ILUSTRACIONES PARA EXPLICAR NUESTRA RELACIÓN CON DIOS

Se pueden utilizar los términos y las expresiones para ilustrar mientras que no tratemos de sacar demasiado de ellos. El control de una máquina, el uso de un instrumento, el relleno de una vasija, el moldeado del barro y el control de un títere pueden emplearse para ilustrar nuestra dependencia de Dios. No obstante, deberíamos reconocer las limitaciones de esas ilustraciones. Hay una distinción drástica. Una persona es un ser que piensa, siente y toma decisiones. Si no se toma en cuenta esta observación, el error resultante puede ser serio. Un títere no puede rehusar las ordenes de su maestro; pero una persona, sí. Las acciones de una persona deben reflejar su naturaleza básica antes de que, en el sentido más verdadero, puedan ser suyas como una persona. Si las acciones de un ser no son suyas, en algún sentido, no es una persona.

INFLUENCIA Y RESPUESTA, NO CAUSA Y EFECTO

Necesitamos decir de nuevo que no debemos interpretar la relación entre personas en términos de la causa mecánica y efecto. Los aspectos de influencia y respuesta son más apropiados. Tampoco hay que tomar la decisión entre lo activo o lo pasivo. Tal elección encaja en las relaciones mecánicas pero no en las personales. En muchas de las decisiones somos activos y a la vez somos pasivos. En nuestras relaciones personales somos dependientes, independientes e interdependientes.

LA SANTIFICACIÓN Y LA MENTE SUBCONSCIENTE

Si realmente vamos a andar en la semejanza de Cristo, debemos ser como Él igualmente en los niveles consciente y subconsciente de nuestra personalidad. Los pensamientos, las palabras y las acciones ocurren en el nivel consciente, pero son expresiones de nuestra naturaleza básica interna que existe en el nivel subconsciente.

Se diseña la santificación para cambiar nuestros pensamientos, palabras y acciones a la semejanza de Cristo y así cambiar a nuestra naturaleza básica interior de modo que estos pensamientos, palabras y acciones representen la actitud real del corazón. Cualquier cosa menos no reconoce las implicaciones involucradas en el hecho de que el hombre es un ser personal.

Un punto de vista de la redención que expone que el hombre, en su consagración más alta, es una máquina o un instrumento para ser controlado por Dios, hasta el punto en que las decisiones tomadas por el cristiano no son reales o los suyos propios, fracasa en su comprensión de lo que quiere decir ser cambiado a la imagen de Cristo. Tal teoría no toma en cuenta bien el hecho de que el hombre sea un ser personal.

La iglesia siempre ha sido acostada con la idea de que en esta vida no hay ninguna redención real de la personalidad. Se retrata al hombre como un ser tan totalmente destruido por el pecado que se queda más allá de arreglo en esta vida. Aún Dios no lo puede llevar a cabo. Se ha visto la salvación como un tipo de grúa divina para los seres humanos siniestrados. No hay nada que se puede hacer para restituirlos en esta vida. Todo se arreglará cuando finalmente estemos remolcados al taller celestial, pero esto acontecerá en la vida venidera.

Según ese punto de vista, la idea es que la persona ha de pensar obsesivamente en el hecho que en sí es no es nada y no tiene valor. Debe creer que no está haciendo nada, ni puede hacer nada, de valor. Dios está haciendo todo. Lo mejor que el creyente pueda hacer es no estorbar las cosas mientras que Dios le remolca su humanidad siniestrada al taller celestial. Parece que el menospreciarse a sí mismo es su virtud suprema. Respetarse o mantener cualquier tipo de autoconfianza es un pecado.

La Evidencia Bíblica para la Transformación de la Mente Subconsciente

Aprecio los problemas que muchos cristianos sinceros tienen que les conmueven, a cualquier grado, en las líneas descritas en la sección anterior. Sin embargo, pienso que la Biblia enseña claramente que hay un cambio básico en la personalidad de las personas redimidas igualmente en el nivel consciente como en el subconsciente que hace que nuestras acciones, en un sentido real, sean las nuestras y que son un reflejo de nuestra naturaleza interior.

En Romanos. 8:29 la expresión "hechos conformes" en el griego es *summorfos*. Sanday y Headlam explican que esta frase "denota una semejanza interior y total más bien que superficial".[5]

Cuando Pablo escribe en 2 Corintios 3:18 del proceso de ser transformado a la misma imagen de la gloria del Señor, emplea una palabra muy interesante. Usa un verbo semejanza al utilizado en Romanos 8:29. Es el verbo *metamorfoō*. Es un verbo compuesto que quiere decir "después" y "formar". El subjuntivo viene de la misma raíz. Es *morfē*. R. C. Trench llama nuestra atención a un contraste interesante entre *morfē* y otra palabra griega, *schēma*. Explica que *morfē* "significa la forma como la expresión de la vida interior".[6] *Schēma* se refiere a la apariencia o moda exterior y puede ser superficial.[7] *Suschēmaidzō* es un verbo compuesto de dos términos, "con o junto" y la forma verbal de la misma raíz de *schēma* que quiere decir "moldear". *Metamorfoō* se refiere a un cambio interior más bien que un cambio externo. *Suschēmatidzō* se refiere a un cambio exterior y superficial.[8]

El uso de verbo *metamorfoō* en 2 Corintios 3:18 nos demuestra que cuando Pablo habla de ser transformado en la imagen del Señor, se refiere a un cambio profundo y básico en la naturaleza interior del cristiano. Es un cambio de nuestra personalidad en el nivel subconsciente que se manifiesta en las acciones conscientes que son los reflejos verdaderos de la persona.

Pablo dice en Romanos 12:2: "No os conformáis a este siglo, sino transformaos por medio de la renovación de vuestro entendimiento".

El verbo griego traducido por "conformarse" es *suschēmatidzō*, y el verbo traducido por "transformarse" es *metamorfoō*. Trench explica:

> El apóstol dice: "No os juntéis con la moda pasajera del mundo, ni tampoco moldeados a ella (*mēsuschēmatizesthe*), sino pasad por un cambio profundo y permanente (*alla metamorfousthe*) por medio de la renovación de vuestra mente, tal como sólo el Espíritu Santo puede lograr en vosotros" (compárese 2 Corintios 3:18).[9]

Está claro del uso de los términos de Romanos 8:29; 12:2; y 2 Corintios 3:18, que Pablo se refiere al hecho de que como cristianos experimentamos un cambio profundo, básico e interior.[10] La vida se conduce a la semejanza de la vida de Cristo. La vida ha de ser una manifestación de una realidad interior.

LA SANTIFICACIÓN Y LA PERSONALIDAD TOTAL

El Nuevo Testamento enseña que la conformidad a la imagen de Cristo se extiende a cada área de la personalidad. Afecta la manera en que pensamos, sentimos y actuamos. Es muy interesante Romanos 12:2 en este punto. Pablo habla de un cambio básico e interior que ocurre por medio de "la renovación de vuestro entendimiento". En cuanto al significado de esta expresión, Newman y Nida explican:

> El significado es que la confesión cristiana exige que se cambie la totalidad de la dirección del entendimiento. La cláusula entera puede traducirse por "permitid a Dios que él os cambie interiormente por medio de daros una mente completamente nueva" o "...por hacer que vuestra mente y corazón sean completamente diferentes.[11]

Según mi entendimiento, la renovación del entendimiento (o sea, la mente) no es un proceso que de alguna manera ocurra aparte del cambio interior básico que lo consigue. Más bien, se involucra el proceso en el cambio. Se abarca la renovación del entendimiento en el cambio interior básico.

Aquí la pregunta importante tiene que ver con: ¿Qué es la mente? En inglés, el término "mente" quiere decir: (1) el órgano con que pensamos y razonamos, y (2) la mente (en el sentido limitado anterior) más el corazón y la voluntad. Este es el uso de la palabra "mente" que se refleja en la afirmación: "En mi mente he decidido servir al Señor". Con esto queremos decir que nuestro ser entero, la mente, el corazón y la voluntad están involucrados en la decisión.

Creo que el sustantivo griego *nous* que Pablo emplea abraza la mente, el corazón y la voluntad. En cuanto al significado de *nous*, Thayer expone uno de sus significados como: "La mente, compone igualmente las facultades de percibir y entender y las de sentir, juzgar y determinar".[12] El uso de la palabra mente se relaciona estrechamente con la persona o la personalidad. Tenemos razón en decir que en Romanos 12:2, cuando Pablo habla de un cambio en nuestra naturaleza interior básica por medio de una renovación de nuestro entendimiento, se refiere a un cambio interior básico en nuestra personalidad total.

Personas, no Títeres

Se nos dice en la Escrituras que Dios dijo con referencia al Nuevo Pacto: "Pondré mis leyes en la mente de ellos" (Hebreos 8:10). Hasta este punto la evidencia que hemos examinado, junto con el hecho de que se nos reta que usemos nuestra mente y nuestro corazón en nuestra relación con Dios y los retos a nuestra voluntad, no deja duda alguna de que en un sentido real, como cristianos nuestras acciones han de brotar de las realidades interiores de nuestra personalidad.

Entendemos mal las Escrituras si tratamos de reducirnos a nosotros mismos como instrumentos para el uso de Dios o unos canales por medio de los cuales Dios puede obrar. Estas metáforas están bien si no las extendemos demasiado. Si las empleamos al punto en que cedemos pasivamente a Dios con la idea de que no somos nada y que Dios nos utiliza como si fuésemos títeres, pasamos por alto el hecho de que Dios nos ha creado como personas y nos trata así.

En nuestra relación con Dios, somos a la vez *dependientes* e *independientes*. Somos dependientes en el sentido de que necesitamos Su ayuda y sin Él no podemos ser lo que seríamos sin Su ayuda. Somos independientes en el sentido de que aunque no podemos ser lo que deberíamos ser sin Su ayuda, en un sentido real, nuestras acciones son las nuestras propias. Dios no nos trata como títeres. Él nos da una latitud para la obediencia y la desobediencia.

El Fruto del Espíritu: Una Expresión de Nuestra Naturaleza Interior Transformada

Lo ilustraré aplicando los principios básicos de nuestra discusión sobre el fruto del Espíritu en Gálatas 5:22-23. Se ve la dependencia en el hecho que se llaman "el fruto del Espíritu" las virtudes distintas detalladas en el pasaje. Pero cuando hablamos del amor, del gozo, de la paz, de la paciencia, etc., no estamos simplemente refiriéndonos a la actividad divina donde se nos usa como canales. Puede que suene bien hablar del hecho de que Dios ama a otros a través de nosotros, pero ¿que Dios tiene gozo por medio de nosotros, o que Él experiencia paz a través de nosotros y lo demás de la lista? El Espíritu Santo nos ayuda a ser personas que aman, experimentan el gozo, la paz, la paciencia, etc. Mientras que el Espíritu Santo continúa produciendo Su fruto en nosotros, estas virtudes empiezan a caracterizarnos y a expresar nuestra naturaleza interior. En esta obra del Espíritu Santo, somos, a la vez, activos y pasivos. Él está obrando en nosotros como *personas* activas, y no como *títeres* pasivos.

No estoy sugiriendo que la transformación de nuestro ser interior se cumplirá en esta vida, ni digo que no habrá unos conflictos interiores. No obstante, estoy sugiriendo que aunque hay conflictos interiores también hay realidades interiores.

La Santificación y un Punto de Vista Debido de la Autoestima

Un punto de vista debido del hombre redimido provee una base para un sentido debido de la autoestima, del respeto propio y de una buena imagen de uno mismo. Fuimos creados a la imagen de Dios. Este hecho establece un sentido de autoestima. El pecado nos hizo indignos del favor de Dios, pero no nos dejo sin valor. Dios consideró al hombre valeroso (no digno) de lo que le iba a costar para redimirle. Debido a esto, ya somos hijos de Dios. Pertenecemos a la familia de Dios. Esto nos da un sentido de autoestima. Se nos está transformando a la imagen de Dios en nuestra personalidad. Todo esto va en contra de la idea de menospreciarnos a nosotros mismos. No debemos atrevernos a rebajar la obra de redención de Dios en nuestras vidas.

No es un cumplido a Dios si un cristiano se aplasta a sí mismo hasta el polvo de la nada para que pueda decir que no toma nada del crédito por lo que es y para que pueda dar toda la gloria a Dios. No le agrada a Dios si le damos las gracias por habernos hecho "nada". Pienso que glorifica a Dios mucho más si reconocemos el bien positivo que Él ha hecho a, por y en nosotros, y le damos las gracias por ello, dándole a Él la gloria por todo. En un punto de vista debido de la autoestima, un cristiano siempre se da cuenta del hecho de que se debe su existencia y todo lo demás que tiene valor a Dios como Creador y Redentor. De este reconocimiento surgen la gratitud y la humildad.

La Santificación y el Yo

En la línea con el mismo pensamiento, parece haber una confusión bastante general en cuanto al "yo". Puedo apreciar la dificultad vista en ser exacto y preciso. Frecuentemente se emplea una terminología equivocada, aunque se entiende el significado debido, pero hablar de crucificarse a uno mismo y de condenar el auto amor son términos incorrectos y conducen a la confusión mencionada.

Reflejamos sobre la idea de que una persona no debería amarse a sí misma y veamos a dónde nos llevará tal concepto. Jesús dijo: "Amarás a tu prójimo como a ti mismo" (Mateo 22:39). Si he de amar a mi prójimo como a mí mismo, pero no he de amarme a mí, es una norma pobre para amar a mi prójimo. Es bueno que una persona se ame a sí misma (ver Efesios 5:28, 29). Pero esto se hace en el contexto de amar a Dios y a nuestro vecino. No es lo mismo que enamorarse con uno mismo. No es el narcisismo.

La Biblia no habla de "crucificarse" ni de "morirse" a uno mismo. El "yo" es el tú real. La única manera para crucificar al "yo" sería llevar a cabo la aniquilación del "yo". Esto es imposible.

Jesús enseñó la abnegación del "yo", pero esto no es la crucifixión del "yo"; ni es la auto tortura. El Señor decía: "Si *alguno* quiere venir en pos de mí, niéguese a sí mismo, tome su cruz cada día, y sígame" (Lucas 9:23).

En la historia de la iglesia, han habido aquellos tan obsesionados con la abnegación que no podían captar el cuadro grande de la responsabilidad cristiana. Se hacen ascéticos. Tal interpretación de la abnegación cristiana no da sobre el blanco en cuanto al enfoque del versículo. Si una persona pasa demasiado tiempo en un auto examen, se centra en sí misma a pesar de sus motivos de tal investigación interior. Necesitamos ser Cristo-céntricos, no centrados en nosotros mismos. El enfoque del versículo cae en las palabras de Jesús "sígame", y no en "niéguese".

La abnegación es necesaria al límite de que se requiere el apartarse de todos los planes y los intereses personales que interfieren con nuestro seguir a Jesús. Cuando la abnegación nos causa que apartemos todos nuestros deseos y planes que habrían estorbado nuestros pasos hacia el Señor, entonces ha conseguido su propósito. La abnegación es difícil, pero no exige que una persona se aplaste a sí misma al polvo de la nada. El individuo que verdaderamente sigue a Jesús ha practicado (y está practicando) la abnegación, pero este tipo de abnegación no es ninguna obsesión.

El "yo" no es algún aspecto de nuestro ser que nos cause problemas. El "yo" es el tú real, la persona verdadera. El hecho de ser abraza la personalidad y el hecho de que somos personas. Una persona no tiene necesidad de crucificarse a sí mismo, sino lo que necesita es rendirse a sí mismo y desarrollarse a sí mismo. Necesita el auto mejoramiento, no la auto crucifixión.

Estoy seguro que hay muchas personas que quieren decir lo mismo con la expresión "crucifixión de uno mismo" que sugiero yo con mi interpretación de la abnegación, pero hay algunos que lo llevan más allá. Se hace un estorbo al desarrollo de la personalidad del cristiano.[13]

Igualmente Vasos de Barro y Vaso de Honor

Aquí nos será provechoso si tenemos en cuenta el hecho de que hay varios aspectos de la verdad. Si desarrollamos nuestro punto de vista de un aspecto sólo sobre un tema en particular, no lo veremos en su perspectiva debida. Nuestro concepto del tema no será equilibrado debidamente porque no habremos aprovechado de los aspectos distintos de la verdad.

En 2 Corintios 4:7, Pablo escribe: "Pero tenemos este tesoro en vasos de barro, para que la excelencia del poder sea de Dios, y no de nosotros". Contrastados con Dios, vemos nuestra debilidad. Nos damos cuenta de nuestra dependencia total de Él. Le damos honor, gloria y alabanza. Entendemos que sin Él no seríamos nada ni tampoco podríamos lograr nada (Juan 15:5). Pablo se refiere a nosotros como "vasos de barro" para recalcar este aspecto del retrato.

Si sólo basamos nuestra idea de un cristiano como un vaso en lo que se dice en 2 Corintios 4:7, fácilmente podemos discernir la dirección en que nos va a llevar nuestro concepto. Pero Pablo expone más sobre nosotros como vasos. En 2 Timoteo 2:21 explica: "Así que, si alguno se limpia de estas cosas, será instrumento para honra, santificado, útil al Señor, y dispuesto para toda buena obra". Aquí encontramos a Pablo hablando del creyente que se separa de la iniquidad como "un instrumento (vaso) para honra...útil al Señor, y dispuesto para toda buena obra". Esto representa un valor verdadero. Tenemos que tomar en consideración igualmente 2 Corintios 4:6 y 2 Timoteo 2:21 para llegar a una estimación debida de nosotros mismos como cristianos.

Tener un sentido de valor conlleva en sí una responsabilidad. Si una persona anda con un sentido de valor, manifestará un deseo de vestirse y comportarse de una manera apropiada con tal valor. La aplicación práctica del sistema de valores cristiano se afecta o por menospreciarnos a nosotros mismos o por reconocer que tenemos un valor que se nos ha dado por medio de la creación y de la redención.

La Humildad Verdadera

La humildad cristiana verdadera no se basa en un mantener un sentido peyorativo de la autoestima, sino se basa en reconocer que el cristiano le debe su autoestima a Dios. Cuando el cristiano reconoce su dependencia en Dios, se llena de gratitud. No se llena de un espíritu arrogante. También reconoce un sentido de deber y gratitud a otra gente. El reconocimiento de la dependencia y el sentir gratitud no dejan ningún lugar para un orgullo falso.

La humildad no es algo maravilloso cuando se expresa por alguien caracterizado por una auto degradación y por unos logros menospreciables. Es algo maravilloso cuando es ejercitado por aquellos que han logrado el éxito y que tienen un sentido de auto valor. Cuando tal persona reconoce su dependencia de Dios y de otros, y luego expresa su gratitud a Dios y a otros, lo llamamos virtud. Es la humildad verdadera.

La Justicia de la Santificación

La justicia en la justificación es la de Cristo que se hace la nuestra. Nosotros no tuvimos nada que ver con hacer ni vivirla. La justicia de la santificación es nuestra justicia personal obrando en nosotros por el Espíritu Santo mientras que nos aprovechamos de la gracia de Dios. A veces se llama esta justicia la justicia *impartida* en contraste con la justicia *imputada* de la justificación. La palabra *impartida* no es la más adecuada. Es mejor hablar de ella como una justicia que se obra o produce en nosotros.

El Alcance de la Santificación

LAS CUATRO RELACIONES BÁSICAS

La santificación ha de extenderse a todas las experiencias de la vida. Todas ellas involucran una o más de las *cuarto relaciones básicas*: (1) la relación de la persona con Dios, (2) la relación de la persona con otras personas, (3) la relación de la persona consigo misma y (4) la relación de la persona con el orden creado. En la santificación, se han de vivir estas relaciones bajo la autoridad de Dios como es revelada en la Biblia, bajo el señorío de Cristo y conforme con la guía del Espíritu Santo.

LOS CUATRO VALORES BÁSICOS

Se pueden reducir todo lo moral e ideal a *cuarto valores* (o virtudes) *éticos básicos*. Los cuartos forman la base para los principales morales y éticos que nos guían para funcionar dentro de la estructura de las cuatro relaciones básicas. Los cuatro valores básicos son: (1) la santidad, (2) el amor, (3) la sabiduría y (4) los ideales. La santidad tiene que ver con la pregunta: ¿Es bueno o es malo? El amor se concierne con la pregunta: ¿Cómo puedo demostrar mi interés o preocupación? La sabiduría trata el aspecto práctico de la verdad. Hace esta pregunta: ¿Cuál es la mejor decisión? Los ideales tienen que ver con la pregunta: ¿Qué es bueno, bello y excelente? Debido a la santidad, tenemos convicciones. El amor hace que podamos interesarnos por las personas. Gracias a la sabiduría, ejerceremos el sentido común, o sea, tomamos las buenas decisiones. Los ideales nos retan hacia y para la excelencia.[14]

La influencia de la santificación ha de manifestarse en nuestra experiencia total. Abarca nuestras experiencias igualmente como miembro de la iglesia y como miembro de la sociedad. Para poder creer en un punto de vista unificado del conocimiento, debemos creer que nuestra fe en Dios y nuestra creencia en los valores cristianos tienen implicaciones para la totalidad de la vida.

LA IMAGEN DE DIOS EN EL HOMBRE Y LA EXTENSIÓN DE NUESTRA SANTIFICACIÓN

Para determinar la extensión, necesitamos volver al significado de lo que quiere decir ser creado a la imagen de Dios. Se nos diseñó para andar en la semejanza funcional a Dios. Este diseño debería verse en la extensión total de la experiencia humana. Todas nuestras experiencias en cada área de la vida han de afectarse por la semejanza divina que hemos de manifestar. El propósito de la santificación es restituir la semejanza funcional de Dios que nos fue perdida en la caída. Fuimos diseñados para andar en la semejanza moral a Dios. En este contexto, cuando hablamos de la semejanza moral a Dios, estamos empleando el término *moral* en su significado más amplio. Hemos de ser santos, sabios y personas que aman a otros porque así es Dios. Debemos preocuparnos por los ideales, la belleza y la excelencia porque Dios es la quintaesencia de lo alto y lo noble. Esta semejanza a Dios ha de ser plenamente evidente en nosotros mientras vamos llevando a cabo el mandato divino de ejercer el dominio sobre la tierra y sobre sus habitantes, y mientras obedecemos la Gran Comisión.

TRATANDO CON LA INFLUENCIA DEL POSTMODERNISMO

En cuanto a nuestros virtudes y valores éticos, no podemos regirnos por el postmodernismo. El relativismo no nos es una opción. Hemos de acudir a la Palabra de Dios como la revelación de la naturaleza de Dios. Nuestra meta es la de ser como Dios igualmente en nuestra vida en la iglesia y en nuestra vida como miembro de la sociedad. Cuando estamos satisfechos siendo menos de lo que quiere decir ser como Dios, la pérdida es nuestra y de otros.

El poder del tono de postmodernismo que condiciona a la sociedad ha ido debilitando la fuerza de la iglesia. Unas pocas voces, aunque no bastantes, se escuchan allí en el frente moral. Pero parece que aún menos saben qué decir o si deben pensar cualquier cosa en cuanto a los ideales, la belleza y la excelencia. Los bárbaros van conquistando y les parece bien a casi todos. Después de todo, es una cosa de los gustos privados de cada uno.

IDEALES, BELLEZA Y EXCELENCIA Y LA EXTENSIÓN DE NUESTRA SALVACIÓN

No debemos olvidar que Dios es el Dios de la *belleza*, la *majestad* y la *excelencia*. Él nos llama a preocuparnos en cuanto a lo noble, lo bello y lo excelente. Pablo escribe: "Para que aprobéis lo mejor, a fin que seáis sincero e irreprensibles para el día de Cristo" (Filipenses 1:10). El significado del texto griego es: "que podéis aprobar las cosas que marcan la diferencia". Este pasaje nos informa que no todas las cosas tienen el mismo valor. Necesitamos ser capaces de reconocer las distinciones. Hemos de esforzarnos hacia lo mejor. Como cristianos no podemos aceptar el rechazo postmodernista de la distinción entre lo alto y lo bajo.

Desesperadamente necesitamos prestar atención a la amonestación dada por Pablo en Filipenses 4:8. Para asegurar que captemos todo que este versículo nos dice, lo cito de varias versiones.

> "Por lo demás, hermanos, todo lo que es verdadero, todo lo honesto, todo lo justo, todo lo puro, todo lo amable, todo lo que es de buen nombre; si hay virtud alguna, si algo digno de alabanza, en esto pensad". (RVR1960)

> "En cuando a lo demás, hermanos, todo lo que es verdadero, todo lo honorable, todo lo justo, todo lo puro, todo lo amable, todo lo que es de buen nombre, si hay virtud alguna, si hay algo que merece alabanza, en esto pensad". (VR Actualizada 1999)

> "Por lo demás, hermanos, todo lo que es verdadero, todo lo digno, todo lo justo, todo lo puro, todo lo amable, todo lo honorable, si hay alguna virtud o algo que merece elogio, en esto meditad". (Biblia de las Américas)

Hay muchas formas en que se pueden demostrar los ideales, la belleza y la excelencia. Hay lugar para los gustos personales. Pero no es lo mismo que decir que podamos llamar cualquier cosa bella o excelente. No debemos apartar la meta de andar en la semejanza de Dios en todas las áreas de nuestro ser. No podemos acordar una tregua por la causa del evangelio ni por cualquier otra meta alta y noble en cualquiera de estas áreas.

Nada refleja tanto el espíritu de la edad como la actitud de la gente en cuanto a las áreas tocadas por los ideales, la belleza y la excelencia. Se hace eco particularmente en la manera en que las personas se visten y en el tipo de música que ellas escuchan. Cuando se explican éstas áreas como una casualidad, la gente baja su guardia.

Las personas rinden estas áreas antes que las morales. Pero una vez que se haya rendido en cuanto a las áreas de lo ideal, lo bello y lo excelente, la participación en la cultura actual actúa como un anestésico moral. Una vez que una persona se ha insensibilizado moralmente por el espíritu de la edad, se ha preparado el escenario para una caída moral.

Una Llamada para un Avivamiento del Humanismo Cristiano

Quiero hacer una llamada para un avivamiento del humanismo cristiano. La asociación del término "humanismo" con el humanismo secular ha hecho que muchos cristianos hayan desarrollado una actitud negativa en cuanto al término mismo. Sin embargo, hay una diferencia drástica entre el significado del humanismo modificado por la palabra "secular" y cuando se modifica por el término "cristiano".

En el uso que hago yo de la expresión, el humanismo reconoce el hecho de que cada ser humano tiene potencial, y que esta potencia debería desarrollarse hasta su logro más completo y alto. Cuando añadimos la palabra "cristiano" al humanismo, se explica el porqué de que los humanos tienen esta potencia y porqué se debería desarrollar a su punto máximo que se pueda lograr.

Los seres humanos tienen este potencial porque son creados por Dios a Su imagen (Genesis 1:26). Todas las personas existen a la imagen racional de Dios (Colosenses 3:10). Se asombra la imaginación al considerar el potencial creativo de las mentes humanas, visto igualmente de una manera individual y colectiva.

Ser creado a la imagen de Dios también abarca una semejanza moral (Efesios 4:24). Nuestros ideales morales y éticos han de reflejar la semejanza a Dios. Quiere decirse que el ideal director para nuestras metas ha de ser muy alto. El significado de la meta de reflejar la semejanza de Dios se debería referir a ser a la semejanza de Dios en su relación a los ideales de la belleza, la excelencia y el orden.

En Génesis 1:26, Dios nos manda que ejerzamos el domino sobre el orden creado. Se ha llamado este mandamiento de ejercer el dominio sobre la tierra el "Mandato Cultural".[15] Nuestra responsabilidad es de gran alcance. Al llevar a cabo este mandato, hemos de aspirar a los ideales más altos que se nos demandan debido a nuestra responsabilidad de ser creados en la semejanza a Dios. Debemos anhelar la meta para someter toda la esfera de la vida bajo el señorío de Cristo.

Si el pecado no hubiera entrado en el cuadro, no hubiera existido ningún problema en cuanto a vivir la totalidad de nuestra vida en una conformidad completa a la semejanza a Dios. El pecado cambió las cosas. La única manera que podemos vivir nuestra vida entera en la semejanza a Dios es por medio de la redención que es nuestra a través de Jesucristo. En esta vida, estar a la altura de este reto no viene sin sus complicaciones.

Mientras que es verdad que el hombre caído no puede vivir toda su vida en conformidad con la semejanza de Dios, no quiere decir que debemos rechazar todo lo que los incrédulos hacen. Hay un lado tenebroso de la naturaleza humana. Pero no se han erradicado todos los vestigios de la nobleza de la experiencia humana. La imagen de Dios no está totalmente callada en los seres humanos caídos. Por esta razón, han habido logros asombrosos llevados a cabo por personas incrédulas. Como cristianos, estudiamos los logros y los criticamos a la luz de la verdad revelada en la Biblia. El reto delante de nosotros es llevar nuestros propios logros a la conformidad de los ideales altos exigidos por la semejanza a Dios y por el señorío de Cristo.

Cuando solemos hablar del humanismo cristiano, estamos pensando en la rama de estudios conocida por las humanidades. Las áreas principales de las humanidades que vienen a la mente son la arquitectura, el arte, la música y la literatura. Mi propósito en llamar por un avivamiento del humanismo cristiano incluye estas áreas, pero también se extiende a un interés en la belleza, la excelencia y el orden en cada área de la vida.

Al llevar a cabo nuestra responsabilidad en cuanto al Mandato Cultural y nuestra responsabilidad de la Gran Comisión, hay muchas oportunidades para manifestar un interés genuino hacia lo excelente, lo alto, lo noble y lo bello. Son preocupaciones legítimas para el humanismo cristiano. Los pasajes de Filipenses 1:10 y 4:8 (citado anteriormente) nos exponen delante el reto. Es el declive en estas áreas lo que preocupa a David Wells cuando explica:

> La cultura occidental una vez ponía gran valor en los logros nobles de la naturaleza humana: el discurso racional, el uso correcto del lenguaje, la ley justa e imparcial, la importancia de nuestra memoria colectiva, la tradición, el corazón de los axiomas morales a que se daba la aprobación colectiva, esos logros estéticos en los artes que representaban el punto culminante del espíritu humano. Ahora todos estos se encuentran en retirada. El discurso racional ha desaparecido casi totalmente; en una nación donde la capacidad de leer y entender va cayendo a plomo, se ha reducido el lenguaje al menor denominador común, a las frases vulgares de la calle usadas por la juventud; el corazón de los valores se ha desintegrado; las artes son degradadas; la ley politizada.[16]

Hubo un tiempo (antes del 1960) cuando se tomaba por sentado que cuando una persona estudiaba en la universidad, su apreciación de lo estético iría en aumento. Hoy día no podemos contar con esto. La verdad es que hay gran posibilidad de que un estudiante pueda ir hacia atrás más bien que adelante en estas áreas. Las universidades han llegado a ser los lugares más improbables de que una persona desarrolle una apreciación por el buen gusto, por los buenos modales y por el refinamiento. Aún en las instituciones cristianas no se sabe cómo tratar este problema. Hay muchos que consideran los ideales como un área neutral donde sólo la opinión y la preferencia personales prevalecen. En la percepción de muchos, el problema parece estar con las personas de las iglesias e instituciones cristianas que continúan creyendo que se deberían promover la belleza y la excelencia.

La Aplicación General de los Ideales, la Belleza y la Excelencia

Cuando examinamos las grandes obras de los artistas y de los músicos, puede que sintamos que no tenemos nada que ofrecer en el área de los ideales. Sin embargo, las oportunidades para la demostración de la belleza, la excelencia y el orden son disponibles para toda la gente en cada esfera de la sociedad.

Mi memoria más temprana me lleva a los días de la Gran Depresión. Nuestra familia conocía bien la pobreza. Pero ella, en nuestro hogar, no pudo callar el interés en los ideales.

Mis padres no permitieron que la pobreza nos negara la experiencia de la belleza. Cada año se plantó un jardín de flores. En cuanto a su granja, mi padre tenía un toque de perfeccionismo. Lo sembrado siempre estuvo limpio de mala hierba, se cortó el seto vivo y la maquinaría se mantuvo en buenas condiciones.

Mi madre era buena costurera. Podía tomar la tela que ella pudiera comprar y hacer de ella vestidos para sí misma y para mis hermanas, vestiduras bonitas, especialmente para las ocasiones especiales. Pasábamos por unos tiempos difíciles, pero nunca hubo un tiempo cuando yo no tenía lo que llamábamos en esos días "ropa para el domingo". En esa sociedad limitada, las ocasiones especiales fueron eventos como los cultos de la iglesia, los funerales, el primer y último día de las clases cada año y la graduación.

Para dar los toques de belleza a nuestro hogar, mi madre y mis hermanas tomarían unas latas de metal para hacer unos ornamentos decorativos para la casa. En la navidad, cortaríamos un árbol del bosque y ellas lo decorarían con cualquier cosa que podrían encontrar. Recuerdo que ellas usaban palomitas enhebradas en hilos, enrolladas alrededor del árbol, para decoraciones navideñas.

Es mi opinión que el énfasis dado por mis padres durante mi niñez en cuanto a los ideales hizo una diferencia en mi vida. La experiencia de los ideales alza la visión. Hace que la persona establezca metas más altas. Si no hubiera sido por el énfasis (aun simple) en los ideales dado por mis padres cuando yo era joven, no creo que yo sería hoy día lo que soy.

A pesar de las circunstancias de tu vida, puedes experimentar la belleza, la excelencia y el orden. La belleza se aplica al lado artístico de la vida. La excelencia se involucra en la belleza, pero no se restringe a ella. La excelencia exige que hagas lo mejor razonable en todo lo que intentes. El orden trata del desarrollo de una mente ordenada y del establecimiento del orden y la organización de tu vida.

Hay cosas que cualquiera de nosotros puede hacer que expresan nuestro interés en la belleza, la excelencia y lo apropiado. Las mujeres pueden esforzarse para ser señoras. Una visita a la peluquería demuestra su interés en esta área. Los hombres pueden afianzarse en ser caballeros. Podemos hacer que nuestros zapatos sean limpios y brillen. Podemos vestirnos apropiadamente dependiendo de la situación y de nuestros medios. Podemos cortar el césped y limpiar el jardín de la casa. Podemos dar lo mejor que podamos a nuestra ocupación. Podemos ampliar la extensión de nuestros intereses. La belleza de la naturaleza es nuestra para disfrutar, igual que son la belleza y la excelencia producidas por otras personas.

Una Llamada Especial a las Mujeres

Nuestros hijos, Jon y James, reconocen una deuda especial a su madre con relación a la extensión de sus intereses y horizontes. En un mensaje dado en el Día de la Madre (1993), James dijo (entre otras cosas) lo siguiente en cuanto a su madre:

> Una de las contribuciones más grandes que me fue dada, principalmente por mi madre, fue la amplificación de mis horizontes. Como un bebé en el regazo de mi madre, ella me leía libros. Esto lo hacía básicamente hasta que yo mismo aprendí a leer en casa aún antes de comenzar la escuela. Los primeros dos años de la escuela me fueron algo aburridos porque ella me había enseñado a leer sin realmente tener esto como meta.
>
> Ella sentía que era su responsabilidad entregarnos la herencia de nuestras familias. Ella nos habló mucho de nuestra familia y de nuestra herencia espiritual.
>
> Quisiera yo tener un dólar por cada museo, cada lugar histórico y cada exhibición que visitamos. La abertura nuestra a la música, música buena, fue muy extensa. Aprendí amar las artes, las flores y la belleza en general debido a la influencia continua de mi madre. De veras yo sería un alma muy aburrida si ella no hubiera añadido tanto color a mi vida.[17]

Mientras que se retan igualmente los hombres y las mujeres en cuanto a la belleza y la excelencia, las mujeres juegan un papel muy importante. Alguien ha dicho: "Las mujeres llevan la civilización". Quiero retar a las mujeres. ¡Levantados a la ocasión! No dejéis que los bárbaros destruyan todo lo bello y noble de nuestra cultura. Ayudadnos a encontrar de nuevo un interés en la educación, el comportamiento, la amabilidad, la dignidad y, para las damas, el encanto.

La Necesidad para el Equilibrio

La vida no siempre es sencilla. Estamos limitados en cuanto a lo que podemos hacer por las complicaciones presentadas por el pecado, la falta de tiempo, el dinero, la habilidad, la ayuda, etc. No podemos hacer todo que nos gustaría hacer. Frecuentemente necesitamos observar una situación desde varios ángulos antes de tomar una decisión. Hay muchas influencias distintas que nos atraen. Experimentamos tensión. No siempre es posible lo mejor. A la luz de la realidad tenemos que establecer nuestras prioridades. Proverbios 26:4-5 ilustra para nosotros lo que llamo: "el principio de la tensión y el contrapeso". El primer versículo dice: "Nunca respondas al necio según su insensatez, para que no seas tú también como él". Dice el segundo: "Responde al necio según su insensatez, para que no se estime sabio en su propia opinión".

Un versículo nos instruye que no contestemos a un necio. El otro nos dice que le repliquemos al necio. Obviamente no se puede hacer las dos cosas en cada situación. Si así fuese el caso, ¿cómo obedeceríamos estos dos versículos? Lo que tenemos que hacer es considerar cuál sea el riesgo más grande. Si se arriesga más en ser como el necio, no le contestes. Si el peligro es más grande en que el necio se estime sabio en su propia opinión, le contestas. No siempre será fácil decidir cuál decisión tomar, pero tendrás que tomar una o la otra decisión. Es una equivocación seria escoger una de estad decisiones y luego adoptarla como la norma para cada situación.

Estos versículos nos ayudan a desarrollar un principio de interpretación importante: Hay algunas verdades que no se pueden exponer con un principio solo, sino que se deben establecer con dos o más principios que se contrapesan el uno al otro. Aquí vemos la tensión. Hay tensión entre los lados o ángulos opuestos de la verdad. Debemos tener en equilibrio esta tensión. Este principio de interpretación nos guía en las áreas donde tratamos lo que llamamos *verdad general* más bien que *verdad absoluta*. Como se ilustra con Proverbios 26:4-5, no hay una verdad absoluta en cuanto a cómo contestar a un necio. Este principio es similar al que dice: "Hay dos caras a una moneda". O, "Hay muchas facetas de la verdad". Llamo este principio de interpretación: El principio de *tensión y contrapeso.*

Nos es importante recordar que hay verdades absolutas, tales como la enseñanza moral de los Diez Mandamientos. Hemos de obedecer éstas. Pero hay otras áreas de la vida en que tenemos unos principios generales, más bien que unos absolutos, que nos guían. En estos casos, por medio de la ayuda de Dios, debemos tomar unas decisiones sabias. Es importante acordarse del hecho de que hay algunos temas sobre los que no se puede exponer la verdad en una declaración o un principio sólo. Debemos escuchar o leer varios pensamientos sobre el tema para que mantengamos equilibrado nuestro concepto o entendimiento.

Bien me doy cuenta de que, en la escala de las prioridades, la belleza y la excelencia no son tan importante como la santidad. Pero no hemos de atrever a priorizar la belleza y la excelencia tan bajo que ya no existan. Puede que haya algunos cristianos muy consagrados que pasan por encima algunas áreas mientras prestan atención inusual a otras áreas importantes. Pero en la comunidad de la experiencia cristiana la implicación plena de lo que quiere decir ser creados en la semejanza a Dios necesita desarrollarse más. Se ilustra así: Puede que sea aceptable que algunas personas sólo toquen algunas de las teclas del piano, pero la comunidad más amplia de los creyentes debería tocar todo el teclado del instrumento.

La Regeneración y la Santificación

LA REGENERACIÓN EN EL CALVINISMO Y EL ARMINIANISMO

En el calvinismo tradicional, la regeneración precede la fe. Los calvinistas consideran imposible que un pecador crea si primero no ha sido regenerado. Los arminianos creen que es absolutamente necesario que el Espíritu Santo obre en el corazón de la persona que presta atención al evangelio para que la fe sea posible (Juan 6:44). Pero para el arminiano esta obra del Espíritu Santo no es la regeneración. En el arminianismo, la fe precede la regeneración. En el calvinismo, sólo los regenerados pueden creer. En el arminianismo, sólo se regeneran los creyentes. Los dos campos creen que los creyentes son justificados.

El arminianismo clásico cree en el *monergismo condicional* en cuanto a la justificación y en la regeneración. Estas dos son únicamente los actos y la provisión de Dios. Esto quiere decir que la justificación y la regeneración son efectos. Dios es la causa. La condición para la justificación es la fe en Cristo. La fe es la experiencia humana que puede ocurrir únicamente con la asistencia divina. La justificación es únicamente un acto de Dios, el Juez supremo del universo, en que se declara justa a la persona que ha recibido la muerte y la justicia de Cristo. La justificación es la base de la santificación. La regeneración es el primer paso en la santificación y forma la base para todo el crecimiento y desarrollo que ocurre en el proceso santificador. Sin la regeneración no podría haber santificación. La regeneración es únicamente la obra del Espíritu Santo.

Cuando expone que *la regeneración* precede la fe, el calvinismo hace que *la santificación* preceda la *justificación*. No importa que dé la definición, la regeneración es una experiencia que cambia la vida. La regeneración es el primer paso en la santificación. Cuando el calvinismo coloca la regeneración antes que la justificación, va directamente en contra de su propia teología. El calvinismo entiende correctamente que la santificación depende de la justificación.

Berkhof, un teólogo reformado principal, nos informa que "la regeneración es el principio de la santificación". Luego, unas líneas más adelante, escribe: "La justificación precede y es básica para la santificación en el pacto de la gracia....La justificación es la base judicial de la santificación".[18]

Pienso que está en orden recalcar una cita dada anteriormente en este capítulo. Robert Haldane, cuyo calvinismo no puede ser cuestionado, explica:

> Mientras que el pecador viva bajo la culpa del pecado Dios no puede mantener ningún trato amistoso con él; porque ¿qué comunión tiene la luz con las tinie-

> blas? Pero Cristo habiendo cancelado la culpa de su pueblo, y habiéndolos redimido de la maldición de la ley y habiéndolos vestido con la túnica de su justicia, ya no hay ningún obstáculo a su comunión con Dios, ni hay ninguna barrera a la entrada gratuita de la gracia santificadora.[19]

Puede verse que lo que Berkhof y Haldane dicen pone en conflicto su teología con el concepto de que la regeneración precede la fe. El calvinismo correctamente observa que la santificación se basa en la justificación. Pero así se crea un problema cuando ellos dicen que "la regeneración es el principio de la santificación" y, sin embargo, colocan la regeneración antes que la justificación.

LA NECESIDAD PARA LA REGENERACIÓN

Pablo nos informa que "la intención de la carne es enemistad contra Dios; porque no se sujeta a la ley de Dios, ni tampoco puede. Así que, los que viven según la carne no pueden agradar a Dios" (Romanos 8:7, 8). Para una persona tan encadenada por su depravación heredada, no puede haber ninguna conformidad a la imagen de Cristo aparte de la regeneración. La vida cristiana sería imposible aparte de la regeneración.

LOS MEDIOS Y LA AGENCIA DE LA REGENERACIÓN

Pedro dice que Dios "nos ha hecho nacer de nuevo para una esperanza viva por medio de la resurrección de Jesucristo de entre los muertos" (1 Pedro 1:3). Se involucra la regeneración en poder participar en los beneficios de la resurrección de Cristo. Por medio de la unión con Cristo, compartimos los beneficios de Su resurrección. Se nos identifica con Su vida igual que con Su muerte (Romanos 6:4, 5, 8, 11).

La Palabra de Dios como una Palabra que imparte la vida es un instrumento para nuestra regeneración. Santiago escribe: "Por su propia voluntad, él nos hizo hacer por la palabra de verdad" (Santiago 1:18). Pedro habla de haber sido nacidos de nuevo "no de simiente corruptible sino de incorruptible, por medio de la palabra de Dios que vive y permanece para siempre" (1 Pedro 1:23).

El Espíritu Santo es el agente que hace la obra de redención (Juan 3:5, 6; Tito 3:5; Efesios 2:10 y Juan 1:13). Esto quiere decir que la regeneración es únicamente una obra divina. Puesto que es la obra singular de Dios es monergística. Dios es la causa. La regeneración es el efecto.

LA NATURALEZA DE LA REGENERACIÓN

En la regeneración se nos hace criaturas o creaciones nuevas (2 Corintios 5:17). Se nos da una nueva dirección en la vida (2 Corintios 5:17; Efesios 2:10). Tenemos una actitud distinta en cuanto al pecado y en cuanto a Jesucristo. El deseo básico del corazón nuestro es hacer justicia y ser justos ante Dios. Este cambio es básico, no es *absoluto*. Coloca a la persona al lado de Dios y de lo justo, pero no borra todas las pisadas del pecado.

Los Resultados de la Regeneración

Como resultado del nuevo nacimiento se nos hace hijos de Dios. Se nos restaura al compañerismo con Dios y recibimos la habilidad de funcionar moral y espiritualmente. Entrar en el reino de Dios (Juan 3:3, 5) no se refiere a una entrada después de la muerte. Quiere decir entrar ahora como un ciudadano activo del reino. Para poder entrar en el reino después de la muerte, tenemos que entrar en él ahora.

El nuevo nacimiento resulta en una vida victoriosa. Juan nos escribe: "Porque todo lo que ha nacido de Dios vence al mundo; y ésta es la victoria que ha vencido al mundo: nuestra fe" (1 Juan 5:4). Desarrollaré más este tema bajo la sección de los resultados garantizados de la santificación.

El Espíritu Santo y la Santificación

Nuestro entendimiento del ministerio del Espíritu Santo debería comenzar con el hecho de que se llama el Espíritu "Santo". Su nombre nos informa que el enfoque primordial de Su ministerio hacia nosotros tiene que ver con producir santidad en nosotros. La santidad ha de vivirse durante los siete días de la semana, no solamente durante los cultos de adoración o en unos momentos especiales.

EL FRUTO DEL ESPÍRITU SANTO EN NUESTRAS VIDAS

El hecho de que el enfoque principal del ministerio del Espíritu Santo trate la manera en que vivimos se demuestra por las palabras del Señor Jesús cuando dijo: "Cuando él venga, convencerá al mundo de pecado, de justicia y de justo" (Juan 16:8). También, hemos de notar lo que se dice del Espíritu Santo en Gálatas 5:22, 23: "Pero el fruto del Espíritu es: amor, gozo, paz, paciencia, benignidad, bondad, fe, mansedumbre y dominio propio". En Efesios 5:9, Pablo escribe: "Pues el fruto del Espíritu consiste en toda bondad, justicia y verdad". El apóstol nos recuerda en Gálatas 5:16-17: "Digo, pues: Andad en el Espíritu, y así jamás satisfaréis los malos deseos de la carne. Porque la carne desea lo que es contrario al Espíritu, y el Espíritu lo que es contrario a la carne. Ambos se oponen mutuamente, para que no hagáis lo que quisierais". La presencia del Espíritu Santo es una relación restrictiva que nos previene de hacer las cosas que haríamos sin Su presencia. También, prestemos atención al contexto de las palabras de Pablo cuando escribe: "Porque todos los que son guiados por el Espíritu de Dios, éstos son hijos de Dios" (Romanos 8:14). En el versículo previo ha dicho: "si vivís conforme a la carne habéis de morir; pero si por el Espíritu hacéis morir las prácticas de la carne, viviréis" (v. 13). La guía mencionada por Pablo en el versículo 14 es la mortificación de los hechos de la carne. En este caso no es un liderazgo hacia lo desconocido. Esta guía divina nos capacita para vivir en la manera que ya sabemos que hemos de vivir. Pablo está hablando de vivir de una manera justa.

Expuesto negativamente, el Espíritu Santo obra en nosotros para darnos la victoria sobre el pecado. Positivamente, el Espíritu Santo obra en nosotros para producir la virtud que expresa los valores cristianos. El Espíritu Santo no se queda satisfecho cuando no hacemos nada más que dejar de pecar. Él quiere que nos vistamos con las virtudes cristianas. Éstas son las que se mencionan como el fruto del Espíritu y son elementos constituyentes en la semejanza funcional a Cristo en nosotros.

La cristiandad es la virtud (valores morales y éticos) orientada totalmente. Esta orientación de valor satura toda la tela del sistema cristiano de la vida y del pensamiento. No tenemos el derecho a disminuir o debilitar este énfasis en estas virtudes. Es nuestra responsabilidad experimentar y proclamarlas.

LA EVIDENCIA DE QUE UNA PERSONA ESTÁ LLENA DEL ESPÍRITU SANTO

Si quieres saber si una persona está llena del Espíritu Santo o no, ve si se manifiesta el fruto del Espíritu. Es su estilo de vida durante los siete días de la semana que contará su historia, y no su comportamiento en los cultos de adoración, ni cuando está orando o hablando a cerca de Dios. Hay un lugar para el entusiasmo. Necesitamos más de esto, pero tal animarse aparte del fruto del Espíritu en el andar de un creyente es de la carne, no es del Espíritu Santo.

EL ESPÍRITU SANTO Y LA PERSONALIDAD HUMANA

La relación entre el Espíritu Santo y el cristiano es una relación entre personas. Quiere decir que estamos hablando de *influencia* y *respuesta*, no una causa *mecánica* y su *efecto*. Al hablar del amor como el fruto del Espíritu Santo, no hemos de interpretarlo en términos de una causa mecánica con su efecto, sino más bien en términos de la influencia y la respuesta. Cuando pensamos en términos de influencia y causa, salvaguardamos el hecho de que hablamos de una relación personal. La respuesta del amor es una experiencia por la cual dependemos del Espíritu Santo, pero al mismo tiempo realmente somos nosotros los que amamos. La acción es nuestra, pero no sólo hablamos de esta acción. Nos referimos a la acción como expresiva de nuestra naturaleza interior. El Espíritu Santo nos ayuda llegar a ser el tipo de persona que ama.

Al hablar de la dependencia del Espíritu Santo, algunos han dicho: "Hemos de confiar no intentar". Tal idea sería apropiada si estuviésemos hablando de relaciones de causa mecánica y su efecto. Dado que estamos hablando de influencias y respuestas, nosotros igualmente *intentamos* y *confiamos*. Nos ponemos en acción, confiando en el Espíritu para ayudarnos. No esperamos que lo haga por nosotros. A pesar de cuanta asistencia divina recibamos, será nuestra personalidad que actúa cuando amamos, y lo mismo es verdad cuando practicamos las otras virtudes cristianas.

Algunos han entendido que Pablo está abogando una pasividad por parte nuestra cuando dice: "Pero por la gracia de Dios soy lo que soy". Termina el pasaje diciendo: "no yo, sino la gracia de Dios que ha sido conmigo" (1 Corintios 15:10). En medio del pasaje dijo: "Más bien, he trabajado con afán más que todos ellos". La oración: "pero no yo, sino la gracia de Dios que ha sido conmigo" no quiere decir de ninguna manera que no fueran las acciones de Pablo mismo. Si fuera así, negaría la aseveración: "he trabajado con afán más que todos ellos".

Cuando atribuye sus esfuerzos a la gracia de Dios, el apóstol expresaba su gratitud y dependencia. Se expone equilibradamente la verdad en Filipenses 4:13 donde Pablo escribe: "¡Todo lo puedo en Cristo que me fortalece!" "Lo puedo" denota el involucramiento y la capacidad humanos. "Cristo que me fortalece" demuestra la dependencia. Podemos dependernos de la ayuda divina, pero Su función es ayudarnos a ser personas, funcionando a la semejanza de Cristo. No es una asistencia divina que nos reduce a unos títeres.

La Palabra de Dios y Nuestra Santificación

En Su oración de Juan 17, el Señor Jesús dijo: "Santifícalos en tu verdad; tu palabra es la verdad" (v. 17). Dijo en Juan 8:32: "Conoceréis la verdad, y la verdad os hará libres".

El conocimiento se relaciona estrechamente a la verdad. Pedro escribe (2 Pedro 1:2, 3):

"Gracia a vosotros y paz os sea multiplicada en el conocimiento de Dios y de nuestro Señor Jesús. Su divino poder nos ha concedido todas las cosas que pertenecen a la vida y a la piedad por medio del conocimiento de aquel que nos llamó por su propia gloria y excelencia."

Se experiencia la verdad como conocimiento. La verdad se capta y entiende en la mente, es experimentada o sentida en el corazón y la voluntad actúa sobre ella. Hay que captar y entender la verdad para que haya crecimiento y estabilidad en la vida del cristiano. Cuando realmente creemos una idea, ésta produce la actitud apropiada en nuestro corazón. Lo que sabemos y sentimos es lo que guía nuestro comportamiento. Nuestras ideas y actitudes influencian nuestra voluntad.

En Filipenses 4.8, después de haber llamado la atención a todo lo verdadero, todo lo honorable, todo lo justo, todo lo puro, todo lo amable, todo lo que es de buen nombre, la virtud y la alabanza, Pablo escribe: "en esto pensad". ¿Por qué lo dice? Es porque el pensar transforma el comportamiento. Pensar en esas cosas era meditar sobre ellas. Hay varias referencias en que la Biblia habla de la meditación (Josué 1:8; Salmo 1:2; 19:14; 63:6; 103:4; 119:15; 143:5 y Timoteo 4:15).

¿Por qué meditar? En la meditación, las ideas se profundizan y se enriquecen, pero el propósito principal de la meditación es que las ideas produzcan las actitudes debidas en el corazón. Esta programación de la mente subconsciente ocurre[20] con ideas y actitudes. Esta programación de la mente subconsciente cambia nuestra naturaleza interior. Las acciones que surgen de esta programación son expresiones del ser real. Nuestra mente subconsciente necesita programarse con la Palabra de Dios. Es en aquel entonces que se hará una influencia santificadora en nuestra vida para transformar nuestra personalidad hacia la semejanza a Cristo.

Uno de los retos más grandes para la iglesia es ayudar a los cristianos vencer el poder postmodernista que les condiciona. No hace falta conocer la palabra *postmodernismo* o el paradigma postmodernista para ser condicionado por el postmodernismo. Su ambiente satura la atmósfera. El relativismo es el aire que nos rodea. No hay ningún problema en distinguirse de otra gente en los asuntos morales o religiosos mientras que no digas que lo que la otra persona cree no es la verdad o que está equivocado en su creencia. La influencia de la privacidad de lo moral y lo religioso no se confina únicamente a los que están fuera de la iglesia. La manera en que algunos cristianos piensan en cuanto a la libertad cristiana no está libre de la tinta del relativismo moral. No es sólo el incrédulo que hace la pregunta: ¿Y quién eres para decir que tal o cual es malo? En el pensamiento de muchos se equivale la libertad cristiana con el derecho a su propia preferencia.

No debemos permitir que la influencia de nuestra cultura nos robe de nuestra creencia en la verdad. Hemos de aprender cómo ayudar a los que están condicionados por el postmodernismo y el ambiente postmodernista a que lleguen a un reconocimiento de la verdad de Dios. En el pasaje de 2 Pedro 1:2-3 (citado anteriormente), Pedro hace abundantemente claro que somos salvos y avanzamos en el vivir piadosamente por medio del "conocimiento de Dios, y de Jesús nuestro Señor" y por medio "de aquel que nos llamó por su propia gloria y excelencia [virtud]". El conocimiento nos viene por medio de creer, entender y experimentar la verdad.

El Ministerio y Nuestra Santificación

Pablo explicó en Efesios 4:11, 12: "constituyó a unos apóstoles, a otros profetas, a otros evangelistas, y a otros pastores y maestros, a fin de capacitar a los santos para la obra del ministerio, para la edificación del cuerpo de Cristo".

En este pasaje vemos que Dios ha llamado a ciertas personas y les ha dado una variedad de dones para ministrar a los creyentes. Los líderes con dones y enfoques distintos ayudan de una manera mientras que otros con otro don y otro énfasis ayudan en otra. Es el plan de Dios que los cristianos se beneficien de tipos de ministerio distintos. La obra de los líderes se ha diseñado para capacitar a los cristianos a moverse hacia la madurez (ver Efesios 4:13-14).

Se diseña el ministerio de la predicación para contribuir a nuestra santificación moral. Pablo dijo a Timoteo: "Predica la palabra; mantente dispuesto puesto a tiempo y fuera de tiempo; convence, reprende y exhorta con toda paciencia y enseñanza" (2 Timoteo 4:2).

En el Nuevo Testamento, la santificación de los miembros no sólo era la responsabilidad del liderazgo de la iglesia sino que era la de todo el cuerpo. El escritor de la carta a los Hebreos dice: "Considerémonos los unos a los otros para estimularnos al amor y a las buenas obras. No dejemos de congregarnos, como algunos tienen por costumbre; más bien, exhortémonos, y con mayor razón cuando veis que el día se acerca" (Hebreos 10:24-25).

La Oración, la Obra Mediadora de Cristo y la Santificación

En los tiempos de la tentación, se nos invita a que lleguemos con franqueza ante el trono de la gracia. Allí encontraremos a un sumo sacerdote misericordioso que puede compadecerse de nuestras debilidades. Él se enfrentó a la tentación en las realidades de la vida. Él entiende y tiene compasión de nosotros. Nos puede ayudar (Hebreos 4:14-16). Cuando nos acercamos a Él con el deseo de vencer el pecado y el anhelo de ser santos, podemos saber con certeza que ésta es la oración que quiere contestar.

Los Resultados Garantizados de la Santificación

El propósito de Dios en hacernos justos no es un diseño que puede ser eficaz o no. Se garantiza una medida de éxito. Los pasajes como 1 Corintos 6:9-10; Gálatas 5:19-21; y Efesios 5:35 aclaran totalmente que las personas caracterizadas por una inmoralidad severa no pueden aseverar ser salvos.

La primera carta de Juan hace abundantemente claro que sólo aquellas personas que son básicamente justas tienen el derecho a aseverar que son cristianas. Por el lado positivo el apóstol escribe: "En esto sabemos que nosotros le hemos conocido: en que guardamos sus mandamientos" (1 Juan 2:3). Por lo negativo, dice: "El que dice: 'Yo le conozco' y no guarda sus mandamientos es mentiroso, y la verdad no está en él" (1 Juan 2:4). También afirma: "Todo aquel que no practica justicia no es de Dios" (1 Juan 3:10).

Primera de Juan 3:9 es clarísimo es cuanto a este tema. Se refiere a "todo aquel que es nacido de Dios". Quiere decir cada cristiano porque cada creyente es nacido de Dios. En cuanto a aquel que es nacido de Dios, Juan escribe que "no practica el pecado…y no puede pecar". El significado del pasaje se basa en la voz del verbo griego. Quiere decir que el cristiano "no continúa pecando y no puede seguir pecando". No significa que el cristiano nunca peca; pero sí que el pecado no forma la práctica de su vida, y que no puede serlo mientras que se puede decir que es nacido de Dios. Tiendo a creer que para poder entender el significado de este pasaje, necesitamos comprender la distinción entre *los pecados de ignorancia* y *los pecados presuntuosos.* Se encuentra esta discusión en Números 15:27-31. No creo que la referencia sea a unos fracasos repetidos que surgen de una debilidad, más bien es una elección deliberada de pecar. Se prestará más atención a esta cuestión bajo el tema de la perseverancia.

Está claro que Juan no dudarían en decir que aquellos que no practican la justicia no son salvos (1 Juan 2:3, 4, 15, 16; 3:2-10; 4:5). Ni tampoco puede haber duda para nosotros. La Biblia afirma que la salvación cambia la vida de la persona (2 Corintios 5:17; Efesios 2:10). En el corazón del cristiano hay un interés en hacer justicia.

Un cristiano es la persona que ha reconocido su culpa moral y su indignidad. Ha llegado a Jesucristo deseando ser perdonado de sus pecados y anhelando que Dios cambie su experiencia con el pecado. Ha recibido una naturaleza nueva por medio del nacimiento de nuevo. Esta naturaleza nueva tiene interés en la justicia. Ha declarado guerra al pecado. Puede que no gane cada batalla, pero es un soldado luchando contra el pecado. Cuando peca, es el pecado de uno derrotado en batalla, no es el pecado de una persona que no haya declarado la guerra al pecado. Cuando haya pecado en su vida, hay un proceso que comienza en seguir en él para llevarle al arrepentimiento.

El cristiano no puede ser moralmente indiferente ni desinteresado en cuanto al pecado. Y no lo es. Hay lugar para el crecimiento moral, pero su corazón es terreno cultivable. El hombre cayó de un estado de santidad a un estado de pecado. Se diseña la redención para transportar al hombre del estado del pecado al estado de santidad. Si no hay santidad, no ha ocurrido la redención.[21]

Soy consciente que la salvación es por la gracia, que es gratis y así un don. Insistir en que se deben haber manifestado los resultados que la Biblia misma adscribe a ella de ninguna manera quita ni corrompe la gracia. Simplemente necesitamos comprender lo es que es gratuito. Es la salvación que consiste en la justificación y la santificación. La justificación garantiza el perdón a la persona que la posee. La santificación garantiza una vida cambiada a la persona que la ha recibido.

El hecho de que alguna cosa sea gratis no tiene nada que ver con si va a funcionar o no. Ser gratuito simplemente significa que no cuesta nada. El que nos ha dado la salvación gratuitamente ha dicho que funcionará. Primera de Juan 3:9 nos explica que la presencia del nacimiento nuevo prohíbe la práctica del pecado. Gálatas 5:17 dice que debido a que tenemos el Espíritu Santo no podemos hacer las cosas que haríamos contrariamente.

En el capítulo sobre la naturaleza del hombre, indico que el libre albedrío es una libertad dentro de una estructura de posibilidades. Las personas incrédulas y los cristianos no operan dentro de la misma estructura de posibilidades. Según 1 Juan 3:9 y Gálatas 5:17, no encaja en la estructura de posibilidades que el cristiano practique el pecado. Sí está entre sus posibilidades agradar a Dios y vivir de una manera justa.

En la estructura cristiana de posibilidades hay una cierta laxitud. Hay lugar para desobedecer pero no a una escala ilimitada. Puesto que el cristiano puede desobedecer, debe ser exhortado y amonestado y retado. También hay lugar para variaciones y progreso. En esta área debe haber retos, exhortaciones y ánimo.

La Santificación y la Perfección

No es mi propósito aquí involucrarme en las polémicas que rodean la cuestión de la perfección. Expondré lo que creo que el Nuevo Testamento enseña sobre el tema y sostendré mi caso.

El Significado Donde Ocurre el Término Griego *teleios*

En la mayoría de los usos novotestamentarios donde se encuentra la palabra *perfecto*, es una traducción de la palabra griega *teleios* cuyo significado básico tiene que ver con ser completo. Su uso en 1 Corintos 13:10 es obvio. Pablo escribe: "pero cuando venga lo que es perfecto, entonces lo que es en parte será abolido". En este versículo se contrasta lo perfecto con lo que es en parte. Es obvio que lo perfecto es lo completo.

En casi todos los casos se refiere al estado de ser completo como lo que se logra por medio del crecimiento. Así, pues, lo perfecto es lo maduro. Este significado es obvio en Hebreos 5:14 donde el término griego *teleios* se traduce madurez. La versión RVA lo traduce "maduro". El autor de Hebreos nos informa que el alimento sólido pertenece a aquellas personas que han alcanzado la madurez por medio del crecimiento y desarrollo.

Efesios 4:13 se refiere a *teleios* en el sentido de la madurez. Los versículos 13 y 14 demuestran que el hombre perfecto del versículo 13 se contrasta con los "niños fluctuantes" del versículo 14. La versión RVA traduce *teleios* (v. 13) como "un hombre de plena madurez". El varón perfecto o maduro tiene la firmeza que acompaña la madurez en contraste a la inestabilidad que va mano y mano con la inmadurez.

En 1 Corintios 14:20 se traduce *teleios* "maduros" (RV). La versión RVA lo traduce "hombres maduros", y la versión *La Palabra De Dios Para Todos* lo traduce "adultos maduros". Pablo nos explica que si actuamos en malicia somos como niños. En nuestro entendimiento hemos de ser adultos maduros.

En Mateo 5:48, el enfoque de "ser completo" parece ser un poco distinto. Jesús dijo: "Sed, pues, vosotros perfectos, como vuestro Padre que está en los cielos es perfecto". Leemos la palabra "completo" en cada uno de los lugares donde "perfecto" ocurre. Esto hace que surja la pregunta: ¿En qué manera hemos de ser "completos", como es completo nuestro Padre que está en los cielos? En el contexto previo (comenzando con 5:43) Jesús habló de dos tipos de amor. Uno era un amor que sólo amaba a los que nos aman. Ese es un amor incompleto. El otro tipo es un amor que abrazaba igualmente a aquellos que nos aman y a aquellos que no nos aman. Ese es un amor completo. El Padre demuestra Su amor igualmente a los justos y a los injustos, enviando la lluvia y el sol a ambos. Así se ilustra el amor completo o perfecto del Padre. Nosotros, igual que el Padre, hemos de manifestar un amor completo o perfecto que ama igualmente a los que nos aman y a los que no.

El Significado de las Palabras Griegas *artios* y *katartizmos*

En Efesios 4:12 y 2 Timoteo 3:17 se emplean términos griegos con connotaciones distintas. En 2 Timoteo 3:17 la palabra griega es *artios*, donde se explica el significado de perfecto en la segunda parte del versículo. La persona perfecta es "enteramente capacitada para toda buena obra". Es un hombre preparado. Se la ha equipado para el servicio.

En Efesios 4:12, el término es *katarizmos*, que la RV traduce "perfeccionar". La RVA tiene "capacitar", y la versión *La Palabra De Dios Para Todos* emplea "prepara". El término se relaciona estrechamente a *artios* (2 Timoteo 3:17). El significado es "el equipar o prepara a los santos para la obra del ministerio".

RESUMEN DEL PUNTO DE VISTA DEL NUEVO TESTAMENTO EN CUANTO A LA PERFECCIÓN

La idea de no tener ninguna tacha ni falta no es el significado de los términos griegos empleados para lo perfecto. En la mayoría de los pasajes la referencia tiene que ver con ser completo en contraste a ser incompleto, o una comparación entre lo terminado y lo no terminado. Un edificio no terminado no sería "perfecto" aún si la artesanía de la obra fuera sin error. La persona madura físicamente es "perfecta" aunque tenga sus faltas. El niño no sería "perfecto" aún si en su cuerpo no tuviera falta. También es obvio que cuando lo perfecto se refiere a "equipar", el no tener faltas no es el punto del énfasis.

En el Nuevo Testamento se nos reta a que seamos perfectos, y la idea es que seamos maduros, completos y equipados. Sin duda, se exige un interés moral y el progreso en la vida, pero no nos ata con la meta deprimente de la perfección moral.[22]

La Santificación y la Libertad Cristiana

En Gálatas 5:1, Pablo nos escribe: "Estad, pues, firmes en la libertad con que Cristo nos hizo libres, y no os pongáis otra vez bajo el yugo de la esclavitud".

Nos será provechoso comprender lo que Pablo tenía en mente con el término "libertad". Debemos darnos cuenta de lo que quiso lograr con los gálatas. Les estaba advirtiendo en contra de los intentos de volver a sujetarlos bajo la ley de Moisés. Les advertía contra dos tipos de legalismo: (1) el legalismo soteriológico y (2) el legalismo ético.

El término legalismo se refiere a una dependencia indebida de la ley. La soteriología tiene que ver con la doctrina de la salvación. El legalismo soteriológico es una dependencia, en alguna medida, del guardar la ley como un requisito para la justificación. Pablo trata la cuestión del legalismo soteriológico en Gálatas 3:1-18.

El legalismo ético es una dependencia indebida de la ley para exponer la responsabilidad moral y religiosa. Trata de detallar la responsabilidad religiosa en la forma de un juego detallado de leyes. Pablo trata la cuestión del legalismo ético en Gálatas 3:19-4:31. Es con el legalismo legal que Pablo se concierne cuando amonesta a los cristianos gálatas: "Estad, pues, firmes en la libertad con que Cristo nos hizo libres".

LA LEY COMO EL *PAIDAGŌGOS*

En Gálatas 3:23-4:7, Pablo señala que si los cristianos gálatas vuelven bajo la ley sería un movimiento hacia atrás. Volverse bajo la ley sería regresar al tiempo de estar bajo un "tutor" (RVA). El término griego empleado es *paidagōgos*. Es una palabra compuesta de *pais* (niño) y *agō* (guiar). Literalmente quiere decir "guiador de niño". El uso normal del término *paidagōgos* se refería al esclavo de confianza puesto en autoridad sobre los muchachos griegos y romanos de entre 6 y 16 años. Les daría su protección física, les enseñaría e impondría los valores de la familia y velaría por los niños más jóvenes en camino a su escuela y a casa. El trabajo del *paidagōgos* era semejante al de un guardián, un tutor, una niñera inglesa.

El *paidagōgos* es una metáfora cuidadosamente escogida. Se considera a la persona bajo el *paidagōgos* en un estado de inmadurez. Pablo escogió esta palabra para instruirnos que igual que el muchacho bajo el *paidagōgos* era un niño, así se veía al pueblo de Dios como niños desde el monte Sinaí hasta el Calvario. Cuando se refería a la ley del *paidagōgos*, Pablo estaba diciendo que la ley de Moisés fue un método o tratamiento adoptado a la inmadurez del pueblo de Dios cuando vivía bajo su administración.

LIBERACIÓN DE LA LEY COMO EL *PAIDAGŌGOS*

En seguida Pablo informa a los gálatas cristianos que ya no vivían con la ley mosaica como su *paidagōgos*. Dice (v. 25): "Pero venida la fe, ya no estamos bajo 'ayo'" (*paidagōgos*). Literalmente la frase dice: "Pero la fe habiendo venido". Igual que se suele usar la ley como sinónimo de la ley mosaica, también se emplea la fe como sinónimo del Nuevo Pacto. El significado es, dado que la fe (el Nuevo Testamento o Pacto) ha sido establecida por Cristo, el pueblo de Dios ya no vive bajo las órdenes del *paidagōgos* (guía de niños).

Ya no se les trata por medio de métodos empleados con los niños. Ahora se emplea un enfoque apropiado para los adultos.

Al explicar esta liberación, Pablo escribe (v. 26): "Porque...". El término "niños" (*huioi*) se refiere a los herederos que son hijos adultos o maduros. Igual La Biblia de las Américas y la RVA traduce *huioi* como "hijos". El versículo no nos está informando de cómo llegamos a ser cristianos. Nos explica la manera en que hemos de hacernos hijos adultos. Pablo está diciendo: "Porque vosotros sois hijos adultos de Dios por medio de la fe (el Nuevo Pacto) con Cristo".

Pablo continúa con este desarrollo hasta 4:7. Se refiere a una adopción (4:5) pero la idea no tiene que ver con la manera en que una persona se hace cristiana. Nos informa de cómo el pueblo de Dios fue librado de un método de tratamiento como niños y puesto bajo un trato más apropiado para un adulto. Con el término "adopción" Pablo se refiere al ser librado del *paidagōgos* para llegar a la posición de un hijo adulto. En conexión con el establecimiento del Nuevo Pacto por medio de Jesucristo, el pueblo de Dios fue librado del *paidagōgos* y dado el estatus de hijos adultos.

No es el propósito de este capítulo desarrollar plenamente esta línea de pensamiento de Pablo. Para ver una investigación más detallada de esta cuestión, ve el apéndice titulado: "Legalismo en la Carta a los Gálatas", página .

El Significado de la Liberación de la Ley como un *paidagōgos*

Cuando la mayoría de las personas piensa en ser librada de la ley, está pensando en un a liberación de la maldición de ella. Éste no es el enfoque de Gálatas 3:23-4:27. Podemos evitar mucha confusión si entendemos que hay dos maneras en que se nos libra de la ley: (1) estamos librados de la maldición de la ley, y (2) librados de la ley como el *paidagōgos* (el ayo).

Experimentamos la liberación de la maldición de la ley en el momento que recibimos a Cristo. Al salvarse, los creyentes siempre han sido librados de la maldición de la ley. Se incluye a todas las personas salvadas antes de la primera venida de Cristo.

La liberación de la ley en su papel de *paidagōgos* fue un evento histórico que ocurrió cuando se estableció el Pacto Nuevo. Ocurrió al mismo tiempo para todo el pueblo de Dios. Como señalé anteriormente, esta fue la liberación que Pablo menciona en Gálatas 3:23-4:7.

Volverse bajo la ley sería regresar bajo la autoridad de un *paidagōgos*. Sería cambiar la superioridad de un método maduro de trato por la inferioridad de un método infantil.

Sería entregar la enseñanza sobre la verdad moral y religiosa en un nivel adulto a través de un enfoque elemental apropiado por la niñez. Sería cambiar la libertad por la esclavitud. El método infantil de trato es apropiado para los niños, pero si se trata a un adulto de esta manera, se hace esclavitud. Pablo iba suplicando a esos cristianos que viesen lo absurdo de tal cambio. Es esto lo que quería decir al preguntarles: "¿cómo es que os volvéis otra vez a las cosas débiles, inútiles y elementales, a las cuales deseáis volver a estar esclavizados de nuevo?" (Gálatas 4:9). Tal concepto es el legalismo ético.

El legalismo ético más completo jamás conocido en el mundo fue el fariseísmo. Con su tradición o ley orales, iba mucho más allá de lo que se escribió en la ley mosaica.[23] Mientras la ley mosaica no fue tan obligatoria como fue el legalismo de los fariseos, en sí fue una forma del legalismo ético, especialmente al compararse con la libertad del Nuevo Testamento.

La Libertad Cristiana

La libertad cristiana no es un a libertad para hacer lo que a uno le dé la gana. Es el poder de dejar de ser agraviado con el enfoque detallado de un método de tratar con los infantes. Es una oportunidad de crecer y actuar con madurez.

ROMANOS 14:5

En estos años recientes, la confusión de la libertad cristiana con un relativismo moral ha actuado para debilitar la manera en que la iglesia piensa y se siente en cuanto al pecado. Un mal entendimiento de Romanos 14:5 ha contribuido a este problema. Pablo escribe: "Uno juzga que un día es superior a otro, otro juzga *iguales* todos los días. Cada cual esté plenamente convencido según su propio sentir" (LBLA).

Debido a que no han comprendido correctamente este versículo, muchos han sacado la idea de que, si la Biblia no da un mandamiento directo en contra de lo cuestionado, entonces cada persona puede exponer cualquier opinión que quiera tener. Este versículo no dice esto.

El apóstol no está diciendo que la opinión de una persona sea igualmente correcta como la de otra. Habla del derecho de cada individuo de aplicar *los principios bíblicos* a las áreas de la vida no específicamente mencionadas en el Nuevo Testamento. Es la responsabilidad de cada creyente sacar los principios de lo que el Nuevo Testamento enseña y luego aplicar éstos a la vida. No hay ninguna afinidad entre estar "plenamente convencido según su propio sentir" y el derecho a la propia opinión del relativismo moral.

Se emplea verbo griego *plēroforeō* para "estar plenamente convencido". Exhorta a una persona, al decidir en cuanto a lo cuestionado, que haga buen uso de toda su mente. Ha de estudiar las enseñanzas de la Biblia que parecen ser pertinentes al tema y luego tomar la decisión que esté plenamente convencido que mejor concuerda con la Biblia. Ha de actuar con su integridad y respetar la decisión de otra persona que emplea el mismo proceder, pero que saca otra conclusión. Pablo no está validando unas preferencias basadas en los meros sentimientos o tendencias culturales que no toman en cuenta a Dios ni la Biblia.

Reflexiones Personales

Al reflexionar sobre el tema del pecado, han habido muchos cambios en el mundo de la iglesia durante el período de mi memoria. Miremos a lo que ha ocurrido dentro de la iglesia durante los últimos cincuenta o sesenta años con relación al tema del legalismo y la libertad cristiana.

Aunque mi trasfondo personal era muy conservador (1930-1940), no fui criado con una lista larga de cosas buenas y cosas malas. Pero me parecía que en cada lugar se enfatizaban y elogian la diferencia entre el bien y el mal, la honestidad, la integridad, la pureza, el pudor, la responsabilidad, el deber, la diligencia, la fidelidad, la lealtad, el dominio propio, el respeto por la autoridad, el interés en otros, la consideración de otros, la educación, la cortesía, el comportamiento correcto, la dignidad, la belleza y la excelencia. Todo esto me impactó tremendamente. Yo no cambiaría esta herencia por nada.

La *substancia* trata con las ideas, los conceptos y los principios básicos. Tiene que ver con la verdad básica y con la verdad universal. La *forma* trata con cómo manifestamos el interés expresado por la substancia. La forma puede variar, pero siempre debe ser apropiada.

Las virtudes expuestas anteriormente tratan con la substancia. La manera en que uno manifiesta la preocupación expuesta en la substancia es la forma. En mi formación se prestaba atención a la forma, pero había más importancia dada a la substancia que a la forma. Se veía la forma arraigada y basada en la substancia.

Cuando llegué al Free Will Baptist Bible College en 1948, fui introducido a unas reglas, a las enseñanzas sobre el modo de comportarse y a varias experiencias cuyo propósito fue mantener y promover las virtudes mencionadas anteriormente. La misma cosa iba ocurriendo en cualquier otra institución cristiana durante ese período.[24]

Muchos adiestrados en este sistema decidieron tomar un atajo. Les parecía mucho más fácil pasar por alto la substancia e ir directamente a la forma. Fue más sencillo simplemente entregar a la gente una lista que demostrar que se arraiga y basa la forma en la substancia. Hubo un intento de elevar la *forma* a un absoluto.

Al llegar a los años 60, fue muy obvio que las virtudes elogiadas en la cultura de los años 30 y 40 iban perdiendo su lugar en la sociedad. Lo que ya conocemos por el postmodernismo venía retando la *substancia* misma que muchas universidades e iglesias cristianas habían tratado de mantener y promover por medio de la forma de las reglas que se habían ubicado en el lugar de la substancia. Todo fue muy perturbador. Fue inquietante a aquellos cuyas raíces les llevaron al tiempo cuando la sociedad alababa las virtudes. Les preocupaba a aquellos que habían decidido seguir el atajo de depender de las listas de reglas. Para enfrentarse con el reto del cambio dentro de la cultura, la tendencia era producir una predicación más intensa y fuerte sobre las cosas encontradas en la lista.

Me preocupaba mucho lo que estaba ocurriendo. La substancia involucrada en las virtudes que he detallado iba perdiendo terreno en la cultura. Se prestaba mucha atención a la expresión de preocupación en cuanto a lo que estaba ocurriendo y se trataba de solucionar el problema con un énfasis en la forma. Se veía la forma en la forma de una lista.

En el año 1968 comencé a enseñar una asignatura llamada "La Ética Bíblica". En este curso yo trataba de demostrar que debemos enfocarnos en la substancia y en los principios bíblicos. La respuesta no se encuentra en exponer una buena lista para dar a la gente. En el año 1973 se publicó mi libro *Biblical Ethics*.[25] Aunque no empleé los términos *forma* y *substancia* en el libro, pienso que cualquiera que lea el libro estará de acuerdo en que los conceptos de la forma y la substancia se extienden por todo el libro. El libro presta mucha atención al concepto de la substancia. Yo trataba de luchar con brazo partido con lo que venía ocurriendo durante este período dentro de la cultura, las iglesias y cómo llevar a cabo mis responsabilidades como el decano de los estudiantes.

EL LEGALISMO DE LA LISTA LARGA Y EL LEGALISMO DE LA LISTA CORTA

Existía alguna crítica justa expuesta en contra del intento, por la parte de muchos, de echar por el atajo que deja que la *forma* haga toda la obra. Para corregir ese problema, se prestaba nueva atención a la doctrina de la libertad cristiana. Hay una doctrina válida de la libertad cristiana, pero también existe una falta seria en mucho de lo que se llama la libertad cristiana.

El problema es que en muchos casos se ha cambiado una forma del legalismo por otra. Depender demasiado de la ley para expresar la responsabilidad moral o ética se llama el legalismo ético, y hay dos tipos de este legalismo: el legalismo de *la lista larga* y el de *la lista corta.*

Una persona no se hace legalista simplemente porque mantiene unas convicciones profundas ni porque quizás tenga una lista de sus convicciones. Lo que hace que uno llegue a ser legalista es cuando la persona trata de convertir su lista en unas reglas y después deja que esas reglas lleven a cabo el trabajo ético y moral. Tal persona no está basando sus "reglas" en la substancia.

Los valores morales y éticos no pueden mantenerse si no se basa la forma en la substancia de modo que llegue a ser una expresión de la substancia. Debemos reconocer que aún cuando la gente está realmente comprometida a la substancia no va a haber un acuerdo total en cuanto a la forma. Es provechosa y necesaria alguna tensión sana en cuanto a las diferencias de la forma que mejor preserva la substancia.

Se puede justificar el nombrar "legalistas" a las personas que prestan una atención desmesurada a unas listas de "poder hacerse" y "no poder hacerse". Hay los que han prestado demasiada atención a la forma y no tanto a la substancia. Al mismo tiempo, pienso que en estos tiempos más recientes se ha producido una tendencia hacia un legalismo de lista corta.

Mucho de lo que hoy día se llama la libertad cristiana es el legalismo de lista corta. Cuando se cree que la única cosa que se puede llamar pecado es lo que la Biblia nombra específicamente pecado, esto no es la libertad cristiana. Es el legalismo de lista corta. Es un legalismo porque *sólo* reconoce algo como pecado si hay una ley bíblica en su contra. La libertad cristiana se da cuenta de su responsabilidad de aplicar los principios bíblicos y reconoce que hay algunas cosas que son pecado que no se nombran en la Biblia.

LA IMPORTANCIA DE LOS IDEALES

Entendemos que no todas las virtudes mencionadas anteriormente tienen un igual valor. Sin duda, es peor violar unas morales que sus ideales. Al mismo tiempo, no podemos abandonar nuestra responsabilidad en el área de los ideales. Hemos de prestar seriamente la atención a la diferencia entre el impacto del postmodernismo sobre los ideales y el impacto del cristianismo sobre éstos. Entiendo que debemos encontrarnos con las personas donde estén en sus vidas. La pregunta tiene que ver con, ¿dónde iremos de ahí? Nuestra meta ha de ser conducir a las personas a la experiencia plena de lo que quiere decir ser hecho a la imagen de Dios.

Tenemos que aprender a retar a las personas hacia los ideales más altos y llevarlo a cabo de tal manera que las personas que no lleguen a estos ideales no se sientan enajenadas.

Temo que subestimemos el daño que el postmodernismo ha causado a la causa de Cristo cuando socava los ideales. Lo ilustraré con su efecto sobre la juventud. Hoy día en nuestra cultura es muy difícil ser joven. La manera en que nuestra cultura rechaza la preocupación tradicional en cuanto a los ideales es una manifestación del espíritu de la era. Se ve este rechazo en cuestiones de música y de vestimenta. Es por medio de estos caminos que los jóvenes pueden encontrarse atrapados en el espíritu de la era. No basta decir que estas cosas no tienen importancia. Esta actitud negativa llega a las áreas de morales no negociables.

No vamos a resolver el problema para ellos ni para nosotros simplemente negando varias cosas en particular que los jóvenes quieren hacer. Los particulares surgen de los universales. Los universales tratan con la substancia. Los particulares tratan con la forma. Los universales se encuentran fijados en las cosmovisiones. Si no queremos que los jóvenes estén condicionados por el pensamiento del postmodernismo, debemos proveerles la oportunidad de ser condicionados por el pensamiento de la cosmovisión cristiana. Los ideales cristianos fluyen del pensar de la cosmovisión cristiana.

LA NECESIDAD DE UN ACUERDO EN CUANTO A LA SUSTANCIA

Puede que no podamos ponernos de acuerdo en cuanto a la forma, pero debe haber una concordancia en relación con la substancia. ¿No estaríamos de acuerdo en relación con que ha de haber un énfasis profundo en cuanto a lo bueno y lo malo, la honestidad, la integridad, la pureza, el pudor, la responsabilidad, el deber, la diligencia, la fidelidad, la lealtad, el domino propio, el respeto a los ancianos, el respeto para la autoridad, el interés en otros, la consideración de otros, la bondad, la educación, la cortesía, la dignidad, la belleza y la excelencia? Debemos promover estas virtudes entre los adultos y los jóvenes. ¿Cómo podemos hacer menos?

Igualmente los legalistas de la lista larga y de la lista corta han fracasado y no han dado el énfasis debido a la substancia. Prestemos más atención a las virtudes. Sin duda podemos ponernos de acuerdo en este nivel. Prestar la atención debida a la substancia no va a borrar todas las diferencias en cuanto a la forma, pero hará más fácil hablar entre nosotros mismos en cuanto a la cuestión de la forma apropiada.

La Santificación para Aquellas Personas con un Trasfondo Difícil

Desde el tiempo de la caída de Adán y Eva, la depravación ha actuado poderosamente entre y en los seres humanos. Los pecados viles no son nada nuevo. Sin embargo, han habido períodos cuando existían unos frenos más eficaces en la sociedad de los que hay en la actualidad. Cuando el modernismo reconocía que había una naturaleza moral en la naturaleza y que exponía algunos ideales morales, y cuando el cristianismo enfatizaba las enseñanzas morales, las cosas eran distintas. No produjo una sociedad ideal. Pero sí hacía una diferencia en el ambiente moral de las naciones. La influencia postmodernista ha corrido en la dirección del relativismo moral y del nihilismo. Esto ha conducido a un colapso moral más grande que lo existía cuando el modernismo fue la influencia secular dominante.

En cuanto al alcohol, las drogas ilegales, la inmoralidad sexual de cada tipo imaginable, el aborto, la violencia y el crimen, vivimos en días oscuros. Al llegar a la edad de 15 o 16 años (y algunos jóvenes aún más joven), ya hay muchos jóvenes que ha viajado la ruta del pecado. Esto significa que cuando muchos de éstos se confrontan por la primera vez con el evangelio ya sus vidas llevan las cicatrices del pecado profundo. Hay muchas vidas jóvenes que están confusas, esclavizadas y rotas.

Tenemos un mensaje de esperanza para aquellos cuyas vidas han sido arruinadas por el pecado. Dios no sólo perdona el pecado, sino también cambia a las vidas.

No estoy exponiendo un punto de vista demasiado simplificado de lo que se involucra en esto, pero niego creer que haya vidas tan complicadas que no pueden ser transformadas por la gracia de Dios. Creo que la gracia de Dios puede tomar a los deshonestos y hacerlos honestos, a los impuros y hacerlos puros, a los injustos y hacerlos justos y a los impíos y hacerlos santos.

Si tu pasado no ha sido complicado por los tipos de pecado que he mencionado, debes dar las gracias. Si se puede decir lo mismo en cuanto a tu familia, deberías contar tus bendiciones.

Si en tu iglesia no hay nadie que viene del trasfondo que he descrito, debes volver reconsiderar lo que estás haciendo. Si tu iglesia no se compone de personas salvadas del pecado profundo, no está haciendo lo debido porque no está ministrado al mundo actual.

1 CORINTIOS 6:9-11

Este pasaje es el mejor de la Biblia para dar esperanza a las personas que se han involucrado en el pecado profundo. Pablo escribe:

> ¿O no sabéis que los injustos no heredarán el reino de Dios? No os dejéis engañar: ni los inmorales, ni los idólatras, ni los adúlteros, ni los afeminados, ni los homosexuales, ni los ladrones, ni los avaros, ni los estafadores heredarán el reino de Dios. Y esto erais algunos de vosotros; pero fuisteis lavados, pero fuisteis santificados, pero fuisteis justificados en el nombre el Señor Jesucristo y en el Espíritu de nuestros Dios. (1 Corintios 6:9-11 LBLA)

Corinto era una ciudad muy vil. De las palabras de Pablo podemos tomar por sentado que la gente de la iglesia en Corinto fueron personas salvadas de un trasfondo de involucramiento con los pecados mencionados en los versículos 9 y 10. Esto se implica por las palabras "y esto erais algunos de vosotros".

Cuando Pablo decía "erais algunos de vosotros", estaba diciendo a esas personas que Dios había hecho que sus pecados fueran algo del pasado. No solamente habían sido perdonadas; habían sido cambiadas. En Cristo eran nuevas criaturas (2 Corintios 5:17). Ya no eran el mismo tipo de persona que antes. Esta es la esperanza que Dios da a aquellos que han explorado la profundidad del pecado.

Cuando el hombre que una vez practicaba la deshonestidad deja su pecado y vuelve a Cristo y practica la honestidad, él ya no es deshonesto sino honesto. Cuando la mujer que una vez practicaba la impureza vuelve de su pecado y acude a Cristo y ahora practica la pureza, ella ya no es una persona impura sino pura. No pienso que nadie entre nosotros quiera vernos a nosotros mismos como una combinación de todas las cosas malas que hemos hecho o pensado en hacer. Somos lo que hemos venido a ser en Cristo. Dios ofrece a cada ser humano la oportunidad de hacerse una persona nueva. El diablo intenta decir a algunas personas convertidas, cuyas vidas eran sórdidas antes de su salvación, que debido a su pasado no tienen el derecho a hablar en contra del pecado y a favor de la justicia. ¿Quién mejor saber hablar en contra del pecado y a favor de la justicia que la persona que ha experimentado los efectos devastadores del pecado y que sabe por la experiencia lo que quiere decir estar puesto en libertad y ser transformado?

Cuando pienso en la gracia asombrosa de Dios y en la manera en que toma a un pecador para hacerle justo, que toma al impío y le hace piadoso, que toma al impuro y le hace santo, mi mente va al poema: "El Toque de la Mano del Maestro".[26]

Estuvo estropeado y rayado y el subastador
Pensaba que casi no valía el tiempo
Malgastar mucho tiempo en el violín viejo,
Pero lo levantaba, sonriendo.
Dijo: "Buena gente, ¿qué me ofrece?"
"Vengan, ¿quién comenzará el pujar?"
"Un dólar, un dólar", luego ¿Dos, sólo dos?"
"Ahora dos, ¿quién ofrece tres?"
"Y ya va por tres—", pero no,
Del fondo de la sala, un hombre de pelo gris
Vino al frente y tomó el arco;
Y limpiando el polvo del violín antiguo,
Y apretando las cuerdas sueltas,
Tocó una melodía pura y dulce
Como canta a ángel.
Terminó la música, y el subastador
Con una voz suave y baja,
Dijo: "¿Qué ofrecéis por el violín viejo?"
Y lo levantó con el arco.
"Mil dolores, ¿quién lo hará a dos?
Dos mil dolores, y ¿quién ofrece tres?
Tres mil a la una, tres mil a las dos,
Y vendido", dijo él.
La gente aplaudió, pero algunos gritaron,
"No entendemos bien
Qué cambió su valor." Veloz la respuesta:
"El toque de la mano del maestro."

Y muchas almas con vidas desafinadas,
Estropeadas y arruinadas por el pecado,
Son subastadas a una multitud insensata,
Igual que el violín viejo.
Un "potaje", un vaso de vino,
Un juego—y sigue su camino.
Va a la una, y va a las dos,
Se va y casi vendido.
Pero viene el Maestro, y la multitud necia
Nunca puede comprender bien
El valor de un alma y el cambio que se logra
Por el toque de la mano del Maestro.

—Myra Brooks Welch

El Caso de María Magdalena

En muchos casos aquellos quienes son salvados de un pasado difícil sienten que, incluso si van al cielo cuando mueran, no pueden hacer una contribución valerosa a la causa de Cristo. Miremos algunos casos en el Nuevo Testamento. María Magdalena era una mujer de la cual Jesús había expulsado siete demonios (Lucas 8:2). ¿Cómo aparentaría eso en la cuenta de alguien? Cada vez después de esta ocasión, excepto una, donde vemos a María Magdalena (Mateo 27:55, 56, 61; 28:1; Marcos 15:40, 41, 44-47; 16:1, 2, 9, 10; Lucas 24:10; y Juan 20:1-18) su nombre se menciona al principio. Esto indica que era la líder de las mujeres que seguían a Jesús. La única excepción es Juan 19:25. En este caso la madre de Jesús se menciona primero, después su hermana, y después María la mujer de Cleofas antes de la mención de María Magdalena. La razón probable por no mencionar a María Magdalena al principio es por respeto de la madre de Jesús. En Juan 20, aprendemos que María Magdalena fue la primera persona a quien se reveló Jesus después de la resurrección (versículos 11-16). Fue la primera persona de contar sobre la resurrección de Cristo. Ella fue la que les contó a los discípulos sobre la resurrección (versículo 18). María Magdalena fue una seguidora valerosa de Jesús. Cuando consideramos lo que ella era antes de conocer a Jesús y lo que ella se hizo por medio del conocimiento salvífico de Él, esto debería servir para animar a todos aquellos cuyas vidas sufrieron unos daños severos del pecado antes de que llegaran a conocer a Jesús.

EL CASO DEL APÓSTOL PABLO

Dos veces Pablo habló de sí mismo como uno que antes era "blasfemo, perseguidor y agresor. Sin embargo, se me mostró misericordia porque lo hice por ignorancia en mi incredulidad" (1 Timoteo 1:13 LBLA). Para algunos habría sido "lógico" si el apóstol Pablo hubiera pasado el resto de su vida castigándose por su parte en la persecución de los creyentes. Se podría haber comprendido si Dios no le hubiera elegido como apóstol. Sin embargo, Dios eligió a un hombre que había perseguido a la iglesia para ser el apóstol a los gentiles. Él escribió más cartas del Nuevo Testamento que cualquiera otra persona. Se le considera (por muchos) ser el mejor cristiano que jamás viviera. Las palabras que él escribió a Timoteo (1 Timoteo 1:15-16) están repletas con la esperanza de que Dios puede salvar a cualquiera persona y luego hacer que sea útil en Su servicio. *La Biblia de las Américas* captura lo que Pablo nos dice:

> Palabra fiel y digna de ser aceptada por todos: Cristo Jesús vino al mundo para salvar a los pecadores, entre los cuales yo soy el primero. Sin embargo, por esto hallé misericordia, para que en mí, como el primero, Jesucristo demostrara toda su paciencia como un ejemplo para los que habrían de creer en él para vida eterna. (1 Timoteo 1:15-16)

Cada vez que vemos en parte la santidad de Dios y entendemos la realidad de nuestro pecado, todos nosotros queremos decir con Isaías: "¡Ay de mí! Porque perdido estoy, pues soy hombre de labios inmundos y en medio de un pueblo de labios inmundos habito, porque han visto mis ojos al Rey, Jehová de los ejércitos" (Isaías 6:5). Por parte de todas las personas que tienen este sentido de estar perdidos e indignos, Pablo exclama: "¡La gracia de Dios es suficiente!" Él puede perdonar y puede transformar. Jesús exclamó: "Venid a mí, todos los que estáis cansados y cargados, y yo os haré descansar" (Mateo 11:28 LBLA).

13

La Condición de la Salvación

He elegido hablar en primer lugar de la naturaleza de la salvación y luego llegar a una discusión de la condición de la salvación. Como regla general se hace tal estudio al revés. He decidido presentarlo de esta manera porque así creo que podemos obtener un mejor entendimiento de la condición de la salvación.

El Arrepentimiento y la Fe: ¿Una Condición o Dos?

EL PROBLEMA EXPUESTO

Como regla general, decimos que sólo hay una condición de la salvación. Esta condición es la fe. Sin embargo, solemos decir que el arrepentimiento es una condición de la salvación. En las discusiones del arrepentimiento y la fe, a menudo suena como si hubiera dos condiciones para la salvación. ¿Cuántas condiciones hay?

Muchas veces en el Nuevo Testamento, se presenta la fe como la única condición para la salvación (Juan 1:12; 3:16, 18, 36; Hechos 16:31; Romanos 3:22, 28; 4:1-25; 5:1; Gálatas 2:16; 3:1-18; Efesios 2:8, 9; 1 Juan 5:13).

También hay pasajes donde se menciona el arrepentimiento, sin tener la palabra *fe*, como la condición de la salvación (Lucas 24:47; Hechos 2:38; 3:19; 5:31; 11:18; 17:30; 26:20; 2 Timoteo 2:25; Hebreos 6:6; 2 Pedro 3:9).

¿Qué conclusión debemos sacar de esto? Si decidimos que el arrepentimiento y la fe componen dos condiciones de la salvación, sólo hay tres pasajes en el Nuevo Testamento donde se mencionan estos términos juntos (Marcos 1:15; Hechos 20:21; Hebreos 6:1). ¿Hemos de sacar la conclusión de que estos tres pasajes son los únicos donde se explica a una persona cómo salvarse (en un solo pasaje)? Al no emplear uno de estos tres, ¿tendremos que elegir una condición en un lugar y otra en otra porción bíblica?

Si queremos decir que el arrepentimiento y la fe son dos condiciones de la salvación, ¿qué haremos con el hecho de que los términos "arrepentirse" y "arrepentimiento" no aparecen en el Evangelio según San Juan, ni en 1, 2 y 3 de Juan? ¿Sacaremos la conclusión que estas porciones del Nuevo Testamento no exponen todo el requisito para la salvación?

Me parecería extraño si la condición (o las condiciones) de la salvación sólo se encontraran en tres pasajes en toda la Biblia. La conclusión preferida es creer que hay una sola condición para la salvación, si es que podemos sostener esta conclusión. Existe un problema involucrado en tratar de elegir entre el arrepentimiento y la fe como la condición porque se presentan los dos aspectos en la Biblia como la condición de la salvación.

Creo que se encuentra la respuesta en considerar el arrepentimiento y la fe como una sola condición porque en las Escrituras se presentan como la única condición para la salvación. Los dos aspectos hablan de la misma experiencia.

EL SIGNIFICADO DEL ARREPENTIMIENTO

El verbo griego *metanoeō* (traducido "arrepentirse") quiere decir cambiar la mente. En cuanto a que tiene que ver con el uso del término griego, podría referirse a un cambio de mente en favor del bien o del mal. R. C. Trench explica: "Plutarch (Sept. Sap. Conu. 21) nos cuenta de dos asesinos que, después de perdonar la vida de un niño, se arrepintieron (*metenoēsan*) y trataron de matarlo".

Luego escribe:

> Es sólo después de que *metanoia* llegó a su uso en las Escrituras, o de escritores dependientes de ellas, que vino a significar predominantemente un cambio de la mente, de ver más sabiamente el pasado.[1]

El cambiar la mente en el arrepentimiento se refiere al cambio de la mente, del corazón y de la voluntad. Se cambia un punto de vista por otro. Hay un cambio apropiado de la actitud y del comportamiento que acompaña el intercambio del punto de vista. Pablo se refiere a un cambio de actitud y comportamiento en Hechos 26:20. Él predicó "a los gentiles, que debían arrepentirse y volverse a Dios, haciendo obras dignas de arrepentimiento" (ver también Mateo 3:8 y Lucas 3:8).

En el arrepentimiento hay un cambio de mente. Hay un cambio de opinión, punto de vista o convicción. En el arrepentimiento relacionado a la salvación la cuestión tiene que ver con: ¿En qué se enfoca el cambio? Se contestará esta pregunta examinando los pasajes donde se usa el arrepentimiento en conexión con la salvación.

Los pasajes donde el contexto aclara el área del cambio en el arrepentimiento se encuentran en Hechos. Si leemos estos pasajes y traducimos *arrepentirse* por "cambiar la mente de una persona", nos ayudará comprender cuáles son las áreas a que se refirieron los que hablaron. En el Día de Pentecostés cuando Pedro dijo a los judíos: "Arrepentíos"

(Hechos 2:38), en el contexto ellos habían de arrepentirse de su incredulidad en relación con Jesucristo (Hechos 2:23, 26). Se involucraría no sólo un cambio de opinión sino de actitud y comportamiento. Se ve el mismo pensamiento básico en Hechos 3:19 y 5:31. Por el lado negativo, Hechos 17:30 dice que hubieran de cambiar su mente en cuanto a la idolatría (vv. 22-29). Por lo positivo, hubieran de creer en Jesucristo (v. 31).

LA RELACIÓN ENTRE EL ARREPENTIMIENTO Y LA FE

En el arrepentimiento, hay un "de" y un "a". La naturaleza exacta del "de" puede variar de una persona a otra. Algunas necesitan cambiar de un caso sencillo de incredulidad. Otras tendrán la necesidad de cambiar de una religión falsa o del paganismo. Cualquiera que sea el caso de la naturaleza de lo que una persona necesite cambiar su mente, el "a" para todo el mundo es el mismo. Todos han de cambiar a la fe en Jesucristo.

Mientras el arrepentimiento incluye un "de" y un "a", el enfoque del arrepentimiento cae en el "a" más bien que el "de". El arrepentimiento es una palabra que se mueve hacia adelante. Esto no quiere disminuir la importancia del *de*, sino es enfocarse principalmente en el *a*. El "a" del arrepentimiento es idéntico con la fe. En Hechos 20:21 Pablo habla del "arrepentimiento *para* con Dios". En 2 Timoteo 2:25 él habla del "arrepentimiento que conduce *al* pleno conocimiento de la verdad" [Énfasis añadido en estos dos versículos].

La fe y el arrepentimiento se involucran entre sí. El ejercer la fe implica un cambio de la incredulidad, a pesar de la forma de la incredulidad. El arrepentimiento termina en la fe. Si decimos a una persona que se arrepienta o si le decimos que crea, le estamos diciendo la misma cosa. El arrepentirse recalca el hecho que se involucra un cambio. La fe destaca el fin a que se dirige el cambio.

Podemos ilustrar la diferencia entre el arrepentimiento y la fe de la manera siguiente. Si decimos a un hombre en Atlanta que salga de esta ciudad para ir a Nueva York, se ilustra el arrepentimiento. Si indicamos al mismo hombre en Atlanta que vaya a Nueva York, se ilustra la fe. Estamos diciendo a la persona que haga la misma cosa, no importa el enfoque que elijamos.

Hace falta decir algo en cuanto a la tristeza y el arrepentimiento. Hay personas que equiparan la tristeza producida por los pecados con el arrepentimiento. La tristeza no es el arrepentimiento. Ella conduce al arrepentimiento. Pablo nos instruye que "la tristeza que es conforme a la voluntad de Dios produce un arrepentimiento que conduce a la salvación" (2 Corintios 7:10 LBLA).

La fe es el término principal porque es la fe que describe la respuesta positiva en que termina el arrepentimiento. El arrepentimiento habla de un cambio *de* algo *a* algo. La fe explica cuál es el algo al cual se dirige el arrepentimiento.

Cuando hablamos del arrepentimiento y la fe en la salvación, nos referimos a una sola condición para la salvación, no dos. El experimentar el arrepentimiento y el experimentar la fe es la misma cosa. Dado que la fe es el término principal, ahora vamos a prestar atención a una discusión de la fe salvífica.

La Naturaleza de la Fe Salvífica

EL SIGNIFICADO DE LA FE SALVÍFICA

La fe salvífica es abandonar toda confianza en uno mismo o en cualquier otra cosa o persona, y es confiar completa y plenamente en Cristo para la salvación.

El problema que nos atormenta es: ¿Cómo hemos de evitar la impresión de que la salvación puede ser una experiencia superficial si la fe es la única condición para salvarse? Algunos tratan de resolver el problema con su explicación de la naturaleza de la fe, diciendo que, por definición, la fe involucra la obediencia. Pero al mismo tiempo explican que ha de distinguirse la fe de las obras.

Según lo veo yo, no estamos evitando esta impresión de que la salvación es una experiencia superficial con el uso de una definición. La fe no es complicada. Hay dos elementos de la fe: (1) la aceptación de la Verdad redentora y (2) la confianza.

En la historia del pueblo de Dios, el contenido de la fe salvífica siempre ha involucrado la Verdad redentora con que Dios se ha enfrentado a las personas en cualquier momento de la historia. Tenían que aceptar esta revelación como verdadera. Para nosotros, hemos de creer la revelación redentora de Dios revelada en Jesucristo. Puedo entender que una persona pueda poseer la fe salvífica y, al mismo tiempo, estar equivocada en su entendimiento de lo que Biblia enseña de Cristo. No puedo ver cómo una persona pueda tener la fe salvífica y, al mismo tiempo, no creer lo que la Biblia dice sobre Jesucristo. La fe cree que lo que la Biblia enseña sobre Cristo es la verdad.

En el elemento de confianza en la fe salvífica, hay una dependencia en Dios para la salvación. En el Nuevo Testamento, esto es depender en Jesucristo para la salvación.

No nos estamos salvaguardando de una cristiandad superficial dependiéndonos de nuestra definición de la fe. No hace falta un conocimiento especial del hebreo o griego para definir la fe para poder construir unas salvaguardas en nuestra definición. Lo que necesitamos es una definición correcta de la salvación.

Creemos "para salvación". La salvación es la meta de la fe. No habrá ninguna experiencia superficial para la persona que experiencia la salvación a menos que la salvación fuera superficial.

La salvación consiste en la justificación y la santificación. Nuestro estudio de la santificación, especialmente los resultados garantizados de la santificación, aclara que la santificación no puede ser superficial. No podemos creer para el perdón de los pecados sin creer para un cambio en nuestra experiencia con Dios y con el pecado. Si recibimos la salvación, el perdón del pecado será nuestro y habrá un cambio en nuestra experiencia con Dios y con el pecado. Esto no será superficial.

El problema ocurre cuando decimos a la gente que puede ser perdonada y luego dejamos la impresión de que un cambio en su experiencia es algo opcional. Tal error común abre el cambio para muchas profesiones de fe en las que no hay salvación. La tragedia no es que tales personas reciban a Jesús como Salvador pero no como Señor, sino que es que no le reciben ni como Señor ni como Salvador.

No se puede ejercer de la fe salvífica a menos que haya un entendimiento de lo que trata la salvación. Se ejerce la fe salvífica por la persona que reconoce que el propósito de la salvación es perdonar a las personas de sus pecados y restituirles a la experiencia de la santidad. Tal persona reconoce que es una pecadora. Ve al pecado como algo muy serio. Se ve a sí misma como indigna y condenada. Vive bajo convicción del pecado. El problema del pecado es real en su mente y en su corazón. Quiere que se haga algo en cuanto al pecado en su vida. Anhela ser perdonada, ser cambiada. Entiende que Jesucristo sufrió en la cruz y que murió para salvarle. Cree lo que Dios ha dicho en la Biblia en cuanto a Jesús como el Salvador. Confía en Jesús como su Salvador. Al hacerlo, confía en Jesús para perdonarle de sus pecados y para cambiar su vida. Según la teología cristiana, basándose en este acto de fe en la obra expiatoria de Cristo, la persona es justificada y santificada.

No hay fe salvífica excepto cuando una persona reconoce sus pecados y hay un cambio de actitud en cuanto al pecado y hacia Jesucristo. Llamamos el final de este cambio la fe. Llamamos el proceso del cambio, incluyendo el final del proceso, el arrepentimiento. Deben emplearse los dos términos. Se necesita *la fe* para explicar la naturaleza real de la condición para la salvación. Se emplea *el arrepentimiento* para hacer que la gente se dé cuenta del hecho que en el ejercer la fe salvífica se involucra un cambio profundo de mente, corazón y voluntad.

Me complace la manera empleada entre los bautistas en la antigua Unión Soviética. Cuando alguien hace una confesión de fe, los bautistas rusos dicen: "Se ha arrepentido".

Cuando pregunté a mi intérprete Oleg (que viajaba con mi esposa y yo) cuándo él se había salvado, dijo: "Me arrepentí en 1988". Se suele referir a los cristianos como creyentes, pero hablan del acto inicial de fe como el arrepentimiento.

LA FE Y LA PERSONALIDAD

La mente, el corazón y la voluntad se involucran en la fe salvífica. Con la mente se comprende objetivamente la Verdad en cuanto al pecado, a Jesucristo y a la salvación. Se capta y entiende el contenido de la Verdad.

Con el corazón, lo que se capta objetivamente con la mente, se entiende subjetivamente. La Verdad sobre el pecado se hace real. Ocurre la convicción. La Verdad de Jesucristo y la salvación llegan a entenderse. La realidad de la Verdad condiciona el corazón para la acción que se llevará a cabo.

Se involucran definitivamente las emociones en la experiencia de la fe y la experiencia total cristiana. Sentimos lo que creemos. No somos vacíos emocionales. Por la creación las emociones forman una parte de la personalidad humana. Necesitan basarse en la Verdad y ser disciplinadas por ella, pero no hemos de menospreciarlas.

La voluntad sólo puede actuar cuando la mente y el corazón estén preparados. Basándose en la mente y el corazón preparados, entonces la voluntad pone en acción la respuesta de fe. Lo que percibe objetivamente con la mente se siente subjetivamente con el corazón, y se apropia subjetivamente de la voluntad.

LA FE COMO UN DON

Jesús dijo en Juan 6:44 (BLA): "Nadie puede venir a mí si no lo trae el Padre que me envió". Antes de que cualquier persona pueda responder a Dios ha de haber un movimiento de Dios hacia el hombre. No sólo hay la necesidad de una invitación divina, sino que también hace falta un atraer divino. El Espíritu Santo debe emplear la Palabra de Dios y obrar en la mente y el corazón humano para prepararlos antes de que pueda haber una respuesta de fe por parte del pecador.

Aparte de la obra del Espíritu Santo no encaja dentro de las posibilidades de un incrédulo que pueda responder a Jesucristo. Él obra mientras que se predica la Palabra. El corazón humano puede resistir esta obra del Espíritu Santo, pero en la persona que le permite mover, Él aclara la mente con relación al pecado, a Jesucristo y a la salvación. Produce la convicción en el corazón del pecador. La preparación de la mente y del corazón por la Palabra de Dios y el Espíritu Santo crea la posibilidad de que una persona pueda responder, en fe, a Jesucristo. No se garantiza una respuesta de fe, pero sí la hace posible. La persona puede responder "Sí" o "No".

Se llama a la fe un don porque no puede ejercerse sin la obra del Espíritu Santo. Al mismo tiempo, es una respuesta de la persona de tal manera que es de su personalidad. En un sentido real es su propia acción. Si se ha de tratar al ser humano como una persona, en algún sentido real la acción debe ser de la persona, a pesar de la cantidad de ayuda divina se otorga. De otra manera, se reduce al ser humano a un ser subpersonal.

Algunos han entendido de la frase "la fe del Hijo de Dios" (Gálatas 2:20 y otras referencias) que la fe salvífica es la fe de Cristo dada a la persona. Según ellos, es un don en que se toma de la fe de Cristo y se la da a la persona.

En la expresión "la fe del Hijo de Dios", el caso genitivo griego se podría considerar un genitivo subjetivo y así se entendería como "la fe que pertenece a Cristo". También se podría considerar como un genitivo objetivo y así significaría "la fe en Cristo". En la gramática griega cualquier de las dos interpretaciones podría ser cierta; a la luz de las Escrituras sólo una es posible. La Biblia se dirige a nosotros, diciéndonos que creamos. No nos dice en ningún lugar que Jesús ha de creer por nosotros. Está claro que "la fe del Hijo de Dios" no es la fe de Jesús, sino es nuestra fe en Jesús.

La fe no es ninguna sustancia que existe fuera de nosotros que luego se nos da. Es una experiencia que ha de ocurrir dentro de nosotros. Es la única manera en que podemos tener fe. La fe es un don en el sentido de que Dios nos da la ayuda necesaria, sin que no podríamos ejercer la fe. No es un don en el sentido de que no es un ejercer de nuestra propia personalidad.

LA FE ES LA CONDICIÓN, NO LA BASE DE NUESTRA SALVACIÓN

La diferencia entre la condición y la base puede ilustrarse de esta manera: La condición para que una silla me sostenga es que yo me sienta en ella. Mientras que me siento en la silla, ella es la base que me sostiene.

La base de nuestra salvación es Jesucristo y Su obra expiatoria. La condición de nuestra salvación es la respuesta de fe.

A veces la gente se equivoca enfocándose más en la condición que la base. Buscando seguridad, examina su fe más bien que a Cristo. Si quiero confiar en una silla para sostenerme, examinaré la silla, no mi confianza en ella. Mientras que examino la silla, si está bien fabricada, mi confianza está asegurada.

Si quiero que la certeza de mi salvación sea fuerte, debo examinar a Cristo porque Él es la base de mi salvación. Cuando lo hago, tendré una fe fuerte y una confianza asegurada. Si me enfoco en mi fe, mi tendencia será dudar. No es la fe en la fe que forma la condición para la salvación. Es la fe en Cristo.

LA FE Y LA DUDA

A veces nos encontramos atrapados en el razonamiento que dice que si la salvación es por la fe, un cristiano no puede dudar de su salvación porque la fe elimina la duda. A la primera vista, la definición de la fe salvífica parecería presentarse sin lugar para la duda. La fe salvífica es una confianza completa y segura en Cristo para la salvación. La duda no es exactamente consecuente con una confianza completa y segura.

¿Cómo hemos de armonizar la posibilidad de la duda con la fe salvífica? Una definición describe algo en su estado ideal y sano. Por ejemplo, una definición de un perro incluiría el hecho de que un perro es un animal con cuatro patas. Sin embargo, he visto perros que sólo tenían tres patas. Un perro puede serlo con menos de cuatro patas, pero no es un perro normal con plena salud. La fe salvífica en su estado sano no incluye las dudas. No obstante, la fe salvífica puede existir donde también haya dudas. Como regla general, se aclaran éstas con un mejor entendimiento de las doctrinas de la salvación. Hay algunos casos cuando la dificultad no desaparecen de esta manera. El problema se relaciona a algunas complicaciones en el trasfondo de la persona.

La Diferencia entre el Arminianismo Clásico y el Calvinismo Clásico en cuanto a la Fe como un Don

Me refiero aquí al calvinismo clásico porque hay algunas tendencias en el pensamiento calvinista que se acercan a la cuestión de una manera distinta. Trataré con este tipo de calvinismo más adelante. El punto fundamental entre el arminianismo clásico y el calvinismo clásico es lo siguiente: El calvinismo insiste que la regeneración, que es la gracia irresistible, precede la fe salvífica. La regeneración hace que el "Sí" de la fe en Cristo sea un resultado garantizado. La respuesta "No", no es ninguna opción para la persona regenerada por el Espíritu Santo. En tal caso, está tratando con una operación de *causa y efecto*. La regeneración es *la causa*. La fe es *el efecto*. R. C. Sproul, explicando el punto de visto de Agustín, señala:

> Cuando Agustín dice que la gracia es irresistible, quiere decir que es eficaz. Es una obra monergística de Dios que logra lo que él quería que llevara a cabo. La gracia divina cambia el corazón humano, resucitando al pecador de la muerte

> espiritual a la vida espiritual. Antes, el pecador no quería, ni se inclinaba a, elegir a Cristo, pero ahora no sólo quiere sino está entusiasmado para elegirlo...

Sproul rechaza el concepto de que "se arrastra al pecador a Cristo en contra de su voluntad". Escribe:

> Este punto de vista es claramente monergístico *al* punto inicial del movimiento del pecador de la incredulidad a la fe. Sin embargo, el proceso entero no es monergístico. Una vez que se otorga la gracia operativa de la regeneración, el resto del proceso es sinergístico. Es decir, después de que el alma haya sido cambiada por la gracia eficaz o irresistible, la persona misma elige a Cristo. Dios no hace la decisión para la persona. Es ella misma que cree, no Dios que cree por ella. El hecho es que el resto de la vida cristiana de la santificación se desarrolla en un patrón sinergístico.[2] [énfasis suyo]

LA REGENERACIÓN: MONERGÍSTICA IGUALMENTE EN EL ARMINIANISMO CLÁSICO Y EN EL CALVINISMO CLÁSICO

Mientras hay una diferencia importante entre mi punto de vista de la regeneración y el del calvinismo, la diferencia no es *el monergismo*. En ambos puntos de vista la regeneración es puramente una obra de Dios. En el calvinismo, el orden es regeneración, fe, justificación y santificación. Según mi punto de vista, el orden es fe, justificación, regeneración y santificación.

LA OBRA DEL ESPÍRITU SANTO EN LA FE

Repito aquí lo que dije en el capítulo nueve sobre la naturaleza del hombre:

> Jesús aclara que no está dentro del marco de posibilidades que un pecador pueda responder al evangelio excepto si es atraído por el Espíritu Santo (Juan 6:44). La influencia del Espíritu Santo obrando en el corazón de la persona que escucha el evangelio abre un marco de posibilidades en que una persona puede responder sí o no al evangelio. Si contesta: "Sí", es su decisión. Si dice: "No", es su decisión.[3]

En este caso la obra del Espíritu Santo es puramente una obra de Dios y así es *monergística*. No es la regeneración. Puede ser resistida.

Según el calvinismo, la única obra de Dios que puede resultar en la fe salvífica es la regeneración. Transforma a la persona de tal manera que ella creerá de su propia voluntad. Es irresistible. Se elimina la respuesta de "No".

LA CUESTIÓN DEL SINERGISMO

Mi argumento es que la fe es igualmente *sinergística* en el calvinismo y en el arminianismo. Sproul dice en la cita anterior: "Una vez que se otorga la gracia operativa de la regeneración, el resto del proceso es sinergístico. Es decir, después de que el alma haya sido cambiada por la gracia eficaz o irresistible, la persona misma elige a Cristo. Dios no hace la decisión para la persona".

Parece evidente que *Sproul considera que la fe es sinergística.* Por si acaso alguien tuviera cualquier duda, él la quita, porque dice en otra obra: "La fe no es monergística".[4] A veces parece que los calvinistas están diciendo que la fe es *monergística.* Pero la naturaleza del caso hace que esto es imposible. Por definición, la fe es un acto humano de creer. La participación en fe por parte del creyente quiere decir que no puede ser otra cosa que *sinergística.* Según mi punto de vista estamos tratando con la influencia y la respuesta. La persona puede decir "Sí" únicamente por medio de la ayuda del Espíritu Santo. Pero bajo esta circunstancia, ella puede decir "Sí", o puede decir "No". La participación humana *no puede* eliminar la fe *ni* en el calvinismo *ni* en el arminianismo.

UNA CONTRADICCIÓN EN EL CALVINISMO

Según el calvinismo es imposible que una persona pueda creer si primero no es regenerada. Hay otra imposibilidad. Es imposible que la santificación ocurra *antes* de la justificación. Repito aquí la cita de Robert Haldane dada del capítulo anterior. Él explica:

> Mientras que el pecador viva bajo la culpa del pecado Dios no puede mantener ningún trato amistoso con él; porque ¿qué comunión tiene la luz con las tinieblas? Pero Cristo habiendo cancelado la culpa de su pueblo, y habiéndolos redimido de la maldición de la ley y habiéndolos vestido con la túnica de su justicia, ya no hay ningún obstáculo a su comunión con Dios, ni hay ninguna barrera a la entrada gratuita de la gracia santificadora.[5]

Según este razonamiento, la justificación debe ocurrir *antes* de la regeneración. Es así puesto que la regeneración es la obra inicial de la santificación. Para sostener esta conclusión, cito de nuevo Louis Berkhof (del capítulo previo). Nos dice que "la regeneración es el comienzo de la santificación".[6] Él aprueba lo que A. H. Strong expone, citándole: "La santificación se distingue de la regeneración como se distingue el crecimiento del nacimiento, o como el afianzar la disposición santa de su otorgamiento original".[7]

En su discusión de la justificación, Berkhof señala que han habido aquellos que han abogado por la idea que los elegidos fueron justificados desde la eternidad. En esta categoría él coloca a los antinomios y algunos teólogos reformados. Luego él refuta totalmente este punto de vista.[8] Explica: "Los elegidos, en sus personas, nos son justificados en el sentido bíblico hasta que acepten a Cristo por la fe y así reciban Sus méritos".[9]

Según Berkhof, uno de los argumentos empleados para sostener la idea de la justificación eterna es:

> El pecador recibe la gracia inicial de la regeneración sobre la base de la justicia imputada de Cristo. Por consecuencia, los méritos de Cristo le han de ser imputados antes de su regeneración.

La respuesta de Berkhof es:

> Aunque esta consideración conduce a la conclusión de que la justificación precede lógicamente la regeneración, no demuestra la prioridad de la justificación en un sentido temporal. El pecador puede recibir la gracia de la regeneración basada en una justificación que existe idealmente en el consejo de Dios y ciertamente se ha de realizar en la vida del pecador.[10]

Él reconoce el problema de exponer que la regeneración es antes de la justificación. No rechaza la conclusión de que la regeneración depende de la justificación. Reconoce que la justificación es lógicamente priora a la regeneración. Pero dice que "no demuestra la prioridad de la justificación en un sentido temporal". Su única respuesta es: "El pecador puede recibir la gracia de la regeneración basada en una justificación que existe idealmente en el consejo de Dios y ciertamente se ha realizar en la vida del pecador".

Si es verdad que la regeneración es "el comienzo de la santificación" (p.ej., Louis Berkhof, un teólogo calvinista principal), y si es verdad que Dios no puede entrar con Su gracia santificadora hasta que la justificación haya resuelto el problema de la culpa (p.ej. Robert Haldane, un teólogo cuyas credenciales calvinistas no se pueden cuestionar), entonces el calvinismo tiene problemas con un punto de vista que expone que la regeneración es priora a la justificación.

Si alguien no puede sugerir una mejor respuesta, la validez de la insistencia calvinista en que la regeneración precede la fe está pendiente del hilo de la sugerencia de Berkhof de que la "justificación existe idealmente en el consejo de Dios y ciertamente se ha de realizar en la vida del pecador". ¡Ese hilo tan frágil no puede sostenerse!

No tengo queja con la idea de que en algún sentido todas las decisiones de Dios son eternas. Pero se basan Sus decisiones en un conocimiento de antemano de lo que Él hará. Él no ha hecho ningún acto o hecho hasta que realmente lo haga. Estoy de acuerdo con la idea de que cualquier cosa que Dios sabe que hará es lo que Él ciertamente hará. Sin embargo, tal conocimiento era un conocimiento de lo que Dios haría. Él sabía desde la eternidad quiénes creerían y a quiénes Él justificaría y cuándo los justificaría. Igual en el calvinismo como en el arminianismo, no se justifica a nadie ante Dios hasta que crea.

El hablar de la justificación que existe "lógicamente en el consejo de Dios y ciertamente se ha de realizar en la vida del pecador" no es lo mismo que decir que la persona ya esté justificada. No puede haber ninguna acción que requiera la justificación como la base hasta que de hecho la persona sea justificada. Si así es el caso, el calvinismo tiene problemas con su propia teología al colocar la regeneración antes de la justificación.

En su refutación de "la doctrina de la justificación desde la eternidad", Berkhof aclara que no se puede considerar la justificación como una realidad hasta que ocurra en el tiempo. Uno de los argumentos empleados por los defensores de la teoría de la justificación desde la eternidad citado por Berkhof es: "La justificación es un acto inmanente de Dios, y como tal debe ser desde la eternidad." Su respuesta es:

> Sin embargo, es poco correcto hablar de la justificación como un *actus immanens* en Dios [un acto inmanente o un acto inherente en Dios mismo]; más bien es un *actus transiens* [un acto transitorio o un acto que origina en Dios pero que actúa sobre un objeto, un acto que no es completo hasta que el objeto exista], igual que en la creación, la encarnación, etc. Los partidarios de la justificación desde la eternidad sienten el peso de esta consideración, y por tanto apresuran a asegurarnos que no quieren decir o enseñar que se justifican a los elegidos desde la eternidad *actualiter* [en actualidad o realidad], sino sólo en la intención de Dios, en el decreto divino. Esto nos devuelve a la distinción normal entre el consejo de Dios y su cumplimiento. Si esta justificación en la intención de Dios merece que hablemos de una justificación desde la eternidad, entonces tampoco existe ninguna razón absoluta de que no podríamos hablar de una creación desde la eternidad.[11]

Más adelante él explica: "La justificación es uno de los frutos de la obra redentora de Cristo que es aplicado por el Espíritu Santo. Pero el Espíritu no hizo ni puede aplicar éste ni ningún otro fruto de Cristo desde la eternidad".[12]

Berkhof estaría de acuerdo con mi aseveración: "Él [Dios] no ha llevado a cabo ningún acto hasta que Él realmente lo haga". Pienso que ha refutado correctamente la validez de su propia frase: "El pecador puede recibir la gracia de la regeneración basada en la justificación que existe idealmente en le consejo de Dios y ciertamente se ha de realizar en la vida del pecador".

No puede haber ninguna acción divina basada en la justificación que ya no haya ocurrido. Si así es, la regeneración no puede preceder la fe.

La regeneración no es un acto de Dios que prepara el camino para la redención. Es un acto redentor. Comiendo al calvinismo por exponer el punto de vista de la expiación de la satisfacción y la imputación de la muerte y la justicia de Cristo como la base de la justificación. Creo que los calvinistas necesitan repasar la cuestión de que se puede llevar a cabo el acto redentor de la regeneración a una persona antes de que realmente se imputen la muerte y la justicia de Cristo a la cuenta de la persona.

LA CUESTIÓN DE LA GRACIA SOBERANA

El calvinismo ha defendido el punto de vista de la expiación de la satisfacción. Pero los calvinistas hablan de la elección siendo la base de la gracia soberana. Esta gracia sería un derecho divino que surge de Su soberanía más bien que una provisión hecha posible por la expiación. Esto es lo que parece que John Piper expone, sobre Romanos 9, cuando escribe:

> Podemos decir que la gloria de Dios y su nombre consisten fundamentalmente en su propensión a mostrar, en la distribución de su la misericordia y su libertad soberana, o exponiendo más precisamente, <u>son la gloria de Dios y su naturaleza esencial principalmente que otorgar la misericordia (pero también la ira, Éxodo 34:7) sobre quienquiera que quiera aparte de cualquier restricción o freno que origine fuera de su propia voluntad. Esto lo esencial de lo que quiere ser Dios. Este es su nombre.</u>[13]

La cuestión que me concierne a mí no tiene que ver con que si hay una restricción ajena sobre Dios de afuera de Su voluntad o no. Tampoco creo que haya tal freno o restricción. La cuestión tiene que ver con que si Su naturaleza divina le prohíbe elegir a una persona para la salvación aparte de Cristo o no. ¿No es que Su propia naturaleza divina le prohíba elegir a alguien para la salvación aparte de la aplicación de la expiación? ¿No le prohibirá Su propia naturaleza divina llevar a cabo un acto redentor para una persona antes de que la muerte y la resurrección de Cristo se le imputen? Pienso que sí. Su propia naturaleza no lo puede permitir.

La Diferencia entre el Arminianismo Clásico y el Punto de Vista de Millard Erickson

Erickson está de acuerdo con el calvinismo en cuanto a la elección incondicional, pero difiere con el calvinista clásico en relación con el orden lógico de la regeneración y la fe. Explica:

> Las numerosas llamadas para responder al evangelio implican que la conversión resulta en la regeneración. Entre ellas es la respuesta de Pablo al carcelero de Filipos (tomando por sentado que la regeneración forma parte del proceso de salvarse): "Cree en el Señor Jesús y serás salvo, tú y tu casa" (Hechos 16:31).[14]

Él observa correctamente que la fe debe preceder la regeneración porque ella es una parte de la salvación que se condiciona por la fe.

Aunque rechaza el punto de vista que expone que la regeneración precede la fe, se une al calvinismo en cuanto a que no se puede resistir la llamada de Dios. Comenta:

> Esta llamada especial es simplemente una obra intensiva y eficaz del Espíritu Santo. No es la transformación completa que constituye la regeneración, pero sí hace que la conversión del individuo sea posible y cierto. Así pues, el orden lógico de los aspectos iniciales de la salvación es: la llamada especial - la conversión - la regeneración.[15]

Anteriormente en su trato del tema, Erickson hizo una comparación entre su punto de vista y el del arminianismo. Explica:

Así pues, la llamada especial o eficaz involucra una presentación extraordinaria del mensaje de la salvación. Es de poder suficiente para ir en contra de los efectos del pecado y capacitar a la persona que crea. También es tan atrayente que la persona creerá. La llamada especial es, de muchas maneras, muy similar a lo que los armi-

> **nianos llaman la gracia preveniente. No obstante, difiere de este concepto de dos respectos. Sólo se otorga a los elegidos, no sobre todos los humanos, y conduce infalible o eficazmente a una respuesta positiva por parte de la persona llamada.**[16]

Pienso que ha analizado correctamente la diferencia entre su punto de vista y el arminiano que expongo yo. La descripción dada por R. C. Sproul de Lewis Sperry Chafer sugeriría que el punto de vista de Chafer es similar al de Erickson.[17]

Puesto que Erickson ve a Dios eligiendo a personas para estar en Cristo más bien que elegir a las personas en Cristo (como se enseña en Efesios 1:4), sigue que la decisión divina en la elección se basó en la gracia soberana más bien que la gracia hecha posible por la expiación. Según cualquier punto de vista de la elección incondicional, la decisión divina para elegir a una persona debe, de necesidad, preceder la decisión divina para aplicar los beneficios de la expiación y de la justificación a la persona. Se elige a la persona para recibir los beneficios de la expiación aplicados a su vida. Me refiero aquí a esas decisiones divinas hechas en la eternidad pasada. Más adelante se dirá más sobre esta cuestión en el capítulo sobre los decretos y la elección.

La Fe no es una Obra

Los arminianos creen que la fe es la condición para la justificación. Los calvinistas también lo creen. Como ya hemos visto, el problema surge en relación con la aseveración calvinista de que la regeneración debe preceder la fe y así dar una luz a la fe. Puesto que los arminianos creen que el pecador puede creer sin haber sido primeramente regenerado, los calvinistas tienden a ver la fe en el arminianismo como una obra. De esta manera han tachado a los arminianos como creyendo que se le justifica a la gente por las obras.

Basándose en el lugar de la fe en la justificación según el punto de vista gubernamental de la expiación y justificación, se puede, por lo menos, entender el porqué de esta carga en contra de los arminianos que exponen ese punto de vista. Quiero exhibir de nuevo el gráfico previamente empleado en el capítulo 11 en cuanto al punto de vista gubernamental de la justificación.

Débitos	**El Creyente**	**Crédito**
Justicia Absoluta ~~Muerte Eterna~~		La Fe de Cristo
	JUSTIFICADO O PERDONADO	

Según este punto de vista de la justificación, se reconoce que la fe en Cristo no es la justicia absoluta, pero recibe la misma consideración ante Dios que la justicia absoluta. Se considera la fe en Cristo como la justicia. Se puede ver porqué podría acusar a este enfoque que considera la fe como una obra. Estoy seguro que los arminianos que exponen esta interpretación a la justificación por la fe negarían que esto significara que ellos creen en la justificación por las obras. Rechazarían la idea que la fe es un acto meritorio que gana la salvación. Dirían que para Dios tratar la fe en Cristo como si fuese la justicia absoluta sería un acto de gracia por Su parte. Los libros calvinistas que han criticado al arminianismo lo han hecho en contra de este tipo de arminianismo y no el tipo que presento en esta obra. Estoy persuadido de que mis puntos de vista están esencialmente de acuerdo con los de Jacobo Arminio. Pero esta no es la razón que expongo mi punto de vista. Lo creo porque se basa en las Escrituras.

Según el arminianismo clásico, la base de la justificación es la imputación de la muerte y la justicia de Cristo a la cuenta del creyente. La condición de la justificación es la fe en Jesucristo. De ninguna manera recibe la fe cualquier consideración como una forma de mérito que formaría ni la parte más minima de la base de mi justificación. La única base para mi justificación ante Dios es la muerte penal de Cristo y Su vida de obediencia absoluta al Padre.

Cuando yo esté delante de Dios, si Él me preguntara: "¿En qué se basa tu esperanza de aceptación ante mí?", no mencionaría absolutamente nada que haya hecho o no hecho. Diría: "Mi esperanza se basa en nada menos que la muerte y la justicia de Cristo". Ni diría yo: "Tengo fe en Cristo". Al declarar que baso mi esperanza de aceptación en la muerte y la resurrección de Cristo—en esto y nada más—esta sería una manifestación e mi fe. Hasta que llegue el momento cuando esté yo delante de Dios, mi cántico se halla en las palabras de el gran himno escrito por Edward Mote:

Mi esperanza está en Jesús
En Su justicia y en la cruz;
De nadie más dependeré,
Sólo en Su nombre confiaré.

Jesús será mi protección;
La Roca de mi salvación,
La Roca de mi salvación.

Cuando no puedo ver Su faz,
Sé que Su gracia es siempre igual;
A la tormenta venceré,
Mi ancla firme esta en Él.

Jesús será mi protección;
La Roca de mi salvación,
La Roca de mi salvación.

Por la sangre de Su pacto,
En el diluvio, paz tengo;
Cuando mi alma turbia está
Él es mi esperanza y paz

Jesús será mi protección;
La Roca de mi salvación,
La Roca de mi salvación.

Un día Él regresará,
En Su presencia voy a estar;
Sin mancha ante Él vendré,
Justificado por la fe.

Jesús será mi protección;
La Roca de mi salvación,
La Roca de mi salvación.[18]

Las palabras del apóstol Pablo destruyen para siempre la posibilidad de que haya cualquier razón de llamar la fe una obra. Él escribe:

> Porque ¿qué dice la Escritura? Y creyó Abraham a Dios, y le fue contado por justicia. Ahora bien, al que trabaja, el salario no se le cuenta como favor, sino como deuda; mas al que no trabaja, pero cree en aquel que justifica al impío, su fe se le cuenta por justicia. (Romanos 4:3-5 LBLA)

El Significado de Fe Considerada como Justicia

> Aquellos que exponen el punto de vista gubernamental de la expiación creen que en la frase "su fe se le cuenta por justicia" (Romanos 4:3, 5 y Gálatas 3:6) encuentran un argumento sólido para su punto de vista. He tratado esa cuestión en mi comentario sobre la Carta a los Romanos. Cito de este libro.
>
> Se ha de admitir que, en cuanto a que se concierne esta expresión, el punto de vista gubernamental es posible gramáticamente. (Ver 2:6 donde la incircuncisión se considera como circuncisión.) La cuestión principal es: ¿Encaja este punto de vista en el contexto de la Escritura con relación a la expiación y la justificación? De interés inmediato es: ¿Cómo encaja tal punto de vista con lo que Pablo ya ha dicho en la carta? Para contestar esta pregunta debemos volver a lo que él ha dicho sobre la necesidad de la expiación.
>
> En Romanos 2:1-3:20 se exponen tres verdades muy importantes. (1) Lo que Dios exige para la justificación es la justicia absoluta (2:1-16: ver los apuntes sobre 2:13). (2) Ningún ser humano ha producido la justicia (3:10). (3) Nadie, por medio de su propia actividad, puede producir la justicia absoluta (3:20).

Ahora, la cuestión importante delante de nosotros es: ¿Es verdad universal e inmutablemente que "Dios exige la justicia absoluta para la justificación"? Si es así, el punto de vista gubernamental y todas las otras interpretaciones similares no pueden considerarse válidas para la expiación y la justificación. El mismo principio que elimina el punto de vista gubernamental establece el punto de vista de la satisfacción. Lo que Dios exige ha sido provisto por Cristo. Él proveyó por nosotros y nos ofrece nada menos que la justicia absoluta (ver los apuntes sobre 3:25, 26).

Si el punto de vista de la satisfacción es verdadero, ¿cómo hemos de entender que "su fe se le cuenta por justicia"? Hay dos posibilidades. La primera es guardar la traducción en sí y entender que significa : "la fe, abrazando su objeto que es Cristo", se considera por justicia (Lenski, 290). El significado sería similar a lo que Jesús dijo a la mujer en Lucas 7: "Tu fe te ha salvado". Es muy obvio que fue Cristo que salvó a la mujer. Siendo así, fue la fe que abrazó su objeto. El que fue abrazado por la fe le salvó. En este ejemplo, la fe sería una metonimia.

Hay otra posibilidad que parece más probable. Se hace una distinción entre "la imputación (o consideración) de la fe" (v. 5) y "la imputación de la justicia" (v. 6). Una aclaración adicional se ve en el significado de "como" (griego *eis*). Mientras "por" es una traducción correcta, hay otras posibilidades. Una traducción muy normal de *eis* es "hasta". También se traduce "hacia".

Traduciéndolo "hacia", se leería: "su fe se le considera hacia la justicia". Así pues, se cuenta (o imputa) la fe hacia el recibir de la justicia. (ver Alford 347, 348; Black 76; Haldane 162, 163; Hodge 110; y Plummer 160).[19]

En los capítulos 15, 16 y 17 se tratará algo más sobre parte de lo que se ha dicho en este capítulo sobre el arminianismo y el calvinismo.

Conclusión

Creo que puedo decir: "La justificación es por la fe sola" con la misma convicción y con tanta confianza que cualquier calvinista o luterano. Pero iré más lejos para distinguir entre la condición de la justificación y su base. Con relación a la base de la justificación, diré: "La justificación es por Cristo solo". Mi esperanza se construye sobre nada menos y nada más que la muerte y la justicia de Cristo—esto y nada más. Se imputan la muerte y la justicia de Cristo a mi cuenta sobre la condición de la fe sola. Por medio de la ayuda de

Dios, he creído y Él me ha justificado gratuitamente. Concisamente: "La justificación se basa en Cristo solo. Se otorga sobre la condición de la fe sola".

14

La Perseverancia

La cuestión delante de nosotros en este capítulo es: ¿Es posible que una persona, una vez habiendo experimentado la gracia salvífica de Dios, pueda volverse a perder? Sostengo la posición de que es posible para una persona realmente salvada cometer la apostasía, y así perderse de nuevo y encontrarse bajo la ira de Dios. Mientras expongo esta posición de que una persona que ha experimentado la gracia salvífica pueda perderse, creo que puedo mantener mi postura en contra de la reclamación de que lo que sostengo es una salvación por las obras.

Para poder desarrollar un caso sano para nuestra posición, debemos entender porqué otros cristianos se oponen a esta postura. Al exponer nuestras creencias, nos es necesario tratar su punto de vista de una manera justa y honesta.

Básicamente hay dos enfoques muy distintos empleados por aquellos que exponen la posición de "una vez salvado, siempre salvado". *El primer punto de vista,* y el que tiene una historia más antigua, *asevera que aquellas personas verdaderamente salvadas continuarán en la fe y en la santidad.* Este es el punto de vista del calvinismo clásico.

El segundo punto de vista expone que una vez salvada, no hay nada que la persona jamás pudiera hacer para hacer que se pierda de nuevo. Si tal persona negara su fe, o si viviera en el pecado a un grado inimaginable, no dejaría de ser un hijo de Dios. Mientras aquellos que exponen este punto de vista amonestan a las personas salvadas que no vivan de tal manera, admiten que tal cosa podría ocurrir y que no cambiaría la justificación de la persona ante Dios. La mayoría de los defensores de esta posición probablemente no expondrían los otros puntos del calvinismo,[1] especialmente la elección incondicional y la gracia irresistible. Este punto de vista es lo que llamo el punto de vista popular. Se expone más por predicadores conocidos que por los eruditos bíblicos.

Como punto de aclaración, afirmo claramente que hay los que aceptan este punto singular del calvinismo, pero no exponen la posición de que las personas salvadas podrían estar viviendo continuamente en cualquier grado de pecado imaginable. Creen que aquellos que viven de tal manera nunca fueron salvados.

El Punto de Vista del Calvinismo Clásico de "Una Vez Salvado, Siempre Salvado"

Solamente hace falta una descripción breve del calvinismo clásico. Hay cinco puntos principales en la soteriología del calvinismo clásico: (1) la depravación total, (2) la elección incondicional, (3) la expiación limitada, (4) la gracia irresistible y (3) la perseverancia de todos los que se salvan.

El primer punto, la depravación total, expone la idea de que la totalidad de la personalidad humana es inundada por el pecado. El punto de vista calvinista de la depravación es que el pecador está bajo el poder del pecado a tal grado que para poder ejercer la fe debe, en el primer lugar, ser regenerado. Una persona muerta espiritualmente no puede creer, sólo una revivida por la regeneración puede creer. Se aclarará la manera en que esto encaja en el sistema calvinista con la explicación de los otros puntos del calvinismo.

El punto más fundamental de todos en el calvinismo es su postura de la elección incondicional. Es la posición del calvinismo que en la eternidad pasada, por razones conocidas únicamente a Dios, Él eligió a ciertas personas para salvar, y Él determinó no salvar a otros. Dios llevará a cabo Su plan para que aquellas personas que Él eligió lleguen a la fe en Cristo y se salven.

Mientras hay algunos que creen en una elección incondicional y al mismo tiempo exponen que Cristo murió por todo el mundo, la posición tradicional es que Cristo sólo murió por los elegidos. Así pues, se refiere a esta posición como la expiación limitada. El resultado, y así la extensión de la redención, era sólo para los elegidos.

Cuando el calvinista habla de la gracia irresistible (a veces conocida por la gracia eficaz), quiere decir que todos a quiénes Dios toca para llevarlos a la fe salvífica, sin duda, creerán y se salvarán. En el calvinismo clásico, la llamada eficaz (o gracia irresistible) de Dios es la regeneración.

Con el calvinismo la regeneración precede la fe. Se regenera a la persona y entonces cree y es justificada. Según el arminianismo, la persona cree y entonces es justificada y regenerada.

La doctrina calvinista dice que un pecador no puede creer hasta que sea regenerado. Cuando ellos hablan de la fe como un don, quieren decir que Dios es totalmente responsable para que la persona tenga la fe que le salva.

Todo es de Dios. Se puede reconocer que los primeros cuatro puntos del calvinismo conducen lógicamente al punto final: la perseverancia final de todos que se salvan.

EL ARGUMENTO EN FAVOR DEL PUNTO DE VISTA CALVINISTA DE LA PERSEVERANCIA

La base fundamental del punto tradicional calvinista de "una vez salvado, siempre salvado" es su interpretación de la soberanía de Dios. Lewis Sperry Chafer escribe:

> El fracaso de que un alma no se salva y no alcanza la gloria que Dios ha ordenado para este fin significa la rotura de toda la actividad de la soberanía divina. Si Dios fracasara en sólo una cosa, pequeña como sea, podría fallar en todo. Si fracasara en cualquier cosa, dejaría de ser Dios y resultaría en que el universo iría vagando a un destino del cual Dios mismo no podría saber nada.[2]

Percibido por los calvinistas, su punto de vista de la elección incondicional es el resultado lógico de la doctrina de la soberanía. La doctrina de la continuación incondicional en la salvación es el resultado lógico de la elección incondicional. Como explica James Oliver Buswell, Jr.:

> Si Dios ha elegido incondicionalmente salvar a algunas personas, y si ha provisto la expiación que hace cierta la salvación, resulta por la lógica ineludible que aquellas personas que Dios ha elegido a la salvación eterna continuarán a esta salvación. En otras palabras, una negación de la doctrina de la perseverancia de los santos es una negación de la gracia soberana de Dios en la elección incondicional.[3]

Comenta Millard J. Erickson:

> Puesto que Dios ha elegido a ciertos individuos de las masas de la humanidad caída para recibir la vida eterna, y que aquellos escogidos de tal manera recibirán, sin falta, la vida eterna, sigue que ha de haber una permanencia a su salvación. Si los elegidos pudieran perder, en alguno punto, su salvación, su elección por Dios a la vida eterna realmente no sería eficaz. Así pues, la doctrina de la elección como es entendida por los calvinistas requiere igualmente la perseverancia.[4]

Chafer, Buswell y Erickson—todos calvinistas, demuestran la conexión entre la elección incondicional y la perseverancia final. Es impensable que Dios elegiría incondicionalmente a una persona, le llame por la gracia irresistible, y luego no garantice que continuaría en un estado de gracia.

El Punto de Vista Popular de "Una Vez Salvado, Siempre Salvado"

Como ya se ha dicho, este punto de vista se expone más por los predicadores populares que por los eruditos bíblicos. El hecho de que un punto de vista sea expuesto más por predicadores populares que por los eruditos no significa que la teoría tenga razón o no. Pero sí nos ayuda saber quién está exponiéndolo.

De nuevo, según este punto de vista, una vez que la persona se salva nunca puede hacer nada que le causaría perder su salvación. Si una persona salvada negara su fe o viviera en cualquier grado de pecado imaginable, no dejaría nunca de ser un hijo de Dios.

Uno de los defensores de este punto de vista es Charles Stanley. El pastor Stanley comenta:

> Si el abandono de la fe o el caer en el pecado rompe la salvación, yo tendría la habilidad de demostrar el amor incondicional más que Dios. Si hay una condición—aún una—a la voluntad de Dios de mantener una relación con Sus hijos, no es incondicional. Por la otra parte, conozco a personas que han demostrado el amor incondicional a algunos miembros de sus familias que fueron increíblemente indignos de tal amor.[5]

En otro lugar él escribe: "*Enseñan realmente las Escrituras que a pesar de la consistencia de nuestra fe,* que es segura la salvación". [Énfasis suyo]

Entonces él contesta:

> Sí lo hace, por medio de proposición e ilustración.
>
> "Si somos infieles..."
>
> Esta es la afirmación más clara sobre este tema encontrada en la segunda carta de Pablo a Timoteo
>
> Que si morimos con Él, también viviremos con Él;
> si perseveramos, también reinaremos con Él;
> si le negamos, Él también nos negará;

si somos *infieles*, Él permanece *fiel*,
pues no puede negarse a sí mismo".

—2 Timoteo 2:11-13 (LBLA)[6] [Énfasis suyo]

Mi propósito principal aquí es explicar lo que están diciendo Stanley y los otros y porqué es que lo creen. Luego expondré mi respuesta a su pensamiento. No obstante, dado que más tarde una examinación de 2 Timoteo 2:11-13 no encajará en la discusión mía, expondré algunas palabras sobre este pasaje. Stanley no trata todo el pasaje: "si le negamos, Él también nos negará". De hecho, está diciendo que una persona cristiana podría negarle a Cristo y el Señor no le va a negar a tal persona.

Con relación a la última parte del versículo 13: "si somos infieles, Él permanece fiel, pues no puede negarse a sí mismo", expondré esta explicación: Si nos hacemos infieles, Cristo permanecerá fiel a Su carácter y nos negará. Lo que he dicho está conforme con la explicación dada por M. R. Vincent:

"Fiel a su propia naturaleza, a su carácter justo y a lo que requiere, según lo *que él no puede aceptar como fiel a alguien que se ha demostrado infiel a él.* Tal aceptación sería negarse a sí mismo".[7] [Énfasis mío]

El Argumento en Favor del Punto de Vista Popular de "Una Vez Salvado, Siempre Salvado"

Como podemos ver, este punto de vista se diferencia del que es expuesto por el calvinismo clásico. También se edifica sobre una fundación doctrinal distinta. Aquellos que defienden el punto de vista popular piensan que es *una consecuencia necesaria de su punto de vista de la expiación y la justificación*. Stanley comenta: "Si Cristo tomó sobre sí cada uno de tus pecados, ¿qué le puede causar a Dios que cambiara Su veredicto de 'no culpable'? ¡Aleluya! Nada le puede hacer cambiar".[8]

Para poder captar este punto de vista, necesitamos entender el punto de vista de la expiación y la justificación sobre el que se edifica. Mientras me opongo mucho a este punto de vista, no es por ninguna diferencia en nuestros puntos de vista sobre la expiación y la justificación. Puesto brevemente, se llama este punto de vista de la redención el punto de vista de la satisfacción penal. Lo he explicado bastante en el capítulo 11 de este libro y en mi comentario sobre Romanos.[9]

Se basa este punto de vista de la expiación en la idea: (1) que Jesucristo sufrió la ira plena de Dios por nuestros pecados, así pagando su penalidad y (2) que Jesús vivió una vida totalmente justa, así entregando a Dios una obediencia perfecta a Dios por nuestra parte. Al hacerlo, Jesús satisfizo por completo las demandas santas de Dios por nosotros.

Basándose en la condición de nuestra fe en Cristo, Dios colocó en nuestra cuenta la muerte y la justicia de Cristo. Su muerte y justicia legalmente aplicadas a nuestra cuenta satisfacen por completo lo que Dios exige para nuestra culpa (debido a la muerte de Cristo) y nos restaura, al favor con Él (debido a Su justicia). Aquellos que exponen el punto de vista popular creen que la naturaleza del pago hecho por Cristo por nuestros pecados requiere que nada que jamás pudiésemos hacer pueda cambiar este hecho. Aunque no estoy en nada de acuerdo con esto, puedo entender porqué algunos lo creen. Al presentar mi punto de vista, explicaré por qué pienso que la teoría de "una vez salvado, siempre salvado" no es el resultado necesario del punto de vista de la satisfacción de la redención y la justificación.

Hace unos veinte años, hubo una posición que recibió mucha atención que tiende hacia este enfoque. Sus defensores se han involucrado en la polémica de la "salvación y señorío". Un lado insiste en que en el momento de la salvación recibimos a Cristo como Señor y Salvador. El otro insiste en que una persona puede recibir a Cristo como Salvador sin haberle recibido como Señor. Aquellos de este segundo grupo admiten la posibilidad de las cosas como expone Stanley. Algunos eruditos bíblicos exponen esta posición. Entre ellos se encuentra Zane Hodges.[10]

Debería señalizar también que hay los que aceptan la lógica del punto de vista popular, pero tratan de evitar sus abusos. Aceptan la idea de que no hay nada que una persona jamás pudiera hacer que le causase a dejar de ser salva, pero insisten en que si una persona es salva, va a manifestar la evidencia de su salvación. Tienden a creer que aquellos que no evidencian la salvación nunca fueron salvados. Por un lado, creen que pasajes como Juan 10:28-30 enseñan que, una vez que una persona se salva, nunca puede perderse de nuevo. Por el otro lado, manifiestan que el cambio expuesto en 2 Corintios 5:17 elimina la idea de que una persona pueda salvarse y luego no demostrar ninguna evidencia de tal salvación.

El Conflicto de Opinión entre Aquellos que Creen "Una Vez Salvado, Siempre Salvado"

Es muy importante tener en cuenta el hecho de que muchos calvinistas rechazan el punto de vista presentado como el "punto de vista popular". Al hablar de los puntos de vista extremos sobre la doctrina de la continuación en la salvación, William Wilson Stevens explica:

> Un [punto de vista] es expuesto por aquellos que dicen que creen en la doctrina (la seguridad eterna del creyente), pero realmente la han pervertido, manteniendo que uno se justifica y se queda salvado eternamente a pesar de lo que pueda ocurrir o hacer en su persona y carácter.[11]

Buswell comenta:

> Una vez en una conferencia para jóvenes, escuché a un laico cristiano decir lo siguiente: "Fui una vez miembro de un equipo de predicadores jóvenes. Todos éramos salvos, y tuvimos algún éxito en la predicación del evangelio. Pero uno de grupo se involucró con compañía mundana. Se casó con una chicha muy del mundo. Negó su profesión de fe cristiana y murió un borracho. Ahora bien, jóvenes, él fue un cristiano; se fue al cielo; pero fue un cristiano 'carnal' y no recibió la recompensa de un cristiano 'espiritual'." No me sorprende que muchos arminianos se escandalicen por lo que se llama falsamente el calvinismo.[12]

Hoy día una gran parte de la predicación popular sobre este tema pervierte el calvinismo más que expone la posición calvinista histórica. Tal predicación ha hecho gran daño a la iglesia. Se preocupan igualmente los calvinistas y los arminianos tradicionalistas con este tipo de enseñanza. Aprecio mucho lo que estas personas hacen, pero esta área de su pensamiento me causa gran preocupación.

La posición histórica del calvinismo ha expuesto la perseverancia de los santos, no una garantía de una salvación futura para la persona si persevera o no. John H. Gerstner explica en cuanto al punto de vista calvinista: "La perseverancia no sólo no conduce a un antinomianismo, ni puede, porque por definición el término significa la perseverancia en la santidad, no en la impiedad".[13] Berkhof explica sobre esta doctrina: "Se mantiene que la vida de regeneración y los hábitos que se desarrollan de ella en el camino de la santificación nunca pueden desparecer por completo".[14]

Argumentos en Favor de "Una Vez Salvado, Siempre Salvado" Basados en las Escrituras

Los argumentos previamente expuestos son doctrinales en su naturaleza. Ahora prestaremos atención a los pasajes bíblicos empleados para sostener el punto de vista de "una vez salvado, siempre salvado". La prueba exegética sería igual para la mayoría de estos pasajes independientemente de cuál de los puntos de vista se exponga. No detallaré una lista exhaustiva de pasajes, sino sólo los versículos principales. Hasta este punto, he expuesto los puntos de vista y el porqué de sus defensores para creerlos. Ahora daré mis razones para creer que estos pasajes no requieren la conclusión de "una vez salvado, siempre salvado". Más adelante, explicaré porqué los argumentos previamente expuestos no son válidos.

JUAN 10:28-29

Hay tres argumentos encontrados en este pasaje, el primero, las palabras "vida eterna"; el segundo, las palabras "jamás perecerán"; el tercero, "nadie las arrebatará de mi mano".

No es necesario demostrar que estos versículos enseñan que una persona puede perderse después de haber sido salva. No lo hacen. Más adelante, de otros pasajes, demostraré el sostén para esta posición. La única cosa que necesito mostrar aquí es que este pasaje no contradice el punto de vista de que una persona salvada pueda perderse de nuevo después de haber experimentado la gracia salvífica.

Investiguemos estos argumentos para ver si exponen una verdad que contradiga la idea de que es posible que un cristiano puede perderse de nuevo.

Consideremos el primer argumento. Se ha de admitir que la vida eterna sólo se posee en el sentido potencial. El creyente ciertamente no posee la eternidad. Algunos han enseñado que con Dios no hay pasado ni futuro, pero nadie lo ha dicho del creyente. La vida eterna del creyente se encuentra en el Hijo como en "que Dios nos ha dado vida eterna, y esta vida está en su Hijo" (1 Juan 5:11 LBLA). Esta vida pertenece al creyente debido a su identificación con Cristo. Si se rompe tal identificación (Juan 15:2, 6), el creyente perderá esta vida eterna. Sin embargo, no cambiaría el hecho de que antes la poseía. Se debería señalizar el hecho de que Adán poseía el potencial para la vida eterna antes de su pecado, pero la perdió en la caída. Así pues, se ve que la pérdida de la salvación no contradice las palabras "vida eterna".

Se basa *el segundo argumento* en "jamás perecerán". Juan 3:36 enseña que el contrario es verdad de los incrédulos al decir: "el que rehúsa creer en el Hijo no verá la vida". Nadie expone, dado que se lo dice del incrédulo que no verá la vida, que está permanentemente ligado sin esperanza en esa condición. El hecho es que, como un incrédulo, no verá la vida pero, si se hace creyente, sí verá la vida.

Ahora bien, si las palabras "jamás verá la vida", que describen al incrédulo, no se contradicen cuando el incrédulo se hace creyente y ve la vida, ¿dónde está la contradicción cuando se dice que un creyente "jamás perecerá", pero si se hace incrédulo de nuevo que perecerá? El hecho es que un creyente, mientras que es creyente, "jamás perecerá".

El tercer argumento se basa en la afirmación sobre las ovejas de Jesús que "nadie las arrebatará de mi mano". El versículo siguiente añade un pensamiento similar con relación a la mano del Padre. La enseñanza es simplemente esta: La relación del creyente con Dios es personal entre él y Dios. Aunque todos los poderes del universo se combinen en su contra, no se puede arrebatar al creyente de Dios. Algunos añaden: "Ni puede el creyente arrebatarse del cuerpo de Cristo". Sí, es verdad. Pero, también es verdad que él no pudo ponerse en el cuerpo de Cristo. Sin embargo, basado en su fe en Cristo, el Espíritu Santo puso al creyente en el cuerpo de Cristo (1 Corintios 12:13). Si el creyente renuncia su fe, Dios mismo le quitará (Juan 15:2, 6). No hay contradicción entre las afirmaciones: "Nadie puede arrebatarnos de Cristo" y "Dios el Padre quita de Cristo a estas personas que se vuelven incrédulos".

ROMANOS 8:35-29

Es mi opinión que este pasaje no trata la cuestión de si una persona salvada puede jamás perderse de nuevo. Más bien, enseña que una persona que es un hijo de Dios nunca puede, al mismo tiempo, estar separada del amor de Dios. En otras palabras, el creyente nunca ha de interpretar las dificultades de la vida para decir que Dios no le ama. Más bien, debería reconocer que el amor de Dios se queda con él y luego decir con Pablo: "Antes, en todas estas cosas somos más que vencedores por medio de aquel que nos amó" (Romanos 8:37). Se debía al amor fiel de Dios que Pablo pudo decir: "he aprendido a contentarme, cualquiera que sea mi situación" (Filipenses 4:11).

Aunque pienso que Pablo estaba diciendo a los creyentes romanos (Romanos 8:35-39) que las pruebas y las tribulaciones de la vida no significan que Dios no nos ama, no tomo la posición como una escapatoria del punto de vista que el pasaje enseña la idea de una vez salvado, siempre salvado. No me presenta ningún problema decir que el pasaje trata la cuestión de la seguridad del creyente.

Vamos a suponer que estos versículos tratan el tema de la seguridad. Se explica de la misma manera de que cuando Jesús dijo: "nadie las arrebatará de mi mano" (Juan 10:28). Pablo estaba diciendo tan enfáticamente como el idioma humano puede que nuestra salvación personal es un asunto entre el creyente individuo y Dios. Estaba indicando que ni la tribulación, ni las dificultades, ni la persecución, ni el hambre, ni el peligro, ni la espada (v. 35), ni la muerte, ni la vida, ni los ángeles, ni los principados, ni los poderes, ni las cosas actuales, ni todo lo que viniera (v. 38), ni lo alto, ni lo profundo ni cualquiera otra criatura vista colectiva o singularmente pueden remover al creyente de Cristo. Esto lo creo. Lo que Pablo dice en estos versículos no contradice de ninguna manera el punto de vista que si un creyente vuelve la espalda a Dios en una incredulidad desafiante y arrogante, que Dios le quitará de Cristo (Juan 15:2, 6).

Cuando estuve en Rusia, en más de una ocasión al hablar de este tema, dije: "El comunismo puso a muchos en la prisión debido a su fe y mató a muchos por su fe. Pero el comunismo no quitó a ninguno de Cristo". Si todos los gobiernos del mundo votaran que se debería quitar a una persona de Cristo, tal cosa no podría ocurrir (ni lo haría).

Para los bautistas rusos, la posibilidad de perder la salvación es muy importante. Durante el pasado, muchos de ellos pudieran haber evitado la prisión si estuvieran dispuestos a negar su fe. Más bien que negar su fe, muchos murieron mártires. Cuando mi esposa y yo estuvimos en este país en 1996, todavía pudimos sentir el dolor de los años de Stalin.

ROMANOS 11:29

"Porque irrevocables son los dones y el llamamiento de Dios" (Romanos 11:29). Esto quiere decir que si Dios ha hecho una promesa *incondicional*, permanecerá *incondicional* para siempre. Por la otra parte, si Él ha dado una promesa *condicional*, nunca cambiará la condición de esa promesa. Este es el argumento empleado por Pablo en Gálatas 3:15-18. El pacto abrahámico que ya había prometido la justificación basada en la condición de la fe no podría ser anulada ni se podría cambiar la condición cuando vino la Ley. No hay ningún argumento que puede demostrar que una promesa no puede ser *irrevocable* y *condicional* al mismo tiempo.

FILIPENSES 1:6

En este versículo Pablo escribe: "estando persuadido de esto, que el que comenzó en vosotros la buena obra, la perfeccionará hasta el día de Jesucristo". Esta es la confianza que tenemos como creyentes. Dios perfeccionará la obra de salvación hasta el día de Jesucristo en aquellos que continúan en la fe. No es ninguna promesa dada a los incrédulos. No hay ninguna contradicción si uno que es creyente se hace incrédulo y luego ya no tiene aplicada la promesa.

No he tratado cada pasaje empleado por los que creen en la idea de "una vez salvado, siempre salvado", pero se ha prestado atención a los pasajes principales. Creo que lo que he dicho sobre estos versículos ayudará a una persona para que entienda otros pasajes que pueden ser introducidos en el argumento.

Un Caso para Creer que es Posible que una Persona Pueda Perderse de Nuevo después de Haber Sido Salvada

LA FUNDACIÓN DOCTRINAL

Lo que he presentado anteriormente demuestra las fundaciones doctrinales sobre los cuales los enfoques distintos de "una vez salvado, siempre salvado" se basan. Ahora prestaremos nuestra atención a la fundación doctrinal para creer que es posible que una persona salvada pueda volver la espalda a Dios para regresar a la incredulidad y así perderse de nuevo.

Se encuentra la base teológica que sostiene la posibilidad de perderse de nuevo una vez que una persona se haya salvado en lo que quiere decir ser hecho conforme a la imagen de Dios (ver el capítulo 9, "La Naturaleza del Hombre"). Ser creado a la imagen de Dios significa que somos seres personales. Pensamos, sentimos y actuamos.

Una persona toma decisiones. Elige cosas. A pesar de la influencia que actúe sobre la voluntad o cuánta ayuda se dé, las acciones de una persona son realmente suyas. Esto es lo que significa ser una persona. Mientras hay ayuda divina para el cristiano, le es posible resistir tal ayuda y tomar las decisiones equivocadas. Entre éstas hay la posibilidad de volverse atrás a la incredulidad. Es Dios quien nos hace personas. En Su relación con nosotros, Él nunca viola el hecho de que somos personas. Aunque no creo que sea muy probable que una persona salvada se haga un incrédulo de nuevo, sí creo que el hecho de que somos personas deja abierta esa posibilidad.

La terminología que se suele emplear para explicar lo que he dicho es el "libre albedrío". Pienso que es apropiada, pero la cuestión verdadera es si un cristiano es un ser personal y genuino. ¿Piensa, siente y toma decisiones (sean buenas o malas)? El libre albedrío se involucra en lo que quiere decir ser una persona. Se tratará más completamente este tema en el capítulo siguiente.

LA ENSEÑANZA DE LAS ESCRITURAS

La cuestión final tiene que ver con lo que enseñan las Escrituras. Prestaré ahora atención a una defensa bíblica de que es posible que una persona realmente salvada puede perderse de nuevo. Después demostraré la manera en que esta posición es consecuente con las otras doctrinas.

Mi propósito no es demostrar cuántos versículos que pueda para sostener mi posición. Más bien, trataré aquellos pasajes más provechosos y que, en mi estimación, deben interpretarse para encajar con la idea de que una persona salvada puede perderse de nuevo. Creo *que exponer que una persona salvada nunca podría perderse de nuevo nos colocaría en una contradicción con lo que estos versículos enseñan irrefutablemente.*

HEBREOS 6:4-7

¿Se habían salvado esas personas?

En este pasaje, las personas consideradas tienen estas características: (1) "fueron iluminados"; (2) "gustaron del don celestial"; (3) "fueron hechos partícipes del Espíritu Santo"; (4) "gustaron de la buena palabra de Dios"; (5) gustaron "los poderes del siglo venidero"; y (6) se habían arrepentido. (Se implica definitivamente que se habían arrepentido porque se dice que les fuera imposible renovar para arrepentimiento *de nuevo.*)

Parece ciertamente obvio que las características dadas como una descripción son de una persona salva. No obstante, hay los que dicen que *sólo* es una descripción de personas que habían confesado la fe en Jesús, pero que realmente no le habían recibido como Salvador. Esta es la posición de Herman Hoekema. Sobre Hebreos 6:4-6, explica:

> Pero el autor tiene en mente el estado anterior, como *parecían*, como fueron conocidos por los hombres, como fueron miembros de la iglesia visible en el mundo. Fueron bautizados. Y pasaron por *una manifestación exterior del arrepentimiento*, y durante un tiempo anduvieron en ese arrepentimiento. Pero ahora definitivamente *han caído aún de esta manifestación exterior*. Se han hecho incrédulos. Se han vuelto impíos. Se han hecho parte del anticristo. Y el texto dice que es imposible que aquellos que caigan puedan volverse al arrepentimiento. Por tanto, no hay esperanza en el caso de esas personas. Su caída es final. Nunca pueden volver.[15]

Puesto que hay los que toman la posición de que este pasaje trata con individuos que habían hecho una confesión de fe, pero nunca fueron salvados, examinaremos cuidadosamente el pasaje para averiguar si se refiere a personas salvadas o simplemente a unas personas que habían confesado una fe en Jesucristo pero no fueron salvadas.

La palabra traducido "iluminados" (v. 4) es *fōtizō*. También en Hebreos se traduce "iluminados". El autor escribe: "Pero traed a la memoria los días pasados, en los cuales, después de haber sido iluminados, sostuvisteis gran combate de padecimientos". Suena como si se está refiriendo a la experiencia de la conversión a Cristo. Thayer dice que esta palabra significa "iluminar espiritualmente, imbuir con el conocimiento salvífico...con un conocimiento salvífico del evangelio: por tanto *fotistentes* de aquellos que habían sido hechos cristianos, Heb. vi. 4; x. 32".[16]

Algunos hay argüido que, puesto que se emplea el verbo *gustar*, esas personas habían llegado a la puerta misma de la salvación, hasta el punto de haber obtenido un conocimiento parcial de lo que quiere decir ser cristiano, pero no fueron salvadas. En las Escrituras no se encuentra tal experiencia; o una persona es salva o no lo es.

Al comparar el uso del verbo *gustar* en las otras partes de las Escrituras, podemos ver que puede significar una experiencia. Algunos ejemplos son Mateo 16:28; Hebreos 2:9 y 1 Pedro 2:3. En particular prestemos atención a Hebreos 2:9 donde dice, hablando de Jesús, "que por la gracia de Dios gustase la muerte por todos". Sin duda esto se refiere a una experiencia real con la muerte.

Es mi posición que el verbo *gustar* es uno de los términos más fuertes que se podrían haber empleado. Al gustar algo, siempre hay la *conciencia* de la presencia de lo gustado. Siempre hay un *conocimiento* de las características de lo gustado. Se evidencia en 1 Pedro 2:3. Por medio del gustar, el creyente aprende que una de las características distintivas del Señor es que está lleno de gracia. También en el gustar hay contacto. Es decir, se puede llamar el gustar un conocimiento consciente por medio del contacto.

Cuando aplicamos estas observaciones previas al tema bajo consideración, aprendemos que las personas mencionadas aquí habían tenido una experiencia en que *conocieron conscientemente, por contacto*, el don celestial. Este don celestial quiere decir Cristo o la salvación. En cualquier caso, significaría que la persona sería salva, porque sólo una persona salvada ha tenido tal conocimiento con Cristo o con la salvación.

Ahora miremos la tercera expresión: "fueron hechos partícipes del Espíritu Santo". En Hebreos 3:14, se encuentra una referencia en que se emplea la misma expresión que se traduce *partícipes* en Hebreos 6:4. Se dice: "Porque somos hechos participantes de Cristo". Sin duda se refiere a una relación estrecha. El término griego participante podría traducirse *compañero* o *alguien que va al lado de*. Cuando se emplea lo de ser hecho un participante del Espíritu Santo, se conlleva la idea de una relación compañera—ir con alguien. *Ir con* alguien significa estar *de acuerdo* con la persona. El Espíritu Santo enseña y guía a tal persona.

La cuarta característica es: "asimismo gustaron de la buena palabra de Dios". Estas personas han procedido mucho más allá de la iluminación original del camino de la salvación, como se menciona en la primera expresión. Ellas tenían un conocimiento de la Palabra de Dios. Tal entendimiento pertenece únicamente a los cristianos.

La quinta expresión es que ellas habían gustado de "los poderes del siglo venidero" y parece indicar que ellas habían entrado en el gozo de saber que iban al cielo debido a su fe en Cristo.

La sexta característica es que ellas se habían arrepentido. El arrepentimiento[17] y la fe igualmente se refieren a la misma experiencia, sólo de perspectivas distintas. Por tanto, debemos sacar la conclusión de que estas personas habían experimentado la fe salvífica (ve mi discusión sobre la relación entre el arrepentimiento y la fe en el capítulo previo).

En cuanto a la descripción de las personas descritas en nuestro pasaje de estudio, J. D. O'Donnell dice:

> Si uno de tal experiencia no es salvo, es difícil imaginar qué se requeriría para describir un creyente verdadero. Aunque muchos que creen en la seguridad incondicional reconocen que una persona salva se describe aquí, pero tratan de disminuir el significado del pasaje al interpretar el pasaje entero como una situación hipotética que nunca tendrá lugar.[18]

Robert E. Picirilli comenta:

> No hay duda absoluta de que esas vidas se refieren a una experiencia cristiana genuina. Si quisiera encontrar una mejor manera para describir la conversión, ¡no la podría encontrar! Cualquier de las cuatro expresiones no puede hacer menos que representar la salvación verdadera. Por ejemplo, la tercera frase: Un "participante", es uno que participa de, es uno que disfruta el compañerismo con otro. Ahora bien, sólo un cristiano verdadero es un participante con el Espíritu Santo de Dios.[19]

¿Qué habían hecho estas personas?

Al interpretar este pasaje, debemos recordar que esos judíos estaban en peligro de abandonar a Cristo para volver al judaísmo. Se les dio estas advertencias para guardarles de cometer este error.

Dice en 6:6: "puesto que de nuevo crucifican para sí mismos al Hijo de Dios" (LBLA). Notemos que esta es una crucifixión con relación a sí mismos. Se halla otra crucifixión relacional en Gálatas 6:14 donde Pablo dice: "por el cual el mundo ha sido crucificado para mí y yo para el mundo" (LBLA). Con relación a la realidad, igual Pablo y el mundo vivían y estaban activos; pero en cuanto a una relación entre ellos, se habían muerto el uno al otro. No hubo ninguna relación que existía entre ellos.

La relación de Cristo a los perdidos es la de un Cristo muerto; pero para los salvos, Él es un Cristo vivo. Una persona no podría crucificar de nuevo al Hijo de Dios en sí misma si no tuviera una relación viva con Él; por tanto, tal acto sólo podría haber sido cometido por una persona salvada.

Si comparamos este versículo con Hebreos 10:29, obtendremos un conocimiento más completo de lo que se presenta aquí. En este versículo, la persona "ha tenido por inmunda la sangre del pacto por la cual fue santificado" (LBLA). Este sería el caso del creyente hebreo que llegara al punto de exponer que la sangre de Cristo fue de igual valor que la sangre de cualquier otro; que no fue la sangre que representaba un tipo de los sacrificios del Antiguo Testamento; que no poseía ningún poder salvífico; Cristo no era el Salvador.

Al llegar a este punto, la persona renuncia su fe en Cristo; echa a Cristo de su vida; en su relación a Cristo, Él se hace un Cristo muerto; así pues, la persona ha crucificado de nuevo a Cristo a sí misma.

Al abandonar su fe anterior en Cristo, está diciendo que la experiencia que pensaba que tenía con Cristo no le vale nada. Al hacerlo, expone a Cristo al vituperio abierto.

¿Cuál es la condición de la persona que ha caído en la incredulidad?

El autor de esta carta a los Hebreos dice que es imposible renovar a tal persona al arrepentimiento.

Expongo que esto quiere decir que no se le puede restituir a la fe. No puede volverse a salvar. No todo el mundo que acepta la posición de que es posible perder la salvación interpreta este pasaje para significar que es imposible que tal persona pueda salvarse de nuevo. Me parece que la expresión: "es imposible renovarlos otra vez para arrepentimiento" no permite ninguna otra interpretación que no sea que es imposible que tal persona puede salvarse de nuevo.

Algunos dicen que tal cosa es imposible para el hombre, pero no para Dios. Sin embargo, no hay nada en el pasaje que indica tal cosa. I. Howard Marshall tiene mucho discernimiento al escribir:

> El punto aquí no tiene que ver con quién pueda restaurar al caído o no, sino con el hecho de que no se le puede restaurar. Esto es importante porque el pasaje no nos permite aseverar que podría haber una intervención especial de Dios a restituir a aquellos que los hombres no pueden restaurar.[20]

Algunos han sugerido que lo que quiere decir es que es imposible renovarlos al arrepentimiento "mientras que estén crucificando de nuevo al Hijo de Dios a sí mismos". Exponen que éstos podrían arrepentirse y así, salvarse de nuevo, si dejan de crucificar al Hijo de Dios. Esto es lo mismo que decir que es imposible arrepentirse mientras que permanecen no arrepentidos. O, que pueden arrepentirse si se arrepienten. Este tipo de pensamiento reduce la expresión a una mera obviedad.

Otros están de acuerdo en que la apostasía no tiene remedio, pero que una persona podría perder su salvación debido a una acumulación de pecados (que suele ser un concepto poco claro) y que podría arrepentir y salvarse de nuevo. Otros se oponen a la idea de que tal persona podría "salvarse de nuevo" (la llamada regeneración repetida). Pero si la persona no se arrepienta, al morir en tal condición estará perdida. Estoy convencido que la única cosa que resulta en la pérdida de la salvación es la apostasía (o sea, la incredulidad). La creencia que la apostasía no tiene remedio no depende sólo de este pasaje. También hay otros pasajes bíblicos que enseñan esta doctrina. Examinaremos algunos de estos otros pasajes.

Una vez que se entiende que la apostasía no tiene remedio, tendremos más cuidado en pensar en lo que creemos que causaría que una persona abandonara su salvación. Marshall se refiere a esto cuando dice: "Todo el mundo está de acuerdo en que, si el pasaje enseña la imposibilidad del arrepentimiento, sólo tiene que ver con el caso de una actitud definida de la apostasía y no en el caso de unos pecados particulares".[21]

HEBREOS 10:26-29

¿Se había salvado la persona?

En este pasaje, se califica a la persona como habiendo sido santificada (v. 29). Las otras referencias de la carta donde aparece el término *santificar* son: 2:11; 9:13; 10:10, 14 y 13:12. Si el lector examinara estos pasajes, va a ver que cada uno, con la excepción de 9:13, tiene referencia a la santificación que acompaña la salvación del Nuevo Testamento. Si el escritor de esta epístola fuera a emplear la santificación con otro sentido totalmente distinto aquí, ¿no puede ser razonable que lo aclararía al usarla en conexión con una advertencia tan drástica? También, debemos tener en cuenta que la santificación mencionada aquí fue efectuada por la sangre de Cristo. A pesar de lo que sea la advertencia en estos versículos, hemos de reconocer que tiene que ver con personas salvadas. El versículo 26 se refiere al estado del pecado voluntario (o la apostasía) en que se encuentra la persona. El versículo 29 explica cómo comenzó todo esto. Se refiere al acto inicial de la apostasía que puso en movimiento este estado de apostasía.

¿Qué había hecho esta persona?

Habla de que la persona aquí "tuviere por inmunda la sangre del pacto, en la cual fue santificado" (v. 29). El considerar la sangre de Cristo como no distinta de la de cualquier otra persona constituye la incredulidad. Es una apostasía o naufragio de la fe. Como explica Marshall: "Tal pecado es un acto de rechazo total de Dios. El pecador se ha hecho adversario de Dios (Hebreos 10:27), y ha rechazado las cosas mismas que fueron los medios de su salvación, la sangre redentora de Cristo y el Espíritu de gracia".[22]

¿Cuál es la condición de la persona que, debido a la incredulidad, había recaído?

Vemos en el versículo 26 que la persona está pecando "voluntariamente". El uso en el griego indica que la referencia no es a un acto de pecado voluntario, sino al *proceso* del pecado voluntario. Tal pecar voluntariamente no es posible mientras que la persona sea nacida de Dios. El versículo 26 describe el estado del apóstata, mientras el versículo 29, del tiempo gramático pasado, describe el primer acto de pecado que comenzó este estado.

Como otro punto más de clarificación, el versículo 26 dice que para tal persona: "ya no queda más sacrificio por los pecados". Ya no permanece un sacrificio por los pecados. El apóstata tiene pecados pero un sacrificio no está disponible para sus pecados. Habiendo rechazado el sacrifico hecho por Jesucristo, no hay otro sacrificio al que pueda reclamar.

De este punto, Robert Shank tiene una preocupación. Expone la pregunta: "¿No hay remedio para la apostasía?" Entonces escribe: "Hay varios pasajes de la Escritura que parecen afirmar esto".[23] Después, él expone un esfuerzo grande para construir un caso para decir que hay remedio para una apostasía. Su capítulo "Capítulo XIX: ¿Es La Apostasía Sin Remedio?" se dedica totalmente a un intento de demostrar que la apostasía es remediable. El enfoque principal de Shank es demostrar que aún cuando hay versículos que parecen enseñar que la apostasía no tiene remedio, en otros lugares del Nuevo Testamento hay pasajes que parecen enseñar lo contrario.

Él ilustra con el caso del Apóstol Pedro. Explica:

> En el monte, junto con Jacobo y Juan, él vio Su gloria—la gloria del Unigénito del Padre—y escuchó la voz que vino de una nube: "Este es mi Hijo amado" (Mateo 17:5). Y aun, en la hora de prueba, Pedro negó que tuviera el más mínimo de conocimiento de Jesús: "No conozco al hombre"—como si Jesús fuera una persona ordinaria, así estando de acuerdo, en su opinión, que el juicio de Sus enemigos fue correcto. ¡Qué persistente en su negación—tres veces! ¡Y que deliberada y enfática su negación! Maldijo y juró: "No conozco al hombre".
>
> Pero aun, Pedro encontró perdón. ¿Esto no nos anima para todos nosotros, al pensar en las veces numerosas y de maneras distintas que hemos negado vergonzosamente a nuestro santo Salvador? ¿No hemos jurado, o por hecho o vida, si no con palabra: "No conozco al hombre"? ¿No tenemos nosotros la necesidad de salir fuera y llorar amargamente con Pedro? Pero todavía Él viene—el Hombre de Tristeza, siempre cicatrizado—y nos pregunta a nosotros con gentileza: "¿Me amas?"[24]

No podemos leer estas palabras de Shank sin tener empatía con preocupación profunda por lo que comunica. Él demuestra una humildad ante Dios que deberíamos apreciar profundamente. No obstante, no creo que haya demostrado su caso. En este tratamiento, no puedo dar una crítica detallada de punto de vista de Shank. Pero pienso que puedo demostrar el error de su punto de vista.

Creo que él ha pasado por alto la conexión entre el pecado de apostasía de Hebreos 10:26-29 y los pecados presuntuosos de Números 15:30-31. No pienso que haya duda que lo que el autor de Hebreos quería decir con el pecado voluntario (10:26) que era el mismo tipo de pecado como el pecado presuntuoso de Número 15:30-31. No hubo sacrificio por el pecado de soberbia. Hay una conexión obvia entre las palabras: "ya no queda más sacrificio por los pecados" (v. 26) y el hecho que no hubo sacrificio por los pecados en el caso de pecados presuntuosos de Números 15:30, 31. Para sostener su punto de vista, Shank elimina la idea de que hay un pecado más allá del perdón. Sin duda, no podemos tener en cuenta Números 15:30-31; Hebreos 6:4-6; 10:26-29; y las enseñanzas de Jesús del pecado imperdonable y al mismo tiempo sostener la posición que no hay pecado por el cual no hay remedio.

He hecho una investigación extensiva que demuestra que voluntario (*hekousiōs*) es igual con los pecados presuntuosos de Números 15:30-31 y con el Salmo 19:13. Se encontrará esta investigación en el Apéndice 1.[25] Aquí daré un trato breve a las ideas pertinentes para nuestros intereses actuales.

La LXX no emplea *hekousiōs* para referirse a los pecados de soberbia. No obstante, se emplean *akousios* y *akousiōs* varias veces de "por yerro" a referirse a los pecados de ignorancia. *Akousios* se emplea para traducir el hebreo para los pecados de ignorancia (Números 15:24-25 y Eclesiastés 10:5). *Akousiōs* se emplea en Levítico 4:2, 22, 27; 5:15; Números 15:24, 28-29; y Josué 20:3, 5, 9. Es difícil dudar que *hekousōs* empleado en Hebreo 10:26 fue escogido deliberadamente como contraste con *akosuiōs*.

El Antiguo Testamento hace una distinción clara entre los pecados de ignorancia y los pecados presuntuosos. Los de ignorancia (también nombrados como pecados involuntarios)[26] fueron básicamente pecados de debilidad. La persona que cometió tal pecado tenía mejores deseos, pero esas pasiones fueron derrotadas. El individuo tenía que ofrecer un sacrificio (Números 15:27-29). Los pecados presuntuosos fueron cometidos con una "mano alta". Venían de una actitud de arrogancia, rebeldía e incredulidad. Según Números 15:30-31, no hubo sacrificio por los pecados de soberbia. Si, en realidad, se menciona el pecado de apostasía en Hebreos 6:4-6 y en 10:26-29 y se identifica con el pecado de soberbia de Números 15:30-31, esto debería resolver la cuestión de que si la apostasía tiene remedia o no.

Nos es importante observar que el autor de Hebreos no está introduciendo una idea nueva cuando habla de un pecado por el cual no hay sacrificio. Él simplemente coloca el pecado de la apostasía en la categoría de los pecados presuntuosos del Antiguo Testamento. Números 15:27 se refiere a aquellas personas viviendo en un estado de gracia, pero comenten pecados por yerro.

Una vez que vemos la distinción entre los pecados presuntuosos y los de ignorancia explicados en el Antiguo Testamento, se queda claro que esta diferencia continúa en el Nuevo Testamento. Es evidente que cuando Jesús dijo: "Padre, perdónalos, porque no saben lo que hacen" (Lucas 23:34), que Él estaba considerando los pecados de aquellos que le habían crucificado como en la categoría de pecados de ignorancia. En Hechos 3:17, Pedro dijo que los judíos habían crucificado "por ignorancia". Es por esto que ellos podrían ser perdonados (Hechos 3:19). Al describirse a sí mismo antes de su conversión, Pablo escribió: "habiendo yo sido antes blasfemo, perseguidor e injuriador". Para explicar la manera en que él pudo ser perdonado, dijo: "porque lo hice por ignorancia, e incredulidad" (1 Timoteo 1:13). Queda claro que Pablo colocaba sus pecados de blasfemia y persecución de la iglesia en la categoría de los pecados de ignorancia. Fue por esa razón que sus pecados pudieron ser perdonados.

Creo que si la persecución de la iglesia por Pablo podría considerarse como un pecado de ignorancia que sin duda la negación de Cristo por Pedro, en la noche de la traición de Cristo, también debería considerarse como un pecado de ignorancia (o debilidad). Siendo así el caso, la situación de Pedro no pintaría nada en cuanto a la cuestión de si hay o no hay remedio para la apostasía. Si tenemos en cuenta la enseñanza del Antiguo Testamento sobre los pecados de soberbia, como también la enseñanza de Hebreos 6:4-6 y 10:26-29, no creo que haya ningún problema en mantener el punto de vista que la apostasía no tiene remedio.

Un Asunto de Preocupación

Una discusión de cualquier tipo de pecado no perdonable corre el riesgo de causar a algunas personas que tengan unas preocupaciones sin base. Durante los años muchas personas me han hablado de sus temores de que habían cometido el pecado imperdonable. En mi opinión, ninguna de esas personas que me hablaron de sus temores en esa área ni se habían acercado a cometer ese pecado. Normalmente, esas personas estuvieron pasando por un período extendido de alguna forma de tristeza. En su búsqueda por la causa de su infelicidad, se les surgió la idea de que habían comedido el pecado imperdonable, que en sí, sería una razón enorme que podría causar sus problemas. Entonces, con eso tuvieron miedo que de haber cometido el pecado que no tiene perdón.

Mi primera observación es que si una persona está ocupada sobre si ha cometido el pecado imperdonable o no, creo que podemos decir con confianza que tal persona no ha cometido apostasía, o sea, el pecado imperdonable. Cuando el Espíritu Santo obra una preocupación en el corazón de una persona, es para llevarla al arrepentimiento, no para atormentarle. Siendo así el caso, si el Espíritu Santo está produciendo una preocupación en una persona, tal persona no ha cometida la apostasía. También, es importante darnos cuenta que no es el acto solo que lleva al tipo de pecado mencionado en Números 15:30-31 que se llama un pecado con soberbia. Es la actitud de arrogancia, de rebeldía y de incredulidad que se manifiesta en ese pecado.

> Las palabras de Pedro no ayudarán a comprender la finalidad de la situación del apóstata, y nos guiarán a ver que las personas que nos acuden con sus temores no han cometido apostasía. Pedro nos dice: "Ciertamente, si habiéndose ellos escapado de las contaminaciones del mundo, por el conocimiento del Señor y Salvador Jesucristo, enredándose otra vez en ellas son vencidos, su postrer estado viene a ser peor que el primero" (2 Pedro 2:20-21).

Pienso que 2 Pedro 2:10 arroja mucha luz sobre el tema. En este pasaje Pedro describe los maestros apóstatas como *tolmētēs*. La RVB1960, la NBLA, la NVI y la Biblia del Siglo XXI, traducen *tolmētēs* como "atrevidos". De su uso en este versículo, J. A. Motyer explica: "La ocurrencia singular del sustantivo (*tolmētēs*) claramente es en un sentido negativo…, el hombre arrogante de 2 Peter 2:10 que no permite ninguna restricción a su propia voluntad y que no reconoce ninguna autoridad ante el cual debe ser responsable".[27]

Está claro que Pedro considera a los falsos maestros como culpables del pecado presuntuoso de Números 15:30-31. El desafío arrogante de esos apóstatas da una finalidad a su acción. Antes fueron salvos pero no tuvieron esta finalidad en cuanto a su condición de ser perdidos. La decisión presuntuosa, atrevida y arrogante con que cometieron la apostasía quiere decir que fue tomado con una finalidad. Esto les colocó en una condición peor que la que tuvieron antes de que fueron salvos.

Creo que podemos estar asegurados de que la persona que viene para hablar con nosotros sobre su temor de haber cometido lo imperdonable no encaja en la descripción de la gente descrita en 2 Pedro 2:20-21; Hebreos 6:4-6 y 10:26-29. Si existe una preocupación de estar restaurado a una relación debida con Dios, tal persona no ha cometido apostasía.

Las personas de los Estados Unidos que me han venido con sus temores no han dicho que, en su pasado, habían tomado una decisión de renunciar su fe en Cristo. La situación de Rusia presentó un problema distinto. Cuando yo hablaba de este tema allí, hubo algunas preocupaciones reales expresadas. Durante un período de discusión, una persona dijo que conocía a alguien que, bajo persecución, había denunciado su fe en Cristo. Más adelante la persona se había arrepentido.

Para evaluar un caso como ese, necesitamos tener en cuenta la distinción entre los pecados de soberbia y los de ignorancia. No es simplemente lo que una persona haga o diga que determina el caso. La actitud es un factor decisivo. Al explicar cómo pudo recibir el perdón por haber perseguido a la iglesia, Pablo implica, sin duda, que si él hubiera hecho lo que hizo de una manera "presuntuosa", no habría existido perdón para él.

Nosotros no podemos imaginar los sufrimientos infligidos, en el pasado, sobre algunas personas en Rusia para que negaran su fe. La muerte fue misericordiosa a la luz de las severas torturas que algunos tuvieron que sufrir. Pienso que nosotros tendríamos que decir que ciertamente fue posible que unos labios pudieran pronunciar palabras de una renunciación de fe sin que representaran una incredulidad arrogante y desafiante hacia Dios. Si así es el caso, las palabras de negación que la persona profirió no serían equivalentes a la apostasía o al naufrago de la fe. Parece que hubo algunos que pronunciaron palabras de negación que, de hecho, no cometieron la apostasía. Pero no creo que podamos explicar todos los casos de esta manera.

Debemos ser fieles a la enseñanza de la Biblia. Si estamos convencidos que la Biblia enseña que la apostasía no tiene remedio, hemos de enseñarlo. Lo mismo es verdad de lo que creemos que la Biblia enseña del pecado imperdonable. No obstante, lo hemos de enseñar con compasión y caución. No deberíamos hablar de ello para atraer una audiencia grande. Debemos tener en cuenta los problemas que tales temas causan para algunas personas. También, basándome en conversaciones con personas, yo advertiría a los pastores en contra de sacar una conclusión demasiadamente adelantada sobre las personas que hablan con ellos sobre el tema de haber cometido la apostasía, de que realmente lo hayan hecho. Pienso que sería mejor tomar tales discusiones como una búsqueda para ayuda.

Un Punto de Vista Sostenido por Muchos Calvinistas

Previamente he señalado que Hoeksema toma la posición de que las personas mencionadas en estos pasajes no fueron salvas. Es más probable que la mayoría de los calvinistas creen que fueron salvas. Un proponente de este punto de vista es Millard J. Erickson. Él explica:

> Mientras que Hebreos 6 indica que los creyentes genuinos *pueden* recaer, Juan 10 enseña que *no lo harán*. Existe una posibilidad lógica de la apostasía, pero no sucederá en el caso de los creyentes. Aunque podrán abandonar su fe y en consecuencia llegar al destino que se describe en Hebreos 6, la gracia de Dios evita que recaigan en la apostasía. Dios hace esto, no haciendo que sea imposible que los creyentes recaigan, sino garantizando que no recaigan. Nuestro énfasis entre

> *poder* y *no hacer* no carece de importancia. Conserva la libertad del individuo. Los creyentes son capaces de repudiar su fe, pero eligen libremente no hacerlo.
>
> En este punto alguien podría preguntar, si la salvación es segura y permanente, ¿a qué se deben las advertencias y las órdenes que se dan al creyente? La respuesta es que son medios a través de los cuales Dios garantiza que el individuo salvado no recaiga.…No es que Dios haga que la apostasía sea imposible eliminando la opción misma. Más bien, lo que hace es utilizar todos los medios posibles de gracia, incluyendo las advertencias de las Escrituras, para motivarnos a seguir comprometidos con él. Como nos capacita para perseverar en nuestra fe, el término *perseverancia* es preferible al de *conservación*.[28]

Para sostener su interpretación de Hebreos 6:4-6, Erickson escribe:

> El significado en casos así debe estar determinado por el contexto. El elemento clave en el contexto presente es lo que encontramos en el versículo 9. "Pero en cuanto a vosotros, amados, estamos persuadidos de cosas mejores, pertenecientes a la salvación, aunque hablamos así".… Sin embargo, el versículo 9 es una declaración de que no recaerán. Podrían hacerlo, pero no lo harán. Su persistencia hasta el final es evidencia de esa verdad. El escritor de Hebreos sabe que sus lectores no recaerán; está convenido de que los sucederán mejores cosas, cosas que tienen que ver con la salvación.[29]

Es importante observar que Erickson y los que dicen que estos pasajes describen algo que solo es posible teóricamente, están de acuerdo que la posibilidad de perder la salvación es consistente con cada doctrina excepto con la del poder soberano de guardar o retener de Dios. Erickson realmente está diciendo: "Existe la posibilidad lógica de la apostasía". Este enfoque reconoce que no hay argumentos lógicos que prohíben la posibilidad de que una persona podría apostatarse y ser perdida después de haber sido salvada. La posición que una persona salva no cometerá la apostasía ni estará perdida de nuevo dependería únicamente de un compromiso por la parte de Dios en que Él dice que prevendrá que tal situación no ocurrirá jamás. Para que sea una condición necesaria requeriría: (1) una promesa de Dios que Él nunca permitiría que una persona salvada apostara, o (2) que la doctrina de la elección incondicional sea verdad. En el caso de la elección incondicional, la garantía que la apostasía no ocurriría sería implícita en la doctrina de la elección incondicional. Si Dios promete que no permitirá a un cristiano que cometa la apostasía,

¿dónde está este compromiso divino? Trataré el tema de la elección en el capítulo siguiente. Montaré un caso para la elección condicional en el capítulo 17.

El punto de vista de Erickson también depende de la posición de que la única manera para entender Juan 10:28-29 es negar la posibilidad que una persona pueda perder su salvación. Pienso que he demostrado previamente con estos versículos que ésta no es la interpretación requerida de Juan 10:28-29.

Otro punto importante del caso de Erickson es que su punto de vista de Hebreos 6:9 afirma la posición que el autor dijo a sus lectores que el peligro que describe no había ocurrido y que no les ocurriría. Pienso que podemos decir sin problema que los recipientes de la carta no habían cometido la apostasía. Pero esto no es lo mismo como decir que nadie lo haya hecho. Las personas que habían cometido la apostasía ya habrían abandonado la iglesia. El versículo 9 es una declaración de lo que era verdad de los lectores de la carta al tiempo de escribirla, no es una garantía del futuro.

La traducción de la LBLA de Hebreos 6:6 es: "pero *después* cayeron". Esta traducción sugiere que algunos habían caído. Es una traducción buena del texto griego que algunas versiones traducen como "si recayeron". Una traducción que emplea "si" deja no traducida la palabra *kai* ("y"). La LBLA y la NBLA tiene "pero" (*kai*) que nos da un retrato más completo de lo que dice el texto griego.

Creo que el comentario de Robert Shank van bien al punto en cuanto al punto de vista que son advertencias para ayudar al creyente evitar una apostasía que muy probablemente no va a cometer. Él explica:

> La locura de su argumento se ve en el hecho que, en el momento que un hombre queda persuadido que su doctrina de seguridad incondicional es correcta, los pasajes de advertencia pierden inmediatamente su propósito y valor mismo que ellos aseveran para los pasajes.... ¿Cómo puede haber una "advertencia seria" para el creyente que es "instruido" suficientemente para comprender que la "advertencia" va dirigida en contra de una imposibilidad?[30]

2 PEDRO 2:20-22

¿Se habían salvado esas personas?

Se califican a las personas bajo consideración por dos expresiones: (1) "habiéndose ellos escapado de las contaminaciones del mundo". (2) Escaparon "por el conocimiento del Señor y Salvador Jesucristo".

En el 1:4 de la misma carta ocurre esta expresión: "habiendo huido de la corrupción que hay en el mundo a causa de la concupiscencia". Se asocia con el haberse hecho un participante de la naturaleza divina, que es un privilegio solo de los cristianos. La expresión de 1:4 es prácticamente la misma que la de 2:20. Sin duda significan lo mismo. Es la única otra expresión así en la epístola. ¿Sobre qué base puede decir una persona que un texto se refiere a una persona salvada y que otro texto a una persona que ha hecho una falsa profesión del cristianismo?

Examinemos la segunda expresión: "por el conocimiento del Señor y Salvador Jesucristo". Se observará que este conocimiento fue la base sobre la cual escaparon de las contaminaciones del mundo. También se notará que, en 1:3-4, se obtienen las cosas siguientes por medio del conocimiento de Cristo:

1. "Todas las cosas que pertenecen a la vida y a la piedad". (v. 3)
2. "Llegaseis a ser participantes de la naturaleza divina". (v. 4)
3. "Habiendo huido de la corrupción que hay en el mundo a causa de la concupiscencia". (v. 4)

Un estudio cuidadoso de 1:3-4 y 2:20 demuestra que, en ambas instancias, la corrupción del mundo fue escapada por medio del conocimiento del Señor y Salvador Jesucristo.

Cuando tal evidencia ocurre dentro de los límites de la misma epístola para considerar a las personas de 2:20 como salvas sobre la misma base como aquellas de 1:3-4, debe hacerse la pregunta: "¿cuáles son las razones que una persona niega que los mencionados en 2:20 fueron salvados mientras que afirma que las personas de 1:3-4 fueron salvados?" También, debemos tener en cuenta que cada expresión como "por medio del conocimiento de nuestro Señor y Salvador Jesucristo", encontrada en esta carta, sin excepción, se refiere a los que son salvados. A pesar de la manera en que podamos interpretar la advertencia, debemos aceptar el hecho que se refiere a personas salvadas.

¿De qué se trata la advertencia en este pasaje?

De 2 Pedro 2:20-22 se aclara plenamente que la advertencia está en contra de abandonar la Verdad en Cristo para un sistema falso. Cuando leemos el segundo capítulo todo esto se hace claro. La primera parte del capítulo menciona a los falsos maestros, y la segunda parte advierte en cuanto a no desviarse por ellos, y explica cuáles serán las consecuencias.

¿Cuál será el resulto si las personas no prestan atención a la advertencia?

Este pasaje se lee: "su postrer estado viene a ser peor que el primero...mejor les hubiera sido no haber conocido el camino de la justicia". La única manera en que estas declaraciones podrían ser verdaderas sería que describieran la misma condición de los versículos vistos de Hebreos; por tanto, sacamos la conclusión que esas personas no pueden ser salvadas de nuevo.

Otros Pasajes

Pienso que los pasajes ya tratados son los básicos, pero obviamente no son los únicos que existen. Examinemos unos otros.

COLOSENSES 1:21-23

En este pasaje, Pablo establece una estipulación de continuación en la fe como una condición de que se presente al creyente como santo, sin mancha e irreprensible delante del Padre. Aquí se implica definitivamente que si uno fracasa en su continuación en la fe sería la pérdida de la salvación. También es notable que Pablo está advirtiendo a sus lectores para que no se enreden con los falsos maestros que enseñan cosas contrarias a punto de vista verdadero de Cristo.

JUAN 15:2, 6

En el versículo 2, se dice que el pámpano o la rama que no lleva fruto será quitado. Se ha expuesto la objeción que no se presione la analogía demasiado lejos. Por tanto, no debe emplearse este pasaje como una prueba de que una persona pueda ser perdida después de haber recibido a Cristo. La única cosa enseñada en este pasaje es lo de llevar fruto. También creo que debemos ejercer caución en cuanto a presionar analogías demasiado lejos. Creo que se ha hecho mucha injusticia a la interpretación de las Escrituras por medio de cargar demasiado en las analogías y los tipos de expresión. Pero debemos tener en cuenta que es Jesús mismo quién interpreta todas las analogías de esta alegoría;[31] por lo tanto, cuando Él dice: "Todo pámpano que en mí no lleva fruto, lo quitará; y todo aquel que lleva fruto lo limpiará...", debo distinguir entre "quitará" y "limpiará". También "quitará" requiere una interpretación porque Jesús mismo establece la analogía y dice que hay una obra que hace el Padre en quitar las ramas infructuosas.

Es importante observar que hay dos tipos de pámpanos mencionados en el versículo 2: (1) uno que no lleva fruto, y (2) otro que no lleva todo el fruto que debería producir.

No se echa fuera una rama porque falla en producir todo el fruto como debería. Tal pámpano es limpiada para que lleve más fruto. No se quita al creyente de Cristo porque no lleva fruto como debería. Más bien, Dios obra en el creyente para que produzca más fruto. Es la persona que no lleva fruto que se saca.

Pienso que nos será provechoso vincular lo de Juan 15 con Hebreos 6:7-8. El resultado de la apostasía descrita en los versículos 4-6 se ve en el versículo 8. El apóstata produce espinos y abrojos.

Notemos aquí que los versículos 7-8 hablan del mismo terreno. Al principio la parcela producía hierba, pero más tarde producía espinos y abrojos. La versión *Palabra de Dios para Todos* aclara que los versículos hablan de la misma parcela: "Por ejemplo, hay tierra que recibe bastante lluvia, se cuida y se siembra en ella. Si produce plantas que den buen fruto, esa tierra tiene la bendición de Dios. Pero esa tierra no vale la pena si sólo crecen en ella espinos y maleza...".[32]

Al comparar esto con Juan 15:2, vemos que el apóstata es la persona que no lleva fruto; más bien, produce espinos y maleza. Por lo cual, se le saca como una persona que no produce fruto.

Juan 15:6 se refiere a las mismas cosas del versículo 2, sólo viéndolo de una perspectiva distinta. Aquí vemos que, si un hombre no permanece en Cristo, se le echa como una rama infructuosa.

Pienso que el pasaje de 1 Juan 2:22-24 nos es provechoso para determinar lo que quiere decir permanecer y no permanecer, igual como en Juan 15. Juan advierte, en 1 Juan 2:22-34, en contra de los que mantienen puntos de vista falsos en cuanto a Cristo. Dice: "Lo que habéis oído desde el principio, permanezca en vosotros" (2:24). Es decir, en lugar de aceptar el punto de visto de Cristo presentado por los falsos, los creyentes han de seguir creyendo la doctrina correcta de Cristo que han oído desde el principio. Entonces, dice: "Si lo que habéis oído desde el principio [la doctrina correcta de Cristo] permanece en vosotros, también vosotros permaneceréis en el Hijo y en el Padre".

El mismo verbo griego es traducido en Juan 15 y en 1 Juan 2 como *permanecer* (continuar) en Cristo, o sea, como permanecer en la doctrina verdadera de Cristo. Se implica definitivamente que, si el lector de la carta de Juan decidiera abandonar la doctrina verdadera de Cristo, no permanecería en Cristo.

La segunda carta de Juan demuestra más de lo que hemos dicho: "Cualquiera que se extravía, y no persevera en la doctrina de Cristo, no tiene a Dios" (2 Juan 9). Este versículo expone definitivamente que una persona que no cree en la doctrina verdadera de

Cristo no está salvada. Tomándolo en su contexto, parece ser una advertencia al cristiano verdadero que no esté engañado por las enseñanzas falsas sobre Cristo. Abandonar la doctrina verdadera en favor de lo falso significaría que la persona no tendría a Dios.

Después de considerar esas referencias, parece claro que si una persona no permanece en Cristo, como en Juan 15:6, se indicaría que tal persona ha abandonado las enseñanzas verdaderas de Cristo. ¿No se enseña también, en las otras referencias mencionadas, que fracasar y no continuar en la doctrina verdadera de Cristo significaría el rechazo por parte de Dios, lo que Juan 15:6 describe como ser sacado como una rama? El resultado de ser echado es secarse y arder en el fuego. La misma cosa le ocurre al apóstata de Hebreos 6, como visto en la imagen expuesta en el versículo 8.

Hasta este punto, se han establecido las conclusiones siguientes: (1) La Biblia enseña que una persona salvada puede perder su salvación.[33] (2) La salvación continúa sobre la condición de fe pero la incredulidad puede causar su pérdida. (3) Mientras que una persona es salva, tiene igualmente la justificación y la santificación. (4) Cuando una persona pierde su salvación, no puede volver a salvarse.

La Consistencia de la Posibilidad de Perder la Salvación con otras Doctrinas

Hay varias preguntas que nos quedan para contestar para desarrollar y defender la doctrina. El primer problema que debemos tratar es demostrar la consistencia de esta doctrina con otras doctrinas.

Consistente con la Soberanía de Dios

El punto de vista calvinista de la continuación en la salvación es el resultado lógico de su interpretación de la soberanía de Dios. Para mostrar esta conexión, repito una cita dada previamente en este capítulo de Lewis Sperry Chafer. Él explica:

> El fracaso de que un alma no se salve y no alcance la gloria que Dios ha ordenado para este fin significa la rotura de toda la actividad de la soberanía divina. Si Dios fracasara en sólo una cosa, pequeña como sea, podría fallar en todo. Si fracasara en cualquier cosa, dejaría de ser Dios y resultaría en que el universo iría vagando a un destino del cual Dios mismo no podría saber nada.[34]

La interpretación calvinista de la soberanía divina es el principio fundamental y el que guía todo pensamiento en el calvinismo puro. No puede haber cuestión ninguna porque “Dios debe llevar a cabo lo que Él expone hacer si es soberano”. Estoy totalmente de acuerdo con esta declaración. La cuestión tiene que ver con *lo que Dios haya establecido hacer o no*. ¿Ha propuesto incluir toda actividad divina en una relación de *causa* y *efecto* como distinguida de una relación de *influencia* y *respuesta*? ¿Tiene Dios la misma relación de causa y efecto en su relación con las personas que tiene con el universo material?

Si Dios obra a través de las relaciones de *causa* y *efecto* con las personas humanas, el sistema calvinista tiene mucho a su favor. Por la aplicación de las relaciones de *causa* y *efecto* a las personas, no quiero inferir que no se tome en cuenta la naturaleza del objeto, pero la relación es de *causa* y *efecto* mientras que *la causa garantiza el efecto*. No puede haber otra cosa. Esto debe ser así igualmente en asuntos redentores y no redentores. Si no, según las premias calvinistas, Dios no es soberano. Sería así, por lo menos, con el calvinismo clásico. Las personas que toman el nombre calvinista, pero no están dispuestas a seguir adelante con las implicaciones lógicas expuestas previamente probablemente necesitan volver a considerar si deben nombrarse legítimamente calvinistas o no.

La pregunta última de todos esto es: ¿Qué es lo que Dios nos ha revelado en Su Palabra en cuanto a Su soberanía? El problema es que si una persona abre la Biblia con una idea preconcebida de que la única manera en que Dios es soberano es que Él tiene que llevar a cabo todas Sus actividades en el marco de relaciones de causa y efecto, tal persona impondrá sobre todos los pasajes bíblicos esa interpretación, a pesar de lo que digan. Por tanto, necesitamos prestar atención a la cuestión de que si esta es la única manera en que puede actuar el Soberano absoluto.

Como principio, ¿es imposible que Dios dirija Su soberanía dentro del marco de *influencia* y *respuesta* cuando se trata de Su relación con las personas? ¿Es incapaz de obrar dentro de este esquema? ¿Debe restringirse a relaciones de causa y efecto para no perder Su soberanía? Mi respuesta a estas preguntas es “no”. Yo pensaría que cualquier persona tomara mucho tiempo para considerar las preguntas antes de contestar “sí” a cualquiera de ellas. Sin embargo, si la repuesta a estas preguntas es “no”, no hay necesidad lógica que una persona crea que toda la actividad de Dios hacia las personas debe ser con la intención de un efecto garantizado. No tenemos que estudiar la Palabra de Dios con la predisposición de que la soberanía divina exige un efecto garantizado.

Creo que Dios logra *todos Sus propósitos*. Realiza *todas Sus metas*. Su decisión de crear a los seres humanos como seres personales fue Su propia elección. Esa decisión significó que Él nos trataría como personas. Él obraría con nosotros dentro del marco de *influencia* y *respuesta*. Esto significó que las respuestas del hombre podrían incluir igualmente la *obediencia* y la *desobediencia*. Dios no pierde Su soberanía cuando una persona le desobedece. No hemos de pensar que Dios desea la desobediencia del hombre. No obstante, deberíamos tomar por sentado que Dios desea que la desobediencia fuera una opción real para el hombre, creado como es con una personalidad. En el enfoque a la soberanía de la relación de *causa* y *efecto*, es difícil ver cómo la desobediencia entrara en el universo sin destruir la soberanía de Dios, si está en contra del pecado, o sin corromper Su santidad si no está en contra del pecado. No ayuda mucho decir que los caminos de Dios nos son inescrutables.

En el enfoque de *influencia* y *respuesta*, Dios no depende únicamente de la omnipotencia para llevar a cabo Su soberanía. Depende de su sabiduría. Hace falta mucha más sabiduría para que Dios sea soberano dentro del marco de influencia y respuesta que se necesita dentro de un entendimiento de causa y efecto. Pienso que el enfoque de la *influencia* y *respuesta* exalta la soberanía de Dios mucho más que el enfoque de *causa* y *efecto*. Si reconocemos que la soberanía de Dios debe obrarse dentro del marco de la *causa* y el *efecto*, la elección incondicional, la gracia irresistible o eficaz, y la continuación incondicional en la salvación, todo sigue con una precisión de pensamiento y lógica necesaria. Es un sistema muy sencillo. Puede ser difícil de creer, pero no es difícil de entender. Si reconocemos que la soberanía de Dios *podría* funcionar dentro del marco de influencia y repuesta, si el caso o no, el sistema calvinista no resulta como una necesidad lógica. Dependeríamos ed la revelación para informarnos de cómo Dios elige funcionar.

Al darnos cuenta que la soberanía de Dios cabe dentro del marco de influencia y respuesta, o se elimina el calvinismo o se está utilizando la influencia y la respuesta como una forma disfrazada de la causa y el efecto. Se requiere mucho más pensamiento para comprender las relaciones personales que hacen falta para entender las relaciones de *causa* y *efecto*. La sencillez de las relaciones de *causa* y *efecto* no se encuentra en las relaciones de influencia-respuesta. La operación de la soberanía de Dios dentro del marco de la influencia y la respuesta requiere más pensamiento para apreciar y comprenderla. Hay mucho que es difícil de explicar sobre el funcionamiento de las relaciones personales, aún al hablar exclusivamente de las relaciones humanas.

En el capítulo siguiente se dará un tratamiento más completo del calvinismo. Mi propósito con estas observaciones aquí ha sido demostrar que no hay una necesidad lógica que requiera que el sistema calvinista sea verdad. Estoy cierto que está dentro del *marco de las posibilidades lógicas* que Dios elija utilizar el enfoque de la *continuación condicional en la salvación* al tratar con el hombre. *No hay necesidad lógica* que Dios pierda Su soberanía y que el universo se deshaga o termine en un derrumbe incierto si una persona perdiera su salvación. Tal cosa sólo sería verdad si Dios decidiera operar dentro del marco de una condición incondicional de la salvación, pero fracasara en lograr Su propósito.

Si Dios dice que cada cristiano está seguro eternamente y que no hay condición bajo el cual pierde su salvación, tendríamos razón a juzgarle a Dios como menos que soberano si alguien perdiera su salvación. No obstante, no hay nada en la naturaleza de la soberanía de Dios que le prohíba llevar adelante Su plan en que usó el enfoque de la continuación condicional en la salvación más bien que una continuación incondicional. Como explica Picirilli: "Creemos en un Dios soberano; pero un Dios soberano está libre para hacer que la salvación sea condicional como cualquier otra manera. Y nuestro Dios es tan grande para tener control de una contingencia real en Su universo".[35]

COMPATIBLE CON LA PROPICIACIÓN Y LA JUSTIFICACIÓN

Comenta Berkhof:

> En Su obra expiatoria Cristo pagó el precio para comprar el perdón y la aceptación del pecador. Su justicia constituye la base perfecta para la justificación del pecador, y es imposible que uno que está justificado mediante el pago de un precio tan perfecto y eficaz pueda caer de nuevo para condenación.[36]

Es verdad que mientras una persona tiene la muerte y la justicia de Cristo, está justificada. No puede perderse y al mismo tiempo tener la muerte de Cristo. No obstante, puesto que sólo tiene la muerte y la justicia de Cristo por la identificación basada en la fe, de la condición de la incredulidad se puede romper la identificación y la persona ya no tendría la muerte y la justicia de Cristo. (Para una explicación más completa sobre este punto, ver la discusión bajo las objeciones al punto de vista de satisfacción de la expiación en el capítulo 11: "Expiación y Justificación".)

Una Decisión para los Calvinistas

Para ser lógico, el calvinista debe decidir entre basarse en su propio punto de vista de la continuación incondicional de la *expiación* o en *el poder de Dios para guardar*. Si la expiación sella la seguridad del creyente de tal manera que no puede deshacerse, no hay lugar para estar guardar por el poder Dios, por lo menos en cuanto a la justificación. Por la naturaleza del caso, no puede ser perdida. El único lugar para el poder de Dios de guardar al creyente para los que basan la continuación incondicional de la salvación en la naturaleza de la redención y la justificación sería en el área de la santificación. El poder de Dios de guardar al creyente no tendría nada que ver con la continuación en la justificación dado que por la naturaleza del caso de la justificación, ella no puede perderse.

No importa la decisión que tome el calvinista, hay consecuencias. Basar la continuación incondicional en la redención y la justificación significa que no puede basarse en el poder de Dios relacionado con Su soberanía. Fundar la continuación incondicional aparte del poder de Dios para guardar al creyente crea un problema real para los que dicen que los pasajes empleados para sostener la continuación condicional son, más bien, advertencias que Dios emplea para ayudar a los salvados a perseverar. En cuando a las advertencias, Berkhof explica:

> Hay varias advertencias en contra de la apostasía que parecerían ser por completo inoportunas, si el creyente no pudiera caer (Mateo 24:12; Colosenses 1:23; Hebreos 2:1; 3:4; 6:11; 1 Juan 2:6); pero estas advertencias consideran todo el asunto desde el lado del hombre y tienen grave significado. Estimulan el examen personal y sirven para guardar a los creyentes en el camino de la perseverancia. No prueban que alguno de aquellos a quienes se dirigen será apóstata, sino simplemente que el uso de los medios se hace necesario para evitar que cometan este pecado.[37]

Interpretar estas advertencias, como hacen Berkhof y muchos otros calvinistas, como advertencias verdaderas empleadas para prevenir la apostasía por la parte de los creyentes significa que, en principio, una persona podría perder su salvación si no fuera por el poder de Dios. Para que esto sea así, la pérdida de la salvación tendría que ser consistente con todas las doctrinas excepto por el poder prometido de Dios de guardar al creyente. Sin embargo, Berkhof, como ya citado, basa la continuación incondicional también en la redención y la justificación. No puede ser de las dos maneras. Si el calvinista decide basar la continuación incondicional en la expiación y en la justificación más bien que en el poder de Dios, *no puede* interpretar los pasajes mencionados como advertencias empleadas por Dios para ayudar al creyente a que persevere. En principio, esto será verdad porque no existiría posibilidad alguna de perder la salvación. Por lo menos en principio, si no en hecho, debe existir la *posibilidad* de que una persona pueda perder su salvación antes de que puedan emplearse las advertencias para ayudarle a no perder su salvación. Una advertencia no es advertencia si no dice a la persona que perdería su salvación si ocurre cierta cosa.

Las personas que basan la continuación incondicional de la salvación en la redención y la justificación deben exponer otra interpretación para estos pasajes de "advertencia". La otra interpretación que se da para estos pasajes es que son advertencias para los que se manifiestan ser cristianos. Hermon Hoeksema, al tratar el pasaje de Hebreos 6:4-6 citado previamente en este capítulo, no cree que esas personas fueran creyentes. Él toma la posición que ellas "pasaron por la apariencia exterior de un arrepentimiento, durante un tiempo andaban en ese arrepentimiento. Pero ahora han caído definitivamente aun de esa apariencia exterior". Wayne Grudem toma la posición que mientras que sea posible tomar este pasaje como la descripción de una persona salvada, el caso no es decisivo.[38]

Mi propio trato, y el porqué creo que las personas mencionadas en este pasaje son creyentes, está ya expuesto en este capítulo. No volveré a exponerlo aquí. Diré simplemente que si conocemos a alguien que ha hecho una profesión de fe falsa, pienso que pasaríamos nuestro tiempo tratando que la persona haga una decisión verdadera para Cristo. Haríamos esto más bien que decirle que si cae de esa profesión, nunca podría renovar esta confesión de nuevo. Lo que las personas que meramente profesan sin creer realmente necesitan saber es que no son salvas. Necesitan escuchar que su decisión está vacía. Han de examinarse a la luz de los resultados garantizados de la salvación.

Cuando una persona decide basar la continuación incondicional de la salvación en el poder de Dios más bien que fundarla en la redención y la justificación, está confirmando que en principio, si no en hecho, una persona podría perder su salvación. Esto significa que la continuación incondicional debe relacionarse a: (1) una necesidad lógica que surge de un punto de vista soberano de una relación de *causa* y *efecto*, (2) la promesa de Dios de una continuación incondicional. De una manera u otra, pensamos que ha de haber una basa bíblica para la continuación incondicional que tomaría la forma de una *promesa*. Ya he expuesto mis razones para creer que las Escrituras enseñan lo contrario. Anteriormente en este capítulo he tratado con los pasajes que algunos piensan que hacen tal promesa.

CONSISTENTE CON LA IMPUTACIÓN DE LA MUERTE Y LA JUSTICIA DE CRISTO

Mientras que el punto de vista de la satisfacción de la redención y la justicia son consistentes con la posibilidad de perder la salvación, no es consistente con algunos patrones de pensamiento en conexión con la posibilidad de perder la salvación. Si creemos en la imputación de la muerte y la justicia de Cristo como la base para nuestra justificación, no hay lugar para una posición en medio de ser salvo y estar perdido. Si estamos en unión con Cristo, tenemos a Su muerte y justicia y estamos justificados. Si no tenemos unión con Cristo, no estamos justificados.

Podemos estar en peligro de perder nuestra salvación, pero solamente la hemos perdido si se rompe la unión y ya no tenemos la muerte y justicia de Cristo.

CONSISTENTE CON LA UNIÓN CON CRISTO

Explica Berkhof:

> Los que están unidos con Cristo mediante la fe son participantes de Su Espíritu, y de esta manera se convierten en Su cuerpo con Él, y este cuerpo palpita con la vida del Espíritu. Participan en la vida de Cristo, porque Él vive ellos viven también. Es imposible que puedan ser removidos de ese cuerpo, frustrado de esa manera el ideal divino. La unión es permanente, puesto que se origina en una causa permanente e inmutable; el amor gratuito y eterno de Dios.[39]

No puede haber una cuestión de que mientras una persona está en unión con Cristo, está salvada. Estar en unión con Cristo es ser salvo. Para la persona que no está en unión con Cristo, significa que no está salvada. La cuestión de si se puede romper esta unión o no es de Dios a decidir. Nuestro conocimiento debería venir de Su revelación. No es para nosotros el decidir sobre una base de lo que nosotros pensamos que sea una necesidad lógica o lo que consideramos ser impensable. Jesús nos ha contestado la cuestión muy claramente: "Todo pámpano que en mí no lleva fruto, lo quitará" (Juan 15:2). Demostré anteriormente que las personas que basan su punto de vista de la continuación incondicional en el poder de Dios para guardar al creyente están exponiendo, en principio, que su punto de vista de la unión con Cristo no descartaría el creer que una persona podría perder su salvación.

Según Juan 15:2, 6, si un creyente vuelve a la incredulidad, Dios quitará a tal persona de Cristo. Esa persona ya no está en unión con Cristo. La persona ya no tiene la muerte y la justicia de Cristo en su cuenta. Si lo que expongo aquí es verdad, no hay base sobre la cual se puede construir el punto de vista popular de una vez salvado, siempre salvado, un punto de vista expuesto por Stanley y otros.

CONSISTENTE CON LA SALVACIÓN POR LA GRACIA POR MEDIO DE LA FE

La salvación por la gracia significa que viene por medio del favor no merecido. Es un don otorgado a nosotros que no merecemos. Es algo por el cual no hay manera que pudiéramos pagar. Nuestra justificación es un don de Dios. De ninguna manera participábamos en la base de nuestra justificación. Es la muerte y la justicia de Cristo que forman la base para nuestra justificación—no nuestra obediencia. Este hecho nunca cambia. El acto de bautizarnos en Cristo, regenerarnos y tener la habitación del Espíritu Santo en nosotros todos son dones de Dios basados en la obra propiciatoria de Cristo. Todo ha sido aplicado a nuestra cuenta. Nada, en ningún punto, de lo que he dicho sobre la continuación condicional en la salvación contradice estas observaciones.

No hay nada en absoluto sobre la naturaleza de un don que lo previene de ser rechazado, una vez ofrecido, o deja que no pueda ser devuelto, una vez recibido. Es inherente en la naturaleza de un don que, mientras sea un regalo, el recipiente del don no puede participar en el pago del don. La naturaleza misma de la necesidad de la justificación, junto con las calificaciones de un ser humano que ha pecado, significan que el ser humano nunca participa en el pago para su propia justificación. El pecador no puede proveer la justicia absoluta ni los sufrimientos infinitos.

La Biblia condiciona claramente a la salvación en la fe. Insistir que se guarda la salvación *por medio de la condición de la fe* no contradice el concepto de la salvación gratuita, más que decir que se *recibe por medio de esta condición*. Es sorprendente que alguien pensaría de esta manera. Es locura exponer que el requisito de la continuación en la fe como condición de la salvación hace que la fe sea una obra, así colocando la salvación sobre una base de obras. Está muy claro que la Biblia misma no incluye la fe en la categoría de las obras (Romanos 4:35).

La fe sería una obra si fuera considerada como la *base* de nuestra justificación en lugar de ser la *condición*. La fe no contribuye *absolutamente nada* a la base de nuestra justificación. El fundamento de nuestra justificación es la muerte y la justicia de Cristo otorgadas a nuestra cuenta—¡nada más ni nada menos! Cuando se aclara esta distinción entre la *base* y la *condición*, no hay manera en que la fe continuada, sirviendo como la condición de la justificación continuada, podría hacer que la fe fuera una obra.

Picirilli comenta:

> Cuando la Biblia habla de creer para la salvación, el verbo "*creyendo*" siempre está en el tiempo griego gramatical que significa un creer continuo.…Los pa-

> sajes como Juan 5:24: "el que...*cree*" siempre tienen el verbo en el tiempo que denota que es una acción en proceso. O sea, podríamos interpretar bien Juan 5:25 como "El que continúa creyendo...no vendrá a la condenación". De esta manera también, se aclara la naturaleza *condicional* de la promesa.[40]

Aquí nos sería provechoso elaborar lo que quiere decir que una persona tiene la fe salvífica en Jesucristo. Significa más que meramente decir que mantiene la doctrina correcta sobre Jesús, aunque sin duda esto se involucra. Cuando una persona ejerce su fe en Jesús, está reconociendo a Jesús como un Redentor del pecado. Esto incluye igualmente la justificación y la santificación. La fe en Jesús como Redentor siempre implica que la persona que está ejerciendo esta fe también desea la redención. Está confiando en Jesús para perdonar y hacerle el tipo de persona que debería ser. Hay el deseo y la expectación de que Dios estará obrando en la persona hacia la semejanza de Cristo. No hemos de suponer que las personas que son básicamente indiferentes a las preocupaciones morales y espirituales tienen fe salvífica. Tal cosa contradiría igualmente la naturaleza de la fe salvífica y la naturaleza de la salvación.

Caminos a la Apostasía

DOCTRINA HERÉTICA

Uno de los caminos principales que lleva a la apostasía pasa por medio de la doctrina falsa. Esta es una de las razones por las que le Nuevo Testamento toma una posición firme contra la herejía (Gálatas 1:8, 9, 1 Juan 4:1-3; 2 Juan 7-11; Judas 3-19; y otros pasajes) y presta tanta atención en basar a los cristianos en la fe.

Este peligro puede presenciarse a los cristianos tanto por las sectas falsas como por las formas variadas de la doctrina teológica liberal que se hallan en muchas convenciones o denominaciones. Una de las tragedias es que hay muchos creyentes verdaderos que asisten a los seminarios teológicos que perdieron su fe. Tan extraño como puede ser, ese fue un problema más de hacia cincuenta años que lo es actualmente.

LA INFLUENCIA DEL MODERNISMO

En la educación secular, el modernismo trata de construir una cosmovisión basada en las causas y los efectos naturales. No hay lugar para la revelación divina. El problema aquí se centra principalmente en el hecho que muchos creyentes se enfrentan con el naturalismo por medio de profesores que están adiestrados mucho mejor que los ellos.

Existe el riesgo que serán superados por el naturalismo cuando no saben defenderse a sí mismos. Esta es una de las razones por las que las universidades cristianas deberían estar preparando a los jóvenes cristianos para que su fe se esfuerce más bien que sea debilitada. El peligro actual más grande viene del postmodernismo. Menciono aquí el modernismo porque todavía hay muchos que siguen funcionando según el paradigma modernista.

LA INFLUENCIA DEL POSTMODERNISMO

El peligro de postmodernismo no surge de unos argumentos poderosos y racionales en contra del cristianismo. El postmodernismo significa la muerte de la Verdad, la muerte de la razón, la muerte de las morales y la muerte de una cosmovisión racional. En el pensamiento cristiano, la creencia en la Verdad, el uso debido de la razón, la convicción moral y una cosmovisión racional son todos fundamentales para la supervivencia del pensamiento cristiano. El poder del postmodernismo para condicionar a la gente crea una atmósfera postmoderna que insensibiliza a las personas y socava la preocupación es estas áreas necesarias para la convicción cristiana. El tipo de intolerancia expuesto en contra de cualquiera que se atreva a creer que su punto de vista es la verdad y que el punto de otro no es verdadero es más que algunos pueden sobrellevar.

ANDANDO EN EL PECADO

Un tercer camino que lleva a la apostasía es el andar en pecado. El resultado de esto lleva a uno a un espíritu derrotado y coloca a la persona bajo la mano castigadora de Dios (Hebreos 12:7-11). Dios ha determinado que Su pueblo será santo; así, Él castiga a Su gente cuando pecan. La determinación de Dios que Su pueblo sea santo llevará al cristiano a un punto en que tendrá que arrepentirse o abandonar totalmente a Dios. Si da la espalda a Dios, significará e abandono de la fe. La persona naufraga en cuanto a la fe (1 Timoteo 1:18-19).

UNA EXPERIENCIA PROLONGADA CON PROBLEMAS SEVEROS NO RESUELTOS

Cuando una persona pasa a través de un período de dificultad severa, y parece que no puede encontrar respuestas para el problema al que se enfrenta, cualquier sistema de creencia (o cosmovisión) que ella reconoce será severamente retada. Las personas corren un riesgo alto de cambiar su sistema de creencia cuando el punto en que creyeron no se demuestra adecuado para tratar los problemas de la vida con los que se enfrentan.

He hecho esta declaración previa muchas veces en las clases que ha enseñado. Recuerdo en una ocasión cuando, después de haberlo dicho, un joven dio a la clase una ilustración de lo que yo les había dicho. Dijo que él y su esposa habían perdido a una hija de cinco años. El padre de su esposa era ateo. Su ateísmo no pudo sostenerle en el tiempo de su profunda pena con la pérdida de su nieta. Abandonó su ateísmo, que no le fe adecuado para su necesidad, y se hizo cristiano. Su hija que fue una cristiana casi perdió su fe. El dolor que experimentaba puso estrés en el punto en que ella había confiado y en que confía. El seminarista dijo que su esposa había podido encontrar las respuestas para sus necesidades y que ella había podido tratar con sus dudas.

Haremos bien en tener en cuenta que la Carta a los Hebreos fue escrita a creyentes que sufrían persecuciones. El autor se refiere a su escrito como "la palabra de exhortación" o sea, "una palabra de ánimo" (Hebreos 13:22). Fue durante un tiempo de desánimo severo que algunos habían decidido a abandonar a Cristo y volverse de nuevo a los sacrificios del Antiguo Testamento.

SUFRIENDO UNA PERSECUCIÓN SEVERA

Para muchos creyentes en los Estados Unidos, nuestra creencia en la posibilidad de la apostasía es algo académico. Nunca hemos tendido que enfrentarnos con una decisión de prisión o libertad si negásemos nuestra fe en Cristo. No hemos sido confrontados con elegir vida o muerte si abandonáramos nuestra fe. Mientras que yo viajaba por medio de Ucrania y Rusia en el 1996, conocí a personas que habían elegido la prisión más bien que negar su fe. En la ciudad de Kiev (Ucrania), tuve el privilegio a conocer a Georgi Vinns quien había pasado ocho años en prisión por su de antes de que el Presidente Carter hizo arreglos para su libertad en conexión con la libertad de los espías rusos.[41] Conocía a personas cuyos miembros de familia había elegido la muerte más bien que negar su fe. Había padres cuyos hijos fueron negados el derecho de una educación superior porque fueron cristianos. Hablaba con personas que habían sufrido todo tipo de hostigamiento de la KGB. Para los bautistas que viven en lo que era antes la Unión Soviética, la doctrina de la posibilidad de naufragar la fe es muy real. Las personas que continúan viviendo en áreas de persecución necesitan nuestras oraciones para que guarden la fe.

Una Palabra de Precaución para los Arminianos

Cuando se da la impresión que sería muy fácil que una persona pierda su salvación, muchos cristianos puedan vivir sus vidas en la cautividad del temor. Jesús dijo: "He venido para que tengan vida, y para que la tengan en abundancia" (Juan 10:10). No hay vida abundante para los que la viven cautivos al temor.

Cualquier punto de vista de la enseñanza bíblica que hace que un cristiano viva bajo la cautividad del temor es incorrecto. No es el propósito de Dios que Su pueblo esté obsesionado con el temor de perder su salvación. Un temor insano lleva a una sobre-introspección. Como cristianos, no hemos de entregarnos a una introspección continua. Tal introspección constante hace que una persona se centre en sí misma. Como cristianos, debemos estar centrados en Cristo.

Necesitamos mantener una preocupación sana en cuanto al hecho de que sería posible perder nuestra salvación. Pero no es sano cuando causa que la gente, que no está en ninguna manera cerca de perder su salvación, esté robada del gozo de la vida cristiana.

Debemos ayudar a las personas a que entiendan que son salvas sólo por Cristo, sobre la condición de la fe sola. Los cristianos necesitan ver que están justificados por la muerte y la justicia de Cristo. Se justifican por la justicia de Cristo, no por la suya propia. Los creyentes deben entender que la única cosa que les causaría perder su salvación sería una decisión deliberada de abandonar a Cristo. Esta es mi doctrina. Tengo la seguridad de la salvación. No vivo con el temor de perder mi salvación.

La Certeza de la Salvación

Ningún estudio sobre la perseverancia será completo sin que haya también una investigación del tema desde el punto de vista de la certeza o seguridad de la salvación. No hay duda que las bases de la perseverancia son tan fuertes en las Escrituras que un hijo de Dios puede entrar en las bendiciones de la certeza sin estar constantemente preocupado por el temor de caerse de la gracia.

Cuando damos pausa y pensamos en lo que el nuevo nacimiento hace para una persona, sin duda tenemos una base firme para creer que tal persona va a continuar en la fe. Por medio del nacimiento de nuevo, se hace a la persona una criatura nueva (2 Corintios 5:17) y como tal, posee una naturaleza nueva. Esta nueva naturaleza dentro de la persona tiene sed y hambre para las cosas de Dios. También ya hay un disgusto por las cosas del pecado. Con este cambio hecho en su corazón, la persona nacida de nuevo nunca más estará satisfecha aparte de un andar estrecho con Dios.

La relación del Espíritu habitando en el creyente es otra base de certeza que el creyente continuará en la fe. El Espíritu Santo tiene un interés vital en nosotros y obra pacientemente y sin descanso con el creyente para que sea un hijo obediente. El Espíritu hace esto produciendo una consciencia y una convicción del pecado en el corazón del cristiano. Él castiga al creyente (Hebreos 12:7-8, 11), causando que el creyente no pueda disfrutar de la vida excepto cuando vive en armonía con Dios. Él enseña al cristiano muchas verdades maravillosas sobre Cristo que le animan a que viva por y para Cristo. Junto con todo lo demás que Él hace, da fuerzas al creyente en su guerra espiritual en contra de la carne (Gálatas 5:16-17). Así, vemos que el Espíritu Santo intenta guiar al creyente en dirección opuesta a lo que le podría atrapar; capacitándole a andar en el camino debido y guardándole de disfrutar de andar cualquier otra manera.

Juan 10:28-20 provee al cristiano con una base firme para establecerse. En Cristo tiene la vida eterna y nunca perecerá. Cuando una persona se salva, se le bautiza en el cuerpo de Cristo; y mientras que está en Cristo, tiene la vida eterna y nunca perecerá. Esto es lo que tenemos en Cristo, y también se nos promete que nadie nos puede quitar de Cristo. La salvación es un asunto personal entre el creyente y Cristo. Nadie de afuera puede sacar al creyente de Cristo. Si una vez se le quitara, será a través de un acto de Dios el Padre como el Viñador, como se explica en Juan 15:2, y esto sólo ocurriría sobre la base de no permanecer en Cristo (Juan 15:6). Estar en Cristo significa tener la vida eterna, y no hay fuerza exterior ni tampoco combinación de fuerzas que puedan quitarnos de Cristo.

Otra fundación de nuestra certeza es que Dios no nos echará por cualquiera cosa que hagamos. Somos salvos por la fe y guardados en la fe. La única manera en que podemos estar perdidos, una vez salvados, es abandonar la fe en Cristo, regresando a la incredulidad.

Este punto de vista, como lo hemos expuesto, da a una persona toda la seguridad que necesita para poseer el gozo. No está siempre viviendo con un temor constante de caerse; no obstante, el creyente es consciente del hecho que tal caída es posible. También guarda la salvación sobre la base de la fe, más bien que mezclarla con obras. Esto no es simplemente un razonamiento, sino tiene el sostén de las Escrituras.

Algunos cristianos que exponen una continuación incondicional en la salvación parecen creer que la continuación condicional hace que la continuación en la salvación sea algo tan totalmente del hombre que Dios no entra en el cuadro. Esto no es así. Dios obra con la persona para ayudarla a continuar en la fe y para crecer en la gracia. La respuesta continua de la fe no ocurre en un contexto donde el cristiano es totalmente independiente. El contexto es que depende de Dios. Dios obra en y por medio del cristiano. No obstante, hay un sentido en que sus decisiones son suyas propias. Es posible que una persona vaya al contrario de Dios antes que se salve, pero también después. Sin embargo, las personas que aman a Dios y comprendan las bases positivas para la certeza no viven con el temor de que estén andando contrariamente a Dios y que vayan a apartarse de la fe.

La intención de advertir a los cristianos en cuanto a la apostasía no es hacer que la gente viva con un gran temor. Una ilustración: Supongamos que viajas por un camino después de una tempestad de lluvia fuerte y ves que un puente se ha derrumbado, y colocas un cartel para advertir a otros viajeros. Lo harías para aumentar el cuidado de los otros. Las señas de advertencias en un camino me aseguran mientras voy en la carretera. Dado que sé dónde están los peligros, los puedo evitar.

Viajando por el camino de la vida cristiana, si hay carteles de advertencia en el camino me ayudan a saber dónde se encuentran los peligros. Me ayudan a evitar la apostasía si ya sé qué es y cómo será el resultado.

Hay muchos calvinistas que, cuando interpretan Hebreos 6:4-6, dicen la misma cosa que acabo de decir (Ver la cita previamente dada por Erickson en este capítulo). Los calvinistas, que exponen esta verdad, piensan que es una advertencia que ayuda al cristiano a evitar algo que no puede hacer. Pienso que es una advertencia que ayuda al cristiano a evitar un pecado que podría cometer y en instancias raras algunas personas sí lo hacen. Cuando veo estas señas de advertencia, me ayudan a seguir el consejo de Pedro: "Por lo cual, hermanos, tanto más procurad hacer firme vuestra vocación y elección; porque haciendo estas cosas, no caeréis jamás" (2 Pedro 1:10).

También ayuda nuestra certeza cuando vemos que un cristiano no está perdido cada vez que comete un pecado. Los cristianos cometen el tipo de pecado mencionado en Números 15:27. El cristiano desea hacer lo correcto, pero no siempre es exitoso. Pero Hebreos 6:4-6 y 10:26-29 hablan de algo drásticamente distinto. Cuando un creyente hace el tipo de pecados mencionado en Números 15:27 (por yerro), sienten mal debido a lo que hacen y el Espíritu Santo obra para producir el arrepentimiento. No tenemos derecho a ofrecer la certeza a las personas que pecan y no les preocupa. Tales personas no demuestran una evidencia que han llegado a ser criaturas nuevas como se expone en 2 Corintios 5:17. En la mayoría de esos casos, la gente nunca ha llegado a ser salvada. No obstante, cuando Dios castiga a las personas por sus pecados, es una evidencia de la salvación (Hebreos 12:7-8).

Quiero destacar aquí que la certeza no se garantiza por medio de la teología que sostenga una persona. Un creyente puede creer cualquiera de forma variada de la doctrina de una vez salvado, siempre salvado y aun tener dudas sobre su salvación. Es posible que una persona crea que no puede perder su salvación y aun no estar seguro que la tiene.

Uno de mis profesores habló de un teólogo calvinista principal que perdió la certeza de su salvación que era uno de los elegidos y se volvió mentalmente enfermo. Es importante para todos nosotros que prestemos atención a la certeza de la salvación.

La Justificación y la Santificación Siempre Van Juntas

No debemos terminar con este estudio sin enfatizar el hecho de que la salvación incluye igualmente la justificación y la santificación. A hablar de la continuación en la salvación es decir continuar igualmente en la justificación y la santificación. No se pueden separar. No podemos tener una sin la otra. El punto de vista que ofrece una justificación continua, sea condicional o incondicional, sin la santificación no tiene base bíblica alguna. Tampoco es posible reducir la santificación al punto que no tenga resultados en la experiencia del creyente.

Ya he tratado con este tema en el capítulo sobre la santificación. Demos un resumen del hecho que la santidad no es opcional, pero es un resultado garantizado de la salvación. (1) Pablo recalca enfáticamente que las personas que viven en un pecado abierto no heredarán el reino de Dios (1 Corintios 6:9-11; Gálatas 5:19-21; Efesios 5:3-7). (2) El autor de Hebreos escribe que sin la santidad nadie verá al Señor (12:14). (3) Desde un punto positivo y negativo, 1 Juan bien aclara que si una persona fracasa en producir la justicia significa no está salvada (2:3, 4, 9-11; 3:3-10, 14-15; 4:20; 5:4, 18).

Estos versículos no dicen que, si una persona practica esos pecados, le causaría que perdiera su salvación. Esa no es la razón dada por decir que los que practican tales pecados no están salvados. La razón dada para negar que las personas que practican el pecado son salvas es que las personas nacidas de Dios no pueden practicar el pecado (1 Juan 3:9).[42] La práctica de la justicia no es la condición de recibir la salvación ni es la condición para su continuación. Es un resultado de la salvación, o quizás podamos decir que es una parte de la salvación.

La pérdida de la salvación no puede ocurrir como un resultado de practicar el pecado, porque una persona nacida de Dios no puede practicar el pecado en el marco de sus posibilidades. (Ver "El Resultado Garantizado de la Santificación" del capítulo 12.) Esto no significa que la persona no pueda cometer actos de pecado. El hecho de que los actos del pecado son una posibilidad abierta para el creyente significa que es una posibilidad abierta que una persona pueda cometer el acto de apostasía. Es así sólo si la apostasía es un acto pecaminoso más bien que ser un proceso de practicar el pecado. Mientras que el acto inicial de la apostasía es un acto singular, vendrá seguido por la práctica del pecado de mano alta (Hebreos 10:26). El acto singular de la apostasía empuja a una persona a la práctica del pecado.

Antes de que pecaran Adán y Eva, no encajó dentro del marco de la posibilidad que pudieran practicar el pecado, pero sí encajo dentro de la posibilidad que pudieran cometer un acto de pecado. Cuando cometieron ese acto de pecado, cambió su naturaleza. Con ese cambio de naturaleza podían practicar el pecado. El pecador no tiene dentro de su marco de posibilidades poder practicar la justicia ni poder agradar a Dios. Por medio de la ayuda del Espíritu Santo, está dentro del marco de las posibilidades que el pecador pueda responder al evangelio y salvarse. Si tal pecador responde, se le introduce a un marco de posibilidades en que él puede practicar la justicia y agradar a Dios. Habiendo respondido en fe ya no puede practicar el pecado.

Está dentro del marco de posibilidades que una persona pierda su salvación si la causa de ello se puede resumir en un acto de partir. Desde luego, existirían cosas que llevan a esa salida. Desde el punto de vista del razonamiento, es igualmente lógico que una persona salvada podría abandonar, en cuanto a lo que tiene que ver son su propia voluntad, como lo fue para Adán y Eva el pecar o como un pecador que responde al evangelio. También es lógico creer que un cristiano puede partir de su fe, a la luz de la soberanía de Dios, como es creer que Adán y Eva pecaron a la luz de la soberanía de Dios. La única cosa que lo haría más lógico creer que Adán y Eva podrían haber pecado a la luz de la soberanía de Dios, pero que un cristiano no puede abandonar la fe, sería creer que Dios quiso que Adán y Eva pecaran, mientras que no quiere que el cristiano deje su fe.

Algunos Problemas Prácticos

Para nosotros, a la luz de nuestra teología, hay algunas personas que nos son difíciles identificar. Parece que ellas fueron salvadas definitivamente en algún tiempo en el pasado. No parece que hayan cometido la apostasía ni que hayan rechazado su fe. No obstante, nos parece que viven en o están practicando el pecado. Yo diría que obviamente una de nuestras observaciones es incorrecta. O la persona nunca fue salvada, o ha perdido su fe, o no está viviendo en el pecado. Puede que yo no sepa decidir cuál sea su caso verdadero. Ciertamente yo no le ofrecería consejos de certeza a tal persona. Yo no expondría una diagnosis oficial de su caso. Soy simpático con los creyentes que se sienten obligados a considerar a tales personas ni exactamente dentro ni fuera de Cristo, pero pienso que la posición que he expuesto, que dice que una persona debe estar dentro o estar fuera, es más sostenible.

Creo que una persona está salvada o no, pero no puedo juzgar todos los casos. Es mi opinión que se debe adoptar una posición similar en algunos casos a pesar de lo que sea el punto de vista de una persona.

Algunos prefieren limitar su uso de la palabra *apostasía* a un abandonar de la fe sobre una base teológica, o sea, cambiando la verdad por la herejía. Empleo el término apostasía para referirme al naufragio de la fe en un sentido más amplio. Lo que cuenta es lo que una persona abandona, no a dónde vaya. Algunos van para un sistema de incredulidad bien definido. Otros simplemente vuelven a la incredulidad.

Hay un problema con el uso de la palabra *reincidente*. A menudo se hace la pregunta: ¿Está salvado el *reincidente*? Todo depende de cómo se emplee la palabra reincidente. La palabra no aparece en el Nuevo Testamento. En el Antiguo Testamento es una palabra muy fuerte. En cada instancia, menos una, el término hebreo significa apartarse o volverse atrás. La excepción es de Oseas 4:16, donde significa terco o rebelde. Si por reincidente, queremos decir que una persona ha abandonado a Dios, tal persona no está salvada. Ha hecho naufragio de su fe.

Con el uso común de la palabra *reincidente*, tiene una variedad de significados. Algunos la emplean sólo de casos serios. Otros la usan para referirse a menor grados de desvío. Prefiero no usar el término debido a las interpretaciones variadas con que la gente usa la palabra. Invariablemente las personas me entienden según su propia definición de la palabra y no la mía. Decir que una persona reincidente no está perdida significa para algunos que una persona podría ser salva y luego caer en el estado más horrible del pecado, y aún así continua salva. Esto es absolutamente falso, no importa si una persona cree en la continuación de la salvación condicional o incondicional.

Se han pronunciado muchas palabras poco cuidadosas sobre el tema de la certeza de la salvación—a veces exponiendo nuestro propio punto de vista y otras veces declarando los puntos de vista de otros. Una doctrina bien formulada de la seguridad del creyente requiere mucho estudio y pensamiento cuidadoso. Lo mismo es verdad si vamos a entender a la otra persona. El tema de la continuación en la salvación es un sujeto importante y debería recibir algo de nuestro pensamiento más cuidadoso.

15

Introducción al Estudio de la Elección

Me doy cuenta de que no es normal tratar los decretos de Dios y la elección después de haber tratado la doctrina de la perseverancia. No obstante, mi decisión de tratarlo aquí es a propósito. Creo que una discusión de los decretos y la elección debería salir de un estudio profundo de las doctrinas de las Escrituras, Dios, el hombre y la salvación igualmente en su provisión y aplicación. Mientras los arminianos y los calvinistas tienen mucho en común, hay puntos principales de diferencia. Nada más llama la atención a esta diferencia como un estudio de los decretos y la elección.

En este capítulo, llamaré nuestra atención a varios términos, ideas y conceptos que he tratado previamente. La lectura será más fácil repitiendo cosas que refiriéndome a las discusiones previamente leídas. Otra razón para tratar el material más que una vez es que pienso que es bueno para algunos temas, especialmente para los que requieren más pensamiento, recibir una discusión repetida en un libro. En algunos casos, simplemente me referiré a un capítulo previo.

Mi plan en este capítulo es primero hacer un repaso del pensamiento calvinista y el arminiano sobre los decretos y la elección. Trataré los conceptos principales involucrados en estos temas. Demostraré lo que considero los problemas encontrados en el pensamiento calvinista, y construiré un caso para la posición arminiana sobre estos temas.[1] Con el capítulo 16, detallaré lo que creo que es la interpretación debida de los pasajes que los calvinistas emplean para sostener la elección incondicional. En el capítulo 17 expondré la base bíblica para la elección condicional.

El Punto de Vista Calvinista de la Elección Incondicional

La elección incondicional dice que Dios, en la eternidad pasada, decidió elegir a ciertas personas de la raza caída humana para la salvación. La elección no tuvo nada que ver con el conocimiento previo de Dios de la fe por parte del individuo. Las personas que así fueron elegidas serán salvados a su debido tiempo. Dios ha provisto la muerte y la justicia de Cristo para su justificación. En el curso de tiempo, aquellos elegidos serán llamados. Esta es una llamada irresistible (o una llamada eficaz). No puede fracasar y resulta en la fe salvífica. Esta salvación es un don absoluto. Una persona no puede, de ninguna manera, hacer nada para merecer ni recibir la salvación. Los elegidos no son de ninguna manera responsables de haber tenido fe. Esa fe es de la persona como un don absoluto de Dios.

El Orden de los Decretos en el Calvinismo

La redacción de los decretos siguientes son de Millard Erickson.[2]

SUPRALAPSARIANISMO
1. El decreto de salvar a unos y condenar a otros.
2. El decreto de crear a los elegidos y a los rechazados.
3. El decreto de permitir la caída de amabas clases.
4. El decreto de proporcionar la salvación sólo a los elegidos.

INFRALAPSARIANISMO
1. El decreto de crear a los seres humanos.
2. El decreto de permitir la caída.
3. El decreto de salvar a unos y condenar a otros.
4. El decreto de proporcionar la salvación sólo a los elegidos.

SUBLAPSARIANISMO (expiación ilimitada con aplicación limitada)
1. El decreto de crear seres humanos.
2. El decreto de permitir la caída.
3. El decreto de proporcionar salvación suficiente para todos.
4. El decreto de escoger a algunos para recibir esta salvación.

La mayoría de los calvinistas son infralapasarios. El supralapsarianismo, el hacer que el decreto de elegir a algunos y reprobar a otros preceda el decreto a crear, a veces se llama hiper-calvinismo. Aunque forman una minoría, se han aceptado a los supralapsarios entre los calvinistas clásicos. Muchos teólogos no detallan el sublapsarianismo como una categoría distinta. El significado en particular del sublapsariansimo es que cuando se dice que el decreto de proveer la expiación es anterior al decreto de elegir, toma la posición de una expiación ilimitada—de esta manera, un calvinismo de cuatro puntos. Todo de los enfoques expuestos se acuerdan en una elección incondicional.

El Calvinismo, El Determinismo y El Libre Albedrío

Debo confesar que no hay una respuesta sencilla a la pregunta: "Creen los calvinistas en el libre albedrío?" Algunos parecen rechazar el concepto del libre albedrío. Otros aseveran que creen en el libre albedrío. Luego, viene el problema de cómo definen el libre albedrío. Para aclararnos más a cómo los calvinistas tratan el concepto del libre albedrío, debemos primero examinar su concepto del determinismo.

LA CUESTIÓN DEL DETERMINISMO EN EL CALVINISMO

Hay varias formas del determinismo. Tratamos aquí el determinismo teístico. Norman L. Geisler explica:

> Este es el punto de vista en que todos los eventos, incluyendo el comportamiento del hombre, son causados (determinados) por Dios. Uno de los proponentes más famosos de este punto de vista fue el teólogo puritano Jonathan Edwards. Él mantenía que el concepto del libre albedrío o el auto-determinismo contradijo la soberanía de Dios. Si verdaderamente Dios controla todas las cosas, entonces nadie podría ir en contra de su voluntad, que es lo que el auto-determinismo debe mantener. Por tanto, si Dios es soberano él debe causar cada evento, sea humano u otro.[3]

J. A. Crabtree da una definición concisa. Él explica: "Por 'determinismo divino' quiero denotar uno que cree que cada aspecto de todo que ocurre en la totalidad de la realidad está causado y determinado por Dios".[4]

John S. Feinberg destaca que: "El principio fundamental del determinismo (y las formas variadas del calvinismo son formas del determinismo) es que todo lo que ocurre, a la luz de las condiciones que prevela, el agente no podría haberlo hecho distinto de lo que hizo. Para los deterministas siempre hay condiciones suficientes que inclinan decisivamente la voluntad del agente para escoger una opción u otra".[5]

Estos comentarios sobre el determinismo plantean la pregunta: ¿Cuál es el alance del determinismo? Miremos ahora cómo los calvinistas tratan este problema.

El Alcance del Determinismo: La Totalidad de la Realidad Creada (Determinismo Ilimitado)

Es obvio que Jonathan Edwards habría tomado su posición con los que ven el alcance del determinismo coexistente con la totalidad de la realidad. Gordon H. Clark expone que la determinación divina cubre todo, incluyendo los actos pecaminosos de los hombres. Al comentar sobre Proverbios 21:1 y Esdras 7:6, él explica:

> Dios controla todo lo político y las decisiones de gobierno. No solo causó que faraón odiara a los israelitas, hizo que Ciro devolviera a los cautivos para construir Jerusalén. También impelió a Hitler que marchara a Rusia y hizo que el Presidente Johnson escalase una guerra en Vietnam. Dios inclina la mente de un gobernador en cualquier dirección que él desee.[6]

Comentando de las acciones de los hermanos de José cuando le vendieron como un esclavo, Clark escribe:

> Si los hermanos de José le hubieran matado como habían pensado al principio, entonces se hubieran equivocado. La venta tuvo que ocurrir. ¿Significa esto que Dios determina de antemano los actos pecaminosos? Bien, ciertamente significa que esos actos fueron ciertos y determinados desde la eternidad. Quiere decir que los hermanos no pudieron haber hecho contrario a lo que hicieron.[7]

La mayoría de los calvinistas que creen que el determinismo es coexistente con la totalidad de realidad no están buscando oportunidades para hacer declaraciones con las de Clark. Si tuvieran que hacer tal comentario tratarían de suavizar sus comentarios, pero no negarían lo que Clark escribió.

El Alcance del Determinismo: Soteriología (Determinismo Limitado)

Richard A. Muller da una perspectiva distinta del determinismo que la de Clark. La cita larga que sigue servirá para hacer claro su punto. Él explica:

> No es el caso, como los proponentes del arminianismo afirman, que el uso de los ejemplos de Calvino y otros teólogos reformados para exponer su caso del determinismo indica "un determinismo divino de todas las acciones humanas". El tema debatido entre los arminianos y los reformados no fue una determinación filosófica, sino soteriológica. Los ejemplos sacados de los reformados

típicamente traen la atención a la esclavitud de los humanos al pecado, a la inhabilidad de elegir la salvación y, por tanto, la necesidad de la gracia en la salvación—no una determinación general de las acciones humanas y, especialmente, no una determinación de los seres humanos a cometer transgresiones individuales. Nunca fue el punto de vista reformado que los actos morales de los humanos fueran predeterminados, más que nunca fuera el punto de vista reformado que la caída de Adán fue la voluntad de Dios a la exclusión de la decisión libre de Adán a pecar. La ordenación divina de todas las cosas no solo es consistente con la libertad humana; hace posible la libertad humana. Como ha argumentado J. S. K. Reid de la teología de Calvino, la determinación divina pertenece tanto al orden último del ser que no puede entenderse como un determinismo filosófico en y para el orden temporal del ser: se toma por sentado la responsabilidad humana y que Dios no es el autor del pecado. Esta suprema determinación providencial (que incluye la ordenación divina de y la concurrencia en la libertad y la contingencia) es, además, distinta de la predestinación: la predestinación es la ordenación específica de algunos para la salvación, reconociendo la inhabilidad de los seres humanos de salvarse a sí mismos. De nuevo; esto no es un asunto de un determinismo filosófico, sino de la soteriología.[8]

Muller también dice:

La doctrina reformada de ninguna manera niega que algunos eventos sean genuinamente contingentes, teniendo la "causa que podría por su naturaleza haber actuado distintamente", que otros resulten de la persuasión divina, y que aun otros sean el resultado de la agencia libre humana o de la deliberación. La teología reformada solo insiste en que el comienzo de la vida redimida es únicamente la obra de Dios, y por tanto se distingue entre el decreto general de la providencia que establece todas las cosas, sean necesarias, contingentes o libres, y el decreto especial de la predestinación que establece la salvación por la gracia sola. Lejos de ser un determinismo rígido y metafísico de todas las acciones humanas, una forma de necesarianismo (que, de todos modos, nunca fue la doctrina reformada), la predestinación solo se aplica al tema de la salvación. Y la exégesis reformada de los pasajes bíblicos relacionados a la pre-

> destinación, lejos de indicar un determinismo de todas las acciones humanas, indica la determinación última de Dios en temas perteneciendo a la salvación.[9]

Muller continúa con sus comentarios e incluye una cita del calvinista estricto William Perkins (1558-1602):

> Los seres humanos se mueven con una libertad natural, pueden comer y beber; también pueden ejercer su libertad humana en las artes, en lo comercial y en otras ocupaciones; pueden practicar "virtud civil, justicia, templanza, liberalidad y castidad"; y pueden ejercer libremente los deberes eclesiásticos de un culto exterior.[10]

Muller no debería pensarlo extraño cuando los arminianos interpretan a Calvino y a los teólogos reformados a significar que "la predestinación indica 'una determinación de todas las acciones humanas'".

Calvinistas bien conocidos interpretan el determinismo divino a ser conextensivo con la totalidad de la realidad. Los calvinistas, igual que los arminianos, deben reconocer el hecho que sobre este tema no hay un acuerdo unánime entre los calvinistas.

LA CUESTIÓN DEL LIBRE ALBEDRÍO ENTRE LOS CALVINISTAS

No es un asunto sencillo para averiguar lo que los calvinistas creen sobre el tema del libre albedrío. Lo niegan, afirman, definen e ignoran.

La Negación del Libre Albedrío

En un capítulo titulado "Libre Albedrío", Clark emprende un ataque al concepto del libre albedrío para los seres humanos. Hay una declaración clara en conexión con una observación de Efesios 1:11. Él comenta: "Este versículo en particular declara que Dios obra nuestra propia voluntad. Por lo tanto, queda claro que la voluntad del hombre no está libre, sino está dirigida por la obra de Dios".[11]

R. K. McGregor Wright no deja duda alguna en cuanto a su posición de la cuestión de un libre albedrío. Él comenta: "Se ve la forma arminiana de la teoría del libre albedrío involucrada en cada tema importante de la apología evangélica actual. No importa cuan impopular o amenazante que se haga este tipo de sonda, el libre albedrismo evangélico no puede quedarse sin ser cuestionado. Hay demasiado en juego".[12]

La Aceptación del Libre Albedrío

J. Oliver Buswell, Jr., escribe:

> En cuanto a mí, la negación del libre albedrío parece ser un dogmatismo filosófico puramente arbitrario, totalmente contrario a la evidencia razonable y aun al punto de vista bíblico. No hay razón—ni razones psicológicas, filosóficas ni bíblicas—por la que no podamos aceptar el punto de vista que una persona pueda estar libre para escoger entre ciertos motivos, y habiendo decidido, que sea personalmente responsable por su elección. Si Dios odia el pecado, entonces sigue que el pecador es reprobable de una manera cósmica, última, absoluta.[13]

Para apoyar su posición, Buswell señala:

> La respuesta de la pregunta trece del *Catecismo Menor de Westminster* nos dice: "Nuestros primeros padres, dejados a su libre albedrío, cayeron del estado en que fueron creados, pecando contra Dios". De esta manera las Normas de Westminster contestan repetida y enfáticamente de una manera positiva la pregunta de la posibilidad del libre albedrío".[14]

La Aceptación de la Libertad, pero Inciertos sobre el Libre Albedrío

Es difícil ver la posición de Boettner en cuanto al libre albedrío. Él comenta: "Desde la caída la naturaleza retiene sus facultades constitucionales de razón, consciencia y agencia libre, y de ahí el hombre continúa como agente moral responsable".[15] Más adelante señala: "Por agente libre queremos decir una persona inteligente que actúa con una auto determinación racional; y por predeterminación queremos decir que desde la eternidad pasada Dios ha hecho cierto el curso real de los eventos que ocurren en la vida de cada persona y en el reino de la naturaleza".[16]

Él afirma más su creencia en la agencia libre cuando dice: "La predestinación y la agencia libre son los pilares gemelos de un gran templo, y ellos se encuentran más allá de las nubes donde la mirada humana no puede penetrar".[17]

Boettner parece dispuesto a emplear el término agente libre, pero evita el uso de término libre albedrío con la afirmación. Él comenta:

> Además, si admitimos el libre albedrío en el sentido que se coloca el determinismo absoluto en las manos del hombre, deberíamos adelantarnos y deletrearlo

> con L y A mayúsculas; porque en ese entonces el hombre se hubiera hecho como Dios—una primera causa, un comienzo original de acción,—y tendremos tantos semi dioses como poseeríamos libres albedríos. A menos que se abandone la soberanía de Dios, no podemos permitir esta independencia al hombre. Es muy notable—y un sentido nos asegura a observar el hecho—que los filósofos materialistas y metafísicos niegan tanto como los calvinistas esta cosa llamada el **libre albedrío.**[18] [letra negrita suya]

Boettner nos deja preguntándonos cuál es la diferencia entre *agencia libre* y *libre albedrío*. Lo que él dice sobre el libre albedrío no tiene base en ningún escrito. Es una caricatura del libre albedrío. De la manera que él lo describe, nadie estaría de acuerdo. Debo confesar que encuentro sorprendente el uso de Boettner de "auto determinismo" cuando él da su definición de "agencia libre", como citado previamente. Me sorprende que él afirmaría *cualquier* uso del término "auto determinismo" en referencia a los seres humanos.

Feinberg habla de una libertad que él piensa que es compatible con el determinismo. Él escribe:

> Como muchos otros deterministas, afirmo que hay lugar para un sentido genuino de acción humana libre, aun así tal acción está determinado causalmente. Por supuesto, este tipo de libertad no puede ser indeterminista. Más bien, los deterministas que exponen un libre albedrío distinguirán dos tipos de causas que influencian y determinan las acciones. Por un lado hay causas restrictivas que obligan a un agente a que actúe en contra de su voluntad. Luego hay causas no condicionantes. Éstas son suficientes para causar una acción, pero no obligan a una persona a que actúe en contra de su voluntad o deseos. Según deterministas tales como yo, una acción es libre aun si está determinada causalmente, mientras que las causas sean no condicionantes. Se suele referir a este punto de vista como *determinismo suave* o *compatibilismo*, porque se ve la acción humana que es genuinamente libre como *compatible* con condiciones que son suficientemente no condicionantes que se inclina la voluntad decisivamente en una dirección u otra.[19]

Más adelante en el mismo trato, cuando comenta sobre la responsabilidad humana, Feinberg explica:

> La gente es moralmente responsable por sus acciones porque las hace libremente. Estoy de acuerdo que no se puede ser moralmente responsable por acciones que no sean libres. Pero como ya se ha argumentado, el compatibilismo permite al agente que actúe libremente. La clave no tiene que ver con que si los actos de un individuo son determinadas causalmente o no, sino con *cómo* sean determinados. Si los actos son obligados, entonces no son actos libres y el agente no es moralmente responsable por ellos.[20]

Una Observación

Examinemos lo que Feinberg está diciendo. Escribe: "Como muchos otros deterministas, afirmo que hay lugar para un sentido genuino de acción humana libre, aun así tal acción está *determinado causalmente*." Después dice: "La clave no tiene que ver con que si los actos de un individuo son determinadas causalmente o no, sino con *cómo* sean determinados. Si los actos son obligados, entonces no son actos libres y el agente no es moralmente responsable por ellos" [letra cursiva mía] (Ver las citaciones previas de Feinberg).

El determinismo de Feinberg es coextensivo con la totalidad de la realidad. El determinismo de Muller al que se refería previamente se restringe a la soteriología. Feinberg y Muller estarían de acuerdo esencialmente en cuanto a la elección. No obstante, diferencian claramente en cuanto a otros aspectos del tema.

Es importante observar que para Feinberg y otros que ven el determinismo coextensivo con la totalidad de la realidad, *todos los actos humanos son causados por Dios*. Cuando él habla del agente como responsable, habla particularmente del pecado. Esto es verdad dado que no podría haber ninguna pregunta sobre una acción que sea aceptable a Dios. La *única causa* que él tiene en mente en cuanto a su determinismo es Dios. Esto es así dado que el determinismo bajo consideración es *el determinismo divino*. El significado es que Dios es la causa no solo de la fe por parte de aquellos que creen, sino también es la causa de los pecados de la *deshonestidad, el asesinato, la violación*, etc. La razón de que una persona sea responsable por tales acciones, aunque ellas estén "determinadas causalmente", es que la persona hizo lo que Dios le causó hacer libremente, no por obligación. Con el *determinismo ilimitado*, según los que abogan por este punto de vista, Dios causa a la gente que mienta, asesine y viole, pero ella no se siente obligada a hacerlo.

Dado que Muller limita su determinismo a la soteriología, todos los actos no relacionados a la soteriología *no son determinados causalmente*. Esto quería decir que en esas áreas esencialmente no existiría razón de que su punto de vista sea distinto del arminianismo.

Esperaré hasta que presente mi propio pensamiento antes de hacer unas observaciones críticas.

La Cuestión del Conocimiento Previo y el Libre Albedrío en el Pensamiento Calvinista

Para la mayoría de los calvinistas, la predestinación quita el misterio del conocimiento previo. Como explica Boettner:

> La objeción arminiana en contra la preordinación lleva una fuerza igual contra el conocimiento previo de Dios. De lo que Dios tiene conocimiento previo debe ser, en la naturaleza misma del caso, tan fijado y cierto como lo que es ordenado; y uno de estos es inconsistente con la agencia libre del hombre, el otro también debe ser. La preordinación hace que los eventos sean ciertos, mientras que el conocimiento previo presupone que son ciertos.

Sigue a decir:

> La doctrina arminiana, al rechazar la preordinación, rechaza la base teísta para el conocimiento previo. El sentido común nos dice que ningún evento puede ser conocido de ante mano sin que de algún medio, sea físico o mental, haya sido predeterminado.[21]

Feinburg, a argumentar por su posición del "determinismo suave", dice: "Si el indeterminismo es correcto, no veo cómo se puede decir que Dios conoce el futuro de una manera previa. Si Dios verdaderamente sabe lo que ocurrirá (no lo que pueda ocurrir) en el futuro, el futuro debe ser fijo y en algún sentido el determinismo se aplica".[22] Crabtree también ve un problema del conocimiento previo de los eventos humanos. Él explica: "Nadie, ni aun Dios, puede conocer el resultado de una decisión autónoma que no se haya tomado, ¿puede él? Afirmar la posibilidad de tal conocimiento es problemático".[23]

Buswell no ve ningún problema con Dios poseyendo un conocimiento de los actos libres de los seres humanos. Él comenta:

> Entonces a la cuestión de cómo Dios puede conocer un acto libre del futuro, contesto que no lo sé, pero tampoco sé cómo yo pueda tener un conocimiento por análisis, por inferencia de la razón o de otras causas, o de datos estadísticos informados por la intuición o (como se insiste por algunos) por ideas innatas. De todas maneras, el conocimiento es un misterio, y el conocimiento de Dios de los eventos libres en el futuro es simplemente otro misterio que se revela en las Escrituras. Tenemos una base buena y suficiente para aceptar, y ninguna fundación válida para rechazar, lo que la Escritura dice sobre este tema.[24]

La Fuerza del Calvinismo en la Erudición Teológica

La fuerza del calvinismo en el mundo de la erudición es evidente. Un repaso de los comentarios sobre Romanos demostrará que casi 80 por cien de éstos exponen el concepto de la elección incondicional. Se basa esta observación en unas lecturas de unos 40 comentarios cuando escribí mi comentario sobre Romanos. Para los lectores que tengan un interés en los tratos de la elección incondicional, recomiendo los comentarios de Romanos 8:29-20 y Romanos 9 de estos comentarios: Haldane, Harrison, Hendriksen, Hodge, Murray, Olshausen, Plumer y Shedd. Para obras que sostienen la posición de la elección condicional, mira estos comentarios sobre Romanos 8:29-30 y Romanos 9: Clarke, Godet, Greathouse, Lenski, Meyer, Picirilli y Sanday-Headlam. Se debería notar que en sus escritos, aunque Lenski y Meyer sostienen el concepto de la elección condicional, como luteranos, no emplearían el término "elección condicional".

Uno puede preguntarse porqué los calvinistas han producido tantas más obras eruditas que los arminianos. Un factor significativo es que el énfasis en la erudición entre los presbiterianos ha resultado en el hecho que ellos han producido obras eruditas más allá de la proporción a fuerza numérica.

La tendencia entre los arminianos se inclina más hacia la actividad que a los estudios eruditos. También, los arminianos se inclinan a pensar que el sentido común dirigiría a las personas al enfoque arminiano. Si buscas obras sobre la elección condición, la lista es corta. En el nivel popular, existe una muchedumbre de gente que cree en "una vez salvada siempre salvada", pero a la vez cree en una elección condicional. Esa gente no ha producido muchas obras destacadas sobre la elección condicional. Durante muchos años existió un libro que se empleó extensivamente, escrito por el teólogo bien respetado, Henry C. Thiessen. Él enseñaba la elección condicional.[25] Cuando este libro fue revisado por

Vernon D. Doerksen fue cambiado para que el libro ya enseñara una elección incondicional.[26] Con este cambio, un libro se hizo una voz para la elección incondicional.

Una Deuda de Gratitud al Calvinismo

Los calvinistas funcionan con la presuposición que la elección incondicional es necesaria para poder mantener las doctrinas de la soberanía de Dios, la depravación total del hombre caído y el hecho que la salvación es totalmente gratuita. El mundo teológico debe mucha gratitud al calvinismo por su insistencia de que la salvación es un don gratuito de Dios. Estoy seguro que los arminianos han tenido necesidad de esto. No obstante, tengo gran desacuerdo con los calvinistas cuando insisten que la elección incondicional es necesaria si la salvación ha de ser gratuita. Los calvinistas no han vacilado en criticar a los arminianos. Estoy seguro que ellos entenderán si les volvemos unas críticas. Mi consejo a mis compañeros arminianos es que si deseamos ser tratados con seriedad, entonces debemos tomar tiempo y esfuerzo para producir tratamientos de nuestra doctrina que lleven mucho pensamiento y exégesis.

Una Introducción del Pensamiento Arminiano Clásico Sobre los Decretos y la Elección

TRES SUPOSICIONES O CONVICCIONES DEL CALVINISMO

Estaré exponiendo mi respuesta al calvinismo mientras que explico y construyo mi caso para el arminianismo clásico. Parece que la elección incondicional como se enseña en el calvinismo se apoya en tres suposiciones básicas: (1) Que la soberanía de Dios requiere la elección incondicional y así excluye la elección condicional. (2) Que la depravación total excluye una respuesta de fe por parte del pecador hasta que se haya regenerado por el Espíritu Santo. (3) Que el hecho que la salvación es gratuita excluye la elección condicional. Si son verdad estas tres suposiciones, entonces el calvinismo ha establecido su caso. Si las tres no son verdad, entonces el Calvinismo tiene problemas.

Una Respuesta a la Primera Suposición del Calvinismo

La primera y probablemente la más básica de estas suposiciones del calvinismo es: Que la soberanía de Dios requiere la elección incondicional y de esta manera excluye una elección condicional. El pensamiento calvinista se apoya en los dos grandes pilares de la historia del pensamiento teológico: el de Agustín de Hipo y Juan Calvino. Me parece a mí que la doctrina de Agustín de la elección incondicional surgió del hecho que él creía que la depravación fue tan fuerte que solamente pudo ser tratada por una elección incondicional. La suposición de Calvino parece más bien de venir de la idea que la elección incondicional es el único punto de vista de la elección que sea consistente con la soberanía de Dios.

En el calvinismo, la verdad central con que se debe tratar es que *todo lo demás debe armonizar con la soberanía de Dios.* Como lo veo, el concepto calvinista de la soberanía de Dios se desarrolla en la línea de *causa* y *efecto*. Por esto los calvinistas especialmente tienen una dificultad tratando con el origen del pecado. Entre los escritos calvinistas es difícil encontrar unas buenas discusiones sobre el origen del pecado. También, es por esto que algunos calvinistas son deterministas ilimitados. El énfasis en un enfoque de *causa* y *efecto* para interpretar la soberanía de Dios también es la razón que aquellos que quieren restringir el determinismo a temas relacionados a la salvación, cuando hablan de la teología en sus puntos más amplios, parecen ellos mismos como deterministas ilimitados. De hecho, es difícil aclarar bien la posición de muchos calvinistas en cuanto a sí el determinismo es ilimitado o limitado.

Será larga la respuesta de la suposición calvinista que la soberanía de Dios requiere una elección incondicional y así excluye una elección condicional. Debe tratar con los asuntos siguientes: (1) Influencia y respuesta contra causa y efecto, (2) el significado de la libertad de la voluntad, (3) la necesidad de una teología de la personalidad, (4) la cuestión del determinismo divino y (5) la cuestión del conocimiento previo de Dios en relación a los actos libres de los seres humanos.

¿*Causa* y *Efecto* o *Influencia* y *Respuesta?* Una Respuesta Arminiana

El calvinismo ha hecho una simplificación excesiva en cuanto a la manera en que Dios lleva a cabo Su soberanía. En esto han simplificado excesivamente la relación de Dios al hombre en la aplicación de la redención. Como lo veo yo, es muy importante distinguir entre las relaciones de *causa* y *efecto* y las de *influencia* y *respuesta*.

En la relación de lo físico a lo físico, o la relación de las partes de una máquina, unas a otras, hablamos de relaciones de *causa* y *efecto*. Los conceptos de activo y pasivo se aplican en su significado sencillo. Cuando un martillo pega un clavo, el martillo es activo y el clavo pasivo. El martillo *causa* que el clavo entre en la madera. El clavo no tiene elección. Una fuerza exterior del clavo hizo que el clavo se clavara en la madera.

Las relaciones interpersonales no se someten a tal análisis sencillo. *Influencia* y *respuesta* proveen unos términos más apropiados. Una persona es un ser que piensa con su mente, siente con su corazón y actúa con su voluntad. En el sentido más sencillo de los términos *causa* y *efecto*, una persona no puede *causar* a otra persona que haga algo. Esto no depende de la falta de habilidad que una persona tenga para influenciar a otra. Más bien, la inhabilidad de una persona a *causar* a otra persona que haga algo surge de la naturaleza de lo que quiere decir ser una *persona*. Cuando se haga una apelación a una persona, es inherente dentro de la naturaleza de una persona considerarla y luego tomar una decisión. No hay nada que una persona pueda hacer o no hacer algo *sin haber tomado una decisión*. Esto es cierto independientemente de cuán fuerte pueda ser la influencia sobre él o ella.

El enfoque calvinista a la gracia irresistible (o la llamada eficaz) suena más como causa y efecto que influencia y respuesta. Cuando llegue el tiempo apropiado con respecto al elegido, Dios le regenera. Como una persona regenerada, ella es causada por Dios que tenga fe en Jesucristo como Señor y Salvador. En tal punto de vista, se considera la fe como un don. Es problemático que la fe sea considerada como su elección, su acto o su respuesta. No existe la posibilidad de una respuesta negativa. Fue una respuesta garantizada. El hecho de que fue garantizada hace que sean apropiados los términos causa y efecto. El calvinismo considera que todo esto sea necesario si la salvación es un don.

Al explicar el don de la fe de esa manera, el calvinista está pensando en términos de *causa* y *efecto*. El único problema es que, si ser una persona significa algo más allá de ser un títere manipulado sin problemas y con una conciencia, es imposible describir la experiencia de una persona de tal manera. Debemos tener en cuenta que un ser humano es un ser personal porque Dios le hizo así. Esto es necesario para la noción misma de ser creado a la imagen de Dios. ¿Se puede negar que la fe sea una respuesta personal a la obra de Dios con aquel individuo? En un sentido, por lo menos, la respuesta de la fe es una decisión en que la persona que cree participa activamente. Aun el calvinismo debe afirmar esto (ver "La Cuestión del Sinergismo", página 346).

En mi opinión, durante los siglos fue una equivocación el enfocar el conflicto entre el calvinismo y el arminianos en que si el hombre caído o redimido tiene un *libre albedrío* o no. La pregunta verdadera es: ¿Es el hombre caído un ser personal, o es subpersonal? (Se puede hacer la misma pregunta en cuanto al hombre redimido.) ¿Trata Dios con el hombre caído como una persona? Si lo hace, le trata como un ser que piensa, siente y actúa. Hacer lo contrario debilita el hecho que, como hombre, es una persona. Esto Dios no lo hará; no porque se impusiera algo sobre Dios a que tuviera que someterse, sino porque Dios diseñó la relación para ser una relación entre *seres personales*. Los seres humanos son seres personales por el *diseño* de Dios y fueron creados para una *relación personal* con un Dios personal. Dios no violará Su propio plan. La naturaleza del caso no exige que Dios obre con los seres humanos por medio de una relación de *causa* y *efecto*.

No nos atrevemos a tomar la posición de que Dios no pueda obrar con los seres humanos dentro del marco de *influencia* y *respuesta*. ¿Vamos a conformarnos con el pensamiento de que la inhabilidad del *hombre caído* resulta en la *inhabilidad de Dios*, o sea, la *inhabilidad de Dios* a obrar con el hombre caído y redimido por medio de una relación de *influencia* y *respuesta*? ¡Espero que no! ¿Diremos que la *naturaleza misma* de la *soberanía* de Dios le requiere que obre dentro de una relación de *causa* y *efecto* y le prohíba trabajar a través de una relación de *influencia* y *respuesta*? ¡Espero que no!

Estoy seguro que los calvinistas querrían decir que no creen en una relación de *causa* y *efecto* "mecánica" en cuanto a la manera en que Dios trata con los seres humanos. Mientras que se opondrían a la palabra "mecánica", si optan por cualquier forma del *determinismo* no pueden realmente rechazar las palabras *causa* y *efecto*. Mi lectura de los escritos calvinistas da la idea que el calvinismo clásico no pondría objeción a esos términos. Si hay alguien que duda de mi observación, yo le sugeriría que vuelva a leer las citaciones previas que vienen de los escritos calvinistas. Pienso que la descripción de la relación de Dios con el hombre dada por los calvinistas sería muy semejante a mi descripción de *influencia* y *respuesta*. No obstante, el resultado, según ellos, sería *garantizado*. Cuando se garantiza el resultado, ellos habrían simplemente suavizado la forma de causa y efecto. En cualquier tiempo que se garantiza el resultado, estamos tratando con *causa* y *efecto*. Cuando no está *garantizado, el calvinismo desaparece*.

Desde un punto de vista calvinista, no basta decir que *causa* y *efecto* describen la relación de Dios con nosotros, pero *influencia* y *respuesta* describen nuestras relaciones mutuas, de unos a otros. La totalidad de lo que encaje dentro del marco del determinismo encaja dentro del marco de causa y efecto. Sin embargo, de la lectura de los escritos calvinistas tengo la impresión que están tratando de persuadirme. La persuasión es una forma de *influencia*. Mi impresión es que ellos piensan que yo podría y debería estar de acuerdo con ellos. No creo que ellos expongan una idea distinta del mío en cuanto a la persuasión. Tengo un dicho que a veces declaro: "Los calvinistas son arminianos excepto cuando hacen declaraciones calvinistas".

Necesito aclarar que en el habla común, frecuentemente tendemos a emplear influencia y respuesta y *causa* y *efecto* algo intercambiablemente. Puede que digamos: "Él me hizo hacerlo". Para ser más técnico gramaticalmente, deberíamos decir: "Él me influenció para que lo hiciera, y elegí hacerlo". Aunque los términos pueden ser, a cierta manera, intercambiables en el habla común, no creo que se desarrolle confusión alguna de la manera en que los empleo en un tratado teológico.

El Significado de la Libertad de la Voluntad

La discusión de *causa* y *efecto* e *influencia* y *respuesta* prepara el escenario para una discusión sobre el significado de la libertad de la voluntad. Replanteo aquí lo que he dicho en el capítulo 9 sobre el significado del libre albedrío.

El Nuevo Testamento no emplea la forma sustantiva de "la voluntad" para referirse a la facultad o de el órgano de decisión del hombre. Más bien, se usa la forma verbal (*telō*) (Mateo 16:24; 21:29: 23:37: Marcos 8:34; Juan 7:17; Apocalipsis 22:17 y otros). Por "voluntad" queremos decir el poder de tomar una decisión. Cada mandamiento, cada prohibición, cada exhortación y cada súplica a los humanos encontrado en la Biblia presupone que los humanos pueden tomar decisiones.

Si queremos pensar en el acto de elegir como una función de la facultad de la persona o simplemente que la persona toma una decisión, el hecho es que la habilidad de decisión es parte de ser un ser humano. Llamamos esa habilidad de elección personal la voluntad. En su totalidad, el hombre es un ser que piensa, siente y actúa. Piensa con la mente, siente con el corazón y actúa con su voluntad.

Aclaremos unas cosas sobre lo quiere decirse con el libre albedrío y lo que nos queremos decir. El libre albedrío no significa que no pueden llegar fuerzas o influencias para afectar la voluntad. En efecto, la naturaleza misma de la libertad de la voluntad significa que fuerzas e influencias pueden actuar para cambiar la voluntad. No significa que estas fuerzas no puedan ser un *factor contribuyente* en el ejercer de la voluntad. Significa que esas influencias o fuerzas no pueden *garantizar* o *determinar* la acción de la voluntad. Estamos tratando con la cuestión de *la influencia* y *la respuesta*, no *la causa* y *el efecto.*

EL MARCO DE POSIBILIDADES Y EL SIGNIFICADO DE LA LIBERTAD DE LA VOLUNTAD

La libertad de la voluntad es una libertad dentro de un marco de posibilidades. No es una libertad absoluta. No podemos ser Dios. No podemos ser un ángel. La libertad de un ser humano está dentro del marco de las posibilidades provistas por la naturaleza humana. También, las influencias que vienen a influir sobre la voluntad tendrán un impacto sobre el marco de las posibilidades.

Antes de que Adán y Eva pecaran, estaba dentro del marco de las posibilidades que ellos operaran a mantenerse en la práctica de la justicia continua, o a cometer pecado. Después de su pecado, ya no perteneció a su marco de posibilidad practicar la justicia no interrumpida. Lo mismo continúa actualmente por parte del hombre caído (Romanos 8:7-8). Si alguien interpreta la libertad de la voluntad para significar que *una persona no convertida* podría practicar la justicia y no pecar, no ha comprendido el significado de la libertad de la voluntad para los humanos caídos. El hecho que las Escrituras no lo enseñan como la verdad queda claro de Romanos 8:7-8.

Jesús aclara que no está dentro del marco de las posibilidades que un pecador responda al evangelio excepto si el Espíritu Santo le llama (Juan 6:44). La influencia del Espíritu Santo obrando en el corazón de la persona que escucha el evangelio hace posible un marco de posibilidades en que una persona pueda decir sí o no al evangelio. Si ella contesta: "Sí", es su decisión. Si dice "No", es su decisión. Decir menos es sugerir unas preguntas serias en cuanto a la existencia de una personalidad real después de la caída. Si un ser humano no es lo mismo en algún sentido que un ser *auto-dirigido*, no es una persona. Puede que a veces la auto-dirección tenga un alto grado de dependencia, pero sigue siendo una dirección propia. Como ya se ha aclarado, no estoy sugiriendo que el hombre caído pueda escoger a Cristo sin la ayuda del Espíritu Santo. De hecho, rechazo fuertemente tal idea. No obstante, sí digo que no importa cuánta ayuda o qué fuerza del Espíritu Santo que haya, la decisión de "Sí" sigue siendo una decisión que debidamente puede ser reconocido como la decisión de la persona. También, ella podría haber dicho: "No".

Cuando digo que los seres humanos tienen un libre albedrío, quiero decir que ellos pueden considerar racionalmente un tema y luego tomar una decisión. Al llevar a una persona al punto de la fe salvífica, el Espíritu Santo hace posible que la persona pueda dar una respuesta de fe. Al mismo tiempo esta obra del Espíritu Santo puede ser resistida. La persona puede decir que no. Lo que pone a los arminianos en desacuerdo con los calvinistas es que en el calvinismo cuando Dios obra con una persona para llevarle a la fe, la persona *no puede decir no*. "Sí" es la única respuesta que puede dar. Los calvinistas creen que, aparte de la gracia irresistible, nadie pudiera salvarse. La gracia irresistible no es simplemente la manera en que elige obrar en salvar a las personas, es la única opción abierta a Dios para salvar a los perdidos. Según el calvinismo, la depravación total hace imposible que un ser humano pueda responder aparte de la gracia irresistible. La soberanía de Dios, vista por los calvinistas, es incompatible con una respuesta negativa. Así que, se elimina la gracia resistible, según el calvinismo.

TÉRMINOS EMPLEADOS PARA DEFINIR EL LIBRE ALBEDRÍO

He encontrado estos términos: espontaneidad, indiferencia, libertario y auto-determinación. Ningún calvinista negaría que los humanos tengan una voluntad. Sin embargo, como hemos visto, algunos calvinistas negarían claramente que los seres humanos tengan un libre albedrío. Otros usan el término "libre albedrío" pero lo definen de tal manera que sea consistente con su versión del calvinismo. Hay algunos otros, no tantos, que quieren mantener una libertad verdadera de la voluntad.

LIBERTAD DE ESPONTANEIDAD Y LIBERTAD DE INDIFERENCIA

Me parece de lo que he leído de muchos calvinistas convencidos que afirman que creen en la libertad de la voluntad, es que ellos estarían de acuerdo que ha una *libertad de espontaneidad*, pero no una *libertad de indiferencia*. Crabtree expone la explicación siguiente de estos términos: "Una persona ejerce la libertad de espontaneidad cuando ella hace lo que está de acuerdo con su propia voluntad and sus deseos. Una ejerce la libertad de indiferencia cuando lo que hace se podría haber hecho al contrario".[27]

Ronald H. Nash da la explicación siguiente de estos términos:

> Se puede decir que los seres humanos son libres en dos sentidos muy distintos. La *libertad de indiferencia* explica la libertad humana como la habilidad de hacer algo o no....Para ser genuinamente libre en el sentido de indiferencia, una persona debe poseer la habilidad de hacer algo o no hacerlo. Por la otra parte, la *libertad de espontaneidad* explica la libertad humana como la habilidad de la persona para hacer lo que ella quiera hacer. De este segundo punto de vista, la cuestión de la habilidad de la persona de hacer al contrario es irrelevante, la cuestión clave es si ella puede hacer lo que más desee.[28]

En mi búsqueda para de luz sobre el uso histórico de los términos *libertad de espontaneidad* y *libertad de indiferencia*, fui al *Oxford English Dictionary* (*OED*). Uno de los significados dado por la espontaneidad es:

> Una acción espontánea o voluntaria o sin ataduras por parte de las personas; el hecho de poseer este carácter o calidad. 1651 C. Cartwright *Cert. Relig.* 1.181 De esta manera vemos como Bernardo está de acuerdo con Calvino en declarar que la libertad de la voluntad del hombre consiste en espontaneidad y en una libertad de coacción [restricción, coerción]. 170-2 *Le Clerc's Prim. Fathers* 348.

> En su opinión la libertad, es una mera espontaneidad, y no implica un poder de no hacer lo que uno desearía hacer.[29]

La ayuda del *OED* sobre la *libertad de indiferencia* se encuentra bajo "indiferencia". Uno de los significados por indiferencia es "la indeterminación de la voluntad; la libertad de elección; un poder igual a tomar uno de dos cursos de acción, *Libertad de Indiferencia*, libertad de necesidad, libertad de la voluntad. Obs."

Estas referencias dadas en el *OED* aclaran que durante un período la *libertad de espontaneidad* se empleaba para significar que la voluntad fue libre en que no fue coaccionada. No hablaba de una libertad para tomar una decisión diferente. La *libertad de indiferencia* fue la libertad de elegir otro curso de acción. Las definiciones de estos términos de Crabtree y Nash son consistentes con lo que aprendemos del *OED*.

El determinismo elimina la *libertad de indiferencia*. Yo aceptaría la manera en que la *libertad de indiferencia* se define por Crabtree y Nash y la manera en que se emplea en el *OED*. No obstante, no me gusta la adicción de las palabras "un poder igual para tomar un curso u otro", como se ve en la definición del *OED*. Pienso que esto simplifica excesivamente el asunto. También, puede que haya más de dos opciones.

Si pudiéramos quedarnos con esta distinción entre "espontaneidad" e "indiferencia", creo que los términos serán provechosos para ayudarnos a distinguir entre el punto de vista arminiano del libre albedrío y un punto de vista calvinista del mismo. La mayoría de los calvinistas aceptaría la *libertad de espontaneidad* y rechazaría la *libertad de indiferencia*. Los arminianos aceptarían igualmente la *libertad de espontaneidad* y la *libertad de indiferencia* según la manera de las definiciones previamente dadas.

Sin embargo, hay un problema al usar el término *libertad de indiferencia*. Viene cargado con otras posibles connotaciones. Podría significar también indiferente o desinteresado. Ser indiferente o estar desinteresado no son lo que quiero decir con la libertad de la voluntad. Aun Berkhof, que suele ser un estudioso cuidadoso, falla en su comprensión del significado histórico de la *libertad de indiferencia*. Al tratar la pregunta de si "la predeterminación de las cosas fue consistente con el libre albedrío del hombre", su respuesta fue:

> "Y la respuesta es que ciertamente no lo es, si la libertad de la voluntad se considerara como indiferencia (arbitrariedad), pero esta es una concepción injustificada de la libertad del hombre. La voluntad del hombre no es algo del todo indeterminado, algo que cuelga en el aire que puede oscilar arbitrariamente en cualquier dirección".[30]

No conozco a nadie que definiría el libre albedrío de esa manera. Estos tipos de comentarios complican la discusión entre los calvinistas and arminianos.

La libertad de la voluntad no quiere decir que una persona sea libre de estar influenciada o aun obligada. Con frecuencia la gente siente presiones en su experiencia cotidiana. El punto de lo que significa ser una persona quiere decir que a la persona se le presentan opciones. Las influencias que le llegan a la persona tratan de conmoverle a que escoja una de estas opciones. La persona considera racionalmente las opciones y luego decide. El problema es que si está razonando de principios falsos, sus conclusiones serán inválidas. El prejuicio y los sesgos pueden cegar a una persona a la verdad. Esta ceguera obra especialmente en el nivel de las premisas.

Si usamos los términos *libertad de espontaneidad* y *libertad de indiferencia* con sus significados originales y propósitos, pienso que nos serán muy provechosos para establecer una comunicación significativa entre los arminianos y los calvinistas.

LIBERTARIO

Libertario es un término empleado para describir a una persona que cree en el libre albedrío. La definición del diccionario de libertario es: "Un defensor de la doctrina del libre albedrío". Pero también puede significar: "Una personan que sostiene los principios de una libertad absoluta e ilimitada especialmente de pensamiento y acción".[31] Yo me calificaría como un libertario según la primera definición. Pero el término mismo invoca demasiadas ideas inaceptables en la mente de la gente de modo que yo no quiero identificarme por medio de la palabra.

AUTO-DETERMINACIÓN

A veces se usa el término auto-determinismo en una discusión del determinismo y el libre albedrío. Norman Geisler propone este punto de vista. Explica que igualmente Tomás Aquino y C. S. Lewis exponían este punto de vista. Al comentar sobre este concepto, Geisler escribe:

> Los representantes del auto-determinismo moral a veces hablan del libre albedrío como si fuera la causa eficaz de las acciones morales. Esto le guiaría a una persona a preguntarse: ¿cuál es la causa del libre albedrío? Pero una descripción más precisa del proceso del acto libre evitaría el problema. Técnicamente, el libre albedrío no es la causa eficaz de un acto libre; el libre albedrío es simplemente el poder por medio del cual el agente lleva a cabo el acto libre. La causa

> eficaz del acto libre es el *agente* libre, no el libre albedrío. El libre albedrío es simplemente el poder por medio del cual actúa el agente libre. No decimos que los humanos son libre albedrío sino sólo que *tienen* un libre albedrío....Así no es el poder de una elección libre que causa un acto libre, sino *la persona* quien tiene el poder.[32]

Más allá en este trato comenta:

> Dios es la causa del hecho de la libertad, y los humanos son las causas de los actos de libertad. Dios creó el agente, pero los agentes causan las acciones. Dios da el poder (de elección libre) a la gente, pero ella lo ejerce sin coerción. Así Dios es responsable por otorgar la libertad, pero los seres humanos son responsables de su comportamiento con ella.[33]

John Miley, un teólogo metodista cuya *Teología Sistemática* apareció hacia el fin del siglo decimonoveno, estaría de acuerdo con la declaración de Geisler: "La causa eficiente del acto libre es el *agente* libre, no el libre albedrío. El libre albedrío es simplemente el poder por medio del cual actúa el agente libre". Él explica:

> Encontramos el significado elevado del término [agente] solo en la personalidad. Allí llegamos al poder de auto-energización racional con respecto a los fines. No existe tal poder en la voluntad misma. Es simplemente una facultad del agente personal.

Miley continúa diciendo:

> Por lo tanto, la libertad de la voluntad no puede ser la cuestión verdadera de la libertad. El hecho no significa nada contra la realidad de la libertad, sino señala hacia su lugar verdadero en nuestra propia agencia, y como resultado se hará más claro y seguro.[34]

Colocando la libertad verdadera en el agente personal es ponerlo en la persona o la personalidad. Pienso que esto tiene mucho para elogiar. Pero el término "libre albedrío" es tan firmemente fijado en la teología como un término teológico para expresar la libertad que no podemos escapar el uso y la definición del término.

Creo que el punto de vista de Geisler tiene mucho para encomendar. Hay un ajuste técnico en que está diciendo que la mayoría de las personas no tendrán un deseo para pensar detalladamente, pero pienso que él se mueve en la dirección debida. El término *auto-determinismo* en sí podría ser distorsionado extremadamente. Podría pintar un retrato de una persona como una rueda suelta fuera de control. Nadie que lee lo que Geisler dice recibirán tal idea. Pero aparte de un contexto, el término podría sufrir tal distorsión.

Debidamente entendido, mi punto de vista sería el auto-determinismo, aunque prefiero hablar de los seres humanos como *auto-dirigidos*. La auto-determinación de los seres humanos debe comprenderse en el contexto de su relación con un Dios soberano que trae la influencia sobre sus vidas, otorgándolos la libertad (permisión) de decisión/elección, y para llevar a cabo los propósitos divinos. Cualquier cosa menor falla en no llegar a la medida del cristianismo bíblico.

Mi problema con Geisler es la manera en que combina su punto de vista del auto-determinismo con el "determinismo suave".[35] El problema con el determinismo si se llama "determinismo fuerte" o "suave" es que sigue siendo determinismo. Cuando Geisler habla de un determinismo suave es un determinismo divino.

En la citación que sigue, Geisler explica su enfoque a la relación entre el conocimiento previo y el determinismo:

> Pero reconociendo que Dios no pasa por unas sucesiones temporales, entonces lo que él piensa, él siempre ha pensado.…Así desde su posición estratégica él simple sabe (no un conocimiento previo) lo que vamos a hacer con nuestras decisiones libres. Porque lo que tenemos, somos y elegiremos está presente con Dios en su AHORA eterno. Siendo así el caso, no hay problema de cómo un acto pueda ser verdaderamente libre si Dios ha determinado de antemano lo que va a ocurrir. El conocimiento previo de Dios no está preordenando algo que luego ocurrirá. Todo tiempo está presente en la mente de Dios desde la eternidad. De ahí, Dios no está preordenando desde su posición estratégica, sino simplemente ordenando lo que los humanos hacen libremente. Dios ve lo que estamos haciendo libremente. Y lo que él ve, él sabe. Y lo que él sabe él determina. Así que Dios sabe determinadamente y determina, ya sabiendo lo que estamos haciendo libremente.[36]

Como lo veo, las palabras claves para entender el punto de vista de Geisler son: "Y lo que él ve, él sabe. Y lo que él sabe él determina". El determinismo divino expuesto por

Geisler se basa en *lo que Dios sabe*. En un determinismo genuino, el conocimiento se basa en *lo que se determina*. Haciendo referencia al concepto del Ahora Eterno no cambia esto. Más adelante en el capítulo trataré este problema bajo el título: "La Cuestión de Cómo Dios Podría Tener Conocimiento Previo de las Elecciones Humanas Libres" (página ??).

Me parece a mí que Geisler hace mejor en la construcción de su caso para el auto-determinismo (libre albedrío) que hace vinculando el auto-determinismo con el determinismo divino.

La Consistencia del Modelo de Influencia y Respuesta con las Enseñanzas de las Escrituras

Pienso que cualquier persona de quien no surgen unas presuposiciones filosóficas que prevendrían un acuerdo, estaría de acuerdo que influencia y respuesta es la manera en que los seres humanos tratan los unos con los otros. Aquellos que todavía no hayan decidido, al contrario, serían los más probables de aceptar la idea que Dios obraría con nosotros, como seres humanos, dentro de un marco de una relación de influencia y respuesta. La pregunta para el cristiano es: ¿Puede aprobar la prueba de las Escrituras?

FILIPENSES 2:12-13

Gordon Clark comenta sobre este pasaje:

> Ahora bien, entre los muchos pasajes bíblicos que niegan el libre albedrío, hay uno tan claro y directo que no veo la posibilidad como alguien pudiera entenderlo incorrectamente. De Filipenses 2:12-13 el apóstol Pablo nos dice: "ocupaos en vuestra salvación con temor y temblor, porque Dios es el que en vosotros produce así el querer como el hacer, por su buena voluntad".[37]

Como ya hemos notado, no todos los deterministas rechazan el libre albedrío como Clark. Pero cualquier *determinismo ilimitado* consistente interpretaría estos versículos dentro de un marco de causa y efecto. Puedo entender porque lo haría. No obstante, estos versículos no presentan ningún problema al interpretarlos según el modelo de *influencia* y *respuesta*.

De Romanos 5:3, Pablo dice: "La tribulación produce paciencia". Lo que Pablo dice es que el diseño de la tribulación es producir la paciencia. El diseño no viene a la fructificación en cada caso. Algunas personas se ponen muy impacientes en tiempos de tribulación. No hay razón alguna que la obra de Dios para hacernos desear y hacer Su buen placer no podría interpretarse en términos de *diseño* y *propósito* de una manera que concordara con *influencia* y *respuesta.* El significado sería que Dios obra en nosotros para influenciar y capacitarnos a desear y hacer Su buen placer.

No hemos de pensar en los seres humanos funcionando fuera del reino de la influencia divina. Al mismo tiempo, sabemos que las personas no siempre responden debidamente a la influencia divina. Es verdad igualmente de los salvados y los perdidos. Desde luego, insistimos en que haya una conformidad que marca la diferencia entre los salvados y perdidos. Decir que los seres humanos *siempre* responden debidamente a la influencia divina diría algo sobre Dios, como el que influye, esto no pienso que queramos decir. No podemos atribuir todo que ocurre en el mundo a la influencia de Dios. Ni podemos hacerle la causa o el que determina todo lo que está ocurriendo. Este es el tipo de pensamiento que inclina a muchos hacia el ateísmo. Es impensable que un Dios soberano, santo, justo, bueno y de amor podría ser la causa determinante de todo lo que ocurre en nuestro mundo. Hay algo dentro de nosotros que se revela contra tal pensamiento.

El modelo de *influencia* y *respuesta* tiene espacio para la desobediencia. No requiere el determinismo divino para la base de todo lo que ocurra. Mientras que hay lugar para la obediencia o la desobediencia, no hemos de limitar la libertad humana meramente a la obediencia o a la desobediencia. No hemos de pensar en Dios como dándonos una lista de detalles minutos que requieren una respuesta de sí o no para cada movimiento que hagamos. En la libertad humana hay espacio para la creatividad en obediencia al mandamiento divino—a los seres humanos que ejercen el dominio sobre la tierra y sus habitantes (Génesis 1:26). A los cristianos se les da libertad y se les anima a ejercer una administración sobre sus dones y vocaciones (1 Pedro 4:10 y Tito 1:7), sobre los misterios de Dios (1 Corintios 4:1-2) y sobre el evangelio (1 Corintos 9:17 y Efesios 3:7). La administración dada por Dios involucra una manera creativa de pensar y una responsabilidad de planear. No es posible armonizar un *determinismo divino* y una *responsabilidad administrativa* a Dios.

La Necesidad para una Teología de Personalidad

La libertad humana es una libertad para funcionar como personas. Es la libertad para pensar, planear y actuar. Yo te invitaría a examinar varios libros de teología sistemática. Mira el índice de cada tomo y busca la palabra "personalidad". Una vez y otra vas a encontrar referencias a la personalidad divina, pero no hay referencias a la personalidad humana. Será muy raro encontrar una referencia a la "personalidad humana". Una de estas raras veces donde un teólogo desarrolla el significado de la personalidad humana se encuentra en *Systematic Theology* del teólogo arminiano John Miley.[38]

¿Por qué es tan difícil hallar un libro de teología que defina y ensanche el trato de la personalidad humana? Pienso que es porque hay poco espacio para el tema en el pensamiento determinista. Los calvinistas no tienen un espacio para un desarrollo del pensamiento sobre la funcionabilidad de la personalidad humana. Temen, si dicen demasiado sobre el funcionamiento de la personalidad humana que, quitarían algo de Dios. Los calvinistas han producido la mayoría de las más destacadas obras de teología. Los arminianos tienden a seguir el modelo calvinista. No obstante, ellos meramente exponen una interpretación arminiana. Dado que los calvinistas, en sus escritos, no suelen tratar el significado de la personalidad humana, tampoco lo hacen los arminianos. Pienso que puedo decir sin problema que uno encontrará más referencias a la personalidad humana en este libro que en todos los demás libros de la teología sistemática y los libros de doctrina bíblica combinados. Ellos tratan la mente, el corazón y la voluntad. Pero será raro encontrar donde se emplea el término personalidad en conexión con estos escritos. El ministerio cristiano tiene una necesidad muy grande de un entendimiento de la personalidad humana en alcanzar a personas perdidas y en ministrar a las necesidades de los cristianos. La base del pensamiento sobre la personalidad humana, cómo funciona y cómo se hacen los cambios en la personalidad debe ser llevada adelante por los *teólogos*. Mientras que las investigaciones de las bibliotecas son esenciales, nuestro entendimiento de la personalidad humana debe ser forjado en las arenas de la vida.[39]

El Conocimiento Previo de Dios y la Libertad Humana

El calvinismo clásico tiene problemas con la idea de que Dios puede tener un conocimiento previo de las acciones de los que tienen un libre albedrío en el sentido arminiano del libre albedrío. En el determinismo ilimitado, el hecho de que Dios haya determinado todo que jamás ocurrirá es considerado como la fundación para el conocimiento previo de Dios. Con el determinismo ilimitado no hay necesidad de un conocimiento previo porque los actos libres no existen. Los calvinistas que tienen un lugar en su pensamiento para el libre albedrío en el sentido de *la libertad de indiferencia* tendrían que reconocer que Dios tiene un conocimiento previo de los actos libres de los seres humanos. Quizás el lector desee repasar el material dado bajo el título: "La Cuestión del Conocimiento Previo y el Libre Albedrío en el Pensamiento Calvinista".

EL ARMINIANISMO SOBRE EL CONOCIMIENTO PREVIO Y LA LIBERTAD HUMANA

En el calvinismo clásico, hay un acuerdo sobre el hecho de que Dios tiene el conocimiento absoluto del futuro hasta el detalle más fino. No hay acuerdo en cuando a cómo tratarán la cuestión de la libertad humana o si aun existe una libertad humana. Con el arminianismo hay un acuerdo en cuanto al hecho de que los seres humanos tienen una libertad de elegir. Esto incluye la libertad de poner su fe en Cristo después de oír el evangelio o, al contrario, de poder negar poner su fe en Cristo.

En la actualidad no hay un acuerdo entre los arminianos sobre la cuestión del conocimiento previo en cuanto a su relación con los actos libres de los seres humanos. El arminianismo clásico estaba de acuerdo con el calvinismo que Dios tiene un conocimiento absoluto del futuro hasta el detalle más finito. Desde luego, esto requeriría que Dios tiene el conocimiento previo en cuanto a los actos libres de los seres humanos. Más recientemente algunos arminianos han rechazado el punto de vista que tiene conocimiento previo de los actos libres de los seres humanos.

UNA NEGACIÓN DEL CONOCIMIENTO PREVIO DIVINO DE LAS DECISIONES LIBRES DE LOS HUMANOS

Clark Pinnock es bien conocido entre los que no creen que Dios tenga un conocimiento previo de los actos de los agentes libres. En un escrito autobiográfico titulado "De Agustín a Arminio: Un Peregrinaje en Teología" Pinnock describe como dejó de ser un calvinista, arraigado el pensamiento agustino, y llegó a ser un arminiano. Él explica:

> Yo tenía que preguntarme a mí mismo si fue posible bíblicamente creer que Dios conoce todo lo que puede ser conocido, pero que las decisiones libres no serían algo que pudieran ser conocido aun por Dios porque todavía no fueran una realidad fijada. Las decisiones no tomadas no existen en ningún lugar para ser conocidas aun por Dios. Son decisiones potenciales—todavía para realizarse pero todavía no actuales. Dios puede predecir mucho de lo que vayamos a elegir, pero no todo, porque una parte de ello queda escondida en el misterio de la libertad humana. ¿Puede esta conjetura ser bíblica?[40]

Pinnock sigue diciendo:

> Así cada vez me ha sido abundantemente más claro que necesitamos un teísmo de "libre albedrío", una doctrina de Dios que anda por el sendero entre el teísmo clásico, que exagera la transcendencia de Dios del mundo, y el teísmo de proceso que urge por la inminencia.[41]

En el centro de lo que le preocupa a Pinnock es cómo la soberanía de Dios se administra a la luz del libre albedrío del hombre. Él explica:

> Como Creador del mundo Dios es soberano en el sentido fundamental. Él ha elegido crear el mundo que contiene agentes significativamente libres. En línea con esta decisión, Dios gobierna el mundo de modo que sostiene y no invalida sus estructuras. Dado que la libertad ha sido creada, la realidad está abierta, no cerrada. La relación de Dios con el mundo es dinámica, no estática. Aunque esto nos requerirá pensar de nuevo en algunos aspectos del teísmo convencional o clásico, nos ayudará relacionar más coherentemente la soberanía y la libertad en teoría y más satisfactoriamente en la práctica.[42]

Richard Rice es otro defensor del teísmo del "libre albedrío". Él comenta:

> La idea que Dios interacciona con un mundo done hay una libertad genuina de los humanos no requiere negar el conocimiento previo divino. Sólo requiere que con cuidado definamos el alcance del conocimiento previo. En algunos aspectos se puede conocer el futuro, en otros, no es así. Dios conoce muchísimo sobre lo que va a ocurrir. Él sabe todo que jamás ocurrirá en cuanto al resulto directo de los factores que ya existen. De una manera infalible él sabe todo el contenido de sus propias acciones futuras, al alcance que ellas no se relacionan a las decisiones humanas. Dado que Dios conoce todas las posibilidades, él conoce todo lo que podría ocurrir y lo que él puede hacer en respuesta a cada eventualidad. Y él sabe el final último al que va guiando el curso de la historia. Todo lo que Dios no sabe es el contenido de las decisiones libres futuras, y es así porque las decisiones no existen hasta que ocurran.[43]

Al elaborar más su punto de vista, Rice explica que "Dios está involucrado dinámicamente en el mundo de las criaturas".[44] Comentando de Dios como un padre amante, Rice explica:

> Más evidencia para el retrato de Dios como un padre amante viene de su impacto en la experiencia religiosa personal. Nos provee con un cuadro de Dios que es genuinamente personal y amoroso. Nos presenta con un Dios quien es vulnerable, quien puede arriesgarse y hacer sacrificios, un Dios quien es momentáneamente contento y defraudado, dependiendo de nuestra respuesta a su amor.[45]

La preocupación principal de Pinnock y Rice parece ser: (1) que tengamos un punto de vista de Dios y de su conocimiento previo que permita los actos que son genuinamente libres por parte de los seres humanos, y (2) que nuestro punto de vista de Dios sea tal que contribuya a una relación personal y profunda con Dios mientras que experimentamos los encuentros reales de la vida.

LA AFIRMACIÓN DE UN CONOCIMIENTO PREVIO DIVINO ABSOLUTO

Arminio aclara indudablemente cuál es su punto de vista sobre la cuestión del conocimiento previo de Dios. Él comenta: "Estoy totalmente persuadido que el conocimiento de Dios es eterno, inmutable e infinito, y que se extiende a todas las cosas, las necesarias y las contingentes, a todas las cosas que Él mismo hace, mediatamente o inmediatamente, y a las que Él permite que otros hagan".[46]

En el escenario contemporáneo, Jack Cottrell habla a favor del conocimiento previo divino absoluto. Él explica:

> Mientras reconozco que los no calvinistas no están de acuerdo sobre este punto, afirmo que Dios tiene un conocimiento verdadero de las decisiones del libre albedrío sin que él mismo sea el agente que las causa o que las obliga que sean ciertas. Se basa tal conocimiento en—y es así condicionado por—las elecciones mismas como conocidas previamente. Esto es como Dios mantiene su control soberano sobre la totalidad de su creación, a pesar de la libertad que él ha dado a sus criaturas.[47]

En otro lugar Cottrell comenta:

> A decir que Dios tiene el conocimiento previo significa que él tiene un conocimiento o cognición real de algo antes que realmente ocurra o exista en la

> historia. Esto es el núcleo irreducible del concepto, que no debe ser eliminado o atenuado. Nada menos es consistente con la naturaleza de Dios.[48]

Para aclararlo enfáticamente, él observa: "Sin duda Dios conoce de antemano sobre la vida de cada individuo. No tiene que saberlo todo previamente, sólo porque sea Dios".[49]

Robert E. Picirilli explica muy claramente cuál es su posición sobre el conocimiento previo de Dios cuando dice: "Todas las cosas que ocurren son conocidos previa y *ciertamente* por Dios. Cada cosa que ocurre es cierto y conocido como tal desde la eternidad".[50]

Al resumir un capítulo excelente, "El Conocimiento de Dios del Presente, Pasado y Futuro", William Lane Craig comenta:

> Así, en el Nuevo Testamento igual como en el Antiguo, se entiende que Dios sabe no sólo los eventos pasados y presentes, sino también todos los eventos futuros. Este conocimiento previo parecería extenderse a los actos libres futuros, los eventos de los cuales sería imposible inferir de causas actuales y que en cualquier caso no se ha representado así por los autores bíblicos. A través de las Escrituras hemos visto ejemplos de conocimiento previo de tales eventos, incluyendo aún los pensamientos que tenían los individuos. Por tanto, no parece posible negar que el concepto bíblico de la omnisciencia de Dios incluye un conocimiento previo de los actos libres futuros.[51]

Una Evaluación Crítica del Enfoque Calvinista a la Base del Conocimiento Previo de Dios

DETERMINISMO ILIMITADO FUERTE

Los calvinistas que son deterministas fuertes e ilimitados resuelven el problema al eliminar los actos libres. Todo está determinado por Dios hasta el detalle más finito. Dios conoce el futuro porque Él determina como será el futuro. Dios es la causa de todo lo que ocurre. Es fácil seguir la lógica de este punto de vista. La elección y la reprobación incondicionales encajan lógicamente en el determinismo ilimitado. El problema viene cuando uno trata de armonizarlo con el punto de vista bíblico de Dios y del hombre.

Si Dios ha determinado todo lo que será, Él es la causa de todo. No se puede armonizar esto con el punto de vista bíblico de la santidad de Dios. Un Dios santo no ha determinado, no determinará ni causará toda la mentira, el robo, el odio, la amargura, la depresión, la angustia mental, el dolor, los sufrimientos, el alcoholismo, la adición a las drogas, el divorcio, el abuso sexual de los niños, la violación, el aborto, el asesinato, etc. La ley de la no-contradicción no significa nada si el pecado que experimentamos y vemos pudiera armonizarse con una determinación causal de un Dios santo y de amor. Un esconderse en la sabiduría inefable de Dios no es aceptable para justificar tal contradicción tan obvia.

Si Dios es la causa de todo, ¿por qué causaría que Jacobo Arminio, Juan Wesley, Adán Clarke, Richard Watson, Juan Miley, H. Orton Wiley, los arminianos que ha mencionado en este capítulo, y muchos más fueran arminianos? De la misma manera, ¿por qué causaría que Agustín, Juan Calvino, Augustos Toplady, Juan Gil, Carlos Spurgeon, Juan Edwards, Carlos Hodge, Benjamín Warfield, también notados en este capítulo, y muchos otros fueran calvinistas? ¿Haría un Dios razonable que creyentes devotos llegaran a conclusiones que son tan diametralmente opuestas las unas de las otras? Si lo hizo, el determinismo ilimitado tiene razón.

En el pensamiento determinista, no se soluciona el problema del pecado, el juicio y el castigo del pecado al decir que la persona hizo lo quiso hacer—la persona no fue coercida.

El punto es que en el determinismo el "quiero hacerlo" se determina por Dios. Pero a la vez, vemos a Dios castigando a la gente por haber hecho lo que Dios determinó causalmente que ella haría si el determinismo ilimitado fuera la verdad.

DETERMINISMO ILIMITADO SUAVE

Los deterministas débiles son compatibilistas. Creen igualmente en el determinismo y en el libre albedrío. Su concepto del libre albedrío sería la *libertad de la espontaneidad* como distinguida de la *libertad de indiferencia*.

La clave para entender la *libertad de la espontaneidad* es el tipo de influencias que se emplean sobre una persona para influenciarla a tomar una decisión. Nos ayudará en nuestro entendimiento del determinismo débil si usamos materiales citados previamente de Feinberg. Él explica:

> Por un lado, hay causas restrictivas que obligan a un agente a que actúe en contra de su voluntad. Por el otro lado hay causas que no obligan. Estas son suficientes para causar una acción, pero no obligan a una persona a que actúe en contra de su voluntad o sus deseos. Según los deterministas como yo, una acción es libre aun si está determinada causalmente mientras que las causas no la obligan. Se suele referir a este punto de vista como *determinismo suave*

> o *compatibilismo*, porque una acción humana que es genuinamente libre se ve como *compatible* con condiciones suficientemente no obligatorias que inclinen a la voluntad decisivamente en una dirección u otra.[52]

Feinberg habla de "causas restrictivas que obligan a un agente a que actúe en contra de su voluntad". Desde su punto de vista, causas que obligarían al agente a que actuase en contra de su voluntad solo existen en teoría. En el mundo real no existiría tal cosa porque Dios ha determinado todas las causas. Las causas que Dios determina, según Feinberg, nunca obligarían a una persona a que actúe en contra su voluntad. Dado que todas las causas en el determinismo ilimitado son determinados por Dios, no existiría un lugar para causas o influencias reales en nuestro mundo que coercerían a una persona.

Déjame repetir otra citación de Feinberg. Él expone:

> El principio fundamental del determinismo (y las formas variadas del calvinismo son tipos de determinismo) es que todo lo que ocurre, a la luz de las condiciones que preva, el agente no podría haberlo hecho distinto de lo que hizo. Para los deterministas siempre hay condiciones suficientes que inclinan decisivamente la voluntad del agente para escoger una opción u otra.[53]

Lo que compone el punto de vista determinista de Feinberg, como se veía de la última citación, es que ninguna decisión que jamás se hace podría ser distinta de lo que era. Cada acción se determina por Dios. Fienberg aclara este punto en otros lugares. Él comenta: "Dios decide lo que ocurrirá en nuestro mundo y luego asegura que sus decisiones se llevan a cabo".[54] Más adelante él se refiere con aprobación al pensamiento de Calvino: "Entonces, para Calvino la soberanía de Dios significa que él gobierna todas las cosas según su voluntad. Esto quiere decir no solo que Dios prevalece en los asuntos de la humanidad, sino también que él determina lo que ocurrirá en sus vidas. Esta determinación providencial se extiende a cada área de nuestras vidas".[55]

El determinismo suave niega la libertad de elección en el sentido que una persona podría haber hecho distintamente de que lo hizo. Estoy de acuerdo con Picirilli cuando dice: "Una decisión que en realidad solamente puede ir en una sola dirección no es una elección, y sin esta 'libertad' no hay personalidad".[56]

Mientras que el determinismo suave trata de presentase como menos severo que el determinismo fuerte, entre tanto que sigue siendo un "determinismo ilimitado" no puede escaparse de la crítica que he presentado previamente en contra del determinismo fuerte.

La base que expuse fue el hecho que es un determinismo *ilimitado*, no que fuera un determinismo *fuerte*. Cambiando de un determinismo "fuerte" a uno "suave" no se escapa de la crítica dirigida a todo determinismo qua determinismo. Por ejemplo, si una persona cree que la pena capital está mal, cambiando el método de ejecución de electrocución o ahorcamiento a inyección letal no le hace aceptable la pena capital. Puede que si la pena capital va a ocurrir a pesar de los mejores esfuerzos a pararla, que la persona opuesta a la pena capital prefiera una inyección letal más bien que otra forma de ejecución. Bien puede ser que una persona opuesta al determinismo ilimitado prefiera que se promueva el determinismo suave más bien que el fuerte, pero ella continuaría con todas las objeciones que tuviera en contra del determinismo ilimitado qua determinismo ilimitado.

DETERMINISMO LIMITADO

Como hemos visto previamente en este capítulo, Richard Muller cree en un determinismo limitado. Él limita el determinismo a la soteriología. Empleo parte de una citación empleada antes para demostrar cómo limita el determinismo. Él explica:

> La teología reformada solo insiste en que el principio de la vida redimida es únicamente la obra de Dios, y por tanto se distingue entre el decreto general de la providencia que establece todas las cosas, sean necesarias, contingentes o libres, y el decreto especial de la predestinación que establece la salvación por la gracia sola. Lejos de ser un determinismo rígido y metafísico de todas las acciones humanas, una forma de necesarianismo (que, de todos modos, nunca fue la doctrina reformada), la predestinación solo se aplica al tema de la salvación. Y la exégesis reformada de los pasajes bíblicos relacionados a la predestinación, lejos de indicar un determinismo de todas las acciones humanas, indica la determinación última de Dios en temas perteneciendo a la salvación.[57]

Parece que Muller restringe el determinismo al "principio de la vida redimida". No sólo declara que, en su propio pensamiento, se limita el determinismo a la soteriología e insiste que es la posición reformada o calvinista. Es obvio que muchos calvinistas no estarían de acuerdo con él en cuanto a esta limitación del determinismo.

Antes de evaluar la posición de Muller, daré una citación suya que llega al punto clave de su objeción al arminianismo. Él comenta:

> El Dios arminiano está cerrado dentro de una inconsistencia que desea genuinamente salvar a todo el mundo mientras que, al mismo tiempo, se obliga a sí mismo a un plan de salvación que él conoce de antemano, que sin duda, no puede efectuar su voluntad.... Por el otro lado, la doctrina reformada respeta el último misterio de la voluntad infinita de Dios, afirma la soberanía y la eficacia de Dios y enseña la consistencia soteriológica de la intención y voluntad divina con sus efectos.[58]

Aparentaría que, aparte del principio de la salvación, Muller creería en la *libertad de indiferencia*. Lo que él dice ciertamente apunta a tal conclusión. Si así es el caso, él creería aparentemente que Dios tiene un perfecto conocimiento previo de los actos libres de los seres humanos que no ha determinado.

La crítica principal de Muller en contra del arminianismo es el punto de vista arminiano que Dios tiene un deseo verdadero para la salvación de todos los seres humanos mientras que al mismo tiempo, Su conocimiento previo le informa que Su deseo para la salvación de todos no puede cumplirse. Eso sería un fracaso. Los soberanos no fracasan en llevar a cabo sus metas o propósitos. En el calvinismo, el deseo por la parte de Dios es solo salvar a las personas que Él ha elegido. Los deseos de Dios serán efectivos.

Parece entonces, como se relaciona al resto de la humanidad y las decisiones de los creyentes, además de las relacionadas al comienza de la salvación, que el concepto del libre albedrío expuesto por Muller no sería esencialmente distinto del punto de vista que yo mantendría. Las preguntas a las que a mí me gustaría tener respuestas son: ¿Tiene Dios un tipo de deseo en cuanto a la masa de incrédulos que no encajan en Su plan de elección? ¿Se cumplen estos deseos? O, ¿deberíamos decir que Dios no tiene deseos en absoluto para los que son incrédulos? ¿Están tan totalmente más allá de la preocupación de Dios de modo que no importa lo que hagan, a Dios le da igual?

La razón por la cual propongo estas preguntas es que si los que toman el punto de vista de Muller pueden admitir que hay cualquier incompatibilidad entre lo que un Dios soberano desea y lo que realmente ocurre, la pregunta sigue en pie: ¿Significaría que Dios ha perdido el derecho a Su soberanía? Si la respuesta es "No", nos ayudaría a nosotros (y a ellos) a entender que si Dios desea la salvación de todos y no ocurre, entonces tampoco quiere decir que Dios ha perdido el derecho a Su soberanía. Si el punto de vista del libre albedrío expuesto por Muller de los no elegidos y de muchas de las decisiones de los elegidos es lo que parece ser, aquellos que toman tal posición podrían hacer unas contribuciones significativas a nuestra comprensión de la relación entre la soberanía de Dios y el libre albedrío de Dios.

Otro punto para aclarar es que cuando se limita el determinismo a una elección incondicional, la persona que toma tal punto de vista debe aceptar la posición que Dios puede tener un conocimiento previo de los actos libres de los seres humanos. Ese es la única manera en que Dios podría conocer que los individuos, que Él elegiría, existirían. Es imposible que un individuo en particular exista aparte de haber tenido un cierto juego de padres, abuelos, bisabuelos, etc., hasta legar a Adán y Eva. En esa cadena de eventos, habrían habido numerosos actos libres de los que Dios debería haber tenido conocimiento antes de que Él pudiera saber que un individuo en particular existiría. Una vez que se reconoce que Dios puede tener conocimiento de actos humanos libres, no hay razón, en cuanto a que tiene que ver con el ejercicio del conocimiento previo, que Dios no podría haber empleado el enfoque de la elección condicional.

UNA OBSERVACIÓN

Pienso que sería muy provechoso si los teólogos calvinistas se declararían sobre si ellos creen en un determinismo ilimitado o un determinismo limitado. Nos ayudará a nosotros saber si solo creen en la *libertad de espontaneidad* o si creen que la *libertad de la indiferencia* se aplica a algunas áreas de la experiencia humana. Si la libertad de indiferencia se aplica a algunas áreas, ¿cuáles son estas áreas? Si la *libertad de indiferencia* tiene que ver con cualquier área en absoluto, en estas áreas serían provechoso si los calvinistas y los arminianos podrían entrar en conversaciones sobre: (1) La cuestión sobre el conocimiento previo de Dios de los actos libres de los seres humanos, (2) La cuestión de por qué es que la falta de obediencia de los agentes libres a Dios no significa que Dios ha perdido el derecho a Su soberanía y (3) El problema de la limitación del control soberano de Dios al área de la soteriología.

La Cuestión de Cómo Dios Podría Tener Conocimiento Previo de las Decisiones Libres de los Humanos

Como ya hemos observado previamente, muchos calvinistas funcionan con la presuposición de que es imposible que Dios tenga un conocimiento previo de las decisiones y actos libres de los seres humanos. Dado que estos calvinistas también creen que Dios tiene el conocimiento previo de todo que ocurrirá jamás, ellos creen que la única base para que Dios pueda tener un conocimiento previo es que Dios sea relacionado causalmente, por medio del determinismo divino, a todo lo que ocurrirá jamás en el futuro. Dios conoce el futuro porque es el que determina el futuro. Dado que todo lo que ha ocurrido, que ocurre y que jamás ocurrirá es determinado por Dios, estos calvinistas niegan el libre albedrío en el sentido de la *libertad de indiferencia*. Algunos arminianos, como hemos visto, también niegan que Dios pueda tener un conocimiento previo de las elecciones libres y de los actos de eventos humanos. Ellos terminan limitando la omnisciencia de Dios. La mayoría de los arminianos cree que el conocimiento previo de Dios incluye las decisiones libres de los seres humanos.

Ahora prestamos nuestra atención a algunos de los intentos que se han hecho para explicar cómo Dios tiene el conocimiento previo de las decisiones y los actos libres de los humanos.

EL CONOCIMIENTO PREVIO DE DIOS DE LOS ACTOS LIBRES SE BASA EN EL SER ETERNO DE DIOS

La manera más común de los teólogos para describir la eternidad de Dios es decir que es infinito con relación al tiempo, o quizás es intemporal. Se expone que Dios no tiene pasado ni futuro. Todo lo que tiene que ver con Dios es un eterno ahora. Se dice que el tiempo es una creación de Dios y que Dios terminará el tiempo. Se caracteriza el tiempo por el pasado, el presente y el futuro y tiene una sucesión de eventos. La eternidad solo tiene el ahora mismo, así no hay una sucesión de eventos.[59]

Algunos han usado este enfoque de la atemporalidad de Dios para explicar cómo Dios podría conocer los actos libres de los humanos antes de que ocurran. Geisler, uno que expone este punto de vista, explica:

> Porque lo que tenemos, lo que somos y lo que *escogeremos* está *presente* con Dios en su eterno ahora. Siendo así el caso, no hay problema con cómo un acto puede ser verdaderamente libre si Dios ha determinado en avance lo que ocurrirá. El conocimiento previo de Dios no preordena nada que *más tarde* le venga a la mente. Todo lo del tiempo está presente en la mente de Dios desde toda la eternidad. Realmente Dios no lo conoce de antemano; él simplemente lo conoce en su presencia eterna. Por lo tanto, desde su posición ventajosa Dios no está preordenando, sino simplemente ordena lo que los humanos hacen libremente. Lo que él ve, lo sabe. Y los que él sabe, él determina. Así que Dios *determina determinadamente y a sabiendas* lo que nosotros decidimos libremente.[60]

Los teólogos que exponen este punto de vista, como Geisler, explican que desde un punto técnico Dios no tiene presciencia de los actos libres dado que todo conocimiento es actual con Dios. No obstante, por nosotros, sería como un conocimiento previo.

Este punto de vista tiene problemas. La posición da a Dios *una percepción directa* de todo lo que ocurre. Esta percepción directa de lo que ocurre es la manera de Dios para conocer los eventos humanos, sean pasados, presentes o futuros a nosotros. Pero ¿qué de las contingencias que nunca ocurren? Para explicar lo inadecuado de este punto de vista de cómo Dios conoce los actos libres de los seres humanos, Arminio observa sagazmente:

> Sin embargo, ese razonamiento no resuelve todas las dificultades que pueden surgir en la consideración de estos asuntos. Porque Dios conoce también esas cosas que puedan ocurrir, pero que nunca ocurren, y consecuentemente no coexisten con Dios en la actualidad de la eternidad, que serían eventos excepto fueran entorpecidos, como es evidente de 1 Samuel xxiii, 12, en referencias a los ciudadanos de Keila, quienes hubieran entregado a David a las manos de Saúl, cual evento, no obstante, no ocurrió.[61]

Hay otro problema cuando se trata de usar la infinitud de Dios con relación al tiempo como base para Su conocimiento previo de los actos humanos libres. La pregunta es: ¿Es un punto de vista válido de la relación de Dios con el tiempo? ¿Cómo pueden ser los eventos eternamente actuales con Dios (como yo escribiendo este libro—y si es así, me está tomando mucho más tiempo que yo había pensado) cuando de hecho no siempre han existido? No tengo problemas reconociendo que Dios puede ver el pasado, el presente y el futuro con una viveza igual. Pero Él ve el pasado como el pasado. No tiene una realidad objetiva actual a Dios. Él ve el futuro con la misma viveza que el presente, pero lo ve como el futuro. Para Dios, el futuro no tiene una realidad objetiva. Si estas observaciones son correctas, el punto de vista de una Eterno Ahora no tiene mérito. (Vuelve a ver un trato más completo en el Capítulo 5, páginas 90-93.)

EL CONOCIMIENTO PREVIO DE DIOS DE ACTOS LIBRES BASADO EN EL CONOCIMIENTO MEDIO DE DIOS

Hoy día, uno de los proponentes principales de este punto de vista es William Lane Craig. Al promover su concepto del conocimiento medio, Craig tiene un propósito doble: (1) Él desea demostrar cómo Dios tiene verdaderamente una presciencia de los actos libres de los seres humanos, y (2) Él quiere presentar un punto de vista aceptable igualmente a los calvinistas y a los arminianos. En su intento, abriga la esperanza que haya un acercamiento más estrecho entre los calvinistas y los arminianos.

El fundador de este punto de vista fue el jesuita español Luís Molina (1535-1600). En cuanto a Molina, Craig escribe: "Por medio de esta doctrina él proponía evitar el error protestante de negar una libertad humana genuina, pero sin sacrificar la soberanía de Dios".[62] Craig nos llama la atención al hecho que Molina erró en cuanto a la soteriología. Entonces continúa diciendo:

> Pero, en efecto, estaríamos corto de miras si nuestra repugnancia de la soteriología de Molina nos cegara a su perspicacia en resolver la tensión entre las doctrinas de la soberanía divina y la libertad humana. Él aseveraba que podría afirmar igualmente esas dos doctrinas, y audazmente afirmó que si la iglesia primitiva hubiera conocido la doctrina del conocimiento medio, entonces ni el pelagianismo ni el luteranismo hubieran sugerido. La resolución de la tensión entre la soberanía de Dios y la libertad del hombre es un objetivo admirable que debería interesar a cualquier cristiano.[63]

Al seguir a Molina, Craig asevera que hay tres tipos de conocimiento divino. En el gráfico siguiente, él explica su punto de vista:

Los Tres Movimientos Lógicos en el Conocimiento de Dios

[lógico como distinguido del cronológico]

1. El Conocimiento Natural: El conocimiento de Dios de todos los mundos posibles. El contenido de este conocimiento es esencial a Dios.
2. El Conocimiento Medio: El conocimiento de Dios de lo que cada posible criatura libre haría bajo cualquier circunstancia y, por lo tanto, el conocimiento de esos mundos posibles que Dios puede crear. El contenido de este conocimiento no es esencial a Dios.

La Decisión Libre de Dios de Crear un Mundo

---

3. El Conocimiento Libre: El conocimiento de Dios del mundo real. El contenido del conocimiento no es esencial a Dios.64

El conocimiento natural de Dios es innato. Dios debe poseer el conocimiento natural porque si no, no sería Dios. Según Craig, el conocimiento natural incluye las leyes de la lógica. Para llegar al punto de cómo esta línea de pensamiento nos ayuda a comprender cómo Dios tiene el conocimiento previo de todos los eventos libres, él explica:

> El conocimiento natural de Dios incluye el conocimiento de todas las posibilidades. Él conoce todos los individuos posibles que podría crear, todas las circunstancias posibles en que los podría colocar, todas sus acciones y reacciones posibles y todos los mundos u órdenes posibles que podría crear. A Dios no le pudo faltar este conocimiento siguiendo a ser Dios; el contenido del conocimiento natural le es esencial.[65]

El conocimiento natural da a Dios el conocimiento de cada persona que podría componer todos los mundos posibles. El conocimiento medio le da a Dios un conocimiento de cómo cada persona respondería a cada encuentro hipotético. Como destaca Craig: "El conocimiento medio es el aspecto de la omnisciencia divina que compone el conocimiento de Dios, antes de cualquier determinación de la voluntad divina, de cualquier evento contingentes ocurriría bajo cualquier juego de circunstancias hipotéticas".[66]

Igualmente el conocimiento natural y medio son lógicamente previos a la decisión de Dios de crear uno de esos mundos posibles. Craig nos dice: "De hecho, la decisión de Dios de crear un mundo se basa en su conocimiento medio y en el segundo momento, consiste en su selección del mundo real, un mundo entre todos los mundos posibles conocidos a él."[67] Después (lógicamente después, no temporalmente después) de la decisión de Dios de crear, Dios poseyó el conocimiento previo del mundo que realmente crearía.

En todos los mundos posibles que Dios podría crear, los individuos fueron libres. Esto significaría que los individuos en el mundo que Dios escogió crear fueron libres. Aquellos que exponen este punto de vista creen que tienen una explicación para creer en el libre albedrío humano y en el conocimiento previo de Dios de los actos libres de los seres humanos. Dado que Dios escogió crear este mundo más bien que otro de los otros mundos que Él podría haber creado, se saca la conclusión que este mundo y *los individuos y sus actos libres fueron predestinados (o predeterminados)*—así preservando las preocupaciones igualmente del calvinismo y del arminianismo.

UNA EVALUACIÓN DEL ENFOQUE DEL CONOCIMIENTO MEDIO

Como lo veo yo, hay un fallo fatal en este acercamiento. Se encuentra el problema en la explicación del conocimiento natural. En una citación previa, Craig explica:

> El conocimiento natural de Dios incluye el conocimiento de todas las posibilidades. Él conoce todos los individuos posibles que podría crear, todas las circunstancias posibles en que los podría colocar, todas sus acciones y reacciones posibles y todos los mundos u órdenes posibles que podría crear.[68]

Una mirada cuidadosa de esta explicación del conocimiento natural de Dios revelará que ya se presupone la presciencia de Dios de las decisiones y los actos humanos. Vamos a limitar nuestra discusión a "Él conoce a todos los individuos que podría crear". Los únicos individuos que Dios podría haber conocido de antemano de la raza humana sin haber tenido un conocimiento previo de las elecciones y los actos humanos, si los seres humanos han de tener un libre albedrío, habrían sido Adán y Eva. Desde ese punto y en adelante las decisiones libres fueron involucradas en cada concepción y en cada nacimiento. Para Dios, saber que yo existiría requeriría un conocimiento de todos los actos libres desde Adán y Eva hasta mí, todos involucrados en cada matrimonio, cada concepción y en cada nacimiento del número incontable de abuelos, y de mis padres. Al saber todo esto, ya tenía conocimiento de las decisiones y los actos libres de los humanos.

Si mis observaciones son correctas, este punto de vista no formaría la base para una explicación de cómo Dios tiene el conocimiento previo de los actos libres de los seres humanos porque ya toma por sentado tal conocimiento previo en su definición del conocimiento natural de Dios. Los individuos ficticios (o sea, los individuos que solo son posibles teoréticamente) no tiene un libre albedrío. Estos están movidos por acá y allá, no por una propia voluntad suya, sino por la voluntad del que imagina su existencia.

EL CONOCIMIENTO PREVIO DE DIOS DE LOS ACTOS LIBRES: UN MISTERIO

La mayoría de aquellos que han creído en el conocimiento previo de Dios de las decisiones libres de los humanos no ha intentado exponer una explicación de cómo Dios fue capaz de tener este tipo de presciencia.

Arminio hace la concesión: "No entiendo el modo en que conoce las contingencias futuras y especialmente las que pertenece al libre albedrío de las criaturas, y que él ha decretado a permitir, pero no son de Él mismo.[69]

Déjame repetir un par de citaciones dadas previamente en este capítulo, donde Buswell, un calvinista, dice que no veía ningún problema en el conocimiento previo de los actos libres de los humanos. Él explica:

> Entonces a la cuestión de cómo Dios puede conocer un acto libre del futuro, contesto que no lo sé, pero tampoco sé cómo yo pueda tener un conocimiento por análisis, por inferencia de la razón o de otras causas, o de datos estadísticos informados por la intuición o (como se insiste por algunos) por ideas innatas. De todas maneras, el conocimiento es un misterio, y el conocimiento de Dios de los eventos libres en el futuro es simplemente otro misterio que se revela en las Escrituras. Tenemos una base buena y suficiente para aceptar, y ninguna fundación válida para rechazar, lo que la Escritura dice sobre este tema.[70]

Echo mi suerte con los que no entienden la forma en que Dios puede ver de antemano los actos libres. La Biblia bien lo aclara que Dios posee el conocimiento previo de todos los eventos futuros, incluyendo los actos libres. Berkhof nos lo recordaba en una citación previamente mencionada: "Es totalmente evidente que las Escrituras enseñan el conocimiento previo divino de los eventos contingentes: 1 Samuel 23:10-13; 2 Reyes 13:19; Salmo 81:14, 15; Isaías 42:9; 48:18; Jeremías 2:2, 3; 38:17-20; Ezequiel 3:6 y Mateo 11:21".[71]

Como podemos ver, la Biblia aclara que Dios tiene presciencia de las decisiones y los actos libres de los humanos. Creo que el conocimiento previo de Dios de los actos libres también implica necesariamente el hecho de que Dios tiene la presciencia de Sus propias acciones. Sería imposible que Dios tuviera conocimiento previo del enviar de Jesucristo al mundo aparte de un conocimiento de los actos libres de los seres humanos, esto es, excepto si una persona toma la posición de un determinismo ilimitado. Para Dios, tener el conocimiento previo de la identidad exacta de la naturaleza humana de Jesucristo requería que Él tuviera un conocimiento de Su ascendencia exacta. Para Dios, tener este conocimiento requeriría que tuviera una presciencia de todos los actos libres de los seres humanos.

No puedo explicar cómo Dios creó el universo *ex nihilo* (de la nada), pero lo creo. No sé cómo Jesús hizo Sus milagros, pero creo que Él los hizo. ¿Por qué debería yo preocuparme si no sé cómo Él tiene el conocimiento previo de las elecciones y los actos libres de los humanos? Como nos recuerda Buswell, hay mucho sobre nuestra propia habilidad de ganar conocimiento que nosotros no entendemos. A veces he hecho la frase que nuestro conocimiento de Dios es más adecuado por nuestras necesidades que por nuestra comprensión de la personalidad humana. No podemos llegar a consenso sobre si los seres humanos tienen libre albedrío, qué significa el libre albedrío, si los seres humanos son tricotómicos o dicotómicos o unitarios, qué es la personalidad humana y cómo cambia la personalidad.

Hay muchas cosas sobre Dios que no entendemos. No puedo comprender el hecho que Dios no tiene principio. No obstante, lo creo. No puedo pensar en Dios sino de esta manera. Aunque no entiendo cómo Dios tiene conocimiento previo de los eventos libres, sin embargo, lo creo. No puedo pensar en Él sino de esta manera. Puedo identificarme con Cottrell cuando dice: "Ciertamente Dios conoce todo sobre la vida de todo individuo. Él no puede evitar saber de antemano, sólo porque es Dios.[72]

Debemos todos estar de acuerdo que ¡hay algunas cosas sobre Dios que son inefables!

EL CONOCIMIENTO PREVIO DE DIOS NO DEBE SER IDENTIFICADO CON LA CAUSALIDAD DIVINA

Es importante que nos demos cuenta que la causalidad no puede ser atribuida al conocimiento previo. Ni puede la causa divina requerirse para el conocimiento previo. Estas conclusiones son necesarias si ha de existir la posibilidad de contingencias en la experiencia humana. Picirilli, quien reconoce una deuda a Jacob Arminio y Richard Watson, tiene un escrito excelente sobre este tema. Él explica: "El arminiano insiste en que haya cosas que realmente pueden ocurrir de una de dos sendas, y no obstante Dios sabe la dirección en que irán. Él conoce perfectamente todos los eventos futuros. Esto significa que todos los eventos son ciertos, si no Él no sabría lo que serán."[73]

Continúa diciendo:

> El arminiano insiste en que no haya conflicto entre lo "cierto" y la "contingencia" verdadera, aunque la explicación de esto requiere una discusión cuidadosa y técnica de tres términos importantes: certeza, contingencia y necesidad. La distinción entre estas tres tiene un papel importante en los temas relacionados a la predestinación. Yo me atrevería a decir que, en este asunto solo, hay más espacio para el mal entendimiento y más para ganar de la claridad que con casi cualquier otro punto de la disputa.[74]

Al explicar los términos "contingencia" y "necesidad", Picirilli comenta:

> Los actos libres de personas moralmente responsables son *contingentes*. Una contingencia es cualquier cosa que puede ocurrir realmente de más de una sola

manera. La libertad de decidir no contradice la certeza. La certeza se relaciona a la "realidad" de un evento, a *si* lo será o no; la contingencia se relaciona a su *naturaleza* como libre o necesaria. El mismo evento puede ser igualmente cierto y contingente al mismo tiempo.[75]

Explicando el término "necesario", él señala que:

Los eventos que pueden ocurrir de una sola manera, que inevitablemente deben ser como son, se llaman *necesarios*. Para tales eventos, hubieron causas que los precedieron que no permitieron libertad de elección, causas que necesariamente produjeron el evento. Cualquier tiempo en que Dios, por ejemplo, "hace" que algo ocurra de la manera que ocurre sin permitir otra eventualidad, ese evento es una necesidad.[76]

Continúa diciendo:

Dios conoce de antemano todo lo futuro como cierto. Esa certeza de los eventos futuros no se basa en su necesidad sino en que simplemente existen. Los eventos serán de la manera que serán, y Dios sabe lo que serán porque Él tiene, en avance, una consciencia perfecta de todos los hechos. Pero en sí, ese conocimiento, aunque es *pre*sciencia, no tiene más efecto causal sobe los hechos que el que nuestro conocimiento tiene sobre ciertos actos del pasado.[77]

Más adelante él dice:

El calvinista erra, de este tema, en sugerir que Dios conoce ciertamente el futuro sólo porque primero Él preordinó (predestinó) todo incondicionalmente. Pero confunde el conocimiento con la causa activa y así en efecto quita la contingencia. El conocimiento previo de Dios, en el sentido de presciencia, es una parte de Su omnisciencia e incluye todas las cosas como ciertas, lo bueno y lo mal, contingente y necesario. En sí mismo no es casual.[78]

Pienso que Picirilli ha establecido su caso. El conocimiento previo de Dios de los eventos significa que es cierto que ocurrirán, pero no hace que ellos sean necesarios. En este capítulo, ya se ha hecho referencia al hecho que Dios tiene conocimiento de las contingencias hipotéticas. Si la causa divina tuviera que ser la base para el conocimiento de lo que no es pasado ni presente, eso eliminaría el conocimiento de las contingencias hipotéticas. Eso significaría que cualquier referencia a casos hipotéticos de las Escrituras por Dios sería solo una conjetura informada. Tal punto de vista de Dios es impensable.

EL CONOCIMIENTO PREVIO DE LAS DECISIONES Y LOS ACTOS LIBRES HUMANOS NO SE BASA EN EL PAPEL DE UN ESPECTADOR

Es importante tener en cuenta que en la eternidad pasada Dios no observó el futuro como si fuera un mero espectador igual que hoy día no ocupa el papel de un mero observador. En la actualidad Dios está profundamente involucrado en lo que está ocurriendo. Como el Dios santo, amoroso, bondadoso, personal, omnipotente, omnisciente, sabio y soberano, Él está profundamente preocupado por e involucrado en lo que está ocurriendo en la raza humana. Hay consistencia entre todos los atributos de Dios y Sus acciones como el Soberano divino.

Dios no es un Ser impasible que no puede ser movido por las preocupaciones de los humanos. Él se siente afectado profundamente por la gente. Atiende a fondo por la gente porque es Su naturaleza ocuparse de ella. Él ama profundamente a las personas porque las creó a Su imagen por Su gloria. Él quiere que nosotros también nos sentemos afectados profundamente por las personas. Él siente el dolor y el sufrimiento de la gente. Él desea que nosotros también sintamos el dolor y los sufrimientos de las personas.

Es el tipo de Dios que he intentado describir ahora mismo quien vio de antemano el futuro desde toda la eternidad. Viendo el futuro, lo veía como iría progresivamente desarrollándose: (1) El resultado de Su actividad creadora y Su influencia divina. (2) El resultado de la influencia devastadora del pecado. (3) El resultado de la respuesta que los seres humanos darían como resultado de la obra redentora de Jesucristo, del ministerio del Espíritu Santo, del ministerio de la Palabra de Dios y del ministerio de los redimidos. (4) El resultado de todas las influencias que vendrían de las fuentes fuera de Dios mismo. (5) El resultado de la influencia que Él traería sobre la gente por medio de Su poder y Su sabiduría infinita. En aquel entonces, Él vio todo que ve y hace ahora. Él es el mismo Dios ahora que fue en aquel entonces. Todo lo que Él está haciendo ahora es tan real como lo sería si no lo hubiera conocido de antemano.

La Consistencia Entre la Soberanía de Dios y el Modelo de Influencia y Respuesta

Hasta este punto en este capítulo, pienso que han podido surgir algunas objeciones serias al modelo de *causa* y *efecto* en cuanto a cómo Dios planea y lleva a cabo Su plan para la raza humana. La pregunta ahora es: ¿Es consistente el modelo de *influencia* y *respuesta* con la soberanía de Dios? Creo que lo es. Quizás yo no pueda contestar todas las preguntas que se me presenten sobre este modelo, pero pienso que este modelo tendrá muchos problemas menos que el modelo de *causa* y *efecto*.

Un Punto de Clarificación

¿Son iguales las dos preguntas siguientes? (1) ¿Es el libre albedrío en el sentido de la *libertad de la indiferencia* consistente con la soberanía de Dios? (2) ¿Es el libre albedrío en el sentido de la *libertad de indiferencia* consistente con el determinismo divino? Si la única manera en que un Dios soberano puede mantener Su soberanía es tratar con los seres humanos por medio de un enfoque de *causa* y *efecto*, estas preguntas son esencialmente iguales, y la respuesta a las dos es no. No obstante, si un Dios soberano puede mantener Su soberanía por medio de un enfoque de influencia y respuesta, las preguntas no son iguales. La repuesta a la primera es sí. La respuesta a la segunda es no.

LA CUESTIÓN DE LIMITAR LA SOBERANÍA DE DIOS

Se suele tomar por sentado que si Dios va a otorgar el libre albedrío a los seres humanos en el sentido de la *libertad de indiferencia* impondría una limitación a la soberanía de Dios. Los arminianos frecuentemente hacen esta concesión. Mi primera pregunta a la sugerencia de una limitación es: ¿Qué tipo de limitación? ¿El uso de la palabra limitación significa que Dios sea más débil? Si es así, mi respuesta es que un Dios que puede otorgar una libertad verdadera y a la vez retener Su control soberano es un Dios mucho más grande que un Dios que debe limitar Su modo de control soberano al determinismo. Estoy de acuerdo con Cottrell cuando dice:

> No debemos pensar que el control de Dios varía según el grado que él cause las cosas o el nivel de libertad otorgado a sus criaturas. Si Dios no tiene el control *total*, él no es soberano. El asunto es si tal control total requiere un predeterminación o causalidad de todas las cosas. Contiendo que no lo hace; ¡la soberanía de Dios es *mayor* que eso![79]

Mi próxima pregunta con respecto a si el libre albedrío impondrá una limitación de Dios es: ¿Una limitación en comparación a qué? ¿Por qué es una limitación de Dios si Él decidiera gobernar a los humanos por medio de un modelo de *influencia* y *respuesta* más bien que un modelo de *causa* y *efecto*?

Los dos modelos tienen unas diferencias significativas. Si Dios hubiera elegido hacer el hombre como una maquina con un conocimiento consciente, Su control soberano podría haber procedido con una precisión absoluta. Habría habido una correlación absoluta entre la *causa* y el *efecto* en cuanto a cómo se habría experimentado por los seres humanos. Como es obvio, ¡nadie diría que todo lo que vemos que sucede en el mundo actual está en conformidad exacta al deseo de un Dios santo y de amor! Esto es un fallo fatal del determinismo ilimitado, sea fuerte o suave.

Según el modelo de *influencia* y *respuesta*, habría sido posible que Adán y Eva y la raza humana hubieran vivido una vida de obediencia absoluta. Esto comportaría con una *libertad de indiferencia*. Pero, bien como sabemos, en realidad no salió de esta manera. Pero no significó el fin de la soberanía de Dios. Sí, significó que Él tenía que llevar a cabo con la advertencia que dio a Adán y Eva cuando dijo: "pero del árbol del conocimiento del bien y del mal no comerás, porque el día que de él comas, ciertamente morirás" (Génesis 2:17, NBLA).

En el modelo de *influencia* y *respuesta*, una vez que el pecado entró en el cuadro, no existiría una correspondencia exacta entre el deseo divino y la respuesta humana. La soberanía divina tomó una dirección nueva. Dios puso a los seres humanos bajo la sentencia de la muerte y maldijo al mundo. De Génesis 3:15, hizo una promesa a Adán y Eva, que sabemos a la luz de una revelación adicional, que involucró la promesa de la redención por medio de Jesucristo. Dios continúa adelante con Su plan para la raza humana. Se cumple por medio del modelo de la influencia y la respuesta.

EL MODELO DE LA INFLUENCIA Y LA REPUESTA Y EL CUMPLIMIENTO DE LOS PROPÓSITOS SOBERANOS DE DIOS

Una de las preguntas más importantes que los teólogos deben contestar es: ¿Es el modelo de *causa* y *efecto* la única manera en que un Dios soberano puede llevar a cabo Sus propósitos? O, ¿puede Dios obrar efectivamente para llevar a cabo Sus propósitos por medio del modelo de *influencia* y *respuesta*?

No hay razón absoluta porque un Dios soberano no pueda llevar a cabo Sus propósitos soberanos mientras emplea un modelo de *influencia* y *respuesta*. Una vez que el pecado entró en el cuadro, no habría una correlación precisa y exacta entre los deseos de

Dios y la acción humana. Decir lo que estoy diciendo no es lo mismo que decir que Dios no realizará lo que el tiene planeado. *¡El plan de Dios no será frustrado!*

Si Dios va a ser soberano, y puedo imaginar a Dios sin ser soberano, Él debe poder hacer planes y logarlos. No puede ser al revés. No obstante, si Dios obra con los seres humanos a través del modelo de *influencia* y *respuesta* conforme igualmente con la *libertad de la espontaneidad* y la *libertad de la indiferencia*, de necesidad emplearíamos criterio distinto para juzgar Su eficacia como soberano que haríamos si Él operase por medio de la causa y el efecto.

El modelo de *causa* y *efecto* esperaría una correlación entre el deseo de Dios y lo que sigue. Se requiere el determinismo para el modelo de *causa* y *efecto*. El fallo más pequeño entre el deseo de Dios y lo que sigue significaría el derrumbe de la soberanía de Dios.

Con la *influencia* y la *respuesta*, hay una correlación entre lo que Dios planea hacer y lo que sigue. Si Dios dice que algo ocurrirá, ocurrirá. Pero esto no es lo mismo que decir que hay una correlación exacta entre lo que Dios desea y lo que ocurre. Pienso que sin temor a equivocarme puedo decir que Dios no desea que sucedan la mentira, el odio, el asesino, la violación y el robo. Al mismo tiempo, esto no significa que Dios no logrará los propósitos que Él propone hacer.

Los logros que Dios mismo prepone hacer, como se relacionan a los seres humanos, se explican mejor por medio del modelo de *influencia* y *respuesta*. Dios propuso crear a los seres humanos con un libre albedrío. Propuso que ellos fueran libres a obedecerle o a desobedecer, a agradar o desagradarle. Sucedió que Adán y Eva desobedecieron a Dios. Obviamente Dios no deseó que le desobedeciesen. Tal actitud sería prohibida por Su santidad. Su desobediencia no quería decir que Dios dejara de ser soberano.

Dios no fue tomado desprevenido. Él sabía lo que ocurriría. Puso en moción el proceso que resultaría en el plan de redención por medio de Jesucristo. El plan se basó en el hecho que Jesucristo pagaría la pena completa por los pecados de los seres humanos. Él proveería la justicia absoluta para satisfacer la demanda para la justicia absoluta. Él ofrecería esta salvación gratuitamente a todos los que creerían en Jesucristo. Él daría este mensaje para predicarse. Él enviaría al Espíritu Santo y Su obra para atraer a las personas a Cristo a través de la predicación del evangelio. Todo esto Él haría dentro del modelo de *influencia* y *respuesta*. El último resultado de todo esto sería "de reunir todas las cosas en Cristo, en la dispensación del cumplimiento de los tiempos, así las que están en los cielos, como las que están en la tierra" (Efesios 1:10). Todo esto se está haciendo "conforme al propósito del que hace todas las cosas según el designio de su voluntad" (Efesios 1:11).

Muchos parecen pensar que Dios sería impotente al momento de llevar adelante Su propósito soberano si empleara la *causa* y *efecto*. Se ve que tal conclusión no es necesaria debido a la manera en que los humanos funcionan. La gente lleva a cabo sus quehaceres por medio de la *influencia* y la *respuesta*. Se realizan muchas cosas por esta manera. Los contratistas firman contractos y construyen edificios. Para lograr estas metas, tienen que influenciar a obreros para que trabajen por ellos.

Necesitan adiestrarles para hacer la labor asignada. Puede que no siempre consigan a los obreros ideales para la tarea. Pero alquilan a otros. Siguen adelante para terminar con el proyecto.

Los contratistas humanos pueden tratar con las personas que son libres en el sentido de la *libertad de indiferencia* por medio del modelo de *influencia* y *respuesta*. Si los contratistas pueden hacerlo, ¿no puede un Dios soberano y sabio realizar Sus propósitos con las personas que son libres en el sentido de la *libertad de indiferencia* por medio del modelo de *influencia* y *respuesta*?

Creo que en estas últimas páginas he establecido mi caso para la posición de que no se requiere que un Dios soberano y sabio deba emplear el modelo de causa y efecto para mantener Su soberanía y lograr Sus propósitos. Creo que Dios puede y hace Su obra por medio del modelo de influencia y respuesta. Siendo así el caso, no hay razón que un Dios soberano no pueda hacer uso de la elección condicional.

Ahora vamos a prestar nuestra atención a la segunda suposición del calvinismo.

Una Respuesta a la Segunda Suposición del Calvinismo

La segunda presuposición del calvinismo es que la depravación total excluye una respuesta de fe del pecador excepto si está primeramente regenerado por el Espíritu Santo. Como señalé previamente, el punto de vista que la naturaleza de la depravación requiere que el pecado esté regenerado antes de que pueda responder con fe tiene sus orígenes con Agustín.

Al colocar la regeneración antes que la fe, se plantean unos problemas serios para el calvinismo. Ya se trató esto en el capítulo 13. Volveré seguidamente a exponer de nuevo este problema. Para un trato más completo, por favor refiérete a "Una Inconsistencia en el Calvinismo" (páginas 346-349).

Al calvinismo se le enfrentan dos supuestas imposibilidades importantes. (1) Es imposible que una persona crea si no ha sido regenerada. (2) Es imposible que ocurra la santificación previamente a la justificación. Un calvinista clásico no argumentará en contra de cualquiera de estas dos frases. En el capítulo 13, expuse una base para estas dos aseveraciones de Robert Haldane y Louis Berkhof. No se puede cuestionar los credenciales de estos dos hombres.

En el calvinismo clásico, el orden es la regeneración, la fe, la justificación y la santificación. *Al colocar la regeneración antes que la justificación el calvinismo tiene un problema.* Por definición de cualquiera, la regeneración es una experiencia que cambia la vida. Berkhof nos dice que "la regeneración es el comienzo de la santificación".[80] Si la regeneración es el comienzo de la santificación, esto quiere decir que el calvinismo clásico tiene el proceso de la santificación antes de que ocurra la justificación. ¡Esto no puede ser!

En general los calvinistas se han adherido al punto de vista de la satisfacción de expiación y justificación. Si una persona es consistente en el desarrollo de las implicaciones del punto de vista de la satisfacción de redención, está claro que Dios no puede llevar a cabo la regeneración (un acto de la santificación) en una persona antes de que ella esté justificada. Dios sólo puede entrar con Su gracia santificadora después de que el problema de la culpa esté satisfecho por la justificación. Pensar de una manera contraria es violar la ley de la no-contradicción. Me doy cuenta que cuando hablamos del *ordo salutis* (el orden de la salvación) hablamos sobre un orden lógico más bien que un orden cronológico. Pero ¡aquel orden lógico es inviolable!

La regeneración no es un acto de Dios que prepara el camino para la regeneración. Es un acto redentor. Encomiendo al calvinismo por mantener el punto de vista de la satisfacción de expiación y la imputación de la muerte y la justicia de Cristo como la base de la justificación. Creo que ellos deberían volver a examinar la cuestión de si *el acto redentor de regeneración* puede ser llevado a cabo antes de que la muerte y la justicia de Cristo estén verdaderamente imputadas a su cuenta.

LA NECESIDAD DEL PODER DE ATRAER DEL ESPÍRITU SANTO

Es evidente que no es un asunto sencillo que una persona, bajo la esclavitud del pecado, sea atraído o llevado a ejercer la fe salvífica. Jesús recalca este punto cuando dijo: "Ninguno puede venir a mí, si el Padre que me envió no le trae; y yo le resucitaré en el día postrero" (Juan 6:44).

No nos atrevemos a tomar a la ligera la depravación de los humanos. Aparte del poder del Espíritu Santo en atraer, nadie vendría a Cristo. Si una persona no puede poner la fe en Cristo sin *primero* estar regenerada por el Espíritu Santo, aquellos que creen en el punto de vista de la satisfacción de la expiación y la justificación tienen problemas, como ya hemos visto. Para que una persona sea regenerada *antes* de que sea justificada se contradice la prioridad lógica de la justificación a la santificación. Para evitar esta contradicción, hay que encontrar una manera para colocar la justificación antes que la regeneración. Creo que con el modelo de influencia y respuesta podemos mantener un punto de vista sano de la depravación y al mismo tiempo proceder con el mismo *ordo salutis*: la fe, la justificación, la regeneración y la santificación.

Sabemos que Adán y Eva fueron creados con la justicia original. Tuvieron una naturaleza justa y sin pecado. Por medio de un ataque satánico por medio de la serpiente, Eva respondió de una manera que *contradijo* su naturaleza justa. Ella desobedeció a Dios y obedeció a la serpiente. Entonces, Adán siguió el ejemplo de Eva de una manera que contradijo su naturaleza justa. Todo esto ocurrió por medio de una relación de *influencia* y *respuesta*. Satanás influyó a Adán y Eva y ellos respondieron.

Es un hecho histórico que Adán y Eva, por medio de la influencia de Satanás, actuaron contrariamente a su naturaleza. Satanás no hizo ningún acto transformador sobre ellos para darles una naturaleza depravada, haciendo posible que ellos pudieran pecar. Reconocemos que Adán y Eva, por medio de la influencia satánica, una influencia que en sí no cambió su naturaleza, llegaron a pecar. ¿Diremos que Dios no puede, sin regenerar primero a los pecadores, influenciar a los pecadores por medio de la Palabra de Dios y por medio del Espíritu Santo, de modo que algunos de los pecadores actuarán en contra de su naturaleza pecaminosa y llegarán a Cristo? ¿Cómo puede una persona reconocer la realidad de lo que les ocurrió a Adán y Eva y entonces negar la posibilidad de que una persona pueda ejercer la fe salvífica por medio de la ayuda del Espíritu Santo sin ser regenerada primero?

Dios creó a los seres humanos a Su imagen. Les hizo seres personales. Le creó para vivir en una relación de *influencia* y *respuesta* consigo mismo. Mientras que la depravación coloca a los humanos en un estado que requiere ayuda divina antes de que puedan responder al evangelio, no hay razón para creer que Dios puede continuar obrando con los seres humanos conforme al modelo de *influencia* y *respuesta*. Esta realidad es la única que es consistente con el hecho que los seres humanos son personales.

La imagen de Dios continúa en las criaturas caídas y puede ser alcanzada por las enseñanzas morales de la Biblia; por el mensaje del pecado y la culpa; por la provisión de Dios por medio de Jesucristo y por la oferta de la salvación por medio de Cristo por la fe sola. Cuando este mensaje confronta a los pecadores, el Espíritu Santo obrará para atraer a los pecadores a Cristo. A ellos, se les puede llevar a aquel punto en que pueden decir sí o no.

Para aclarar bien que promuevo un punto muy serio del pecado y de la depravación, citaré aquí lo que escribí en el capítulo 9, bajo el subtítulo: "El Problema de Exponer una Descripción Sencilla del Hombre Caído" (página 205-207).

> Queda claro que el hombre cayó del estado de santidad a un estado de pecado (Isaías 53:6; Romanos 3:23). Está claro que el pecado ha colocado al hombre bajo condenación ante Dios (Romanos 6:23; Apocalipsis 21:8). Es muy evidente que el hombre caído no puede agradar a Dios y no tiene compañerismo con Dios (Efesios 2:1-3; Romanos 8:7, 8). Se ve claramente que el hombre caído no puede volver o regresar a Dios sin el poder del Espíritu Santo para atraerle (Juan 6:44). Queda claro que una obra tan drástica de ser llamado a un nuevo nacimiento se requiere para la salvación del hombre (Juan 3:3-7). Pero también vemos áreas donde el estado y la condición del hombre no se comprenden tan claramente.

Pienso que he demostrado que los calvinistas tienen un problema profundo cuando colocan la regeneración, que obviamente incluye la santificación, delante de la justificación en el *ordo salutis*. Este problema en sí debería significar un golpe mortal para la insistencia de los calvinistas clásicos que la regeneración debe preceder la fe y la justificación. Creo que se ha mostrado que no hay razón para creer que Dios no puede emplear el modelo de la influencia y la respuesta en Su obra para llevar a los pecadores a Cristo.

Una Respuesta a la Tercera Suposición del Calvinismo

La tercera suposición del calvinismo es que la única manera en que la salvación puede ser libre es a través de una elección incondicional. Mi trato de la expiación y la justificación del capítulo 11 debería haber establecido muy claramente que creo que la justificación es un don. Es por la gracia. Ni una sola cosa que yo haya hecho o jamás haré se coloca a mi cuenta con Dios como una parte del precio de mi redención. La única manera en que Dios, como Juez Supremo del universo, puede justificar a un miembro de la raza humana caída es que tenga la justicia y la muerte de Cristo marcadas en su cuenta. Ésta y sola ésta es la base para la justificación. Es esto y nada más. La justificación es por *Cristo solo* por (condicionada en) la *fe sola*. ¡Esta es la gracia pura y sin corrupción!

¿Hay alguien que realmente vaya a insistir en que si Dios requiere la fe en Cristo *como una condición para recibir* la muerte y la justicia de Cristo que tal requisito significara una justificación por las obras? ¿No insiste Pablo en Romanos 4 que ser justificado por la fe (la fe como una condición, no la base) no va en contra de una justificación por las obras? Aun un calvinista cree que la fe es una condición de la salvación.

Previamente en este capítulo señalé que la elección incondicional enseñada en el calvinismo parece basarse en tres suposiciones. Estas tres son: (1) Que la soberanía de Dios requiere una elección incondicional y así excluye una elección condicional. (2) Que la depravación total excluye la respuesta de fe por parte del pecado si se no ha estado primeramente regenerado por el Espíritu Santo. (3) Que el hecho de que la salvación es un don excluye una elección condicional. Noté que si estas tres suposiciones no son verdaderas, el calvinismo tiene problemas. Creo que he demostrado que estas tres suposiciones no tienen base firme.

Ahora quiero que prestemos nuestra atención a la cuestión de los decretos en el pensamiento arminiano.

Tipos de Decreto Consistentes con la Teología Arminiana

Los decretos de Dios son Su propósito o Sus propósitos eternos. Los decretos se podrían llamar la voluntad eterna de Dios o Su plan eterno. Consideraré tres tipos básicos de decretos: decretos eficaces, decretos para influenciar y decretos de permitir.

DECRETOS EFICACES

Los decretos eficaces son los en los cuales Dios decreta que ciertas cosas ocurrirán. En estos decretos, Dios mismo será responsable para su cumplimiento. Hay dos tipos de decretos eficaces: decretos eficaces incondicionales y decretos eficaces condicionales.

DECRETOS EFICACES INCONDICIONALES

Los decretos eficaces incondicionales no dependen de cualquier condición para su cumplimiento. La obra de creación sería un ejemplo de este tipo de decreto. La provisión del infierno para los impíos y la provisión de la redención por medio de Jesucristo serían ejemplos de este tipo de decreto.

Debido al conocimiento previo divino del pecador, por la necesidad de Su naturaleza santa, Dios decretó la preparación del infierno para los impíos. Con la ocasión del conocimiento previo de Dios del pecado, fue movido por su amor a decretar la provisión de la expiación.

Una Nota: Se puede ver por el uso del conocimiento previo en estos dos decretos eficaces incondicionales que el conocimiento previo fue empleado en "el determinado consejo y anticipado conocimiento" de Dios (ver Hechos 2:23). En este caso no nos es necesario considerar como causal el conocimiento previo. Es posible pensar en el conocimiento previo como instrumental en el decreto para predestinar la crucifixión de Cristo. En este caso el conocimiento previo supliría a Dios con la información que le sería necesario para planear la provisión de la expiación por medio de la muerte de Cristo. Por medio de Su conocimiento previo Dios podría decretar la muerte de Cristo de manera en que no violaría la libertad de elección de las personas que se involucrarían.

DECRETOS EFICACES CONDICIONALES

Con los decretos eficaces condicionales, Dios decretó eficazmente que ciertas cosas ocurrirían bajo ciertas condiciones. Se hicieron estos decretos porque Dios, basándose en Su conocimiento previo, sabía que estas condiciones serían cumplidas. Un ejemplo de este tipo de decreto sería la justificación y la regeneración de una persona cuando cree en Cristo. Es por esta razón que puedo decir que la justificación y la regeneración del creyente fueron decretadas eficazmente. La justificación y la regeneración son monergísticas. Son la obra solamente de Dios.

DECRETOS PARA INFLUENCIAR

Los decretos de influir se refieren a la acción de Dios por medio del cual Él obraría con Sus criaturas responsables para llegar a las respuestas deseadas. Mientras que hay una respuesta deseada por parte de Dios, tal respuesta no está garantizada por la influencia de Dios. El poder del Espíritu Santo para atraer a los incrédulos cuando leen o escuchan el evangelio sería un ejemplo de este tipo de decreto. No he visto esta terminología (ni un sinónimo) en ningún otro lugar. No creo que podamos entender exitosamente la manera en que Dios obra con el hombre aparte de este decreto o por un decreto con nombre distinto pero que dice la misma cosa. Es la falta de tolerancia de una idea de este tipo que coloca al calvinismo en una posición tan inadecuada para explicar el origen del pecado sin hacer que Dios fuera el responsable del pecado.

DECRETOS PARA PERMITIR

Estos decretos tienen referencia a la acción de Dios de permitir ciertas cosas, pero no llevándolas eficazmente al cumplimiento. Todos los eventos que Dios conoce de antemano (que abarcan todo lo que alguna vez sucederá) son decretados eficazmente o son permitidos. Todos los actos de los seres humanos (o agentes libres) se encuentran bajo este permiso, *sean malos o buenos.*

Mientras el *permiso* y los *eventos* que siguen, sean malos o buenos, son decretos, los dos no son decretos exactamente en el mismo sentido. El permiso, en sí, es un acto divino. Los eventos que siguen, que son nuestra condición actual, son actos humanos—algunos de obediencia y algunos de desobediencia. Con relación a estos actos que son buenos, Dios tiene la relación de influencia y permiso. Con relación a los actos malvados, la relación de Dios a su ocurrencia es solo de permiso.

William G. T. Shedd dice: "Los decretos permisivos se relacionan únicamente al mal moral. El pecado es el objeto único y solitario de esta especie de decreto".[81]

Se equivoca al limitar el permiso sólo a la desobediencia. Los decretos para influir y los decretos para permitir son la manera de Dios para tratar con personas creadas a Su imagen. Se les permite obedecer o desobedecer. Se les permite ser buenos o malos administradores. De esta manera, algunas cosas ocurren que agradan a Dios y otras cosas suceden que le desagradan. Le agradó a Dios crear al hombre a Su propia imagen y darle una elección en los asuntos. El plan le agradó a Dios. Pero Él no está complacido con los hechos pecaminosos de los seres humanos.

Un Orden de Decretos Consistente con el Arminianismo

En su primer capítulo de su *Teología Sistemática*, Henry C. Thiessen adoptó una forma modificada del sublapsarianismo. Él explica:

> Creemos que los decreto son de este orden: 1. El decreto a crear. 2. El decreto de permitir la caída. 3. El decreto a proveer la salvación para todos y 4. El decreto de aplicar esta salvación a algunos, a aquellos que creen.[82]

Thiessen modificó el cuarto punto del sublapsarianismo para conformarse con su doctrina de la elección condicional. Esta modificación del sublapsarianismo sería compatible con el arminianismo.

Conclusión

Creo que en este capítulo he demostrado que no hay razones a priori que prohibirían que Dios obrara por medio del enfoque de la elección condicional. La pregunta que nos queda es: ¿Qué enseña la Biblia de la elección? Este es el tema de los próximos dos capítulos.

16

Un Desafío al Apoyo Exegético a la Elección Incondicional

En el último capítulo, traté los problemas teológicos que se han de investigar en un estudio de la elección. Se expusieron los puntos de vista de la elección incondicional y los de la condicional. Se prestó atención a los decretos, el determinismo, la soberanía de Dios, el significado del libre albedrío, etc. Expuse dos modelos distintos en cuanto a la manera en que Dios lleva a cabo sus propósitos soberanos con los seres humanos: el modelo de *causa* y *efecto*, y el de *influencia* y *respuesta*. Se sirve mejor la elección incondicional por el modelo de causa y efecto. Se sirve mejor la elección condicional por el modelo de *influencia* y *respuesta*. Creo que el modelo de *influencia* y *respuesta* mantiene mejor la coherencia teológica.

La pregunta principal que enfrentamos es: ¿Qué enseña la Biblia? La prueba final de un punto de vista teológico es: ¿Puede satisfacer la prueba de la exégesis bíblica?

Si tienen razón los defensores de la elección incondicional, ha de existir por lo menos un pasaje bíblico que enseñe irrefutablemente una elección incondicional. Creo que los calvinistas estarían de acuerdo con que ellos consideran Romanos 9 como el pasaje que enseña incuestionable e irrefutablemente una elección incondicional. Se considera Romanos 9 como la base del calvinismo.[1]

La cuestión que se debe decidir es: "¿Enseña Romanos 9 una elección incondicional?" Una vez determinada esta respuesta, examinaremos otros pasajes.

En el año 1987, escribí un comentario sobre la Carta a los Romanos.[2] En el proceso de escribir ese libro, examiné unos cuarenta comentarios sobre Romanos 9. Como resultado de ese estudio, llegué a la conclusión de que un 80 por ciento de los comentarios exponen el punto de vista de una elección incondicional. Si la elección incondicional se establece como el punto de vista correcto, creo que tiene que tratar adecuadamente y con integridad lo que enseña Romanos 9.

El argumento en favor de una elección incondicional en Romanos 9 depende del significado de la pregunta que Pablo hace en el versículo 14.

El Calvinismo sobre Romanos 9:14

En Romanos 9:14, Pablo hace la pregunta: "¿Qué, pues, diremos? ¿Que hay injusticia en Dios? En ninguna manera." Si nos equivocamos en cuanto al significado de la pregunta del versículo 14, es probable que sacaremos una conclusión distinta de lo que Pablo quiso decir. Nos es absolutamente necesario comprender por qué Pablo hace esta pregunta (v. 14) si vamos a poder entender cuál es la contribución de Romanos 9 a nuestro entendimiento de la elección.

Los que defienden una elección incondicional suponen que Pablo está preguntando si Dios era injusto al haber elegido, de una manera incondicional, a Jacob, mientras rechazó a Esaú. Robert Haldane explica: "El apóstol preveía las objeciones de la mente carnal en cuanto a esta doctrina. ¿El hecho de amar a Jacob y aborrecer a Esaú, aún antes de que hubiera hecho ni bien ni mal, implica que hay injusticia en Dios?"[3] Everett F. Harrison observa: "El trato de Dios con Jacob y Esaú podría ser cuestionado como arbitrario sobre la base de que Esaú fue objeto de la injusticia".[4] William S. Plumer dice: "Este es el significado: ¿Manifiesta el trato de Dios de Isaac y Jacob una injusticia hacia Ismael y Esaú?"[5] William G. T. Shedd explica: "Se plantea la objeción de que en tal discriminación, como entre Jacob y Esaú, que Dios actuó de una manera injusta".[6] John Piper comenta: "Cuando Pablo dijo que Dios eligió bendecir a Jacob y no a Esaú aparte de cualquier base en sus acciones sino sólo sobre la base de su elección (*ek tou kalountos*, Romanos 9:12), su oponente objetó que tal acción pondría en tela de juicio la justicia de Dios (9:14)".[7]

Es obvio que estos comentaristas son de la opinión que de haber expuesto la elección de Jacob y el rechazo de Esaú (vv. 10-13), Pablo ha establecido la doctrina de una elección incondicional. Creen que la pregunta hecha por Pablo (v. 14) trata una objeción a la doctrina de la elección incondicional.

El Contexto de la Pregunta en Romanos 9:14

Esta es la pregunta que enfrentamos: ¿Es correcta la interpretación calvinista? Si, de hecho, Pablo está sugiriendo la pregunta de si Dios es injusto al elegir incondicionalmente a Jacob para la salvación mientras que no extiende el mismo privilegio a Esaú, entonces el calvinismo ha ganado el debate. Es así porque la elección incondicional ya estaría implicada en la pregunta de Romanos 9:14. No cedo que el calvinismo tenga razón en relación a este pasaje porque creo que la interpretación calvinista *se ha equivocado* en cuanto al versículo 14, precisamente porque se ha equivocado en su interpretación de los versículos 6-13, particularmente en los versículos 11 y 12. Un entendimiento detallado de los versículos 6-13 debería ayudarnos a comprender por qué Pablo expuso la pregunta en cuanto a si Dios es injusto en el versículo 14 o no.

Tres Puntos de Vista de los Versículos 9-13 Relacionados a la Elección

Básicamente han habido tres puntos de vista expuestos para este pasaje (vv. 6-13) en relación a la elección. Se ha prestado la atención principal en cuanto a cómo este pasaje llega a su culminación en los versículos 10 y 11.

(1) La mayoría de las personas que cree en la elección condicional ha tomado la posición de que este pasaje no tiene nada que ver con la elección o con el rechazo de los individuos para salvación. Más bien, se entiende que el pasaje se refiere a la elección de Jacob como el tercero de los antepasados patriarcas (los otros dos siendo Abraham e Isaac) de la nación Israel. Así que la simiente del pacto de Abraham fue escogida por medio de Jacob más bien que Esaú. Jacob fue escogido como el tercer patriarca. Esaú fue rechazado con el resultado de que sus descendientes no formaron parte de la simiente del pacto de Abraham. (Ve Clarke,[8] Godet,[9] y Sanday y Headlam.[10])

(2) Algunos que exponen una elección incondicional, están de acuerdo de que este pasaje trata la elección de Jacob como el tercera patriarca cabeza de la simiente del pacto de Abraham y que Esaú fue rechazado de esta posición. Sin embargo, este punto de vista sigue en ver a Jacob y Esaú como tipos. Explica Shedd:

> Jacob y Esaú, al igual que Isaac e Ismael, son *tipos* de dos clases de los cuales se ha hablado: es decir, los "hijos de la promesa" y los "hijos de la carne" (v. 8). La elección teocrática de Isaac y de Jacob ilustra la elección espiritual de los individuos; y la condenación teocrática de Ismael y Esaú ilustra la condenación espiritual de los individuos.[11]

Hodge también toma esta posición.[12]

(3) El punto de vista más común entre los que exponen una elección incondicional es entender que el pasaje tiene que ver directamente con la elección incondicional más bien que lo sostiene por medio de una analogía. Hendricksen,[13] Murray,[14] y Piper[15] sostienen este punto de vista.

Examinemos seriamente los versículos 6-13 para ver el contexto para la pregunta del versículo 14.

El Problema Judío

LA CREENCIA QUE EN EL PACTO ABRAHÁMICO, DIOS PROMETIÓ INCONDICIONALMENTE LA VIDA ETERNA A TODOS LOS JUDÍOS

Note: El versículo 7 hace referencia a la descendencia de Abraham, diciendo: "En Isaac te será llamada descendencia". La palabra griega traducida por descendencia es *sperma*. Las versiones españolas lo traducen por "descendiente" aunque podría traducirse por "simiente". Dado que la terminología de algunas versiones inglesas es "la simiente de Abraham" y que tal expresión se ha quedado tan empleada en la literatura escatológica, emplearé el término "la simiente de Abraham" en esta investigación, excepto cuando cito otras fuentes.

Para saber por qué Pablo hizo la pregunta del versículo 14, necesitamos repasar el contexto. En los versículos 1-3, Pablo expresó su preocupación profunda en cuanto al hecho de que muchos judíos no se salvaron. Esto produjo un problema serio para los judíos. Los judíos incrédulos no estaban preparados para tal observación. Que tal número grande de judíos, que formaron el pueblo del pacto de Dios, sería perdido y encontrado bajo la ira de Dios les fue impensable.

Observaciones Sobre el Entendimiento Judío de la Salvación

En el Nuevo Testamento nos confrontan dos conceptos que parecen contradictorios y relacionados al punto de vista judío de su propia salvación. El primero es el concepto de la salvación incondicional de todos los judíos como la simiente de Abraham. Fue ese punto de vista que hizo que Juan el bautista dijera: "Haced, pues, frutos dignos de arrepentimiento, y no penséis decir dentro de vosotros mismos: 'A Abraham tenemos por padre'; porque yo os digo que Dios puede levantar hijos a Abraham aun de estas piedras" (Mateo 3:8-9; ve también Juan 8:33-40).

El otro punto de vista es que ellos dependían de sus propias obras. Pablo expone este punto de vista cuando dijo: "pero Israel, que iba tras una ley de justicia, no la alcanzó. ¿Por qué? Porque *iban tras ella* no por fe, sino *como* por obras de la ley..." (Romanos 9:31-32).

Parece que aún su pensamiento sobre la salvación por las obras no se refería a la salvación de un individuo judío por las obras. Más bien, la referencia parece ser de una justicia colectiva. Ese sentido contundente de una justicia colectiva corriente entre los judíos puede verse en el libro apócrifo de 2 Esdras donde el escritor expresó su perplejidad en cuanto a lo que le parecía ser un trato preferencial dado a los gentiles. Estaba profundamente preocupado sobre por qué Dios había entregado Israel a Babilonia. En su oración él expresó su perplejidad del asunto. En 3:27-36, se queja:

> 27 Así que entregaste la ciudad [Jerusalén] en manos de tus enemigos. 28 Entonces dije en mi corazón, "¿Son las obras de los que habitan en Babilonia mejores? ¿Es por esto que ella ha ganado dominio sobre Sion? 29 Porque cuando vine aquí vi las obras impías sin número, y mi alma ha visto a muchos pecadores durante estos treinta años. Y me falló el corazón, 30 porque he visto como aguantabas a los que pecan, y has dejado vivir a los que actúan impíamente, y has destruido a tu pueblo, y has preservado a tus enemigos, 31 y no has mostrado a nadie cómo se puede comprender tu camino. ¿Son mejores las obras de Babilonia que las de Sion? 32 O, ¿te ha conocido otro pueblo más bien que Israel? O, ¿cuáles tribus han creído tus pactos tal como las tribus de Judá? 33 Sin embargo tu recompensa no ha apreciado y su labor no ha producido fruto. Porque he viajado mucho entre las naciones y he visto que, aunque no prestan atención a tus mandamientos, abundan en riquezas. 34 Por tanto ahora pesan nuestras iniquidades y las de los habitantes del mundo; y así se verá cuáles pesan más. 35 ¿Cuándo es que los habitantes de la tierra no han pecado en tu vista? O, ¿cuál nación han guardado tan bien tus mandamientos? 36 Puede que sin duda encuentras unos individuos que han guardado tus mandamientos, pero no vas a encontrar naciones así.[16]

Estas dos observaciones generales sobre los judíos en cuanto a la salvación parecen ser mutuamente exclusivas. No obstante, de lo que he podido entender, los judíos no se preocupaban tanto en cuanto a armonizar las cosas como hacemos nosotros. Estaban más contentos al permitir algunos cabos sueltos en su pensamiento.[17] E. P. Sanders observa sagazmente: "Los rabinos no se preocupaban de las relaciones internas y sistemáticas de sus afirmaciones".[18]

Su concepto de la elección colectiva incondicional de todos los judíos fue, sin duda, el más básico de los dos pensamientos. Todo el resto de su pensamiento debe pesarse a la luz de este pensamiento fundamental.

Charles Hodge, comentando sobre Romanos 3:3, explica:

> Está claro que toda la primera parte de este capítulo es una respuesta a las objeciones del judío a la doctrina del apóstol de que fueron expuestos a con-

> denación. De ahí está claro en el primer versículo, en el quinto y en los que siguen....Su gran objeción a la aplicación de Pablo de los principios generales de la justicia a su caso fue que su situación fue singular: "Dios nos ha escogido como su pueblo en Abraham. Si retenemos nuestra relación a él por medio de la circuncisión y del guardar la ley, nunca nos tratará o nos condenará como a los gentiles". Señales de esta opinión abundan en el Nuevo Testamento, y son abiertamente proclamados por los escritores judíos. El bautista dice: "y no penséis decir dentro de vosotros mismos: 'A Abraham tenemos por padre'; porque yo os digo que Dios puede levantar hijos a Abraham aun de estas piedras" (Mateo 3:9). Una comparación de Romanos 2:17; 9.6; y otros pasajes, donde Pablo argumenta para demostrar que ser de la descendencia natural de Abraham no basta en sí para obtener el favor de Dios. Que tal fue la doctrina de los judíos se ve en numerosos de sus escritos. Abarbanel dice: "Si un judío comete todo tipo de pecado, es, de hecho, del número de los pecadores israelitas, y se le castigará según sus pecados; pero, no obstante, tiene una porción de la vida eterna". Se expresa el mismo sentimiento en el libro *Tora Adán*, folio 100, con casi las mismas palabras, y las razones asignadas por ello: "Que toda Israel tiene una porción en la vida eterna...." Grocio cita a Justín Mártir como atribuyendo esta doctrina a los judíos de su día: "Ellos suponen que a ellos universalmente, es decir, a los de la simiente de Abraham, no importa como sean su pecaminosidad y desobediencia a Dios, se les dará el reino eterno"[19]

Douglas Moo plantea la pregunta: ¿Quiénes constituyen "Israel", a quién se ha dado las promesas de la salvación de Dios? Luego dice:

> El punto de vista normal entre los contemporáneos judíos de Pablo fue que Israel se componía de todos los descendientes físicos de Jacob, el heredero de Abraham e Isaac, el mismo que fue llamado "Israel". Sólo aquellos que habían rechazado su herencia a través de una apostasía abierta serían excluidos de Israel, a quién pertenecían las promesas.[20]

El pensamiento judío se basó en la promesa de la posesión eterna de la tierra dada a Abraham y a su simiente (Génesis 13:14, 15; 17:8). Para ellos, la posesión eterna de la tierra significaba la promesa de la vida eterna en la vida venidera. Puesto que los judíos son la simiente del pacto (los descendientes) de Abraham, ellos suponían que esto quería decir que en el pacto abrahámico se les dio la promesa incondicional de la vida eterna. La afirmación de Pablo de que algunos de ellos no fueron salvos era contrario a su entendimiento del pacto abrahámico.

Los judíos creían en una elección colectiva incondicional de todos los judíos basada en la promesa del pacto abrahámico. En este caso, la elección colectiva quiere decir más que la elección de un grupo de personas conocido como judíos. Incluía a cada individuo que había descendido de Abraham por medio de Jacob. Hodge considera su interpretación del pacto abrahámico como la fundación de su pensamiento en términos de la salvación colectiva de todos los judíos. Él explica:

> Se debería recordar que la base principal sobre la cual los judíos esperaban ser aceptados por Dios fue el pacto que él había hecho con su padre Abraham, en que prometió ser su Dios y el Dios de su simiente. Ellos entendían que esta promesa garantizaba la salvación para todos los que retuvieran su conexión con Abraham por medio de la observación de la ley y del rito de la circuncisión. Por tanto, ellos esperaban ser considerados y tratados no tanto como individuos, cada uno siendo tratado según su carácter personal, sino como una comunidad a quien la salvación fue garantizada por la promesa hecha a Abraham.[21]

Teniendo en cuenta el punto de vista judío de la elección colectiva incondicional de todos los judíos como la simiente de Abraham, podemos entender por qué la afirmación de Pablo de que muchos judíos no fueron salvos (vv. 1-3) no sería aceptada por los judíos. La enseñanza de que solo se salvaría a aquellos judíos que creyesen en Cristo fue totalmente inadmisible en su pensamiento. Para ellos, fue un ataque a la promesa que Dios había hecho a Abraham. Les parecía un ataque a la veracidad y la justicia de Dios.

Información Adicional sobre el Pensamiento Judío Tocante a la Salvación

Como ya se ha visto, el pensamiento reinante entre los judíos del período del Nuevo Testamento parece haber sido que todos los judíos fueron salvos incondicionalmente. Sin embargo, parece que había alguna modificación de opinión y una variedad de puntos de vista. Llamo nuestra atención brevemente a este problema. En la *Jewish Encyclopedia*, el ensayo sobre la "resurrección" nos da algo de entendimiento del pensamiento judíos. Dice:

> Existía una disputa entre la escuela de pensamiento antigua de los Shamitas, representada por R. Eliezer, y los Hilelites, representada por R. Joshua, en cuanto a que los justos entre los paganos tendrían una parte en el mundo futuro o no. Los Shamitas interpretaban el versículo: "Los malos serán trasladados al Seol, todas las gentes que se olvidan de Dios" (Salmo 9:17), como una condenación de los malos igualmente entre los judíos y los gentiles, tales que han olvidado a Dios. Los Hilelitas interpretaban el versículo relegando al Seol solo aquellos que en verdad habían olvidado a Dios (Tos Sanh. xiii. 2). La doctrina: "Todos los israelitas tienen una parte en el mundo venidero (Sanh. xi.i), basada en Isaías 60.21 (heb.): "Y tu pueblo, todos ellos serán justos, para siempre heredarán la tierra", es, por tanto, idéntico con las enseñanzas de los fariseos descritas por Josefo (Ant. xviiii. 1. § 3; "B.J." ii.8 § 14), que los justos se levantarán para compartir la bendición eterna. Son los que niegan los fundamentos de la religión que exponen que los paganos, los samaritanos y los herejes están excluidos de la salvación futura (Tos. Sanh. xiii.; Pirke R. El. xxxviii.; Midr. The. xi.5). En cuanto a la pluralidad de opiniones en favor de la salvación de los no judíos que son justos, y las opiniones de aquellos que adhieren al punto de vista nacionalista, ve Zunz, "Z.G." páginas 371-389. Relacionado al punto de vista antiguo y exclusivo también es la idea de que el pacto abrahámico rescata a los israelitas del fuego de Gehena (Gen. R. xlviii; Midr. The. vii. I; 'Er. 19a).[22]

Otro factor para tener en cuenta al tratar de comprender el pensamiento judío es que parece que los judíos también exponían una posibilidad remota de la pérdida de la salvación. Aunque lo que cito aquí viene del siglo 18, probablemente representa el pensamiento de algunos de los días bíblicos. "Se dice que el rabí Israel Baal Shem Tov, fundador del asidísimo, ha dicho: 'Cada judío es un órgano de la *Shekhinah*. Mientras que el órgano está unido al cuerpo, no importa que lo sea endeblemente, hay esperanza; una vez que se haya cortado, se pierde toda esperanza'".[23]

Parece que ya antes del tiempo de Cristo existía algún pensamiento en conflicto con el punto de vista de que todos los judíos fueron salvos. Dice 2 Esdras 7:47-48:

> 47 Y ahora veo que el mundo venidero traerá gozo a unos pocos, pero tormentos a muchos. 48 Porque ha crecido un corazón malvado dentro de nosotros, que nos ha alejado de Dios, nos ha llevado a la corrupción y los caminos a la muerte, y ha mostrado las sendas de la perdición y nos ha llevado lejos de la

vida, y no solo unos pocos de nosotros sino casi todos que se han creado (ve también 7:59-61 y 8:1-3).

El Desarrollo de mi Pensamiento sobre el Entendimiento Judío de la Salvación

Mis pensamientos aquí tienen que ser breves. Pero creo que me es necesario abordar este problema, por lo menos, aunque en breve. Durante los años mi pensamiento ha pasado por algunos cambios en cuanto a la manera en que los judíos consideraban la base de su salvación. Durante un tiempo, yo estaba de acuerdo con el punto de vista popular de que los judíos creían que la salvación fue por medio de las obras. Cuando escribí mi comentario sobre Romanos, publicado en 1987, yo presté mucha atención al pacto abrahámico. A la luz de Génesis 13:14, 15 y 17:8, yo podría entender por qué los judíos, como se implica en Mateo 3:9 y Juan 8:33-29, creían que el pacto abrahámico les prometía que tendrían la vida eterna y que la tierra de Canaán sería su herencia eterna. En el estudio que hice para escribir el comentario, recibí mucha ayuda del *Comentario sobre la Epístola a los Romanos* por Charles Hodge.

En los años 1970, escribí una tesis para mi Th.M., titulada "Jesús y los fariseos" (para Chicago Graduate School of Theology). Eso también me ayudó a obtener un mejor entendimiento del pensamiento judío durante el tiempo de Jesús. El enfoque de esa tesis fue la Tradición Oral. Al escribir esa tesis, llegue a ser convencido de que había bastante mal entendimiento en cuanto a los fariseos. Lo que aprendí sobre los fariseos me ha sido muy provechoso en tratar de comprender su punto de vista de la elección o salvación, pero en la tesis no toqué sobre esta cuestión. El conflicto entre Jesús y los fariseos tenía que ver con la cuestión del *legalismo ético* más bien que con el *legalismo soteriológico.*

Los fariseos funcionaban correctamente con la suposición de que habían de vivir la totalidad de la vida en sumisión a Dios. Su problema venía de la convicción de que esa responsabilidad a Dios podría ser detallada en forma minuciosa bajo la condición de unas leyes. Se deberían detallar esas leyes por las autoridades judías debidamente reconocidas. Luego, ésas fueron dadas al pueblo en la forma de una Tradición Oral o una Ley Oral. Pablo lo llama "las tradiciones de mis padres" (Gálatas 1:14). Los individuos no tenían la libertad para emplear su juicio "en el acto" para ir en contra de esas leyes. No hubo lugar para el uso del sentido común ni para mostrar improvisadamente la misericordia si tal pensamiento o acto fuera en contra de la formulación de la Tradición Oral (ve Mateo 15:1-20 y Marcos 7:1-23).

Es posible que una persona sea un *legalista ético* (es decir, una dependencia fuerte de las leyes para expresar las responsabilidades éticas y morales), sin ser un *legalista soteriológico* (una dependencia en la obediencia a las leyes como método para salvarse). El fallo de no haber tomado en cuenta esta distinción ha contribuido (y sigue contribuyendo) a mucha confusión sobre esta cuestión. El hecho de que una persona mantiene unas convicciones estrictas y que trata de convencer a otros que vivan según sus normas no necesariamente quiere decir que esta persona crea en una salvación por las obras (un *legalismo soteriológico*).

Pienso que, sin duda alguna, la opinión imperante entre los judíos del tiempo de Pablo fue que en conexión con el llamamiento y el pacto que Dios hizo con Abraham que Él había prometido incondicionalmente la salvación a todos los judíos. Esto no quiere decir que todo lo demás del pensamiento judío se había desarrollado lógicamente según el mismo patrón que nosotros esperaríamos hoy día de una teología sistemática. Es nuestra responsabilidad reconocer el hecho de que los judíos sí creían en la salvación incondicional de todos los judíos y entonces, comprender, tanto como podamos, cómo las demás piezas del rompecabezas encajan en el cuadro. Estas otras piezas del rompecabezas incluyen las afirmaciones encontradas en el Nuevo Testamento que parecen conectar a los judíos a una salvación por obras y también las afirmaciones de los escritos judíos que parecen implicar que la salvación es por obras.

En nuestro estudio para entender el punto de vista judío de la salvación, si no comenzamos con el concepto judío de una relación pactada entre Dios e Israel y cómo esa relación pactada se ha considerado por los judíos, terminaremos tremendamente confusos. Esa relación pactada fue instituida por Dios cuando Él estableció el pacto con Abraham y su descendencia. Los judíos entendían que fueron la simiente del pacto de Abraham. Por medio del pacto abrahámico, Dios eligió a Israel para ser Su pueblo. Esta relación tenía que ser una relación eterna. Se consideraron a todos los judíos como salvos. Ellos creían en una salvación o elección colectiva. Esta elección incluía a cada individuo judío, pero no fueron elegidos individualmente. La elección se les aplicó a ellos como individuos porque fueron miembros del grupo.

Mientras los judíos creían en una elección o salvación incondicional de todos los judíos, en la arena de la vida esto les presentó con unos problemas reales. ¿Qué lugar tiene el mérito en cuanto a la relación de una persona con Dios? ¿Qué pasó con los descendientes de Abraham que se hicieron apóstatas y se fueron de Dios y de la ley de Moisés? Los judíos no querían pasar por alto esos problemas. Pero, no querían rechazar el concepto de que todos los judíos se salvarían. Si comenzamos con lo que ellos dicen en cuanto a las obras y al mérito, sacaremos la conclusión de que, por lo menos en alguna medida, creían que la salvación se obtenía por medio de las obras. Si tomamos este enfoque, nunca entenderemos el lugar que el concepto de una relación pactada con Dios tenía que ver con su pensamiento. Parece que es aquí donde la mayoría de los intérpretes han comenzado, pero con tal enfoque es imposible comprender Romanos 9.

Me parece que, para llegar al fondo del pensamiento judío, se resumiría así: Dios eligió incondicionalmente a todos los judíos como un grupo. Se espera que el individuo judío manifieste un interés en servir a Dios. Si no lo hace, extraña a los judíos de una manera similar que nos preocupa como cristianos cuando otros cristianos no toman muy en serio su relación con Dios. Pero los judíos dan por sentado que tales personas siguen en el pacto. Aunque suponen que esas personas están bien protegidas en el pacto, lo que los judíos dicen quizás no siempre suena coherente con esa conclusión. Puede que suene que para que un individuo judío guarde su lugar en el pacto, debe mantener su obediencia. Pero, al mismo tiempo, parece que su lugar en el pacto está asegurado incondicionalmente. Parece que el aspecto fundamental de sus pensamientos es que el pacto es incondicional.

Me parece que la única manera en que los pensadores judíos están dispuestos a cambiar el "todos", como en "todos los judíos son salvos", es la eliminación de los que son culpables de la apostasía. Tales casos serían raros. He citado anteriormente de las fuentes que sostienen el hecho de que tal pensamiento ha existido en el pensamiento judío. No es que los judíos tengan que hacer algo para salvarse o permanecer en la salvación. Son salvos y permanecerán salvos si no cometen la apostasía. Que haya tal cosa como la apostasía para los judíos parece ser una conclusión bastante renuente, pero uno que ellos no pueden negar.

Aunque parece, según el pensamiento judío, que la apostasía sería la única manera en que un judío podría ser eliminado de las bendiciones del pacto, hay algunas cosas que los judíos dicen que suenan como si se requiere la obediencia al pacto para permanecer en el pacto. Este tipo de incoherencia domina el pensamiento judío. No creo que esto quiera decir que a ellos no les preocupara la ley de la no-contradicción.

Ellos vivían con el hecho que con la información disponible a ellos, no podrían quitar la contradicción aparente. Yo expondría que se puede desarrollar una armonía sistemática de las doctrinas de un Dios soberano, santo y bondadoso, y del pecado, de la gracia y del perdón sólo a la luz de la encarnación, la expiación y la resurrección de Cristo.

Como mucho, la teología judía sin Jesucristo, se quedaría, de necesidad, corta de una teología armoniosa, coherente y sistemática. Sería así de su teología antes de la venida de Jesucristo. Sigue siendo así de su teología después de Su venida si ellos le eliminan de su pensamiento.

Si la posición que he descrito es verdad en cuanto al entendimiento judío a su salvación, ¿qué de los pasajes del Nuevo Testamento que hablan del problema de los judíos que exponen una salvación por las obras? Antes de que responda a esta pregunta, quiero decir de nuevo que los judíos no se preocupaban tanto como nosotros en cuanto a un pensamiento sistemático y armonioso.

Al tratar de contestar la pregunta del porqué algunos pasajes del Nuevo Testamento nos dan la impresión que los judíos creían en una salvación por las obras, quiero hacer las siguientes observaciones. En primer lugar, el pastor o el maestro se enfrenta con muchos problemas en sus encuentros personales con personas con que no se hablan en los escritos académicos. Por ejemplo, entre aquellos que creen que la pérdida de la salvación es posible, hay algunos que exponen que si un cristiano comete un solo pecado que está perdido hasta que confiese tal pecado. Aunque un pastor, en su trabajo con las personas, se encuentre con tal punto de vista, dudo mucho que jamás se haya escrito un tratado erudito que exponga tal posición. No obstante, hay que tratar tal idea porque hay personas que piensan de esta manera.

Pablo no sólo trataba con los miembros del sanedrín, ni sólo con algunos rabinos conocidos. Trataba con los judíos que asistían a la sinagoga y con los con que él se encontraba en cualquier lugar. No creo que hubiera sido inusual que los judíos se habrían referido a la superioridad colectiva de los judíos a los gentiles. De ninguna manera habría sido difícil ver como la cuestión de las obras habría entrado en el cuadro. Cuando Pablo cambió la discusión de la salvación colectiva al individuo, no es difícil ver como unos individuos se defenderían sobre la base de una superioridad moral, y particularmente en comparación con los gentiles.

El Punto de Vista de E. P. Sanders del Entendimiento Judío de la Salvación

Mi introducción al pensamiento de Sanders ocurrió después de que había desarrollado mi propio pensamiento del tema. Él ha hecho una contribución significativa a nuestro entendimiento de los judíos durante el período de Pablo. Sus conclusiones han chocado con muchos, y alrededor de ellas han surgido algunas polémicas. Sanders resume su pensamiento en cuanto a la manera en que los judíos veían la salvación diciendo:

> Este es el patrón: Dios ha elegido a Israel e Israel ha aceptado la elección. En su papel como Rey, Dios dio a Israel los mandamientos que tienen que obedecer lo mejor que puedan. Se recompensa la obediencia y se castiga la desobediencia. Sin embargo, en el caso del fracaso, la persona puede recurrir al medio de expiación divinamente ordenado, del que en todo se requiere el arrepentimiento. Mientras que una persona mantenga su deseo de permanecer dentro del pacto, tiene una parte de las promesas del pacto por parte de Dios, incluyendo la vida en el mundo venidero. La intención y el esfuerzo para ser obediente constituyen la condición para permanecer en el pacto, pero no la ganan.[24]

Sanders llama su punto de vista el "nomismo del pacto". Al defender el nomismo del pacto, él explica:

> Expresado brevemente, el nomismo del pacto es el punto de vista en que el lugar de la persona en el plan de Dios se establece sobre la base del pacto y esto requiere, como la respuesta debida por parte de la persona, su obediencia a sus mandamientos, mientras se le provee un medio para la expiación de sus transgresiones.[25]
>
> En otro lugar, él dice:
>
> El punto de vista que incluye todo es: Todos los israelitas tienen una parte en el mundo venidero a menos que lo renuncian, rechazando a Dios y su pacto. Se pueden perdonar todos los pecados, no importa su gravedad, que se cometan dentro del pacto, mientras que una persona indica su intención básica de guardar el pacto por medio de una expiación, y especialmente arrepintiéndose de su transgresión.[26]

Sanders critica con severidad el hecho de que tantos cristianos han sacado la conclusión de que los judíos del tiempo del Nuevo Testamento fueron tan obsesionados con un enfoque a la salvación tan rígido y legalista.[27]

UNA EVALUACIÓN DEL PUNTO DE VISTA DE SANDERS

Me parece, como lo he recalcado hasta aquí, que los judíos del tiempo de Jesús y Pablo presuponían que todos los judíos eran salvos. La vida comenzó como uno de los elegidos, uno del pueblo del pacto con Dios. La única cosa que podría cambiar esto sería un acto abierto de apostasía. Si ellos tomaron por sentado así su relación con Dios, entonces tenían que haber creído en una salvación incondicional. Si esto era así, no creían en ninguna salvación por las obras. Tiene derecho Sanders de estar perturbado por las conclusiones sacadas al contrario.

Estoy de acuerdo con Sanders en cuanto que, al hacer un estudio del pensamiento judío, se debe comenzar con su propio concepto de su relación de pacto con Dios. Es desastroso tratar de comprender el pensamiento judío de cualquier otro modo. Lo que ellos decían en cuanto a las obras y al mérito debe entenderse a esta luz. Por lo mínimo, deberíamos hacer el intento de entenderlo a esa luz. No podemos obligar que en el pensamiento judío haya una armonía absoluta. Puede que diremos que algunas de sus afirmaciones suenan como una salvación por obras. Pero comprendido en el contexto de un pacto incondicional, debemos rechazar tal idea de una salvación por las obras.

Cuando Sanders dice: "La intención y el esfuerzo para ser obediente constituyen la *condición para permanecer en el pacto*, pero no *la merecen*", su intento es de ser justo y tan preciso como pueda para describir el pensamiento de los judíos. Aún esto debe entenderse en el contexto de la convicción de que se salvará a toda Israel. Puede que la idea que esta intención y este esfuerzo constituya una condición para permanecer en el pacto, pero que no se gana el permanecer en el pacto puede nos suene contradictorio. Pero los judíos escogieron vivir con tal conflicto aparente de ideas.

Me parece que lo esencial es que los judíos no consideraban exactamente la obediencia como una condición para permanecer en el pacto. Lo veían como una bendición incondicional de Dios. No tenían que hacer nada para permanecer en el pacto. Pero al renunciar a Dios y al judaísmo, perderían su lugar en el pacto. Al mismo tiempo, dirían cosas que sonarían como si no creyesen que la obediencia fuera una condición para permanecer en el pacto.

El problema con los judíos en el Nuevo Testamento no fue que creyesen que fueron salvos por las obras. Fue que no creían que, como individuos, les hacían falta salvarse, sino que creían que fueron salvos colectivamente (como un pueblo entero). La meta de Pablo es que vean que se equivocan en esa idea. Necesitan ser salvos como individuos, y la condición para esta salvación es la fe en Jesús como el Mesías.

UN DESAFÍO

Pienso que hay una necesidad para una investigación extensiva (quizás una tesis doctoral) sobre el concepto judío de la salvación incondicional de todos los judíos, sobre la posibilidad de la apostasía, sobre la cuestión de la salvación por las obras, sobre la cuestión de que si se salvan pocos o muchos y sobre el pensamiento judío sobre la salvación de los gentiles, y cómo todo esto afecta nuestra interpretación de los evangelios y el resto del Nuevo Testamento.

La Carga de Pablo en su Carta a los Romanos

Aunque Pablo fue el apóstol a los gentiles, mantenía una carga grande para los judíos perdidos. Estoy convencido *que este sentido de responsabilidad de Pablo en su carta a los Romanos tenía que ver con su preocupación profunda del hecho de que tantos de su propia nación, es decir, los judíos, no fueron salvos.* Mientras la afirmación más intensa sobre esta carga se ve en 9:3, su preocupación para su salvación se ve antes del capítulo 9.

El llamamiento de Pablo a los judíos para que viesen que se encontraban bajo la ira de Dios

La evidencia para la carga de Pablo para los judíos aparece temprano en la carta. Al mostrar que los gentiles, que solamente tenían la revelación general, estaban perdidos (1:19-32), Pablo sólo empleó 14 versículos para presentar su argumento. Al demostrar que los judíos estaban perdidos, escribió 37 versículos (2:1-3:8).

Esto debería atraer nuestra atención. Lo consideramos más difícil demostrar a las personas que los paganos, que solo tienen la revelación general, están perdidos que convencer a aquellas quienes se han confrontado con la revelación especial que están perdidos aparte de Jesucristo. Para Pablo, le fue más difícil mostrar a los judíos, que habían recibido la revelación especial, que estaban perdidos que convencer a los gentiles, que solo tenían la revelación general, que estaban perdidos.

Pablo mantenía un interés muy profundo en tratar que los judíos vieran que la única manera para ser salvos fue por medio de Jesucristo sobre la base de la fe sola. Esto fue verdad igualmente para los judíos y los gentiles. Su preocupación para los judíos no se podría tratar aparte del hecho de que había un gran número de gentiles que se iban salvando mientras los judíos, según el pensamiento cristiano, estaban perdidos. Si él iba a hacer progreso con su deseo de alcanzar a los judíos, tenía que darles una explicación en cuanto a porqué tantos gentiles se iban salvando, mientras que tantos judíos estaban perdidos.

EL LLAMAMIENTO DE PABLO AL PACTO ABRAHÁMICO

El llamamiento a Abraham y el pacto en el capítulo 4 tiene un propósito triple: (1) Demostrar que el pacto que Dios hizo con Abraham, la fe, y la fe sola, fue la condición de la justificación. (2) Manifestar que los gentiles que tienen fe en Cristo también están justificados por la fe sola. (3) Mostrar que, en el pacto abrahámico, fue el plan de Dios para los gentiles que crean y que se hagan la simiente (descendencia) de Abraham, y así herederos con él y con los creyentes judíos.

LA RESPUESTA DE PABLO A LA PREOCUPACIÓN DE LOS JUDÍOS EN CUANTO A LA LEY

El interés principal de Romanos 7:7-25 fue tratar las preocupaciones judías. En el versículo 7, Pablo hace la pregunta: "¿La ley es pecado?"

> ¿Por qué haría Pablo tal pregunta como: "¿La ley es pecado?"? Porque, hasta este punto, él ha recalcado lo que la ley no podía hacer. La ley no podía justificar (3:20). La ley producía la ira (4:15). Por medio de la ley, se tendía a hacer que el pecado abunde (5:20). Se suponía que estar libre de la ley era un factor positivo en cuanto a vivir justamente (6:14; 7:6). La ley despertaba a la actividad las pasiones pecaminosas dentro de nosotros (7:5).
>
> Necesitamos continuar acordándonos de cuán importante era la ley a los judíos de aquel entonces, especialmente en el fariseísmo. Para ellos la ley fue suprema. Aún un judío convertido tendría problemas en entender por qué se quitó la ley del centro del cuadro. No es difícil entender por qué un judío haría la pregunta, y por qué él necesitaría una respuesta.[28]

LA PROFUNDIDAD DE LA CARGA DE PABLO EN CUANTO A LOS JUDÍOS

En el capítulo 8, Pablo habla de las bendiciones gloriosas de la persona que ha puesto su fe en Jesucristo. "El capítulo 8 terminó con una nota triunfal. En medio de este estado lleno de emoción, de repente Pablo pensó en sus parientes—los judíos. Al hacerlo, la compasión y preocupación profunda que él mantenía en cuanto a ellos le fue activada. Es de en medio de esta preocupación profunda que él habla".[29] Angustiado de corazón, dijo: "Porque deseara yo mismo ser anatema, *separado* de Cristo, por amor a mis hermanos, los que son mis parientes según la carne" (Romanos 9:3).

De este estado de interés profundo, Pablo repasa la posición única de Israel en la historia de la redención. Fue bendecida singularmente. Se hicieron todos los pactos redentores con Abraham y con los descendientes del pacto. Recibieron las promesas redentoras. Fue a Israel que fueron dadas las profecías mesiánicas. Los creyentes gentiles tenían una deuda con los judíos. Fue por medio de Israel que Dios dio al mundo el Mesías ["Mesías" – hebreo; "Cristo" – griego] (Romanos 9:4, 5).

EL LLAMAMIENTO DE PABLO A LOS JUDÍOS PARA QUE VEAN LA FALACIA DE SU RAZONAMIENTO

Fue contra el trasfondo del pensamiento que Dios había prometida de una manera incondicional la vida eterna a los judíos que Pablo dijo: "*No* que la palabra de Dios haya fallado..." (9:6). Si Dios había prometido incondicionalmente la vida eterna a todos los judíos por medio del pacto abrahámico, Su promesa hubiera fallado porque, según enseñó Pablo, un gran número de judíos no fueron salvos. Por otra parte, como explica John Piper: "Si Pablo puede demostrar que el 'propósito último de Dios según la elección' nunca incluyó la salvación de cada individuo israelita, entonces la situación descrita en Romanos 9:1-5 no podría poner el peligro tan fácilmente la fiabilidad de Dios".[30]

El pensamiento judío tomaba por sentado que si las masas de los judíos no fueran salvas, esto significaría que la promesa de Dios habría fallado. Esto, en turno, habría significado que Dios sería injusto porque Él no estaría cumpliendo Su promesa de dar la vida eterna a todos los judíos, tal como fue dada en el pacto abrahámico.

Con gran solicitud, Pablo tratará de demostrar a los judíos que la promesa de Dios no había fallado. Les manifestará que Dios nunca prometió salvar a todos los judíos.

ROMANOS 9:6

El primero paso del apóstol para convencer a los judíos que Dios no había prometido la salvación a todos los judíos fue decir: "no todos los que descienden de Israel son israelitas" (9:6). En este versículo, Pablo está diciendo que el nombre "Israel" tiene un uso amplio y uno más limitado. En su sentido amplio se refiere a todos los que han descendido de Abraham por medio de Jacob. Estos son la simiente del pacto de Abraham. Es verdad que las promesas del pacto abrahámico fueron dadas a todos los que descendieron de Abraham por medio de Jacob. Pero esta es la pregunta: *¿Significa que todos estos se salvarán?*

Pablo está diciendo que no hemos de pensar que todos los descendientes de Abraham por medio de Jacob son salvos. Esto sugiere que hay un segundo uso del nombre "Israel". Este empleo de "Israel" se refiere a que aquellos que descendieron de Abraham por medio de Jacob serán los beneficiarios reales de las promesas del pacto abrahámico. Según Pablo, éstos son aquellos que creen en Jesucristo por la salvación. Éstos son "la Israel verdadera".

Podríamos ilustrar lo que Pablo está diciendo de esta manera: Podríamos decir que todos los que descendieron de Abraham por medio de Jacob son "A". Aquellos que descendieron de Abraham por medio de Jacob y que también son los que realmente serán los beneficiarios de las promesas del pacto abrahámico son "B". El gráfico siguiente nos sirve para ilustrarlo:

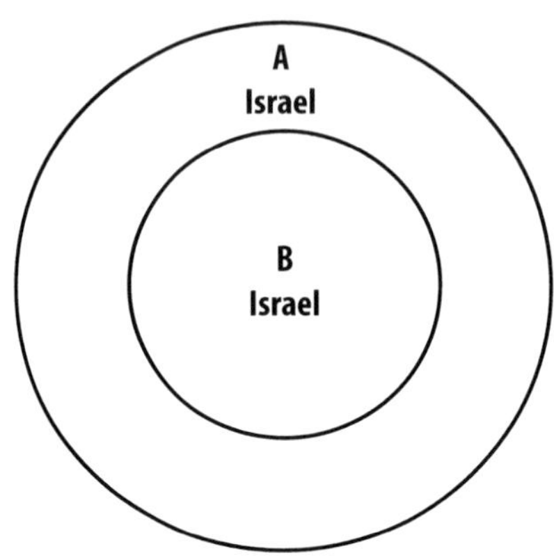

"A" representa toda la descendencia (simiente) del pacto que descendió de Abraham por medio de Jacob. "B" representa aquellos que forman parte de la simiente del pacto que realmente recibirán las promesas escatológicas hechas en el pacto abrahámico. Todo "B" es "A", pero no todo "A" es "B". En el pensamiento judío, todo "A" sería "B". Según su pensar, "A" y "B" serían co-extensivos. El propósito de Pablo en Romanos 9 es mostrar a los judíos que están equivocados con tal pensamiento. Si puede lograr que ellos lo entiendan, entonces se aumentará grandemente la posibilidad de que pongan su fe en Jesús como el verdadero Mesías y Señor y Salvador.

ROMANOS 9:7-12

Hace falta más que una mera declaración por parte de Pablo para convencer a los judíos. Así, pues, lo que sigue tiene por propósito hacer que los judíos lleguen a un entendimiento del hecho de que Dios no prometió, de una manera incondicional, la vida eterna a todos los descendientes de Abraham por medio de Jacob.

La base del mal entendimiento de los judíos fue el hecho de que en Génesis 13:14, 15 y 17:18, unos pasajes que tienen que ver con la promesa eterna de la tierra que implica la resurrección y la vida eterna, se ofrecieron esas promesas a la simiente de Abraham. No se hace mención del hecho de que no toda la simiente (descendientes) de Abraham se salvaría. No obstante, Pablo va a demostrar que aún los judíos que no creen en la promesa incondicional de la vida eterna a *todos los descendientes de Abraham.*

Pablo observa en el versículo 7: "ni por ser descendientes de Abraham, son todos hijos; sino: 'En Isaac te será llamada descendencia'". Bien entendían los judíos que por medio de Ismael y que por medio de los hijos nacidos a Abraham por Cetura, Abraham también tuvo descendientes, pero que ésos no fueron considerados como parte de la simiente de pacto de Abraham. También estaban bien conscientes del hecho de que no todos los descendientes de Isaac formaron parte de esa simiente del pacto de Abraham. Sabían que los descendientes de Isaac por medio de Jacob fueron la simiente del pacto de Abraham, mientras que los descendientes de Isaac por medio de Esaú no formaron parte de la simiente del pacto de Abraham.

Los judíos reconocieron el hecho de que, aunque los descendientes de Ismael y Esaú fueron de la simiente de Abraham, no formaron parte de la simiente del pacto de Abraham. Esto quería decir que los judíos ya entendían que las bendiciones prometidas en Génesis 13:14, 15 y en 17:8 no se aplicaron a todos los descendientes de Abraham. Siendo así el caso, no había nada inherente en la promesa hecha a Abraham que requería que todos los que componían la simiente del pacto de Abraham se salvaran. Esto era a lo que Pablo les llamó la atención en los versículos 7-12.

El lenguaje empleado en Génesis 13:14, 15 y en 17:8 no detalló las limitaciones de quién de entre los descendientes de Abraham formaría la simiente del pacto de Abraham. Esa aclaración vendría más tarde en Génesis 21:12 y 25:23. Esos versículos no explican en detalle quiénes heredarían realmente la promesa escatológica de la vida eterna o no lo heredaría. Esta fue la clarificación que Pablo trababa urgentemente de exponer a los lectores.

Si no hay ninguna contradicción entre la promesa hecha en Génesis 13:14, 15 y 17:8 y las limitaciones de la simiente del pacto de Abraham a aquellos que descendieron de Isaac por medio de Jacob, tampoco hay entre Génesis 13:14, 15 y 17:8 una limitación adicional de Israel a una Israel verdadera que se compone sólo de creyentes.

Romanos 9:10-13

Dado que estos versículos han sido el puntal del calvinismo, prestaré atención especialmente a ellos. Es importante observar que estos versículos se encuentran en el contexto cuyo propósito es demostrar que no hay razón para creer que toda la simiente del pacto abrahámico (aquellos que descendieron físicamente de Abraham por medio de Jacob) son salvos. Esto quiere decir que Pablo emplea los versículos 10-12 para exponer el hecho de que no todos los descendientes naturales de Abraham fueron salvos. Si no se toma en consideración este contexto del pasaje, se pasará por encima del significado de los versículos.

Los versículos 10-13 tienen una importancia en particular porque señalan que aunque Dios había dicho: "En Isaac te será llamada descendencia" (v. 7), ni aún todos los descendientes de Isaac componían la simiente del pacto de Abraham. Debido a su importancia, los citaré aquí:

> **10** Y no sólo esto, sino también cuando Rebeca concibió de uno, de Isaac nuestro padre
> **11** (pues no habían aún nacido, ni habían hecho aún ni bien ni mal, para que el propósito de Dios conforme a la elección permaneciese, no por las obras sino por el que llama),
> **12** se le dijo: 'El mayor servirá al menor'. Como está escrito: 'A Jacob amé, mas a Esaú aborrecí'.

Las palabras "y no sólo esto" en el versículo 10 nos informan que Pablo está desarrollando la misma línea de pensamiento que había mantenido en los versículos 7-9. Les había demostrado que, al seleccionar la simiente del paco abrahámico, Dios había escogido a Isaac más bien que a Ismael. El apóstol tenía un paso más para tomar. Mostró que Dios escogió a Jacob más bien que a Esaú. Abraham fue el primer patriarca, Isaac el segundo y Jacob fue escogido como el tercer patriarca. Se llamará la simiente del pacto por medio de Jacob, el tercer patriarca. Se delineó la limitación final de quiénes compondrían la simiente del pacto abrahámico. Todos los descendientes de Jacob son la simiente del pacto abrahámico. Pero esto no quiere decir que todos los descendientes de Jacob están salvados. Si Dios podía determinar que los descendientes de Ismael y Esaú no compondrían la simiente del pacto de Abraham, Él también podía establecer que no toda la simiente del pacto abrahámico por medio de Jacob se salvaría. Este es el argumento de Pablo presentado a los judíos. Pablo no estaba debatiéndolos para ganar un argumento. Él quería ganar a su pueblo, sus parientes según la carne.

Antes de decir más sobre mi pensamiento en conexión a los versículos 10-13, examinaré el punto de vista de John Piper de los versículos 6-13.

El Enfoque de John Piper a Romanos 9:6-13

He elegido examinar el tratado del Piper porque creo que él ha expuesto la explicación más completa y eficaz de este pasaje desde el punto de vista de una elección incondicional. Para comenzar con el pensamiento de Piper, cito de su propio resumen de su entendimiento de lo que Pablo trataba de lograr en Romanos 9:1-13. Él explica:

> El problema básico descrito en 9:1-5 es que muchos israelitas, a quienes, como nación, les habían hecho muchas promesas salvíficas, ya están malditos y separados de Cristo (9:1-3). De la condenación de tantos israelitas para una destrucción eterna surge la pregunta en cuanto a que si la palabra de Dios había fallado o no. Pablo lo niega (9:6a) y defiende su negación en 9:6b-13. En la defensa de la fidelidad de Dios a su palabra, y a pesar de que muchos israelitas están malditos, Pablo arguye que el "propósito" de Dios desde el comienzo de la historia de Israel fue un propósito "conforme a la elección" (9:11), es decir, un propósito no a salvar a cada individuo israelita, como si por medio de la descendencia de Abraham se garantizara que uno sería un hijo de Dios, sino más bien fue un propósito de "llamar" a la existencia a una "Israel" verdadera (9:6b) por elegir a algunos israelitas, pero no a otros, antes de que "no habían aún nacido, ni habían hecho aún ni bien ni mal" (9:11). Es a esta Israel a quien son válidas las promesas. La elección incondicional de Isaac y Jacob más bien que de Ismael y Esaú (si a unos destinos eternos o sólo a sus papeles históricos o no) revela *el principio de la libertad de elección de Dios* que es la explicación última del porqué muchos de los parientes de Pablo según la carne están malditos y separados de Cristo. Como él dice en Romanos 11:7: "los escogidos sí lo han alcanzado ["lo" = la salvación], y los demás fueron endurecidos". Es por esta razón que no se puede decir que el propósito expresado de Dios haya fallado (9:6a).[31]

Piper más que cualquier otra persona que he leído, reconoce y recalca el hecho de que Pablo trata con el pensamiento judío de que por ser miembro de la simiente del pacto abrahámico por medio de Jacob se les garantizaba la promesa incondicional de la vida eterna. Si una persona no tiene esto bien en mente cuando estudia Romanos 9, no llegará al corazón de lo que Pablo arguye en este capítulo.

En el resumen del pensamiento de Pablo en Romanos 9:1-13 expuesto anteriormente, es obvio que Piper cree que se encuentra la respuesta en el punto de vista de que Dios elige de una manera incondicional a los individuos para la salvación. Los judíos también creían en una elección incondicional. La diferencia fue que los judíos creían en una elección para la salvación incondicional para toda la simiente del pacta abrahámico por medio de Jacob. Esta elección fue una elección colectiva, pero garantizó la salvación de cada uno de los miembros de la simiente del pacto con Abraham.

Esto quería decir que desde el principio hubo un conflicto serio entre Pablo y los judíos. Ellos creían que todos los judíos fueron salvos. Pablo creía que una grande porción de los judíos fue perdida. Los únicos salvos fueron aquellos que habían creído en Jesús como su Mesías, Salvador y Señor. También exponía que este camino fue el único por medio de que los perdidos podrían ser salvos.

Según Piper, el enfoque de Pablo para demostrar a los judíos que no todos los judíos fueron salvos fue mostrarles que sólo aquellos que se eligen incondicionalmente como individuos son salvos. Esto Pablo hizo enseñándoles que Dios escogió incondicionalmente a Isaac más bien que Ismael y a Jacob más bien que Esaú. La parte principal del argumento de Piper de que Pablo está proponiendo una elección individual e incondicional se basa en la elección de Jacob más bien que Esaú. Sobre esta cuestión Piper comenta:

> El propósito de Pablo en referirse a la elección divina de Jacob en lugar de Esaú es demostrar que no hay manera alguna para evitar la implicación aquí de la elección incondicional de Dios. Distintos de Isaac e Ismael, Jacob y Esaú tenían los mismos padres, los dos siendo judíos ("Rebeca concedió de uno, de Isaac nuestro padre"—Romanos 9:10). También de una manera diferente de Isaac e Ismael, cuando se hizo la promesa determinante en cuanto a Jacob y Esaú (Romanos 9:12c = Génesis 25:23), los dos no habían nacido aún y no habían hecho ni bien ni mal (Romanos 9:11). Además, los mellizos estaban en el mismo seno al mismo tiempo y por todas las normas humanas el mayor Esaú debería haber recibido la bendición de ser la cabeza encima de su hermano. Aquí no hay escapatoria. La elección hecha por Dios de Jacob en lugar de Esaú no puede corresponder a ninguna distintiva humana poseída por el nacimiento (como el ser judío) ni acción (como la justicia). Se basa únicamente en la elección libre y soberana de Dios.[32]

Habiendo sacado la conclusión de que 9:12 estableció, sin duda alguna, que Dios elige a los individuos por medio de una elección incondicional, Piper cree que ha demostrado la falacia del pensamiento judío de que todos los judíos fueron garantizados la salvación simplemente por ser parte de la simiente del pacto abrahámico por medio de Jacob. Según él, el versículo 12 sostiene la elección incondicional de Jacob y el rechazo incondicional de Esaú. Supone que esto habría encontrado una objeción de los judíos. Él imagina que los judíos habrían pensado que la elección incondicional de Jacob y el rechazo incondicional de Esaú habrían demostrado que Dios fuera injusto. En particular esto habría sido el caso de un rechazo incondicional de Esaú. Este entendimiento de lo que Pablo ha dicho hasta el versículo 13 prepara el escenario para la explicación de Piper de la pregunta retórica de Pablo en el versículo 14.

UNA EVALUACIÓN DEL PUNTO DE VISTA DE PIPER

He señalado anteriormente que Piper entiende el problema judío. La pregunta es: ¿Ha sacado la respuesta correcta? Él encuentra la respuesta en una elección incondicional de cada individuo para la salvación y un rechazo incondicional de otros. Mientras que cree que la elección de Isaac en lugar de Ismael ilustra la elección incondicional, piensa que las palabras de los versículos 11 y 12, al exponer la elección de Jacob y el rechazo de Esaú, hacen que la elección incondicional sea irrefutable.

No pienso que ha establecido su argumento en favor de una elección incondicional. Para sostener mi posición, expongo las siguientes razones:

1. Aún si se considera que el versículo 11 trata con la elección para la salvación, no se decide el argumento en favor de una elección incondicional. No hay problema con la idea de que la elección esté ocurriendo antes del nacimiento. Pienso que así ocurre. La elección condicional de los individuos por Dios en la eternidad pasada de ninguna manera abarca una contradicción lógica.
2. Decir que no se basa la elección en las obras no presenta ningún problema para la elección condicional. La elección condicional no significa una elección basada en las obras. Pienso que ya he aclarado bien más allá de cualquier duda que nada que el cristiano jamás haga se considera como una parte del pago por su justificación.[33] Si lo que he dicho (en los puntos 1 y 2) es verdad, y aún si estos versículos hablan de una elección de individuos, no existe ningún conflicto entre los versículos 11-12 y la elección condicional.
3. El calvinista no tiene razón al aseverar que mi punto de vista hace que la fe sea una obra humana, y por tanto, se ha de considerar como mérito humano. Se equivoca en tal afirmación debido a que: (1) Pablo hace específicamente un contraste entre la fe y las obras (Romanos 4:1-8). (2) La fe es un acto humano igualmente en el calvinismo y en el arminianismo. La fe es sinergística igualmente en el calvinismo y el arminianismo.[34] Si el ejercer de la fe salvífica es una obra humana y, por tanto, es considerada como un mérito para la salvación, entonces igualmente el calvinismo y el arminianismo serían censurados. En ambos casos la personalidad humana ejerce la fe por medio de la ayuda divina. En el calvinismo, la ayuda se llama regeneración por el Espíritu Santo. En el arminianismo, la ayuda divina es el poder del Espíritu Santo que atrae y asiste al incrédulo a creer.

Conclusiones Establecidas por este Estudio de Romanos 9:6-13

Hay dos cosas de este pasaje que me parecen indudablemente claras:

1. Pablo estaba demostrando que no todos los descendientes de Abraham formaron parte de la simiente del pacto. Él expone dos elecciones tomadas por Dios que confirmaron esta observación: Primera: Isaac fue escogido como la persona por medio de quien descendería la simiente del pacto mientras Ismael fue apartado. Segunda: Jacob fue elegido como por medio de quien descendería la simiente del pacto mientras Esaú fue apartado. Los judíos entendían perfectamente esas dos conclusiones. Esas observaciones aclararon indudablemente que no hay ningún argumento, basado en el pacto abrahámico, que pueda establecerse en favor del punto de vista de que se salvará cada miembro de la simiente del pacto.
2. Esta observación quería decir que no se podría establecer ningún argumento en favor de la conclusión de que debido a que los judíos fueron la simiente de Abraham que todos habían recibido una promesa incondicional de la vida eterna.

Simplemente este fue el punto de lo decía Pablo. Si puede haber un uso *amplio* y también *limitado* de la expresión "la simiente de Abraham", entonces no hay razón para rechazar la idea de que de una manera similar puede haber un uso amplio y también limitado del nombre Israel.

Hay que recordar que el problema judío surgió del significado que ellos dieron al hecho de que fueron la simiente de Abraham más bien que fueron los descendientes de Jacob (Mateo 3:9; Juan 8:33-40). ¿Por qué? Porque fue a la simiente de Abraham que fueron dadas las promesas (Génesis 13:14-15; 17:8).

Pienso que sin dudas podemos sacar la conclusión de que la elección a la que se refiere en el versículo 11 no es la elección de Jacob a la salvación. Digo esto no porque yo no podría sentirme cómodo con la idea de que el versículo hablara de la elección a la salvación. Más bien, es porque el contexto no sostiene tal idea, algo que he mostrado anteriormente.

¿Qué, pues, tienen que ver los versículos 6-13 con el tema de la elección? Simplemente es esto: *Hay que descartar* el concepto judío de una *elección incondicional personal* de todos los judíos como la simiente del pacto abrahámico. Esto quiere decir, en cuanto a que se relaciona a Israel, la elección debe cambiar de la *elección colectiva* de todos los judíos a la *elección individual* o a la salvación para los judíos.

Hasta este punto en el pasaje, no se ha decidido la cuestión de una elección condicional o incondicional.

Es mi entendimiento que hasta el versículo 13, Pablo ha argüido que la elección de Isaac más bien que Ismael y la de Jacob más bien de Esaú debería ayudar a los judíos a ver que no han de interpretar la promesa de la vida eterna dada en Génesis 13:14-15 y 17:8 como una garantía de la salvación de cada individuo judío. Pablo cree que él ha tratado de una manera adecuada con esta cuestión. Así, pues, en el versículo 14 llega al corazón de asunto en cuanto a cómo afecta la justicia de Dios.

La Pregunta en Cuanto a la Justicia de Dios en el Versículo 14

En el versículo 14, Pablo pregunta: "¿Qué, pues, diremos? ¿Qué hay injusticia en Dios? En ninguna manera".

Mi Interpretación de Romanos 9:14

Continuando con nuestra interpretación de Romanos 9, es importante tener en cuenta el hecho de que Pablo está tratando con preocupaciones judías. Él intenta, con todo su ser, hacer que ellos vean que creer y confiar en Jesús como Mesías, Señor y Salvador es la única manera para que, como individuos, puedan salvarse. Nadie jamás puso más de sí mismo en algo como hizo Pablo en este capítulo.

Él *no* está tratando de resolver un debate entre los calvinistas y los arminianos sobre la elección. Lo que dice puede contribuir algo a la cuestión de si la elección es condicional o incondicional, pero tal cosa no es la meta ni la carga del corazón de Pablo en este capítulo.

Nos es importante dar cuenta en este versículo que Pablo se refiere a lo que dijo en el versículo 6: "No que la palabra de Dios haya fallado". Si Dios hubiera prometido la salvación de todos los judíos como la simiente de pacto abrahámico, Dios hubiera fallado, al no salvarse todos los judíos. Si Dios hubiese fallado con Su promesa, Él habría sido injusto. ¡Esto no puede ser!

Pablo ha demostrado que no hay base alguna para la idea de que todos los judíos, como la simiente del pacto abrahámico, sean salvos. Dios nunca hizo tal promesa. Por tanto, no se le puede acusar de ser injusto por no haberlo llevado a cabo.

EL CALVINISMO Y ROMANOS 9:14

Las personas que creen en una elección incondicional exponen que este versículo trata con una objeción a la elección incondicional de Jacob y con la reprobación de Esaú con el énfasis en la suposición de que Dios era injusto debido a la manera en que Él trató a Esaú. (Ve las citas anteriores de Haldane, Harrison, Plumer y Shedd.) La pregunta es: ¿Encaja este punto de vista en el contexto?

En primer lugar, quiero decir que ya he mostrado que Pablo (en los versículos 6-13) no resolvió la cuestión de si la elección individual para la salvación es condicional o incondicional. Si fuera así, Pablo no podría estar tratando con las objeciones a la elección incondicional de individuos en el versículo 14.

Como he dicho anteriormente, Piper entiende bien el hecho de que Pablo está tratando con una preocupación de los judíos. ¿De quién es el interés en el versículo 14? He aquí una cita anterior de Piper, explicando: "Cuando Pablo dijo que Dios eligió bendecir a Jacob y no a Esaú aparte de cualquier base en sus acciones, sino solo de la base de su elección (*ek tou kalountos*, Romanos 9:12), su oponente objetó que tal acción pondría en tela de juicio la justicia de Dios (9:14)".[35]

El oponente al que se refiere Piper habría sido un judío. Según Piper, al contestar al judío, Pablo habría explicado que los judíos se equivocaron en su pensar que todos los judíos fueron salvos. Con la elección divina de Jacob en lugar de Esaú, Dios estaba diciendo que la elección fue de individuos, que no era colectiva. También, en Su elección de Jacob en lugar de Esaú antes de que naciesen y antes de que hubieran hecho alguna cosa buena o mala, Dios estaba diciendo que la decisión fue incondicional. Se supone que la preocupación de los oponentes judíos tenía que ser que fue injusto por parte de Dios aceptar a Jacob de una manera incondicional e rechazar incondicionalmente a Esaú. Se supone que había un interés especial en cuanto al rechazo de Esaú.

Expongo cuarto observaciones:

1. Los judíos no tenían ninguna dificultad con la elección como tal. Ellos creían en su propia elección incondicional.
2. No hay ninguna evidencia de que los judíos tenían cualquier dificultad con el rechazo de Ismael y Esaú. Esto es así si se interesa en la elección incondicional del individuo para la salvación, o con la exclusión de Ismael, Esaú y sus descendientes de la simiente del pacto abrahámico.
3. La interpretación calvinista del versículo 14 se basa en una supuesta preocupación judía, una preocupación que no existía para ellos.

4. El interés de Pablo al comienzo de este capítulo fue que los judíos viesen que Dios no había prometido la salvación a todos los judíos. Su carga era que ellos pudieran entender que la única manera en que un judío podría ser salvo sería poniendo la fe en Jesús como Mesías, Salvador y Señor. Para Pablo, no le habría sido ningún alivio poder hacer que los judíos cambiasen una creencia en la elección incondicional de todos los judíos por un punto de vista de que: (1) Dios había elegido incondicionalmente a ciertos judíos y que (2) Dios había escogido incondicionalmente a otros para la condenación eterna.

LA CONCLUSIÓN JUDÍA

El único problema que los judíos de los días de Pablo tenían con la elección incondicional fue que, según Pablo, Dios no había elegido incondicionalmente a todos los judíos como ellos habían pensado. Si Dios hubiera elegido incondicionalmente a todos los judíos y si el cristianismo hubiera negado que fuera así, entonces se habría pasado por encima de Cristo y del cristianismo sin ninguna investigación o consideración más.

La preocupación que el judío no creyente tendría con la justicia de Dios fue que. para Dios, el no seguir adelante con la elección incondicional de todos los judíos significaría que Él no habría cumplido con Su promesa. No cumplir con Su palabra habría significado que era injusto. Tal conclusión fue inconcebible.

La única esperanza para que ellos reconociesen a Jesús como el Mesías tenía que ser conectado con la evidencia de que Dios nunca dijo que todos los judíos fueron incondicionalmente elegidos. Si ellos podían entender esto, entonces podrían considerar la cuestión de su propia salvación a la luz del hecho de que no todos los judíos son salvos. Si, de hecho, Dios nunca dijo que todos los judíos serían salvos, entonces ellos deben indagar más en cuanto a la verdad de Cristo y del cristianismo.

Con una reseña breve de su historia patriarcal, Pablo les había mostrado que no había ningún argumento en favor de la idea de que Dios los había elegido incondicionalmente a todos ellos para la salvación personal.

M. R. Vincent manifiesta buen discernimiento en cuanto a la pregunta que Pablo hace en el versículo 14:

> Por tanto, si se pregunta: "¿Hay injusticia con Dios? ¿Se contradice Dios a sí mismo en su rechazo de Israel incrédula?"—Hay que contestar: "¡No!". Si no había injusticia en la exclusión de Ismael y Edóm de los privilegios temporales del pueblo escogido, tampoco hay en la exclusión de los israelitas, continua-

> mente rebeldes, de los privilegios más altos del reino de los cielos. Si no todos los descendientes físicos de Abraham e Isaac pueden reclamar el nombre y los derechos de su padre, sigue que la promesa de Dios no se viola al excluir de Su reino a una porción de los descendientes de Jacob. No se puede abogar en favor de la descendencia en contra del derecho de Dios de excluir, dado que Él ya ha excluido de la línea mesiánica, sin respecto a la descendencia. Israel aprobó esta elección y, por tanto, no puede repudiarla cuando se aplican la misma elección y exclusión a Israel incrédula.[36]

Pablo había mostrado que no se podía argumentar en favor de la idea de que Dios fue injusto al no salvar a cada judío porque Él nunca había hecho tal promesa. Lo demostró repasando la historia patriarcal con ellos. Ahora va a proceder, en su llamamiento, a "parientes según la carne," exponiendo que la elección es al individuo, y no es colectiva. Si él puede lograr que los judíos entiendan que la elección es del individuo más bien que colectiva, le será más fácil ayudar a los judíos, como individuos, que vean que la única manera para salvarse es por medio de la fe en Jesús como el Mesías, Salvador y Señor.

EL LLAMAMIENTO DE PABLO A LOS JUDÍOS PARA QUE ENTIENDAN QUE LA ELECCIÓN ES INDIVIDUAL Y NO COLECTIVA

No creo que los versículos 6-13 traten la elección del individuo, ni que establezcan la pregunta de si la elección en condicional o incondicional. Se ha preparado el camino para un cambio de enfoque comenzando con el versículo 15. Antes de que Pablo termine con su argumento en el capítulo 15, tratará igualmente la cuestión de la elección individual y la de si la elección es condicional o incondicional. Se demostrará que la elección es de individuos y que es condicional. Es importante que tengamos en cuenta el hecho de que Pablo está tratando una cuestión de preocupación judía, no un debate entre calvinistas y arminianos. Dado que trata con una verdad universal, veremos que lo que dice nos ayudará con la cuestión sugerida por los calvinistas y arminianos.

Romanos 9:15 y la Elección Individual

Dado que se introduce el versículo 15 con la palabra "pues", pensamos que, como cosa natural, va a continuar con una prueba. Sin embargo, tal no es el caso aquí. Es obvio que lo que sigue no toma la forma de un argumento que defendería la justicia de Dios al no salvar a todos los judíos. Lenski explica: "El término *gar* no está aquí para afirmar la declaración de que en estas promesas no hay injusticia por la parte de Dios; porque lo que sigue no es una prueba....A veces se emplea *gar* simplemente para confirmar; y aquí lo hace: 'Sí'".[37]

La cuestión de si Dios podría ser injusto o no, no fue discutible entre Pablo y el judío. El uno igualmente como el otro, rechazaría tal implicación. Se veía la diferencia en la aplicación de la verdad de la justicia de Dios a la cuestión de que si todos los judíos fueron salvos o no.

Lo que sigue en el versículo 15 no es evidencia al hecho de que Dios no es injusto. Esto fue determinado con la negación enfática. Lo que sigue es una ilustración bíblica de cómo la acción de Dios, que no puede hacer nada malo, sostiene el principio de que algunos, aunque no todos, de entre Israel sean elegidos para la salvación. Que en el versículo 15 Pablo apela a la autoridad de las Escrituras más bien que argüir el punto encuentra un acuerdo general entre los comentaristas.[38]

En la cita de Éxodo 33:19, Dios dijo a Moisés: "y tendré misericordia del que tendré misericordia, y seré clemente para con el que seré clemente".

Mi primera observación es que el griego para "el [del]" (*hon an*) es singular. Así se destaca la elección del individuo más bien que una elección colectiva, que sería el caso si Dios hubiera decidido salvar a toda la simiente del pacto abrahámico.

Explica Picirilli:

> Aún todavía en el desierto, cuando quizás pensaríamos que toda la nación automáticamente habría tenido el derecho a su favor, Él dijo: "Tendré misericordia del que tendré misericordia". En otras palabras, Él quiso establecer claramente que ni Moisés ni Israel tenía algún derecho especial sobre Él que le quitaría Su derecho soberano a actuar bien como Él decidiera. Ni tendrá misericordia a todos ellos simplemente porque fueron israelitas según la carne.[39]

En cuanto a lo que se relaciona al tratamiento de Pablo dado a los individuos en Romanos 9:15-21, Thomas R. Schreiner nos llama la atención al uso de la forma singular en estos versículos. Él explica:

> La palabra *el* (*hon*) es singular, que indica que se refiere a los individuos específicos a quiénes Dios tendrá misericordia. La forma singular también está presente en 9:16, en la referencia que Pablo saca de 9:15. La misericordia de Dios "no depende del que quiere, ni del que corre". La conclusión expuesta en

> 9:18 del pasaje 9:14-17 de nuevo emplea el singular: "De manera que de quien quiere, tiene misericordia, y al que quiere endurecer, endurece". En la misma vena, 9:19 continúa el pensamiento: "¿quién (*tis*) ha resistido a su voluntad?" Y Pablo usa la forma singular cuando habla de que se hace un vaso para honra y otro para deshonra (9:21). Los comentaristas que exponen que Pablo se está refiriendo únicamente a grupos colectivos no tienen ninguna explicación adecuada en cuanto a por qué Pablo emplea una y otra vez la forma singular en el capítulo 9 de Romanos.[40]

Estoy completamente de acuerdo con Schreiner en cuanto a que la elección en estos versículos es una elección de individuos. Estoy de acuerdo con todo que dice en esta cita. Sin embargo, no comparto su creencia en una elección incondicional. Pero no creo que hasta este punto en el capítulo que se establezca la cuestión. No se resolverá hasta que lleguemos a los versículos 30-33.

Romanos 9:15 y si la Elección es Condicional o Incondicional

Dado que el versículo 15 nos dice que Dios tendrá misericordia y compasión del que quiera, algunos lo toman como una prueba de la elección incondicional. Me parece que la cuestión abarca el concepto mismo de Dios que Él será el que decide quién se salvará y quién no. Sin embargo, no creo que tal observación pueda resolver la cuestión a favor de la elección incondicional.

En Jeremías 18:1-4, el profeta Jeremías observaba la obra del alfarero. El alfarero tenía el control sobre la masa para hacer de ella otro vaso bien como le pareciera a él. Después de haberlo observado, Dios dice: "¿No podré yo hacer de vosotros como este alfarero, o casa de Israel? dice Jehová. He aquí como el barro en la mano del alfarero, así sois vosotros en mi mano, oh casa de Israel" (18:6).

Dios estaba diciendo a Israel: "Vosotros estáis en mi mano, puedo hacer con vosotros lo que yo quiera". El ejercer de este derecho divino no quería decir que no tomaría bajo consideración cualquier cosa hecha por Israel al decidir lo que haría con el pueblo. El contexto de Jeremías 18:6 (ve los versículos 7-10) aclara que tomará en cuenta la acción de Israel al decidir lo que haría con Israel.

Debería ser obvio de Jeremías 18:1-10 que la prerrogativa divina para ejercer Su derecho a hacer bien como Él eligiera con Su pueblo no quiere decir que Sus decisiones siempre deban ser elecciones incondicionales. Cuando leemos que Dios hará lo que Él decide, nos ayudará si hacemos esta pregunta sencilla: ¿Qué elige hacer Dios? Cuando Dios dijo a Jeremías que podría hacer con Israel lo que quisiera, igual que el alfarero podría hacer con el barro, después proseguía a decir a la nación lo que Él quería hacer.

Al leer en Romanos 9:15 que Dios tendrá misericordia y compasión del que Él quiera, nos corresponde preguntar: ¿De quién mostrará Dios Su misericordia y compasión? Una vez que se decide que la misericordia y la compasión bajo consideración son las que se manifiestan en la salvación, entonces es fácil la respuesta.

No hay necesidad de detallar referencia tras referencia del Nuevo Testamento para identificar a los que Dios desea otorgar la misericordia de la salvación. Por ejemplo, se puede considerar la respuesta dada por Pablo y Silas a la pregunta: "¿Señores, que debo hacer para ser salvo?" Ellos contestaron: "Cree en el Señor Jesucristo, y serás salvo, tú y tu casa" (Hechos 16:30, 31).

Dios está eligiendo a quién Él quiera cuando decide manifestar Su misericordia en la salvación hacia la persona que cree en Jesús como su Señor y Salvador. No hay manera que se pueda considerar que tal decisión sea una decisión que Dios está obligado a tomar. Fue de Dios toda la idea de la salvación desde la eternidad. Él podría haber elegido dejar a toda la raza humana sin ofrecerla la salvación. Más bien, Él planeó proveer y ofrecer la salvación a la humanidad perdida muchísimo antes (en la eternidad pasada) de que el hombre sintiera la punzada de ser perdido. Ni aún fue una respuesta una petición (sin hablar de una demanda) del hombre que Dios eligiera ofrecer la redención.

La totalidad del plan de la salvación, desde el principio hasta el fin, es la obra y el plan de Dios. Dios manda en todo. Cuando se ofrece la salvación sobre la condición de la fe en Cristo, esto en nada debilita las palabras: "Tendré misericordia del que tenga misericordia, y me compadeceré del que yo me compadezca". En este punto de vista la soberanía de Dios tiene control total. En el capítulo previo, he prestado mucha atención al punto de vista de que Dios tiene libertad para ejercer Su voluntad y que lo hace según el modelo de la influencia y respuesta.

LA CUESTIÓN DE LAS OBRAS

Pablo explica: "Así que no depende del que quiere, ni del que corre, sino de Dios que tiene misericordia" (9:16).

Para poder mejor captar el significado de este versículo, debemos considerar lo que sería lo opuesto. ¿Qué querría decir si dependiera de la persona que quisiera y corriese más bien que de Dios que tiene misericordia? Significaría que una persona podría merecer o ganar su salvación. Querría decir que su mérito obligaría a Dios que le salvara.

Tal concepto es ajeno a todo lo que significa el cristianismo. El hombre fue cortado de la presencia de Dios por su propio pecado. No hubo ninguna obligación por parte de Dios a salvarle ni aún a proveer un camino de salvación.

Fue debido a Su amor que Dios envió al Espíritu Santo a atraernos a Cristo. Fue debido a Su amor que Él ha comisionado a los creyentes a que hablen de Cristo a los incrédulos.

Dios ha ofrecido la salvación basada en la condición de la fe. Debemos distinguir entre la "condición" y la "base" de la salvación. La salvación *se basa* únicamente en la muerte y la justicia de Cristo provistas en la propiciación (como se indicado en el punto de vista de la expiación vicaria) y es imputada a la cuenta del creyente por medio de la justificación. *Se condiciona* en la respuesta de fe en Cristo solo.

Dios ha tomado la iniciativa en proveer lo que el hombre necesita para la salvación. Es Él que ha establecido la condición de la salvación. Es Él que envía al mensajero con el evangelio. Él atrae al pecador por medio del Espíritu Santo. No hay manera en que se pueda considerar que la respuesta personal de fe como la condición de la salvación esté en conflicto o en violación del pasaje: "Así que no depende del que quiere, ni del que corre, sino de Dios que tiene misericordia".

Romanos 9:16 y la Pregunta de que si la Elección es Condicional o Incondicional

Aquellos que creen en la elección incondicional parecen ser convencidos de que este versículo remata la elección condicional. Piper ve un paralelo entre el "querer" y el "correr" de Romanos 9:16 y el "hacer" de Filipenses 2:13. Él explica:

> La misericordia de Dios determina el querer y hacer del hombre (Filipenses 2:13). Y puesto que el "querer y hacer" a que se refiere en Filipenses 2:13 no son malas "obras" sino que la obediencia de la fe, sigue que no se puede limitar la aseveración de Romanos 9:16 sólo a algunos tipos de querer y correr. Por estas razones se debería interpretar Romanos 9:16 para eliminar para siempre el pensamiento de que existe en la antropología paulina, en contra de o en conexión a Dios, tal cosa como la autodeterminación humana.[41]

Pienso que la cuestión verdadera con que Piper debe enfrentarse es: ¿En qué manera está él empleando la expresión "autodeterminación? Si quiere decir que las acciones del hombre no son la *causa* o la *base* de su salvación, estoy totalmente de acuerdo. Por otra parte, si quiere decir que las acciones de una persona al creer no pueden ser un factor determinante en el otorgamiento de Dios de la salvación a la persona que cree o en el no otorgamiento de la salvación a la persona que no cree, no puedo estar de acuerdo con él. Tal punto de vista se encuentra en conflicto con las enseñanzas directas y obvias de las Escrituras (Juan 3:16, 18, 26; Hechos 16:31; etc.).

La fe como una *condición* (como distinguida de una *causa* o una *base*) determina a quién Dios va a otorgar la salvación. Es Dios, no el hombre, quien ha decretado que la fe sea la condición de la salvación. Cuando una persona responde en fe, no está obligando a Dios que le salve. Más bien, es *Dios* que *se ha obligado a sí mismo*, por el compromiso justo a Sus promesas, a salvar a la persona que cree. Cuando se comprende esto debidamente, no existe la posibilidad más remota de que tal punto de vista se entienda correctamente como una salvación por obras.

Piper entiende el lugar de la fe en la salvación, pero trata de encajarla en su concepto de la elección incondicional. Él observa: "Sin duda alguna la fe es la condición sine qua non [necesaria] de la salvación; Romanos 9:16, por tanto, implica necesariamente que el acto de la fe se deba últimamente a la gracia preveniente de Dios".[42]

No tengo problema con su declaración: "el acto de la fe se debe últimamente a la gracia preveniente de Dios". El problema viene dependiendo de la manera en que se interprete la afirmación. Si estamos diciendo que sin la obra del Espíritu Santo (Juan 6:44) nadie jamás creerá en Cristo, yo estaría de acuerdo. Sin embargo, tal afirmación, como lo entiendo, deja lugar para la respuesta individual de creer o no creer.

Como lo veo, ésta no es la interpretación que Piper da a la aseveración. La obra del Espíritu Santo "garantiza" o "causa" la respuesta de fe. Causar que una persona crea viola lo que quiere decir ser una persona. La fe es una experiencia personal. *Es una decisión*, una elección. La *ayuda* e *influencia* divina, sí. Un *causar* divino, no.

He puesto mucho énfasis en el hecho de que las palabras *causa* y *efecto* no son apropiadas para describir las relaciones personales. Los términos *influencia* y *respuesta* son los que se emplean para describir las relaciones interpersonales. No hay tal cosa como que una persona hace algo sin involucrarse realmente en la acción. (Ve mi discusión en el capítulo 15 sobre el subtítulo: "¿*Causa* y *Efecto* o *Influencia* y *Respuesta*? Una Respuesta Arminiana," página ??).

LA PREOCUPACIÓN JUDÍA

Hasta este punto, nuestra investigación del versículo 16 han tenido más que ver con los intereses actuales en cuanto a la elección. No obstante, el interés de Pablo tenía que ver con su preocupación en cuanto a los judíos. Como dije anteriormente, en el Nuevo Testamento vemos dos conceptos, que parecen contradecirse, en cuanto a la idea que los judíos tenían de su propia salvación. Creían que: (1) Fueron salvos incondicionalmente porque fueron de la simiente del pacto abrahámico. (2) Dependían de su propia justicia para ser salvos.

Hasta el versículo 15, Pablo había tratado el punto de vista de que todos los judíos fueron elegidos incondicionalmente. En el versículo 16, presta atención a la idea judía de que ellos se salvan por medio de su propia justicia. Él rechaza tal punto de vista. La decisión divina para la salvación no se basa en ningún mérito que viene del "querer" o del "correr" del judío. Esto elimina cualquier reclamo a una justicia colectiva por parte de los judíos.

Romanos 9:18 y el Problema del Endurecimiento Divino

Habiendo dado tal tratamiento extensivo al lado positivo de la elección, debo exponer más brevemente en cuanto al endurecimiento divino. No obstante, quiero hacer algunos comentarios.

Pablo escribe: "De manera que de quien quiere, tiene misericordia, y al que quiere endurecer, endurece".

Mi primera observación es que la "misericordia" y el "endurecer" no son exactamente lo opuesto. En este contexto, la misericordia se refiere al otorgamiento de la salvación. En el mismo contexto, el "endurecer" *no* se refiere a la imposición de la ira penal. Si fuera así, sería más sencillo defender mi posición. Todo lo que me haría falta sería preguntar: ¿Sobre quién desea Dios imponer Su ira penal? La respuesta es: Sobre aquellas personas que no creen en Jesucristo (Juan 3:18, 36).

Es mi opinión que el verbo "endurecer" fue especialmente elegida para este contexto. Los salvados entre los judíos ya estaban disfrutando de la misericordia salvífica de Dios. Los judíos incrédulos todavía no estaban experimentando la ira penal de Dios. Esto les es reservado para el futuro escatológico.

Pienso que casi todo el mundo estaría de acuerdo con que el mismo verbo empleado en 11:7 lleva esencialmente el mismo significado de "endurecer" aquí en 9:18. Al momento de escribir, los judíos que todavía no habían recibido la misericordia salvífica de Dios fueron considerados "endurecidos".

Es importante observar que Pablo no consideraba que todos los judíos, al tiempo de su carta, fueron endurecidos a punto de que Dios les hubiera encerrado en esa condición. La carga del corazón de Pablo fue para la salvación de su nación (9:1-3; 10:1; 11:11-14, 28-32).

Algunos calvinistas demuestran el hecho de que reconocen que el verbo "endurecer" no encaja bien con sus propósitos. La cita siguiente de Hendriksen manifiesta como él lucha para encajar el uso del verbo "endurecer" en su propósito. Él explica: "No hay razón para dudar que el endurecimiento, del cual el faraón fue el objeto, fue final. Fue un eslabón en la cadena: reprobación—vida vil—endurecimiento—castigo eterno. Esto no quiere decir que el endurecimiento divino siempre es final. Ve 11:7b-11".[43]

Piper está tratando la misma dificultad cuando escribe: "Por lo tanto, no debemos sacar la conclusión de que el endurecimiento del 9:18 tenga referencia, como hace el endurecimiento del 11:7, a las acciones de Dios en que se deja a la persona en una condición fuera de la salvación y así preparada para la destrucción".[44] En la nota de pie número 31 de su capítulo 9, Piper reconoce: "Esto no implica que la condición conocida a veces como el endurecimiento del corazón (Efesios 4:18) o de la mente (2 Corintios 3:14) no puede ser cambiado por el acto misericordiosos de Dios de revivir (Efesios 1:1-4)".[45]

John Brown, al defender la posición calvinista, manifiesta más claramente el problema. Explica:

> La introducción de la idea del endurecimiento judicial parece destruir la antítesis. El *endurecimiento* no es la antítesis natural de mostrar misericordia. Si fuera: "De manera que de quien quiere, ablanda para la penitencia, y al que quiere endurecer, endurece a la impenitencia", entonces la antítesis habría sido completa; pero la una en la antítesis, siendo manifestada la misericordia, la otra debe corresponder a ella—Él no demuestra misericordia; Él se ablanda en referencia a una, no se ablanda en referencia a la otra.

Por lo tanto, tiendo a estar de acuerdo con los intérpretes (y son distinguidos igualmente en su conocimiento y juicio) que consideran que la palabra traducida "endurecer" es equivalente a "tratar con severidad" al no otorgar favor e infligir el castigo merecido.[46]

Pienso que debería ser muy obvio que el concepto del endurecimiento divino expuesto en el versículo 18 no adelanta la causa de aquellos que creen o en la reprobación incondicional, o de aquellos que dicen que Dios simplemente no incluyó a algunos en Su plan de la elección incondicional. Sin embargo, la palabra sí requiere alguna explicación y no se somete a una explicación fácil.

Está claro que Dios obra con el resultado de que haya una ceguera espiritual o un endurecimiento. Está claro que esta es una obra judicial. Lo que no sabemos es cómo explicarlo, a nuestra satisfacción completa, para encajar con la responsabilidad humana o con la naturaleza de Dios. No obstante, sabemos que desde la perspectiva de Dios estos dos conceptos son coherentes el uno con el otro.

En los días de Pablo, los judíos no creyentes en Jesús fueron cegados o endurecidos. Al enfrentarse con el mensaje de la gracia de Dios, la mayoría resistía y fue endurecida. Dios no podía recompensar esta actitud. En un sentido, se puede decir que Dios les endureció. En otro sentido se puede decir que ellos se endurecieron a sí mismos.

El endurecimiento, siendo en sí serio, no implica necesariamente que una persona se encuentre en un estado sin esperanza. Pablo mismo fue endurecido antes de su conversión. Muchos otros judíos fueron salvos en medio del endurecimiento. El entendimiento adecuado de cómo Romanos 9 se relaciona a la elección comienza con una compresión debida del problema que Pablo está tratando. Este problema es la preocupación de los judíos mencionada anteriormente, es decir, que Pablo no está de acuerdo con la creencia judía de una salvación colectiva de todos los judíos como la simiente de pacto abrahámico.

Elección: Individual y Eterna (Romanos 9:19-24)

El material sobre los versículos 19-29 viene de mi comentario sobre Romanos.[47] Se han hecho algunos cambios y adiciones menores para encajar con el propósito de este capítulo.

> **19** Pero me dirás: "¿Por qué, pues, inculpa? porque ¿quién ha resistido a su voluntad?"

Si Dios elige a quien Él quiere para la salvación y si Él endurece a quien Él quiere, y si el faraón no pudo estorbar los propósitos de Dios, surge la pregunta: ¿Por qué, pues, inculpa? porque ¿quién ha resistido a Su voluntad? La palabra griega (*boulemai*) traducida "voluntad" quiere decir Su propósito.[48]

El versículo no está exponiendo que una persona no pueda resistir en el sentido de *oponer* el propósito de Dios. Más bien, nadie puede *derrotar* los propósitos de Dios. Una persona puede desobedecer a Dios y así tendrá que responsabilizarse por su desobediencia. Sin embargo, Dios tiene propósitos que se llevarán a cabo a pesar de la desobediencia (Génesis 50:19-20).

> **20** Pero antes, oh hombre, ¿quién eres tú, para que alterques con Dios? ¿Dirá el vaso de barro al que lo formó: "¿Por qué me has hecho así?"

El creador de algo tiene los derechos sobre lo que se ha hecho (ve Isaías 29:16 y 45:9). Esto no quiere decir que los derechos del Creador incluyan derechos arbitrarios o que ignoran el bien y el mal. Más bien, la naturaleza misma de Dios es tal que Él no puede hacer más que lo justo. Henry C. Thiessen bien ha dicho:

> En Dios vemos la pureza de ser antes de la pureza de la voluntad. Dios no desea lo bueno porque es bueno, ni es algo bueno porque Dios lo quiere; de otro modo existiría un bien encima de Dios o que lo bueno sería arbitrario y mutable. Más bien, la voluntad de Dios es una expresión de su naturaleza, que es santa.[49]

Dios es absolutamente soberano. Es por esta razón que debemos buscar y saber lo que Él ha dicho y así someternos a ello más bien que discutir con Él.

> **21** ¿O no tiene potestad el alfarero sobre el barro, para hacer de la misma masa un vaso para honra y otro para deshonra?

No puede haber duda alguna de que Pablo estaba pensando en Jeremías 18:1-10. (Ve también la Sabiduría de Salomón 15:7) En mi comentario anterior sobre el versículo 15, pienso que lo aclaré bien que si hacemos estas sencillas preguntas: "¿A quién quiere salvar Dios?" y "¿A quién elige Dios condenar?", que veremos que Dios quiere salvar a aquellos que creen en Jesucristo como su Señor y Salvador. Él elige condenar a aquellos que no creen en Jesucristo como Señor y Salvador. Para un desarrollo más completo de estos pensamientos, ver el comentario bajo "Romanos 9:15 y si la Elección es Condicional o Incondicional" (página 484-485).

> **22** ¿Y qué, si Dios, queriendo mostrar su ira y hacer notorio su poder, soportó con mucha paciencia los vasos de ira preparados para destrucción,
> **23** y para hacer notorias las riquezas de su gloria, las mostró para con los vasos de misericordia que él preparó de antemano para gloria.

¿Y qué, si Dios, queriendo...? Aquí hay dos puntos de interés: (1) ¿Cómo emplea aquí Pablo el término "queriendo" (griego *thelō*)? (2) ¿Cuál es el significado de la forma del verbo que emplea (un participio griego)?

En referencia al significado de "queriendo", Shedd tiene razón cuando dice:

> No significa un mero permiso de Dios; ni el propósito de Dios: algo que requeriría *bouleuon*; sino un deseo profundo y fuerte: una voluntad que fue tan profunda e intensa como para exigir aquel autocontrol que se llama la paciencia y la longanimidad de Dios (2:4). La frase [queriendo a mostrar su ira] denota la espontaneidad de la santidad divina, "el furor y de la ira del Dios todopoderoso" en contra del pecado (Apocalipsis 19:15), que está refrenando por la compasión divina, sobre la base de la *hilastērion* [3:15].[50] (Corchetes míos añadidos)

El participio "queriendo" o "deseando" podría traducirse por "porque estaba deseando" (griego: un participio causal) o "*aunque* deseando" (griego: participio de concesión). Parece preferirse la expresión: "Aunque deseando".

Aunque Dios deseaba mostrar profundamente Su ira contra aquellos que fueron "vaso de ira preparados para destrucción", Él "soportó con mucha paciencia los vasos de ira" (objetos de ira, no instrumentos de ira) "para hacer notorias las riquezas de su gloria". Si Dios hubiera suelto inmediatamente Su ira, la raza humana hubiera caído inmediatamente en el castigo eterno. En este caso, no hubiera haber vasos de misericordia (aquellos salvados por la gracia de Dios). Sin embargo, en lugar de derramar inmediatamente Su ira, Dios, por medio de Su longanimidad frenó su ira para dar tiempo a las personas a que llegaran al arrepentimiento (Romanos 2:4 y 2 Pedro 3:9). Esto se hizo para que fueran aquellas personas que responderían al evangelio; de manera que Dios puede "*hacer notorias las riquezas de su gloria, las mostró para con los vasos de misericordia que él preparó de antemano para gloria*".

En los comentarios calvinistas, en general todo el mundo está de acuerdo en que el lenguaje de la expresión "vasos de ira preparados para destrucción" no implica una reprobación incondicional (Ve: Harrison[51], Hodge[52], Murray[53] y Shedd[54]).

Sin embargo, Piper interpreta la referencia como una preparación incondicional por parte de Dios para la destrucción de los vasos de ira. Desarrolla su argumento desde el punto de vista de que Pablo ha estado hablando de la predestinación doble en el capítulo 9. Él explica:

> Me parece a mí que, después de las declaraciones claras y poderosas sobre la predestinación doble [es decir, la elección o predestinación incondicional de aquellos que se salvarán y una predestinación incondicional a la reprobación de aquellos que se pierden] en Romanos 9, que es agarrarse desesperadamente a un argumento de que la voz pasiva de *katerismena* demuestra que Pablo estaba negando la acción divina en preparar a los hombres para la destrucción....Y puesto que la inferencia de Pablo de la historia sobre el faraón es que Dios "al que quiere endurecer" (9:18), la sugerencia más natural del contexto es que "preparados para la destrucción" (9:22) se refiere precisamente a este endurecimiento divino.[55]

Pienso que se ha mostrado conclusivamente, al comentar del capítulo 9 hasta aquí, que se malinterpreta lo que Pablo dice a exponerlo como una elección o una reprobación incondicionales. En cuanto a los versículos 22 y 23, no conozco a nadie que insista en que, separados del resto del capítulo, se interpreten estos dos versículos según el enfoque calvinista.

Con referencia a la predestinación doble expuesta por Piper, yo podría decir que no estoy en contra de la idea como tal de una predestinación doble. Lo que rechazo es una predestinación doble *incondicional*. Creo en una predestinación doble condicional. Basándose en la condición de la fe conocida de antemano en Cristo, Dios ha predestinado a los creyentes para la vida eterna. Sobre la condición de la incredulidad y del pecado conocido de antemano, Él ha predestinado a los incrédulos a la condenación eterna. Aparte de tal predestinación, no podemos asegurar al creyente de la vida eterna ni al incrédulo de la condenación eterna. No rechazo la predestinación. Rechazo la interpretación calvinista de la predestinación.

La frase "de antemano" (v. 23) (griego, *proetoimazo*) significa preparar de antemano. En un sentido, todas las decisiones de Dios son eternas. Basándose en Su presciencia, Él conoce a todos los que creerán en Cristo y los ha elegido en Cristo (Efesios 1:4). La *condición* para ser elegido para la aplicación de los beneficios de la propiciación es la fe en Cristo. La *base* para ser escogido es estar en Cristo. Las personas conocidas de antemano han sido preparadas desde la eternidad pasada para la gloria. Para ellas, las cosas han sido concertadas de antemano. Como escribe Picirilli: "Van directamente para el cielo, 'preparadas para la gloria.'"[56]

> **24 A** los cuales también ha llamado, esto es, a nosotros, no sólo de los judíos, sino también de los gentiles?

Mientras Dios, a través de Su longanimidad, retrae Su ira de los vasos de la ira, lo hace para dar una oportunidad para salvación igualmente a los judíos como a los gentiles. Nos es importante tener en cuenta el hecho de que mientras que Pablo está profundamente preocupado porque hay tantos de su pueblo judío que no están salvados, bien sabe él, y quiere que otros también lo sepan, que hay judíos que se salvan.

El versículo 23, juntamente con el 24, demuestra claramente que la elección es *eterna* y que es *individual.*

Evidencia del Antiguo Testamento de que no Todos los Judíos Son Salvos (Romanos 9:25-29)

> **25** Como también en Oseas dice: Llamaré pueblo mío al que no era mi pueblo, y a la no amada, amada.
> **26** Y en el lugar donde se les dijo: "Vosotros no sois pueblo mío", allí serán llamados hijos de Dios viviente.

Hay casi un acuerdo unánime de que la expresión "no mi pueblo" llamado los "hijos de Dios viviente" (Oseas 1:10) se refiere a Israel (una expresión dirigida por Oseas a las diez tribus del norte), Pablo la usa para referirse a los gentiles. Si así fuera determinado el contexto, yo podría aceptarlo, pero no parece que tal sea el caso.

Está muy claro que los versículos 27-29 se refieren a Israel y que llaman nuestra atención al hecho de que la Escritura debería haber servido para preparar a los judíos que entendiesen que no todos ellos fueron salvos. Para Pablo, el hecho de que no todos los judíos fueron salvos no fue meramente una preservación académica de una precisión teológica. Le quebrantaba el corazón. Él quería que los judíos reconocieran que su creencia en una elección incondicional de todos los judíos debido a su conexión con Abraham era falsa. Esta fue la única manera en que ellos aceptarían la idea de ser salvos por medio de la fe en Jesucristo.

Por supuesto, es verdad que Pablo, como el apóstol a los gentiles, fue profundamente interesado en la conversión de los gentiles. También es verdad que él ya había indicado que había gentiles igual que judíos entre los "vasos preparados de antemano para gloria" (vv. 23, 24). No obstante, este no es el enfoque del capítulo 9.

La carga sentida del capítulo 9 es el hacer que los judíos viesen claramente que ellos habían malinterpretado la promesa de Dios dada a Abraham. No fueron salvos de una manera incondicional. Se condiciona la salvación en la fe en Jesús como el Mesías.

De en medio de esta carga, Pablo llama la atención a las palabras de Oseas. Estas referencias demuestran claramente que Oseas recalaba el hecho que habría Israelitas que pasarían de un estado de no ser salvados a una relación salvífica con Dios. Esta referencia debería eliminar, una vez para siempre, la idea de una elección incondicional de todos los israelitas.

De todos los comentarios que he investigado, el de Lenski se acerca más a la posición que he expuesto. Él aplica el cumplimiento a las diez tribus más bien que a los gentiles.[57]

> **27** También Isaías clama tocante a Israel: "Si fuere el número de los hijos de Israel como la arena del mar, tan sólo el remanente será salvo;
> **28** porque el Señor ejecutará su sentencia sobre la tierra en justicia y con prontitud".

Es evidente que a Isaías no le hubiera sorprendido (entristecido, pero no sorprendido) saber que grandes multitudes de judíos no fueran salvos (v. 27).

El versículo 28 echa luz sobre el porqué sólo unos pocos se salvarían. La mucha paciencia mencionada en el versículo 22 no se extenderá para siempre. el Señor cumplirá Su obra. Él la ejecutará con justicia y con prontitud. Esto quiere decir que habrá muchos que esperarán hasta que sea demasiado tarde.

> **29** Y como antes dijo Isaías: "Si el Señor de los ejércitos no nos hubiera dejado descendencia, como Sodoma habríamos venido a ser, y a Gomorra seríamos semejantes".

Las Escrituras están diciendo que solo por medio de la gracia de Dios aún sobrevivían unos pocos de Israel. ¡Sin duda alguna el Antiguo Testamento se opone al concepto de una elección incondicional de todos los descendientes de Abraham por medio de Jacob!

La Razón por la Cual Muchos Judíos no Fueron Salvos (Romanos 9:30-33)

30 Qué, pues, diremos? Que los gentiles, que no iban tras la justicia, han alcanzado la justicia, es decir, la justicia que es por fe;
31 Pero Israel, que iba tras una ley de justicia, no la alcanzó.
32 ¿Por qué? Porque *iban tras ella* no por fe, sino como por obras de la ley, pues
tropezaron en la piedra de tropiezo,
33 Como está escrito: "He aquí pongo en sino piedra de tropiezo y roca de caída;
y el que creyere en él, no será avergonzado".

Hasta aquí en el capítulo 9, Pablo ha aclarado bien el hecho de que los judíos en sí no podían reclamar la salvación diciendo que fueron elegidos incondicionalmente como la simiente del pacto abrahámico. Como razón, él no dijo que Dios había elegido incondicionalmente a algunos más bien que a todos. Basándose en Éxodo 33:19, estaba diciendo a los judíos que la salvación fue *individual* más bien que *colectiva*.

Cuando Pablo confrontó a los judíos incrédulos con la razón por la culpa muchos no fueron salvados, dijo que fue porque: "*iban tras ella* no por fe, sino como por obras de la ley, pues tropezaron en la piedra de tropiezo". Esta piedra de tropiezo era Jesús el Mesías.

No se basa la razón por la cual hay tantos judíos no salvos en una idea de que Dios hubiera elegido incondicionalmente a *algunos* judíos más bien que a *todos*. Más bien, es porque ellos no habían cumplido con la condición de la fe en Cristo. Si la salvación es condicional, hay toda la razón para creer que la elección es condicional.

Este es uno de los pasajes principales del cual algunos exponen la idea de que los judíos creían en una salvación por las obras. Como ya he expuesto en la discusión anterior, no existe una armonía total en el pensamiento de los judíos. Hay algunas declaraciones encontradas en los escritos de los judíos que parecen exponer que los judíos creían en una salvación por las obras. Sin embargo, el tema de una salvación incondicional por parte de Dios de todos los judíos está tan arraigado en su pensamiento que anula sus ideas de las obras como condición para permanecer en el pacto. La única excepción a que "todos los judíos siendo salvos" serían unos casos raros de apostasía.

Otro factor a tener en mente al evaluar el pensamiento judío es el hecho de que ellos creían en una salvación colectiva (del pueblo entero). Debido a esta razón, las obras consideradas habrían sido colectivas y no las de los individuos.

Un Resumen de la Manera en que Pablo Desarrolla su Argumento para Atraer a los Judíos

Se ve el punto de vista de Pablo en relación con la elección en la manera en que desarrolla su argumento en favor de la idea de que no todos los judíos son salvos:

1. El primer paso es demostrar que, dado que no todos los descendientes de Abraham componían la simiente del pacto abrahámico (vv. 6-13), no hay razón para creer que se salvará toda la simiente del pacto.
2. Segundo paso. Pablo expone el pasaje de Éxodo 33:19 para mostrar que la elección es de individuos más bien que colectiva.
3. Con el tercer paso, Pablo expone la razón de por qué no todos los judíos son salvos. Es "Porque iban tras ella no por fe, sino como por obras de la ley" (v. 32). En otras palabras, no todos los judíos están salvados porque la salvación se basa en la fe y no todos los judíos han satisfecho esta condición. En otras palabras, *la salvación se basa en la fe. Y, una salvación condicional exige una elección condicional.*

Esto se basa en el pacto abrahámico. Se dijo de Abraham: "Y creyó a Jehová, y le fue contado por justicia" (Génesis 15:6). El pacto abrahámico es el pacto básico de la redención.

La esperanza del judío y la del gentil es la misma. Pablo exclama a ellos: "Pues la Escritura dice: 'Todo aquel que en él creyere, no será avergonzado. Porque no hay diferencia ente judío y griego, pues el mismo que es Señor de todos, es rico para con todos los que le invocan; porque todo aquel que invocare el nombre del Señor, será salvo'" (Romanos 10:11-13).

Comencé esta sección con Romanos 9 dado que es el pasaje principal empleado para sostener la idea de una elección incondicional. Creo que con el tratado que he dado de Romanos 9:1-29, se ha mostrado que el pasaje enseña que la elección es *del individuo* y que es eterna. Pero no resuelve la cuestión de que si la elección es condicional o incondicional. No obstante, la interpretación más natural de 9:31-33 es que la justificación es *condicional.* Se la condiciona por la fe en Jesucristo como el Mesías, Señor y Salvador. Si la justificación es *condicional*, la elección es *condicional.*

La única esperanza que queda para una elección incondicional es hallar otro pasaje (o pasajes) que enseñe, sin cualquier duda e irrefutablemente, una elección incondicional. Si existiera tal caso, entonces el calvinista podría acudir al pasaje de Romanos 9:30-33 para proclamar que "el que creyere" del versículo 33 se limita a aquellas personas quiénes

Dios haya elegido y regenerado de una manera incondicional. Éstas serán las únicas que podrían responder en fe a la llamada de Dios para salvarse. Si se expusiera tal enfoque, se demostraría que Romanos 9 sería coherente con una elección incondicional. Pero, con el uso de tal enfoque, ya Romanos 9 no sería *fundamental para tal elección incondicional.* Creo que el calvinismo tiene grandes problemas *con* Romanos 9. El calvinismo tiene problemas *sin* Romanos 9.

Examinamos ahora otros pasajes que los calvinistas creen que enseñan o sostienen una elección incondicional. No creo que me sea necesario exponer unos argumentos tan completos con éstos como hice como Romanos 9. El punto principal que debo demostrar es que estos pasajes no contradigan la elección condicional. En primer lugar, se prestará atención al otro pasaje de Romanos que los calvinistas emplean para sostener su idea de una elección incondicional.

Romanos 8:30

Los materiales sobre este pasaje vienen principalmente de mi comentario sobre Romanos.[58] Se han hecho algunos cambios y adiciones menores para encajar con el propósito de este capítulo.

> Y a los que predestinó, a éstos también llamó; y a los que llamó, a éstos también justificó; y a los que justificó, a éstos también glorificó.

"A los que predestinó" se refiere a aquellos que "fuesen hechos conformes a la imagen de su Hijo" (v. 29). Esperaré hasta la discusión del capítulo siguiente para tratar el versículo 29 (donde mejor encaja en esta discusión). El versículo 30 hace referencia al orden de eventos como ocurren en el ministerio de la redención. Este es un hecho generalmente acordado en los comentarios. Por tanto, no nos es necesario tratarlo más aquí.

Los calvinistas suelen decir que cada vez que se menciona la llamada en las epístolas, sólo se refiere a los creyentes. Pero es así porque se dirige a los creyentes en las epístolas. A Pablo le gusta usar la palabra "llamado" al referirse a los creyentes, así recalcando el hecho de que nuestra redención personal debe su existencia al hecho de que Dios primero tomó la iniciativa hacia nosotros. No somos intrusos en esta salvación que es nuestra por medio de Jesucristo.

En cuanto a la limitación de los calvinistas puesta sobre la palabra "llamado", yo haría dos observaciones: (1) El referirse a los creyentes como los "llamados" no quiere decir que la llamada no haya sido extendida a ningún otro. En una cierta ocasión un conferencista podría dirigirse a su audiencia como los "huéspedes invitados". La única cosa que él está afirmando es que los presentes han sido invitados. No son intrusos. No significa que no hubiera otros invitados. Cuando se refiere a los creyentes como los llamados, no es necesario sacar la conclusión de que no se haya llamado a otros. (2) Aunque no se use el término "llamados" en las epístolas para referirse a los que no han respondido, se ve el concepto de una llamada donde no se emplea la palabra. No hay referencia más clara que la de Pablo cuando dice: "Pero Dios, habiendo pasado por alto los tiempos de esta ignorancia, ahora manda a todos los hombres en todo lugar, que se arrepientan" (Hechos 17:30). Su uso de "todo aquel" en Romanos 10:11-13 implica una llamada que se extiende a todas las personas. No hay diferencia si hay una referencia al término "llamamiento" (en las epístolas) en cuanto a que Dios llama a los pecadores para la salvación o no. No se puede negar que el concepto se encuentra en las epístolas.

No se justifica a nadie que primero no fuera llamado. No se puede dudar que Pablo se refiere a esos casos donde el llamamiento ha tenido su efecto propuesto. Esto no es lo mismo que decir que la llamada es irresistible, ni que ha sucedido en cada caso. Lo que pasa es que simplemente no se puede sacar esta idea del lenguaje del texto.

Cuando una persona responde en fe, Dios le justifica. En el debido tiempo la persona justificada será glorificada.

Se observará que todos los verbos "llamó", justificó" y "glorificó" se encuentran en el tiempo pasado (griego aoristo). Los lectores creyentes de la epístola de Pablo habían sido llamados, justificados, pero todavía no glorificados. Ha habido algún debate en cuanto al uso del tiempo pasado con referencia a "glorificó" dado que la glorificación queda para el futuro. La explicación más comúnmente dada es que se refiere a la certeza de esta glorificación futura. (Ve F. F. Bruce,[59] Hendriksen[60] y Meyer.[61])

Murray señala que el llamar, justificar y glorificar son actos únicos hechos por Dios. Él explica: "Va en contra de este énfasis definir cualquiera de los elementos de la aplicación de la redención con cualquier otro término que no sea de las *acciones divinas*".[62] Estoy de acuerdo con la declaración de Murray. La misma naturaleza de una llamada significa que es la actividad de la persona que extiende el llamamiento. La justificación es un acto divino en que Dios nos declara justos, basándose en la muerte y la justicia de Cristo. La base de nuestra justificación se encuentra únicamente en los méritos de Cristo más bien que en los nuestros. Pero si Murray quiere insistir en que no haya ningún involucramiento por parte de la personalidad humana que satisface la condición de fe en cuanto a la justificación, debo expresar mi desacuerdo. Sin embargo, este versículo no dice nada en cuanto a la fe. Estoy de acuerdo con Godet cuando dice: "Si la intención hubiera sido explicar el *orden de la salvación*, con todos sus elementos divinos y *humanos*, se habría colocado la *fe* entre la llamada y la justificación y la glorificación".[63]

La verdad es que no hay nada en contra de la afirmación de que la glorificación futura se nos otorgará por la acción divina. Está perfectamente claro que el versículo 30 habla sólo de la acción divina. Al mismo tiempo es muy evidente que no es ningún tratamiento exhaustivo de la doctrina de la salvación. Pablo encuadra el versículo en términos de la acción divina porque sigue exponiendo razones para creer que Dios estará con nosotros bajo cualquiera de y todas las circunstancias, como se expone en el versículo 28.

En relación con el porqué Pablo fue de la justificación a la glorificación sin mencionar la santificación, pienso que Bruce tiene razón cuando escribe:

> La diferencia entre la santificación y la gloria es una solo de grados, no de tipos. La santificación es la conformidad progresiva a la imagen de Cristo en el ahora mismo (ref. 2 Corintios 3:18; Colosenses 3:10); la gloria es la conformidad perfecta a la imagen de Cristo en el aquel entonces. La santificación es la gloria comenzada; la glorificación es la santificación completada.[64]

A veces los calvinistas han pensado que este versículo garantiza que cada persona llamada responderá, que cada persona llamada será justificada y que cada persona justificada será glorificada. Me encuentro de acuerdo con John Wesley cuando dice:

> San Pablo no afirma precisamente, ni aquí ni en otra parte de sus escritos, que el mismo número es llamado, justificado y glorificado. Él no niega que un creyente pueda caer y que será eliminado entre su llamamiento especial y su glorificación, Romanos 11:22, ni niega que hay muchos llamados que nunca son justificados. Sólo afirma que este es el método por el que Dios guía, paso por paso, hacia el cielo.[65]

Hay un paralelo con las palabras de Jesús cuando dijo: "Porque de suyo lleva fruto la tierra, primero hierba, luego espiga, después grano lleno de la espiga" (Marcos 4:28). Se declara el proceso que sigue desde cuando brota la mata hasta que se desarrolla por completo el grano, pero Jesús no garantiza que, una vez brotada la mata, en cada caso los otros pasos seguirán. En algunos casos, la espiga de grano muere antes de llegar a su desarrollo completo.

Aunque las palabras de Romanos 8:30 podrían encajar en la idea de una llamada eficaz seguida por la justificación de todos los llamados y la glorificación, sin excepción, de todos los justificados, no es necesario interpretarlo así. Tal punto de vista requeriría un apoyo de otro lugar o fuente. No creo que se pueda encontrar tal fuente de información.

La Cuestión de la Elección Incondicional y el Evangelio de Juan

Al decidir entre la elección incondicional o condicional, un teólogo sistemático y bíblico debe encontrar lo que él considera ser una prueba bíblica irrefutable de una posición u otra. Entonces, de haberse satisfecho que ha logrado este paso, su próxima responsabilidad es demostrar la manera en que interpretará los pasajes de las Escrituras empleados por aquellos que han decidido por la posición contraria.

En esta obra actual, he establecido mi posición de la elección condicional y luego he demostrado la manera en que trato los pasajes que los calvinistas creen que enseñan una elección incondicional. He pensado que es mejor, en primer lugar, demostrar la manera en que trato los pasajes que se creen que enseñan una elección incondicional. Decidí más sabio comenzar con Romanos 9.

He dado un tratamiento bastante completo de Romanos 9. Creo que el calvinismo tiene problemas con Romanos 9. Dado así el caso, no creo necesario tratar tan completamente otros pasajes relacionados con la cuestión.

Si yo hubiera estado de acuerdo en que se enseñara una elección incondicional en Romanos 9, entonces habría dado una interpretación calvinista a varios versículos del Evangelio Según San Juan. O, si yo pensara que existiera otro pasaje bíblico que enseñara específica y claramente una elección incondicional, habría pensado que tal elección incondicional estuviera involucrada en mucho de lo que Jesús dijo en el Evangelio de Juan. No creo que se enseñe una elección incondicional en ningún lugar de las Escrituras. En el capítulo siguiente demostraré que la Biblia enseña la elección condicional. La única obligación que pienso que tengo en el Evangelio de Juan es mostrar que lo que se expone podría encajar con la elección condicional y con el *modelo* de *influencia* y *respuesta* de la relación soberana de Dios con los seres humanos.

EL CONTEXTO JUDÍO

Tratando Romanos 9, señalé que el punto de vista predominante entre los judíos fue que en conexión con la llamada y el pacto que Dios hizo con Abraham, Él salvó incondicionalmente a todos los judíos. Para sostener mi posición, cité de John Piper, Charles Hodge y Douglas J. Moo. También se buscó información de la *Jewish Encyclopedia*. Durante el ministerio de Jesús, Él había encontrado el mismo punto de vista. Nos será interesante mantener este pensamiento en mente mientras examinamos las enseñanzas de Jesús. No tengo conocimiento de nadie que haya recalcado este punto al interpretar los Evangelios. Si alguien lo ha hecho, no ha recibido la visibilidad que se merece.

Juan 1:12-13 y la Cuestión de la Elección

> **12** Mas a todos los que le recibieron, a los que creen en su nombre, les dio potestad [*exousia*, autoridad o el derecho] de ser hechos hijos de Dios;
> **13** Los cuales no son engendrados de sangre, ni de voluntad de carne, ni de voluntad de varón, sino de Dios.
> La versión NVI da una lectura interpretativa del versículo 13 que nos ayuda comprender mejor el versículo. Dice: "Estos no nacen de la sangre, ni por deseos naturales, ni por voluntad humana, sino que nacen de Dios".
>
> Robert W. Yarbrough, al defender la elección incondicional, dice:
>
> La elección divina recibe un énfasis importante en Juan 1:13, la identidad de "todos los que le recibieron" (1:12). Es decir, que aquellos que recibieron salvíficamente al Mesías como quien verdaderamente era (1:12) lo recibieron porque "fueron nacidos de Dios" (1:13), y no al revés. Más específicamente, ellos no pueden atribuir su estado como salvados, si lo poseen, a una "descendencia natural", o sea, al hecho de ser judíos que habían descendido de Abraham (ref. Juan 8:33).[66]

Estoy de acuerdo en que la regeneración es una obra de Dios. Es una obra *monergística*, no *sinergística*. No obstante, no hay nada en los versículos 12 y 13 que harían que este pasaje surgiese que la "regeneración" del versículo 13 preceda el "creer" del versículo 12. La lectura natural de estos versículos sugiere que el "creer" del versículo 12 precede la "regeneración" del versículo 13. La única persona que sacaría lo contrario sería alguien que llega a estos versículos ya con un compromiso anterior a la elección incondicional.

Las Enseñanzas de Jesús en el Evangelio de Juan y la Cuestión de la Elección

Las enseñanzas de Jesús que vamos a examinar iban dirigidas a los judíos. Es importante que tengamos en cuenta el hecho de que el punto de vista predominante entre los judíos que escucharon a Jesús habría sido que todos los judíos ya estaban salvados debido a su relación a Abraham. Ellos habrían creído en una elección (o salvación) colectiva. Esto le presentó un reto especial a Jesús.

Hay lugar para las cuestiones que se han de establecer por una exégesis detallada. A veces se nos incumbe especialmente usar este enfoque. Sin embargo, Jesús, como el Dios-Hombre, evitó ese tipo de conflicto con Su audiencia judía. Los fariseos se especializaron en poner en cuestión todo detalle pequeño. Jesús no quería entrar en estas cuestioncitas. No le era necesario las sutilezas. Él hablaba como "uno que tenía autoridad, y no como los escribas" (Marcos 1:22). La autoridad de los escribas fue una autoridad documentada. Ellos comunicaron la tradición oral. Citaron a los rabinos famosos. Jesús tenía autoridad. Él hablaba de Su propia autoridad. Sus milagros fueron las señales de que había recibido la aprobación del Padre (Hechos 2:22; Juan 20:30, 31). Hablando a los judíos, Jesús dijo: "Mas yo tengo mayor testimonio que el de Juan [el bautista]; porque las obras que el Padre me dio para que cumpliese, las mismas obras que yo hago, dan testimonio de mí, que el Padre me ha enviado" (5:36). Las "obras" de las que Jesús habló fueron Sus milagros.

También tenemos que reconocer que algunos de los judíos que oyeron a Jesús fueron santos (salvos) del Antiguo Testamento, y se salvaron antes del tiempo en que conocieron a Jesús. Esas personas habrían creído en Jesús cuando fueron confrontados con Sus milagros y enseñanzas. Se hicieron Sus discípulos.

Con estas observaciones en vista, podemos adelantarnos a las enseñanzas de Cristo que tienen que ver con el tema de la elección. Puesto que Dios es el mismo ayer, hoy y para siempre, podemos tomar por sentado que las decisiones tomadas por Dios en la eternidad están perfectamente de acuerdo con las decisiones que Él toma en el tiempo. Basándonos en esto, podemos razonar hacia atrás de lo que aprendemos en el tiempo al tipo de decisiones que Él tomó en la eternidad.

Dado que la audiencia en el Evangelio de Juan fue judía, necesitamos ver lo que Jesús trataba de hacer que Su audiencia judía viera.

¿SALVACIÓN (ELECCIÓN) COLECTIVA O INDIVIDUAL?

Los de nosotros criados en iglesias que enseñaron y predicaron la Biblia pensamos automáticamente en las personas como salvas o perdidas. Los judíos que escucharon a Jesús no estaban acostumbrados de pensar en sí mismos como judíos salvos o perdidos. Jesús tenía que dirigirse a ellos de manera en que reconociesen que la salvación fue *individual*, no *colectiva*. Fue necesario para Él hacer que ellos entendiesen la verdad de Sus palabras: "Soy el camino, la verdad y la vida. Nadie viene al Padre sino por mí" (14:6). Recordando las cosas que he mencionado en cuanto al concepto judío de una elección colectiva no cambiará nuestro entendimiento de la verdad universal enseñada en el Evangelio de Juan. Pero sí nos dará una comprensión distinta de cómo las audiencias compuestas de judíos veían y entendían a Jesús.

El primer encuentro escrito en el Evangelio de Juan que destaca el hecho de que cada individuo tiene que experimentar la salvación, es el de Jesús con Nicodemo. Este hombre había visto los milagros que Jesús había hecho (v. 1). Esas señales le habían atraído la atención. Él sabía que había algo distinto de Jesús. Reconocía que Dios estaba con Él. Con su deseo profundo para verle, mezclado con el miedo, fue de noche para encontrarse con Jesús.

El Señor no discutió sobre el tema de la elección nacional de los judíos. Lo que dijo trataba el problema de una manera tal que no se podía pasar por alto. Dijo a Nicodemo: "Excepto una persona nace de nuevo, no puede ver el reino de Dios". Le dice: "Si una persona no nace de agua y del Espíritu, no puede entrar en el reino de Dios" (vv. 3 y 5). Está claro que Jesús está diciendo a Nicodemo que hay que experimentar la salvación de una manera *individual*. Nos es imposible imaginar lo que este líder entre los judíos debía haber sentido cuando escuchó esas palabras. No solamente había escuchado esas palabras; él había visto los milagros. También había oído a Jesús cuando dijo:

> **14** Y como Moisés levantó la serpiente en el desierto, así es necesario que el Hijo del Hombre sea levantado,
> **15** para que todo aquel que en él cree, no se pierda, mas tenga vida eterna."

Hay la pregunta de que si lo escrito en Juan 3:18 fuera de Jesús o añadido por el apóstol Juan. Igual que Pablo en Romanos 9, Juan seguía con su polémica contra el problema de la elección comunitaria. Lo que se dice en este pasaje va muy claramente en contra de la elección comunitaria de todos los judíos: "El que en él cree, no es condenado; pero el que no cree, ya ha sido condenado, porque no ha creído en el nombre del unigénito Hijo de Dios" (v. 18). El versículo 36 lleva el mismo mensaje: "El que cree en el Hijo tiene vida eterna; pero el que rehúsa creer en el Hijo no verá la vida, sino que la ira de Dios está sobre él". Jesús dijo, en Juan 5:24:

> De cierto, de cierto os digo: "El que oye mi palabra, y cree al que me envió, tiene vida eterna; y no vendrá a condenación, mas ha pasado de muerte a vida."

Más adelante en el capítulo, leemos las palabras de Jesús: "y no queréis venir a mí para que tengáis vida." (v. 40).

Estas palabras contienen un mensaje de esperanza para cualquier persona en cualquier lugar que en cualquier tiempo "vendrá" a Él. También hay un mensaje de juicio para las personas que no quieren "venir". Pero las palabras tenían un significado especial para la audiencia judía. Podremos añadir también estos pasajes: Juan 4:14; 6:25-29, 35, 51; 7:37-39; 10:7-11, 27-30; y 14:6.

Hay un pasaje más al que quiero llamar la atención. En Juan 8, Jesús empleó lenguaje más fuerte para hablar a los judíos. Parece que había algunos que pensaban que habían creído en Jesús, pero cuando Él dijo: "Si vosotros permaneciereis en mi palabra, seréis verdaderamente mis discípulos; y conoceréis la verdad y la verdad os hará libres" (vv. 31-32). No querían oír que no fueron libres. "Le respondieron: Linaje de Abraham somos, y jamás hemos sido esclavos de nadie. ¿Cómo dices tú: Seréis libres? (v. 33). Jesús les dijo:

> **37** Sé que sois descendientes de Abraham; pero procuráis matarme, porque mi palabra no halla cabida en vosotros.
> **38** Yo hablo lo que he visto cerca del Padre; y vosotros hacéis lo que habéis oído cerca de vuestro padre.
> **39** Respondieron y le dijeron: Nuestro padre es Abraham. Jesús les dijo: Si fueseis hijos de Abraham, las obras de Abraham haríais.
> **40** Pero ahora procuráis matarme a mí, hombre que os he hablado la verdad, la cual he oído de Dios; no hizo esto Abraham.
> **41** Vosotros hacéis las obras de vuestro padre. Entonces le dijeron: Nosotros no somos nacidos de fornicación; un padre tenemos, que es Dios.
> **42** Jesús entonces les dijo: Si vuestro padre fuese Dios, ciertamente me amaríais; porque yo de Dios he salido, y he venido; pues no he venido de mí mismo, sino que él me envió.

En el versículo 44, Jesús seguía diciéndoles: "Vosotros sois de vuestro padre el diablo, y los deseos de vuestro padre queréis hacer." Luego (v. 48) esos mismos judíos llamaban a Jesús "Samaritano" y decían que tenía un demonio. Está extremamente claro que Jesús rechazó cualquier concepto de una elección nacional de todos los judíos. También estaba claro que la salvación fue experimentada sobre una base individual. Si se experimenta la salvación de una base individual, sigue que, puesto que Dios es el mismo ayer, hoy y para siempre, la elección en la eternidad pasada habrían tenido que basarse en una salvación individual.

En la discusión previa, juntamente con la demostración de que la salvación para los judíos es individual más bien que nacional, se dio mucha evidencia que muestra que la fe en Jesús como el Mesías (el Cristo), Señor, y Salvador es la condición de la salvación. No hay necesidad de profundizarnos más en este punto. Sólo comentaré que una lectura de estos versículos empleados bajo el título "¿Salvación (Elección) Nacional o Individual?" no deja duda ninguna de que la salvación se condiciona en la fe en Jesucristo como Señor y Salvador.

Los calvinistas no niegan que se condicione la justificación en la fe en Cristo. ¿No se requiere la justificación para la elección? Si la fe es la condición actual para la justificación, ¿por qué no lo sería así en la eternidad pasada?

Las Ocurrencias de la Palabra *eklegomai*

Eklegomia ocurre cinco veces en el Evangelio de Juan (6:70; 13:18; 15:16, 19). En cada ocasión el vocal se traduce por "elegir" o "escoger". En estos casos, se refiere a los Doce. La referencia tiene que ver con el hecho de que Jesús los había elegido para ser Sus apóstoles. Aquí no hay problema para una elección condicional aún considerando una elección a la salvación.

Se podría suponer un problema en el pensar de algunos en cuanto a la lectura: "No me elegisteis vosotros a mí, sino que yo os elegí a vosotros". Parece claro que es una referencia al ser elegido como apóstol. Pero aún así, la frase no presenta ningún problema si se aplica a la salvación. La provisión de la salvación, o sea, que Dios ofrece la salvación, y el llamado a la salvación tiene su origen con Dios. Cualquier respuesta por parte de cualquier individuo es una contestación a la iniciativa divina. La única diferencia entre una elección incondicional y el punto de vista de una elección condicional como expuesto por el arminianismo clásico es *la diferencia en la actividad divina que hace posible la fe*. Igualmente, en el calvinismo como en el arminianismo, *el individuo toma una decisión*. No existe algo como una personalidad humana que cambia de la incredulidad a la fe sin tomar una decisión.[67] El calvinismo no establece su caso simplemente por el uso de las palabras del versículo 16.

Aunque las palabras del versículo 19: "antes yo os elegí del mundo" pueden referirse a los apóstoles, también podrían abarcar una elección a la salvación dado que los apóstoles fueron escogidos del mundo. Lo que he dicho en el párrafo anterior demostrará que, si es una elección para la salvación, entonces no hay necesariamente un conflicto con una elección condicional.

El Uso de *didōmi* y *helkuō* en Cuanto a la Salvación.

Yarbrough toma la posición de que el Evangelio de San Juan sostiene firmemente la elección incondicional. En su artículo titulado "La Elección Divina en el Evangelio de San Juan," explica: "En este capítulo la elección se refiere a la iniciativa determinativa de Dios en la salvación humana."[68] Por supuesto, con su posición de la elección incondicional, Yarbrough vincula la elección con "la iniciativa determinativa". Al comentar sobre la palabra hebrea *bāhar* que se emplea en el Antiguo Testamento para escoger o elegir, explica: "La palabra indica la prerrogativa de Dios, independiente de las decisiones humanas, para decidir lo que ocurrirá.[69] Habiendo establecido claramente que su uso de la palabra elección ha de entenderse como una referencia a una elección incondicional, confiesa: "El evangelio de Juan asevera implícita y explícitamente la elección de Dios de los pecadores para la vida eterna".[70] Mientras encuentra otros versículos en Juan que sostienen su posición, considera que hay nueve versículos claves en 1:19-12:50. Antes de tratarlos, citaré la parte pertinente de estos versículos. En algunos casos pueda ser el versículo entero. Las palabras griegas claves en cuestión son *didōmi* and *helkuō*. Indicaré donde estas palabras ocurren. Para hacer que este estudio sea más sencillo, más bien que tomar cada versículo en su orden del libro, voy a juntarlos en grupos según el problema que presentan.

Eklegomai

En 6:70, el Señor Jesús dijo a los discípulos: "¿No os he escogido yo a vosotros los doce, y unos de vosotros es diablo?" Como ya he tratado este versículo cuando hablé de la palabra *eklegomai*, no expondré más aquí del término.

Helkuō

Ninguno puede venir a mí, si el Padre que me envió no le trae [*helkuō*] (6:44).

Y yo, si soy levantado de la tierra, a todos atraeré [*helkuō*] a mí mismo (12:32).

Nos es importante que continuamente recordemos quienes son a los que Jesús se dirige. El choque entre el concepto de la elección corporativa y la base de la salvación de un individuo le presentó a Jesús con un reto singular. La dificultad delante de Jesús fue que los judíos pudieran ver que la salvación se basa en la fe del individuo en Él como el Mesías. Eso no iba a ocurrir meramente al hacer unas declaraciones o unas explicaciones.

Existían dos grandes problemas. Uno fue el poder de la depravación que se esfuerza para alejar a las personas de Dios. Es un problema común a todos los seres humanos. El otro problema fue singular en cuanto al pueblo judío como resultado de su manera de pensar que se había desarrollado al llegar al tiempo de Jesús. Según el entendimiento de los judíos, ellos no llegaron a la salvación por medio de una decisión personal. Esto fue decidido para ellos cuando Dios llamó a Abram y estableció el pacto abrahámico con ellos.[71] Para ellos, la salvación les fue otorgada *automáticamente* como la simiente pactado de Abraham.

La carga del ministerio de Jesús fue demostrar a los que creían que la salvación les fue otorgado automáticamente que no fue así. La salvación es otorgada al individuo, uno a la vez. Es Dios soberano quien decide quién se salvará, Él ha enseñado que aquellas personas que ponen su fe en Jesús como Mesías, Salvador y Señor son las que Él decide salvar (Juan 3:16, 18; 5:24; 6:35, 37, 39-40; 8:51-52; 10:27-20 y 14:6). Las personas que no ponen su fe en Jesús como Mesías, Salvador y Señor son las que Dios decide condenar (Juan 8:13; 6:40; 8:24 y 14:6)

Aunque Jesús hizo disponible la salvación para todo el mundo, basada en la condición de la fe en Jesucristo, fue necesario que Dios tomara un paso más. Él debe enviar al Espíritu Santo para atraer a las personas a Cristo. La naturaleza de la depravación es tal que nadie acudiría a Cristo sin que el Espíritu Santo le atrajese. Aunque esto es verdad de todos los seres humanos, fue de importancia en particular que aquí los judíos entendiesen ese punto. Ellos necesitaban ver que no poseían automáticamente la salvación. No hubo ninguna salvación corporativa para ellos. La salvación ocurrió a las personas como individuos. Cada persona tenía que experimentar la salvación o permanecer bajo la condenación. En lo que Jesús dijo en 6:44, Él se refería a individuos. Nadie podría llegar a Cristo sin ser traído o atraído.

No hay contradicción absoluta entre el traer de Juan 6:44 y lo que el arminianismo clásico quiere decir con ser llamado por Dios. El arminianismo clásico reconoce que la obra fuerte del Espíritu Santo es necesaria antes de que cualquiera persona pueda responder en fe a Jesucristo.

Yarbrough piensa que la palabra *helkuō* describe un llamamiento irresistible. Él explica:

> Fuera del Evangelio de Juan la palabra sólo aparece en el Nuevo Testamento en Hechos 16:19: "...prendieron a Pablo y a Silas, y les trajeron al foro, ante las autoridades...". El Evangelio de Juan emplea la palabra para hablar de personas traídas a Cristo (12:31), de una espada sacada (18:10) y una red llena de peces siendo sacada al barco o a la playa (21:6, 11). La forma relacionada *helkō* aparece en Hechos 21:20 ("le arrastraron fuera del templo") y en Santiago 2:6 ("no son ellos mismos que os arrastran a los tribunales"). Es difícil evitar la impresión que Juan 6:44 se refiere a una "atraer poderoso" a traer a los pecadores al Hijo".[72]

Creo que evidencia presentada por Yarbrough sugiere que el traer de 6:44 es fuerte. No tengo problema con la idea que el traer del que se habla en Juan 6:44 es un "atraer poderoso". Pero sí tengo un problema al hablar del traer como una "atracción forzosa". Una palabra puede emplearse literalmente con una fuerza causal cuando trata con relaciones físicas. Sin embargo, no podemos requerir que esa palabra tenga la misma fuerza *causal* cuando se usa metafóricamente con referencia a una relación de *influencia* y *respuesta*. Juan 6:44 habla de una relación de *influencia* y *respuesta* personal.

Si Juan 6:44 va a ayudar la causa de una elección incondicional, ha de entenderse en términos de *causa* y *efecto*. El versículo expone claramente que nadie puede venir a Cristo sin que el Padre le trajere. Pero no hay ningún significado en la palabra *helkuō* que requeriría que fuera interpretada como una fuerza causal. En efecto, si mantenemos en frente de nosotros que la relación entre Dios y el hombre es una relación personal, el uso de *helkuō* en este pasaje se entiende mejor en el concepto de *influencia* y *respuesta* más bien que *causa* y *efecto*.

Al llegar a Juan 12:32, el significado natural del pasaje es comprender *helkuō* en términos de *influencia* y *respuesta* en lugar de *causa* y *efecto*. Cuando Jesús dijo: "Y yo, si soy levantado de la tierra, a todos atraeré [*helkuō*] a mí mismo" (12:32), sin duda Él no quería decir que traería a cada ser humano a Él. Quería decir que saldría de Él una llamada con poder que haría posible que cualquiera persona que escuchara el evangelio le llegaría. Es una exégesis forzada sugerir, como hace Yarbrough, que el significado probable de "todos" en Juan 12:32 "se refiere a todos—igualmente judíos como gentiles—que el Padre ha dado al Hijo".[73]

Si, de Juan 6:44 y 12:32, alguien interpretara *helkuō* como un llamamiento irresistible, ha de encontrar un pasaje en otro lugar que enseña irrefutablemente que haya una cosa como tal llamamiento irresistible. Entonces, la persona podría sugestionar que éste es el significado de Juan. Pero estos pasajes de Juan no pueden emplearse como parte del arsenal de pruebas irrefutables de una llamada irresistible.

Didōmi

> Todo lo que el Padre me da [*didōmi*], vendrá a mí; y al que a mí viene, no le echo fuera (6:35).
>
> Ninguno puede venir a mí, si no le es dado [*didōmi*] del Padre (6:65).
>
> Mi Padre que me las dio [*didōmi*], es mayor que todos, y nadie las puede arrebatar de la mano de mi Padre (10:29).

Voy a separar mi trato de Juan 10:28 del resto de los versículos porque éstos se refieren a *las personas dadas al Hijo por el Padre*. Este versículo se refiere al hecho de que el Hijo da la vida eterna a las personas que son Suyas. No hay manera en que este pasaje pueda tener peso por un lado o por el otro en cuanto a la cuestión de si la elección es condicional o es incondicional.

Parece obvio que el uso de *didōmi* en Juan 6:27; 6:25 y 10:29 se refiere al resultado final del "atraer" del Padre. Las personas que vinieron como resultado del llamamiento del Padre se consideran como "dadas a Jesús por el Padre". Este hecho parece aclararse mucho al comparar Juan 6:44 "Ninguno puede venir a mí, si el Padre que me envió no le trae [*helkuō*]" con "Ninguno puede venir a mí, si no le se dado [*didōmi*] del Padre" (Juan 6:65). *Didōmi* (dado u otorgado) en 6:65 se interpreta entendiendo su significado como lo mismo que *helkuō* (traer) de 6:44. Si así es el caso, lo que dije antes sobre el gráfico demuestra que no hay manera alguna que la palabra "dado", como empleado en el Evangelio de Juan, sostenga en absoluto la elección incondicional.

En un segundo sentido los pecadores son rehenes del pecado. Hace falta una obra de Dios en que Él entre en ellos para convencerlos de sus pecados, persuadirlos que Jesús puede salvarlos, que entiendan que Jesús es el único camino, y luego, llevarlos a Cristo. No obstante, hay varios enfoques que el pecado toma para atar a los pecadores en su cautividad. Para algunos, ha sido la llamada de su pecado, para otros ha sido la incredulidad directa del modernismo secular. Hoy en día, hay muchos cautivados por el relativismo postmoderno moral, cultural y religioso.

La situación que enfrontó a Jesús, y con que la iglesia primitiva continuaba a enfrentarse, fue el mal entendimiento de los judíos en cuanto a la idea de que ellos fueron salvos corporativa y automáticamente como resultado del pacto que Dios hizo con Abraham. Muchos de los judíos fueron cautivos por una seguridad falsa que fueron salvos automática y corporativamente. Si vamos a comprender la manera en que Jesús trataba con los judíos, como se nos expone en el Evangelio de Juan, deberemos tener en cuenta estas observaciones al estudiar los pasajes que hemos repasado. Creo que el arminianismo clásico está en tierra firme en cuanto al Evangelio de Juan.

LA CUESTIÓN DE POR QUÉ MUCHOS JUDÍOS NO CREYERON EN JESÚS

> El que es de Dios, las palabras de Dios oye; por esto no las oís vosotros, porque no sois de Dios (8:47).
>
> Pero vosotros no creéis, porque no sois de mis ovejas, como os he dicho (10:26).

Quizás la manera mejor de contestar esta pregunta es responder a la siguiente: "¿Por qué creyeron muchos de los judíos en Jesús"? Como he dicho anteriormente, muchos de los que vivían en el tiempo de la llegada de Jesús ya fueron salvos. Sus corazones pertenecían a Dios. Fueron sumisos a Dios. Cuando esos se encontraron con Jesús, al ver Sus milagros y al oír Sus enseñanzas, ellos creyeron en Él. Fue ese tipo de persona que Jesús tenía en mente cuando dijo en Juan 7:17: "El que quiera hacer la voluntad de Dios, conocerá si la doctrina es de Dios, o si yo hablo por mi propia voluntad". Hubo los que ya estaban dispuestos para creer. Esas personas respondieron y creyeron. Otras personas, viendo Sus milagros y escuchando las enseñanzas de Jesús, respondieron y creyeron por medio del poder del Espíritu Santo en atraerlas (7:40-43).

Las personas con quienes Jesús habló en Juan 8:47 y 10:26 fueron las que no llevaban una relación salvífica con Dios antes de conocer a Jesús. Cuando Él les habló esas palabras, todavía resistían. No hay dada que da la idea que les era imposible creer y salvarse más tarde. No hay indicación que Dios hubiera tomado una decisión incondicional al dejarles fuera de Su plan.

UN ARGUMENTO BASADO EN ANALOGÍA

> Porque como el Padre levanta a los muertos, y les da vida, así también el Hijo a los que quiere da vida (5:21).

En cuanto a este pasaje, Yarbrough escribe: "Aquí se ve una analogía poderosa: Como cadáveres dependen de la voz que da vida que viene de Dios para resucitarlos, de igual manera los que reciben 'la vida', o 'la salvación', dependen del buen placer del Hijo para dársela".[74] Es verdad, que es una "analogía poderosa", pero en sí misma no da más luz sobre si el Hijo da la vida *condicional* o *incondicionalmente*.

Una Conclusión Preliminar

Creo que nuestra examinación de la evidencia encontrada en el Evangelio de Juan demuestra que no hay un sostén conclusivo o fundamental para una elección incondicional. Cualquier intento de asociar el Evangelio de Juan con una elección incondicional dependerá en que se encuentre primero en otro lugar. Creo que he demostrado que no se puede encontrar tal base de sostén en Romanos 9. Antes de concluir este capítulo, examinaré Hechos 13:48.

Hechos 13:48

> Los gentiles, oyendo esto, se regocijaban y glorificaban la palabra del Señor, y creyeron todos los que estaban ordenados para vida eterna.

De todos los versículos de la Biblia, este es el pasaje que me ha costado más descubrir lo que es, para mí, una interpretación satisfactoria que corresponde bien con la elección condicional. A la primera vista, parece que en esa ocasión creyeron las personas que fueron elegidas u ordenadas para la vida eterna. De ahí, parece, a continuación, que creyeron todos los que habían sido ordenados a creer en ese momento.

Como señalé anteriormente en el estudio de Juan, ya hubo personas salvas antes de la venida de Jesucristo. Ésas creyeron en el mensaje de redención revelado en el Antiguo Testamento. Tuvieron una relación personal de fe con Dios. Es probable que en aquel tiempo la mayoría de esos creyentes verdaderos vivían en Palestina. Dado que los judíos habían emigrado a otras partes del mundo entonces probablemente algunos de esos creyentes verdaderos también habrían vivido igualmente en otros países del mundo. Dado que nuestro interés en este pasaje tiene que ver con lo que ocurrió en Antioquía de Pisidia, pienso que podemos decir, sin problemas, que hubo algunos que vivían en Asia Menor que se salvaron por creer en la revelación de la redención expuesta en el Antiguo Testamento antes del primer viaje misionero de Pablo. Ya fueron salvos por la fe, pero no habían tenido contacto con el mensaje de Jesucristo.

Juntamente con la extensión de los judíos, hubo también la difusión de la influencia del monoteísmo judío, el modo de vida expuesto por el Antiguo Testamento y la revelación de redención cuyo propósito fue un mensaje de esperanza para toda la humanidad. Muchos gentiles fueron influenciados por los judíos en sus emigraciones. Los prosélitos (Hechos 2:10 y 13:43) fueron gentiles que habían aceptado la fe de los judíos, que incluía la circuncisión de los hombres.[75]

Nos dice F. F. Bruce que

> En aquel entonces, muchos gentiles, aunque no preparados para entrar en esta comunidad judía como prosélitos completos, fueron atraídos por el monoteísmo sano del culto de la sinagoga de los judíos y por la norma ética de la manera de vivir judía. Algunos de estos asistieron a la sinagoga y entendieron bastante bien las oraciones y las lecciones bíblicas que escucharon leídas en la versión griega; algunos guardaron más éticamente tales prácticas distintivas de los judíos como la observación del séptimo día y de abstenerse de varios tipos de comida....
>
> Que el primer gentil para oír y aceptar el evangelio había fuera un temeroso de Dios es significativo porque, como veremos más adelante en los Hechos, fueron tales temerosos de Dios que formaron el núcleo de la comunidad cristiana en una ciudad tras otra durante el curso de la actividad misionera de Pablo.[76]

Se refieren a estos gentiles influenciados por el pensamiento judío, pero que decidieron no hacerse prosélitos, como *hombres devotos* o *temerosos de Dios*. Si algunos de los judíos fueron salvos antes de la venida de Dios, sigue que algunos gentiles prosélitos y temerosos de Dios también lo fueron por la fe. Pienso que un estudio serio de Hechos debe tener en cuenta esta observación. No estoy sugiriendo que todos los temerosos de Dios fueron salvos antes de oír que Jesús Mesías había venido. Habría sido que algunos de ellos no tomaron en serio la verdad. No obstante, creo que algunos fueron salvos por creer en la revelación salvífica de Dios dada en el Antiguo Testamento antes de que escucharon el mensaje del evangelio. Esa posibilidad ya no existe. Pero sí *existía* durante el período de transición.

Los gentiles que fueron influenciados por los judíos durante la inmigración judía a secciones distintas del Imperio Romano no habrían encontrado el concepto de la salvación del individuo distinguido de la salvación corporativa tan inaceptable como lo entendieron los judíos. Pienso que esto habría explicado mucho en cuanto al éxito que hubo en alcanzar a los gentiles con el evangelio.

Ahora bien, vamos a ver como este punto de vista nos ayuda a comprender Hechos 13:48. Se hace mención (v. 43) de los "prosélitos". Esos se encontraron entre los que fueron persuadidos por Pablo y Bernabé a que "perseverasen en la gracia de Dios". El próximo sábado, "se juntó casi toda la ciudad para oír la palabra de Dios" (v. 44). Los judíos se llenaron de celos debido al éxito de Pablo y Bernabé y hablaron en su contra (v. 46). Como resultado, Pablo y Bernabé volvieron a los gentiles. Fue después de esto que se dice en el versículo 48: "y creyeron todos los que estaban ordenados para vida eterna". La palabra griega empleada por "ordenados" es *tassō* y quiere decir ordenar, nombrar o asignar. La forma del verbo en el versículo 48 es *tetagmenoi*. Es un participio pasivo de *tasso*. Se precede por *ēsan tetagmenoi*, una construcción gramática pluscuamperfecta perifrástica. El significado literal sería "tantos como habiendo sido ordenados a la vida eterna creyeron". O, de una manera menos literal, sería "tantos como habían sido asignados a la vida eterna creyeron".

Lo de "habían sido ordenados para vida eterna" o la "designación para la vida eterna" había ocurrido antes de que oyeron y creyeron el evangelio como presentado por Pablo y Bernabé. No obstante, las palabras de la frase no requieren que el versículo nos diga que todos de los que habían sido salvos antes de escuchar el evangelio del Nuevo Testamento subsecuentemente creyeron cuando oyeron el evangelio presentado por Pablo y Bernabé. Al momento de su salvación en el pasado, ellos fueron designado para la vida eterna. Cuando ellos oyeron de la obra redentora de Jesús el Mesías, creyeron y llegaron a ser creyentes del tiempo del Nuevo Testamento.

Creo que lo que he expuesto es la interpretación más probable de este pasaje. Si así es el caso, este pasaje no presenta problema alguno para la posición de la elección condicional. Querría señalar también que, en cuanto a las palabras empleadas, podría ser posible que Hechos 13:48 se refiera a una asignación hecha en la eternidad pasada. No obstante, hay un problema para los que exponen esta posición. El versículo dice: "y creyeron todos los que estaban ordenados para vida eterna". Si fuera una referencia al pasado de una designación incondicional hecha en la eternidad pasada, habría indicado que del grupo presente en aquel día "tantos como" o "todos entre ellos" que jamás serían salvos fueron salvos en esa ocasión. Dudo que las personas que exponen una elección incondicional crean esto. Es difícil creer que, de ese grupo, de entre los presentes que no fueron salvos en ese día nunca tuvieron otra ocasión para ser salvos.

Mi Conclusión Final

Con la excepción de Efesios 1, he tratado todos los versículos más comúnmente empleados para sostener una elección condicional. Creo que he demostrado que *ninguno de estos pasajes requiere que sea verdad una elección incondicional.* Pienso que *Romanos 9 sostiene la elección condicional.* La razón por la cual no he tratado Efesios 1 aquí es que voy a hablar más de este pasaje en el capítulo siguiente donde construiré mi caso para la elección condicional. Con este trato de Efesios 1, también demostraré que no sostiene una elección incondicional.

17

La Base Bíblica para la Elección Condicional

En el capítulo 15, traté con los problemas teológicos necesarios en un estudio de la elección. Se definieron allí la elección incondicional y la condicional. Se prestó atención a los decretos, el determinismo, la soberanía de Dios, el significado del libre albedrío, etc. Se explicaron dos modelos distintos para entender la manera en que Dios lleva a cabo Sus propósitos divinos con los seres humanos. Los dos modelos fueron el modelo de *causo* y *efecto*, y luego el modelo de *influencia* y *respuesta*. La elección incondicional tiene más apoyo en el modelo de causa y efecto. El modelo de *influencia* y *repuesta* sirve mejor la elección condicional.

La pregunta más importante que el teólogo sistemático tiene que contestar es: ¿Cuál punto de vista de la elección se enseña en la Biblia? Creo que he demostrado en el capítulo previo que los pasajes bíblicos empleados para enseñar una elección incondicional no requieren tal interpretación. En efecto, Romanos 9, que se ha considerado como la base fundamental del calvinismo, se entiende más claramente como una enseñanza de la elección como la *del individuo, eterna* y *condicional.* El primer problema con que tengo que tratar en este capítulo es el significado de la predestinación en el Nuevo Testamento.

El Uso y Significado en el Nuevo Testamento de la Predestinación

La palabra griega para predestinar es *proorizō*. Significa que una cosa en particular ocurrirá. Se encuentra seis veces en el Nuevo Testamento (Hechos 4:28; Romanos 8:29, 30; 1 Corintios 2:7 y Efesios 1:5, 11).

HECHOS 4:28

Para hacer cuanto tu mano y tu consejo habían antes determinado que sucediera.

En este versículo, *proorizō* se refiere al hecho de que lo que ocurrió en la cruz había sido predeterminado por Dios. Dios había determinado que Jesucristo sería crucificado, y en conexión con ese evento que sufriría la ira completa de Dios y que haría expiación por los pecados de la raza humana.

1 CORINTOS 2:7

> Mas hablamos sabiduría de Dios en misterio, la sabiduría oculta, la cual Dios predestinó antes de los siglos para nuestra gloria.

En este pasaje, es la revelación del evangelio del Nuevo Testamento ("la sabiduría de Dios en misterio") del que habla Pablo como determinado por Dios. Dios había predeterminado que en el tiempo apropiado, que para Dios fue un tiempo específico, se revelaría el evangelio del Nuevo Testamento.

Mientras sí, Hechos 4:28 y 1 Corintios 2:7 hablan del hecho que Dios ha predeterminado u ordenado de antemano que ciertas cosas ocurrirán, su uso en estos textos no trata el tema de la elección de los creyentes. Los demás de los versículos, donde se emplea *proorizō*, sí guardan relación a la cuestión de la elección del individuo. La pregunta que exige nuestra atención es: "¿Nos indica el uso de *proorizō* en cualquiera de estos versículos que Dios ha predeterminado o predestinado que una persona en particular creerá?"

ROMANOS 8:29, 30

> 29 Porque a los que antes conoció, también los predestinó para que fuesen hechos conformes a la imagen de su Hijo, para que él sea el primogénito entre muchos hermanos.
> 30 Y a los que predestinó, a éstos también llamó; y a los que llamó, a éstos también justificó; y a los que justificó, a éstos también glorificó.

Es obvio que la meta de la predestinación del versículo 30 es la misma del 29. En el versículo 29, la meta de la predestinación es que las personas que Dios conoció antes fueran "hechos conformes a la imagen" de Cristo.

Comprendo que en el Nuevo Testamento hay un problema en cuanto al significado de *conocer antes* y *conocimiento previo*. Más adelante trataré este problema cuando examine las ocurrencias de las palabras para este conocimiento previo. Queda claro que estos versículos no dicen que las personas bajo consideración fueran predestinadas a creer. Más bien, explica que las personas que creen son predestinadas a ser hechos conformes a la imagen del Hijo de Dios.

EFESIOS 1:5

> En amor habiéndonos predestinado para ser adoptados hijos suyos por medio de Jesucristo, según el puro afecto de su voluntad.

El "nos" del pasaje es una referencia a los que fueron escogidos en Cristo. Haré comentario sobre este versículo cuando se hace una investigación de los versículos donde ocurre la palabra griega para elección. *Huiothesia* es la palabra que se traduce como "adopción de hijos". El significado literal es "poner o adoptar como hijo". El pasaje definitorio para el significado de *huiothesia* es Gálatas 3:19-4:10. La palabra aparece en Gálatas 4:5. Pero un estudio de 3:19-4:10 es necesario para captar lo que quiere decir.

En este pasaje Pablo nos dice que, en el Antiguo Testamento, Dios consideró a Sus hijos creyentes como en un estado de inmadurez. La ley mosaica, con sus leyes civiles y ceremoniales, fue adaptada a la inmadurez. Pablo nos explica que, en conexión con la primera venida de Cristo, Dios ha colocado a Sus hijos creyentes en la posición de hijos adultos.

Pablo habló de la Ley como un *paidagōgos* (Gálatas 3:24). Entre las familias griegas y romanas ricas, un joven, entre las edades de 5 o 6 a 16 o 17, vivía bajo el cuidado de un *paidagōgos*. Esa persona fue un esclavo de mucha confianza. Ese esclavo iría con el joven para protegerle y para inculcarle con los valores de la familia. La Reina-Valera lo traduce como *ayo*. La versión *Siglo XXI* lo traduce como *tutor*.

Actualmente en nuestra cultura no tenemos un paralelo exacto al concepto de un *paidagōgos* del tiempo de Pablo. Quizás lo más cerca sería algo como un *niñero* o una *niñera*. Los términos *tutor* o *guardián* se acercarían algo al significado. No nos es posible comprender lo que Pablo dice en cuanto a un *paidagōgos* sin la ayuda de un conocimiento de la cultura griega y romana de los días de Pablo.

Un entendimiento del término es necesario antes de que podamos comprender el uso que Pablo hace de la palabra *huiothesia*. El tiempo *huiothesia* (adopción) se refiere al tiempo cuando los padres del joven le libraron de su *paidagōgos*. Esto ocurrió cuando el joven tenía unos 16 o 17 años. Fue el momento cuando ya fue libre del método de trata como un niño al de la madurez, o sea de ser un adulto. Gálatas 3:19-4:17 nos enseña que en conexión con la venida de Cristo, Dios libertó a Sus hijos del *paidagōgos*. El uso de *paidagōgos* de Gálatas 3:24 es una referencia metafórica a la ley mosaica con sus leyes civiles y ceremoniales.

En el Nuevo Testamento, la adopción (*huiothesia*) no se refiere al proceso legal de tomar a alguien que no fue nacido a los padres y hacerle un miembro de la familia. Más bien, significa tomar a una persona que ya es miembro de la familia y hacerle un *huios*. *Huios* es la palabra griega que significa "hijo". Se refiere a uno que es un heredero de edad legal. La persona adoptada tiene los privilegios de un heredero adulto. El primer privilegio dado es estar puesto en libertad de su *paidagōgos*. Esto significó la libertad de la responsabilidad de vivir bajo las leyes civiles y ceremoniales de la Ley de Moisés.

La predestinación mencionada por Pablo en Efesios 1:5 fue la de nosotros como creyentes del Nuevo Testamento en ser *huiothesia* (adoptados) como ya se ha explicado. De nuevo, vemos que no dice que haya algunos ya predestinados a creer. Más bien, esta predestinación fue la de los creyentes del Nuevo Testamento ya adoptados y, así, libertados de la ley mosaica que fue el *paidagōgos*. Me doy cuenta que el significado de la adopción como cristianos necesita más explicación que ha dado aquí. Se puede ver una explicación más completa en el apéndice 2: "El Legalismo en la Carta a los Gálatas".

EFESIOS 1:11

> En él asimismo tuvimos herencia, habiendo sido predestinados conforme al propósito del que hace todas las cosas según el designio de su voluntad.

"Asimismo tuvimos herencia" viene de *eklērōthēmen* que es la primera persona plural, indicativo pasivo aoristo de *klēroō*. La pregunta tiene que ver con si los creyentes fueron "hechos una herencia de Dios" o si los creyentes "recibieron una herencia". ¿Fuimos predestinados para ser la herencia de Dios? O, ¿fuimos predestinados para recibir una herencia de Dios? Las dos frases son verdad. Para una base de que los creyentes pueden verse con la herencia de Dios, se verá Deuteronomio 32:8, 9. La única pregunta pertinente realmente es: ¿Cuál es el significado aquí?

Sin embargo, para nuestros propósitos actuales, no necesitamos llegar a una decisión entre las dos. No importa cuál de los dos significados sea el verdadero de este pasaje, no va a presentar problema alguno para la elección condicional. Queda claro que no está diciendo que las personas fueran predestinadas a creer.

Conclusión

Este estudio de *proorizō*, la palabra griega para *predestinar*, no a determinado una respuesta a favor ni en contra de la elección condicional o de la incondicional. Mientras que no ha establecido una respuesta a la cuestión, no ha hecho daño al concepto de la elección condicional. Los cristianos que creen en la elección condicional tienen tanto derecho a la palabra *predestinar* como los que creen en una elección incondicional. Sí, tenemos un entendimiento distinto del término de *predestinación* como se relaciona al acto de fe. Pero en cuanto a como se relaciona a los creyentes, vemos la predestinación sobre los mismos términos que los calvinistas.

Los que creen en una elección incondicional exponen que Dios ha escogido incondicionalmente a ciertas personas para creer y salvarse. Él predestina a las personas que Él ha escogido a creer. En este caso, *la fe* es el término de la predestinación. El enfoque calvinista clásico funciona con el modelo de *causa* y *efecto* para producir la fe en el individuo. Desde el lado arminiano clásico, Dios obra con el modelo de *influencia* y *respuesta* para llegar a la respuesta de la fe del individuo. Esta diferencia en el entendimiento de la naturaleza de la contribución divina para atraer a una persona a poner su fue en Cristo es la división continental grande entre el calvinismo clásico y el arminianismo clásico.

En la manera en que se relaciona al término de la predestinación en los versículos que he investigado, el término, como aceptado igualmente por los arminianos clásicos y los calvinistas, sería el mismo. Sería, desde luego, una diferencia en cuanto a cómo Dios lograría estas metas.

El término de la predestinación de Romanos 8:29 es claramente *que los creyentes serían conformados a la imagen de Cristo*. Los arminianos y calvinistas clásicos estarían de acuerdo sobre el hecho que Dios ha predestinado a creyentes para ser conformados a la imagen de Cristo.

El término de predestinación de Efesios 1:5 es la *adopción*. Igualmente, los calvinistas y arminianos clásicos estarían de acuerdo del hecho que Dios predestinó que los creyentes del Nuevo Testamento serían adoptados. Cualquier diferencia sobre la interpretación de adopción no tendría nada que ver con que si una persona sea calvinista o arminiana.

En Efesios 1:11, si el significado verdadero es que los creyentes son predestinados "*para ser la herencia de Dios*", esto tampoco presentaría un problema a un calvinista o a un arminiano. Si el significado es que los creyentes son predestinados "*a recibir una herencia*", tampoco hay problema para el calvinismo o para el arminianismo clásico.

La predestinación es igualmente esencial para el arminianismo clásico como lo es para el calvinismo. Si no hay predestinación, no hay evangelio. Nuestro evangelio dice que Dios ha predestinado la salvación para todo el mundo que crea en Jesucristo, y Él ha predestinado que todos los que no creen en Jesucristo estarán condenado a la muerte eterna (Juan 3:16, 18, 36; 5:24; 14:6; Hechos 4:12; 16:31; Romanos 6:23; Apocalipsis 21:8 y otros). La culpa la tenemos nosotros los arminianos por haber concedido la palabra *predestinación* a los calvinistas. Como arminianos necesitamos a recuperar la palabra *predestinación.*

El Uso y Significado de Conocer de Antemano y el Conocimiento Previo en el Nuevo Testamento

La palabra griega *proginōskō* (conocer anticipadamente) ocurre cinco veces en el Nuevo Testamento. Se encuentra en Hechos 26:5; Romanos 8:29; 11:2; 1 Pedro 1:20 y 2 Pedro 3:17. La palabra *prognōsis* (conocimiento previo) sólo se encuentra dos veces en el Nuevo Testamento: Hechos 2:23 y 1 Pedro 1:2.

2 PEDRO 3:17

> Así que vosotros, oh amados, sabiéndolo de antemano, guardaos, no sea que arrastrados por el error de los inicuos, caigáis de vuestra firmeza.

En este versículo, *proginōskō* refiere al conocimiento humano. Pedro decía que dado que los cristianos sabían del daño causado por los falsos maestros, que ellos deberían guardarse bien para no estar desviado. Ya sabían (de antemano) el resultado final de esos falsos maestros.

HECHOS 26:5

> Los cuales (los judíos que acusaban a Pablo) también saben (*proginōskō*) que yo desde el principio…

Aquí, el verbo *progiōskō* se refiere al conocimiento que una persona tiene antes de la actualidad, que es un *conocimiento previo.* Diríamos que es algo conocido de antemano. En 2 Pedro 3:17, una persona tiene un conocimiento que le va a hacer consciente de las consecuencias que traerá una cosa en particular.

El conocimiento previo divino, como vamos a ver empleado en otros versículos, es distinto de lo que se menciona en Hechos 26:5 y 1 Pedro 3:17. Se refiere a un conocimiento que Dios tuvo de los eventos de la eternidad pasada. Este tipo de conocimiento es el entendimiento de un evento antes de que ocurra.

Hechos 2:26 y 1 Pedro 1:20

> A éste (Jesús de Nazaret), entregado por el determinado consejo y anticipado conocimiento de Dios, prendisteis y matasteis por manos de inicuos, crucificándole (Hechos 2:23).

Los calvinistas creen que estos versículos confirman su idea que las palabras griegas por *predestinación*, *elección* y *conocimiento previo* son esencialmente sinónimas. Interpretan el uso de los términos "anticipado conocimiento" (*prognōsis*) como siendo entregado "por el determinado consejo y anticipado conocimiento de Dios" como *eficaz*.

Creo tan convincentemente como cualquier calvinista en el hecho que la crucifixión de Jesucristo fue anticipado y determinado de antemano. El consejo determinativo de Dios y el conocimiento previo de Dios puso en orden y predeterminó la crucifixión de Cristo. No creo que este versículo nos requiera entender la palabra *prognōsis* (conocimiento previo) como *eficaz*, así haciéndolo sinónimo con *predeterminado o predestinado*.

Creo que el entendimiento debido de *prognōsis* de Hechos 2:23 es *instrumental*. El conocimiento previo de Dios hizo posible para Él ver el futuro como si fuera el presente. No creo que todo fue ni es *presente* a Dios. Pero Él vio *el futuro* tan total y completamente como ve el presente.

Es importante que nos demos cuenta que Dios no vio el futuro como un tipo de observador pasivo. No es que simplemente miró detrás del escenario del tiempo para ver un futuro ya fijo antes de Su mirada. Él planeó el futuro. Pero cuando lo planificó con respecto a los seres humanos, creados a Su imagen y así seres personales con una mente, un corazón y una voluntad, eligió tratar con ellos de acuerdo con el modelo de *influencia* y *respuesta*. Él tiene una relación de *causa* y *efecto* con el universo material, pero tal no es el caso con los seres humanos.

La cruz de Cristo fue un evento predeterminado. Al mismo tiempo, había numerosos seres humanos involucrados en una manera u otra en el acto. Dado que fueron seres humanos con libre albedrío envueltos en el evento de la crucifixión, debemos comprender el rol del conocimiento previo de Dios en los eventos predestinados. Es importante que recordemos las observaciones hechas en el párrafo previo. Pienso que nos va a ayudar a captar el papel del conocimiento previo al planear el futuro si de nuevo presento algo ya escrito en el capítulo 15.

He intentado describir a Dios [no como un mero espectador] como el que vio de antemano el futuro desde toda la eternidad. Mientras que Él vio de antemano el futuro, lo vio como iría desarrollándose progresivamente de: (1) El resultado de Su actividad creadora y Su influencia divina. (2) El resultado de la influencia devastadora del pecado. (3) El resultado de la respuesta de los seres humanos que darían como consecuencia de la obra redentora de Jesucristo, el ministerio del Espíritu Santo, la obra de la Palabra de Dios y el ministerio de los redimidos. (4) El resultado de todas las influencias que llegarían de todas las fuentes fuera de Él mismo. (5) El resultado de toda la influencia que Él traería sobre las personas por medio de Su poder y sabiduría infinita. Así entonces, Él vio todo que ve y que está haciendo ahora. Él es el mismo Dios como fue entonces. Todo lo que hace ahora es tan real como sería si no lo hubiera conocido de antemano.[1]

La omnisciencia y la sabiduría de Dios le dieron toda la información y la habilidad que le fueron necesarias para ordenar la muerte y los sufrimientos de Jesucristo como el medio de propiciar por los pecados del mundo. Con Su sabiduría y conocimiento infinito, el consejo determinativo pudo predeterminar la crucifixión de Cristo en la eternidad pasada. De esta manera el *conocimiento previo* ayudó, pero el *conocimiento previo* como un *conocimiento de antemano* no tuvo una relación causal sobre el plan para la crucifixión. Sin el *conocimiento previo*, el consejo determinativo no podría haber concertado previamente ni predeterminado el plan.

Pienso que he demostrado que no hay necesidad absoluta para el uso de *anticipado conocimiento* de Hechos 2:23 como una fuerza *causal* con un resultado que sería sinónimo con *predestinación*. De varios comentarios sobre Hechos 2:23 y 1 Pedros 1:20, he leído del uso de *proginōskō* y *prognōsis*. He intentado comprender la razón que los calvinistas consideran como conclusión válida y necesaria que la *predestinación*, la *elección* y el *conocimiento* previo sean esencialmente sinónimos. También he repasado las explicaciones dadas en varios lexicones y diccionarios teológicos de estas palabras. La mayoría que lo que se escribe se basa en el uso de *proginōskō* y *prognōsis* de Hechos 2:23 y 1 Pedro 1:20.

El verbo *proginōskō* ocurre tres veces en la Septuaginta (Sabiduría 6:13; 8:8 y 18:6). El significado de *proginōskō* en el libro apócrifo Libro de Sabiduría es "saber previamente" o "saber de antemano".

El sustantivo *prognōsis* se halla en el libro apócrifo, Judit, en 9:6 y 11:9. El uso de 11:9 se entiende como un conocimiento previo. El único uso de la palabra *prognōsis*, aparte del Nuevo Testamento, empleado para sostener el punto de vista que el conocimiento previo es lo mismo como la predestinación se halla en Judit 9:6. Paul Jacobs y Hartmut Krienke dan el significado "del conocimiento previo de Dios decretando la caída de los egipcios".[2] Ellos ven el "conocimiento previo" de Judit 9:6 como siendo lo mismo que "decretar". *The Theological Dictionary of the New Testament* estaría de acuerdo con este entendimiento. Sobre *prognōsis*, se lee: "Se encuentra en la LXX en Jdt. 9:6 con una referencia al conocimiento predeterminado de Dios".[3]

Nos será provechoso leer Judit 9:6. Comienzo con el versículo 5:

> **5** Tú has hecho el pasado, el presente y el porvenir; tú decides los acontecimientos presentes y futuros, y sólo se realiza lo que tú has dispuesto. **6** Las cosas que tú has ordenado se presentan y exclaman: "¡Aquí estamos!". Porque tú preparas todos tus caminos, y tus juicios están previstos de antemano (*prognōsis*).[4]

No encuentro defensa alguna dada para el entendimiento que lo de Judit 9:6, "los juicios previstos de antemano", es sinónimo con la *predestinación*. Es verdad que se habla de la predestinación en los versículos 5-6. Pero no hay razón para creer que el *conocimiento de antemano* sea lo mismo que la *predestinación*. Pienso que el significado es que los juicios de Dios fueron tomados en la eternidad pasada por medio de Su conocimiento previo.

> Cristo, como de un cordero sin mancha y sin contaminación, ya destinado desde antes de la fundación del mundo, pero manifestado en los postreros tiempos por amor de vosotros (1 Pedro 1:19-20).

La palabra traducida "destinado" de 1 Pedro 1:20 es *proginōskō*. *La Biblia de Las Américas* lo traduce como: "Él estaba preparado…." La *Nueva Versión Internacional* lo tiene: "a quien Dios escogió antes…." La *Reina Valera Actualizada* (2015) traduce la frase: "Él, a la verdad fue destinado desde antes…." Creo que las palabras *conocimiento de antemano, destinado, escogido* y *predestinado* todas son apropiadas para aplicar al hecho que la obra expiatoria de Cristo sobre la cruz fue *concertada de antemano, pre-planificada* y *predeterminada* en la eternidad pasada. Dios no fue tomado por sorpresa con la caída al pecado de la humanidad. El plan de la redención ya fue hecha y determinada antes de que ocurriera la caída de Adán y Eva en el orden cronológico de eventos. Lo que ha planeado y determinado en la eternidad pasada ocurrió cuando Jesús murió en la cruz. Lo que fue en la mente de Dios en la eternidad pasada fue "manifestado por nosotros en estos postreros tiempos".

Entendidas debidamente, no tengo problema con las palabras *destinado, escogido, pre-planificado, predestinado* y *predeterminado.* No sólo no tengo problemas con estos términos; estoy tan convencido de su verdad como cualquier calvinista. No obstante, tengo problema con la traducción de *proginōskō* como "predestinado" o "escogido" o con tal traducción de cualquiera palabra con un significado similar.

Aún si el significado verdadero de 1 Pedro 1:20 es "predestinado", debería traducirse como "conocido de antemano". "Conocer previamente" es la traducción correcta de *proginōskō.* El indicar que su traducción es "preordinado", "destinado", "escogido" o "predestinado" es una traducción interpretativa. La palabra griega *proginōskō* y la frase castellana "conocer de antemano" tienen exactamente las mismas posibilidades de un significado de ordenado de antemano. Cuando se traduce *proginōskō* como "preordinación" u otra palabra equivalente, el traductor se ha convertido en exégeta, exponiendo un significado discutible de *proginōskō* como la traducción. La exégesis se ha de encontrar en los comentarios, no en las traducciones. Si *proginōskō* significa preordinación, es la responsabilidad del exégeta defender la interpretación con evidencia. No tengo conocimiento de ninguna defensa adecuada para la idea de que "predestinar" sea uno de los significados establecidos del término *proginōskō.* La traducción "predestinación" expone una influencia del calvinismo al hacer que el conocimiento de antemano sea sinónimo con la *predestinación.* Cuando se da este giro al *conocimiento previo,* el resultado es que la predestinación se hace la base para el *conocimiento de antemano.* Dios conoce el futuro porque Él lo ha predestinado.

El significado que se tome de 1 Pedro 1:20 puede entenderse debidamente al comprender *proginōskō* como *conocido de antemano.* El plan de Dios a proveer la expiación por medio de la muerte Cristo fue conocido de antemano por Dios en la eternidad pasada. Desde luego, para poder ser *conocido previamente,* Jesús fue escogido para el propósito de proveer la expiación por medio de Su muerte y todo fue *pre-planificado, predeterminado* y *concertado por antemano.* Todos esto conceptos, mientras verdaderos, son verdad por la inferencia necesaria de la naturaleza de Dios y de la enseñanza directa de Hechos 2:22 y 4:28, y no por el significado y uso de *proginōskō.*

La insistencia del calvinismo de que *proginōskō* y *prognōsis* han de tomarse como sinónimos de la predestinación no tiene base ni en su uso en la Biblia ni en cualquier uso afuera de la Biblia.

ROMANOS 8:29

> Porque a los que antes conoció, también los predestinó para que fuesen hechos conformes a la imagen de su Hijo, para que él sea el primogénito entre muchos hermanos.

Las personas llamadas "los que antes conoció" son "los que conforme a su propósito son llamados" (v. 28). Las personas que ya han sido llamadas conforme a Su propósito fueron conocidas de antemano por Dios en la eternidad pasada. La explicación que expondré de "antes conoció" (*proginōskō*) de este versículo viene de mi comentario sobre Romanos.[5]

Desde el punto de vista de la elección condicional, hay dos maneras posibles para entender el conocimiento previo como se emplea en 8:29. Meyers explica: "Dios ha *conocido* de antemano a los que no opondrían una resistencia de incredulidad a Su llamada de gracia, sino que seguirían Su llamamiento; a partir de entonces Él les ha *ordenado* de antemano a la salvación eterna; y cuando llegara el tiempo del cumplimiento de Su consejo salvífico, les ha llamado, etc." (v. 30).[6]

Godet ofrece el mismo punto de vista, aunque con frases algo distintas: "Sólo hay una respuesta: conocidos de antemano tan seguros para cumplir la condición de la salvación, a saber, *la fe*; así conocidos de antemano como Suyos por *la fe*".[7]

Lenski toma un enfoque algo distinto en cuanto al significado de la palabra griega "conocer" (*ginōskō*). El significado es "conocer con afección y con un afecto resultante". Sigue diciendo que, al añadir el prefijo *pro* (griego) "fecha este conocer afeccionado hasta la eternidad pasada".[8]

Si hay una duda en cuanto a lo que Lenski cree de la elección, lo siguiente debería establecer su posición: "Si se pregunta por qué Dios no conoció antes, ni predestinó, ni llamó, ni justificó a los demás, la respuesta bíblica se encuentra en Mateo 23:37 y en otros pasajes semejantes: Dios no les excluyó, sino a pesar de lo que Dios pudo hacer *ellos* se excluyeron a sí mismos".[9]

El punto de Lenski es probable lo correcto. "A los que antes conoció" habla de conocer a personas más bien que simplemente saber algo sobre ellas. Dios conoció de antemano a los elegidos con afección, o Él los conoció como siendo suyos. No hay conflicto alguno con este entendimiento del conocimiento previo y la elección condicional.

Lo que Meyer y Godet dicen sobre el conocimiento previo como referente al conocimiento de antemano de la fe es una inferencia necesaria. Conocer a una persona implica un tiempo para llegar a conocer a esa persona. Si Dios conoció a los elegidos de antemano como los Suyos, se infiere necesariamente que este conocimiento previo presupone la creencia de la persona en Jesucristo como su Señor y Salvador.

ROMANOS 11:2

> No ha desechado Dios a su pueblo, al cual desde antes conoció.

En este versículo, la referencia es al *conocer previa* y *afectuosamente* a Israel como el Pueblo del Pacto de Dios. El énfasis en este pasaje cae en el conocimiento de Israel corporalmente como el pueblo de Dios.

Sería interesante desarrollar más el conocimiento previo de este versículo, pero involucraría una discusión del lugar de Israel en el plan redentor de Dios. Y, esto nos desviaría de nuestro enfoque actual, que es cómo el conocimiento previo de Dios encaja con la elección del individuo y con la predestinación.

Romanos 11:2 ilustra para nosotros el uso de la presciencia de la manera que Dios *conoció* con afección. Pero no añade más luz sobre el conocimiento de antemano y la elección del individuo.

1 PEDRO 1:2

> Elegidos según la presciencia de Dios Padre....

Si, en este pasaje, entendiéremos *prognōsis* (presciencia) como la predestinación, significaría que la elección se basaría en la predestinación. Pienso que he demostrado hasta aquí que no hay fundamento para creer que la presciencia sea sinónima como la predestinación. Este versículo meramente nos dice que la elección conforma al conocimiento previo. No nos explica lo que hubiera en la presciencia en que se basó esa elección. No establece si la elección fue condicional o incondicional.

El Uso y Significado de la Elección en el Nuevo Testamento

La palabra *eklegomai* ocurre 21 veces en el Nuevo Testamento. *Eklektos* ocurre 23 veces. *Eklogē* ocurre siete veces. Muchos de los sitios donde encontramos las palabras no tienen impacto sobre la doctrina de la elección en el Nuevo Testamento. No obstante, examinaré cada ocurrencia que tiene que ver con este estudio.

La Palabra *Eklegomai*

EN EL EVANGELIO SEGÚN SAN JUAN

Se encuentra esta palabra en Juan 6:20; 13:18 y 15:16, 19. Ya he tratado con estos versículos en el capítulo 16, bajo el título: "Las Ocurrencias de la Palabra *Eklegomai*".[10] Esta es la forma del verbo para designar el acto de elegir a los "elegidos". Y siempre en Juan se traduce "elegir", y en cada caso tiene que ver con los Doce. La referencia es a que Jesús los ha elegido para ser Sus apóstoles. No hay problema alguno para la elección condicional si incluía una elección a la salvación. Para otros comentarios ve el tratamiento en el capítulo previo.

De los lugares donde ocurre esta palabra en el Nuevo Testamento, el único otro lugar donde ayudaría dar más luz a la doctrina en Efesios 1:4.

EFESIOS 1:4

> Según nos escogió en él antes de la fundación del mundo, para que fuésemos santos y sin mancha delante de él.

Es probable que este pasaje es el más importante de la Biblia en cuanto al tema de le elección. Está muy claro que los creyentes fueron escogidos en Cristo antes de la fundación del mundo. Sin duda alguna, se coloca la elección en la eternidad pasada.

Del contexto del pasaje, me parece a mí que el "nos" ha de entenderse como un grupo de individuos escogidos *individualmente*. Pienso que Pablo aclara bien que la elección es del *individuo*, no *corporativa*, en Romanos 9. Ve el capítulo 16, bajo el título "El Llamamiento de Pablo a los Judíos para que Entienden que la Elección es Individual y No Colectiva". Para sostener mi argumento que la elección es del individuo, vuelvo de nuevo a la cita ya dada en el capítulo 16 de Thomas R. Schreiner que relata el tratar de Pablo de los individuos en Romanos 9:15-21. Él llama la atención al uso del singular en estos versículos. Él explica:

> La palabra *el* (*hon*) es singular, que indica que se refiere a los individuos específicos a quiénes Dios tendrá misericordia. La forma singular también está presente en 9:16, en la misma referencia que Pablo saca de 9:15. La misericordia de Dios "no depende del que quiere, ni del que corre". La conclusión expuesta en 9:18 del pasaje 9:14-17 de nuevo emplea el singular: "De manera que de quien quiere, tiene misericordia, y al que quiere endurecer, endurece". En la misma vena, 9:19 continúa el pensamiento: "¿quién (*tis*) ha resistido a su voluntad?" Y Pablo usa la forma singular cuando habla de que se hace un vaso para honra y otro para deshonra (9:21). Los comentaristas que exponen que Pablo se está refiriendo únicamente a grupos colectivos no tienen ninguna explicación adecuada en cuanto a por qué Pablo emplea una y otra vez la forma singular en el capítulo 9 de Romanos.[11]

Lo que es de una importancia particular en Efesios 1:4 es que Pablo escribe: "nos escogió en él". Somos escogidos en Cristo. No dice que somos escogidos *para estar en Cristo*. Es aquí donde creo que el calvinismo se encuentra con problemas. En el calvinismo, los elegidos fueron escogidos por Dios como los Suyos propios antes de que hubiera un decreto para proveer la expiación. Fueron Suyos en aquel mismo momento. Igualmente, en el supralapsarianismo y en el infralapsarianismo, la decisión de elegir a algunos y a reprobar a otros precede el decreto de proveer la expiación.[12]

El calvinismo dice: "Escogidos por Dios como los Suyos propios antes de la provisión de la expiación". Según el calvinismo, después de la elección, Dios decretó a proveer la expiación por todos los que fueron elegidos. Entonces decretó que los elegidos serían regenerados. Esto les garantizaría que se les llevaría eficazmente a poner su fe en Cristo. Fue decretado que, basado en la experiencia de esta fe garantizada eficazmente, la persona sería justificada y puesta en Cristo.

Esto coloca el calvinismo en una contradicción seria con Pablo. El calvinismo expone que los elegidos fueron escogidos por Dios como los Suyos propios antes del decreto de proveer la expiación. Pablo dice que "los elegidos fueron escogidos en Cristo".

Creo que Arminio tenía razón cuando dijo: "Dios no puede 'amar previamente y considerar aficionadamente como Suyo' a ningún pecador si no le ha conocido previamente en Cristo, y le ha aceptado como un creyente en Cristo".[13]

Él continúa escribiendo una frase que pienso que es muy significativa. Explica: "Porque, si Dios pudiera, sólo de Su voluntad, dar a alguien la vida eterna, sin consideración dada al Mediador, también podría haber dado la vida eterna, sin la satisfacción provista por el Mediador.[14]

Creo que Arminio dio en el clavo en lo que es probablemente *el problema más serio que tiene el calvinismo*. En su mayoría, los calvinistas han sido defensores de la expiación desde el punto de vista de satisfacción. En el plan de Dios, si viene primero la elección, la provisión de la expiación viola la base sobre la que se apoya el punto de vista de la expiación.

La expiación o redención desde el punto de vista de la satisfacción insiste en que la santidad de Dios requiera que *el problema de la culpabilidad debe ser resuelto* antes de que Dios pueda entrar en el compañerismo con un miembro caído de la raza humana. La única manera en que esto puede ocurrir es que una persona tiene la muerte y la resurrección aplicadas a su vida (cuenta). Esto transcurre cuando una persona pone su fe en Jesucristo y se le pone en unión con Cristo.

No es la prerrogativa de la gracia soberana entrar en una relación personal con una persona *aparte de la aplicación de la muerte y la resurrección de Cristo a su cuenta*. Si tal es el caso, y lo es, tampoco fue la prerrogativa de la gracia soberana en eternidad pasada conocer o elegir eficaz y afectuosamente a un miembro de la raza humana aparte de conocerle de antemano como en Cristo.[15] Efesios 1:4 daña al calvinismo, más bien que ayudarlo.

La Palabra *Haireomai*

2 TESALONICENSES 2:13

> Pero nosotros debemos dar siempre gracias a Dios respecto a vosotros, hermanos amados por el Señor, de que Dios os haya escogido desde el principio para salvación, mediante la santificación por el Espíritu y la fe en la verdad.

Haireomai sólo ocurre tres veces en el Nuevo Testamento. Los otros dos pasajes (Filipenses 1:22 y Hebreos 11:25) se refieren a decisiones tomadas por seres humanos. La palabra relacionada *haritizō* se emplea una vez en el Nuevo Testamento. Se ve en Mateo 12:18 en una cita de Isaías 42:1. En este uso Dios el Padre dijo al Hijo: "He aquí mi siervo, a quien he escogido…".

No parece ser un significado especial de uso de *haireomai* en 2 Tesalonicenses más que *eklegomai*. De esta carta, hay los que creen que "desde el principio" se refiere a los comienzos del ministerio de Pablo entre ellos". Otros creen que "desde el principio" se refiere a la eternidad pasada. Cualquier punto de vista que se tome, no hay problema presente para la elección condicional. La salvación de la que se habla fue experimentada por "la fe (creencia) en la verdad".

La Palabra *Eklogē*

Es el sustantivo, y se refiere a la persona escogida o elegida. Nos es importante recordar que la elección se refiere igualmente a nuestra elección por Dios en la eternidad pasada y a la elección de Dios en el tiempo. Cuando el Nuevo Testamento habla de una persona (o personas) como entre los "elegidos" o "escogido", la referencia es del hecho que la persona ya ha sido elegida por Dios. A las personas que Dios sabe previamente como gente que se salvará en el futuro no se las refiere como elegidas.

El uso de la palabra *eklogē* de las referencias siguientes toma por sentado que la gente bajo consideración ya estaba salvada: Mateo 24:22, 31; Marcos 13:30, 22, 27; Lucas 18:7; Romanos 8:33; 16:13; Colosenses 3:12; 2 Timoteo 2:10; Tito 1:1; 1 Pedro 1:2; 2:9 y Apocalipsis 17:14. Es verdad que las personas salvadas en el tiempo fueron escogidas por Dios en la eternidad pasada. Pero no se designa a nadie como "elegido" o "escogido" hasta que ya esté salvado.

El único uso del sustantivo *eklogē* que ayuda en la formulación de la doctrina de la elección en la eternidad pasada es 1 Pedro 1:2. En este pasaje la palabra es plural, El significado es "elegidos". Pedro continúa diciéndonos que esta elección ocurrió según la *presciencia*. Mientras que claro que esta elección ocurrió en la eternidad pasada, no toca el tema de si esta elección fue condicional o incondicional.

La Pregunta de si la Elección Fue Condicionada por la Fe

Es verdad que la Biblia no dice específicamente que la fe conocida previamente fue la condición de la elección en la eternidad pasada. El calvinista tiene razón cuando dice que la Biblia no nos dice porqué Dios escogió a los elegidos. No obstante, el silencio en cuanto a porqué Dios escogió a los elegidos no da una base para la elección incondicional. Reconocer que Dios no nos dice con toda la explicación en la Biblia porqué Él eligió a los escogidos no es lo mismo que decir que no podemos saber si fue una condición y cuál fue ésta. Dado que Dios es el mismo ayer, hoy y para siempre significa que, si sabemos porqué Dios escoge a personas actualmente, mirando hacia atrás, con el uso de la razón, podemos saber cómo eligió a los escogidos en la eternidad pasada.

Creo que Arminio lo expuso bien:

> Por lo tanto, Dios no reconoce a nadie, en Cristo y por Cristo, como el Suyo, hasta que la persona esté en Cristo. La persona que no está en Cristo no puede estar amada en Cristo. Pero nadie está en Cristo, excepto por la fe; porque Cristo mora en nuestros corazones por la fe, y estamos injertados e incorporados en Él por la fe. Sigue, entonces, que Dios reconoce a los Suyos, y no escoge a ningún pecador para la vida eterna, si no le considera como un creyente en Cristo, y hecho así uno con Él por la fe.[16]

Al comentar sobre "la conformidad a Cristo, que está predestinado en Romanos 8:29, Arminio explica:

> Por tanto, nadie está predestinado por Dios a esa conformidad, si no le considera como creyente, excepto si alguien dijera que la fe misma fuera incluida en esta conformidad que los creyentes tienen con Cristo—algo que sería absurdo, porque esa fe no puede ser atribuida a Cristo, porque es una fe en Él, y en Dios por medio de Él; es la fe en referencia a la reconciliación, la redención y la remisión de los pecados.[17]

Está abundantemente claro que actualmente la salvación es por la fe. No creo necesario desarrollar más el caso de que si la salvación actualmente es condicional, nos lleva necesariamente a la conclusión que la elección en la eternidad pasada fue condicional. El peso de la prueba cae sobre los que creen al contrario.

Una Clarificación sobre la Cuestión de la Base y la Condición.

En nuestro estudio de la expiación y la justificación, se hizo una diferencia entre la *base* de la justificación y la *condición* de la justificación.[18] La misma distinción debe hacerse en cuanto a la elección. La *base* de la elección es que Dios nos conoció de antemano como estando en Cristo (en unión con Cristo). Así, Él nos escogió *en Cristo*. Esto es lo que nos explica Efesios 1:4. Dado que la condición para estar en Cristo es *la fe en Cristo*, se implica de necesidad que Dios conoció previamente que la persona satisfaría la *condición* de la fe en Cristo.

El Alcance de la Llamada a la Salvación

EL USO O LA IMPLICACIÓN DE LA PALABRA *LLAMADA*

Jesús dijo: "Porque que muchos son llamados, y pocos escogidos" (Mateo 22:14). Pablo dijo: "Pero Dios, habiendo pasado por alto los tiempos de esta ignorancia, ahora llama a todos los hombres en todo lugar, que se arrepientan." (Hechos 17:30) En términos generales, todo el mundo está de acuerdo, aún los calvinistas, que hay una llamada general que hace disponible el evangelio a todo el mundo.

Se debe prestar atención al uso de la palabra "llamado" en las epístolas. Tomaré prestado de lo que escribí en mi comentario a los Romanos. Los calvinistas destacan que cuando se menciona la llamada en las cartas, sólo se refiere a los creyentes. Mi respuesta es que referirse a los creyentes como siendo "los llamados" no significa que la llamada no haya sido extendida a todo el mundo. Puede que en una ocasión especial que el conferencista hace referencia a la audiencia como los "invitados". La única cosa que él afirma es que los presentes son los invitados. No so intrusos. No quiere decir que no hubiera otros invitados. Cuando se refiere a los creyentes como los "llamados" no es necesario sacar una conclusión que no hayan sido otros llamados.[19]

EL LLAMAMIENTO A TODO AQUEL QUE QUIERE

Para captar la importancia de "todo aquel que quiere", necesitamos acordarnos de nuevo de que entre los judíos del tiempo del Nuevo Testamento, el punto reinante fue que todos los judíos se salvaron automáticamente debido al pacto abrahámico. Debemos recordar esto cuando consideramos como una audiencia judía (Juan 3:15, 16) habría entendido un llamamiento a "todo aquel que creerá en Jesús". Sin duda significaba más que un sencillo: "Se ofrece la salvación a todo el mundo que creerán y la recibirán". El propósito fue deshacer el concepto de una elección o salvación corporativa para que los judíos entendiesen que se ofrecía la salvación al individuo. Es para quienquiera y sólo para quién creerá. El énfasis cae en *sólo* tan fuertemente porque la intención es terminar con el concepto de una elección o salvación incondicional y corporativa. La meta es demostrar que la salvación se ofrece al individuo más bien que a una base colectiva.

Jesús habló con una mujer samaritana de "cualquiera que beba" (Juan 4:13-14). En vista del conflicto entre los judíos y los samaritanos, "cualquiera" en este pasaje significa o asegura a la samaritana que el agua de vida que Jesús le ofrece también fue para ella.

Romanos 9:33 llega al final de una discusión en que Pablo ha vertido su corazón a los judíos cegados por la idea de una elección corporativa en que se salvan automáticamente a todos los judíos. Él deseaba con gran ansiedad que su pueblo se salvara. La frase "el que crea en él" del versículo tiene el propósito de mostrar que la promesa de la salvación fue para los judíos, pero también recalca que el don de la salvación fue sólo para "el que crea" en Jesús como Mesías, Señor y Salvador.

De Romanos 10:11-13, la frase "todo aquel" va para hacer claro que el ofrecimiento se extiende a los gentiles (todas las naciones) igualmente como a los judíos. Pero cuando se hace la referencia a los judíos, la intención es que mientras que es una promesa genuina de salvación, también el énfasis cae que sólo "todo aquel", entre los judíos, que creería en Jesucristo como Mesías, Señor y Salvador será salvo. También expone que no hubo diferencia en cuanto a la manera en que se salvarían los gentiles del camino de la salvación para los judíos.

En los contextos de estos pasajes no hay la menor indicación de que este "todo aquel" sólo se ofrece a unos "pocos seleccionados". Tampoco hay pista alguna, en la mente de Jesús o en la de Pablo, de que aunque este ofrecimiento fuera para todo el mundo, no hubo posibilidad verdadera de recibirlo excepto para los que Dios ya hubiera escogido incondicionalmente. No hay indicación alguna de la idea que la única esperanza de una respuesta positiva fue que primeramente una persona tuviera que estar regenerado.

El Alcance de la Expiación

Los calvinistas clásicos son supralapsarios o infralapsarios. Los dos grupos creen en una expiación limitada. Creen que el decreto a elegir precedió el decreto a proveer la expiación. El decreto a proveer la expiación fue específicamente con el propósito de proveer una expiación para los elegidos. Desde el punto de vista de los calvinistas es mejor hablar de la *intención* de la expiación que hablar del *alcance* de la expiación. Pero, no importa como se exprese, Jesús sólo murió para hacer propiciación por los elegidos.

Los calvinistas supralapsarios creen que Dios decretó la provisión para la expiación para toda la humanidad.[20] Después vino el decreto a elegir incondicionalmente a algunos para la salvación. Los calvinistas que creen de esta manera rechazan ese punto del calvinismo clásico llamado la expiación limitada. Se refiere a este grupo como los calvinistas de cuatro puntos. Algunos que abogan para esta posición dicen que Dios proveyó la salvación para todo el mundo. Nadie respondió. Entonces, Dios decretó elegir incondicionalmente a algunos.

En la primera edición de su obra de teología, Henry C. Thiessen adoptó una forma modificada del sublapsarianismo. Él explica:

> Creemos que los decretos son de este orden: 1. El decreto a crear, 2. El decreto a permitir la caída, 3. El decreto a proveer la salvación para todos, y 4. El decreto a aplicar esa salvación a algunos, a los que creen.[21]

Encuentro que la "forma modificada de Thiessen" del sublapsarianismo es consistente con el arminianismo. La acepto como la forma mía.

Lo veo interesante que muchos que creen en la elección incondicional piensan que el caso para la expiación ilimitada es tan convincente que lo aceptan. No obstante, me parece a mí que la expiación limitada encaja más lógicamente con la elección incondicional y con el esquema calvinista.

No creo necesario que exponga una defensa completa de la doctrina de la expiación ilimitada. El caso debe ser fuerte y obvio, dado que hay muchos que creen en una elección incondicional pero entonces éstos se distancian del calvinismo clásico y adoptan la expiación ilimitada. Este es la posición de Augustus Hopkins Strong[22] y Millard J. Erickson.[23] Henry C. Thiessen[24] cree en la elección condicional y en la expiación ilimitada, aunque él vuelve a los calvinistas en cuanto a la doctrina de la perseverancia de los santos. Robert E. Picirilli, un arminiano clásico, presenta un tratamiento completo y excelente del tema sobre el alcance de la expiación en su manuscrito no publicado, *God's Decrees, Our Faith: Calvinism, Arminianism, and the Theology of Salvation*.[25]

Otra razón por la cual no expondré un tratamiento extensivo de la expiación ilimitada es que nadie se hará un calvinista porque primero fue convencido de la expiación limitada y después abrazó los otros puntos del calvinismo. Aún convencidos de los otros puntos, la persona tendrá alguna dificultad con la expiación limitada.

Ahora expondré una defensa breve de la redención ilimitada.

JUAN 3:16

> Porque de tal manera amó Dios al mundo, que ha dado a su Hijo unigénito, para que todo aquel que en él cree, no se pierda, mas tenga vida eterna.

La única manera en que cualquier persona cuestionaría que "el mundo" de este versículo significara otra cosa que cada ser humano es que llegara al pasaje ya con una creencia teológica que no le permitiría creer eso. En este caso, la carga o prueba es de la persona que quiere imponer una restricción sobre el alcance de la palabra "el mundo".

1 TIMOTEO 2:6

> El cual se dio a sí mismo en rescate por todos de lo cual se dio testimonio a su debido tiempo.

La única razón posible para comprender "rescate por todos" de un modo distinto de que la muerte de Jesús fue un rescate pagado por los pecados de toda la raza es que la persona tiene un conflicto entre esa interpretación y alguna otra doctrina. Este pasaje ocurre en medio de un contexto donde Pablo dice: "el cual [Dios] quiere que todos los hombres sean salvos y vengan al conocimiento de la verdad" (v. 4). El rescate pagado fue provisto "por todos los hombres". El "todos" del versículo 6 es el mismo que "todos los hombres" del versículo 4.

HEBREOS 2:9

> Pero vemos a aquel que fue hecho un poco menor que los ángeles, a Jesús, coronado de gloria y de honra, a causa del padecimiento de la muerte, para que por la gracia de Dios gustase la muerte por todos.

La responsabilidad de la prueba queda con la persona que impondría una restricción sobre "por todos". La lectura natural de Hebreos 2:9 es que Jesús murió por cada ser humano.

1 JUAN 2:2

> Y él [Jesús] es la propiciación por nuestros pecados; y no solamente por los nuestros, sino también por los de todo el mundo.

No creo que haya nadie que negaría el hecho que la manera más natural para entender este versículo es que el propósito del sacrifico propiciatorio fue para hacer expiación por los pecados del mundo. Los únicos que creen al contrario son los supralapsarios o los infralapsarios. La única razón para tomar un pasaje que es claro en lo que dice, y luego aplicar una interpretación forzada, es decir, tratar de hacerlo encajar con la idea de una expiación limitada, se debería a su creencia que el decreto a elegir precedió el decreto a proveer la expiación. Según tal manera de pensar, Dios decidió a quiénes salvaría. Después, decidió proveer la expiación por aquellos que había escogido.

Argumentos Teológicos en Contra de la Redención Ilimitada

Los calvinistas clásicos piensan que, si una persona expone el punto de vista de la expiación satisfactoria, se excluye la posibilidad de una expiación ilimitada. Proponen que hay dos problemas insuperables para los que creen en un punto de vista de la satisfacción de la expiación si al mismo tiempo rechazan la expiación limitada: (1) La única otra alternativa a la expiación limitada, para la persona que cree en el punto de vista de la satisfacción, sería una salvación universal. (2) Si, como se describe el punto de vista de la expiación satisfactoria, Cristo murió por los que nunca se salvan, indicaría un pago doble con respecto a los que pasan la eternidad en el infierno. Traté este tema en el capítulo 11.[26] Para la conveniencia del lector, repito este trato, con modificaciones, para encajar aquí con el uso.

LA SALVACIÓN UNIVERSAL O LA REDENCIÓN LIMITADA UN RESULTADO NECESARIO

Se argumenta que si Jesús pagó la pena completa por los pecados de toda la raza, entonces, de necesidad, todas las personas por quienes Jesús murió han de ser salvas. El argumento sigue que así es la verdad: dado que Cristo murió por todos, todos deberían ser salvos, o si Él murió sólo por los elegidos, sólo los elegidos serán salvos. Se cree que si uno cree en el punto de vista de la satisfacción de la expiación, la única manera para escapar del concepto de una salvación universal es la expiación limitada.

La respuesta se ve en el tipo de substitución involucrada. Cristo murió por todo el mundo en un sentido *provisional*. Él sufrió la ira penal de Dios por el pecado, pero Su muerte en sí no cancela la duda del pecado de todo el mundo. Sólo se hace eficaz para el individuo cuando se otorga o coloca Su muerte para cancelar la deuda de pecado de una persona. Y sólo se hace esto como resultado de una unión con Cristo. La unión con Cristo se condiciona por la fe.

Puede que el calvinista quiera insistir en que la objeción es válida y que Cristo murió sólo por los elegidos. La única manera en que este argumento podría ser válido sería negar la posibilidad de una expiación provisional. Si no hay posibilidad de una expiación provisional, sigue que, si Cristo murió por una persona, *Su justificación nunca es provisional sino siempre real.*

Al explicar el punto de vista de una expiación limitada, Louis Berkhof escribe: "Los calvinistas enseñan que la expiación aseguró merecidamente la aplicación de la obra de la redención a los por quienes fue expuesta y su salvación completa es cierta".[27]

Una mirada más estrecha a lo que Berkhof escribió demostrará que no elimina el principio provisional de la expiación. Él dice que la expiación "hace cierta" la salvación de aquellos por quienes fue provista. No dice que la expiación salva automáticamente a todos por quienes fue propuesta. Los calvinistas no enseñan que los elegidos son justificados antes que experimentan la fe. Enseñan que la persona por quien murió Cristo ciertamente será justificada, pero no consideran que una persona sea justificada hasta que haya experimentado la fe como la condición de la justificación. De esta manera, la expiación es provisional hasta el momento de su aplicación. La única manera para negar la naturaleza provisional de la expiación es considerar a todas las personas por quiénes Cristo murió como justificadas *antes* de que hayan experimentado la fe.

Una vez que se acepta que la expiación es *provisional*, se puede ver como inválida la objeción que dice que la satisfacción penal lleva, o al universalismo, o a una expiación limitada. La respuesta a esta objeción, y una que sostiene la satisfacción penal, se ve en que la expiación provisional se aplica por la condición de la fe y se basa en una unión con Cristo

Un Pago Doble con Respecto a los Pecadores que Van al Infierno

La discusión previa sobre la expiación provisional y sobre la unión con Cristo contesta esta objeción. La muerte de Cristo no se aplica a la cuenta del pecador que va al infierno. Su cuenta no demuestra un pago doble. Es verdad que Cristo pagó *provisionalmente* por sus pecados, pero no hay problema con la justicia que prohíbe la colección de un pago doble mientras que no haya una entrada doble en la cuenta de la persona.

El Deseo de Dios y la Salvación de los Pecadores

Creo que hemos de entender que Dios desea profundamente que Su mensaje de salvación llegue a todas las personas, y que Dios desea una respuesta positiva de todos los que oyen este mensaje. Hay dos pasajes que hablan particularmente de esta preocupación de Dios: 1 Timoteo 2:1-4 y 2 Pedro 3:9.

> Exhorto ante todo, a que se hagan rogativas, oraciones, peticiones y acciones de gracias, por todos los hombres;
> **2** Por los reyes y por todos los que están en eminencia, para que vivamos quieta y reposadamente en toda piedad y honestidad.
> **3** Porque esto es bueno y agradable delante de Dios nuestro Salvador,
> **4** El cual quiere que todos los hombres sean salvos y vengan al conocimiento de la verdad. (1 Timoteo 2:1-4)

Pienso que es obvio que la única limitación en cuanto a cuántas y cuáles personas salvas es: (1) Nuestra falta de confrontar a la gente con el evangelio, y (2) la falta de las personas que oyen el evangelio y no responden debidamente. El versículo 4 no nos dice que *ha planeado* que todas las personas sean salvas. Más bien nos explica que es Su *deseo* que todo el mundo esté salvado. El concepto de que significara algo distinto que Dios tenga un deseo que todas las personas sean salvas nunca habría surgido excepto si una persona llega a estos versículos con una parcialidad teológica en contra de este punto de vista. No hay nada en estos versículos que da la idea que Dios no desea que todas las personas serán salvas.

> El Señor no retarda su promesa, según algunos la tienen por tardanza, sino que es paciente para con nosotros, no queriendo que ninguno perezca, sino que todos proceden al arrepentimiento (2 Pedro 3:9).

En los versículos 3 y 4 del capítulo, Pedro nos recuerda que vendrían burladores que dirían: "¿Dónde está la promesa de su advenimiento? Porque desde el día en que los padres durmieron, todas las cosas permanecen así como desde el principio de la creación". Esos burladores mal interpretan la tardanza en el regreso de Cristo. En el versículo 9, nos dice que no hemos de considerar esta tardanza como significante de que Jesús no vuelve. Más bien, la tardanza es una indicación del hecho que Dios concede a los pecadores tiempo para arrepentirse. Cuando Pedro dice que Dios no está "queriendo que ninguno perezca", el verbo "querer" (*boulomai*) significa "tener intención" o "tener propósito". No es el propósito de Dios planear *incondicionalmente* la muerte eterna de nadie. Él no elige incondicional y soberanamente a algunos para la condenación.

Conclusión

Reconozco que hay muchos calvinistas que están estrechamente comprometidos al evangelismo y a la misión de Dios mundialmente. Les respeto por esto y lo aprecio. Al mismo tiempo, pienso que el calvinismo desanima en algo la preocupación con la misión de Dios. Claramente, en la enseñanza de la elección incondicional, la obediencia o falta de obediencia a la Gran Comisión no cambiará quién ni cuántas personas estarán salvadas.

Como arminianos, debemos sentirnos reprendidos por los calvinistas que son fieles en su obediencia a la Gran Comisión. Si la elección condicional es la creencia correcta, y creo que lo es, debemos asumir la carga de alcanzar a los perdidos para Cristo. Debemos sentir profundamente su condición peligrosa. Debemos sentir pena por nuestra desobediencia. Y, hemos de mejorar en nuestra obediencia.

18

La Comunicación del Mensaje Cristiano a una Cultura Postmodernista

Mientras obras sobre la teología sistemática no suelen tener un capítulo sobre "La Comunicación del Mensaje Cristiano a una Cultura Postmodernista", creo que, en este libro, se ha preparado el escenario para tal tratamiento. Me siento compulsado de dirigirme al tema. Para ayudarme en la tarea, voy a repasar lo que se ha dicho previa y particularmente de los capítulos 2 y 3, en cuanto al modernismo y postmodernismo. Lo hago por dos razones: (1) Tomo por sentado que habrá los que leerán este capítulo que no han leído el resto del libro. Por esto, este capítulo debe permanecer por sí sólo. (2) Para los demás que han leído toda la obra, el repaso de los materiales servirá para recordar de mi comprensión del escenario actual.

Es difícil para un universitario o seminarista imaginar los cambios que han ocurrido en los últimos 75 años. Como dije previamente en el libro, mi memoria me lleva a los años los 30 y 40 (del siglo pasado). No es nada nuevo que una persona con setenta años o más diga que han habido muchos cambios durante su vida. La gente siempre ha dicho esto. Como nos dice Robert H. Bork: "Una consideración por los días dorados del pasado es probablemente algo universal y tan viejo como la raza humana. Sin duda los ancianos de las tribus prehistóricas pensaron que las pinturas rupestres de los jóvenes no llegaron a la norma que ellos mismos habían expuesto". Mientras que este tipo de pensamientos por la parte de los ancianos no es nada nuevo, pienso que lo que ha ocurrido durante mi vida es singular. Bork explica la falacia de pensar que todo siempre empeora: "Dada esta degeneración directa durante tantos milenios, por ahora nuestra cultura debería ser, no sólo escombros, sino polvo. Obviamente este no es el caso". Entonces declara algo muy informativo de nuestros tiempos: "Hasta no hace mucho nuestros artistas pintan mucho mejor que los habitantes de las cuevas".[1]

Lo que Bork dice sobre el arte reciente me recuerda del privilegio que mi esposa Fay y yo tuvimos al estar en la Rusia en el año 1996. Visitamos muchos museos rusos de arte y nos maravillábamos de los cuadros de los muchos artistas maestros, incluyendo de Rembrandt.

En el Museo Ruso de St. Petersburgo, había una exhibición del arte de Gran Bretaña. Todo fue producido en los años de 1990. Un cuadro fue simplemente pintado blanco. Algunos tenían títulos. Algunos sólo fueron titulados "Sin Título". Fue obvio que esas obras no llevaron título porque el artista pensaba que no existía nombre que podría describir la realidad. Se creía que no hubo significado ni propósito de la vida. Un cuadro fue titulado "Abandonado". Aparentemente el artista creía que toda la raza humana fue abandonada en el universo. No hay ninguna verdad que libra a la gente. Fue una pintura de la desesperación. Después de haber contemplado algunas de las obras clásicas de arte, esas obras recientes presentadas de los británicos, de los 1990, fueron lastimosas.

Más bien que ridiculizar a esos artistas con sus obras, deberíamos tener compasión. Esas obras de arte, o podríamos decir "no arte", son un comentario sobre nuestros tiempos. Nos informan de la desesperación del corazón humano. No podemos simplemente condenar este tipo de arte para que ya no exista. Mientras que el postmodernismo produce tales expresiones de arte, no habrá un cambio significativo en el arte. Hemos de aprender a dirigirnos, con la verdad, a la desesperación y el hambre que hay en los corazones de la gente porque es la verdad que liberta a las personas (Juan 8:32).

Lo que ha ocurrido en la segunda mitad del siglo pasado no puede explicarse meramente como un fenómeno de la cultura. Estamos hablando del tipo de cambio fundamental por medio de cual pasa una cultura. Estamos hablando en un cambio de paradigma. Durante mi vida, la cultura secular ha experimentado un cambio de paradigma. Muy pocas personas han tenido el *privilegio* o el *problema* de estar conscientes del hecho de que han pasado por un cambio de *paradigma*.

Sólo han habido unos pocos cambios de paradigma en el mundo occidental que hayan tenido una influencia principal sobre las raíces populares de una sociedad. Haría falta alguien con un conocimiento de historia mucho mejor que el mío para compilar una lista completa de los cambios de paradigma. No creo necesario tener tal lista completa para ayudarnos ver que lo que ha ocurrido durante mi temporada sobre este planeta es singular en la historia del pensamiento.

El Cambio de Paradigma del Pacto Antiguo al Pacto Nuevo

El cambio de estar bajo el pacto mosaico a estar bajo el pacto nuevo representa un cambio de paradigma. Pablo compara, en Gálatas 3:19-4:17, la experiencia de Israel estando bajo la tutela de la Ley de Moisés a la de un niño griego o romano bajo un *paidagōgos*. Esto significa, en la mente de Pablo, que Dios veía a Su pueblo como inmaduro cuando vivían bajo la ley mosaica. Pero bajo el Pacto Nuevo, estamos librados del *paidagōgos* (Gálatas 3:25). Ahora Dios nos trata como hijos adultos (Gálatas 4:1-10). Había judíos que vivían durante la temporada cuando ocurrió ese cambio de paradigma.[2]

No hemos de entender que hubiera enemistad entre el enfoque del Pacto Antiguo y el enfoque del Nuevo Pacto. No obstante, había complicaciones que acompañaban esa transición. Una lectura del Libro de los Hechos y las Epístolas del Nuevo Testamento nos testifica de las luchas y los conflictos que existían durante ese tiempo en que ocurrió el cambio de paradigma.

Cambios de Paradigma en la Historia de la Cristiandad

La iglesia pasó por un cambio de paradigma sutil cuando se alejaba del enfoque sencillo que salió del Nuevo Testamento a un entendimiento más complicado y complejo de la iglesia medieval. La Reforma Protestante sobre el continente europeo y la reforma inglesa representaron un cambio de paradigma principal.

EL CAMBIO DE PARADIGMA DESDE EL PUNTO DE VISTA GEOCÉNTRICO AL PUNTO DE VISTA HELIOCÉNTRICO DEL UNIVERSO

El cambio del punto de vista aristoleliano-ptolemaic (geocéntrico) al copernicano (heliocéntrico) del universo tuvo un impacto principal igualmente sobre la iglesia como sobre el mundo no eclesiástico. Las personas principales de ese cambio fueron Nicolaus Copernicus (1473-1543), Johannes Kepler (1571-1630), Galileo Galilei (1564-1643) e Isaac Newton (1642-1727). Todos esos hombres funcionaron dentro del cuadro del pensamiento cristiano.

Ellos no tuvieron como propósito debilitar el cristianismo. No obstante, al llegar al tiempo de Newton, algunos ya habían comenzado a sentir que, a la luz de las explicaciones científicas del universo, no más necesitaban a Dios para explicar el universo. Se puso en movimiento una tendencia que llevaría a muchos hacia la eliminación de Dios de su pensamiento. El resultado final de ese cambio de paradigma fue una división entre el mundo teológico y el mundo secular. O, podríamos decir, había una división del mundo de la iglesia y el mundo de la no iglesia. Ya la iglesia mantuvo un monopolio en la educación. El secularismo se hizo entrada para sí mismo en la universidad. La razón autónoma ya no tenía obligación a la iglesia ni a la Biblia. La razón sin la ayuda de la revelación divina podría contestar todas las preguntas de la raza humana. La razón autónoma fue todo que era necesario.

EL PARADIGMA CRISTIANO CONTRA EL PARADIGMA MODERNISTA

Mi interés principal tiene que ver con cómo este drama fue desarrollado en el nivel popular de la sociedad. Durante mucho tiempo, la tendencia entre las masas fue de pensar en los filósofos como gente rara. Se creía que ellos estaban tan alejados de la realidad que no podían tener influencia alguna sobre la sociedad.

Puedo recordar que en los años 1940 leí un artículo de un periódico en que algún profesor de una universidad en algún lugar abogaba por el amor libre (o sea, el sexo fuera del matrimonio). Yo sabía, en aquel entonces, que hubo los que eran culpables del sexo fuera del matrimonio, pero nunca imaginé que jamás existiera un movimiento en masa que pondría su sello de aprobación sobre tal cosa. Pero ha ocurrido. Estuve equivocado. La manera de pensar de ese profesor, y otros como él, triunfó. *Los pensadores sí tienen un impacto sobre la manera en que la persona promedio piensa, siente y actúa.*

Nos será de beneficio trazar los pasos de la influencia de los pensadores sobre las raíces de una sociedad. Al llegar al tiempo de la contribución de Newton, muchos ya aceptaban que la ciencia se había hecho autónoma. El empirismo salía al frente como un reto a la cosmovisión cristiana. Las líneas de batalla ya estaban establecidas. Pronto, el secularismo retaría la aseveración del cristianismo de poseer la cosmovisión verdadera. La razón trataría de triunfar sobre la autoridad de la revelación. En sí, la razón había adelantado mucho los descubrimientos de la ciencia. Se creía que eventualmente la razón encontraría la respuesta para la necesidad humana.

Muchos de Inglaterra y América del Norte no estaban dispuestos a abandonar por completo todos los intereses religiosos. Se hicieron deístas. Finalmente, el deísmo se debilitó como una cosmovisión viable. La gente con esas tendencias o cambió a un secularismo completo o alguna forma del liberalismo teológico.

Con la desaparición del deísmo, ya el modernismo no sentía la necesidad de encontrar un lugar para Dios en su pensamiento y cosmovisión. Llegó a ser completamente secular. Puede que una persona crea en un tipo de "dios" u otro. Esto estará bien mientras que esa creencia esté totalmente divorciada de su manera pensamiento de cosmovisión.

Para captar el efecto que el conflicto entre el modernismo y el cristianismo tenía en las raíces de la sociedad, necesitamos repasar las áreas de lo que tenían en común y las áreas de diferencia entre estas dos cosmovisiones.

LA CUESTIÓN DE LA VERDAD

Igualmente, el cristianismo y el modernismo creían que la verdad existía. Hubo un desacuerdo enorme entre los dos en cuanto a cuál fue la Verdad.

EL LUGAR DE LA RAZÓN

El cristianismo, como el modernismo, creía en la validez y la importancia de la razón. Los dos estuvieron fuertemente comprometidos a la ley de la no-contradicción. Se veía la diferencia en los datos admisibles para una reflexión racional. El cristianismo aceptaba como admisibles los datos de la revelación divina. El modernismo rechazaba la revelación divina. Para el modernismo los únicos datos necesarios se suplieron por medio de la observación y la experiencia. La razón fue autónoma. La razón fue adecuada. La razón podía y podría proveer las respuestas. Ya estábamos en marcha. La llegada de la utopía parecía inevitable, y sin duda, todas las barreras que todavía existieran ya pronto, con tiempo, se desaparecerían.

EL LUGAR DE LOS MORALES

El cristianismo cree que la naturaleza santa de Dios, nuestro Creador y Señor soberano, pone las bases para el hecho que hay una naturaleza moral a la realidad. La revelación divina especial nos da las enseñanzas morales autoritarias. Cada ser humano tiene la revelación general. Ella escribe la ley moral de Dios en el corazón de cada ser humano (Romanos 2:14-15). Las personas que tienen los Antiguo y Nuevo Testamentos tienen la revelación especial.

El modernismo creía que hay una "naturaleza" (carácter o constitución) moral a la naturaleza. Dado que no creía que hubiera una "naturaleza" moral en la naturaleza, el modernismo podía beneficiarse de la luz de la revelación general. Podía observar la revelación moral de Dios de la naturaleza, pero no dio el crédito a Dios. Puesto que el modernismo leía el mensaje moral de la naturaleza, no hubo un conflicto grande entre el modernismo y el cristianismo en cuanto a la moralidad básica. Los dos tomaron direcciones distintas en cuanto a la culpabilidad moral y el juicio. Pero no hay guerra entre ellos sobre la moralidad básica.

Antes del año 1960, no hubo un movimiento en masa que retó los ideales morales de los Diez Mandamientos. Para hablar figurativamente, se podría decir que había algunos incendios forestales no muy grandes por aquí y por allá, pero el fuego no se extendió a toda la sociedad antes del 1960. Hubo mucha gente vil y malvada antes del 1960, pero todavía no se veían bien el mentir y cometer el adulterio. El reto a los morales de los Diez Mandamientos no impregnó la fábrica de la sociedad antes del 1960.

EL LUGAR DE LA BELLEZA, LA EXCELENCIA Y LOS IDEALES

Dios es la personificación de lo que es la belleza y lo excelente. Por tanto, el cristianismo tiene un énfasis extraordinario en cuanto a la belleza y los ideales. El modernismo marcaba bien en cuanto a la belleza, lo excelente y los ideales. Hay algo instintivo de la naturaleza humana que viene de ser creado a la imagen de Dios que señala en la dirección de la belleza, la excelencia y los ideales. Dado que el modernismo no niega que la naturaleza tenga "una naturaleza", podía escuchar lo que Dios había escrito sobre la naturaleza humana en cuanto a lo alto, lo elevado y lo bello. De nuevo, aunque negaba la revelación divina, el modernismo todavía podía sacar del pozo de la revelación general porque reconoció que la naturaleza tenía "una naturaleza".

EL LUGAR PARA UNA COSMOVISIÓN RACIONAL

Aunque entre las cosmovisiones del cristianismo y el modernismo existió una separación enorme, hubo un acuerdo en cuanto al hecho de que era posible construir una cosmovisión racional. Aún con la idea del modernismo que era posible construir una cosmovisión racional, nunca pudo llevarlo a cabo. El lugar que concedió a la duda significaba que, no importa el tema, siempre vendría en sumisión a una revisión. La única cosa de la que estaban seguros fue que no hubo lugar para Dios y la revelación divina en su cosmovisión.

La Influencia del Conflicto entre el Modernismo y el Cristianismo sobre la Cultura

Mi interés aquí se ve en cuanto a la influencia que el modernismo tenía en debilitar o vencer el cristianismo. Hasta el 1960, las dos fuerzas principales que intentaron dar forma e influenciar la cultura fueron el cristianismo y el modernismo. Dado que escribo desde un punto de vista cristiano, tengo interés en discernir qué tipo de reto el modernismo contraponía al cristianismo, y cómo el cristianismo respondió a ese reto.

LA INFLUENCIA DEL VALOR SOBRE LA VERDAD Y LA RAZÓN

Igualmente el modernismo como el cristianismo creían en la ley de la no-contradicción. Esta ley depende de la existencia de una verdad objetiva que puede exponer declaraciones verdaderas o falsas. Los dos también estaban de acuerdo que las palabras tenían significado. Fue posible que un modernista y un cristiano podían conversar y entenderse mutuamente. Fue posible, por lo menos en principio, que podrían decidir quién estuviera equivocado.

Si un modernista dijo al cristiano: "Creo en la evolución", el cristiano entendió lo que quería decir. Los dos creían que la evolución fue o verdadera o falsa. Si el cristiano dijo: "Creo en la resurrección corporal de Cristo", el modernista comprendió lo él quería decir. Los dos creían que la resurrección corporal fue o verdadera o falsa. Entonces, fue posible, en principio, que el cristiano podría demostrar al modernista que la resurrección fue verdadera.

Muchos universitarios tenían mentes inquisitivas. No estaban preguntándose si la verdad existiera o no, más bien, se preguntaban si una posición en particular fuese la que presentara la verdad, o si haría falta modificar la posición tomada. No fue poco común que había discusiones muy vivas en las aulas. Había mucho interés en los debates. El interés no fue en ganar el argumento por medio de ridiculizar e intimidar al otro, sino en convencer con la construcción de un caso racional y sano que fue basado en el razonamiento y la evidencia.

LA INFLUENCIA DEL MUNDO ACADÉMICO

El modernismo y el cristianismo igualmente mantenían un compromiso a la convicción de la existencia de la verdad. Para el hombre normal, no hubo duda de la existencia de la verdad. Tales frases como: "Hay un Dios", o "No hay Dios" fueron verdaderas o falsas. La veracidad o falsedad de una frase dependía en la existencia de una verdad objetiva. Creer que tal verdad existía parecía tan obvio a la persona promedia que ella nunca pensaba sobre la necesidad de pruebas, o que otra persona pensaría al contrario. Yo penaba así debido la manera en que fui criado en un ambiente "no muy académico". Ahora me doy cuenta de que una parte de la explicación del hecho que nadie entre las masas iba retando la cuestión de que si la verdad existía o no fue que igualmente el cristianismo y el modernismo estaban de acuerdo en que existía la verdad.

El lugar donde había un combate feroz entre el modernismo y el cristianismo se encontró en las aulas, y también en las publicaciones. A veces el cristianismo sufrió daños. No obstante, lo que ocurrió en los círculos académicos no parecía reflejarse en los niveles normales de la población. De vez en cuando, entre la gente promedia, se encontraría una persona que se proclamaba atea o agnóstica. Pero esas no fueron muy numerosas. Desde me niñez, sólo puedo recordar a dos personas que se clasificaron a sí mismas como ateas o infieles religiosas. El lugar de los triunfos más grandes para el modernismo fue en las universidades. Una de las áreas donde hubo grandes pérdidas ocurrió en la batalla sobre la evolución. El conocido juicio de Scopes ocurrió en Dayton, Tennessee, en 1924. Durante un tiempo sólo hubo unos pocos cristianos preparados para contestar los ataques de los evolucionistas contra la doctrina bíblica de la creación. Muchos perdieron su fe sobre este tema. Al llegar a los años 1970, los creacionistas progresaron mucho con materiales buenas en defensa del creacionismo. Aún en la comunidad secular, ahora muchos de ellos ven problemas con la evolución.

Durante el tiempo en que reinaba el modernismo en la cultura secular, muchos de los que asistieron a las universidades seculares se agarraron a su fe cristiana, aunque no siempre tenían respuestas al reto. Estaban convencidos que entre el cuadro más amplio, hubo respuestas. Quizás pensaban que otros con un mejor adiestramiento tenían las respuestas. Su fe ha tenido su recompensa.

Otros mantenían su fe pero accedieron a una filosofía de vida que en que no hubo mucha diferencia entre la suya y la del modernismo. Sólo hubo un problema cuando esas personas vieran o escucharan o leyeran una declaración que era una contradicción directa o un conflicto obvio con su fe cristiana. Parecía que ésas podrían mantener ideas contradictorias sin saberlo. Pero no exponían un testimonio cristiano vibrante ni contagioso. Pero no abandonaron a la iglesia.

Otros cristianos de las universidades seculares mantuvieron una fe fuerte y un buen testimonio. Pudieron graduarse con su fe cristiana intacta y pudieron mantener su cosmovisión cristiana. En casi todos los casos, los cristianos que permanecieron con una fe sana estuvieron en contacto con unos cristianos fuertes y bien informados que estaban presentes para ayudar en la lucha con las cuestiones difíciles.

LA INFLUENCIA DEL MODERNISMO SOBRE LA EDUCACIÓN Y LA ERUDICIÓN TEOLÓGICAS

El área de educación y erudición teológicas fue la más duramente afectada para el cristianismo por el modernismo. Después de que los fundamentalistas sufrieron la derrota en votos entre los Bautistas del Norte y los Presbiterianos del Norte en 1926, los liberales estuvieron en control de la mayoría de seminarios teológicos en Norteamérica. Esto fue un golpe devastador para el cristianismo conservador. Rápidamente se desarrolló una prisa para establecer nuevos seminarios y universidades bíblicas para satisfacer la necesidad de la hora.

Hubo una escasez de buena literatura teológica conservadora. Cuando yo fui un estudiante en Free Will Baptist Bible College en 1948-1952, este hecho hizo una impresión indeleble sobre mí. Recuerdo haber ido a la biblioteca para buscar comentarios y libros teológicos. Con unas pocas excepciones, las obras eruditas fueron escritas en el siglo diecinueve. Las obras eruditas contemporáneas fueron escritas for liberales. Parecía que todo lo bueno de los cristianos conservadores ocurrió en el pasado.

Con la abundancia de escuelas teológicas y con la provisión casi ilimitada de erudición conservadora hoy, es difícil entender donde estuvimos hace meramente cuarenta años. No soy adverso a la crítica sana. Espero que lo que escriba será criticado. Pero en cuanto a los cristianos quienes, desde como 1920 a 1960, abrieron camino y lo hicieron posible para nosotros estar donde estamos actualmente, pienso que deberíamos ofrecer una oración de gratitud antes de que haya crítica de sus pasos.

LA INFLUENCIA SOBRE LA MORALIDAD

En el nivel básico no hubo conflicto principal en el área de los ideales morales. Como he dicho previamente, el modernismo escuchó la voz moral de la revelación general escrita por Dios en el corazón humano. Su problema fue que no le dieron el crédito a Dios por lo que se oyó.

No estoy proponiendo que no hubo diferencias entre la manera en que el modernismo y el cristianismo vieron la moralidad. Las personas que se suscribieron al modernismo no habrían considerado pecado todo lo que un cristiano conservativo habría creído un pecado. No obstante, el modernismo no atacó la moralidad básica de los Diez Mandamientos.

En las raíces del publico, no existió una guerra seria en contra de los ideales de la moralidad cristiana. De hecho, pienso que fue generalmente concedido que los ideales morales de la cultura y las del cristianismo fueron los mismos. Hubo violaciones de esos ideales morales, pero esas acciones fueron atribuidas a la depravación. Ese comportamiento no fue visto como un rechazo de los morales cristianos. No hubo problema serio para desarrollar un consenso funcional de un conducto que fue debidamente moral y ético.

LA INFLUENCIA SOBRE LA BELLEZA, LA EXCELENCIA Y LOS IDEALES

De nuevo en las raíces básicas del pueblo, no existió ningún conflicto serio entre el modernismo y el cristianismo sobre lo que constituía lo bello, lo excelente y lo ideal. Tampoco hubo problema en un desarrollo de un consenso funcional en esa área. Aún durante el tiempo de la pobreza horrible de la Gran Depresión, los que sufrieron más durante ese tiempo pudieron, de una manera u otra, demostrar su cuidado de otros. En cuanto que les fuera posible, la gente pobre podría mostrar sus ideales al vestirse para las ocasiones especiales. Tomaron orgullo de la manera en que llevaron a cabo su labor. Aún cuando vivían en lugares o refugios temporarios, las mujeres trataban de mantener todo limpio y en orden.

Harían decoraciones de latas o de cualquier material que pudieran encontrar. Plantarían flores en sus patios. Los padres enseñarían la educación básica a sus hijos. Los tiempos fueron difíciles, pero eso no aniquiló una preocupación por la belleza, la excelencia y los ideales. Se tomó por sentado que si una persona podía ir a una universidad que experimentaría un refinamiento cultural. Para muchos, creció una apreciación por las bellas artes.

No estoy diciendo que todo el mundo manifestó un interés por la belleza y la excelencia que he mencionado. No obstante, es cierto que los no interesados en la belleza y la excelencia no idealizaron su falta de mostrar un interés en esas áreas. Más bien, su tendencia sería apologética en turno. Nadie estaba diciendo que el no mostrar tal interés fuera tan bueno como o igual a manifestar tal interés.

Cuando los padres manifestaron una preocupación por la apariencia de sus hijos, cuando los enseñaron a tener modales básicos, la importancia de mantener un buen carácter, la importancia de la pureza sexual, un sentido de obligación o deber, a tener gratitud, a pensar en otros, a ser fieles en el matrimonio y a continuar con una preocupación por los demás, todo esto hacía una diferencia. Ya han pasado cincuenta años desde mi niñez allí en el área de Greenville, Carolina del Norte. Este período de tiempo me permite ver el contraste. Puedo recordar a una familia que, además de ser pobre, también sufrió dos tragedias grandes. Pero sus hijos aprendieron los valores que he mencionado aquí. Ellos fueron adiestrados de modo que cuando fueron presentados con las oportunidades a mejorarse y avanzar pudieron ir adelante con sus vidas. La última vez que vi a esa viuda, mantuvo bien la apariencia de una mujer circunspecta y exitosa. Sus hijos mostraron el beneficio de haber sido adiestrados en los valores ya mencionados. Todos ellos han ido progresando bien en la vida.

LA INFLUENCIA DEL MODERNISMO SOBRE EL EVANGELISMO

Para comprender la influencia del modernismo sobre el evangelismo, necesitamos mirar la influencia sobre dos segmentos distintos de la población: (1) la población general, y (2) la comunidad académica.

La Población General

La población general ya entendía que había algunos que veían la ciencia como un obstáculo a la creencia en Dios. Pero ese nivel de incredulidad no se evidencia en la población general. De aquí y allá hubo algunos incrédulos dedicados. Pero en tanto que tenía que ver con lo que el pueblo creía profundamente, hubo un consenso cristiano. Esa opinión general tenía que ver con lo que el pueblo creía y con la manera en que debería comportarse.

La consciencia moral hizo que la predicación podía hablar a la gente en cuando a su sentir culpabilidad. El pecado, la culpabilidad, el juicio, el infierno y la vida después de la muerte fueron reales a la gente. La mayoría de las personas tenía planes de salvarse antes de la muerte. Fue la responsabilidad del pastor o del evangelista recordar a las personas del peligro de aplazar una decisión y aclarar el plan de salvación para ellas. Este enfoque fue fructífero en la salvación de muchas personas perdidas.

LA COMUNIDAD ACADÉMICA

Las personas que formaron la comunidad académica tenían sus raíces de la población general. La diferencia fue que en la universidad estaban en contacto con el impacto del modernismo. Muchas veces escucharon cosas que chocaron con el cristianismo. Las presentaciones oídas en las aulas fueron, en su mayoría, en un nivel más académico que lo que habían escuchado en los cultos de las iglesias. En muchos casos no mantuvieron contacto con alguien que podría defender bien la posición cristiana.

Se hizo un uso popular de las apologéticas de evidencia para formar un caso para la verdad del cristianismo. Se expusieron argumentos para la existencia de Dios. Se presentaron pruebas de la veracidad histórica de la Biblia y para un caso a favor de la preservación de los manuscritos bíblicos. Ésas sirvieron para reconfirmar la fe de los cristianos y para ayudar a los que tenían dudas para que llegaran a la fe. Una de las armas más poderosas fue la evidencia de la resurrección de Cristo. Ser convencido de la resurrección de Cristo fue ser convencido de la verdad de la cosmovisión cristiana.

Es importante darse cuenta que antes del 1960, no hubo ningún ataque en general sobre el hecho de que existió la verdad, de la importancia de usar la razón para descubrir la verdad y de la validez de la ley de la no-contradicción. Cuando el caso para la verdad del cristianismo fue persuasivo, el Espíritu Santo obró para llevar a muchos de la comunidad académica a la salvación.

El Cambio de Paradigma al Postmodernismo

DE 1960 A 1990

El cambio del modernismo al postmodernismo ocurrió durante un período de transición de unos treinta años. Fue evidente en los años 1960 que algo drástico estaba ocurriendo. Pero en el momento pocas personas, si aún hubiera algunos, se dieron cuenta que estuvimos sumidos en un cambio de paradigma. No nos dimos cuenta que una victoria sobre el modernismo estaba ocurriendo. Pocas personas estuvieron promoviendo el postmodernismo en los años 1960 y 1970. Aún un pensador tan perspicaz como Francis Schaeffer (1912-1984) nunca empleó el término postmodernismo en sus obras. Lo que iba ocurriendo fue llamado "el humanismo secular". Pero el humanismo secular es un título demasiado noble para aplicarlo a lo que está corriendo actualmente.

El período de 1960 a 1990 fue un tiempo muy penoso para los cristianos. Los líderes cristianos estaban muy confusos. Sabían que algo iba mal, pero no reconocían lo que era. Fuera en las escuelas cristianas o en las iglesias locales, lo que antes funcionaba ya no daba los mismos resultados. Los ministerios cristianos, los que trabajan fielmente, produjeron más o menos buenos resultados en los años de 1960 y 1970. Pero, al llegar a los años de 1980 fue obvio que todo resultó más difícil. Había algunas bolsas de resistencia en la cultura que no fueron afectadas por lo que estaba ocurriendo en general, pero todo el mundo reconocía que todo era diferente.

DESDE 1990

Al llegar a 1990, el modernismo había perdido su corona mientras las fuerzas poderosas del secularismo afectaban nuestra cultura, y el postmodernismo ascendió al trono. Un cambio de paradigma de proporción enorme había ocurrido. Fue sólo en los años de 1990 que la mayoría de nosotros podíamos captar una perspectiva de lo que había ocurrido. Al entenderlo, teníamos una perspectiva sobre lo que habíamos ido experimentando desde los años 1960. Al leer lo que otros escribieron sobre el cambio de paradigma del modernismo al postmodernismo, y al meditar en lo que habíamos experimentado, el cuadro de los últimos cuarenta años se aclaró. Sabíamos algo sobre el relativismo moral, religioso y cultural. Francis Schaeffer había hablado sobre el escape de lo que ocurrió en el piso alto irracional. Más tarde, nos dimos cuenta de que lo que había pasado fue la derrota del modernismo a las manos del postmodernismo.

En los capítulos dos, tres y cuatro, presté mucha atención en explicar el modernismo y el postmodernismo. Lo que escribo aquí será breve. Mi propósito principal de este capítulo es tratar con el problema de cómo comunicamos el mensaje cristiano a una cultura postmodernista. Necesito tomar tiempo para repasar las ideas principales de lo que es el postmodernismo y cómo se diferencia del modernismo y del cristianismo.

LA CUESTIÓN DE LA VERDAD

El cristianismo y el modernismo creyeron que existía la verdad objetiva. Como resultado del fracaso del modernismo, el postmodernismo no cree que exista ninguna verdad objetiva. No hay una verdad que hace que una cosa sea verdadera o falsa. Decir que algo es "verdad" para mí, o "verdad" para ti es decir que lo encontramos útil, o que funciona para mí. *Esta es la muerte de la Verdad.*

LA CUESTIÓN DE LA RAZÓN

La ley más fundamental de la razón o de la racionalidad es la ley de la no-contradicción. Igualmente, el cristianismo y el modernismo creían en la ley de la no-contradicción. El postmodernismo rechaza cualquier compromiso definitivo a la ley de la no-contradicción. La misma persona puede creer cosas contradictorias. *Esta es la muerte de la razón.*

La Cuestión de la Naturaleza

Igualmente, el cristianismo y el modernismo creían que había una "naturaleza" a la naturaleza. Hubo algo de la experiencia humana que nos hizo posible a tener un entendimiento común sobre algunas cosas básicas. El cristianismo cree que Dios creó a los seres humanos racionales y con una constitución moral. El modernismo creía que la realidad tenía una base moral y racional. El postmodernismo niega que haya una "naturaleza" a la naturaleza. *Esta es la muerte de la naturaleza.*

LA CUESTIÓN DEL SENTIDO COMÚN

El sentido común funciona sobre la presuposición que hay algunas cosas que son tan obvias que nadie puede pasarlas por alto. La naturaleza de la realidad lo constituye así. Igualmente el cristianismo y el modernismo creían en el sentido común. La muerte de la naturaleza también significa que no hay base para el sentido común. *Esta es la muerte del sentido común.*

LA CUESTIÓN DE LAS MORALES

Igualmente, el cristianismo y el modernismo creían que hubo una "naturaleza" moral de la naturaleza. Esa creencia hizo posible que hubiera un consenso sobre una moralidad básica. También hubo una verdad universal. Con el postmodernismo, no hay ninguna verdad universal que juzgue una acción como buena o mala. Va más allá de una negación sencilla de la revelación divina sobre los temas morales. Al negar que haya una "naturaleza" de la naturaleza, el postmodernismo rechaza la existencia de un conocimiento moral innato escrito en la constitución humana, no importa cuál sea su origen. No hay voz moral dentro del ser humano. Al anunciar la muerte de la naturaleza, el postmodernismo obra para hacer callar la voz de la revelación general.

Nos es importante entender la diferencia entre el modernismo y el postmodernismo en cuanto a cómo se relacionan a la revelación general. Igualmente, los dos rechazarían el concepto de la revelación general. No obstante, hay una diferencia importante en los resultados que siguen. Dado que el modernismo creía que la naturaleza tenía una "naturaleza", hizo que la revelación general podría hablar. Esto significó que los modernistas podrían aprender las verdades morales de la naturaleza. Negaron que Dios fuera la fuente de la verdad, pero entendieron el mensaje. Los cristianos creían en la revelación general y en la especial. La revelación general comunica los conceptos morales básicos. Dado que el modernista aprendió una moralidad básica que fue escrita en la naturaleza, hubo un consenso moral en la sociedad.

Se cambia el escenario con el cambio de paradigma al postmodernismo. Este cambio debilita la posibilidad de un consenso moral. Va más allá de una negación sencilla de la revelación general. Niega que exista la verdad. No hay ninguna "naturaleza" moral de la naturaleza. Rechazar la verdad de la "naturaleza" moral de la naturaleza, el postmodernismo declara que no hay ninguna verdad moral para aprender. No hay ningún sentido común. No hay ninguna voz moral a la cual se ha de escuchar. Se han privatizado los morales.

En relación con la sociedad, la negación de una "naturaleza" moral de la naturaleza y el apagar consecuente de la voz de la revelación general ha sido muy devastadora. *Esta es la muerte de un consenso moral.* El nihilismo ha llegado.

LA CUESTIÓN DE LA BELLEZA, LA EXCELENCIA Y LOS IDEALES

El cristianismo y el modernismo creían en un énfasis dado a la belleza, la excelencia y los ideales. Se hizo una distinción entre lo bueno y lo malo, entre lo noble y lo innoble, entre lo bello y lo feo y entre lo apropiado y lo poco apropiado. El postmodernismo rechaza todo esto. Puesto que no hay "naturaleza" a la naturaleza, no hay ninguna verdad universal. No hay lo alto ni lo bajo. No hay lugar para el decoro. *Esta es la muerte de un consenso de la belleza, de la excelencia y de los ideales. Esta es la muerte del decoro.* Lo clásico y lo bajo pueden formar parte del mismo servicio. Todo depende el gusto personal. Aquellas personas cuyos años de desarrollo ocurrieron antes de los 1960 han de abandonar sus tradiciones y a ajustarse a lo postmoderno.

No creo que lo que ha ocurrido haya impactado el pensar de muchos, de lo que está en riesgo con la muerte de los ideales nobles. Esto parece ser un área donde hay diferencias legítimas. Pero esto no es la misma cosa como decir que podemos privatizar los ideales con el resultado que sancionamos la muerte de los ideales.

LA CUESTIÓN DE LA ESPERANZA PARA UNA COSMOVISIÓN RACIONAL

El cristianismo y el modernismo creen en la posibilidad de una cosmovisión racional. Es obvio que no hay lugar en el postmodernismo para tal cosmovisión. No hay espacio para un punto de vista general que explica verdaderamente la totalidad de la realidad. *Esta es la muerte de una cosmovisión racional.*

Una Evaluación de la Situación Actual

Nuestra cultura está en problemas. Escasamente nadie duda de esta evaluación. Todavía este estado de deterioración no ha llegado a dónde llegará si no hay algo para cambiar la dirección en que viajamos. No obstante, al considerar bien la situación actual, nos es importante recordar que el postmodernismo no es la única fuerza que da forma a nuestra cultura.

La influencia del modernismo sobre los morales e ideales ha sido severamente debilitada, pero no totalmente destruida. Todavía vive en las memorias de muchos cuyos ideales e ideas fueron formados cuando el modernismo fue una fuerza significativa en la cultura. No parece probable que haya un avivamiento del modernismo como una influencia en el área de los morales e ideales.

LA CUESTIÓN DE LAS CIENCIAS PURAS

Será interesante ver lo que ocurre con las ciencias puras. En las universidades, todavía se enseñan las ciencias conforme con el paradigma modernista. Los únicos paradigmas en el pensamiento occidental son el modernismo y el cristianismo. Al rechazar la "naturaleza" de la naturaleza, el postmodernismo debilita las investigaciones científicas. No ofrece ninguna base o motivo para las averiguaciones científicas.

Algunos que están involucrados en las ciencias puras se dan cuenta de este problema. En el 1996, se publicó el libro *The Flight From Science and Reason* (*La Huida de la Ciencia y de la Razón*). Fue una compilación de documentos leídos durante la conferencia "The Flight From Science and Reason", patrocinado por La Academia de Ciencia de Nueva York, (Nueva York, 1995).[3] El título de la conferencia y el libro bien aclaran la preocupación de los participantes.

Quizás haya los que quieren seguir con el modernismo para apoyar la ciencia, pero seguirán el postmodernismo en relación con la cultura. Tal matrimonio no durará. Cuando el postmodernismo negó que hubiera una "naturaleza" a la naturaleza, destruyó la base de la ciencia. Cuando una persona, en su pensamiento, puede aceptar la violación de la ley de la no-contradicción, esa persona ya no está cualificada para hacer investigaciones científicas. Tal persona no puede ser de confianza para hacer investigación científica.

No estoy anunciando el fallecimiento de la ciencia. A considerar la fuerza y el impulso que tiene la ciencia, haría falta mucho tiempo para su muerte. No asevero poder predecir los cambios que ocurrirán en el futuro. No obstante, diré que, si la ciencia depende del postmodernismo para su supervivencia, morirá. Si el postmodernismo ganara un control completo sobre la sociedad, marchando el tiempo, llegaría un nueva "Edad Oscura".

Durante un período, puede que la ciencia, los morales, los ideales y la religión puedan existir sin base. Me acuerdo de una canción de antaño que iba: "Empujas esa válvula del medio hacia abajo, y la música da vueltas y vueltas, di di o ho, di di o, y sale aquí". Lo utilizo para describir mi conocimiento de computadoras. De esta manera puedo hacer un uso limitado de una computadora. Aún un postmodernista puede usar uno. Pero para ser un científico de inteligencia artificial, se requiere una convicción que hay una "naturaleza" a la naturaleza. La naturaleza debe tener un orden racional y consistente. Las mismas causas siempre producirán los mismos resultados. El postmodernismo niega que exista tal orden fiable de la naturaleza. Se darán cuenta los postmodernistas que no tienen base para la ciencia de computadoras. Van a perder el interés en otros áreas de búsqueda de la ciencia.

EL FRACASO DEL MODERNISMO

Dado que el modernismo creía que hubo una "naturaleza" moral y racional a la naturaleza, pudo tener algunos éxitos limitados. Pudo progresar en el área de las ciencias empíricas. Pudo contribuir a la moralidad básica porque no tapó la voz de la revelación genera. También, como la influencia cristiana estuvo presente en su contexto operacional, fue influenciado por los ideales morales del cristianismo. En esas áreas, el problema con el modernismo fue que no tuvo ninguna explicación verdadera en cuanto a porqué la naturaleza tuvo una "naturaleza". Desde un punto de vista filosófico, esto fue un factor principal en la derrota del modernismo, como rey, en el pensamiento secular.

Nos es importante estar conscientes del hecho que el fracaso del modernismo no fue simplemente académico. Falló en satisfacer la necesidad humana. El modernismo había prometido que la razón satisfaría la necesidad total de la raza human. Lo haría sin ninguna dependencia de Dios. Se declaró que los seres humanos fueron básicamente buenos. Después de la evaluación de dos guerras mundiales, el gaseamiento de los judíos por Hitler, la masacre de los rusos por Stalin, el uso de las bombas atómicas sobre Hiroshima y Nagasaki y otras atrocidades, el creer que los seres humanos fueron básicamente buenos ya no podía mantenerse. Ya no quedó base alguna para un optimismo utópico para el modernismo. El pesimismo tomó el lugar del modernismo. Durante un tiempo el modernismo luchó, pero al llegar a los años de 1960, quedó en evidencia que el modernismo estaba hundido.

Desde el punto de vista de los avances en los logros científicos, contra el reto que venía, el modernismo mantenía su buena forma. Se había hecho progreso enorme y la promesa fue para mucho más. No se podría tachar el progreso de la ciencia empírica en las ciencias puras.

El problema fue que el empirismo no ha podido satisfacer las necesidades completas de los seres humanos. Fracasó en que no pudo satisfacer las necesidades de la personalidad humana. No ha podido cumplir con las necesidades del alma humano. Fue su fracaso en no poder satisfacer la necesidad de la personalidad humana, no un fracaso en las ciencias puras que se le quitó el trono, según el pensamiento secular.

EL ÁNIMO POSTMODERNISTA

Si el postmodernismo fuera explicado al público en su totalidad, es probable que haya pocas personas en las Américas que se suscribirían a sus principios. A pesar de esto, el postmodernismo es la fuerza principal dando forma a nuestra cultura. Pero no es la única fuerza. Como he dicho previamente, el modernismo no está muerto. Todavía mantiene una influencia sobre muchos. No obstante, no creo que los que se suscriben al modernismo exponen un esfuerzo muy grande para detener la marea de la destrucción de nuestra cultura por el postmodernismo.

Hay los que están preocupados sobre la deterioración moral de nuestra cultura. Hay algunas voces prevalentes que tratan de detener la marea hacia una ruina moral. El Dr. James Dobson, un cristiano evangélico, lucha en contra de la subida de la marea. En particular, su preocupación es hacia los valores familiares. Hay muchos que escuchan su voz. La Dra. Laura Schlessinger, una judía ortodoxa, tiene una audiencia enorme que le escucha. Ella predica, enseña y continúa sobre la honestidad y pureza. William Bennett, un católico romano, es conocido por su voz a favor de los temas morales.

Pienso que en general se entiende que el cristianismo lucha por el carácter y la justicia en contra del mal. No obstante, esa voz no es tan fuerte como lo fue antes. La iglesia de mi juventud tenía un mensaje más claro sobre el carácter, sobre el bien y el mal, sobre la culpabilidad, el juicio y el infierno que tenía sobre el evangelio de gracia. O, uno podría decir que la iglesia tenía un mensaje más claro sobre la ley que la gracia. Si se podría culpar a la iglesia actual con el mismo problema, no creo que saldría culpable. Pienso que el problema es al revés.

Durante los últimos 50 a 75 años las iglesias conservadoras, evangélicas y fundamentalistas han visto difícil mantener la ley moral al mismo tiempo que mantienen la gracia. No creo que el origen de este problema fuera conectado al surgimiento del postmodernismo. Fue porque los líderes cristianos fracasaron en su lucha de saber cómo mantener un respeto debido para los ideales altos del cristianismo y al mismo tiempo, reconocer que nuestra justificación es gratis. Se basa totalmente en la imputación de la muerte y la justicia de Cristo. No hay muchos que pueden enfatizar el punto que la salvación incluye igualmente la justificación y la santificación. La santificación resulta en la manera de vivir santamente. La vida santa involucra vivir conforme con la moralidad de los Diez Mandamientos.

Cuando comenzamos a hablar sobre las implicaciones prácticas de las enseñanzas morales de los Diez Mandamientos, se presentan todo tipo de preguntas. Por ejemplo, está el aspecto de la libertad cristiana. Cuando uno aparta el significado más literal de las enseñanzas morales de los Diez Mandamientos, y llega a una aplicación práctica, existe la tendencia, por la parte de muchos, de privatizar las preocupaciones morales. Aun si no se condenan cosas, son toleradas.

Ha sido tremendamente desafortunado que tan pronto que ese problema se presentó dentro del mundo eclesiástico, el postmodernismo iba promoviendo el relativismo moral, el nihilismo y la privatización de los valores morales en la cultura general. Fue este tipo de pensamiento que comenzó a impregnar todo. Es como si fuera el aire mismo en que nos movemos. La televisión lo trae a nuestros cuartos de estar. Hasta aun cuando hay personas que dicen que no están de acuerdo con esas ideas, aun así, ésas les afectan. Las personas llegan a ser insensibilizadas.

Pienso que casi todo el mundo que tiene por lo menos cincuenta años, y aun otros más jóvenes, pueden recordar la manera en que ha sido insensibilizado sobre algunas cosas. Ya no sentimos lo mismo en cuanto a algunos aspectos del pecado que solíamos comprender. En cuanto a los aspectos de la cortesía, la manera de comportarse y la propiedad de otros, hemos sufrido muchas pérdidas. Vemos que hay muy poca preocupación manifestada sobre los cambios en esas áreas. Es imposible, de una manera práctica, encontrar un consenso funcional en esas áreas. Las instituciones de alto aprendizaje presentan un área en que es más difícil encontrar una preocupación o un consenso. Ésas fueron los primeros lugares que capitularon en esas áreas. En nuestra sociedad se evidencia la presencia del barbarismo. Parece como si nadie supiera tratar el problema. La pregunta favorita parece ser: "¿Quién ha de decir si una manera de hacer algo es mejor que cualquier otro proceder?" "¿Quién va a decidir cuál camino es el mejor?" Se hacen esas preguntas sin la expectación que alguien vaya a producir unas respuestas. Las cuestiones implican que no haya nadie cualificado para contestarlas. Cuando se hacen esas preguntas, se suele cerrar la conversación.

El Futuro

No expongo que tenga una perspectiva que no sea disponible a otras personas. Pero creo que se pueden hacer algunas observaciones sobre cómo será el futuro.

Aunque hemos vistos gran progreso en el mundo material, al llegar a la ciencia y la tecnología, hemos sufrido deterioración en el área de los morales y los ideales. No hay ningún consenso prevalente y funcional es esas áreas. El resultado es que casi siempre que cualquier cosa funciona. La persona que expresa que hay algunas cosas específicas que constituyen un comportamiento civil va a encontrar una resistencia igualmente del mundo eclesiástico y del no eclesiástico. En la cultura general, la preocupación del carácter y la pureza son menos importantes que el éxito económico.

En cuanto a la cultura en general, hacía falta un fracaso de proporciones masivo para el anuncio, de parte de los diagnósticos, de que el modernismo fracasó. Hicieron falta casi 200 años de experimentación antes de que se viera que el modernismo se encontraba en quiebra, en cuanto a lo que tenía que ver con satisfacer las necesidades humanas.

Es muy probable que no habrá falta otros 200 años antes de que los del mundo secular se den cuenta de que el postmodernismo es un fracaso. Se involucrará bastante dolor antes de que se anuncie la muerte del postmodernismo. Hizo falta la devastación de la Primera Guerra Mundial, la destrucción de la Segunda Guerra Mundial, el reconocimiento de las atrocidades de parte de Hitler a los judíos, el conocimiento de cómo Stalin masacró a millones de su propia gente, las condiciones inhumanas de las prisiones de Siberia y el uso de la bomba atómica contra la ciudad de Hiroshima. Aparte de la cuestión de si se deberían haber usado las bombas atómicas o no, esa masacre demuestra que el sueño del modernismo se destruiría as sí mismo aun antes de la diagnosis fue el hecho que eventualmente llevó al fin del modernismo.

Es muy probable que el postmodernismo no será derrocado hasta que haya más devastación y daños. Si la derrota del postmodernismo ocurre dentro del secularismo, ¿qué forma de secularismo va a reemplazarlo? No es nada probable un intento serio para restaurar el modernismo otra vez al trono. No parece que haya más pasos hacia abajo del postmodernismo que una persona pudiera tomar. Cuando se niega que el Verdad exista, también se niega que haya una "naturaleza" racional y moral de la naturaleza, se rechaza que haya una cosmovisión racional o una meta-narrativa, ¿a cuánto más abajo se puede descender? Desde el lado negativo, ¿hasta dónde se puede bajar? ¿Qué más puede ofrecer el secularismo?

Me parece a mí que si miramos en la dirección negativa, habrá una tierra fértil para un tipo de líder autoritario. Si las cosas deterioran tanto, alguien aparecerá para ponerse en cargo de todo. Tal paso puede o no encajarse con los eventos de los últimos días. Aun si el Señor Jesús viene pronto, la dirección negativa probablemente sería un movimiento hacia los eventos finales. Dado que no sabemos cuando el Señor vendrá, tenemos que cuidarnos bien de no pronunciar interpretaciones dogmáticas.

Si el secularismo (incluyendo un líder secular autoritario) no es la dirección tomada por la cultura, será probablemente una forma de religión. Mantengamos la esperanza que será el cristianismo. Entre tanto, hemos de hacer lo mejor para satisfacer las necesidades actuales del mensaje del cristianismo.

Comprendiendo el Reto de la Comunicación del Mensaje Cristiano en una

Cultura Postmodernista

Pensando en el reto delante de nosotros de comunicar el mensaje cristiano en medio de una cultura postmodernista, recuerdo las palabras de Jesús, cuando una vez vio las grandes multitudes que le seguían. Al dirigirse a ellas, dijo:

> Si alguien viene a Mí, y no aborrece a su padre y madre, a *su* mujer e hijos, a *sus* hermanos y hermanas, y aun hasta su propia vida, no puede ser Mi discípulo. El que no carga su cruz y me sigue, no puede ser Mi discípulo. Porque, ¿quién de ustedes, deseando edificar una torre, no se sienta primero y calcula el costo, para ver si tiene *lo suficiente* para terminarla? No sea que cuando haya echado los cimientos y no pueda terminar, todos los que lo vean comiencen a burlarse de él, diciendo: "Este hombre comenzó a edificar y no pudo terminar". ¿O qué rey, cuando sale al encuentro de otro rey para la batalla, no se sienta primero y delibera si con 10.000 *hombres* es *bastante* fuerte para enfrentarse al que viene contra él con 20.000? Y si no, cuando el otro todavía está lejos, le envía una delegación y pide condiciones de paz. Así pues, cualquiera de ustedes que no renuncie a todas sus posesiones, no puede ser Mi discípulo. (Lucas 14:26-33, NBLA)

Si queremos que Dios nos use para comunicar el mensaje cristiano en medio de una cultura postmodernista, creo que necesitamos pensar muy seriamente en estas palabras de Jesús. No podemos ignorar estas palabras si queremos marcar actualmente una diferencia para Dios.

Jesús dijo que la persona que sería ser Su discípulo tiene que aborrecer "a su padre y madre, a *su* mujer e hijos, a *sus* hermanos y hermanas". Jesús quiso decir que la persona que le seguiría no debería permitir que los miembros de su propia familia se interpusieran entra ella y su propósito de seguir a Jesús. Allá de esto, debemos dar nuestro amor y respeto a estos miembros de nuestras familias, bien como la Biblia nos instruye. No puedo explicar porqué Jesús eligió las palabras exactas de este pasaje, pero sé lo que quiso decir.

No pienso que haya aplicación para nosotros del comentario de Jesús sobre el rey cuyo enemigo es mucho más numeroso que él en nuestra responsabilidad de ministrar a las personas bajo la influencia del paradigma postmodernista. No hemos de enviar una delegación para pedir "condiciones de paz" (v. 32).

Otra observación es que no tenemos que hacer una distinción entre ser salvo y ser un discípulo. En los evangelios se toma por sentado que si una persona es salva, ya es discípula. Una persona salvada es un discípulo. La única cuestión tiene que ver con la calidad de su carácter como un discípulo.

Creo que las palabras de Jesús (Lucas 14:26-33) nos explican que el precio que tenemos que pagar es grande. Fue así cuando Jesús estuvo en la tierra. Es verdad hoy día. Si queremos llevar acabo un ministerio fructífero en medio de una cultura postmodernista, hemos de pagar el precio. Debemos acertar la situación que nos confronta. Esto significa que evaluamos el postmodernismo para determinar como tratarlo. Después, continuamos, pagamos lo que nos cueste.

Hay una ilustración que viene de mi tiempo en una granja de Carolina del Norte. Se decidió que hacía falta un pozo y que se podría escavar con una pala. Al llegar a como los 16 metros, se encontró agua.

Al llegar a Nashville, Tennessee, encontré una situación muy distinta. Uno no *cava* un pozo. Uno tiene que *perforar* un pozo. Se perfora por medio de la roca. Y puede llegarse mucho más profundo de los 16 metros. En Nashville, si un hombre tratara de excavar un pozo con una pala, terminaría rompiendo bastante palas, pero nunca llegaría a encontrar agua.

En Nashville, es posible tener un pozo. Pero hace falta mucho mas conocimiento y equipos distintos y cuesta más dinero que el pozo de la granja. La persona tiene que decidir si quiere un pozo o no. Si tiene para pagar el precio, puede conseguir un pozo.

Entre 1930 y 1960, alcanzar a las personas para Cristo fue como cavar un poco en el este de la Carolina del Norte. Hoy día en los coturnos de Nashville, evangelizar a las personas es más como perforar una roca. Los enfoques que antes produjeron buenos resultados ya no funcionan como antes. Hay grandes frustraciones entre los pastores. Algunos de ellos continúan con los mismos métodos de siempre. Otros experimentan con ideas nuevas. Algunos consideran que los valores de la cultura son neutrales y han tratado de hacer las paces con el postmodernismo, excepto cuando haya una violación directa de la moralidad de los Diez Mandamientos.

Si vamos a entender bien lo que nos confronta, debemos darnos cuenta que el cambio de paradigma del modernismo al postmodernismo ha aumentado mucho la dificultar de comunicar el mensaje cristiano. La población en general está bien esclavizada por la depravación y por el postmodernismo. Jesús nos ha comisionado para que formemos parte de Su equipo de rescate. Para nosotros que vivimos en el mundo occidental, nuestra comisión, como parte de Su equipo de rescate, es que alcancemos a las personas del poder del pecado y del poder del postmodernismo. Es mi opinión que, en la historia de la iglesia occidental, no ha habido otro cambio de paradigma tan grande como el reto del cambio del modernismo al postmodernismo en nuestra cultura secular. Los pastores que desean tener un ministerio fructífero deben darse cuenta del problema y aprender como tratarlo. Un esfuerzo serio también es necesario a preparar a los cristianos sentados en los bancos de la iglesia.

La Singularidad del Cambio de Paradigma del Modernismo al Postmodernismo

El cambio del punto de vista aristotélico-ptolemaico al copernicano del universo tuvo un impacto principal igualmente sobre el mundo de la iglesia y el mundo no eclesiástico. Ese movimiento, juntamente con el progreso de la ciencia en otras áreas de pensamiento, preparó el camino para la división entre el pensamiento cristiano y el pensamiento secular. Llamamos esta forma del pensamiento secular el modernismo. En el mundo occidental, durante los próximos dos siglos, el modernismo llegó a ser el rival principal del pensamiento cristiano. El modernismo demostró ser un enemigo formidable.

Los problemas involucrados en tratar con el modernismo y el postmodernismo son muy distintos. Cuando un cristiano confrontó a un modernista, los dos podían entenderse, el uno al otro. Los dos creían en la existencia de la Verdad aparte de la persona. Los dos aceptaban que las palabras tenían sus significados. Creían en la ley de la no-contradicción. El modernismo y el cristianismo estaban de acuerdo en cuanto a una moralidad básica. Los dos promovían altos ideales.

Dentro de la población general, como distinguida de las élites académicas, la tasa de éxito del modernismo no fue tal alta en la conversión de la gente a un punto de vista ateo de la vida. En mis memorias tempranos hubo un consenso sobre la moralidad básica y sobre el hecho que los altos ideales deberían promoverse. Igualmente, el cristianismo y el modernismo hicieron una contribución al hecho de la prevalencia de ese consenso. Para las personas que no seguían la impiedad del secularismo, uno podría decir que hubo un consenso cristiano.

Como hemos visto, las cosas de los 1990 fueron drásticamente distintas. Dentro de las universidades, un postmodernismo total fue firmemente basado en las humanidades y en las ciencias sociales. Cuando hablamos de la muerte de la Verdad, la muerte de la razón y la muerte de una cosmovisión racional con el efecto de sobre todo la moralidad y los altos ideales, estamos pensando en un postmodernismo totalmente desarrollado.

En el nivel general, es el ánimo postmodernista que prevale. Cuando hablo de un ánimo postmodernista quiero decir que a la población o la cultura en general se le ha condicionado con el postmodernismo sin que todos se subscriban necesariamente a todos los principios completos del postmodernismo. Se ve más esa influencia en el área de los morales y de los ideales.

El poder de condicionar a las personas del postmodernismo ha tenido un efecto *desensibilizante* sobre las personas que todavía se subscriben a la existencia de la Verdad que hace que una acción sea buena o mala. La gente no tiene los mismos sentimientos profundos sobre el pecado que solía poseer. Esto es lo mismo para cristianos y no cristianos. Nuestros sentimientos se han anestesiado. Estamos ya acostumbrados a las cosas como son. En su libro *The Death of Outrage*,[4] William Bennet recalca este punto. La iglesia ha sido afectada. No hay tanta predicación sobre el pecado, la culpabilidad, el juicio, el infierno y la necesitad de la propiciación como fue el caso antes de la transición al postmodernismo. Y, la predicación sobre estos temas no produce los resultados que antes tenía.

La cultura se ha deteriorada aún más en el área de la belleza, la excelencia y los ideales altos que en el área de los morales. Muchas personas que trataban de sostener la moralidad ya han abandonado una batalla para los ideales altos. Aunque es posible que todavía estén preocupados sobre la decadencia de los ideales, ya no los ven importantes en su escala de prioridades y no entran en la lucha. Estas personas sufren internamente en cuanto a la deterioración de la música, la manera de vestirse y la civilidad. Puede que digan algo de esto a otra persona que sufre con ellas, pero no levantan su voz. Desean para los días de antaño cuando sí existía una preocupación para los ideales altos. Pero para ellos, todo parece un caso perdido.

Hay muchos que tratan de decir que todo el tema del área de los ideales altos es simplemente una cosa cultural. Se ve la cultura con un valor neutral. Según esos la cosa que la iglesia ha de hacer es adaptarse a este cambio inocuo dentro de la cultura. Es simplemente una cuestión de gustos. Los santos deberían estar dispuestos a cambian con el propósito de ganar a más personas. Se piensa que la clave de alcanzar a la gente actual es hacer los cambios en el estilo de la música y unas pocas cosas más en la manera en que el pastor predica. A pesar del valor que pueda haber o no en estas sugerencias, pienso que la manera de alcanzar a las personas condicionadas por el postmodernismo es más profunda que unos pocos cambios culturales. Es una subestimación trágica de lo que involucra rescatar a las personas cautivadas por el postmodernismo o por el ánimo postmodernista en creer que el factor principal involucrado en alcanzar a esas personas es simplemente cambiar el estilo de la adoración.

¿Cuánto Tiempo Tenemos?

Cuando se nos da una tarea, la manera en que nos ocupamos de ella se determina por cuanto tiempo tenemos para cumplirla. La manera en que tratamos de alcanzar y tratar con los condicionados por el postmodernismo también se determina por nuestra manera de comprender cuánto tiempo haya para alcanzar la meta. La respuesta última a esa pregunta depende del tiempo que hay antes de Jesús regrese de nuevo.

Creo que todos nosotros hemos de admitir que no sabemos cuándo Jesús vendrá de nuevo. Puede que sea pronto o quizás cientos de años más. Algunos de nosotros creemos muy ciertamente en la idea que Jesús regresará pronto. Quizás tengan razón los que lo creen así, pero a la vez, quizás estén equivocados. Debo admitir que no sé cuando Jesús regresará. Espero que lo haga antes de que yo termine con este libro. Pero, hasta ahora, en cuanto a lo que sepa yo, podría ser otros 100 años o más.

¿Tiene impacto nuestra creencia en cuanto a cuándo regresará sobre la manera en que vamos adelante con nuestra obra de servir a Dios? Si estamos convencidos que Jesús viene muy pronto, pienso que estaremos más propensos a adaptar un acercamiento más superficial y no muy profundo a las cosas de la vida. No querríamos involucrarnos en muchos proyectos profundos y de larga duración. Pasaríamos más tiempo en el evangelismo que en la edificación. Nuestro celo para la educación cristiana sería menos ardiente. Construiríamos edificios menos costosos porque tomaríamos por sentado no estaríamos usándolos por mucho tiempo.

Al considerar la posibilidad que pasará mucho más tiempo antes de la venida de Jesús, haremos más planes de largo alcance. Tendremos más interés en las tareas profundas. Enfocaremos nuestra atención en construir obras que durarán.

Pienso en los últimos cien años, ha habido muchas personas que conscientemente han planeado con la suposición que Jesús *si vendría* muy pronto. Creo que muchas otras personas que han sido influenciadas subconscientemente en esta dirección por ideas que se han programado en sus mentes. Creo que Jesús vendrá otra vez. Creo que *podría ser hoy*. Pero creo que podría faltar todavía mucho más tiempo. Puesto que creo que *podría ser de un tiempo largo*, pienso que debemos establecer el tipo de base o fundación y construir el tipo de estructura de experiencia y pensamiento cristiano que durará. Necesitamos construir iglesias (no hablo de edificios) que vencerán la prueba de tiempo. Hemos de prepararlas para confrontarse con cualquier tiempo de esquema que el diablo traiga en su contra.

Si el Señor Jesús viene mientras que yo viva, quiero está en mi lugar asignado. Puede que esté leyendo mi Biblia u orando. Quizás esté compartiendo el evangelio con una persona perdida o ayudando a una persona turbada a saber cómo tratar con las dificultades de la vida. Posiblemente esté predicando un mensaje, o enseñando a una clase, o escribiendo otro libro. Quizás estaré cortando el césped, o tal vez, esté dormido. Deseo ser fiel a mis tareas normales. Puesto que no sé cuándo el Señor regresará, debo estar preparado para una larga estancia aquí en la tierra. Tengo que estar preparando a los que estarán aquí después de mi muerte. Debo contribuir a su preparación para encontrarse con el postmodernismo, o con un líder autoritario o con cualquiera otra cosa que ocurra.

No nos conviene buscar atajos.

Evaluando Nuestra Tarea de Ministrar a una Cultura Postmodernista

Jesús dijo a Pedro y a Andrés: "Venid en pos de mí, y os haré pescadores de hombres" (Mateo 4:19). No soy gran pescador, pero sé bastante de pescar para saber que se emplean tipos distintos de camada para pescar tipos distintos de peces. Hace falta saber la profundidad del agua para los tipos diferentes. Dios ha diseñado cada especie de pez con su naturaleza única. La persona que desea ser un buen pescador ha de llegar a un entendimiento de cómo el diseño de cada tipo de pez funciona con sus propios hábitos. Una vez que el pescador ya conoce estos hábitos singulares de las especies distintas de peces, puede pescar peces con que los afeccionados no tienen mucho éxito.

Igual que el pescador debe estudiar los peces para que pueda ser bueno con su arte, nosotros hemos de estudiar a los seres humanos para ganarlos eficazmente y luego ministrar a ellos. La primera cosa para entender es *el diseño* que Dios ha programado en los seres humanos.

¿QUÉ ES EL HOMBRE?

Del Salmo 8 viene la pregunta muy importante: ¿Qué es el hombre?" (v. 4.) Si vamos a ser pescadores de los hombres, hemos de poder contestar esta pregunta. Parecería que, como somos seres humanos, automáticamente sabríamos lo que es un ser humano.

Al principio, parece ser una pregunta inútil. Pero lejos está de no tener valor. Ya he tratado mucho con la naturaleza del hombre igual como el resultado del *diseño* de la creación y como el resultado de la caída (ver capítulo 9). Me extenderé brevemente aquí.

Nos equivocamos al principio si decimos un ser humano es un pecador. Debemos comenzar declarando que es un ser creado a la imagen de Dios. Entonces podemos decir que éste, quien fue creado por Dios a Su imagen, ha pecado. Es un pecador y es culpable ante y condenado por Dios.

Los seres humanos son un producto del *diseño* divino. Somos *diseñados* a la imagen de Dios (Génesis 1:26). Esto significa que somos creados en la semejanza racional de la imagen de Dios (Colosenses 3:30), y la semejanza moral de Dios (Efesios 4:24). Nuestro *diseño* también incluye el hecho de que fuimos *diseñados* para una relacional personal con Dios (1 Juan 1:3). También somos *diseñados* para relaciones intrapersonales con otros seres humanos (Génesis 2:18). La naturaleza de nuestro *diseño* significa que tenemos necesidades racionales y morales, necesidad de una relación personal con Dios y necesidad para relaciones sociales.

La Importancia del Hecho que Somos Seres Diseñados

El concepto del *diseño* es muy importante. Aun con la maquinaría, no hemos de pasar por alto el elemento del *diseño*. Las necesidades se determinan por *diseño*. La mayoría de los carros necesitan gasolina, por diseño, aunque sí, algunos necesitan gasóleo. El *diseño* del motor determina el tipo de petróleo que necesita. No debemos echar gasóleo en un carro diseñado para la gasolina. Eso algunos han hecho por equivocación y el resultado fue un problema.

Cuando reconocemos que los seres humanos son diseñados por Dios a Su imagen, hay muchos factores que empiezan a tener sentido. Si somos diseñados por Dios a Su imagen, este diseño determina nuestras necesidades. Si negamos o pasamos por alto el hecho que los seres humanos son diseñados a la imagen de Dios, habrá consecuencias serias.

El Hombre como un Ser Caído

La caída del hombre tuvo efectos drásticos. El pecado como culpabilidad y depravación moral se ha hecho parte de la experiencia humana. Como culpabilidad, el pecado ha colocado a los seres humanos bajo la sentencia de la muerte eterna (Romanos 3:23; 6:23; Apocalipsis 20:10; 21:8). El pecado como depravación moral ha cambiado a cada ser humano en contra de Dios y en contra de sí mismo.

Es el ser hecho a la imagina de Dios, no el pecado, que establece las necesidades básicas de una persona. Nuestro *diseño* determina nuestra necesidad de una relación justa con Dios. Podemos decidir que no queremos tal relación justa con Dios, pero no podemos tomar la decisión que no necesitamos una relación justa con Él. Dios decidió esto cuando nos hizo. Esa necesidad no puede ser revisada ni cambiada. Se ha escrito indeleblemente, por Dios, en la constitución humana.

Nuestro *diseño* establece el hecho de que tenemos necesidades racionales. No podemos cambiar ese hecho. Necesitamos una cosmovisión racional. Necesitamos una comprensión inteligente de la vida. Estamos diseñados para la Verdad. Es por esto que Jesús dijo: "Y conoceréis la verdad, y la verdad os hará libres" (Juan 8:23).

Nuestro *diseño* determina que tenemos necesidades morales. Dios ha escrito irreversiblemente esa necesidad en la naturaleza humana. Se ha *programado* en nuestra naturaleza. La caída no lo erradicó. Pablo estaba hablando a personas caídas que no tenían la revelación escrita de Dios cuando dijo: "Porque cuando los gentiles que no tienen ley, hacen por naturaleza lo que es de la ley, éstos, aunque no tengan ley, son ley para sí mismos, mostrando la obra de la ley escrita en sus corazones, dando testimonio su conciencia, y acusándoles o defendiéndoles sus razonamientos" (Romanos 2:14, 15).

La ley escrita en el corazón de cada ser humano es la misma que la ley moral dada en los Diez Mandamientos. Es un hecho reconocido de hace muchísimo tiempo. Thomas Oden escribió un ensayo provechoso con el título: "Sin Excusa: La Exégesis Cristiana Clásica de la Revelación General". Él explica en cuanto a su propósito: "El propósito de este estudio es tratar la revelación general desde la perspectiva teológica con una referencia especial a los padres de la iglesia y de los exégetas cristianos de antaño". En ese escrito cita a Origen donde comenta sobre el significado de Romanos 2:14-15. Explica Origen:

> Cuando el Apóstol dice esto, claramente él no quiere decir que los gentiles guardan el sábado ni las nuevas lunas ni los sacrificios escritos en la Ley. Porque la Ley no es lo que se encuentra escrita en los corazones de los gentiles. Más bien es lo que se puede discernir de una manera natural, o sea, que ellos no deberían matar ni cometer adulterio, que no deberían robar, ni hablar falso testimonio, que deberían honor a su padre y a su madre, etc. Bien puede que, dado que Dios es el Creador de todo, esas cosas fueron escritas en los corazones de los gentiles....Ellos tienen la Ley escrita en sus corazones por Dios, no con tinta, *sino con el Espíritu de Dios viviente*".[5]

Este entendimiento básico es innato dentro de cada persona. Cuando una persona se coloca a sí misma en contra de la moralidad de los Diez Mandamiento, también se pone a sí misma en contra de la imagen de Dios interna y contra el soberano del universo.

Escrito dentro del corazón y la mente de cada ser humano es algo de la apreciación de la belleza y la excelencia y, por lo menos, a un grado del entendimiento de lo que es bello. El hecho que la gente pide disculpas cuando sus cosas no están en orden o descuidadas nos informa que en la profundidad de su ser hay una apreciación de lo excelente y hermoso. Se nos diseñó para funcionar a la semejanza de Dios. Realidades como la estrellas arriba en una noche clara, la belleza de la puesta del sol rodeado de nubes, la hermosura de una nieve recientemente caída, la nobleza de las montañas tapadas con nieve, la belleza de las olas del mar subiendo y bajando sobre una playa, un panorama de un pasaje bello, las aves de tantos colores y muchas más cosas que podamos nombrar nos informan que Dios se deleita en la belleza. Una actitud de "Me da igual", y la imagen de Dios no funcionan bien juntas.

La depravación moral lucha en contra del *diseño* entretejido de la fábrica de nuestra naturaleza. Pero la depravación nunca puede destruir ese diseño. Trabajando en contra de la imagen de Dios, la depravación puede arruinar horriblemente las vidas de la gente. Cuando una persona permite que la depravación dirija su vida, esa persona experimenta conflicto, contradicción y confusión.

El hecho que los seres humanos son creados por Dios a Su imagen, que han caído en el pecado, que tienen una naturaleza depravada y que están bajo la condenación de la muerte eterna es verdad para todos. Es por eso que nosotros, los que le hemos recibido, hemos sido comisionados, por Dios, para llegar a otros por y para Cristo.

Analizando el Reto Delante de Nosotros

La Importancia de Evaluar la Singularidad de la Situación

Cada Cristiano que trata de alcanzar a otros para Cristo debe evaluar la situación que le enfrenta. Hay algunos factores que son comunes para cada situación. Todos los seres humanos han sido creados por Dios a Su imagen. Ese *diseño* fue dañado en la caída, pero sigue allí. En cada persona una naturaleza depravada trata de vencer o sobreponerse a la imagen de Dios. Uno podría decir que la naturaleza depravada trata de ocupar el mismo espacio con la imagen de Dios. Esto no produce dos "yo", sino un ser dividido. Un yo que se encuentra en conflicto consigo mismo. De esta manera una persona está en contra de los propósitos de Dios y en contra de una misma. La persona creada a la imagen de Dios está cautivada por la naturaleza humana. Esta cautividad lleva la sentencia de muerte eterna debido a los pecados de la persona. Jesucristo nos ha comisionado con un mensaje de rescate de la penalidad y del poder del pecado para esos cautivados. Somos el equipo de rescate enviado de Dios.

Al proceder más allá de estos puntos comunes, se nos presenta con una variedad de métodos que Satanás emplea, por medio de la depravación moral, para mantener a una persona cautiva al pecado. Para algunas personas es el poder de una adicción al alcohol o a las drogas, una cautividad a varias formas de inmoralidad sexual y un sentimiento de desesperación. Hay una pérdida total de esperanza. Más adelante, hablaré más de esos problemas. Al momento, tengo preocupación por los cautivados por las cosmovisiones falsas. Ésas podrían ser una de las muchas religiones paganas, o de un número de las sectas falsas. Debemos considerar todos esos, dado que el pluralismo marca nuestra cultura.

Los líderes cristianos que trabajan en Canadá y en los Estados Unidos deben poseer por lo menos un conocimiento básico de tres paradigmas: el cristianismo, el modernismo y el postmodernismo. Aún para los cristianos que intentan alcanzar a las personas influencias por los movimientos de la Nueva Era o de las sectas falsas, todo esto ocurre dentro de una cultura postmodernista.

Mi interés principal en este capítulo tiene que ver con la influencia del cambio de paradigma en la cultura secular del modernismo al postmodernismo. Al comunicar el mensaje cristiano, nos en imperativo que investiguemos la situación que nos enfrenta. Es como si el postmodernismo formara parte del aire mismo. Tenemos la misma Biblia y el mismo evangelio que siempre hemos poseído. Pero hace falta una preparación distinta para rescatar a los cautivados por el postmodernismo. El caso es diferente de lo que era cuando el modernismo predominaba la influencia secular.

El modernismo fue un enemigo formidable al cristianismo. Hubo grandes pérdidas, especialmente en el área de la educación. Fueron algunas personas rescatadas de las fuertes agarras del modernismo. Pero ganamos muy pocas personas que fueron modernistas completos. Sin embargo, en cuanto a la población general, la influencia del modernismo no penetraba al nivel básico y general de la cultura como ha hecho tan exitosamente el ánimo postmodernista en nuestra cultura actual. En un sentido general, podríamos decir que cuando el modernismo ocupaba el trono había un consenso cristiano entre la base general de la sociedad. El evangelismo fue más fácil y el cristianismo tenía tal impacto sobre la sociedad que se decía con frecuencia que los Estados Unidos era una nación cristiana. Bajo el modernismo, no nos nombraron nación secular. Ya bajo el postmodernismo la nación ha atravesado mucho más camino que bajo el modernismo. El reto delante de nosotros para llevar adelante la Gran Comisión en una cultura postmodernista es mucho más difícil. Pero no es imposible.

En la vida, hay una variedad de situaciones que amenazan la vida que llaman para poner en marcha un rescate. El factor común de todas estas situaciones es que hay en peligro una vida humana. Pero hay un alcance grande de situaciones que pueden amenazar a una vida. No sería responsable iniciar un intento de rescatar a una persona o a un grupo hasta que tuviéramos una idea de la naturaleza de su peligro. ¿La persona sufre un ataque cardiaco? ¿Ha habido un accidente serio de automóvil? ¿La persona se encuentra dentro de un edificio en llamas? ¿Es un niño perdido en una nevada? ¿Es un naufragio? ¿Está en poder de las manos de un grupo terrorista? O, ¿es una cosa de otra circunstancia de alto riesgo? La naturaleza de la situación determina las cualificaciones que el equipo de rescate necesita, o sea, el número de personas, el tipo de equipaje, etc. Una vez que el equipo llega al escenario y evalúa la situación, ellos pueden llamar a las personas con otras cualificaciones y que tienen los equipos que hagan falta.

Al comunicar el mensaje cristiano en una cultura postmodernista, estamos en el asunto del rescate. Es nuestra tarea de rescatar a otras personas de los efectos del pecado que condenan a las personas en la vida venidera y de los efectos perjudiciales de esta vida. Nuestra misión es ayudar a las personas a que encuentren el significado y el propósito de la vida. Nuestro ministerio es ayudar a personas dañadas. Si fracasamos en nuestra evaluación del reto del postmodernismo, lo mejor que podemos esperar es un éxito superficial.

Si pagamos el precio necesario para prepararnos bien, no creo que haya ninguna cultura demasiada difícil para que tengamos éxito en alcanzar a otros para Cristo. Dado tiempo, creo que se puede edificar iglesias dentro de estas culturas. Como he dicho antes, no conozco el tiempo para la segunda venida de Cristo. Si viene muy pronto, puede que no veamos unos grandes movimientos de avivamiento. No obstante, si pasa un largo tiempo antes que Jesús regrese, pienso que es posible que el cristianismo se hará un factor mucho más fuerte en este país y alrededor del mundo. No estoy proponiendo una escatología postmileniarista al decir esto. Pienso que la cuestión de cuándo veamos los resultados depende de nuestra seriedad en cuanto a la obra de Dios. Si vamos adelante con un compromiso serio a hacer la obra de Dios como Él manda, tales resultados podrían verse pronto. Si no lo hacemos, puede que Dios permita que pasemos por otra "Edad Oscura" antes que haya un avivamiento masivo. Pase lo que pase, hay algo muy claro: "Cristo edificará su iglesia" (Mateo 16:18).

Comprendo que, aparte de Dios, no podemos alcanzar a las personas. Aparte de la obra del Espíritu Santo, no podremos lograr ningún resultado espiritual. Pero creo que cuando haya en nosotros un compromiso serio a hacer la obra de Dios a Su manera, siempre tenemos la promesa de Jesús cuando dijo: "He aquí, estoy con vosotros todos los días, hasta el fin del mundo" (Mateo 28:20). Creo que cuando amamos a Dios y nos presentamos a Él como vasos limpios para ser usados por Dios y somos serios de nuestro servicio a Dios, Dios nos bendecirá y vamos a ver el fruto de nuestras labores.

EL RECHAZO DEL POSTMODERNISMO DEL CONCEPTO DEL DISEÑO DE LOS SERES HUMANOS

Al rechazar la verdad de una Verdad definitiva, el postmodernismo rechaza la Verdad de que los seres humanos son creados a la imagen de Dios. Creo que ese rechazo de la Verdad por los postmodernistas explica porqué tenemos una sociedad más atribulada ahora que hace cincuenta o sesenta años. Durante el tiempo de la Gran Depresión de los años atrás, la gente tuvo miedo de morir. Hoy día, en mucho de la plenitud, la gente tiene miedo de vivir.

Aunque es verdad que el modernismo también rechazaba el hecho de que los seres humanos fueron creados a la imagen de Dios, la *incredulidad* (la negación de la existencia de Dios) del modernismo no penetraba la cultural tan profundamente como hace el ánimo postmodernista a nuestra cultura. También, en cuanto al procedimiento del modernismo a lo moral y lo ideal, su influencia no se veía tanto en conflicto de la imagen de Dios como es el caso con el postmodernismo.

El postmodernismo niega que los seres humanos sean diseñados por Dios. En efecto, según el postmodernismo, los seres humanos no tienen diseño. Dentro de su ser mismo, la raza humana no existe con un patrón de necesidades. No hay una Verdad que preceda nuestra existencia que guía nuestra experiencia. Es como si fuéramos arrojados a la existencia sin llegar con un manual de direcciones de la fábrica. No hay ninguna estrella polar para guiarnos. No hay mapa. No hay compás. No hay ninguna Verdad universal. No hay una sabiduría del pueblo. Aún los animales tienen sus instintos para guiarlos. Los seres humanos son a la deriva, lanzados en el mar de la vida para navegar a su propio rumbo. El problema es que no hay destino.

El postmodernismo promueve la idea de una construcción *social* de la "verdad". Parece más bien hablar del "pensamiento del grupo" que del "pensamiento del individuo".

De esta manera se da reconocimiento de las convenciones y costumbres de la sociedad. No obstante, no es una descripción apropiada de la breve historia del postmodernismo. Mas bien que manifestar una actitud de aceptación o tolerancia, el postmodernismo de América se ha mostrado hostil hacia la influencia del cristianismo y del modernismo (o, la Edad de Luces) sobre la sociedad.

La promoción del concepto de una construcción social de la "verdad" por el postmodernismo parece ser un tipo de egoísmo. Parece que la única "verdad" construida socialmente que el postmodernismo reconoce es la que él mismo construye, o una que de ninguna manera amenaza sus propias metas. Asevera una apretura para todos, pero no hay lugar para los valores tradicionales del mundo occidental. El mensaje del postmodernismo es confuso. Por un lado, parece que el postmodernismo reconocería un consenso de morales construido socialmente. Por la otra parte, promueve *los morales privatizados*. Y, parece que cuanto más reprensibles esos morales sean a los cristianos, mejor. Especialmente esto se aplica al área del sexo. El fracaso del postmodernismo a no exponer ninguna afirmación en cuanto a la Verdad no ha de verse como si mantuviera una posición neutral acerca de los conceptos religiosos y morales. Estas contradicciones aparentes no forman ningún problema para el postmodernismo dado que la ley de la no-contradicción no le molesta.

MIRANDO AL LADO POSITIVO

Mientras que debemos ver el lado problemático de nuestro adversario, no paremos allí. Si solamente exponemos una valoración negativa, vamos a encontrarnos muy desanimados. Puede que deseemos rendirnos. Hay unos factores que nos animan. Debemos comprenderlos.

La educación teológica está mucho más sana que hace cincuenta años. Al principio del siglo veinte, la situación en cuanto a los seminarios teológicos fue muy sombría. El liberalismo había hecho entrada en la mayoría de los seminarios teológicos. Hubo sólo unos pocos que escaparon de esa corrupción. Para un estudiante que quería estudiar para el ministerio le fue difícil encontrar un seminario sano. En muchos casos, si el seminarista quería asistir a su seminario convencional, lo encontraría infestado con el liberalismo. Muchos seminaristas perdieron su fe en esos seminarios.

Hoy día, hay muchos seminarios sanos y conservadores de los que un estudiante del ministerio puede elegir. Hay muchas universidades que son académicamente buenas. Hay muchos profesores altamente cualificados que son muy sólidos en cuando a su compromiso espiritual. Creo que también podemos decir que hay un buen número de estudiantes que son serios en su servicio a Dios. Lo mismo que he dicho de los seminarios, se puede repetir de las universidades bíblicas y las universidades cristianas con estudios en las artes liberales.

Es asombroso lo que ha ocurrido en el área de la literatura teológica durante los últimos setenta años. Los que entraron en su educación teológico después del año 1970 no saben apreciar lo que se ha hecho en el área de la literatura teológica. Hubo un tiempo cuando la literatura más al día académica fue escrita por los liberales teológicos.

Es un fenómeno extraño que durante el tiempo cuando el liberalismo teológico fue la fuerza predomínate en los seminarios teológicos de los Estados Unidos que los valores morales y éticos de la cultura americana, en el nivel básico, se encontraron más sanos que en la actualidad. Una falacia en que muchas veces las personas conservadoras caen es sentir que el pasado siempre ha sido mejor. Si yo ya no hubiera vivido hace setenta años, probablemente pensaría lo mismo si no hubiera hecho alguna investigación del asunto. Al evaluar lo que iba ocurriendo en la educación teológica de hace setenta años, no podemos decir que fue mejor en aquel entonces que ahora. Lo opuesto es verdad. Puede que tengamos preocupación en cuanto a cierto seminario en particular, pero en general la situación es mejor.

Tocando lo que he dicho ahora, no quiero dar crédito al liberalismo teológico por el hecho que estuviera mejor entonces que ahora. Para ser justo, pienso que debería exponer que el liberalismo teológico no fue destructivo a los altos ideales de la sociedad. Durante el tiempo que reinaba el modernismo en la cultura secular, el cristianismo conservador fue una fuerza amplia que daba forma a la cultura en el nivel básico. Pienso, en aquel entonces, que el cristianismo conservador fue muy eficaz *debido a que lo que decía al corazón humano fue lo mismo que el corazón ya sabía por medio de la revelación general.* El mensaje de la revelación general y el mensaje de la revelación especial están de acuerdo en los morales e ideales y del asunto de la culpa y del juicio. La diferencia es que la revelación especial se enfoca más claramente en estos morales e ideales y en el mensaje de la culpa y del juicio. La persona presentada cara a cara con su culpa, ya es un candidato para el mensaje de la redención que solo viene a través de la revelación especial. El Espíritu Santo, con la revelación general y la Palabra de Dios, ha traído a muchos a una relación salvífica con Jesucristo. Hay otra clarificación necesaria. No hay ninguna correlación entre la penetración de nuestra cultura al nivel básico del ánimo postmodernista y el hecho que muchos seminarios evangélicos conservadores ya son más fuertes. Pienso que la presencia de muchos seminarios sanamente conservadores y universidades bíblicas y universidades cristianas de las artes liberales nos da razón para la esperanza.

La Necesidad para un Segundo Reconocimiento y Nueva Evaluación

El período entre 1960 y 1990 fue un tiempo muy confuso para las escuelas cristianas. Se puede decir lo mismo de las iglesias y los grupos para-eclesiásticos. Pero mi preocupación actual se enfoca más en las universidades bíblicas y en los seminarios. Se nos confronta con un tipo nuevo de cuestionar todo, de parte de los estudiantes, sus padres y la cultura.

Antes del 1960, había dos tipos de preguntas o maneras de cuestionar en los campus universitarios. Los mismos tipos se encontraron en los campus de universidades cristianas y en los que no tuvieron ningún tipo de compromiso cristiano. Un tipo de preguntas tenía que ver con los temas fundamentales como la existencia de Dios, la inspiración de la Biblia, el nacimiento de Cristo de una virgen, la deidad de Cristo, la resurrección de Cristo, etc. A veces esas preguntas venían de unas preocupaciones serias y personales de los estudiantes. Otras veces la preocupación tenía que ver con cómo los estudiantes pudieran contestar a alguien que buscaba respuesta a las preguntas.

Otro tipo de pregunta se relacionaba con una interpretación verdadera de los temas en que no todos los cristianos estuvieron en acuerdo completamente. Esas preguntas se hacían sobre porqué o si una enseñanza en particular fue la verdadera, o porqué algunos cristianos mantuvieron una convicción u otra, o porqué una universidad tuviera una regla particular, etc. Siempre se tomaba por sentado que existía la Verdad.

Siendo el primer tipo de preguntas o el segundo tipo, siempre había un acuerdo entre el estudiante y el profesor, o el estudiante y el administrador, en un nivel básico. Siempre se tomaba por sentado que existía la Verdad que marcó el bien y el mal, o si fue un tema en que había espacio para unos puntos de vista distintos.

En los años 1960, emergió un nuevo tipo de pregunta. Entraron las preguntas de: "¿Quién dice esto?" Ese tipo de pregunta tenía su origen entre los estudiantes radicales del movimiento de los 1960. Ya sabemos que esto fue el comienzo de la entrada del postmodernismo en el nivel básico general. En este período, esas preguntas, al hacerse en un campus cristiano, no tenían que ver con temas donde la Biblia decía abiertamente: "Harás" o "No lo harás". Sino que tocaban con la cuestión de cómo aplicar los principios bíblicos a las cosas no detalladas específicamente en las Escrituras. Se preguntaba sobre la libertad cristiana. Eran (y son) preguntas válidas que podrían contestarse sobre esas áreas cuando hechas con la actitud debida. Pero esas preguntas también representaban una actitud indebida. Por lo menos algo de lo que se preguntaba durante esos días venía del espíritu de la era.

Las universidades cristianas, privadas y estatales sentían una presión a cortar su lista de reglas. Algunos de esos cambios han salido bien, pero creo que también hemos sufrido algunas pérdidas.

Ahora que tenemos una perspectiva mejor de lo que ha ocurrido en los campus de las universidades cristianas desde el 1960, pienso que deberíamos volver a pensar en los temas bajo consideración. Creo que una evaluación honesta e informada de los cambios que han ocurrido nos va a informar que muchos de esos cambios resultaron de la presión de la influencia del postmodernismo sobre la cultura. Los años 1960 a 1990 fue un período en que el postmodernismo sometió y destronó al modernismo. El postmodernismo subió al trono como rey del pensamiento secular.

Ese mismo período de tiempo fue cuando las universidades cristianas pasaron por unos cambios importantes, no en la teología, sino en la manera que se trataba con el comportamiento de los alumnos. Muchos administradores estaban preocupados, pero se sentían incapaces de hacer algo en cuanto a esos cambios. El problema se aplica no sólo a lo que se requiere, sino a lo que se promueve o no. Es casi imposible para una administración y una facultad desarrollar un consenso básico sobre cuáles son los ideales del comportamiento cristianos más allá de las enseñanzas literales de los Diez Mandamientos. Pienso que siempre deberíamos estar abiertos a un cambio cuando éste ocurre por medio del respeto más alto de la Verdad. Pero necesitamos estar seguros que se da este respeto apropio a la Verdad.

Hay muchos líderes cristianos frustrados. No están contentos con las cosas como son, pero no saben cuáles son los pasos para tomar. Hoy día, no existe una preocupación consistente y profunda, ni un consenso en cualquier segmento de la sociedad sobre tales temas como la educación, el comportamiento, la dignidad, la belleza y la excelencia. La mayoría de las universidades cristianas han abandonado cualquier intento de influenciar a sus estudiantes en estas áreas.

Es muy necesario que las universidades cristianas encuentren alguna manera para marcar una diferencia en sus estudiantes en cuanto a las áreas de los morales y la belleza, en la excelencia y los ideales. Debemos hacernos la pregunta: "Rendimos demasiado debido a las presiones de la influencia del postmodernismo?" Si es así, con la ayuda de Dios, hemos de reclamar el territorio perdido. Necesitamos poder desarrollar un consenso real de lo que se espera de nuestros estudiantes y de nosotros mismos como una facultad y como una administración. Tal consenso real no quiere decir que todos van a ver iguales todos los detalles. No se llega a este consenso por medio de una persona haciendo todos los pronunciamientos autoritarios. Su comienzo es con un compromiso de todos los involucrados para ser tanto como Cristo en la totalidad de nuestras vidas. Se ha de entender que dentro de tal consenso real van a existir ciertas tensiones. Pero en una comunidad cristiana no debe existir una hostilidad ni un desprecio hacia lo aceptable y hacia lo que no lo es en la comunidad.

LA DERROTA DEL EMPIRISMO COMO UNA COSMOVISIÓN

Mientras han habido muchas pérdidas de la influencia del postmodernismo, hay algunas cosas en que podemos regocijarnos. Como mencioné previamente, el cristianismo ha sufrido grandes pérdidas de la confrontación con el empirismo. La razón autónoma que rechaza todos los datos excepto los de la observación y la experiencia no presenta un reto a los estudiantes como lo hizo bajo el modernismo. En cuanto a lo que tiene que ver con el postmodernismo, la razón ya ha muerto. No se presentan argumentos racionales al estudiante en contra de la existencia de Dios, la inspiración de la Biblia o la resurrección corporal de Cristo como fue el caso cuando el modernismo estaba entronado. Dado que el modernismo no ha muerto totalmente, esos argumentos todavía pueden oírse, pero no son la amenaza como lo fueron cuando el modernismo ocupaba el trono del pensamiento secular.

Mientras el cristianismo da la bienvenida a la muerte del empirismo, como una cosmovisión total, su reemplazamiento, el postmodernismo, trae consigo un nuevo juego de problemas. Con el postmodernismo no hay nada que es verdadero en el sentido de que las ideas o son verdaderas o son falsas. Un enfoque de la vida es tan bueno como otro si te funciona bien para ti. Lo "verdadero" es lo que satisface tus necesidades. La única prueba para una "verdad" se encuentra en uno mismo, o sea, una validación subjetiva. No hay tolerancia para las aclamaciones exclusivas de la Verdad del cristianismo.

Antes del ascenso del postmodernismo, hubo un consenso sobre la idea de que la Verdad existía y que la Verdad era lo que las personas necesitaban. Esto ayudó en la formación del enfoque para el evangelismo y lo apologético. Cuando la gente tenía dudas sobre las afirmaciones de la verdad del cristianismo, el cristiano preparado podría intentar convencer al incrédulo de que el cristianismo sí era el camino verdadero. La apologética de evidencias fue muy popular. Había éxito a un nivel en alcanzar a los incrédulos cautivados por el modernismo.

El Cambio de Pensamiento sobre la Necesidad de la Objetividad en la Búsqueda del Conocimiento

El modernismo puso mucho énfasis en el hecho de que la Verdad es objetiva. La Verdad existe aparte de la persona que la conoce. Se consideró como ventaja si una persona pudiera apartarse de sus sentimientos en la búsqueda de la Verdad. Aquí vuelvo a emplear lo que escribí en el Primer Capítulo bajo el título: "Orientada para la Vida". Se harán modificaciones para adaptación a este capítulo.

Durante mucho tiempo, en el mundo académico había la tendencia a hacer una distinción muy clara entre lo académico, que trataba con el contenido de la Verdad, y lo práctico, que trataba con la aplicación de la Verdad. El estudio del contenido de la Verdad contenía la idea de ser objetivo. Se creía que una combinación del estudio del contenido de la Verdad con la aplicación de la Verdad terminaría en contaminar la objetividad. Una persona debería estudiar como si no hiciera ninguna diferencia las conclusiones a las que llegara. La idea fue que la objetividad fue necesaria para mantener la honestidad intelectual.

Retar la objetividad como guía de los ideales en la búsqueda de la Verdad no debería considerarse como un reto a la idea que la Verdad misma es objetiva. La Verdad existe aparte de la mente de una persona. Al mismo tiempo, la Verdad es para la vida, para vivirse. No es una colección fría y seca de ideas abstractas e impersonales.

Durante mis primeros años de los 1950, como profesor me esforcé mucho para mantener la objetividad. Exigí que los estudiantes escribieran sus tareas en la tercera persona. Insistí en que una obra exegética que los estudiantes no deberían introducir algo en sus obras que no fue la exégesis misma del texto. Una vez reprendí a un estudiante por haber empleado un poema en su trabajo.

Ahora, he llegado a creer que hay algunos problemas bastante serios a tratar de mantener una objetividad imparcial como el ideal para guiar en la búsqueda de la Verdad. La objetividad intenta hacer que una persona sea una investigadora neutral de la Verdad. ¿Por qué se supone que una persona será más capaz de descubrir la Verdad en una investigadora neutral más bien que alguien profundamente involucrado en lo que hace y se siente muy animado sobre su investigación? ¿Quién aprende más sobre el arte, una persona neutral en cuanto al arte, o una persona que ama el arte? ¿Quién aprende más sobre el beisbol, alguien que estudia el juego con una falta de interés, o la persona profundamente metida en el deporte? No debemos remover todo sentimiento de la Verdad si esperamos que ella hable a la vida. El pensar y sentir deben ir mano en mano.

Es un deber absoluto que mantengamos la honestidad y la integridad en nuestra búsqueda de la Verdad. Es un contradicho hablar de una búsqueda deshonesta de la Verdad. Sin embargo, casarse con la objetividad como medio para garantizar la honestidad significa divorciar la mente del resto de la personalidad. La Verdad es para la personalidad total. Hace falta un compromiso fuerte a la honestidad para ser honesto cuando una persona está profundamente involucrada en su tema. No obstante, esto es lo que debe ocurrir. En la misma persona se han de encontrar la honestidad y el involucramiento profundo para llegar al nivel más alto de la competencia para describir la Verdad.

No somos espectadores en nuestra búsqueda de la Verdad. Estamos profundamente preocupados e involucrados. Estudiamos con pasión. Es particularmente importante que estudiemos la Verdad teológica como personas interesadas e involucradas porque la Verdad teológica es para la vida. Ha de ser más que un mero ejercicio mental. Es una búsqueda orientada hacia la experiencia.

Este problema de sobre-enfatizar el concepto de objetividad no fue limitado únicamente a los del mundo secular. También penetró en el mundo de lo académico cristiano. Muchas veces los autores decidieron escribir sus obras en la tercera persona como método de mantener un nivel de objetividad más alto. El resultado es que el autor escribió como una persona distante. En cierta medida, esto distanció sus obras de la vida. Hubo una dimensión que falta que en turno, prevenía que muchas buenas obras de teología no hablaran al corazón. No fueron diseñados para hablar al corazón. Esta parte fue dejada para los estudios devocionales.

El cambio que hice, de tercera persona a escribir en la primera persona fue un producto de mis propios esfuerzos a conjuntar la Verdad y la vida. Sentía tan fuertemente sobre esto que, cuando en el 1975, al escribir la primera edición de este libro, lo escribí en la primera persona.

La Verdad es para la personalidad total, no solamente para la mente. La Verdad es objetiva, pero debe ser internalizada. Siempre ha de experimentarse subjetivamente. Es únicamente cuando la Verdad objetiva se experiencia subjetivamente que libra a la persona. Cuando la Verdad no habla a la personalidad total, no liberta a nadie. Falta una dimensión cuando la Verdad no se dirige a la personalidad total.

Pienso que podemos estar de acuerdo con los pioneros del movimiento postmodernista cuando ellos vieron que la necesidad humana fue demasiada profunda para unas respuestas sólo encontradas por un enfoque objetivo y desinteresado. No somos espectadores. Debemos estar profundamente metidos en la búsqueda de la Verdad. Nos encontramos en una lucha desesperada entre la vida y la muerte. No obstante, no debemos permitir que nuestro estado mental desesperado nos cause a satisfacernos por algo menos que la Verdad. Sobre todo, no vamos a permitir que la desesperación haga que nos rindamos. El fracaso del modernismo de producir una cosmovisión adecuada y consistente racional no quiere decir que esta cosmovisión no exista. Hay esperanza. Se encuentra en Dios, en la Biblia y en Jesucristo.

La Contribución Positiva del Postmodernismo

Pienso que es obvio a cualquier que no estoy elogiando el postmodernismo. No obstante, creo que hay algunas diferencias beneficiosas que pueden atribuirse al postmodernismo. Hay tres áreas donde creo que hemos beneficiado de la influencia del postmodernismo. Ya las hemos tratado anteriormente, pero resumiré el trato de ésas para ponerlas en un enfoque más claro en cuanto a cómo se relaciona a la contribución que han hecho.

La Derrota del Empirismo

Pienso que, a una manera importante, el hecho de que el empirismo ya no es una amenaza seria para ser atribuido al postmodernismo. En esta instancia, la victoria del postmodernismo no es porque los postmodernistas refutaran los argumentos de la razón autónoma. Fueron victoriosos porque señalaron que la razón autónoma había fracasado. La razón por medio de una investigación empírica tenía éxito en cuanto al fomento científico. Pero en cuanto a las necesidades personales de la raza humana, fracasó en sus promesas. Llegó el tiempo para algo diferente.

El cristianismo celebra la derrota del empirismo. Sin embargo, el cristianismo no está dispuesto a seguir el postmodernismo al pronunciar la muerte de la razón. El cristianismo está profundamente comprometido a la ley de la no-contradicción.

UN MOVIMIENTO DE LA BÚSQUEDA DE LA VERDAD EN LA DIRECCIÓN DE UN ENFOQUE A LA PERSONALIDAD TOTAL

Pienso que el postmodernismo ha tenido una parte importante de apartarnos de la objetividad como la guía ideal en la búsqueda de la Verdad. El compromiso a la objetividad tendía a divorciar la Verdad de la vida. Para los que fueron más involucrados profundamente en ese compromiso a la objetividad, la Verdad apareció fría y seca. Parecía quitar todo sentimiento de la Verdad.

Durante los primeros años de los 1960 fui seminarista. Leí mucho de las obras de Emil Brunner. La neo-ortodoxia de Brunner nunca me atraía. Pero recuerdo que noté que había algo de los escritos de Brunner que "me abarraba". Leer sus obras fue una experiencia de *la personalidad total*. Me acuerdo que me di cuenta que yo no tenía la misma experiencia con muchas de las obras conservadoras que había leído. Fue así aun estando de acuerdo con ellos. Sentía que hacía falta algo para cambiar esto.

Lawrence Crabb nos ha llamado la atención a este problema. Él habla de una "exégesis rígida" que puede ser técnicamente correcta, pero no habla a las necesidades profundas que tienen las personas. Él explica:

> Los Exégetas Rígidos...inconscientemente permiten que una preocupación debida para una interpretación precisa de la Biblia robe el texto de su vitalidad relacional que cambia la vida....La enseñanza de los exégetas rígidos deja que haya áreas significativas de la experiencia humana que no sean tocadas—y por lo tanto, no cambiadas. La verdad vital que penetra hasta los temas claves de la vida de alguna manera ha sido reemplazada con una verdad técnica que equipa a las personas para aprobar los exámenes del seminario y predicar sermones que son exegéticamente correctos pero que no comunican profundamente, mensajes que no se relacionan significativamente y no proclaman la verdad a las necesidades humanas reales. Un entendimiento de las Escrituras que fracasa en contestar las preguntas difíciles sobre cómo vivir en realidad no es un entendimiento.[6]

Más tarde en el mismo libro él nota: "Cuándo una iglesia bíblica considera que su misión no tiene que ver con un ministerio a las luchas personales profundas, escondidas en todos nosotros, está declarando en efecto que la Biblia no habla a estas preocupaciones.[7]

Pienso que se ha hecho algún progreso en esta área. Pero todavía hay una necesidad grande para progresar mucho más.

Más Reconocimiento de la Necesidad de que la Verdad Sea Validada Internamente

El postmodernismo ha ido demasiado lejos al insistir en que la única validación de la Verdad sea una validación interna o subjetiva. No obstante, están en camino correcto al rechazar la idea de que la única validación para una cosmovisión es una validación objetiva. Por ejemplo, si hay un dispute en cuanto al número de las sillas que hay en una sala, es posible resolver el problema al contarlas. No se tiene que consultar los sentimientos para determinar el número de sillas presentes. Pero al llegar a un enfoque que ha de explicar la totalidad de la realidad, esperaríamos algún tipo de validación interna.

Estaríamos de acuerdo que el pensamiento de una cosmovisión tiene algún tipo de validación. Pero no podríamos continuar con el postmodernismo al decir que es la única validación. No estamos de acuerdo con el rechazo que el postmodernismo hace de la Verdad objetiva. Una cosmovisión debe aprobar otros exámenes más que la validación interna. Citaré aquí lo que escribí en el capítulo siete sobre el poner a prueba las cosmovisiones.

Creo que hay cuatro criterios que una cosmovisión debe satisfacer para ser considerada verdadera y digna de nuestra consideración seria. Son: (1) ¿Contesta las *preguntas ineludibles de la vida*? (2) ¿Hay una consistencia interna, es decir, es la estructura relacionada lógicamente a la fundación? ¿Encajan todas las partes de una manera consistente? (3) ¿Existe una adecuación causal, o sea, son las causas adecuadas para producir los efectos atribuidos a ellas? (4) ¿Se conforma a lo que es innegablemente cierto?

La primera prueba tendría que ver con una validación interna, pero involucraría más que esto. No se puede aceptar ninguna cosmovisión si no aprueba esta primera. Pero también debe satisfacer las otras tres. Involucrar una validación interna de esta manera no va a inundar todo con diferentes maneras de pensar. Sin alguna forma de validación racional y objetiva, el error será imparable.

Aunque hace falta más atención dada a la necesidad de la validación interna de la Verdad, el reconocimiento que la Verdad necesita la validación interna no se debe al postmodernismo. Siempre la ha necesitado. Pero no siempre ha recibido el énfasis que se necesita. Se debe acreditar el postmodernismo con el hecho que ya damos más atención a una validación interna. Todavía hay muchos pensadores cristianos que se sienten incómodos dando lugar para una validación interna.

Diré más sobre esto más tarde, pero pienso que la revelación general es la base del hecho que la validación interna merece y requiere atención. El hecho que somos creados a la imagen de Dios, que incluye el hecho que la ley moral de Dios está escrita en nuestros corazones, hace una contribución importante al tema de la validación interna de la Verdad. Por ejemplo, si dices a una persona que el adulterio es malo, la ley de Dios escrita en el corazón da una validación interna. No estás diciendo algo a una persona que ya no sabe cuando la dices que es malo cometer el adulterio. Si la persona lo niega, por su pare será necesario suprimir el conocimiento que ya tiene (Romanos 1:18, 32).

A veces nos molesta reconocer que las personas no cristianas han hecho observaciones notables sobre el pensamiento en cuanto a las cosmovisiones y el comportamiento humano. Esto no debería sorprendernos si tenemos en cuenta el hecho que cada ser humano es creado a la imagen de Dios. Es imposible que la imagen de Dios sea totalmente silenciada en una persona.

Trazando Nuestro Rumbo

Nuestra responsabilidad, o debería decir, que nuestro privilegio y oportunidad es servir en el equipo de rescate de Dios. El deber específico bajo consideración es la responsabilidad de rescatar a las personas cautivadas por la depravación moral y por el postmodernismo. Si usamos la metáfora de pescar, nuestra responsabilidad es pescar peces del mar del postmodernismo. He dado mucho tiempo a evaluar la situación. Se ha dado una atención considerable a la diferencia entre el modernismo y el postmodernismo. Se ha prestado atención a lo que lo hace más difícil alcanzar a las personas desde que el postmodernismo ascendió al trono de la cultura secular.

También se ha dado atención a la identificación de los cautivados que nosotros, con la ayuda de Dios, hemos de rescatar. Esas personas cautivadas son creadas, por Dios, a Su imagen. Ellas mismas han decidido por el pecado. Están cautivadas por la depravación moral. Viven bajo la condenación de la muerte eterna. Jesucristo tomó su lugar bajo la ira de Dios. Él pagó su penalidad en total. Él ha provisto su justicia para ser puesta en su cuenta. No importa la cantidad de sus pecados, la muerte y la justicia de Jesucristo pueden resolver su deuda con Dios.

El postmodernismo se ha juntado con la depravación moral para agarrar, como cautivo, la persona hecha a la imagen de Dios. Nuestro deber no es fácil. Se necesitará muchos de nosotros, trabajando juntos como equipo, para lograr eficazmente el rescate. Cada uno de nosotros estaremos haciendo una contribución distinta. Como equipo, con la ayuda de Dios, muchos pueden ser rescatados. Cada vez que haya un rescate, es el equipo total que hizo posible el rescate.

Una palabra más sobre la identificación de las personas cautivadas por la depravación moral y por el postmodernismo—ellas pueden ser nuestros hijos e hijas. Pueden ser nuestros nietos. Pueden vivir en nuestra vecindad. Pueden formar parte de nuestra clase de la escuela dominical o de nuestro grupo de jóvenes de la iglesia. Es probable que los jóvenes de nuestras iglesias serán el grupo más impactado. Ser un ministro a los jóvenes de una iglesia es un asunto muy serio. Es importante proveer experiencias divertidas y oportunidades sociales sanas para los jóvenes. Pero el ministerio a los jóvenes debe ser mucho más profundo. En una iglesia que tiene un grupo de jóvenes bastante amplio, el ministro de los jóvenes podrá estar más involucrado con luchas de vida y muerte que cualquier otro de la iglesia.

Las Necesidades que Deben Ser Atendidas

No es el postmodernismo lo que determina las necesidades de los cautivados por el postmodernismo. Sus necesidades básicas son determinadas por Dios. Estas necesidades básicas fueron diseñadas en el ser de cada persona cuando Dios creó al hombre a Su imagen. Estas necesidades incluyen: estar relacionado en justicia con Dios, funcionar racionalmente, pensar y actuar moralmente, tener una relación consigo mismo (inter-personal) y relacionarse intrapersonalmente.

El satisfacer esas necesidades se complica por la culpabilidad y la depravación moral. Dios determina las necesidades y hace provisión para ellas relacionadas a la culpa y la depravación. La culpabilidad del pecado coloca a las personas bajo la sentencia de la muerte eterna (Romanos 6:23; Apocalipsis 20:10; 21:8). La depravación moral nos atrae al pecado y trata de confundir el conocimiento y suprimir la Verdad (Romanos 1:18; 8:7-8).

LA PROVISIÓN DE DIOS

Por medio de Su muerte y Su justicia, Jesús hizo provisión para la única escapatoria de esta muerte (Isaías 53:6; 1 Pedro 2:24; Gálatas 3:13; 2 Corintios 5:21). La necesidad creada por la depravación moral se satisface por Dios con la provisión de la regeneración (Juan 3:3, 5; Tito 3:5; 2 Corintios 5:17; Efesios 2:1-2, 10). Las personas que llegan a Dios por medio de Cristo reciben el perdón de sus pecados, son regeneradas y el Espíritu Santo mora en ellas (Romanos 8:9). Tienen la palabra de Dios para guiar e instruirlas (2 Timoteo 3:16). Los cristianos tienen el ministerio de su pastor y de otros dotados dentro de la iglesia (Efesios 4:11-12; Romanos 12:3-8; 1 Corintios 12:4-31). También hay el compañerismo de los santos (1 Juan 1:3), y el aliento de otros cristianos de la iglesia (Hebreos 10:25).

La Dificultad de Nuestra Tarea

Al hablar de la creación del hombre a la imagen de Dios, del pecado, de la culpa, de la depravación moral, del juicio, de la muerte eterna, de la propiciación, de la salvación, etc., estamos hablando de la Verdad. Para usar los términos de Francis Schaeffer, estamos hablando de la "verdadera Verdad". Nos encontramos en propósitos contrarios con el postmodernismo. Si no tienes la "Verdad verdadera", no tienes el cristianismo. Debemos aferrarnos a las palabras de Jesús cuando dijo: "y conoceréis la verdad, y la verdad os hará libres" (Juan 8:32). En nuestros intentos de rescatar a las personas perdidas en el mar postmodernista, también dependemos de estas palabras del Señor: "He aquí, yo estoy con vosotros todos los días, hasta el fin del mundo" (Mateo 28:20).

La mayoría de la gente con que estaremos tratando no tiene un compromiso consciente a los principios del postmodernismo. Pero sí está influenciada por el ánimo postmodernista. Esto es particularmente verdad de los adultos jóvenes. Son candidatos para entrar plenamente al postmodernismo si no reciben la ayuda que necesitan. Los jóvenes criados en hogares cristianos no están exentos de esta influencia. Están condicionados por el relativismo y el pluralismo. No piensan profundamente en el pecado. Aun si no están convencidos por la negación postmodernista de la Verdad, están anestesiados por la influencia del postmodernismo. Poco a poco están sobre-vencidos por el espíritu dc la era con su influencia manifestada en la música, el estilo de vestirse y otros géneros de divertimiento.

La Razón por Que Hay Esperanza

Al evaluar la naturaleza y la influencia del postmodernismo, es fácil terminar en la desesperación. El cristianismo y el postmodernismo están opuestos el uno al otro sobre la cuestión de la Verdad, con preguntas del racionamiento, de los morales, de los ideales y de la posibilidad de una cosmovisión que es racionalmente consistente.

Debemos tener en mente el hecho que la persona cautivada por la depravación moral y el postmodernismo es una persona creada a la imagen de Dios. El poder cautivador del pecado es grande. Pero la depravación no puede silenciar la imagen de Dios.

El postmodernismo intenta quitar la etiqueta de "pecado" de toda actividad que llama la atención a la depravación moral. El postmodernismo informa al juicio privado que puede sellar su aprobación sobre cualquiera cosa que desee y en turno, llamarla "correcta". Pero muy profundamente el ser interior sabe mejor. Dios ha escrito inalterablemente en cada corazón humano, con tinta indeleble, el mismo mensaje moral que se escribió en los Diez Mandamientos. El postmodernismo no ha podido hacer aceptable, a la imagen de Dios, el hedonismo ni el nihilismo.

Los seres humanos tienen una necesidad desesperada para una cosmovisión. Necesitan desesperadamente a un capitán que pueda navegar el océano de la realidad. Se encuentran con una falta enorme de entendimiento de su origen. Necesitan saber su verdadera identidad. Tienen necesidad de ayuda con los estreses de la vida. Deben saber sobre la vida después de la muerte. Hacen falta ayuda de un manual de su creador. El postmodernismo no puede satisfacer estas necesidades, ni las puede borrar. Tal condición turbada y confusa de nuestra cultura testifica al hecho que el postmodernismo no liberta a las personas.

Hay enemistad, resistencia y hostilidad, pero podemos llamar la atención a la imagen de Dios. El Espíritu Santo es es prometido con poder (Hechos 1:8). Nuestra tarea es difícil, pero no imposible. Si vamos adelante con un corazón de compasión, con una mente comprometida a encontrar las respuestas y un compromiso total a llevar a cabo la labor de Dios, podemos alcanzar a muchos con el mensaje de esperanza y libertad. Podemos marcar una diferencia.

Alcanzando a las Personas Antes de 1960 y Alcanzándolas Desde 1990

LA POBLACIÓN GENERAL ANTES DE 1960

En la población antes de 1960, como regla general, se podría tomar por sentado que la persona con quien hablabas formaba parte del consenso cristiano. Podríamos suponer que la persona creía en la vida después de la muerte. Pensaba que se salvará antes de su muerte. Algunas personas habrían estado más preocupadas con esto que otras. Alguna gente resistía más, pero hubo pocos que rehusaban escuchar del tema de la salvación. El cristiano que ganaba almas podría tomar por sentado que había una base común sobre la creencia sobre Dios, Jesucristo, la Biblia y la eternidad. Se empleaban enfoques tales como El Camino Romano, y esos métodos ayudaron a que muchas personas llegaran a la fe en Jesucristo.

LA POBLACIÓN GENERAL DESDE 1990

Con la población general en los años 1990, nos confrontamos con una situación totalmente distinta. Como ya he dicho varias veces en este libro, "Ha ocurrido un cambio de paradigma". Todavía podemos alcanzar a otros para Cristo. Pero, cuando nos acercamos a las personas, no se puede suponer que ellas están de acuerdo generalmente con nosotros sobre nuestra creencia sobre Dios, Jesucristo, la Biblia y la eternidad. Aun cuando haya un acuerdo común, no podemos tomar por sentado que la persona ha prestado mucha atención a cuándo o si va a tomar una decisión para Cristo. Puede que ella esté bastante satisfecha con su prosperidad material para dar mucha importancia a los temas eternos. No obstante, es más probable que estas personas estén tan dominadas con el estrés y las presiones de esta vida, que su atención está distraída para prestar una importancia adecuada a los temas eternos.

Antes de 1960, la gente de la población general creía un la Verdad objetiva. Esta Verdad objetiva del cielo y del infierno pesaba mucho sobre ella. Se podría decir que fue una preocupación en cuanto a dónde pasarían la eternidad que les motivaba. Cuando yo fui salvo en el año 1944, estuve 100% seguro que yo no quería ir al infierno. Todavía guardo gran respeto por esa razón, pero tengo unas razones más amplias ahora para servir a Dios. Estas razones abrazan igualmente el ahora mismo y lo venidero.

Las cosas actuales son muy distintas de lo que eran antes de 1960. Espero que lo que he dicho previamente haya echado luz sobre porqué es así. El postmodernismo o ha embotado su interés en el cristianismo o les ha alejado totalmente. Pero no ha traído nada de confort. El enfoque es para el ahora mismo y las necesidades actuales. Aun cuándo haya una preocupación de la vida después de la muerte, las personas no son tan propensas a ser consumidas por ella tan profundamente como antes de los 1960. La gente está preocupada con cómo tratar con los estreses y presiones de la vida. Se preocupan del vacío, la soledad, el aburrimiento, el sentimiento de rechazo, el dolor emocional, el significado y propósito de la vida, etc. No son sólo sus propias preocupaciones que les consumen, son los problemas de otros. Una persona amada tiene problemas con la droga. Un miembro de la familia está en medio de un divorcio. La lista continúa. Hay muchos candidatos que ofrecen ayuda para la actualidad y para el futuro. Si el cristianismo va a atraer la atención de las personas, debe ser simpático en cuanto a sus necesidades del ahora mismo.

EL MUNDO ACADÉMICO ANTES DE 1960

Los estudiantes entrando en las universidades y escuelas no cristianas antes del 1960 podrían ver algunos retos a su fe. El área principal tenía que ver con los origines—el origen del universo y del hombre. Pero existía una base común entre el modernista y el cristiano—los dos creían en la existencia de la Verdad. Los dos mantenían un gran respeto para la ley de la no-contradicción. De allí se dio paso a la popularidad de la apologética probatoria y su uso en los campus universitarios.

EL MUNDO ACADÉMICO DESDE 1990

El modernismo, con su énfasis en la Verdad objetiva, hizo que los estudiantes buscaran una norma de la Verdad fuera de ellos mismos. Esto quería decir que probar que el mensaje cristiano es la Verdad objetiva fue un camino lógico a seguir. Bajo el postmodernismo, el énfasis ha cambiado de una validación objetiva a una validación subjetiva o interna. Este movimiento rechaza la validación objetiva de la "Verdad verdadera" para un cambio a una "verdad para ti" y una "verdad para mí".

El postmodernismo no sería "post" modernismo si todavía buscara una Verdad universal y objetiva. En tal caso, todavía tendríamos el modernismo. Una vez que una persona abandona el concepto de una Verdad universal and objetiva, la única cosa que tiene es una "verdad" que no es "verdadera". Para el postmodernista, la "Verdad" no es "verdadera" porque supera la prueba de la coherencia racional o la prueba de su correspondencia a la realidad, sino porque "funciona" para la persona. La "verdad" postmodernista es decididamente pragmática y utilitaria en su naturaleza.

Hay dos razones para el cambio a la persona interna (o, la persona en sí misma). La primera es que si no hay una Verdad objetiva, no hay validación objetiva. La única cosa que queda es una validación interna. No hay otro lugar para buscarla. La segunda razón es que la negación de la Verdad objetiva deja a las personas con necesidades no satisfechas. No hay otro remedio. Tiene que ser así. De allí un artista podría producir un cuadro que transmite la idea que la realidad se caracteriza por el caos, la confusión, el desorden, y que no tiene propósito ni significado y así titula su cuadro "Abandonado".[8] Las personas turbadas miran dentro de sí mismas porque es allí donde duelen.

El evangelismo cristiano nunca puede abandonar el hecho que la Verdad es objetiva. Tiene que proclamar el hecho que es la Verdad que hace que la gente sea libre (Juan 8:32). Pero el cristianismo, para ser cristianismo bíblico, debe interesarse por las necesidades totales de cada persona. La gente tiene derecho a esperar que sus necesidades internas reciban atención. El cristianismo es para la personalidad total. Cuando se presenta el mensaje cristiano, las personas deberían sentir que lo que está ocurriendo en su ser mismo ya se explica.

El Evangelismo al Comienzo del Tercer Milenio

Hablaré del evangelismo al principio del tercer milenio porque, adentrándonos más en el próximo milenio, las circunstancias cambiarán. Aunque las culturas cambian, la Verdad no cambia. En este sentido básico, tampoco cambia la necesidad humana. Los factores comunes que debemos tener siempre en cuenta, en cada lugar, son que los seres humanos son creados a la imagen de Dios, que han pecado y que están bajo la sentencia de la muerte eterna. En nuestra labor de rescate, no importa dónde estemos, tenemos que ser conscientes del hecho que la imagen de Dios está cautivada por la depravación moral.

Nuestro interés actual se ve con relación a las personas, cuya imagen de Dios, el postmodernismo, juntándose con la depravación moral, tiene cautivada.

La teología cristiana no tiene límite temporal. Por esta razón, la teología de este libro no se ve afectada por el tiempo o por el lugar. No obstante, lo que estoy diciendo sobre el cambio del modernismo a postmodernismo es limitado por la actualidad. Los comentarios míos no encajan en cada lugar geográfico. El evangelista, el pastor, el misionero o el ganador de almas debe analizar la situación en que se encuentra. Debe comprender, en el lugar donde ministra, lo que tiene cautivada la imagen de Dios allí. También tiene que llegar a reconocer lo que esté bloqueando su esfuerzo de rescate en el caso o en los casos en que está involucrado en su intento de rescatar a los perdidos.

Creo que es importante que los misioneros piensen en la cultura donde laboran de una manera semejante a lo que he expuesto en este libro en cuanto al modernismo y el postmodernismo. No hay lugar donde la situación sea sencilla. Aun en los Estados Unidos y en Canadá, además de comprender la influencia de la depravación moral y del postmodernismo, un cristiano necesita entender la singularidad de su situación en particular. Puede que también tenga que desarrollar un plan de rescate para las personas bajo la influencia de sectas falsas o religiones paganas o aun el satanismo.

Nuestro propósito actual es enfocarnos en la cultura como es ahora mismo, y como será durante algún tiempo, tan penetrada con la influencia del postmodernismo. Aun si de repente hubiera algún cambio principal, la influencia del postmodernismo continuará durante un período de transición.

ALCANZANDO LA POBLACIÓN GENERAL

Como noté previamente, las personas hoy en día están interesadas en cómo tratar con los estreses y las dificultades de la vida. Les preocupa el vacío, la soledad, el aburrimiento, los sentimientos de rechazo, el dolor emocional, el significado y el propósito de la vida, la culpa y la ansiedad. No se preocupan con la cuestión de dónde pasarán la eternidad. No les atrae lo que pone aparte su dolor y preocupaciones actuales para enfocarse en los pensamientos de la vida después de la muerte. Si el cristianismo les va a atraer la atención, debe verse como simpático a sus necesidades de hoy día.

Creo que el mensaje cristiano es lo que esa gente necesita desesperadamente. Jesús dijo: "yo he venido para que tengan vida, y para que la tengan en abundancia" (Juan 10:10). Podemos sentir su dolor para los fariseos, sus enemigos, cuando dijo: "¡Jerusalén, Jerusalén, que matas a los profetas, y apedreas a los que te son enviados! ¡Cuántas veces quise juntar a tus hijos, como la gallina junta sus polluelos debajo de las alas, y no quisiste!" (Mateo 23:37). Escuchemos sus palabras cuando dijo: "Venid a mí todos los que estáis trabajados y cargados, y yo os haré descansar. Llevad mi yugo sobre vosotros, y aprended de mí, que soy mano y humilde de corazón; y hallaréis descanso para vuestras almas; porque mi yugo es fácil, y ligera mi carga".

Somos simplemente cristianos cuando tenemos un interés compasivo para los dolores de las personas dentro del contexto eterno en que operan el pensamiento y la preocupación del cristianismo. Continuamente hemos de acordarnos a nosotros, y a otros, del juicio venidero del Gran Trono Blanco. La única manera en que pudo resolverse nuestra culpabilidad fue por medio de Jesucristo, cuando en la cruz sufrió la ira total de Dios por nuestros pecados.

El pensamiento cristiano abraza la totalidad de la realidad. Es una cosmovisión. No hay Verdad que se encuentre fuera de la cosmovisión cristiana. Aunque es muy integral y hay algunos puntos sobre los cuales la comunidad de creyente nunca a ponerse de acuerdo, hay algunas Verdades básicas que son absolutamente esenciales. Si se quitan los conceptos del pecado, de la culpabilidad, del juicio y del infierno, ya no tienes el cristianismo. Si uno niega estos conceptos, ha negado la expiación. Es verdad así, porque sin el pecado, la culpa, el juicio y el infierno, no hay necesidad para una propiciación. Sin la propiciación de Cristo no existe el cristianismo.

Dentro de una cultura postmodernista, debemos mantener vivas las doctrinas del pecado, de la culpabilidad, del juicio y del infierno y un punto de visto de la expiación que resuelvan el problema de nuestra culpabilidad. Es verdad que Jesús se preocupa por los daños que sufrimos en esta vida. Debemos mantener un énfasis fuerte y continuo en este hecho. Pero no fue el hecho que la gente estuviera turbada, dañada y confusa que requiso que Jesús fuera a la cruz. Él no sufrió nuestro castigo porque estuviésemos turbados. Él fue castigado por nosotros porque fuimos culpables. Si ponemos un énfasis en las necesidades actuales de las personas a tal punto que no destacamos la Verdad de la culpa, el juicio, el infierno y la propiciación, perjudicamos seria e igualmente al cristianismo y a las personas a quienes ministramos.

LA NECESIDAD PARA MINISTRAR A LOS PROBLEMAS ACTUALES DE LAS PERSONAS

Escribo estas palabras de caución como una persona profundamente preocupada en cuanto a ayudar a personas con sus problemas actuales. He pasado mucho tiempo hablando con personas distintas sobre una amplia variedad de problemas. He ido proponiendo la necesidad de ministrar a la pena de la gente mucho antes que tal ministerio recibió la atención popular. Llevo treinta años en esto.

Mi interés en esa área surgió en lo primero que leía en la Biblia. Leyéndola, una vez y otra, se nos enfrenta el hecho que Dios tiene interés en las penas de la gente y en que quiere que también estemos interesados en las dificultades personales de la gente (Juan 13:36; Gálatas 6:2).

El segundo factor que me influenció a tener interés en ministrar a las penas de las personas emergió del hecho que un enfoque demasiado simplificado dado a la gente no funcionó para mí. Yo sabía que tenían que existir respuestas que funcionarían porque Jesús habló la Verdad al decir: "Y conocéis la verdad, y la verdad os hará libres" (Juan 8:32). Poco a poco, la Verdad comenzaba a desvelarse a mí de una manera significativa. Compartía algunas de estas cosas con mis clases. Yo razonaba que si yo tenía un problema, otra persona tenía el mismo problema. Si en algo encontré ayuda, creía que la misma cosa ayudaría también a otros.

El tercer factor que me motivaba a tener interés en ministrar a las penas de personas es el hecho que durante más de cuarenta años que llevo como parte de la facultad de Welch College, pasé diecisiete de estos años como el decano de hombres o decano de los estudiantes. No tenía adiestramiento en aconsejar a personas, pero sí me importaba la gente. Decidí que, por lo menos en lo que podía, intentaría ayudar a los que buscaban ayuda. Mientras que yo trabajaba en hacer lo que podía, rechazando la idea que no había nada que hacer, lentamente iba desarrollando un entendimiento. Después que las cosas tomaron forma en mi mente de modo que pude organizarlas en un curso, enseñé un curso titulado "Entendiendo y Ayudando a las Personas."

Con varios años de aconsejar a las personas, para mí, desarrolló significado el hecho que los seres humanos son diseñado por Dios. Comprender la naturaleza de ese *diseño* me ayudó entender a las personas y las ayudó a ellas que pudieran entenderse a sí mismas. Es por esto que en este libro he dado tanto énfasis al hecho que tenemos un *diseño* que es diseñado en nosotros por Dios. El *diseño* determina la necesidad.[9]

En nuestro ministerio a la cultura postmodernista, el factor que nos abrirá más puertas que cualquier otra cosa será manifestar un interés genuino en las personas y en sus necesidades. Lo hacemos porque Dios ha plantado un amor en nuestros corazones que no callará. Lo que hacemos debe crecer de un deseo real para ayudar a otros—no simplemente como un método de alcanzar a más personas. Va a ayudarnos alcanzar a más gente—pero si vamos a ser cristianos, para nosotros no hay otra opción. Una de las cosas más importantes que podemos hacer para llevar a personas a Cristo es simplemente ser lo que un cristiano debería ser. Siendo cristianos, manifestamos un interés real en cuanto a las necesidades de otras personas.

El reto que nos queda delante es determinar cómo podamos demostrar una preocupación genuina para las necesidades actuales de las personas. Indicar un interés verdadero en sus necesidades actuales no pasará sin ser notado. En muchos casos, va a abrirnos la puerta para compartir el hecho que el cristianismo existe en el contexto de la eternidad. Hay un pasado, un presente y un futuro del cristianismo. El pasado el cristianismo mira hacia la eternidad pasada. El futuro del cristianismo los lleva al futuro eterno.

DESARROLLANDO LA HISTORIA DE LA REDENCIÓN

Dios siempre ha existido. Hubo un tiempo cuando sólo Dios existió. Él creó el universo con sus habitantes de plantas y animales. A Su imagen, Él creó a Adán y a Eva. Pecaron Adán y Eva. Su pecado involucró a toda la raza humana. Introdujo el pecado como culpa y depravación moral. Dios puso en marcha un plan de redención. Al comenzar ese plan de redención, Dios causó la existencia de la nación de Israel por medio de Abraham. Hizo un pacto con Abraham que eventualmente involucró la provisión y la oferta de la salvación para todos los que llegarían a Jesucristo por medio de la fe.

Con la excepción del libro de Job, cada libro del Antiguo Testamento fue escrito por un descendiente de Abraham. Fue por medio de Moisés, un descendiente de Abraham, que Dios estableció el Pacto de la Ley, también llamado el Pacto Mosaico. Esta ley hizo mucho para preparar el camino para la llegada del *Mesías*. Mesías es una palabra hebrea que se traduce *Cristo* en el griego. Las dos palabras se refieren a la misma persona. Esta persona es el Ungido de Dios.

Corriendo el tiempo, Dios hizo otro pacto con David, otro descendiente de Abraham. Él prometió a David que uno de sus descendientes sería el Mesías. Este descendiente sería el que salvaría a Su pueblo de sus pecados. Después de David había un período de profetas. Encontramos en el Antiguo Testamento un número de libros escritos por esos profetas que prepararon el camino para la venido del Cristo.

Finalmente llegó el tiempo cuando Cristo vino. Nació de la virgen María. Se le llamó Jesús. Vivió una vida sin pecado. Durante Su ministerio nos dio las enseñanzas más nobles sobre el bien y el mal que el mundo jamás hubiera conocido. Fue una persona de una compasión grande. Hizo muchos milagros. Ésos fueron la manera escogida por Dios de demostrar Su aprobación de Jesús. Fueron la manera en que Dios dijo: "Él es quien dice que es. Él es mi Hijo. Todo lo que dice es la verdad". Los evangelios nos aclaran que Jesús es completamente Dios y completamente hombre. Él es igualmente Dios y hombre. Él es el Dios-hombre.

Como fue planeado por Dios en la eternidad pasada, Jesús murió en la cruz. Mientras que moría en la cruz, tomó sobre sí mismo nuestros pecados y sufrió la plena ira de Dios por nuestros pecados. Él pagó por nuestros pecados para que nosotros no tuviéramos que pagar por ellos, sufriendo en el infierno. Él fue sepultado. Pero al tercer día Él salió victorioso sobre el pecado, la muerte, el infierno y la tumba. Cuando Dios levantó a Jesús de la muerte, fue el milagro de milagros. Fue el gran sello de aprobación de Dios sobre Jesús. La resurrección de la muerte demostró más allá de cualquier duda que Jesús fue y es el Hijo de Dios.

Antes de que Jesús ascendió al cielo, nos mandó a decir a otras personas sobre Él para que ellas puedan hacerse Sus discípulos también. Ahora da a la gente la oportunidad de ser salva al creer en Él. El Señor regresará. Hay demasiados acontecimientos que han de ocurrir en conexión con la segunda venida de Cristo para detallarlas aquí. Pero habrá un tiempo cuando Dios llevará a su fin todas las cosas que conocemos en el ahora mismo. Las personas salvadas pasarán la eternidad con Dios. Las que no conocen a Cristo existirá eternamente en el infierno.

Si uno quita el contexto de la eternidad, destruyes el cristianismo. Una cosmovisión tiene que tratar con la cuestión de la eternidad pasada y la futura. Es sólo cuando pensamos en el contexto de la eternidad que podemos tratar adecuadamente el presente. Eso fue uno de los problemas del modernismo. Sin Dios en la eternidad pasada y la eternidad futura, los modernistas no tenían una base adecuada para su ética, o sea, para los seres humanos viviendo en la actualidad. Nadie ha podido construir un punto de vista adecuado y duradero para la moralidad y la ética sin un marco de referencia eterna. Pienso que el postmodernismo ha reconocido esto. Es por esto que se ha conformado con el relativismo.

Una de las razones que las sectas falsas han presentado tal amenaza al cristianismo conservador es que casi todas ellas han desarrollado un punto de vista del plan de Dios para las edades. Enseñan sus planes a la gente ordinaria.

Una de las debilidades más grandes del cristianismo conservador es que no ha habido un intento serio, en el nivel de la iglesia local, a exponer un plan desarrollado del drama de la redención. Casi los únicos cristianos que han tratado de detallar un plan en gran escala fueron los proponentes del punto de vista del premilenialismo dispensacional (en una forma datada). Ese plan fue hecho popular por medio de los apuntes de la antigua versión de la Biblia de Scofield.

Hasta hace no mucho tiempo, aunque existió tal debilidad y falta de un punto de vista desarrollado del drama de la redención, había un conocimiento de lo esencial básico por parte de la población general. La gente creía en la creación. Se sabía que la Biblia fue divida entre el Antiguo y el Nuevo Testamentos. Existía una creencia en el cielo y en el infierno. Se sabía que, de alguna manera, Jesucristo fue involucrado en que un individuo pudiera escapar el infierno. Quizás ese conocimiento no era mucho, pero era mucho más que no tener ese mínimo de entendimiento básico.

He expuesto esta mirada breve del cristianismo de la eternidad a la eternidad para recordarnos que un tipo de conocimiento es muy importante. Actualmente no se puede tomar este conocimiento por sentado. Es necesario que una persona tenga por lo menos un mínimo de conocimiento de cómo Cristo encaja en la historia antes de que ella puede llegar a la fe salvífica.

ALCANZANDO AL MUNDO ACADÉMICO

Lo que he escrito sobre alcanzar la población general se aplica también al mundo académico. Los estudiantes todos tienen necesidades no satisfechas. Tienen hambre. Si no asisten a una escuela Cristiana, estudian en medio de fortalezas de la influencia del postmodernismo. Los años universitarios son años peligrosos. Están rodeados de la influencia de las drogas, el alcohol, la inmoralidad sexual de todo tipo.

Un cristiano que espera tener algo de éxito con el evangelismo en una universidad debe entender el hecho que ha habido un cambio de paradigma del modernismo al postmodernismo. Debe saber bien del tema para que pueda entrar en conversaciones en las áreas de preocupación. Tal persona cristiana necesita saber escuchar bien para captar o recoger los puntos de interés que pueden dirigir la discusión a temas espirituales.

Es importante escuchar por las indicaciones de que la persona con quien hablas están luchando con las *preguntas ineludibles de la vida*, tales como: ¿Hay un Dios? ¿Qué del bien y el mal? ¿Qué de la vida después de la muerte? ¿Hay significado y propósito de la vida? El cristiano debería prestar atención para discernir la diferencia entre las personas que realmente están preocupadas por estas preguntas y aquellas que sólo quieren discutir.

El cristiano involucrado en el evangelismo universitario debería poder mantener sus creencias basadas en la evidencia y en los argumentos, pero la apología de evidencia no funciona igualmente bien para las personas bajas la influencia del paradigma postmodernista. Aunque el postmodernismo no reconoce la validez de la ley de la no-contradicción, sus proponentes tratarán de usarla para argumentar en contra del cristianismo. El cristiano también ha de estar preparado igualmente en estas ocasiones a defender su fe. Pero la habilidad de detectar y ministrar al hambre que Dios ha colocado dentro de los seres humanos traerá el fruto más abundante en la cultura postmodernista.

Todavía nos encontramos en un período de evaluación para entender el evangelismo universitario bajo el postmodernismo. Es evidente que lo que una vez tenía éxito ya no funciona ahora. Pero hemos de recordar que la imagen de Dios no queda callada en los campus universitarios, y que el Espíritu Santo todavía trabaja allí.

La Importancia de la Revelación General en Ministrar a una Cultura Postmodernista

La revelación general es un tema que ha sufrido demasiado de un olvido. Al tratar el tema de la revelación, se suela prestar poca atención a la revelación general para completar el tratamiento del tema de la revelación. A veces se presta atención a la revelación general cuando una persona quiere construir un caso de que los paganos están perdidos. Pero en general, hay la idea de que, dado que tenemos la revelación especial, la revelación general no tiene mucho valor para nosotros. En el pasado, este tema no recibió nada de atención en la predicación. En los tiempos más recientes, el tema de la revelación general ha ido recibiendo más interés entre los teólogos.

LA REVELACIÓN GENERAL Y LA CULPA, EL JUICIO Y EL INFIERNO

La culpabilidad, el juicio y el infierno se basan en la revelación general, no en la especial. La revelación especial se extiende y amplifica estos temas. No obstante, no es necesario que una persona sea cargada con la desobediencia de la revelación especial para estar condenada delante Dios.

Cuando Pablo desarrolló su caso para demostrar que todo el mundo está condenado delante de Dios (Romanos 3:19-20), no comenzó diciendo que todos habían violado la revelación especial. Más bien, empezó demostrando que las personas son culpables de la violación del mensaje de la revelación general.

Pablo no dice en Romanos 1:18 que, basada en la revelación general, la ira de Dios va en contra de: (1) la impiedad, (2) la injusticia y (3) el detener con injusticia la Verdad. Esas tres experiencias describen a cada ser humano. Significa que cada ser humano, apareciendo delante de Dios en su propio mérito está condenado y bajo la ira de Dios. Al establecer su caso para demostrar por qué todas las personas, *incluyendo a las que sólo tienen la revelación general,* se encuentran justamente bajo la condenación y la ira de Dios, Pablo aclara lo siguiente:

1. Por la revelación general, las personas saben que Dios existe (Romanos 1:19, 21).
2. Por la revelación general, las personas tienen conocimiento del poder eterno y los atributos de Dios. Esto incluye el hecho que Dios es santo (Romanos 1:20).
3. Este conocimiento de la existencia y de los atributos de Dios que la gente tiene por medio de la revelación general hace que ella resulte sin defensa delante de Dios (Romanos 1:20). El significado es que no hay ninguna defensa que pueda proteger los seres humanos de la ira de Dios.
4. En Romanos 1:32, Pablo destaca que es la revelación general que hace que la gente sea consciente que es digna de la muerte.
5. De Romanos 2:12-15, el Apóstol aclara que los gentiles que sólo tienen la revelación general están condenados delante de Dios. Ellos han violado la ley moral escrita en sus corazones.
6. El veredicto de Romanos 3:19-20 es que, en sus propios méritos, todo el mundo se encuentra culpable y condenado delante de Dios.
7. Cuando Pablo escribe: "por cuanto todos pecaron y está destituidos de la gloria de Dios" (Romanos 3:23), él incluye tanto al mundo gentil como a los judíos que habían pecado contra la ley escrita de Dios (Romanos 2:12).[10]

La Validación Interna del Conocimiento Básico sobre Dios, los Morales, la Culpa, el Juicio y el Infierno

En mi trato previo, he llamado la atención al hecho que bajo el postmodernismo se presta más atención a los intereses y la validación internos que fue el caso cuando reinaba el modernismo sobre la cultura secular. Creo que la enseñanza de Pablo sobre los conceptos de la existencia de Dios, sobre Sus atributos básicos, de la culpa humana y del juicio divino de la culpa humana reciban una validación interna.

LA REVELACIÓN GENERAL Y EL CONOCIMIENTO DE DIOS

De Romanos 1:19-20, Pablo está diciendo más que: "Es *posible* que una persona conozca que Dios existe y sepa algo sobre Sus atributos". Más bien, él escribe: "Cada persona tiene conocimiento de la existencia de Dios y tiene un entendimiento básico de Sus atributos". (Se puede encontrar la base más desarrollada para esas conclusiones en mi trato de la Revelación General del Capítulo 3.)

De ahí sale la pregunta: "¿Qué pasa con la persona que no cree en Dios?" A pesar de lo que la persona diga, creo que ella *sabe* que Dios existe. Habiendo dicho esto, déjame aclarar algunas cosas. No estoy diciendo que la persona que dice: "No creo en Dios", mienta. Lo que digo es que, en el ser interior profundo de la persona, hay un conocimiento de Dios que *sí* existe. La única cosa que permite que una persona diga: "No creo en Dios" y no mentir es que ella *ha suprimido* este conocimiento. Habiendo detenido ese conocimiento, la persona puede decir: "No creo en Dios" y no mentir, por lo menos en el nivel consciente. Pero si deja de detener la Verdad de la existencia de Dios, esta Verdad saldría a la superficie y se reconocería la existencia de Dios.

Pablo lo expone muy claramente en Romanos 1:18 que la ira de Dios va en contra de la supresión de la Verdad. Una persona *sabe* lo que *está suprimiendo* en la mente subconsciente. *El conocimiento reprimido sigue siendo conocimiento.* El Juez Supremo del universo responsabiliza a una persona de la Verdad que ella *reprime.*

LA REVELACIÓN GENERAL Y EL CONOCIMIENTO DE LOS MORALES

Es aquí en este punto donde el postmodernismo ha infligido el daño más grave a la sociedad. Sus prejuicios y daños van más allá del daño causado por el modernismo en el área de los morales. El modernismo creía que la naturaleza tenía una "naturaleza" (un carácter o una constitución). En la teología cristiana, Dios es el autor de la "naturaleza". La naturaleza está constituida moralmente. La moralidad de los Diez Mandamientos se encuentra escrita en el corazón de cada ser humano. Aunque el modernismo rechazaba la autoría divina de lo moral "natural" en la naturaleza, por medio de sus reflexiones sobre la naturaleza, el modernista podía leer los conceptos morales básicos escritos en la naturaleza. Aunque el modernismo fracasó en no dar el crédito a Dios, podía ver el beneficio del mensaje de la revelación general.

Cuando la persona influenciada y condicionada por el poder del postmodernismo oye la voz de esta revelación moral dentro de sí misma, resulta que trata de *negar su validación y suprimirla.* Más bien que dar el reconocimiento a estos conceptos, la persona culpa el poder acondicionador de los valores tradicionales de la cultura occidental. Es la influencia de la cultura imperialista del Siglo de las Luces, o es el cristianismo que trata que ella viva bajo su poder opresivo. Se adapta este enfoque porque la persona está influenciada por el postmodernismo para creer que no hay una moral "natural" en la naturaleza. No existe ninguna Verdad universal escrita en la naturaleza humana.

El postmodernista opera sobre la base de una hermenéutica de desconfianza. Cree que las enseñanzas morales del cristianismo están diseñadas para oprimirle y negarle los placeres de la vida. Así, la única libertad disponible es tener el coraje para resistir la voz de la revelación general. La evidencia de la libertad es echar fuera las restricciones impuestas por el cristianismo.

El postmodernismo no reconoce que los seres humanos sean creados a la imagen de Dios. Pero esta negación no tiene ningún poder sobre el hecho. Una persona podría negar la ley de la gravedad. Pero esta negación no cambia el hecho que si tiras un objeto al aire, sin duda caerá. Si una persona niega o trata de pasar por alto el hecho de la presencia de la imagen de Dios dentro de sí misma, esto no va a prevenir que la imagen de Dios se mueva en acción cuando ella viole la moralidad de los Diez Mandamientos. Este hecho no depende de si la persona ha oído o leído los Diez Mandamientos o no. Se basa en el hecho de que la moralidad básica de los Diez Mandamientos está escrita en el corazón de cada ser humano. Cada vez que se pisotea esta naturaleza moral, hay problemas. Es verdad si hablamos de un individuo o si hablamos de una sociedad.

Mientras que se ha infiltrado en nuestra cultura, la influencia postmodernista ha traído un corriente de degradación. Este hacer caso omiso del mensaje de la revelación general escrita en el corazón humano ha causado estragos en nuestra sociedad. Vivimos en una sociedad turbada. Esto se evidencia en que la sociedad agitada por los que buscan ayuda legal y legítima de los psicólogos, los psiquiatras y los pastores. También se ve en las personas que buscan alivio en la droga y el alcohol. Otra área que nos informa que vivimos en una cultura turbada es el profundizarse en la pornografía, la inmoralidad sexual y el aborto. Otro indicador es el problema del divorcio y los hogares problemáticos.

Para los jóvenes e inmaduros, la droga, el alcohol, la pornografía y la inmoralidad sexual parecen ofrecer una vida de excitación y diversión. Por la gracia de Dios, fui ahorrado de esas experiencias, pero puedo recordar que, como joven, pensé que tales personas realmente estaban disfrutando de la vida. Desde aquel entonces, he llegado a comprender que estuve muy equivocado en mi evaluación de todo esto. He escuchado demasiadas historias de tristeza de las personas que viajaron por esos caminos. He ayudado a demasiada gente tratar de sanar sus cicatrices infligidas por sus experiencias con esos pecados o por los pecados de otros. Me he dado cuenta que el pecado no simplemente es *indebido* sino que es *malo*.

Realmente no entendemos la adicción a las drogas y al alcohol y un sin fin de otras adicciones hasta que comprendamos que las personas que se vuelven adictas están buscando respuestas a necesidades internas y profundas. Hay dos razones básicas por que las personas se involucran con las drogas. La primera es que están buscando compañerismo y aceptación. No están buscando droga. Pero el lugar donde ellas encontraron aceptación y amistades fue un lugar donde otras ya estaban involucradas con las drogas. La segunda razón que la gente comienza con las drogas es para matar un dolor emocional y esperan encontrar una salida emocional. Es la segunda que más probablemente terminaría en una adicción. Las personas que se llevan bastante bien con otra gente no terminan con una adicción a las drogas.

La corta historia del postmodernismo ha sido negativa. Cualquier gozo que haya provisto a la gente ha sido de corta duración. El pecado tiene su placer durante un tiempo (Hebreos 11:25, 26). Bajo la influencia del postmodernismo los problemas y las agitaciones han aumentado. El postmodernismo no ofrece ayuda ninguna. Niega que haya algo como una respuesta universal e ilimitada a la necesidad humana.

LA REVELACIÓN GENERAL Y LAS NECESIDADES DE LA SOCIEDAD

La revelación general imparte bastante Verdad que, si se la sigue, podría poner la base para una sociedad razonablemente estable. No obstante, siempre existirá el problema de que la gente no quiere seguir la Verdad o la revelación general aun si la reconoce. Pero el problema con el postmodernismo es mucho más grande que esto. Hay una negación de cualquier Verdad universal de cualquier fuente que instruye sobre el comportamiento humano.

Lo que hace que nuestra situación, bajo la influencia del postmodernismo, sea tan atípica en la historia humana es que hay un intento de formar una sociedad que elimina toda aportación religiosa.

David Wells nos recuerda: "Bajo todas las culturas principales existieron presunciones religiosas, fueran del hinduismo, el islam o el cristianismo mismo. No obstante, nuestra cultura no tiene tales presunciones religiosas, y es la primera vez que una civilización principal ha intentado construirse de esta manera".[11]

Wells también observa:

> Durante el siglo diecinueve en particular, hubo varios intentos de establecer un sistema de morales que no necesitaron tomar por sentado la existencia de Dios y de su revelación. Esas experiencias fueron llevaron a cabo por un número

> pequeño de filósofos, novelistas y artistas de la vanguardia. Lo que ha cambiado ahora es que actualmente toda la sociedad está involucrada en un experimento masivo para llevar a cabo lo que ninguna otra civilización principal ha hecho, o sea, reconstruirse deliberada y auto-conscientemente sin fundaciones religiosas. Y la conclusión de este esfuerzo es que la verdad, en cualquier sentido absoluto, ha desaparecido. La Verdad, como la vida, está fracturada. Como la experiencia, es inconexa. Como en nuestra percepción de nosotros mismos, no hay certeza. Lo que hay aparece distinto mientras que nos movamos entre las unidades pequeñas de significado que componen nuestra experiencia social. Igual que nuestro comportamiento, debe adaptarse a cada contexto y tiene que ser flexible. Es simplemente un tipo de etiqueta. No tiene ninguna autoridad, ningún sentido de lo justo o correcto, porque ya no puede encontrar un anclaje en nada absoluto. Si persuasivo, es porque nuestra experiencia lo ha dado un poder persuasivo—pero mañana nuestra experiencia puede ser diferente.[12]

Charles Colson nos recuerda:

> Nunca ha habido un caso en la historia en que una sociedad haya podido sobrevivir mucho tiempo sin un código moral fuerte. Y nunca ha habido un tiempo cuando un código moral no haya sido informado por una verdad religiosa. Recobrar nuestro código moral—nuestra verdad religiosa—es la única manera que nuestra sociedad puede sobrevivir. Las montañas de cenizo de Auschwitz, los campos de matanza de la Asia Sureste y los terrenos perdidos y congelados del gulag nos recuerdan que la ciudad del hombre no basta en sí; debemos también buscar la ciudad de Dios.[13]

El énfasis actual en el pluralismo religioso no continuará mucho tiempo si prevale el postmodernismo. Se ha de recordar que el postmodernismo es secular. El postmodernismo da de los dientes para afuera al pluralismo religioso. Pero la fuerza detrás del postmodernismo no es promover una sociedad donde prevalga el pluralismo religioso. En su corazón mismo es secular. Su meta es construir una sociedad donde se elimine la religión. El reto es eliminar la influencia igualmente de la revelación especial y de la general. Debería ser obvio a todo el mundo de los que pueden recordar cómo fue la vida en los Estados Unidos antes de los 1960 que, como cristianos, nuestras libertades están más amenazadas ahora que nunca antes del 1960.

Estoy seguro que hay las personas que más o menos se identifican con la cultura postmodernista que tienen un interés real in el pluralismo religioso. Pero los movimientos que afectan las masas de la gente o morirán o continuarán hacía una consistencia lógica con sus premisas básicas.

El postmodernismo tuvo un nacimiento secular. Un padre secular dará vida a un niño secular. El fracaso del modernismo produjo el nacimiento del postmodernismo. Cuando se hizo evidente que el modernismo no pudo entregar sus promesas, se levantó el postmodernismo y quitó el trono de su padre. Si el postmodernismo deja de ser secular, ya no será "post" modernismo. Si hubiera una desconexión completa con el secularismo, lo que resultaría de tal movimiento tendría que nombrarse entre las religiones del mundo. O formaría parte de las religiones que ya existen, o se convertiría en nueva religión.

Las Necesidades Racionales de los Seres Humanos

LA IMAGEN DE DIOS Y EL DISEÑO RACIONAL

De Colosenses 3:10, se ve claramente que una parte básica y muy importante de lo que significa ser creado a la imagen de Dios es el hecho que, como seres humanos, somos creados en la semejanza *racional* de Dios. El Creador diseñó la racionalidad en cada esencia de nuestra naturaleza. Esto significa que podemos razonar y pensar. No sólo quiere decir que somos *capaces* de razonar y aprender—también significa que tenemos *necesidades racionales. Necesitamos* aprender. Necesitamos desarrollar un entendimiento racional de las cosas. Nos hace falta más que unos fragmentos de conocimiento. Debemos tener un punto de vista comprensivo de la vida y del pensamiento. Necesitamos desarrollar una cosmovisión o un punto de vista que es racionalmente consistente.

NUESTRA NATURALEZA INTERNA Y LA LEY DE LA NO-CONTRADICCIÓN

Cuando nuestra mente consciente se da cuenta de lo que parece ser una contradicción, se enciende una luz de precaución. Nuestro ser interior profundo (la imagen de Dios dentro de nosotros) no acepta contradicciones. Puede que la imagen de Dios encuentre necesario vivir con algunas ideas que no puede reconciliar totalmente, pero por lo menos esto deja un nivel de precaución. Como seres humanos, no nos es fácil llegar al punto de conocer algo y al mismo tiempo ver contradicciones en nuestra manera de pensar. Nuestro ser entero clama en contra de tal pensar (o no pensar). Aun las personas que permiten contradicciones en sus pensamientos no dejan de criticar a sus oponentes si ven lo que parece ser una contradicción en el argumento de ellos.

La ley de la no-contradicción es innata. Un niño no tiene que tomar un cursillo de la lógica antes de que pueda señalar lo que él cree que sea una contradicción. A criar a los hijos, es común oírlos decir: "Dejaste que ella lo haga, ¿por qué no puedo hacerlo yo?" Una de las cosas que me ayuda saber que la gente tiene más inteligencia que emplea es que todo el mundo puede buscar tres pies al gato cuando se trata de defender su propia acción.

Ahora volvemos a la pregunta: "Si la ley de la no-contradicción es innata, ¿cómo podemos explicar el ascenso y la fuerza del postmodernismo?"

El modernismo, como hijo del Siglo de las Luces, pensaba que la razón por sus propios medios podría solucionar todas las necesidades de los seres humanos. Buscó hacer realidad este sueño a través del empirismo. El empirismo procedió a desarrollar su pensamiento, reflejando sobre los datos de la observación y la experiencia. Al eliminar cualquier posibilidad para la validad de los datos de la revelación divina, el empirismo afirmó un "Ateísmo Epistemológico". En su epistemología, omitió a Dios.

Desde el principio, el cambio del modernismo al postmodernismo fue inherente en la epistemología del modernismo. Continuar con el ateísmo epistemológico terminaría inevitablemente en lo que hoy día llamamos el postmodernismo. Es así porque sin Dios, no hay fundación para la verdad, la moralidad y los ideales. Marchando el tiempo, la mente humana reconocería inevitablemente todo esto. Y lo hizo. Cuando se dio cuenta de eso, comenzaron los dolores de parto del postmodernismo.

Al terminar la Segunda Guerra Mundial, fue evidente aun para la comunidad secular que la inhumanidad del hombre al hombre hizo imposible ya que un observador honesto pudiera mantener el concepto de la bondad básica de la humanidad. El Conflicto en Corea dio más evidencia que el sueño utópico del modernismo no existió. Seguía montando la evidencia. Muchos de la comunidad secular comenzaron a juzgar como fracasó el modernismo como cosmovisión. Al llegar los años 1960 ese pensar iba llegando a la población general, particularmente ente los universitarios. Y ya sabemos lo que ocurrió en los 1960 fue el comienzo del postmodernismo.

El postmodernismo es el resultado de una investigación cuidadosa y de un pensamiento filosófico. No fue escogido por una superioridad sobre el modernismo. Más bien, fue el resultado del fracaso del modernismo. Fue un salto al reino de lo irracional. La única manera para seguir siendo secular y rechazar el modernismo fue a rechazar la ley de la no-contradicción. ¿A dónde se podía ir y a la vez mantenerse uno secular? Si una persona va a rechazar el modernismo y continuar como secularista, ella debe negar el punto de vista que tiene su esperanza en la razón. Tal persona ha de rechazar la razón, por lo menos en cuanto a lo que tiene que ver con la ley de la no-contradicción. Al rechazar esta ley, se va la razón. Cualquier intento mantener una esperanza de que haya una solución a los problemas del hombre por medio de la razón, sería alguna forma del modernismo. Esa idea se creía insostenible.

Volveremos de nuevo a la pregunta: "Si es innata la ley de la no-contradicción, ¿cómo explicamos el ascenso y la fuerza del postmodernismo?" Se basa en una determinación, por parte de sus adherentes, a mantenerse secular. No estaban dispuestos a abandonar el Barco del Secularismo. Decidieron derrocar el modernismo y tomar control del barco. No hay ninguna otra elección para la persona que quiere ser secular. La decisión es o bien aceptar alguna forma del modernismo o rechazar la ley de la no-contradicción.

La Necesidad de Dirigirnos a la Mente y a los Corazones de la Gente

En este libro, he dado mucha atención a *las preguntas ineludibles de la vida*. Son preguntas tales como: ¿Hay un Dios? Si hay, ¿cómo es? ¿Cómo puedo saber distinguir entre el bien y el mal? ¿Hay vida después de la muerte? Si hay, ¿cómo puedo prepararme para ella? No tenemos que temer exponer estas preguntas a la gente. En el 1996, mi esposa y yo pasemos cuatro meses en Rusia y en Ucrania. Durante ese tiempo siempre vigilaba para ver si había evidencia de que alguien hubiera podido escapar estas preguntas. No encontré evidencia alguna que alguien hubiera escapado totalmente de tener que tratar con tales preguntas. Mi experiencia anécdota no es exhaustiva. Pero tampoco es insignificante.

Cuando las personas asisten al culto de la iglesia, necesitan sentir que se les ha hablado. Deben sentir que lo que están escuchando explica lo que está ocurriendo dentro de ellas mismas. Necesitan sentir o ver que hay alguien de la iglesia que se preocupa por sus intereses y que la persona estaría disponible a contestar sus preguntas.

Una persona no puede actuar simplemente en mi confianza que cada ser humano está confrontado por estas preguntas o algunas similares durante su vida de crecimiento y desarrollo. Tú tienes que pensar en tu propia experiencia, debes buscar las claves mientras hablas con otros, mientras que te mueves en la sociedad o miras la televisión, etc. Tu necesitas tu propia validación del hecho que todas las personas se enfrentan con estas preguntas. Una vez que tengas tu propia validación, el pensamiento es tuyo propio. Entonces tienes la libertad para usar estas ideas. Tendrás la confianza que te preparará para hablar eficazmente a otras personas sobre lo que esté ocurriendo en sus vidas. Necesitamos dirigirnos a tratar las preguntas que la gente hace en el nivel más básico de sus necesidades.

LA NECESIDAD DE CONOCER EL ORIGEN DEL HOMBRE Y DEL UNIVERSO

La gente quiere conocer sus raíces. Desea saber su identidad. Las personas tienen preguntas sobre la historia de su familia. Si mantienes una página en el Internet que trata con las genealogías, ya sabes que hay gente que busca desesperadamente sus raíces. Es emocional ver como las personas adoptadas buscan con pasión encontrar a sus padres naturales.

El hecho que los seres humanos tienen tanto interés en saber más sobre la historia de sus familias debería decirnos algo sobre los seres humanos. Puede que para algunos no hace falta tanta información que para otros, pero la gente quiere saber del origen del universo y del hombre. El hecho que las personas han gastado millones de horas y miles de millones de dólares tratando de establecer un caso para la evolución debería decirnos que los seres humanos están desesperadamente interesados en conocer el origen de la raza humana. Nosotros necesitamos darles la única respuesta que satisface las necesidades más profundas del alma humano.

LA NECESIDAD DE RESPUESTAS PARA LAS PREGUNTAS INELUDIBLES DE LA VIDA

Nosotros que fuimos criados en la iglesia y en un hogar cristiano tenemos bendiciones que tomamos por sentado. Yo no tenía ninguna idea cuánto significaba creer en Dios, creer que Dios creó el universo y al hombre, creer en la Biblia y a creer que Jesucristo es el Hijo de Dios. Luego entraron en escenario los hippies. Ellos no tenían respuestas a las *preguntas ineludibles de la vida*. Reaccionaron contra los valores occidentales tradicionales. Se amotinaron. Buscaron respuestas en la droga. Cuando yo veía lo que todo esto les hizo, o sea, no tener las respuestas a las *preguntas inaudibles de la vida*, comencé a darme cuenta de lo mucho que significaba para mí que yo tenía las respuestas. Fue rico y no lo sabía. Mi vida cristiana ya tenía un significado nuevo.

LA NECESIDAD DE UN ENTENDIMIENTO COMPRENSIVO DE LA VERDAD CRISTIANA

Durante mucho tiempo, el mundo de iglesia ha sido plagada con la pregunta de lo que es lo mínimo de la Verdad y la cantidad mínima de compromiso que hace falta para estar salvo. Creo que este tipo de pregunta es una equivocación muy seria. Hay dos aspectos de esta equivocación. En el primer lugar, el Nuevo Testamento no da ninguna evidencia de obsesionar con tal idea. Siempre se mueve hacía delante con la presentación del cristianismo en su totalidad. La segunda razón es que la pregunta es un mal entendimiento fragante de las necesidades de los seres humanos como son determinadas por la imagen de Dios interna.

Recibimos mensajes contradictorios de los seres humanos. La razón es que, dentro de cada persona, hay la presencia de un ser dividido. Hay la presencia de la imagen de Dios, y hay la presencia de la depravación moral que trata de derrocar la imagen de Dios. Es la depravación, no la imagen de Dios, a quien le gustaría pasar con un cristianismo mínimo. Hemos sido comisionados a ministrar a la imagen de Dios. No hemos de tomar nuestras direcciones de la depravación moral. A la gente le gusta cuando puede ver el desarrollo del cuadro entero.

LA NECESIDAD DE UN PUNTO DE VISTA DESARROLLADO DE LA ESCATOLOGÍA

Las personas tienen una gran necesidad de un entendimiento del desarrollo de la historia de la redención desde Génesis 3:15 a la cruz. Por lo menos, les hace falta una comprensión de nivel de entrada del pacto abrahámico, el pacto mosaico, el pacto davídico y el Nuevo Pacto. Una vez que entiendan esto, querrán saber más. Cuando hablamos de personas como Abraham, Jacob, Isaac, Moisés y David, debemos ir más allá de un mero estudio sobre sus vidas. Necesitamos demostrar su importancia en el desarrollo de la historia de la redención.

La gente necesita un conocimiento de Jesús: quién es, sus enseñanzas y cómo nuestra redención se centra en Él y solo en Él. Les es necesario saber algo sobre la historia de la iglesia. Y ellas, por lo menos, deben saber lo básico del futuro escatológico.

Durante las últimas décadas, con la excepción de algunas voces acá y allá, no se ha considerado como esencial una escatología desarrollada. Se han considerado adecuados una convicción de que Jesús viene otra vez y los detalles más mínimos. Dado que un cristiano puede ser salvo, y a la vez creer en el amilenialismo, o en el premilenialismo, o en el postmilenialismo, se piensa que todo lo demás que cree no es realmente importante. Si no es importante, podremos ahorrar mucho tiempo y esfuerzo, pasando por alto el tema completo. También, si no prestamos atención al tema, vamos a reducir las tensiones. Tendremos más unidad. Pero antes de descartar el tema de la escatología, debemos evaluar la situación. Si una persona no ha estudiado el tema de la escatología, puede que no se dé cuenta de todo lo que trata la escatología.

Se refieren al amilenialismo, premilenialismo y postmilenialismo como puntos de vista de la *escatología*. Mientras que la palabra misma, la escatología, significa el estudio de las últimas cosas, estos puntos de vista tratan mucho más que los eventos alrededor de la segunda venida de Cristo. Realmente son puntos de visa del desarrollo del plan de la redención de Génesis 3:15 hasta que entremos en el estado eterno. No tenemos derecho a negar que la gente tenga conocimiento del desarrollo del plan de la redención. La imagen de Dios en el hombre lo necesita. Sin no damos a la gente el conocimiento de la escatología, le estamos negando el conocimiento del despegar del plan de la redención.

LA NECESIDAD DE UN ENTENDIMIENTO BÁSICO DE LA SOBERANÍA DE DIOS, LA PREDESTINACIÓN Y LA CUESTIÓN DEL LIBRE ALBEDRÍO

En el mundo eclesiástico, el tono actual es de atenuar las diferencias. Esto quiere decir que, en el nivel básico de la iglesia local, no son necesarios muchos tratos desarrollados del arminianismo clásico, del arminianismo wesleyano y del calvinismo. Se cree que estos temas o no son muy importantes, o se piensa que sólo lo son para los pastores y las escuelas teológicas. Aun allí, estos temas no son muy elevados como hasta los niveles de prioridad, tales como son los libros y seminarios que tratan temas como: "cómo cumplir con la tarea".

Nos es imperativo seguir el ejemplo de Pablo cuando escribió: "y como nada que fuese útil he rehuido de anunciaros y enseñaros, públicamente y por las casas…porque no he rehuido anunciaros todo el consejo de Dios" (Hechos 20:20, 27). Tenemos que tener presentes las palabras de Jesús, al contestar a Satanás, que Él citó de Deuteronomio 8:3: "Escrito está: 'No sólo de pan vivirá el hombre, sino de toda palabra que sale de la boca de Dios'" (Mateo 4:4).

LA NECESIDAD DESESPERADA DE DAR LUGAR PROPIO A LAS NECESIDADES RACIONALES DE LOS SERES HUMANOS

Mientras que el postmodernismo debilita el uso de la razón, creo que la necesidad actual es para más uso de nuestras mentes que en cualquier otro punto en mi vida, y quizás en cualquier período de la iglesia. *El hecho de que el postmodernismo rechace la razón significa que tenemos que emplearla más.* Es el diseño de los seres humanos a la imagen de Dios que determina el hecho que necesitamos usar la razón para ministrar a ellos. Estamos tratando de rescatar la imagen de Dios. Por diseño, es racional. *No osemos a dejar que el postmodernismo dicte los términos sobre los que llevamos el evangelismo.*

Ganar un argumento no es la manera para alcanzar a las personas cautivadas por el postmodernismo. Pero tampoco dejamos a un lado la razón. Mostramos un interés profundo en las necesidades de las personas y usamos la razón para ayudarlas a comprender cuáles son sus necesidades y cuáles son las respuestas. Nuestro ministerio ha de enfocarse en la personalidad total.

Las Necesidades Morales de los Seres Humanos

Las necesidades morales de los seres humanos son muy reales. Como ya hemos señalado, Dios ha escrito éstas en el corazón de cada ser humano. No tenemos que ser intimidados por preguntas como: "¿Quién ha de decir que es malo mentir?" o "¿Quién dice que robar es malo?" o "¿Quién proclama que el sexo fuera del matrimonio es un pecado?" No hay una autoridad externa que decide estos asuntos. Dios determina todo. Las respuestas se han escrito en los corazones humanos. Dios nos ha dado una autoridad moral interna. Se expresa en voz alta y clara, si no la estamos deteniendo. Estos morales son universales. Aun el postmodernismo no puede eliminar estas verdades morales del ser interior de los seres humanos.

Si pensamos que vamos a ministrar a las necesidades de la gente, hemos de subir el volumen en cuanto a la moralidad. Tocamos la nota sobre el carácter y la pureza. Los seres humanos no fueron creados para el pecado. Fuimos creados para la justicia. El pecado y la imagen de Dios no pueden vivir juntamente en armonía completa. Debemos hablar de los temas morales de una manera convincente que se dirija al ser interno y profundo de las personas influenciadas por el postmodernismo. Hablemos con compasión y relevancia, pero para convencer, sobre el pecado, la culpa, el juicio, el infierno y la expiación.

Hemos de mantener un punto de vista de la libertad cristiana que tiene su base en la Biblia. No dejemos que nuestro pensar sobre la libertad cristiana nos prevenga de hablar con voz fuerte contra el pecado y a favor de la justicia. Si nuestra voz a favor de la justicia y en contra del pecado se debilita, haremos prejuicio a la imagen de Dios dentro de las personas que tienen una necesidad drástica de ayuda. No serviremos bien a Dios ni a

Su iglesia. Pero no hemos de defraudar a las personas al no señalar su culpabilidad y la provisión de Dios para la explicación.

EL DISEÑO HUMANO Y LA BELLEZA

Dios nos ha diseñado para que podamos ser como Él. Hemos de reflejar Su semejanza en todo lo que hacemos. No podemos estudiar las descripciones del tabernáculo y el templo sin estar impresionados por la preocupación de Dios por la belleza y la excelencia. La belleza y la majestuosidad de Dios se destaca muy claramente en la Biblia..

Lo que Dios desea de nosotros en este aspecto sale muy claramente de Filipenses 4:8 cuando Pablo escribe: "Por lo demás, hermanos, todo lo que es verdadero, todo lo honesto, todo lo justo, todo lo puro, todo lo amable, todo lo que es de buen nombre; si hay virtud, si algo digno de alabanza, en esto pensad".

¿Por qué Pablo escribe que hayamos de pensar en estas cosas? Es porque el pensar cambia el comportamiento. Obviamente, lo *honesto*, lo *amable* y lo *digno* de alabanza se traducen como una preocupación por *la belleza, la excelencia y los ideales.*

La influencia del postmodernismo ha batido fuertemente contra la belleza, la excelencia y los ideales. Hubo un tiempo que, presentados con la oportunidad, los no privilegiados moverían en la dirección de la conducta de los de más privilegio. La influencia del postmodernismo ha sido una inversión de esa tendencia. Las áreas más abatidas en el nivel general de la población son la música y la apariencia personal. Todos los seres humanos son creados a la imagen de Dios. El cuerpo de un cristiano es el templo del Espíritu Santo (1 Corintios 6:19-20). Debemos tener presentes quienes somos.

El problema de la música y la apariencia personal no se solucionará por medio de unos decretos. Pero no nos ha otorgado el privilegio de pasar por alto el problema. Ciertamente Él no ha dado Su sello de aprobación a la idea de decir que lo que la gente hace en esta área no es importante. Si lo pasamos de alto, sufre la imagen de Dios.

No podremos solucionar los problemas de esta área destacando una *forma.* Debemos tratar la *sustancia.* La *sustancia* trata con las ideas, los conceptos y los principios básicos. Se ocupa con la Verdad en el nivel fundamental. Trata con la Verdad universal. La *forma* se ocupa con cómo manifestemos la preocupación expresada por la sustancia. La forma puede variar, pero siempre debe ser apropiada.

Como cristianos, por un lado nos encontramos constantemente manteniendo unas normas altas. Por la otra parte, nos vemos con la necesitar de tratar con estos temas sin construir una pared entre nosotros y las personas con estos problemas. Esto se aplica a una lista sin fin de problemas relacionados al alcohol, las drogas, el sexo, el divorcio, etc.

Debemos aprender cómo tratar con estas áreas relacionadas a la belleza, la excelencia y los ideales. Se nos requiere profundidad y madurez para hacer esto. Dando un espacio para una variedad y tolerancia, las instituciones educativas y las iglesias necesitan desarrollar un consenso funcional. Hemos de retomar el territorio perdido en estas áreas. Qué maravilloso sería si pudiéramos ver una cortesía o educación reinstaurada en la cultura. En este esfuerzo tenemos en nuestra contra la depravación moral, pero por nuestro lado, hay el diseño de la imagen de Dios.

Me siento muy inadecuado en el área de la belleza, la excelencia y los ideales. A veces pienso que ni debería jugar, ni aun en el equipo segundo. Pero me preocupa, y tengo que expresarme.

EL DISEÑO HUMANO Y LA NECESIDAD DE LAS RELACIONES INTERPERSONALES

Se ha *diseñado* la necesidad para las relaciones sociales en cada ser humano (Génesis 2:18). Dios no dejó esto a que un individuo decidiera. Nosotros no podemos tomar la decisión de que si necesitamos relaciones interactivas con otras personas. Dios decidió esto y lo escribió indeleble e irrevocablemente en el diseño de cada ser humano. Tenemos que ser conscientes de este hecho y necesitamos exponerlo delante de las personas de nuestras iglesias.

Esta necesidad social se aplica a todos los contactos de una persona con otros. Debemos hacer que la gente sepa este hecho y darle sugerencias provechosas. Puede que no tengamos influencia sobre lo que ocurre en otras situaciones. Pero, como ideal, debemos mantener una interacción sana entre los miembros de la iglesia. Hemos de asegurar que se saludan debidamente a las personas que nos visitan en los cultos. Debemos esforzarnos con cada esfuerzo a ayudar que las personas nuevas se integren socialmente en la iglesia.

Lo que estoy diciendo puede apoyarse en las investigaciones promocionales, pero no lo digo por esto. Lo expongo porque Dios ha diseñado una necesidad para las relaciones sociales dentro de cada persona. Cuando se las usan correctamente, hay poder en el tipo debido de las relaciones sociales. Pablo dijo: "No erréis; las malas conversaciones corrompen las buenas costumbres" (1 Corintios 15:33). También se podría decir que la buena compañía hace una contribución a las "buenas costumbres".

Profundamente dentro de cada ser humano hay la necesidad de formar parte…tener un sentir de pertenecer…un sentir de comunidad. Una iglesia debería proveer esto a su membresía y hacerlo disponible a todos los que reconocen a Cristo como Señor que vienen a adorar con ella.

Debemos ver, como parte de nuestra responsabilidad cristiana y bíblica, nuestro deber a ministrar a las necesidades interpersonales de las personas. Esto se extiende a las relaciones de familia, de amistades; de relaciones entre empleador y empleado; de relaciones entre maestros y estudiantes, etc. Cuando hacemos estas cosas veremos, que estamos ministrando a las necesidades de la imagen de Dios. No pasará sin atención por parte de las personas creadas a la imagen de Dios.

EL DISEÑO HUMANO Y LA NECESIDAD DE LAS RELACIONES INTRAPERSONALES

Mucho de lo que se ha escrito actualmente sobre el autoestima y el auto-imagen debe ser evitado. Pero no vamos a condenar todo el tema del auto-valorarse. Si los seres humanos tienen valor, debería existir una manera válida para acercarnos al tema del auto-valor. En cuanto a la pregunta de si los seres humanos tienen un valor o no, Jesús estableció esto cuando dijo: "Más valéis vosotros que muchos pajarillos". Luego hizo la pregunta: "¿Cuánto más vale un hombre que una oveja?" (Mateo 10:32; 12:12).

El hecho que las personas son a la imagen de Dios da valor a cada ser humanos. Los cristianos son comprados por la muerte y la justicia de Cristo. Este precio es el máximo que jamás fuera pagado por algo. El precio pagado da consideración de la estimación del valor de una persona. Debemos retroceder de la idea que se compra a un ser humano, porque nos trae a la mente los tiempos cuando se vendieron a los humanos como esclavos. No obstante, este caso es distinto. Jesús pago el precio por nosotros para que podamos ser libres.

El pensamiento cristiano ha hecho posible que una persona pueda tener un sentir verdadero de su auto-valor. Tenemos un valor de identificación como creados por Dios a Su imagen. Una obra de arte tiene más valor dependiendo del artista. Cuando Dios nos hizo, en lugar de firmar Su nombre, Él nos hizo llevar Su imagen. Esto significa un valor más allá de una estimación. ¡Cuánto más se extiende más allá que ser lo más alto del reino de los animales! Como cristianos, podemos añadir a esto previo las palabras de Pablo: "Porque habéis sido comprados por precio" (1 Corintios 6:20). No hay calculadora que tenga suficiente ceros para calcular nuestro valor. Este valor inestimable es un "valor dado". Es un valor que tenemos porque somos creados por Dios a Su imagen, y porque hemos sido redimidos por Jesucristo. No tiene nada que ver con un logro.

Una parte involucrada en ser hechos a la imagen de Dios es que hay un "mecanismo" interior automático que juzga nuestros pensamientos y las acciones, si son correctos o no, para una persona hecha a la imagen de Dios. Cuando tenemos un patrón de vida que es básicamente consistente con una manera debida de uno hecho a la imagen de Dios, tenemos un sentir de auto-respeto y auto-satisfacción. No hay nada de regodearse en esto. Si pasamos por encima de la llamada de la imagen de Dios dentro de nosotros, no hay suficientes clases de autoestima en el mundo para librarnos del daño que nos hemos hecho a la manera en que nos vemos. Cuando logramos estas metas dignas, hay un sentido válido de auto-satisfacción. Pero este sentimiento de auto-satisfacción siempre ha de ir acompañado con una acción de gracias.

El Reto para la Cosmovisión Cristiana

El Cristianismo y la Ciencia

El modernismo fracasó como cosmovisión. En muchas maneras podríamos decir que se veía la ciencia como hijo del modernismo. La ciencia no puede existir sin una cosmovisión. Pienso que debemos llamar a los científicos que vuelvan a casa. Ya he señalado que la ciencia tiene nacimiento cristiano. Salió de un seno cristiano. Muchos científicos fueron cristianos y muchos científicos son cristianos. Con la caída del modernismo, se puede decir que con la muerte del modernismo, muchos de la comunidad científica se quedaron huérfanos.

Es nuestra oportunidad y responsabilidad dar la bienvenida a esos científicos. Debemos decirles que si vuelven a Jesucristo como Salvador y Señor, van a encontrar las respuestas que el modernismo no pudo dar. (1) Encontrarán la satisfacción de las necesidades más profundas de su personalidad. (2) Después de esta vida, se les dará la eternidad con Jesucristo. (3) La cosmovisión cristiana forma una base para la investigación científica. (4) Les ayudará a desarrollar la directriz ética para monitorear sus investigaciones.

EL CRISTIANISMO, EL MODERNISMO Y EL POSTMODERNISMO

Para las masas de la población, necesitamos que conozcan el hecho que el fracaso eventual del modernismo siempre fue preconocido por los cristianos. Pero el mundo secular no escucharía. Tenían que experimentar el fracaso en su totalidad. Esto costó unos dos cientos años.

Debería ser ya obvio que el postmodernismo no tiene respuestas. No tiene esperanza para la vida próxima. Realmente no tiene nada para ofrecer en esta vida. Puede que parezca que haya señales de éxito. Pero esto reclama más atención. Uno podría decir que la única cosa que parece ser evidencia es la habilidad de llegar a una meta. En esta búsqueda, la única cosa importante es lograr la meta deseada y, en el proceso, quedarse fuera de prisión. Cualesquier dificultad que ocurra en cuanto a los temas morales y éticos es un asunto que puede ser manejado por los "Spin Doctors" (un portavoz del postmodernismo).

Este éxito va acompañado por una senda de devastación. Pero aun si le concedemos al postmodernismo lo que parece un éxito, necesitamos verlo más acerca. Como ya hemos visto, el postmodernismo no ofrece ninguna fundación para la investigación científica. En cuanto a lo que concierne el mundo secular, el postmodernismo ha dado como huérfana la ciencia empírica.

Aun con su negación de un universo ordenado como base para la ciencia, parece que el postmodernismo no se da cuenta de lo que hace. Mientras trata de dar el golpe final a la ciencia, vive de los beneficios de computadores, el Internet y todos los otros beneficios de la ciencia empírica. Pero sigue usándolos. ¿Dónde estaría el postmodernismo sin la tecnología moderna?

El postmodernismo vive peligrosamente. Mientras trata de destruir la fundación que dio luz a la ciencia y que sostiene su existencia continua, se hace rico de la riqueza prestada de la ciencia. Las masas de la población no tienen ninguna idea del daño que las termitas del postmodernismo han hecho. La imagen de Dios sufre drásticamente de este intento de sofocar igualmente la revelación general y la especial.

Nuestra responsabilidad es seria. Si no nos enfrentamos con la seriedad de la situación, y tomamos los pasos apropiados para hacer algo de la situación, nuestros hijos, nuestros nietos, la iglesia, la nación y el mundo sufrirán. Continuar con la anti-cosmovisión del postmodernismo puede significar la muerte de cualquier esperanza para un consenso sano y funcional sobre los morales y la belleza. Si se continúa en tal camino durante un tiempo, va a significar el fin de la civilización. El cristianismo tiene un mensaje de esperanza. Pablo nos dice: "La piedad para todo aprovecha, pues tiene promesa de esta vida presente y de la venidera" (1 Timoteo 4:8).

Un Reto para Concluir

Uno de los factores que ha contribuido más a la debilidad del cristianismo es que hemos ido funcionando con un punto de vista abreviado o truncado. Me explico. Excepto por unas pocas instancias aisladas, se han eliminados varias doctrinas cristianas. Por lo menos, cuando tiene que ver con la iglesia local, se ha considerado que la escatología fue más fácil pasar por alto. Dado que una persona puede ser salva y equivocarse en cuanto a su escatología o no tener opinión más que Jesús regresará, no es gran problema omitirla. Incluso hay beneficios de no pensar en ella, se cree, dado que tiende a dividir.

El precio que se paga al abandonar el trato de la escatología es que la gente no capta el desarrollo del drama de la redención desde Génesis 3:15 hasta el estado eterno. Se emplean los personajes principales del Antiguo Testamento como si sólo fueran figuras de estudio de carácter sin demostrar el lugar importante que tuvieron en el desarrollo del drama de la redención. Se prevale el analfabetismo en cuanto a lo que tiene que ver con Israel y los pactos redentivos.

Los desarrollos significativos del arminianismo o el calvinismo ya casi no existen en el nivel de la iglesia. El énfasis cae en un cristianismo genérico que hace que una persona podría transferir sus asistencia de una iglesia que es convencionalmente arminiana a una que es convencionalmente calvinista (o al revés) sin casi notar la diferencia. Superficialmente, esto podría aparecer como una cosa buena porque da la idea de unidad.

El problema que llega de no hablar de los tratos del arminianismo y del calvinismo es que promueve un analfabetismo sobre algunos de los temas más importantes de la Biblia: la soberanía de Dios, la predestinación, la elección, la depravación moral, el libre albedrío, etc. Cuando no hay estudio de estas doctrinas, el resultado es una experiencia cristiana privada. Es difícil tener un conocimiento completo de la salvación sin que las implicaciones del calvinismo y el arminianismo adiestren nuestra manera de pensar y nuestras discusiones. Debemos explicar puntos de vista desarrollados plenamente sobre las áreas de pensamiento tocados por el arminianismo y el calvinismo. Hemos de aprender un respeto muto entre nosotros. Podemos estar capacitados a interaccionar los unos con los otros y al mismo tiempo, mantener un espíritu de unidad y compañerismo. Pero no debemos promover un analfabetismo en estas áreas como una manera de mantener una unidad.

Al ver la belleza, la excelencia y la majestuosidad de Dios, en recordar que hemos de ser en la semejanza de Dios, deberíamos retaros a demostrar una preocupación por lo bello, lo excelente y lo ideal. Este interés se traduce como una preocupación para lo correcto. Cuando hace falta un interés en el decoro, resulta en un punto de vista truncado del cristianismo. Este pérdida de un sentido de lo correcto puede verse en la influencia del postmodernismo, primero en la cultura, y luego en las iglesias. Cosas que no encajan entre sí ocurren en el mismo culto. ¿Podemos vivir al nivel de la admonición de Pablo dada en Filipenses 4:8 sin prestar atención al decoro? ¿Hemos de abolir todas las preocupaciones para un consenso sobre lo correcto?

Pienso que es importante para nosotros a tener paz y unidad en nuestras iglesias. Pero creo que recurrir a un cristianismo truncado es la manera indebida para lograr esta unidad. Nos encumbra desarrollar un punto de vista completo y comprensivo de la cosmovisión cristiana. Toda Verdad es importante. Se han diseñado a los seres humanos con una necesidad de una cosmovisión comprensiva.

Que seamos amonestados de nuevo por las palabras Pablo y las palabras de Jesús. Pablo dijo a los ancianos de Éfeso: "y como nada que fuese útil he rehuido de anunciaros y enseñaros, públicamente y por las casas...porque no he rehuido anunciaros todo el consejo de Dios" (Hechos 20:20, 27). Jesús, al contestar a Satanás, citó Deuteronomio 8:3: "Escrito está: 'No sólo de pan vivirá el hombre, sino *de toda palabra* que sale de la boca de Dios'" (Mateo 4:4; énfasis mía). El cristianismo es comprensivo. Toca todas las bases. Habla a la totalidad de la vida y del pensamiento. No debemos conformarnos por *un cristianismo abreviado o truncado.*

Aprecio cada esfuerzo sincero que cualquier persona haya hecho para alcanzar a las personas cuyas vidas han sido influenciadas por el postmodernismo. Creo que cuando miramos seriamente a lo que tenemos que tratar, veremos que algunos de nuestros métodos que se han empleado antes o necesitamos apartarlos o modificarlos seriamente.

Nuestro reto es grande. Tenemos que tomar en serio nuestra responsabilidad. Cada ser humano se ha hecho a la imagen de Dios. Está hecho para una relación positiva con Dios. Para aquella persona lejos de Dios, hay un vacío que solo Dios puede llenar. Aun en la persona más dura y la que está en las tinieblas más profundas hay un deseo para algo que probablemente no se puede identificar. Pero nosotros sabemos lo que es. Hay algo dentro que anhela una relación debida con Dios. Es nuestra responsabilidad bajo Dios aprender cómo, con la ayuda de Dios, llegar a esas personas y, cuando las alcancemos, darles todo el consejo de Dios

Y a aquel que es poderoso para guardaros sin caída
Y presentaros sin mancha
Delante de su gloria con gran alegría,
A Dios nuestro Salvador,
Que solo es sabio,
Sea la gloria y la majestad,
Dominio y poder,
Ahora y para siempre.
Amén.
—Judas 24, 25

Apéndice 1

Pecados de Ignorancia y Pecados de Soberbia en los Antiguo y Nuevo Testamentos[1]

En el Antiguo Testamento se hace una distinción entre lo que la Biblia llama "pecados de ignorancia" y "pecados de soberbia". Esperaré hasta que hayamos examinado igualmente el Antiguo Testamento como el Nuevo en cuanto al tema antes de sacar conclusiones sobre lo correcto de estos términos en la identificación de estos tipos de pecado.

Al tratar este tema, demostraré la manera en que varias traducciones traducen las palabras hebreas empleadas para referir a los pecados de ignorancia y soberbia en el Antiguo Testamento. También veremos la manera en que el LXX traduce esos términos, según la traducción inglesa del LXX por Brenton.[2] Simplemente lo voy a llamar la traducción de la LXX (la Septuaginta).

Al final de este apéndice, detallaré unas tablas que he compilado de todos los términos hebreos que tratan con los pecados de ignorancia y soberbia. Expondré una lista completa de las ocurrencias de cada palabra y cómo se traduce en las versiones empleadas en el estudio. Mientras que estas palabras no siempre se refieren al pecado, daré todas las referencias como medio de ayudarnos captar el significado de estas palabras. También proveeré una lista de las palabras griegas pertinentes y los lugares donde se emplean en el Nuevo Testamento que aclaran el tema con que estoy tratando.

Una Investigación de las Enseñanzas del Antiguo Testamento

Dos Tipos de Pecado Expuestos

El pasaje más importante de las Escrituras para mostrar esta distinción es Números 15:27-30. La RVR1960 lee: "Si una persona pecare por yerro, ofrecerá una cabra de un año para expiación". Se nos dice en el versículo 30 que, si una persona hace algo con soberbia, "esa persona será cortada de en medio de su pueblo". No hubo sacrificio para los pecados de soberbia.

Las preguntas que nos enfrentan: (1) ¿Cuál es la diferencia en la naturaleza de estos dos tipos de pecado? (2) ¿Continúan estas distinciones en el Nuevo Testamento? (3) ¿Tiene un conocimiento de estas distinciones un valor para la iglesia actual, o sólo es una investigación de un tema técnico para discutirse en una reunión teológica, y luego olvidarlo?

Pecados de Soberbia

Cuando un pecado es tan serio que no hay sacrifico por él, nos incumbe tratar de comprender cuál es. De Números 15:30 el hebreo traducido por "con soberbia" en el RVR1960 es

b^eyādh rāmāh. La NBLA lo traduce por "con desafío", y la NVI tiene "que peque deliberadamente" La traducción literal es "con una mano poderosa". La LXX tiene *keiri huperēfania* y lo traduce "mano presuntuosa".

Sólo se encuentra la expresión *b^eyādh rāmāh* en dos lugares más del AT: Éxodo 14:8 y Números 33:3. En estas dos referencias, se refiere a la manera en que los israelitas dejaron Egipto. Salieron "con una mano poderosa". En las dos instancias, la RVR1960 tiene "con mano poderosa". La NBLA tiene "con mano fuerte", y la NVI tiene "marcharon con aire triunfal". En los dos pasajes, la LXX tiene *cheiri hupēlēi* traducida por "mano poderosa".

En el Salmo 19:13, David dice: "Preserva también a tu siervo de las soberbias" (RVR1960). El hebreo es *zēdh*. La NBLA lo traduce por "pecados de soberbia". La NVI tiene "de pecar a sabiendas".

En su uso es este salmo, en general la mayoría de los traductores entiende que *zēdh* se refiere a pecados presuntuosos o intencionales. No obstante, hay una minoría que expone otros puntos de vista. William S. Plumer nos recuerda de un rango largo de puntos de vista que se han expuesto, diciendo:

> En lugar de *pecados de soberbia*, la Septuaginta, la Vulgata y la Etiópica tienen *extranjeros*; la versión inglesa de Douay se lee: "De mis pecados secretos límpiame, O Jehová; y de los de otros, libra a tu siervo"; la Caldea: "Libra a tu siervo de los soberbios"; la Siríaca: "De la iniquidad refrena a tu siervo; la Enema: "Reten a su siervo de los soberbios"; Amesius: "Aparta a tu siervo de los contumaces"; Fry: "de la presunción", etc; Horsley: "de los espíritus malos", etc.[3]

Mitchell Dahood traduce *zēdh* como "los presuntuosos" y expone lo siguiente: "En el contexto actual, el adjetivo plural frecuente *zēdhim* significa concretamente 'ídolos o dioses falsos', es decir los que se presumen a ser Dios. Se derive de *zy/wd*, 'actuar de una manera presuntuosamente' y hay una forma análoga en Salmo 11:5, *rᵉhāîm*, 'al malo y al que ama la violencia', de *rhb*, 'actuar arrogantemente'".[4]

Más adelante desarrollaré mis razones para estar de acuerdo con los que entienden que el Salmo 19:13 se refiere a pecados presuntuosos, pero aquí haré un comentario sobre la referencia por Dahood al Salmo 40:5. Mientras Dahood cree que aquí *rᵉhābîm* se refiere a "falsos dioses", no parece que muchos le hayan seguido en este punto de vista. Se cree que la referencia es a personas orgullosas, arrogantes o rebeldes.

En el *Comentario de Ellicott*, el arcediano Aglen toma la posición que la referencia tiene que ver los hombres arrogantes. Se basa en el hecho que en ocho lugares más, donde *zēdh* ocurre, se refiere a personas.[5]

Peter C. Craigie traduce el pasaje: "Deja qué tu siervo no conozca personas presuntuosas, que ellas no se reinen sobre mi".[6] En su comentario, escribe: "El salmista pide protección de personas presuntuosas y del control que ésas podrían ejercer tan fácilmente sobre él".[7] Aunque expone esta traducción e interpretación, no explica su razonamiento por ella.

La razón para exponer el punto de vista que la referencia es a personas, como señala Aglen, es que de los ocho lugares donde también se emplean (ver las tablas) se refiere a personas. En todas estas referencias, la RVR1960 traduce el vocal como "soberbio o presuntuoso". La NBLA emplea "altivo", "arrogante" y "escarnecedor". La NVI traduce "orgulloso", "arrogante" e "insolente".

Dado que todos los usos de *zēdh* se refieren a personas orgullosas o arrogantes, se debería dar una consideración seria a si este es el significado en Salmo 19:13. Aunque creo que se ha de considerar este hecho, mi opinión es que un estudio cuidadoso del contexto decide en contra de esa interpretación.

En el versículo 12 (el v. 13 en el hebreo) David dice: "¿Quién podrá entender sus propios errores [*sᵉgî´oth*]? Líbrame de los que me son ocultos [*sāthar*]" (RVR1960). La NBLA y la NVI tienen "errores". La NBLA tiene "ocultos" y la NVI tiene "de los que no soy consciente".

S^ᵉgî´oth viene de la misma raíz como *s^ᵉgāgāh* que vamos a ver más adelante se refiere a los pecados de ignorancia como distinguidos de los pecados presuntuosos. Los fallos secretos u ocultos también caerán en la misma categoría de pecados de ignorancia. Dado que el versículo 12 se refiere a pecados de ignorancia, el contexto exige que el versículo 13 se entienda como una referencia a pecados presuntuosos.

En el *Comentario de Lange*, Karl Bernhard Moll explica:

> La forma plural de esta palabra [***zidîm***] en otros pasajes se considera siempre y debidamente como referente a opresores arrogantes y, de la misma manera aquí, muchos lo ven así, igual como Köster y Olsh. Pero no hay otra referencia a la oposición de tales persecutores (La LXX y la Vulgata leen *zārîm* [extranjeros]). El contexto tiende a la esfera de la persuasión moral, no de una protección de un poder externo. La expresión **enseñoreen** es debidamente apropiada y se aclara cuando consideramos la forma plural como denotando lo abstracto (Kimchi, Rosem, Delitzsch, Hitzig), que se encomienda a sí mismo especialmente en una composición antigua. Las referencias a la influencia mala y al poder tentador de asociación social con transgresores orgullosos (DeWette, Hupf, Camph) empuja lo abstracto en la explicación para ser soportable y obscurece el contraste que se ve en la cláusula. Génesis iv. 7; Romanos v. 14 y otros pasajes que se citan, guían directamente a un abstracto y ***chsˆk*** (retener, preservar) se suele conectar con un abstracto (Génesis xx. 6; 1 Samuel xxv. 39). Muchos menos suponen que los pecados intencionales aquí sean *personificados* como tiranos (Hengst) que se esfuerzan a sujetar al siervo de Dios bajo su dominio indigno.[8] (*corchetes del original*)

Pienso que el caso es conclusivo para entender la referencia a ser a los pecados más bien que a personas, ídolos o cualquier otra interpretación. Más adelante trataré el significado de los pecados presuntuosos.

Pecados de Ignorancia

Las palabras hebreas empleadas para referirse a los pecados de ignorancia son *sˆāgāg* (verbo), *sˆāgāh* (verbo), *sˆᵉgāgāh* (sustantivo) y *sˆᵉgî´oth* (sustantivo). Un estudio de las tablas del apéndice demostrará que la RVR1960 entendió que esas palabras significaban "pecar en la ignorancia", "errar", "desviarse" y matar "en ignorancia". La NBLA entiende el significado de estas palabras como "no pecar deliberadamente", "errar", "desviarse" y matar "sin querer". La NVI comprende las palabras con casi el mismo significado de la NBLA. La NVI habla de matar "por accidente".

No estoy seguro porqué la RVR1960, en algunos lugares, emplea el termino "pecados de ignorancia" o "haber pecado por ignorancia". Una de las razones más probables es que *lo´¯yāda´* (literalmente, "no sabía") y *biblî dhā`ath* (literalmente, "sin conocimiento") ocurren en algunos pocos pasajes cualificando los pecados por el tipo que se refiere como los pecados de ignorancia.

Levítico 5:18 lee: “Y el sacerdote le hará expiación por el yerro (*sˆāgag)* que cometió por ignorancia (*sˆ^{e}gāgāh*) y será perdonado” (RVR1960). La NBLA traduce “ha pecado inadvertidamente” (*lo´¯yāda´*). La NVI tiene “cometió inadvertidamente”. La LXX lo traduce *lo´¯yāda´* por *ouk oida* que es “no lo supo”.

Se ve *biblî dha¯ʾath* como un factor calificador del tipo de pecados bajo consideración en Deuteronomio 4:42; 19:4 y Josué 20:3, 5. Todas estas referencias se refieren al criterio para determinar si una persona que ha matado a otra fue calificada a huir a otra de las ciudades de refugio. La RVR1960 traduce *biblî dha¯ʾath* por “sin intención” y “por accidente”. La NBLA tiene “sin haber tenido enemistad”, “sin querer” y “sin intención, sin premeditación”. La NVI lo traduce por “sin premeditación” en los cuatro pasajes. La LXX lo traduce dos veces como *ouk oida* y dos veces como *akousiōs*. *Ouk oida* se traduce por “sin intención”. En ambas ocurrencias de *akousiōs*, se traduce “involuntariamente, o sea, sin querer”.

Otra razón posible porque la RVR1960 usa el término “pecados de ignorancia” viene de la influencia de la LXX. En esta traducción, Levítico 5:18 traduce *sˆāgag* por *agnoeō* (no saber). *Sˆāgag* se traduce por *agnoeō* en Levítico 4:13 y en 1 Samuel 26:21 (LXX, 1 Reyes 26:21). Levítico 5:18; 22:4 y Eclesiastés 5:6 traducen *sˆ^{e}gāgāh* por *agnoia* (ignorancia).

Un estudio de las veces que el RVR1960 se refiere a los pecados de ignorancia aclara que, por lo menos, en algunos casos la persona tuvo conciencia en parte de lo que hacía. Los comentarios de G. F. Oehler son provechosos en este punto. En cuanto a *sˆ^{e}gāgāh*, él dice:

> Sin duda esta expresión se refiere generalmente a infracciones *no intencionales* (compárese en aclaración, Levítico iv. 13, vv. 2, 17, donde *w^{e}lo´ yādha`*, “y… estuviere oculto”, se relaciona no a ignorar del mandamiento, sino a una inconsciencia y falta de premeditación del delito; ver también cómo *bisˆgāgāh* de Números xxxv. 11 se explica en Deuteronomio iv. 42 por *biblî¯dha`ath*). Aún así la expresión incluye más que una mera inadvertencia, y se extiende a *los errores de enfermedad*, de *irreflexión*, podríamos decir, *de frivolidad*. Su opuesto es *b^{e}yādh rāmāh,* el pecado “con soberbia”, o sea, con rebeldía, Número xv. 30, el pecado cometido Insolente y deliberadamente, la transgresión de propósito de los mandamientos divinos. Para ese tipo de pecado, desde el punto de vista legal, no hay sacrificio, sino que “esa persona será cortada de en medio de su pueblo.[9]

Patrick Fairbairn establece un buen caso para decir que los tipos de pecados que tratamos incluían algunas cosas de que la persona habría tenido consciencia al cometer el pecado. Él explica:

> Porque mientras tenemos algunas cosas mencionadas como tocar, aun sin querer, el cuerpo de un animal muerto, o la persona de un hombre que en el momento está en un estado impuro, también hay el caso de la persona que, llamada solemnemente a testificar de un asunto de que había tenido conocimiento, aun así por algún motivo egoísta en el momento, no da el testimonio verdadero que debería haber dado (versículo 1 [Levítico 5:1]). Igualmente está el caso de la persona que había pronunciado precipitadamente un voto o una promesa, comprometiéndose a sí mismo a hacer o no hacer, sin importar las circunstancias (versículo 4 [Levítico 5:4]). Esas cosas claramente no podían haber ocurrido sin conocimiento o consciencia, por parte del transgresor; pero esas acciones revelan una precipitación de espíritu, o la debilidad moral que no podía resistir una tentación del momento. También, vistos a esta luz, esos casos deberían considerarse como ejemplares de una clases; porque nadie podría imaginar que la debilidad moral, manifestándose en un asunto de jurar algo precipitadamente, o un acto de, en cobardía, no dar testimonio fiel en ocasiones debidas, fuera distinta en el tipo de debilidades que aparecen en otras direcciones…Sin duda estamos justificado incluir los pecados mencionados en Levítico vi. 1-5 como perteneciendo a la clase de pecados bajo consideración que incluyen mentir, defraudar, decepcionar una confianza, jurar falsamente y comprar de una manera fraudulenta. Para más pruebas de la misma cosa, encontramos aun el adulterio mencionado [por ejemplo en Levítico xix. 20, dado en una nota de pie], si el acto es con una sierva, como una ofensa que podría ser expiada por esa clase de ofrendas.[10]

Walter C. Kaiser, Jr., escribiendo sobre el Salmo 19:12-13 expresa una preocupación en cuanto a cómo categorizamos los tipos de pecado encontrados en el Antiguo Testamento. Él explica:

> Hay un número alarmante de estudiantes del AT que divide todos los pecados bajo dos clases: de accidente o deliberados. El salmista expone tres divisiones en el Salmo 19:12-13: "¿Quién podrá entender sus propios *errores* [*s*^{e}*gî´ôt*]? Lí-

> brame de los que *me son ocultos* [*nistārôt*]. Preserva también a tu siervo de *las soberbias* [*zēdîm*]" (mi traducción). Pero si las dos primeras categorías del salmista ("errores" y "faltas ocultas") son meramente subcategorías del tipo "accidental", como concluyó Jacob Miglrom, entonces queda claro que los llamados pecados de "ignorancia" son realmente pecados de inadvertencia. Así, la designación de involuntarios o sin querer o ignorancia, o sea, sin inteligencia o sin consciencia—es imposible. Los pecados de *shegagah* son actos de negligencia; el ofensor conoce la ley pero la viola sin querer y sin consideración mala (por ejemplo, en el caso de un homicidio accidental—Números 35:22-28; Deuteronomio 19:4-10; Josué 20:2-6, 9). También está el pecado de inadvertencia, en que la persona actúa sin saber todo el hecho—la ignorancia no tiene que ver con la ley, sino con las circunstancias—tales como el caso del rey Abimelec que tomó a Sara, a quien él creó que era la hermana de Abraham (Génesis 20:9), o el caso de Balaam que no sabía que había un ángel en la senda del asna (Números 22:34: "He pecado, porque no sabía que tú te ponías delante de mí en el camino".) De esta manera el pecador que comete un pecado de inadvertencia es consciente del acto, aun si no siempre se da cuenta de sus consecuencias.[11] (*corchetes del original*)

Yo consideraría que los "errores" y las "faltas ocultas" son dos subcategorías bajo lo que la RVR1960 llama pecados de ignorancia. Sin duda yo estaría de acuerdo en que no deberíamos decir que todos los pecados mencionados de esta categoría fueran cometidos por una persona totalmente inconsciente de que lo que hizo fuera en violación de la ley de Dios. Igualmente los comentarios previos de Oehler y Fairbairn sostendrían esta conclusión.

Pienso que es importante reconocer que las faltas "secretas" u "ocultas" se han de considerar como pecado. Esto es reconocer el hecho que nuestros pecados se extienden más allá de lo que somos conscientes.

No obstante, no creo que haya justificación para crear otra categoría de pecados distinta de los pecados de ignorancia.

Comprendo el ataque de Kaiser cuando dice que "la designación de involuntarios o sin querer o ignorancia, o sea, sin inteligencia o sin consciencia—es imposible". Sin embargo, a la luz de los términos hebreos *lo ́yādha'* (no sabía), y *biblî ¯dha ̀ath* (sin conocimiento) que cualifican algunos de los pecados de esta categoría (especialmente Levítico

5:18), yo diría que esperemos hasta que examinemos las enseñanzas del Nuevo Testamento sobre el tema antes de decidir echar fuera el término "pecados de ignorancia".

Un Contraste de las Enseñanzas del Antiguo Testamento sobre los Pecados de Ignorancia y los Pecados de Soberbia

Los pecados de ignorancia y los pecados presuntuosos se ven más claramente cuando hay un contraste entre ellos. Quiero esperar para una discusión más completa de la naturaleza de los dos tipos de pecado hasta que hayamos examinado las enseñanzas del Nuevo Testamento. Pero hay algunas declaraciones necesarias para terminar esta examinación del Antiguo Testamento.

Los pecados de ignorancia se referirían a pecados de debilidad. En algunos casos la persona habría sido consciente de que lo que hizo fue incorrecto. En otros casos la persona no lo habría sabido en el momento. Algunos casos habrían sido de ignorancia de las circunstancias más bien que una ignorancia de la ley. Otros casos que ocurrieron podrían haber sido por accidente.

Podría haber alguna cuestión sobre si un homicidio accidental (u otro evento accidental) fuera un pecado real o no, pero en la mayoría, hemos de sacar la conclusión que lo que se clasifica como un pecado de ignorancia fue, de hecho, un pecado y requería arrepentimiento y expiación.

Las palabras de Timothy R. Ashley son perspicaces en cuanto a pecados presuntuosos (de soberbia). Comentando sobre Números 15:30-31, él explica:

> Hasta aquí todos los pecados discutidos han sido de inadvertencia y por ellos hay expiación por medio del sacrifico apropiado. Hay un contraste claro entre todos estos y los pecados *de una mano en alto* (*b*ᵉ*yāḏ rāmâ*). La misma frase describe la actitud de los israelitas al faraón en el éxodo (por ejemplo, Éxodo 14:8; Números 33:3, normalmente traducido por "con una mano poderosa"). Los israelitas creían que estaban muy lejos de la esfera de influencia del faraón, y tenían confianza que él les fue irrelevante para el futuro. Mientras los pasajes de Éxodo 14 y Números 33 proveen una evaluación positiva de tal actitud, y el contexto aquí requiere una evaluación negativa, hay paralelo en la actitud: el pecador con *una mano en alto* considera que Yahvé es irrelevante para el futuro; esa persona peca de una manera abierta y rebelde, bien sabiendo lo que hace. Por lo tanto, este tipo de rebelión se difiere del pecado intencional descrito en

Levítico 6:1-7 por el cual se puede hacer una ofrenda de reparación, "habiendo pecado y ofendido" (6. 4, 7). El pecador con una mano poderosa no siente culpabilidad; la ofensa no tiene expiación por sacrificio.[12]

De Números 15:30, la persona culpable de *b^{e}yādh rāmāh* (pecar con soberbia o con mano poderosa) es culpable de *gādhaph* hacia Dios, o sea, ella blasfema o injuria contra Dios. En el versículo 31, se dice que esa persona tuvo en poco *bāzāh* (despreció) la palabra de Yahvé. Para tal persona no hubo sacrificio por su pecado. Había de ser cortada de su pueblo. Su sentencia fue la muerte.

Entre los que creen que el Salmo 19:13 habla de pecados presuntuosos más bien que personas o ídolos presuntuosos ("de las soberbias"), no parece haber cuestión sobre si es el mismo tipo de pecado mencionado en Números 15:30. Basándome en los estudios que he hecho, mi conclusión sería que los pecados de soberbia no se refieren a la naturaleza del un pecado en particular, sino a la actitud hacia Dios que se manifiesta por parte de la persona. Los pecados presuntuosos tienen que con una actitud consciente, deliberada, desafiante y arrogante de incredulidad hacia Dios.

La pregunta importante delante de nosotros es: En el Nuevo Testamento, ¿hay la distinción entre los pecados de ignorancia (de yerro) y los pecados presuntuosos (de soberbia)? Pongamos nuestra atención al Nuevo Testamento para ver lo que hay.

Una Examinación de las Enseñanzas del Nuevo Testamento

PECADOS DE IGNORANCIA

Para el Nuevo Testamento, una comparación de las versiones no es tan provechosa como lo fue para el estudio del tema en el Antiguo Testamento. Limitaré mi uso de la versión NBLA excepto en los casos cuando sea provechoso a examinar otra traducción.

Teniendo siempre en mente las enseñanzas del Antiguo Testamento sobre los pecados de yerro, examinemos algunas referencias del Nuevo Testamento. Pensemos en las palabras de Jesús cuando dijo: "Padre, perdónalos, porque no saben lo que hacen" (Lucas 23:34).[13] Jesús coloca los pecados de los que le habían crucificado en la categoría de pecados de ignorancia y, por tanto, podrían ser perdonados. Esto es particularmente interesante al observar que "no saben" es una traducción de *ouk oida* que la LXX emplea en Levítico 5:18; Deuteronomio 4:42 y 19:4 con referencia a los pecados de yerro (inadvertencia).

Craig A. Evens señala una conexión entre lo que Jesús dijo y los pecados de ignorancia del Antiguo Testamento.[14] I. Howard Marshall se refiere a esas palabras como "un motivo familiar en los escritos de Lucas (Hechos 3:17; 13:27; compárese con 7:60) y en el pensamiento judío y pagano".[15] Desde luego, la manera de pensamiento judía tenía sus raíces en los pecados de ignorancia del Antiguo Testamento.

Las palabras de Jesús desde la cruz, en Su oración de perdón (Lucas 23:34) nos recuerdan de la oración de Esteban que pronunció por los que le apedrearon. Él oró: "Señor, no les tomes en cuenta este pecado" (Hechos 7:60). Aunque Esteban no se refiere a aquellos que le apedrearon como actuando en ignorancia, su oración indica que tal fue el caso. Sabemos que este fue el caso de Saulo que "estaba en completo acuerdo con ellos en su muerte" (Hechos 8:1). A Timoteo, Pablo aclara que la posibilidad de su perdón se basó en el hecho que lo hizo "por ignorancia en mi incredulidad" (1 Timoteo 1:13).

Cuando Pedro iba explicando como el hombre cojo fue sanado (Hechos 3:12-26), dijo a los judíos que había rechazado a Cristo y que le habían matado: "Y ahora hermanos, yo sé que obrasteis por ignorancia, lo mismo que vuestros gobernantes" (v. 17). Entonces él continuó, invitándoles a arrepentirse de sus pecados, "para que vuestros pecados sean borrados" (v. 19). Es obvio que Pedro ve la crucifixión de Cristo por mano de los judíos y sus gobernantes en la categoría de los pecados de ignorancia y, por esa razón, sus pecados podrían ser perdonados. La palabra "ignorancia" aquí es *agnoia*. En la LXX, *agnoia* se emplea para los pecados de ignorancia (Levíticos 5:18; 22:14 y Eclesiastés 5:6).

Igualmente John B. Polhil y David J. Williams exponen que hay una conexión en mente entre la ignorancia involucrada en la crucifixión de Cristo y los pecados de ignorancia mencionados en el Antiguo Testamento. Reconocen esto como distinto de los pecados cometidos con "una mano en alto".[16]

Cuando Pablo habló en la sinagoga de Antioquía de Pisidia, mencionó también a los judíos y sus líderes. Dijo: "Los habitantes de Jerusalén y sus gobernantes no reconocieron [*agnoeō*] a Jesús. Por tanto, al condenarlo, cumplieron las palabras de los profetas..." (Hechos 13:27, NVI).

De 1 Corintios 2:8, Pablo escribe de "la sabiduría que ninguno de los gobernantes de este siglo ha entendido". Continúa diciendo: "porque si la hubieran entendido no habrían crucificado al Señor de gloria". En ambos usos, "entendido" se traduce de *ginōskō*. Al decir que los gobernantes de este siglo no entendieron lo que hicieron, Pablo coloca su pecado en la categoría de los pecados de ignorancia. La relación entre la falta de *ginōskō* (entendimiento) y *agnoia* y *agnoeō* como empleados en la LXX es obvia.

Con respeto a su propia situación, Pablo dijo: "porque [Jesús] me tuvo por fiel, poniéndome en el ministerio; aun habiendo sido yo antes blasfemo perseguidor y agresor. Sin embargo, se me mostró misericordia porque lo hice por ignorancia en mi incredulidad" (1 Timoteo 1:12-13). "Lo hice por ignorancia" traduce el griego *agnoeō* que en la LXX se refiere a los pecados de ignorancia en Levítico 4:13; 5:18 y 1 Samuel 26:21 (LXX, 1 Reyes 26:21).

Gordon D. Fee, Thomas D. Lea y Hayne P. Griffin, Jr. y Homer Kent, Jr., señalan la distinción en el Antiguo Testamento entre los pecados de ignorancia y los pecados presuntuosos explicando lo que Pablo quería decir al decir que él había actuado "por ignorancia".[17]

Jesús, Pedro y Pablo habrían conocido bien la distinción entre los pecados de ignorancia (de yerro) y los pecados presuntuosos (de soberbia) detallada claramente en el Antiguo Testamento. Es bien obvio que, en las referencias previas del Nuevo Testamento, estaban refiriéndose a pecados de ignorancia como distinguidos de los pecados presuntuosos.[18]

La palabra griega *agnoēma* de Hebreos 9:7, se traduce "cometidos en ignorancia" en la NBLA y NVI, y "los pecados de ignorancia" en la RVR1960. Es una referencia a los pecados de ignorancia del Antiguo Testamento.

Hay otro término al que debemos prestar nuestra atención. En la LXX, se usa *planaō* con referencia a los pecados de ignorancia (Deuteronomio 27:18; Job 6:24; 19:4; Proverbios 28:10 y dos veces en Isaías 28:7). *Planaō* se emplea varias veces en el Nuevo Testamento. Mencionaré los pasajes más interesantes a la luz de este estudio.

Leemos en Mateo 22:29 que Jesús dijo a los saduceos que estaban "equivocados" (*planaō*) en cuanto a la resurrección "por no comprender (*ouk oida*) las Escrituras" (ver también Marcos 12:24, 27).

Hebreos 5:1-2 explica porqué el sumo sacerdote, en el Antiguo Testamento, "fue constituido a favor de los hombres". Fue para poder "obrar con benignidad para con los ignorantes (*agnoeō*) y extraviados (*planaō*), puesto que él mismo está sujeto a flaquezas". Es obvio de este pasaje que el autor de Hebreos reconoce la categoría de pecados de ignorancia.

De Santiago 5:19, Santiago habla una persona que "se extravía (*planaō*) de la verdad". Pedro recuerda a sus lectores de sus pasados antes de que llegaron a Cristo. Dice: "vosotros continuamente os descarriabais (*planaō*) como ovejas" (1 Pedro 2:25).

Pablo empleó la palabra *apoplanaō* en la frase "...el amor al dinero, por el cual codiciándolo algunos...se extraviaron de la fe" (1 Timoteo 6:10).

Algunas de las ocurrencias de la forma sustantiva (*planē*) también son interesantes. En Romanos 1:27, Pablo se refiere a la homosexualidad como "su extravío" (*planē*, "error"). Santiago habla de la persona que "se extravía (*planē*) de la verdad" (Santiago 5:20).

Si el contexto bíblico no nos da una razón a pensar de otra manera, yo sacaría la conclusión que los pecados descritos en el Nuevo Testamento por las palabras *agnoia*, *agnoeō*, *agnoēma planaō*, *planē* y *apoplanaō* son pecados que pueden ser perdonados.

LOS PECADOS PRESUNTUOSOS (DE SOBERBIA)

Ahora, la pregunta es: ¿Encontramos referencias a pecados presuntuosos en el Nuevo Testamento? Con referencia a los falsos maestros, Pedro escribe: "Atrevidos y obstinados, no tiemblan cuando blasfeman a majestades angélicas" (NBLA y RVR1960). "Atrevidos" es una traducción de *tolmētēs* (solo aquí en el NT). Esos maestros apóstatas son presuntuosos, atrevidos, desafiantes y obstinados.

J. A. Motyr en *The New International Dictionary of New Testament Theology* señala que el verbo *tolmaō* ocurre en la LXX. Se encuentra en Ester 1:18; 7:5 y Job 15:12. El sustantivo *tolmētēs* no ocurre en La LXX. Para las referencias de Ester, Motyr da el significado de haber ofendido y de Job 5:12 como "¿qué atrevimiento sugiere tu corazón?". Él explica: "La ocurrencia singular del sustantivo (*tolmētēs*) obviamente tiene un sentido negativo...el hombre arrogante de 2 Pedro 2:10 no permite ninguna restricción de su obstinación y no reconoce a ninguna autoridad a quién tenga que dar la cara".[19] Es obvio que este tipo de pecado aquí es aquel que el Antiguo Testamento clasifica como presuntuoso.

La referencia más significativa se encuentra en Hebreos 10:26 donde se traduce *hekousōs* como "deliberadamente" (NBLA) y "voluntariamente" (RVR1960). Para ilustrar la seriedad de pecado cometido deliberada o intencionalmente, el autor explica en el versículo 28: "Cualquiera que viola la ley de Moisés muere sin misericordia por el testimonio de dos o tres testigos" (ver Deuteronomio 17:2-13). Continúa diciendo que el castigo sería más severo para la persona que "ha hollado bajo sus pies el Hijo de Dios" (v. 29).

La única otra vez que *herkousōs* ocurre en el Nuevo Testamento es 1 Pedro 5:2 donde Pedro dice a los ancianos que debería pastorear el rebaño de Dios "voluntariamente". En la LXX el término se usa con referencia a las ofrendas del libre albedrío (Levítico 23:28, Números 15:3, Deuteronomio 12:6; Esdras 1:4, 6; 3:5, 6; 8:28).

La LXX no emplea *hekousiōs* para referirse a los pecados presuntuosos. No obstante, *akousios* y *akousiōs*, que significan "obstinado" se usan varias veces para indicar pecados de ignorancia. Casi no se puede dudar que la manera en que *hekousiōs* es empleado en Hebreos 10:26 fue deliberadamente escogido como contraste de *akousiōs*.

Mientras que la mayoría de los comentaristas no hacen mención de una conexión con los pecados presuntuosos, al comentar sobre Hebreos 10, encontré la única fuente que niega que *hekousiōs* se refiera a los pecados presuntuosos del Antiguo Testamento, un escritor llamado Ellingworth. Él expone:

> A pesar de ***hekousiōs*** (v. 26), el autor no desarrolla una distinción entre los pecados que pueden ser perdonados y los no perdonables (ver Marcos 3:28-29; 1 Juan 5:16-17). En el versículo 26, Dussant (93) discierne una conexión entre *hekousiōs* = "con una mano poderosa" (por ejemplo, Números 15:3) y con "caer en las manos del Dios vivo" (v. 31); pero en el griego esto no es discernible.[20]

Lo encuentro difícil, al estudiar el comentario de Ellingworth sobre Hebreos 5:2; 9:7 y 10:26, estar seguro que entiendo todo que dice. Al comentar sobre Hebreos 5:2, donde aparece *agnoēma*, él escribe:

> Sin embargo, aun en la LXX, la categoría pecados de yerro no abraza todos los pecados que podrían tratarse por medio de sacrificio (así Michel): Levítico 6:17, por ejemplo, un acto de desobediencia de propósito de los mandamientos de Dios (*paridōn paridēi tas entolas kuriou*) tiene provisión para tratarse por medio de una combinación de restitución con intereses y sacrificio".[21]

Me parece a mí que Ellingworth trata de exponer dos tipos de pecados deliberados: (1) Los por los cuales se podía hacer sacrificio (Levítico 6:1-7), y (2) Los por los cuales no se podía hacer (Números 15:30-31). El primer tipo sería deliberado, pero no será con una mano poderosa como en el caso del segundo grupo. Me parece que intenta colocar *hekousiōs*, de Hebreos 10:26, en la categoría de los pecados deliberados por los cuales se podría hacer expiación.

Me encuentro en acuerdo con Fairbairn en cuanto a los pecados mencionados en Levítico 6:1-7. Al comentar de los pecados no deliberados o pecados de ignorancia, explica: "Ciertamente hay justificación para incluir los pecados mencionados en Levítico vi. 1-5 como perteneciendo a la clase bajo consideración ahora; y entre éstos son mentir, defraudar, traición de confianza, jurar falsamente y comportamiento fraudulento.[22]

Examinemos más a cerca a la frase *paridōn paridēi tas entolas kuriou*, al que Ellingworth nos ha llamado la atención. La traducción de la LXX es "pasar por alto obstinadamente los mandamientos del Señor". *Paridōn* es un participio, y *paridēi* es un sustantivo. Son formas de la misma palabra: *paroraō* que quiere decir "pasar por alto". Literalmente, los dos términos aquí significarían "pasar por alto el pasar por alto". En el hebreo (6:2), hay *mā 'al* seguido por *ma'al*. La RVR1960 lo traduce: "Cuando...pecare e hiciere prevaricación...". La NBLA tiene "...cuando peque y cometa una falta contra..." y la NVI lo traduce: "Si alguien comete una falta y peca contra...".

Lo importante aquí es observar que Levítico 5:12 tiene la misma construcción hebrea (*mā 'al* seguido por *ma'al*) que encontramos en 6:1. El pecado de la persona de Levítico 5:12 se clasifica como *s*$^{\wedge e}$*gāgāh*. Esto quiere decir que los pecados cualificados por *mā 'al* seguido por *ma'al* pueden ser clasificados como *s*$^{\wedge e}$*gāgāh*. No importan otras conclusiones a las que podamos llegar, debemos sacar la conclusión que los pecados cualificados por *mā 'al* seguido por *ma'al* no requieren otra categoría aparte de *s*$^{\wedge e}$*gāgāh*. Continuarían en la misma categoría de pecados de ignorancia. Si, por deliberados, queremos decir que una persona podría haber pecado conscientemente y todavía estar disponible a presentar un sacrificio, yo estaría de acuerdo con tal caso, pero diría que tales pecados encajarían en la categoría de pecados de ignorancia.

El contraste obvio entre *hekousiōs* y *akousiōs* enlaza el pecado mencionado en 10:26 con los pecados presuntuosos del Antiguo Testamento. Al comentar sobre *hekousiōs*, Lidell y Scott explican: "***ta he.***, *actos voluntarios* en opuestos a *ta akousia* que significa involuntarios".[23] Sin duda, la frase "ya no queda sacrificio alguno por los pecados" (Hebreos 10:26) declara que el pecado mencionado no tiene perdón.

Es verdad que la LXX no emplea *hekousiōs* para referirse a los pecados presuntuosos. No obstante, antes de sacar muchas conclusiones del hecho, hagamos unas observaciones: (1) Sólo hay dos pasajes en el texto hebreo que hacen referencia clara a los pecados presuntuosos: Números 15:30, donde el hebreo es *b*^{e}*yādh rāmāh*, y el Salmo 19:14 (español 13), donde es *zēhd*.[24] Se notará que el hebreo emplea dos palabras para este pecado. La LXX (18:13) usa una lectura variante del hebreo, "*zārîm*" y lo traduce como *allotrios* (extranjeros). Esta lectura elimina la referencia a los pecados presuntuosos del pasaje del Salmo 19, por lo menos, en cuanto a la LXX.

Esto quiere decir que en la LXX, sólo hay una referencia a los pecados presuntuosos: Números 15:30. La LXX traduce el hebreo *b^{e}yādh rāmāh* con *cheiri huperēfania* (una mano presuntuosa o arrogante). El hebreo tiene dos maneras distintas para referirse a los pecados presuntuosos. No hay razón que el griego no haga lo mismo. Como he notado previamente, *hekousiōs* bien encaja como contraste con *akousiōs* que se refería a los pecados de ignorancia en el Antiguo Testamento.

Es interesante aun notar, como Ashley señaló previamente, que se emplea *b^{e}yādh rāmāh* igualmente en un sentido positivo cuando los israelitas salieron de Egipto con una mano levantada y en un sentido negativo al referirse a pecar con una mano poderosa. De la misma manera, no debería aparecer extraño que se emplearía *hekousiōs* en un sentido de un servicio de disponibilidad (o voluntariamente) por la parte del anciano en 1 Pedro 5:2, y en un sentido negativo como un pecado presuntuoso en Hebreos 10:26.

Al comentar sobre Hebreos 10:26, Simon J. Kistemaker observa: "En el Antiguo Testamento se hace una distinción entre los pecados cometidos sin intención y los cometidos de propósito. El primer tipo puede ser perdonado, pero no el segundo". Entonces detalla unas referencias del Antiguo Testamento. Continúa diciendo:

> El autor de Hebreos es bastante específico. Escribe en cuanto a una persona que peca de propósito y continúa haciéndolo en una rebeldía plena con Dios y su Palabra. No habla de un creyente quien cae en pecado sin querer y encuentra perdón en gracia y misericordia. Más bien, señala al mismo pecado que Jesús llama el pecado contra el Espíritu Santo (Mateo 12:32; Marcos 3:29) y que Juan describe como "un pecado que lleva a la muerte" (1 Juan 5:16). Aunque emplea términos distintos, el autor realmente repite el mismo pensamiento en 3:12 y en 6:4-6, donde habla de caer del Dios viviente.[25]

Kaiser también hace una conexión entre los pecados presuntuosos del Antiguo Testamento y Hebreos 10:26. Al hablar de Números 15:30, comenta: "Esto es similar a lo que se llama, en el NT, la blasfemia del Espíritu Santo (ver Hebreos 10:26-39)".[26]

Otros escritores que ven una conexión entre Hebreos 26 y los pecados presuntuosos del Antiguo Testamento son Albert Barnes[27] y Donald Guthrie[28].

Aún si una persona estaría de acuerdo que Levítico 6:1-7 debería clasificarse como un pecado deliberado y así no debería verse como un pecado de ignorancia, me parece a mí que la evidencia es concluyente para comparar *hekousiōs* de Hebreos 10:26 con *b^{e}yādh rāmāh* de Números 15:30. Cualquier otra cosa que podríamos decir sobre los pecados notados en 2 Pedros 2:10 y en Hebreos 10:26, es obvio que ésos encajan en la descripción de lo que se llama, en el Antiguo Testamento, pecados presuntuosos. También que queda claro que las personas que los cometen no se les han de considerar cristianas.

Igualmente el Antiguo y el Nuevo Testamento niegan la posibilidad de hace expiación por los pecados presuntuosos. Sólo hay un grupo no numeroso que ha expuesto una opinión al contrario. Arnold C. Schultz, una persona que yo admiraba grandemente, nos dijo, en una clase hace años, que aunque no hubo sacrificio para los pecados presuntuosos antes del Día de Expiación, ésos fueron cubiertos en el Día de Expiación. Basó su opinión en Levítico 16:16: "Hará, pues, expiación por el lugar santo a causa de las impurezas de los hijos de Israel y a causa de sus transgresiones, por todos sus pecados". En aquel momento yo no sabía suficiente del tema para hacerle una pregunta, así que no estoy seguro cómo él hubiera contestado una objeción a su punto de vista.

Ellingworth señala que Filo "creía que el día de Expiación podría tratar aún con los pecados deliberados, y apeló a Levítico 16:16 ("todos sus pecados") como defensa".[29]

Lea y Griffin después de haber diferenciado entre los pecados de ignorancia y los presuntuosos, al comentar sobre 1 Timoteo 1:13, dicen: "Dios puede traer la salvación a pecadores intencionados igual como a pecadores "ignorantes", pero los dos grupos necesitan acudir a Dios en fe y en arrepentimiento. Tanto más la intencionalidad en las personas, menos probabilidad hay de su arrepentimiento.[30]

No he visto información en el Antiguo Testamento ni en el Nuevo que sugería que haya perdón de pecados presuntuosos. Dado que Números 15:30 dice que la persona culpable de un pecado desafiado (presuntuoso) será cortada de entre el pueblo, me parece que esto cierra el caso en cuanto a que tiene que ver con el perdón. Toda la evidencia apunta a una conclusión contraria.

Es mi opinión que, una vez que captamos lo que los Antiguo y Nuevo Testamentos quieren decir cuando hablan de pecados de ignorancia y de pecados obstinados, tendremos mucha más caución en nuestro uso de estos términos. En particular, esto es verdad en lo que colocamos en la categoría de pecados presuntuosos.

Mientras es apropiado referirse a esos pecados con obstinados, intencionales y arrogantes, pienso que el término presuntuoso es mejor para referirnos a este tipo de pecado. Al emplear la palabra "presuntuoso" y usar otras palabras para describirla, hay mejores posibilidades para explicar y ayudar a otros a reconocer la seriedad de este tipo de pecado. También ofrecerá ayuda para evitar la confusión. Debemos ejercer mucha caución para aclarar que el pecado expuesto en Hebreos 10:26 se refiere a algo muchísimo más serio que sería que cuando una persona simplemente hace algo que ya sabe que es incorrecto.

La Validez de Emplear el Termino "Pecados de Ignorancia"

Al comenzar mis investigaciones sobre este tema, mi inclinación fue a pensar que la frase "pecados de ignorancia" no fuera muy buena para el tipo de pecado al que se refiere. Pensé que un término mejor sería "pecados de debilidad". Aunque pienso que pecados de debilidad suele ser un término apropiado para estos pecados, no estoy dispuesto a deshacerme de la frase "pecados de ignorancia" ya que he llegado a este punto de mi estudio. He aquí mis razones:

1. El uso de *lo'¯ya¯da'* (no sabiendo), y *biblî dhā`ath* (sin conocimiento) son términos que cualifican algunos de los pecados que encajan en esta categoría de pecados en el Antiguo Testamento.
2. El uso de *agnoeō*, *agnoia*, y *ouk oida* empleados de en La LXX para traducir el hebreo para referirse a este tipo de pecados.
3. El uso de *agnoeō*, *agnoia* y *ouk oida* en el Nuevo Testamento para referirse a la crucifixión de Cristo por parte de los judíos y los líderes, y en la persecución de la iglesia por Pablo. También, el uso de *agnoeō* en Hebreos 4:2 y *agnoēma* en Hebreos 9:7.

Mientras que la mayoría de las personas, al reflejar sobre los pecados de ignorancia, piensa en el Antiguo Testamento, hay más evidencia en el Nuevo Testamento para llamar estos pecados "pecados de ignorancia" que en el Antiguo. De hecho, después de examinar la evidencia del Nuevo Testamento que he citado previamente, me siento compelido a continuar usando el término "pecados de ignorancia". Como resultado de este estudio, Continúo pensando que es correcto a hablar de estos pecados como pecados de debilidad, pero no me atrevo a descartar el término "pecados de ignorancia".

La Importancia de Referirse a Estos Pecados como Pecados de Ignorancia

En el caso de matar a una persona por accidente, el uso de *biblî¯dha`ath* (sin conocimiento) quería decir "sin intención" o "sin premeditación". La pregunta para nosotros es: ¿Cuál es el significado de ignorancia cuando se refiere a casos en que la persona sí tenía conocimiento del hecho de que lo hacía iba en violación de la ley de Dios, y por tanto, que sabía que lo que hacía era malo?

Es aparente que igualmente en los Antiguo y Nuevo Testamentos no hubo problema al decir que una persona que peca es ignorante. Con algunos casos, se puede tomar por sentado que la ignorancia no quería decir que las personas estuvieran sin conocimiento de la información esencial. En tales casos, sin conocimiento habría querido decir sin entendimiento. Pecar a sabiendas representa una decisión indebida (un desacierto). Indica una ignorancia de lo que constituye un desvalorar y lo que representa un valor verdadero. Conocer algo en el sentido plano de la palabra significa tener conocimiento de y creer los hechos esenciales, comprender y creer en su valor y entender y creer sus consecuencias, sean buenas o malas. Cualquier concepto menor representa ignorancia.

A la luz de estas observaciones, llegamos a una comprensión más profunda de las palabras de Jesús: "Y conoceréis (*ginōskō*) la verdad, y la verdad o hará libres" (Juan 8:31). Pedro nos dice que el conocimiento se relaciona a la manera en que experimentamos la gracia y crecemos espiritualmente. Dice:

> Gracia y paz os sean multiplicadas en el conocimiento (*epignōskō*) de Dios y de Jesús nuestro Señor. Pues su divino poder nos ha concedido todo cuanto concierne a la vida a la piedad, mediante el verdadero conocimiento (*epignōskō*) de aquel que nos llamó por su gloria y excelencia (2 Pedro 1:2-3).

PROBLEMAS INVOLUCRADOS AL MANTENER LA DISTINCIÓN ENTRE LOS PECADOS DE IGNORANCIA Y LOS PECADOS PRESUNTUOSOS

No hay problemas insuperables para mantener esta distinción. No obstante, hay algunos problemas que debería mencionar. En el Salmo 119:118 (118:118 en la LXX), *sˆāgāh* se traduce por *apostateō*. La relación entre esta palabra y la apostasía es obvia. Puede hacer que estemos pensando que los traductores de la LXX entendiesen *sˆāgāh* como refiriéndose a algo más fuerte que un pecado de ignorancia. No obstante, pienso podemos tomar por sentado en el contexto de aquel tiempo que la palabra *apostateō* no había tomado un sentido más técnico de lo que actualmente pensamos como "cometer apostasía". Simplemente quería decir desviarse, dejar atrás o dar la espalda a algo.

Otro problema aparece en 2 Pedro 2:10. En este pasaje encontramos la palabra *tolmētēs* que tomo como una referencia a un pecado presuntuoso. Y en el versículo 12, al describir a los maestros apóstatas, Pedro escribe: "Pero éstos, como animales irracionales, nacidos como criaturas de instinto para ser capturados y destruidos, blasfemando de lo que ignoran (*agnoeō*), serán también destruidos con la destrucción de esas criaturas" (versículo 12).

Nos pilla desprevenidos cuando vemos *agnoeō* como parte de la descripción de aquellos que son culpables de pecados presuntuosos. Es obvio que este tipo de ignorancia descrita aquí es lo que llamaríamos una "ignorancia obstinada". Pensaríamos que la ignorancia sería de este tipo sólo cuando el contexto lo exija. En los pasajes donde hemos visto discutidos los pecados de ignorancia, el contexto ha exigido que hagamos una distinción entre estos pecados y los presuntuosos.

Conclusiones

Para nosotros, creyentes de los tiempos del Nuevo Testamento, ¿qué quiere decir un estudio de los pecados de ignorancia y los presuntuosos? Para ver la importancia de esto, en primer lugar debemos estar seguros que entendemos la diferencia entre los pecados de ignorancia y los pecados presuntuosos a la luz de un estudio del Antiguo Testamento y del Nuevo Testamento.

No es el nombre de un pecado lo que determina si es un pecado de debilidad o un pecado presuntuoso. Es la actitud manifestada hacia Dios por la parte de la persona que comete el pecado. Es la actitud que marca la diferencia. En el Nuevo Testamento hemos visto que la crucifixión de Jesús por los judíos y los romanos fue colocada por Jesús, Pedro y Pablo bajo la categoría de un pecado de ignorancia. Por lo tanto, con arrepentimiento el acto podría ser perdonado. Vimos también que Pablo puso sus pecados de blasfemia y los de la persecución de la iglesia en la categoría de pecados de ignorancia. Por esa razón, podía ser perdonado. El hecho que Pablo lo indica detalladamente nos dice que si hubiera ido haciendo las mismas cosas de una manera presuntuosa, no le hubiera sido posible un perdón.

También es obvio que colocar un pecado en la categoría de los pecados de ignorancia no quiere decir que no sea pecado. Los pecados de ignorancia colocan a las personas bajo la ira de Dios. Los pecados de ignorancia llevan en sí la culpa y requieren el arrepentimiento y la expiación.

En cuanto a los pecados presuntuosos (o pecados obstinados), es *muy importante* que entendamos que no todos los pecados que involucran una decisión consciente de la voluntad son pecados presuntuosos. La mayoría en general de los pecados conscientes son pecados de ignorancia, no pecados presuntuosos. Los pecados presuntuosos se llevan a cabo por personas informadas que los cometen con una actitud presuntuosa, obstinada, desafiante y arrogante hacia Dios.

Creo que un estudio cuidadoso de las Escrituras de este tema revela que los pecados de los cristianos pertenecen a la categoría de los pecados de ignorancia. El hecho mismo de que se nos dice que si confesamos nuestros pecados que recibiremos perdón (1 Juan 1:9), y que tenemos un abogado con el Padre si pecamos (2 Juan 2:1) nos demuestra que los pecados de una persona que vive en un estado de gracia son pecados de ignorancia.

Desde que llegué a ser cristiano, he tenido mis momentos bajos. No siempre he hecho lo correcto, pero nunca ha habido un tiempo, aún siendo muy débil, que no tuve el deseo de hacer lo correcto y de mantener una relación debida con Dios. No nos encontramos lejos de la verdad si decimos: "Los únicos pecados que un cristiano comete a sabiendas son pecados que no quiere cometer".

No debemos dejar la impresión que aquellos que están en un estado de gracia puedan cometer pecados presuntuosos. Ni el calvinismo clásico ni el arminianismo clásico debería tener un problema con este punto.

Implicaciones para el Escenario Actual

Una falta de entendimiento del valor positivo de la justicia y del valor negativo del pecado es, según la Biblia, la ignorancia. Al mismo tiempo que experimentamos el avance más grande del conocimiento científico, el pensamiento de la cosmovisión secular nos ha inundado en una "ignorancia" moral y espiritual más profunda. El pecado burdo penetra nuestra cultura.

El evangelismo es más difícil que antes. Una de las razones principales es que la gente no tiene un sentido profundo de sus pecados. Las personas sin un conocimiento adecuado de la culpabilidad y de la seriedad del pecado no son convencidas en cuando a un juicio y el infierno. *Las personas que no creen en las malas noticias sobre el infierno no están dispuestas a recibir las buenas nuevas sobre la salvación por medio de Jesucristo.* Sin un sentido profundo del pecado, no podemos sostener las enseñanzas sobre el juicio, el infierno y la expiación. Creo que, según las Escrituras, el fracaso de captar esta seriedad del pecado es ignorancia.

Los cristianos no tienen el reconocimiento profundo que necesita caracterizar a una iglesia que permanecerá fuerte durante las marejadas del relativismo. El contenido teológico, durante un tiempo cuando debe ser más fuerte, tiende a ser más débil.

Debemos recordar que los pecados de ignorancia son pecados y requieren arrepentimiento y expiación, Hemos de acordarnos que la verdad libra a las personas (Juan 8:32). Necesitamos más contenido, no menos. *El antídoto en contra de la ignorancia es el conocimiento de la verdad.* La verdad moral y su reconocimiento de la seriedad del pecado deben ser enseñados eficazmente antes de que podamos esperar que la gente tenga interés en el evangelio de gracia por medio de la fe en Jesucristo.

Para enfrentar la ignorancia que prevale en la actualidad necesitamos cristianos caracterizados por una preocupación por la verdad como se revela en las Escrituras y por una experiencia profunda que la Escritura exige de nosotros.

Sugerencias para más Investigación

Mi estudio ha organizado los materiales bíblicos que tratan con los pecados de ignorancia y de los pecados presuntuosos. Este material lo hará más fácil que otros hagan un estudio profundo.

Creo que he dado evidencia concluyente para la validez del término pecados de ignorancia para referirse a los pecados distinguidos de los pecados presuntuosos. También, pienso que hay buenas razones para emplear el término pecados presuntuosos.

En mi opinión, he expuesto un caso fuerte para la posición que el pecado discutido en Hebreos 10:26 y en 2 Pedro 2:10 encaja en la misma categoría de los pecados presuntuosos mencionados en Números 15:30 y en Salmo 19:13.

Me gustaría extender estas sugerencias con la esperanza de que otros profundicen más en estas áreas para que podamos ganar más perspicacia:

1. Se debe prestar atención a la manera en cuanto a cómo se usa "ignorancia" para referirse a los pecados de ignorancia. Esto es particularmente necesario cuando la persona tiene conocimiento del hecho de que lo que va a hacer es malo. Juntamente con esto, hace falta prestar atención a la importancia de la Verdad.
2. Se debe mostrar cómo este estudio de los pecados de ignorancia y los pecados presuntuosos echan luz sobre el pecado no perdonable mencionado por Jesús en los Evangelios, Hebreos 6:4-6; 10:2 6-29; 2 Pedro 2:20-22 y 1 Juan 5:16-17.
3. Se debe prestar atención a las personas que cometen los pecados presuntuosos. ¿Puede hacerlo un incrédulo? ¿Puede hacerlo un creyente?

4. Hay que mirar a la historia de la interpretación teológica: igualmente la judía y la cristiana. También, ¿por qué es que esta distinción entre los pecados de ignorancia y los presuntuosos ha recibido tan poca atención?

Tablas de Palabras Hebreas y Griegas que Son Pertinentes a un Estudio de los Pecados de Ignorancia y los Pecados Presuntuosos

Se han preparado estas tablas con la ayuda de *The Englishman's Hebrew and Chaldee Concordance of the Old Testament*, *A Concordance of the Septuagint* y *The Englishman's Greek Concordance of the New Testament*. Al tratar con la LXX, las celdas en blanco indican una lectura hebrea diferente que los traductores usaron, o que la traducción que dieron no fue pertinente al tema o que el versículo no parece estar presente en la LXX.

Una Lista Completa de la Ocurrencia de las Palabras Empleadas para los Pecados Presuntuosos en el Antiguo Testamento

b^{e}yādh rāmāh	RVR1960	NBLA	NVI	LXX	LXX traducción
Éxodo 14:8	mano poderosa	mano fuerte	con aire triunfal	*cheiri hupsēlēi*	mano poderosa
Números 15:30	con soberbia	obre con desafío	peca deliberadamente	*cheiri huperēfanias*	mano presuntuosa
Números 33:3	mano poderosa	mano poderosa	desafiantes	*cheiri hupsēlēi*	mano en alto

zēdh	RVR1960	NBLA	NVI	LXX	LXX traducción
Salmo 19:13 (hebreo v. 14)	de las soberbias	pecados de soberbia	a sabiendas	(18:13) *allotrios*, basado en hebreo *zārîm*[31]	extranjeros
Salmo 86:14	los soberbios	los arrogantes	gente altenera	(85:14) *paranomos*	transgresores
Salmo 119:21	los soberbios	los soberbios	los insolentes	(118:21) *huperēfanos*	los soberbios
Salmo 119:51	los soberbios	los soberbios	los insolentes	(118:51) *huperēfanos*	los soberbios
Salmo 119:69	los soberbios	los soberbios	los insolentes	(118:69) *huperēfanos*	los soberbios
Salmo 119:78	los soberbios	los soberbios	los insolentes	*huperēfanos*	los soberbios
Salmo 119:85	los soberbios	los soberbios	los insolentes	(118:85) *paranomos*	transgresores
Salmo 119:122	los soberbios	los soberbios	los arrogantes	(118:22) *huperēfanos*	los soberbios
Proverbios 21:24a	escarnecedor	escarnecedor	por insolente	*thrasus*	los denuedos
Isaías 13:11	los soberbios	los soberbios	los arrogantes	*anomos*	transgresores
Jeremías 43:2	los varones soberbios	los hombres arrogantes	los arrogantes		
Malaquías 3:15	los soberbios	los soberbios	los soberbios	*allotrios*[32]	extranjeros
Mal. 4:1 (hebreo 3:19)	los soberbios	los soberbios	los soberbios	*allogenēs*[33]	extranjeros

zādbôn	RVR1960	NBLA	NVI	LXX	LXX traducción
Deuteronomio 17:12	con soberbia	con presunción	el soberbio	*huperēfania*	altanería
Deuteronomio 18:22	con presunción	con presunción	con presunción	*asebeia*	con maldad
1 Samuel 17:28	tu soberbia	tu soberbia	un atrevido		
Proverbios 11:2	la soberbia	la soberbia	el oprobio	*hubris*	orgullo
Proverbios 13:10	la soberbia	la soberbia	el orgullo	*hubris*	insolencia
Proverbios 21:24b	su presunción	orgullo insolente	con desmedida soberbia		
Jeremías 49:16	tu arrogancia	la soberbia	el orgullo	(29:16) *itamia*	ferocidad
Jeremías 50:31	soberbio	arrogante	arrogante	(27:31) *hubristria*	el altanero
Jeremías 50:32	soberbio	arrogante	el arrogante	(27:32) *hubris*	orgullo
Ezekiel 7:10	la soberbia	la arrogancia	el orgullo	*hubris*	orgullo
Abdías 3	la soberbia	la soberbia	tu carácter soberbio	*huperēfania*	orgullo

zîdh o *zûdh*	RVR1960	NBLA	NVI	LXX	LXX traducción
Éxodo 18:11	en lo que se ensoberbecieron	con arrogancia	con arrogancia		
Éxodo 21:14	si alguno se ensoberbeciere	si alguno se ensoberbece	es premeditado	*epitithēmi*	acechar
Deuteronomio 1:43	con altivez	con presunción	temerariament e subieron	*parabainō*	obligado
Deuteronomio 17:13	se ensoberbecerá	con presunción	dejará de ser altivo	*asebeō*	cometer impiedad
Deuteronomio 18:20	la presunción	con presunción	se atreve de hablar	*asebeō*	impíamente
Nehemías 9:10	con soberbia	con soberbia	la insolencia	*huperēfaneō*	comportarse insolentemente
Nehemías 9:16	fueron soberbios	con soberbia	fueron altivos	*huperēfaneō*	comportarse soberbiamente
Nehemías 9:29	se llenaron con soberbia	con soberbia	con soberbia		
Jeremías 50:29	se ensoberbeció	se ha vuelto insolente	ella ha desafiado	(27:29) *anthistēmi*	resistido

Una Lista Completa de la Ocurrencia de las Palabras Empleadas para los Pecados De Ignorancia en el Antiguo Testamento

s'āgag	RVR1960	NBLA	NVI	LXX	LXX traducción
Levítico 5:18	el yerro que cometió por ignorancia	ha pecado inadvertidamente	cometió inadvertidamente	*agnoeō*	trasgredido por ignorancia
Números 15:28	haya pecado por yerro	peca inadvertidamente	haya pecado inadvertidamente	*akousiazomai*	trasgredido
Job 12:16	suyo es el que yerra	el engañador	los que engañan		
Salmo 119:67	descarriado andaba	me descarrié	anduve descarriado	(118:67) *plēmmeleia*	trasgredido

s'āgāh	RVR1960	NBLA	NVI	LXX	LXX traducción
Levítico 4:13	hubiere pecado	que comete error	peca inadvertidamente	*agnoeō*	trasgredir
Números 15:22	cuando errareis	cuando erréis	pecar inadvertidamente	*diamartureō*	trasgredir
Deuteronomio 27:18	el que hiciere errar	el que haga errar	desviarse de	*planaō*	hacer vagar
1 Samuel 26:21	he errado en gran manera	he cometido un grave error	portarse muy mal	(1 Reyes 26:21) *agnoeō*	errado
Job 6:24	en qué he errado	en qué he errado	estar equivocado	*planaō*	errado
Job 19:4	que yo haya errado	yo haya errado	desviarse	*planaō*	errado
Salmos 119:21	que se desvían	que se desvían	apartarse de	*ekklinō*	volver atrás
Salmo 119:118	que se desvían	que se desvían	desviarse de	(118:118) *apostateō*	salir
Proverbios 19:27	que te hacen divagar	te desviarás	apartarse de		
Proverbios 28:10	el que hace errar	el que extravía a	llevar por mal camino	*planaō*	hacer errar
Isaías 28:7	erraron con	se tambalean por el vino	se tambalean por	(1) *plēmmeleō* (2) *planaō* (3) *planaō*	(1) trasgredido (2) errado (3) errado
Ezekiel 45:20	los que pecaron por error	que se desvíe	sin intención por ignorancia		

s^e*gāgāh*	RVR1960	NBLA	NVI	LXX	LXX traducción
Levítico 4:2	pecar por yerro	inadvertidamente	inadvertidamente	*akousiōs*	a regañadientes
Levítico 4:22	pecar por yerro	inadvertidamente	inadvertidamente	*akousiōs*	a regañadientes
Levítico 4:27	pecar por yerro	inadvertidamente	inadvertidamente	*akousiōs*	a regañadientes
Levítico 5:15	pecar por yerro	inadvertidamente	inadvertidamente	*akousiōs*	a regañadientes
Levítico 5:18	pecar por yerro	inadvertidamente	inadvertidamente	*agnoia*	trasgredir por ignorancia
Levítico 22:14	pecar por yerro	inadvertidamente	inadvertidamente	*agnoia*	por ignorancia
Números 15:24	pecar por yerro	inadvertidamente	inadvertidamente	*akousiós*	a regañadientes
Números 15:25	pecar por yerro	inadvertidamente	inadvertidamente	*akousios* (2)	involuntario
Números 15:26	pecar por yerro	inadvertidamente	inadvertidamente	*akousios*	involuntario
Números 15:27	pecar por yerro	inadvertidamente	inadvertidamente	*akousiōs*	a regañadientes
Números 15:28	pecar por yerro	inadvertidamente	inadvertidamente	*akousiōs*	a regañadientes
Números 15:29	pecar por yerro	inadvertidamente	inadvertidamente	*akousiōs*	a regañadientes
Números 35:11	sin intención	sin intención	inadvertidamente	*akousiōs*	inadvertidamente
Números 35:15	sin intención	sin intención	inadvertidamente	*akousiōs*	inadvertidamente
Josué 20:3	sin intención	sin intención	accidentalmente sin premeditación	*akousiōs*	inadvertidamente
Josué 20:9	sin intención	sin intención	accidentalmente	*akousiōs* (v. 6)	inadvertidamente
Eclesiastés 5:6 (hebreo 5:5)	fue ignorancia	fue un error	hacer sin querer	*agnoia*	error
Eclesiastés 10:5	de error	como error	error cometido	*akousiōs*	error

s^e*gî'oth*	RVR1960	NBLA	NVI	LXX	LXX traducción
Salmo 19:12 (hebreo 19:13)	errores	errores	errores	*paraptōma*	transgresiones

Términos que a Veces Califican los Pecados de Ignorancia

lo'¯yāda`	RVR1960	NBLA	NVI	LXX	LXX traducción
Levítico 5:18	por ignorancia	pecado inadvertidamente	inadvertidamente	*ouk oida*	sin saberlo

biblî dhā`ath	RVR1960	NBLA	NVI	LXX	LXX traducción
Deuteronomio 4:42	sin intención	involuntariamente	sin premeditación	*ouk oida*	sin intención
Deuteronomio 19:4	sin intención	sin querer sin saber	sin premeditación	*ouk oida*	por ignorancia
Josué 20:3	no a sabiendas	sin intención sin premeditación	sin premeditación	*akousiōs*	sin intención
Josué 20:5	por accidente	sin premeditación	sin premeditación	*akousiōs*	sin intención

Una Lista de Palabras Griegas y Referencias del Nuevo Testamento que Son Pertinentes a un Estudio de los Pecados Presuntuosos y los Pecados de Ignorancia

PECADOS PRESUNTUOSOS
hekousiōs, Hebreos 10:26
tolmētēs, 2 Pedro 2:10

PECADOS DE IGNORANCIA
agneō, Hechos 13:27; 17:23; 1 Timoteo 1:13; Hebreos 5:2
agnoia, Hechos 3:17; 17:30; Efesios 4:18; 1 Pedro 1:14
agnoēma, Hebreos 9:7
ginōskō, 1 Corintios 2:8 (2)
ouk oida, Lucas 23:34
planaō, Mateo 22:29 (con *ou oida*); Marcos 12:24, 27; Hebreos 5:2; Santiago 1:16; 5:19; 1 Pedro 2:25; 2 Pedro 2:15
planē, Romanos 11:27; Santiago 5:20; 2 Pedro 2:18; 3:17; Judas 11

Apéndice 2

El Legalismo en la Carta a los Gálatas[1]

Se suele definir el legalismo como un punto de vista que hace que el guardar de la ley sea una condición para la salvación, en otras palabras, la salvación por las obras. Esto es el legalismo, pero no es el único tipo del legalismo.

Hay otra forma de legalismo que tiende a exponer una serie de leyes como el único camino válido para establecer la responsabilidad ética. Cuando se habla de tipo de legalismo entre cristianos, se tiende a tomar los principios del Nuevo Testamento y hacer de ellos unas leyes. Entonces, estas leyes se añaden a lo específicamente mandado o prohibido en el Nuevo Testamento.

El problema es que se suele referir a los dos tipos del legalismo por el mismo nombre. Tal uso conduce a la confusión. Cuando se refiere a una persona como un legalista, se suele entender que cree en la salvación por las obras. Pero su legalismo puede ser la manera en que expresa la obligación ética; puede que no crea que la salvación sea por medio de las obras.

Para evitar tal confusión, creo que deberíamos hablar de dos tipos de legalismo. La salvación por las obras es un *legalismo soteriológico* (la soteriología se refiere a la doctrina de la salvación). El tipo del legalismo que intenta expresar todas las obligaciones éticas en la forma de unas leyes es el *legalismo ético*. Lo que estos dos tipos tienen en común es una dependencia indebida de la ley. Eso es lo que hace el legalismo.

El legalismo soteriológico indebidamente depende de guardar la ley para la salvación. Indebidamente el legalismo ético intenta cambiar unos principios éticos a unas leyes detalladas y obligatorias. No permite al creyente la libertad que acompaña la libertad cristiana.

Todo el mundo está de acuerdo en que Gálatas es un ataque en contra del legalismo. Aún así, si vamos a comprender el legalismo hallado en Gálatas, hemos de distinguir entre los legalismos soteriológico y ético. No hacerlo es interpretar erróneamente lo que Pablo dice.

Según como lo entiendo, en Gálatas 1:1-3:18, Pablo trata el tema del *legalismo soteriológico*. Lo hace indudablemente claro que se condiciona la salvación por la fe. Hay un acuerdo general en que en esta sección de la carta Pablo refuta la idea de la salvación por las obras. El tema de la sección 3:23-4:10 es la liberación del legalismo ético (se ve su preocupación con el legalismo ético después del 4:10, pero el énfasis principal de su argumento se halla en 3:23-4:10). Sin embargo, puesto que hay muchos que no hacen una distinción entre el legalismo soteriológico y el ético, existe una tendencia por parte de algunos de continuar pensando que Pablo sigue adelante en contra del legalismo soteriológico en esta segunda sección. Tal idea confunde lo que Pablo enseña.

He de reconocer que la palabra legalismo no aparece en las Escrituras. Sin embargo, es una palabra que se comprende normalmente como refiriéndose a una dependencia indebida de la ley. Si podemos demostrar que, además de refutar la salvación por las obras, también Pablo habla en contra de una dependencia de la ley como el método básico para tratar la ética cristiana, habremos establecido un uso válido del término legalismo ético.

Los Períodos De Tiempo

Las expresiones halladas en este pasaje que tratan los períodos de tiempo son: "antes que viniese la fe" (3:23); "venida la fe" (3:25); "cuando éramos niños" (4:3); y "cuando vino el cumplimiento del tiempo" (4:4).

Entre los comentaristas hay acuerdo general en cuanto a los períodos de tiempo involucrados. "Antes que viniese la fe" y "venida la fe" se refieren al período entre cuando la ley fue dada en el monte Sinaí y la venida de Cristo. "Cuando vino el cumplimiento del tiempo" se refiere al tiempo después de que Jesús vino y había cumplido Su obra.

Hay diversas opiniones en cuanto al significado de a la fe en la expresión "antes que viniese la fe". En el griego del Nuevo Testamento, el artículo *la* precede la palabra fe. El griego y el castellano no usan igualmente los artículos. Es por esta razón que a veces la versión castellana del Nuevo Testamento usa el artículo cuando no está presente en el griego, y a veces lo omite cuando está presente en el griego del Nuevo Testamento. Hay ocasiones cuando los traductores no están de acuerdo en cuanto a cuando se usa el artículo y cuando no se usa. Es mi opinión que se debería usar el artículo en esta expresión, así la frase "antes que viniese la fe" está bien. Esta es la cuestión para decidir: (1) ¿Se refiere la expresión la fe (3:23) al hecho de creer en Cristo, la cual sería una fe subjetiva?, o (2) ¿se refiere la frase al cuerpo de la verdad que el cristiano cree (como por ejemplo "contender por la fe" en Judas 3)? Esta sería la fe objetiva.

Muchos opinan que en esta frase, el artículo se refiere a la fe mencionada en el 3:22, es decir, la fe en Jesucristo. Entienden que el significado es "antes del tiempo cuando la fe tenía a Jesucristo por su objeto" (ver Alford[2], Burton[3], Eadie[4], Hendriksen[5] y Robertson[6]). Este punto de vista se ve la fe como subjetiva puesto que es ejercitar la fe en Cristo por parte del creyente. El significado sería: "Antes del tiempo cuando la gente creyese en Cristo".

Otros entienden que la fe en el 3:23 ha de ser una fe objetiva. Explica Rendall: "La expresión '*antes que viniese la fe*' significa el hecho histórico de la religión cristiana, la extensión del evangelio en la tierra".[7] John Brown entiende que la fe es "la revelación creída". Explica más: "La frase adoptada por el apóstol, la revelación de la fe [última parte del versículo 23], hace evidente que aquí la fe se refiere a la doctrina. Habla de ella como '*para ser revelada después*'".[8] Lightfoot interpreta la fe como "El evangelio, la enseñanza objetiva, el sistema del cual la fe es el factor principal"[9].

Es mi opinión que la fe es sinónima con el Nuevo Pacto establecido por Cristo. Antes Pablo estaba hablando del Pacto Abrahámico (3:15, 16). En 3:17 recuerda a los gálatas que la Ley, dada unos 430 años más tarde, no podía anular el Pacto Abrahámico. Puesto que la ley se refiere al Pacto Mosaico, no es difícil creer que la fe es un sinónimo del Nuevo Pacto. Se habla del Pacto de la Ley como la ley porque ella era su principio básico. Se habla del Nuevo Pacto como la fe porque ella es un principio básico.

Si se acepta que el significado de la fe es el Nuevo Pacto, entonces "antes que viniese la fe" (3:23) se refiere al período antes del Nuevo Pacto. Era el tiempo antes de la autoridad del Nuevo Pacto. La ley servía hasta que *viniese la simiente [Cristo]* (3:19). *Venida la fe* (3:25) se refiere al tiempo después del establecimiento del Nuevo Pacto.

La Gente Involucrada

Se refiere a la gente antes del establecimiento del Nuevo Pacto como "nosotros" (3:23); "nuestro" y "nos" (3:24); y "nosotros" (4:3). Se refiere a la gente de después del establecimiento del Nuevo Pacto como "vosotros" (3:25);" sois" (3:26); "vosotros" (3:27); "vosotros" (3:28, 29); "nosotros" (4:5); "vuestros" (4:6); y "tu" (4:7). Puesto que el período en los versículos 3:23 y 24 es el tiempo de la entregada de la ley hasta la venida de Cristo, "nosotros" y "nuestro" se referirían a los judíos bajo la ley dada a Moisés. La pregunta que queda es: ¿Se refiere Pablo a judíos creyentes, a judíos incrédulos o a los dos? Aunque hay muchos comentaristas que no escriben nada sobre esta cuestión, los que sí la mencionan están de acuerdo en que aquí se describe a judíos creyentes bajo la ley. Lenski toma la posición que se refiere a los dos grupos, pero que el énfasis está en los judíos creyentes[10].

En cuanto al versículo 4:3, hay varias opiniones. Algunos creen que "nosotros" sólo se refiere a los judíos (Lenski[11] y Eadie[12]). Rendall opina que la referencia sólo es a los gentiles[13]. Otros exponen que "nosotros" se refiere igualmente a judíos y gentiles (Burton[14], Duncan[15], Lightfoot[16] y McDonald[17]).

La razón de que algunos creen que hay que incluir a los gentiles en la frase "nosotros" (4:3) es la presencia de "vosotros" y "tu" en 4:6-10. Estos versículos se aplican obviamente a los gentiles en sus experiencias como incrédulos y como salvos.

Creo que la referencia a "nosotros" en el versículo 4:3 incluye igualmente creyentes judíos y gentiles. Sin embargo, trazando el trasfondo de "nosotros", se halla que es la historia del pueblo de Dios (creyentes judíos bajo el Antiguo Pacto), y no la historia de los gentiles antes de su salvación. Brown entiende la referencia es a "*La Familia de Dios, la iglesia verdadera, los creyentes genuinos*"[18].

Es mi opinión que todas ocurrencias de "nosotros" en 3:32-4:3 se refieren al pueblo de Dios. (También sería apropiado llamarles la "simiente de Abraham".) El pueblo de Dios constituido o formado cuando Pablo estaba escribiendo a los gálatas se compuso de creyentes judíos y gentiles. El pueblo de Dios constituido bajo el Antiguo Pacto se formaba de judíos. Prefiero restringir el nombre iglesia a los creyentes del Nuevo Pacto, pero comparto con Brown el mismo concepto básico en cuanto a la continuidad de los creyentes de los pactos antiguo y nuevo. Esta continuidad hace que ambos creyentes judíos y gentiles puedan decir nosotros o nuestro en cuanto a la identidad con la historia espiritual del Antiguo Pacto.

La Condición del Pueblo de Dios Bajo el Pacto de la Ley

Un entendimiento correcto de lo que Pablo dice sobre el ministerio de la ley (3:23, 24) requiere que interpretemos conforme con el hecho que los creyentes, o sea, el pueblo de Dios, en el período de Moisés hasta Cristo, vivían bajo la ley. Si la interpretación que he dado a 3:23-4:3 es válida, *debemos ver que los creyentes judíos antes de Cristo vivían bajo la ley*. Puesto de otra manera, *las personas salvas vivían bajo la ley*. Parece que algunos comentaristas no han tenido en cuenta este último punto en su interpretación de 3:23, 24 (ver los comentarios escritos por Bring[19], Eadie[20] y Hendriksen[21]).

La clave al entendimiento de la condición del pueblo de Dios bajo la ley se halla en la interpretación de la palabra "ayo" (3:24) que el griego es *paidagōgos* y de la frase "los rudimentos del mundo" (4:3).

En 3:24, el *paidagōgos* representa metafóricamente la ley. La ley era nuestro *paidagōgos*. En su uso ordinario, un *paidagōgos* era un esclavo de confianza encima/encargado de los niños romanos o griegos de las familias ricas. Tenía autoridad sobre los muchachos de las edades entre seis y dieciséis. Iba con ellos a dondequiera que fueran, les protegía e infundía en ellos los valores familiares.

Cuando Pablo usaba la palabra *paidagōgos* para referirse a la ley que gobernaba al pueblo de Dios (en el Antiguo Testamento), implicaba que eran inmaduros. La palabra *paidagōgos* se traduce literalmente por "conductor de niños".

En cuanto a los creyentes del Pacto Antiguo, Pablo dijo: "estábamos confinados bajo la ley, encerrados para aquella fe que iba a ser revelada". A la vista, "confinados bajo la ley, encerrados" dan la idea que el significado es que estaban bajo la maldición y la condenación de la ley y que las expresiones no tuvieran que ver con creyentes. Sin embargo, no tiene que ser así necesariamente. "Confinados" puede significar algo como guardar para proteger: "Estábamos guardados (o protegidos) bajo la ley". Hay suficientes usos de la palabra griega confinados (guardados) en su sentido de proteger (Filipenses 4:7; 1 Pedro 1:5), para mostrar que hay una base adecuada para sostener tal significado en 3:23.

También hay que encontrar un significado positivo para "encerrados". Brown aplica estas palabras al pueblo de Dios y dice: "Estaban encerrados como en una fortaleza, o confinados dentro de ciertos límites. La idea general es que estaban encerrados en un estado de restricción, preservados como un pueblo distinto, y para lograr ese objetivo, se les sujetó a muchos usos peculiares"[22].

Otro problema con que hay que tratar es el significado de "a fin de que fuésemos justificados por la fe" (3:24). Muchos actualmente leen este versículo como si se usara la ley para guiar a otros a Cristo "a fin de que seamos justificados por la fe". Si así es la verdad o no, no es el significado aquí. Ya hemos tratado la referencia temporal de este pasaje. Se refiere al período entre el monte Sinaí y el Calvario. También, se ha demostrado que se considera al pueblo como creyentes judíos bajo el Pacto Antiguo.

A la luz de estas observaciones, es necesario entender que la justificación por la fe en el versículo 3:24 se refiere a la justificación por la fe de los creyentes del Pacto Antiguo. Lenski sostiene esta conclusión[23].

Nos ayuda a saber que en el versículo, las palabras para *llevarnos* no están en el texto griego. Y también nos es útil comprender que la preposición griega *eis* se halla en su uso temporal (Brown[24] y Picirilli[25]). Con este significado sería preferible traducirlo "hasta" en lugar de "a". Traduciendo el versículo de esta manera, se ve más fácilmente su significado:

"De manera que la ley ha sido nuestro ayo *hasta* Cristo, a fin de que nosotros [creyentes del Pacto Antiguo] fuésemos justificados por la fe".

Ahora, prestemos nuestra atención a "los rudimentos del mundo" (4:3). Después de una investigación profunda, Burton expone la lista siguiente de interpretaciones que se han dado sobre el uso de los rudimentos (griego: *ta stoicheia*) en el período del Nuevo Testamento.

1. Los elementos materiales (físicos) del mundo....
2. Los cuerpos celestiales que adoraron los gálatas antes de su conversión....
3. Los espíritus asociados con los *stoicheia* en el sentido físico o fueran estrellas u otras existencias, y así ángeles y espíritus en general....
4. Los elementos de conocimiento religioso poseído por los hombres: una descripción aplicable igualmente a las religiones de los gentiles y al judaísmo antes de Cristo. Se incluyen bajo este término las ceremonias rituales, pero la referencia no es exclusivamente a ésos ni el rito mismo, sino como algo elemental, adaptado a los niños.[26]

Se ve la clave para entender cuál teoría sea la correcta en que (1) una interpretación debida de "nosotros" en 4:3 y (2) la asociación de esos rudimentos con la ley.

En la discusión sobre la gente involucrada, mi conclusión era que Pablo se refería a los judíos y a los gentiles. Cuando "nosotros" se refiere a la historia pasada, es a la historia espiritual del pueblo de Dios. Una vez que se adopta esta posición, se elimina la aplicación de la idea de que los rudimentos se refiriesen a la historia pagana de los gentiles.

En la ilustración hallada en 4:1 y 2, Pablo habla del niño-heredero estando bajo los tutores (griegos: *epitropous*) y curadores (griego: *oikonomous*) hasta llegar al tiempo señalado por el padre. Es obvio que entre "los rudimentos" y el *paidagōgos* hay algunas similitudes en cuanto a lo que tiene que ver con las interpretaciones metafóricas. Si así es el caso, Pablo se refiere metafóricamente a la ley en 4:3 cuando habla de "los rudimentos del mundo". La única interpretación detallada por Burton que sería aceptable es aquella que los describe como los elementos del conocimiento religioso que son elementales en la naturaleza y adaptados a los niños. McDonald los considera "lecciones gráficas de un libro para la niñez"[27].

Añadiendo "del mundo" a "los rudimentos" hace referencia al hecho de que el sistema ceremonial hizo uso de lo visible y lo tangible. Es similar a "un santuario terrenal" en Hebreos 9:1.

Este ministerio de la ley como "ayo" y "rudimentos" no está fuera de lugar en la discusión de Pablo en 3:21-4:10 porque representa el legalismo *soteriológico*, sino porque representa el legalismo *ético*. Fue un legalismo ético usado por Dios por causa de la inmadurez de Su pueblo bajo el pacto mosaico. El Pacto de la Ley hizo mucho más uso de las leyes para prescribir las responsabilidades que hace el Pacto Nuevo. Esto se evidencia en las Leyes Civil y Ceremonial. Sin embargo, es importante retener en mente que el legalismo de la Tradición Oral de los fariseos fue más allá que el legalismo ético leve en el Antiguo Testamento. El fariseísmo fue un abuso serio del legalismo ético del Antiguo Testamento.

El ministerio de la ley traza un paralelo entre sí y la manera en que tratamos a nuestros hijos. Al tratar con los hijos, explicamos las cosas detalladamente. Se ejercita la disciplina sobre los hijos cuando desobedecen. Enseñamos a los hijos por medio del uso extensivo de lo visible para ilustrar lo invisible. Usamos la repetición extensiva con los niños. Todos éstas son características del sistema mosaico: reglas detalladas, penalidades, ritos sacerdotales, sacrificios repetidos y el calendario anual.

El trato para la niñez es esencial y provechoso para los hijos, pero los dos, el hijo y el padre, anticipan un enfoque más conforme con la madurez. El legalismo ético de la ley fue necesario y provechoso durante el ministerio de la ley, pero se deseó la liberación de ello más tarde en el programa redentor de Dios.

Uso el término legalismo ético para referirme igualmente a la vida moral y religiosa de la gente porque la vida religiosa se reguló detalladamente por las leyes, y la obediencia a esas leyes llegó a ser una responsabilidad ética. En sí, un uso limitado de las leyes no constituye el legalismo ético. Encontramos este tipo de ley en el Nuevo Testamento. Se desarrolla el legalismo ético cuando se da una preferencia a las leyes en lugar de a los principios para exponer la responsabilidad ética.

La esclavitud a la que Pablo se refiere en Gálatas 4:3 no es la esclavitud de la condenación. Más bien, es la servidumbre del legalismo ético contrastado con la libertad del Pacto Nuevo (5:1). Pedro lo llama: "un yugo que ni nuestros padres ni nosotros hemos podido llevar" (Hechos 15:10).

La Condición del Pueblo de Dios Bajo el Nuevo Pacto

En el versículo 3:25, el artículo griego está presente ante fe: "Pero venida la fe, ya no estamos bajo un *paidagōgos* [conductor de niños]". Anteriormente he señalado que la fe es un sinónimo para el Nuevo Pacto. Estas observaciones nos ayudan a comprender que este versículo nos está diciendo que después del establecimiento del Nuevo Pacto ya no estamos bajo el *paidagōgos*.

En el uso literal de la palabra *paidagōgos*, el niño griego o romano se libró del *paidagōgos* cuando tenía unos 16 o 17 años. Esto implica que había alcanzado un nivel de madurez; ya no se le trataría como un niño joven. La implicación dada por Pablo es que, por habernos librado del *paidagōgos*, Dios ya nos trata como hijos maduros.

Hay más apoyo para el punto de vista que como creyentes del Pacto Nuevo se nos trata como adultos y maduros, en que se usa la palabra "adopción" en 4:5. En 4:1 y 2, Pablo explica que el heredero que todavía es niño vive bajo tutores y curadores (guardianas) hasta el tiempo señalado por el padre. La liberación de los tutores y gobernadores no ocurre hasta que el heredero llegue a la madurez.

En su aplicación de esta ilustración Pablo considera a los herederos de Dios bajo el trato dado a los hijos antes de la venida de Cristo (4:3). "Cuando vino el cumplimiento del tiempo" (4:4) se refiere atrás al tiempo señalado por el padre en la ilustración de 4:2. Este fue el tiempo cuando el heredero llegaría a la madurez.

"Cuando vino el cumplimiento del tiempo", alguno muy importante ocurrió: "Dios envió a su Hijo...a fin de que recibiésemos la adopción de hijos" (4:5, 6). El "cumplimiento del tiempo" fue cuando Dios vio a Su pueblo como suficientemente maduro para ser librado del *paidagōgos* (la ley sirviendo como el conductor de niños) y de los "rudimentos del mundo" (la ley dando la enseñanza moral y espiritual elemental).

En nuestra sociedad, la adopción es un proceso legal en que una persona no nacida en una cierta familia se hace legalmente miembro de tal familia. Pablo no usa la palabra adopción (griego: *huiothesia*) de esta manera. Esta palabra significa literalmente la acción de establecer como hijo. En el contexto se refiere claramente al acto de tomar a uno que es niño y poner en la posición de un hijo maduro, o sea, un adulto. La única manera para interpretar la ilustración de 4:1, 2 es entender el tiempo señalado por el padre como el momento cuando, el niño ha alcanzado el nivel de madurez, se le permitiría estar librado del cuidado de los tutores y curadores (*paidagōgos*). Es obvio que los versículos 4 y 5 trazan un paralelo entre el pueblo de Dios y el heredero de 4:1 y 2. Igualmente obvio es que este paralelo llama por una interpretación que comprendería que el tiempo en que Dios iba a considerar a Su pueblo como una gente madura. Así que estarían librados de la ley tanto como conductor de hijos y como los rudimentos.

Esta interpretación encuentra buen apoyo entre los que han estudiado cuidadosamente el uso hecho por Pablo del término adopción (Brown[28], Burton[29], Hampton[30], y Tenney[31]). Hay los que toman la posición que la adopción (*huiothesia*) se refiere a la manera en que una persona entra en la familia de Dios (Eadie[32], Hogg y Vine[33] y Robertson[34]). Por las razones ya expuestas, no creo que ésta sea la interpretación debida.

También hay apoyo para el hecho que Dios ve a los creyentes del Nuevo Pacto como maduros por el uso de la palabra traducida por "hijos" en el versículo 3:26. Es la palabra que se suele traducir por hijo (griego: *huios*). Pablo la usa para referirse a los creyentes del Nuevo Pacto como hijos adultos. El hecho de que nosotros, como creyentes del Nuevo Pacto, somos hijos adultos (*huios)* en 3:26 se conecta con nuestra liberación del *paidagōgos* (3:25).

Para captar todas las implicaciones del versículo 3:26, necesitamos también observar que el artículo griego aparece antes de fe y así sería sinónima la fe con el Nuevo Pacto. El significado del versículo expresado más claramente es: "Todos sois hijos [hijos adultos] de Dios por la fe [el Nuevo Pacto] en [en unión con] Cristo Jesús".

La cuestión ante nosotros ahora es: ¿Cómo logró Dios este cambio en Su pueblo de la niñez e inmadurez a la mayoría de edad y madurez? Pablo explica: "Pero cuando vino el cumplimiento del tiempo, Dios envió a su Hijo...para que redimiese a los que estaban bajo la ley, a fin de que recibiésemos la adopción de hijos" (4:4, 5).

"Para que" en la primera oración y "a fin de que" en la segunda sean traducciones de la misma palabra griega (*hina*, una conjunción de propósito). Puesto que en castellano "para que" y "a fin de que" son casi iguales, podemos ver que las dos oraciones dependen del hecho que "Dios envió a su Hijo" (4:4). Así que se ve dos propósitos en el acto de Dios de haber enviado a Su Hijo: (1) "Para redimir a los que estaban bajo la ley", y (2) "Para que recibamos la adopción de hijos".

El envío del Hijo de Dios es lo que realizó el cambio del pueblo de Dios del estado de niños al estado de adultos. El 3:26 lo amplifica más: "todos sois hijos de Dios por la fe [el Nuevo Pacto] en [en unión con] Cristo". (Ve Burton[35] y Lightfoot[36] para el apoyo de la traducción "en unión con Cristo Jesús".)

El en Nuevo Pacto, el nacimiento, la vida, la muerte, la resurrección y la ascensión de Jesús representan un nivel más alto de revelación divina que jamás haya existido antes. Es importante esta observación porque hay una relación estrecha entre el conocimiento y la madurez. El conocimiento limitado de los santos del Antiguo Pacto les encerró en un estado de inmadurez espiritual. La revelación de Dios por medio del Nuevo Pacto abre el camino para un conocimiento más amplio y un nivel de madurez más alto.

Tratamos distintamente a los niños que a los adultos. La manera de tratar con los niños es buena para los niños, pero no para los adultos. El método de ley estaba bien para los creyentes del Antiguo Pacto debido a su inmadurez. Un método que toma en cuenta la madurez es mejor para los creyentes del Nuevo Pacto.

Pablo ya ha dicho a los cristianos gálatas que era una equivocación muy seria entrar en el legalismo *soteriológico*. "Maldito todo aquel que no permaneciere en todas las cosas escritas en el libro de la ley, para hacerlas" (3:10b). Razonaba con ellos hasta el 3:18 en contra de este error. Entonces, en 3:23-4:10, explica la locura de un cristiano verdadero que cambiara el camino superior de la libertad del Nuevo Pacto por el camino inferior del legalismo del Antiguo Pacto. Pablo ruega a los convertidos del paganismo y les pregunta: "¿cómo es que os volvéis de nuevo a los débiles y pobres rudimentos, a los cuales os queréis volver a esclavizar?" (4:9b). Esto es lo que ocurriría si se involucraran en el legalismo ético del Pacto de la Ley.

Hay dos razones que Pablo usa para advertir a los cristianos gálatas en contra de la locura de volverse bajo el Pacto de la Ley: (1) cambiaría la salvación por la gracia, que salva verdaderamente, por un legalismo soteriológico que nunca podría salvar a nadie; (2) intercambiaría la libertad del Nuevo Pacto por la esclavitud del legalismo ético del Pacto de la Ley. ¿Qué adulto hay que querría volverse a sus padres para pedirles que le trataran de nuevo como un niño?

Algunas Implicaciones Prácticas

Mi propósito ha sido de demostrar que Gálatas 3:23-4:10 trata con el legalismo ético como el enfoque incorrecto para la vida cristiana. Pablo presenta la libertad cristiana como la alternativa, como el enfoque bíblico. Aunque no hay espacio para desarrollar unas aplicaciones prácticas detalladas, sí quiero ofrecer unas sugerencias en cuanto al significado práctico de esta enseñanza.

1. Algunos que practican el legalismo ético siguen lo que llamo el "legalismo de lista larga". Este enfoque es cambiar los principios bíblicos por una lista detallada de reglas de conducto. El precio para mantener compañerismo con ellos es un compromiso a todas esas reglas. Se consideran a las personas que no guardan sus reglas como cristianos cuestionables. Igual como con los fariseos, se idean unas regulaciones para cubrir todos los asuntos inciertos, y esas regulaciones asumen casi la misma autoridad como las prohibiciones claras de la Biblia en contra el adulterio y el asesino.

2. Otros practican un legalismo ético que llamo el "legalismo de lista corta". Van al otro extremo. Dicen que si hay una cosa que la Biblia no llama específicamente pecado, pues no importa si el cristiano lo hace o no. Por ejemplo, puesto que la Biblia no menciona fumar, no tolerarían cualquier opinión que diga que es un pecado que un cristiano fume. No hay nada en su lista excepto por unos pocos pecados grandes. Equivocadamente creen que *ellos* son los que promueven la libertad cristiana. Lo que pasa es que los *principios* del Nuevo Testamento son más amplios que unas reglas. Su manera de condenar una forma del legalismo en realidad establece otra. Es la responsabilidad del creyente del Nuevo Testamento tomar los principios y aplicarlos a todas las situaciones de la vida.

3. Hay una distinción entre como se gobierna a los niños y a los adultos, y esta es la diferencia entre el sistema mosaico y el enfoque del Nuevo Testamento. A los hijos se les dan más reglas, más detalles. A los adultos, se les dan principios. Es interesante notar que los hijos, con sus reglas más detalladas, tienen menos responsabilidad: sólo se les hace responsables por lo que se les ha exigido. La verdad es que los adultos, habiendo recibido unos principios amplios, tienen que dar cuenta por mucho más. Su entendimiento maduro de las implicaciones de los principios significa que tienen que dar cuenta por la aplicación de esos principios en las distintas circunstancias si se les hayan contado todas las aplicaciones posibles o no. El camino de la libertad cristiana no es un camino de descuidado.

4. Para comprender todo esto, nos ayuda distinguir entre la *sustancia* y la *forma*. Por ejemplo, puede que una madre no deje salir a la calle a su niñito. Después de algunos años, dirá al joven en su primer coche: "¡Ten cuidado!" En ambos casos, la sustancia de la preocupación es la misma, pero la *forma* es muy distinta. Igualmente, la transición del Antiguo Pacto al Nuevo trajo un cambio en la forma, pero no en la sustancia. Nunca nos libra de la sustancia de la ley de Dios, aunque la forma sea muy diferente. Esta sustancia, para los hijos adultos del Nuevo Testamento, viene en la forma de principios que se profundizan mucho más que meras reglas. Es por eso que Jesús podía decir que la codicia en el corazón hacia una mujer es lo mismo como el adulterio (Mateo 5:27, 28). Ver también 1 Juan 3:15.

5. Muchas de las opiniones diversas sobre las normas cristianas de comportamiento tienen que ver con los temas no mencionados específicamente en el Nuevo Testamento. Hay cosas que el Nuevo Testamento condena concretamente como, para citar algunos ejemplos, Romanos 1:29-31; 1 Corintios 6:9, 10; Gálatas 5:19-21; y Efesios 5:3-5. La libertad cristiana no tiene nada que ver con éstas, porque nada nos exenta de la obligación

de evitar estos pecados. La libertad cristiana sólo se interesa con lo que el Señor no ha identificado claramente como pecado.

¿Cómo, pues, hemos de decidir en cuanto a estos temas? Hay dos tipos de situaciones que van a surgir. En primer lugar, habrá varias cosas que, según nuestra aplicación de los principios bíblicos, vamos a decidir que son incorrectas/malas. En tales instancias, nos debemos abstener de hacerlas. También deberíamos mostrar a otros precisamente como entendemos los principios y como llegamos a nuestra decisión. Deberíamos intentar ser persuasivos, pero puede que no podamos demandar que otros se conformen a nuestro enfoque—*puede que* "apliquen" el mismo principio de una manera distinta. Esto no significa que una organización—una iglesia o institución—no pueda requerir el acatamiento en tales asuntos. Puede exigirlo. Sin embargo, aún entonces, deberíamos aclarar que esas normas son aplicaciones de principios más bien que mandamientos expresamente dados en el Nuevo Testamento. Y deberíamos tener cuidado en cuanto a nuestras actitudes hacia los que *honestamente* aplican los principios de una manera distinta, para que no lleguemos al legalismo ético—el tipo de la "lista larga".

En segundo lugar, habrá cosas que decidimos que *no son malas*, basándonos en nuestra aplicación de los principios bíblicos, y al mismo tiempo vemos que hay otros cristianos sinceros que las prohíben. En tales casos, la libertad cristiana *no* nos da licencia para aplastar el bienestar de otros que diferencian de nosotros. Como Pablo lo puso: "Porque vosotros, hermanos, a libertad fuisteis llamados; solamente que no uséis la libertad como ocasión para la carne, sino servíos por amor los unos a los otros" (Gálatas 5:13). Nuestro amor hacia otros nos induce evitar cualquier cosa que resultaría en un daño serio a sus vidas espirituales. Así vemos que este amor que limita la libertad resulta de los *principios* que hemos estado estudiando. Es el legalismo ético—del tipo de la "lista corta"—que ignora las preocupaciones de los demás e insiste en hacer todo lo que no se legisle específicamente en contra en la Biblia. En tales circunstancias, Romanos 14, 15 y 1 Corintios 8-10 han de servirnos como guías.

Hace unos años, hubo una preocupación legítima sobre la prevalencia de la tendencia al legalismo de la lista larga. Sin embargo, en años recientes la tendencia ha disminuido grandemente. En el presente, hay mucha más preocupación para el legalismo de lista corta. El Ánimo Postmodernista ha disminuido grandemente nuestros sentimientos sobre el pecado.

Conclusión

No hay tratado mejor que Gálatas para refutar el legalismo soteriológico y para establecer la doctrina de la gracia. Tampoco hay tratado mejor que Gálatas para poner la base para la libertad cristiana como distinguida bíblicamente del legalismo ético.

Además, no hay carta mejor que Gálatas para establecer el hecho que el *rechazo de los legalismos soteriológico y ético no tiene que resultar en la timidez moral y en el antinomiansimo*. Pablo fue el campeón más grande de todos los tiempos de la gracia y la libertad cristiana, y aún así él advertía: "Porque vosotros, hermanos, a libertad fuisteis llamados; solamente que no uséis la libertad como ocasión para la carne, sino servíos por amor los unos a los otros" (Gálatas 5:13). También dijo: "Y manifiestas son las obras de la carne, que son: adulterio, fornicación, inmundicia, lascivia, idolatría, hechicerías, enemistades, pleitos, celos, iras, contiendas, disensiones, herejías, envidias, homicidios, borracheras, orgías, y cosas semejantes a estas; acerca de las cuales os amonesto, como ya os lo he dicho antes, que los que practican tales cosas no heredarán el reino de Dios" (Gálatas 5:19-21). ¡Y no hay nadie que se atreve acusarle del legalismo, sea el soteriológico o el ético!

NOTAS FINALES

Prefacio

[1] Jacques Barzun y Henry F. Graff, *The Modern Researcher* (Nuevo York: Harcourt, Brace, & Co., 1957), 288, citado en *A Manual of Style*, 12ª ed. (Chicago: University of Chicago Press, 1969), 236.

Capítulo 1

[1] Mi esposa y yo estuvimos en Ucrania y Rusia del 1 de febrero de 1996 al 26 de mayo de 1996. En Ucrania estuvimos en Kiev y Odesa. En Rusia estuvimos en Seltso (un pueblo cerca de Briansk), Moscú, Cheliabinsk, Yekaterinburgo, San Petersburgo, Novgorod, Izkutsk y Khabarvosk. Visitamos un gran número de iglesias, seminarios, institutos bíblicos y conferencias. En muchas ocasiones hablé de las preguntas ineludibles de la vida. Presté mucha atención para ver si existía cualquier evidencia de que hubiera alguien que se había criado sin haber pensado en esas preguntas. Muchas veces diría a mis audiencias que si alguien tuviera conocimiento de alguno que nunca hubiera experimentado esas preguntas que me lo informaran. Nadie jamás me mencionó a ninguno. Durante una visita de tres semanas en Japón (del 6 al 28 de junio de 1996) no se afectó mi confianza de que en el proceso del desarrollo humano cada ser humano experimenta estas preguntas ineludibles que se expresan desde dentro de la persona. Puede que haya alguna variación en la forma de ellas, pero nunca habrá un vacío.

[2] En el libro *Teología Cristiana Sistemática*, publicado en 1975, elegí escribir en la primera persona. Hoy en día tal estilo se ha hecho más común para este tipo de obra. Pienso que es porque la gente tiene más interés en ver la relación entre la verdad y la vida.

Capítulo 2

[1] Francis Schaeffer, *Escape from Reason* (Downers Grove, IL: InterVarsity Press, 1968), 46, 49, 53, 54. (Stephen M. Ashby, lector de filosofía y religión en la Universidad de Ball State, Muncie, Indiana, en una correspondencia personal, señala que "la distinción hecha por Schaeffer del conocimiento de los *pisos alto/bajo* es más popular, sin embargo, es un tratamiento sinónimo con lo que Immanuel Kant llama los reinos noúmeno y fenómeno". El Dr. Ashby ha leído todo el manuscrito y ha contribuido muchas sugerencias provechosas.)

[2] David Rausch, "Empiricism, Empirical Theology", *Evangelical Dictionary of Theology*, ed. Walter A. Elwell, (Grand Rapids: Baker, 1984), 343.

[3] A. J. Ayer y Rudolf fueron defensores de este punto de vista. Este enfoque ha caído en descrédito aún entre los que una vez exponían una posición positivista. Steve Ashby

señaló que "esto ocurrió en la crítica de W. V. O. Quine".

4 En general, un paradigma es un modelo o una manera de pensar sobre algo. La palabra *paradigma*, en su uso en este libro, es un modelo que una persona emplea para acercarse a o interpretar la vida y el pensamiento. Principalmente nos interesa el paradigma cristiano, el modernista y el postmodernista. Una vez aceptado, un paradigma guía y limita el tipo de cosmovisión o anti-cosmovisión que pueda desarrollarse mientras se continúa con el uso del dicho paradigma. No hay tal cosa como un paradigma neutral o un paradigma que no limita. Hay por lo menos algunas presuposiciones aceptadas por cualquier paradigma del tipo *piso alto* que resultan en una cosmovisión, una anti-cosmovisión o un punto de vista de la vida.
En este capítulo hablamos de un paradigma cristiano, un paradigma modernista y un paradigma postmodernista. Igualmente podríamos hablar de un paradigma hindú, un paradigma budista, un paradigma musulmán, etc.

5 John Dillenberger, *Protestant Thought and Natural Science* (Nashville: Abingdon Press, 1960), 23.
Nota del traductor: en castellano el lector podría referirse a: *Filosofía y Cristianismo* e *Introducción a la Filosofía* por Alfonso Ropero, a tomo tres de la *Historia del Pensamiento Cristiano* por Justo González o a *PostModernidad* por Antonio Cruz. Ver también *Las Raíces del la Cultura Occidental* por Herman Dooyeweerd.

6 Ibid.

7 Ibid., 28.

8 Ibid.

9 Robert G. Clouse, "Galileo" en *The New International Dictionary of the Christian Church*, ed. J. D. Douglas, (Grand Rapids: Zondervan, 1974), 399.

10 Dillenberger, 86.

11 Ibid., 117-118.

12 Ibid. 120.

13 Ibid., 219-220.

14 Ibid., 223-224.

15 M. H. McDonald, "Deism" ("*Deísmo*") en *Evangelical Dictionary of Theology*, 304.

16 Jospeh Natoli y Linda Hucheon, editores, "Introduction", *A Postmodern Reader* (Albany: State University of New York Press, 1996), x-xi.

17 Ibid.

18 Thomas C. Oden, "The Death of Modernity and Postmodern Evangelical Spirituality" en *The Challenge of Postmodernism: an Evangelical Engagement*, ed. David S. Dockery, (Wheaton: Victor Books, 1995), 20.

19 Ibid., 23.

20 La ley de la no-contradicción nos dice que la misma cosa no puede ser A y no A. Si hay dos afirmaciones que se contradicen la una a la otra, las dos no pueden ser la verdad. Las dos pueden ser falsas, pero las dos no pueden ser verdaderas. Tanto el modernismo como el cristianismo ortodoxo están de acuerdo en este punto. El postmodernismo y mucha de la teología cristiana contemporánea no están de acuerdo con ello.

[21] Stanley J. Grenz, *A Primer on Postmoderism* (Grand Rapids: Eerdmans, 1996), 49.
[22] Las morales tratan con las cuestiones del bien y del mal. "Los ideales abarcan tales valores como el refinamiento, lo alto, lo bello, lo noble, el estilo pulido, el honor, los buenos modales, la masculinidad, lo resistente, la fuerza, la feminidad, la gracia, la delicadeza y el buen gusto" *Biblical Ethics [Ética bíblica]*, Leroy Forlines (Nashville, Randall House, 1973), 45.
[23] David F. Wells, *No Place for Truth or Whatever Happened to Evangelical Theology?* (Grand Rapids: Eerdmans, 1993), 169.
[24] Randolph O. Yeager, *The Renaissance New Testament*, tomo 11 (Gretna, Louisiana: Pelican, 1983), 338.

Capítulo 3

[1] Allan Bloom, *The Closing of the American Mind* (Nuevo York: Simon y Schuster, 1987), 25.
[2] Ibid., 27.
[3] Ibid., 34.
[4] *The Americana Encyclopedia International Edition* (1996), "Nicolaus Copernicus" por Edward Rosen. Para un desarrollo más completo de lo que motivó a Copérnico a buscar en el pasado, ver John Dillenberger, *Protestant Thought and Natural Science* (Nashville: Abingdon, 1960), 21-27.
[5] Dennis McCallum, "Are We Ready?", en *The Death of Truth*, ed. Dennis McCullum, (Minneapolis: Bethany House Publishers, 1996), 14.
[6] Joseph Natoli y Linda Hutcheson, editores, "Introduction," *A Postmodern Reader*, x-xi.
[7] Jeff Leffel y Dennis McCallum, "Postmodern Impact: Religion", en *The Death of Truth*, 201.
[8] Chuck Colson, "Can We Be Good Without God?" *Imprimis*, abril de 1993, tomo 22, nu. 4, reimprimido con permiso de *Imprimis*, la revista mensual de Hillsdale College, Hillsdale, Michigan.
[9] Wells, *No Place For Truth* [*Ningún lugar para la verdad*], 80.
[10] Ibid., 86.
[11] Michael Bauman, "The Chronicle of Undeception", en *God and Man: Perspectives on Christianity in the Twentieth Century* (Hillsdale, Michigan: Hillsdale College Press, 1995), 11.
[12] Ibid., 6.
[13] Bernard Ramm, *La Revelación Especial y la Palabra de Dios*, traducido por Justo L. González (Buenos Aires: La Aurora, 1967), 15.
[14] Louis Berkhof, *Teología Sistemática*, 3ª ed., trad. por Felipe Delgado Cortés (Grand Rapids: T.E.L.L., 1976), 39-41.
[15] Ver el tratamiento de Erickson del punto de visto de Barth de la revelación general en Millard J. Erickson, *Christian Theology* (Grand Rapids: Baker Book House, 1985), 163-170.

[16] Para más información sobre el significado de *gnostos*, ver mi comentario, *Romans, The Randall House Commentary*, ed. Robert E. Picirilli, (Nashville, Randall House Publications, 1987), 26.

[17] Franz Delitzsch, *Proverbs, Ecclesiastes, Song of Solomon*, tomo 6, en *Keil and Delitzsch Commentary on the Old Testament in Ten Volumes*, traducido al inglés por James Martin (1872, reimprimido, Grand Rapids: William B. Eerdmans Publishing Co., 1975), 261.

[18] Para más información sobre el significado de *katecho* ver mi comentario sobre Romanos, 25.

[19] Ibid., 30-32 (para mis comentarios en cuanto a porqué creo que el conocimiento de Dios en el versículo 21 es un conocimiento presente de Dios).

[20] Kenneth S. Kantzer, "The Communication of Revelation" en *The Bible—The Living Word of Revelation*, ed. C. Tenney, (Grand Rapids: Zondervan Publishing Company, 1957), 262.

[21] Carl F. H. Henry, "Divine Revelation and the Bible" en *Inspiration and Interpretation*, ed. John F. Walvoord, (Grand Rapids: William B. Eerdmans Publishing Company, 1957), 262.

[22] Aurelious Augustine, *The Confessions of Saint Augustine*, trad. por Edward B. Pusey (Nuevo York: Washington Square Press, 1960), 1.

[23] G. C. Berkouwer, "General and Special Revelation" en *Revelation and the Bible*, ed. Carl F. H. Henry, (Grand Rapids: Baker Book House, 1958), 15.

[24] Benjamin Breckinridge Warfield, *The Inspiration and Authority of the Bible*, Samuel Craig, editor (Philadelphia: Presbyterian and Reformed Publishing Company, 1948), 74-75.

[25] Si quiere que su corazón se mueva y que su fe sea afianzada, lea sobre la preservación y el triunfo del cristianismo en la Unión Soviética anterior. Mi esposa y yo viajamos extensivamente en Ucrania y Rusia. Conocimos a muchos que habían estado encarcelados por su fe bajo Stalin y Khrushchev. El dolor de las masacres durante los años de Stalin sigue aún en Rusia. Queda bien fresco en las memorias de muchos cuyas familias fueron matadas por su fe.

Hablando con esas personas en cuanto a sus experiencias y leyendo libros sobre la persecución de los creyentes de la Unión Soviética, me llegó una profundidad del significado de las palabras de Jesús: "Edificaré mi iglesia; y las puertas de Hades no prevalecerán contra ella" (Mateo 16:18). Khrushchev se jactó diciendo que destruiría el cristianismo y que pasaría delante de las pantallas de los televisores el último de los cristianos para que todo el mundo le viera. A pesar de la severidad de la persecución, los comunistas no pudieron destruir el cristianismo. Se convirtieron muchos criminales en las prisiones como resultado de la manera en que los cristianos permanecieron firmes cuando fueron señalados para castigos y torturas especiales.

[26] Carl F. H. Henry, editor, *Baker's Dictionary of Christian Ethics* (1973), "Natural Law" por Paul B. Henry.

Capítulo 4

[1] Warfield, *The Inspiration and Authority of the Bible*, 133.
[2] Ibíd., 165.
[3] Ibíd., 131.
[4] Ibíd., 134.
[5] Ibíd., 113.
[6] Ver la discusión de Ramm sobre de la forma interna y externa en *La Revelación Especial y la Palabra de Dios*, trad. Justo L. González (Buenos Aires: La Aurora, 1967), 203-209.
[7] R. Laird Harris, *Inspiration and Canonicity of the Bible* (Grand Rapids: Zondervan Publishing House, 1957), 21.
[8] H. D. McDonald, *Theories of Revelation* (Londres: George Allen & Unwin LTD, 1963), 196.
[9] Ibíd., 218.
[10] Ibíd., 284-285.
[11] Milton S. Terry, *Hermeneútica*, trad. Daniel Hell y Vicente Mendoza (Terrassa: CLIE, 1990), 41.
[12] Ibíd.
[13] E. R. Cravens, "nota de pie" en *Revelation*, John Peter Lange en *Lange's Commentary on the Holy Scriptures*, ed. y trad. Philip Schaff, (Grand Rapids: Zondervan Publishing House, s.f.), 203.
[14] Ibíd.
[15] Roger Nicole, "New Testament Use of the Old Testament") en *Revelation and the Bible*, 138.
[16] El material desde este punto hasta "Un Reto Final" viene de mi folleto *Inerrancy*. Lo he modificado para encajar con el propósito de este capítulo.
[17] Stephen T. Davis, *The Debate About the Bible* (Filadelfia: The Westminster Press, 1977), 114.
[18] Ibíd., 83-93.
[19] Harold Lindsell, *The Battle About the Bible* (Grand Rapids: Zondervan Publishing House, 1976), 141-160, 185-199.

Capítulo 5

[1] Fred H. Klooser, "The Attributes of God: The Incommunicable Attributes", *Basic Christian Doctrines*, ed. Carl F. H. Henry (Nuevo York: Holt, Rinehart y Winson, 1962), 24.
[2] Charnock, *The Existence and Attributes of God* (Londres, 1681, reimprimido, Grand Rapids: Kregel Publications, 1958), 72.
[3] Augustus Hoplins Strong, *Systematic Theology*, tres tomos en uno, edición 17ª ed. (Filadelfia: The Judson Press, 1907, 1953), 277.

[4] James Oliver Buswell, Jr., *A Christian View of Being and Knowing* (Grand Rapids: Zondervan Publishing House, 1960), 47.

[5] Ibíd., 41.

[6] James Oliver Buswell, Jr., *A Systematic Theology of the Christian Religion*, tomo 1 (Grand Rapids: Zondervan Publishing House, 1962), 47.

[7] Ronald H. Nash, *The Concept of God: An Exploration of Contemporary Difficulties with the Attributes of God* (Grand Rapids: Zondervan Publishing House, 1983), 73-83.

[8] Henry Clarence Thiessen, *Introductory Lectures in Systematic Theology* (Grand Rapids: William B. Eerdmans Publishing Company, 1949), 128.

[9] Ibíd., 124.

[10] El material bajo "Dios es Santo" hasta este punto fue tomado de mi libro, *Biblical Ethics*, 10-12. Ha habido algunos cambios y adicciones para este estudio.

[11] Thiessen, *Introductory Lectures* (1949), 129.

[12] Ibíd.

[13] El material bajo "Dios es Amor" hasta este punto fue tomado de mi libro, *Biblical Ethics*, 12-14. Ha habido algunos cambios y adicciones para este estudio.

[14] Thiessen, *Introductory Lectures* (1949), 131.

[15] Strong, *Systematic Theology*, 286.

[16] Charnock, *The Existence and Attributes of God*, 269.

[17] Anthony A. Hoekema, "The Attributes of God: The Communicable Attributes", *Basic Christian Doctrines*, 29.

[18] He podido saber desde aquel entonces que este hombre ha llegado a ser creyente.

[19] "Awesome", *The Oxford Dictionary of New Words: A Popular Guide to Words in the News* (Nuevo York: Oxford University Press, 1991), 2.

[20] *Evangelical Dictionary of Theology*, 1984, ver "Awe".

[21] *Evangelical Dictionary of Biblical Theology*, ed. Walter A. Elwell (Grand Rapids: Baker, 1996), ver "Awe, Awesome".

Capítulo 6

[1] Benjamin Breckinridge Warfield, *Biblical Foundations* (Grand Rapids: William B. Eerdmans Publishing Company, 1958), 79.

[2] H. E. Dana y Julius R. Mantey, *A Manuel Grammar of the Greek New Testament* (Nuevo York: The MacMillan Company, 1955), 140.

[3] Ibíd., 147.

[4] Ibíd.

[5] Warfield, *Biblical Foundations*, 109.

[6] Ibíd., 87, 88.

[7] Gustav Friedrich Oehler, *Theology of the Old Testament*, una revisión de la traducción de *Clark's Theological Library* por George E. Day (Nuevo York: Funk y Wagnalls, 1883; reimprimido, Grand Rapids: Zondervan Publishing House, 1950), 88.

[8] Buswell, *A Systematic Theology*, tomo 1, 111, 112.

[9] Loraine Boettner, *Studies in Theology* (Grand Rapids: William B. Eerdmans Publishing Company, 1947), 121.
[10] Warfield, *Biblical Foundation*, 111.

Capítulo 7

[1] Entre los cristianos que toman el enfoque que encaja en la categoría de mostrar que el cristianismo es verdad son Norman Geisler, R. C. Sproul, John Gerstner y Josh McDowell.
[2] Encuentro un cierto compañerismo con mi pensamiento en los escritos de Gordon Clark, Edward John Carnell, Carl F. H. Henry, Francis Schaeffer y Ronald Nash.
[3] Tengo un interés especial en la prueba de la suficiencia causal. Como niño pequeño, mi madre me aseguraba que Papá Noel entregaba juguetes a todos los niños del mundo en la Nochebuena. La versión más estricta decía que a la medianoche él bajaba por las chimeneas de todo el mundo. Algunos de los niños de la vecindad me dijeron que no hubo un Papá Noel. Me informaron que mi padre y mi madre fueron Papá Noel. Hablé con mi madre de eso y ella me aseguraba que *sí hubo* un Papá Noel. Varias cosas ocurrieron que durante un tiempo me aseguraron de la existencia de Papá Noel, pero yo tenía unas dudas ineludibles.
Tenía problema con la suficiencia causal de la teoría de Papá Noel porque él fue solo un hombre. Como hombre, no pudo entregar juguetes a todos los niños de todo el mundo en una sola noche. (Si en aquel entonces hubiera sabido que hay 24 zonas de tiempo distintas, podría haber mantenido la creencia un poco más.) Llegué a estar convencido filosóficamente de que no hubo un Papá Noel que distribuía juguetes a todos los niños del mundo a la medianoche de Nochebuena. Desde esa victoria filosófica, he podido mantenerme sin mover de ni conclusión.
Una historia ficticia puede tener un valor para niños si entienden que es para el mundo de pretender, pero los puntos de vista ficticiosos de la vida deben ser abandonados.
[4] Ibíd.
[5] Gene Edward Veith, Jr., *Postmodern Times: A Christian Guide to Contemporary Thought and Culture* (Wheaton: Crossway Books, 1994), 57.
[6] Vea los comentarios sobre Romanos 3:11 en el capítulo dos y tres.
[7] Edward Hopper (1871), "Jesus, Savior, Pilot Me", *Rejoice: The Free Will Baptist Hymn Book* (Nashville: The National Association of Free Will Baptists, 1988), 605.
[8] Edward S. Ufford (1851-1929), "Throw Out the Lifeline", *Rejoice*, 354.
[9] Buswell, *A Systematic Theology*, tomo 1, 72.
[10] Berkhof, *Systematic Theology*, 28.
[11] Addison H. Leitch, "The Knowledge of God: General and Special Revelation", *Basic Christian Doctrines*, ed. Carl F. H. Henry (Nuevo York: Holt, Rinehart and Wilson, 1962), 2.

Capítulo 8

[1] Edwin K. Gedney, "Geology and the Bible", *Modern Science and Christian Faith*, ed. F. Alton Everest (Wheaton: Van Kampen Press, 1948), 66.
[2] Buswell, *A Systematic Theology*, tomo 1, 146.
[3] De una discusión personal con Garnett H. Reid, presidente del Comité de la Biblia, Free Will Baptist Bible College, Nashville, Tennessee.
[4] Buswell, 144.
[5] Ibíd., 145, 146.
[6] H. C. Leupold, *Exposition of Genesis*, tomo 1 (Grand Rapids: Baker Book House, 1942), 57.
[7] Bernard Ramm, *The Christian View of Science and Scripture* (Grand Rapids: William B. Eerdmans Publishing Company, 1955), 116, 215.
[8] Carl F. H. Henry, "Science and Religion", *Contemporary Evangelical Thought*, ed. Carl F. H. Henry (Nuevo York: Harper and Brothers), 277.
[9] Ramm, *The Christian View of Science and Scripture*, 221.
[10] Smalley and Fetzer, "A Christian View of Anthropology", *Modern Science and Christian Faith*, 2ª edición, ed. Alton Everest (Wheaton: Van Kampen Press, 1950), 161, notado en Ramm, *The Christian View of Science and Scripture*, 325.
[11] Ramm, *The Christian View of Science and Scripture*, 334.
[12] Ibíd., 335.
[13] Ver Buswell, *A Systematic Theology*, tomo 1, 329-339 para una discusión de los vacíos vistos en las genealogías.
[14] Ramm, *The Christian View of Science and Scripture*, 327.
[15] John W. Klotz, *Genes, Genesis, and Evolution*, 2ª edición (St. Louis: Concordia Publishing House, 1955, 1970), 70.
[16] Henry M. Morris, *The Twilight of Evolution* (Grand Rapids: Baker Book House, 1963), 42.
[17] Carl F. H. Henry, "Theology and Evolution", *Evolution and Christian Thought Today*, ed. Russell L. Mixter (Grand Rapids: William B. Eerdmans Publishing Company, 1955), 217-218.
[18] Ibíd., 218.
[19] Eugenie C. Scott, "Creationism, Ideology, and Science", *The Flight from Science and Reason*, ed. Paul R. Gross, Norman Levitt y Martin W. Lewis (Baltimore: John Hopkins Press, 1966 por la Academia de las Ciencias de Nuevo York), 518, 519.
[20] Robert T. Clark y James D. Bales, *Why Scientists Accept Evolution* (Grand Rapids: Baker Book House, 1966), 6. (Para las personas que desean un caso documentado además del caso lógico que he presentado de este punto, recomiendo encarecidamente este libro si se puede aún encontrar.)
[21] Ver la nota 19.
[22] Loren Fishman, "Feelings and Beliefs", *The Flight From Science and Reason*, 95.
[23] Morris, *The Twilight of Evolution*, 55-56.
[24] Ibíd., 56.

[25] Una gran parte del material empleado en este capítulo viene de mi librito, *Issues Among Evangelicals*, publicado por La Comisión Sobre El Liberalismo Teológico [más adelante el título fue cambiado a "Comisión de la Integridad Teológica"] de la National Association of Free Will Baptist, Nashville, Tennessee, 1968, 22-57. El orden del material fue cambiado y escrito de nuevo para este estudio. Otra parte menor viene de mi librito *Evolution* (Randall House Publications, Nashville, Tennessee, 1973), 3, 4, 8-10.

Capítulo 9

[1] Carl F. H. Henry, "Image of God" en *Evangelical Dictionary of Theology*, 547.
[2] Ibíd., 341.
[3] Berkhof, *Systematic Theology*, 204.
[4] Agustine, *The Confessions of Saint Augustine*, 1 (ver Capítulo 3, nota 22).
[5] Una sugerencia de Stephen Ashby (ver Capítulo 2, nota 2).
[6] Jean-Paul Sartre, *Existentialism and Human Emotions* (Nuevo York: Philosophical Library, 1957), 13-17.
[7] Ibíd., 49
[8] Veith, *Postmodern Times*, 48.
[9] er citas de Chuck Colson y David Wells en Capítulo 3 (pp. 28, 29)
[10] Millard Erickson, *Teología Sistemática*, 2ª edición, traductor Beatríz Fernández, (CLIE, Viladecavalls, Barcelona), 2008, 519-520.
[11] Ibíd., 516.
[12] Ibíd., 520.
[13] Ibíd.
[14] Ibíd., 524.
[15] Augustus Hopkins Strong, *Systematic Theology*, tres tomos en uno, (Filadelfia: The Judson Press, 1907), 486.
[16] Alan F. Johnson, "Revelation" en *The Expositor's Bible Commentary*, tomo 12, ed. Frank E. Gabelein (Grand Rapids: Zondervan Publishing Company, 1981), 475.
[17] Berkhof, *Systematic Theology*, 321.
[18] Buswell, *A Systematic Theology*, tomo 1, 241.
[19] Henry, "Image of God," en *Evangelical Dictionary of Theology*, 457.
[20] Gordon H. Clark, "Image of God." en *Bakers Dictionary of Christian Ethics*, ed. Carl F. H. Henry (Grand Rapids: Baker Book House, 1973), 513.
[21] Charles Ryrie, "Depravity Total," en *Evangelical Dictionary of Theology*, 312.
[22] De la sugerencia de Ashby (ver Capítulo 2, nota 2)
[23] J. Matthew Pinson, "Will the Real Arminius Please Stand Up?: A Study of the Theology of Jacobus Arminius in Light of His Interpreters," un ensayo no publicado para una asignatura de la Historia de la Teología Cristiana (450-1650), Profesor George Linbeck, Universidad de Yale (7 de mayo de 1993), 18, 19.
Las citaciones de Pinson sobre Arminio son de *The Works of James Arminius*, 2 tomos, trad. James Nichols y William Nichols (Grand Rapids: Baker Book House, 1986). El

orden del material de esa edición se difiere de la edición de 1956 (Baker) citado más tarde en este capítulo.

[24] Van Til, Cornelius, "Calvinism," en *Baker's Dictionary of Theology*, ed. Everett F. Harrison (Grand Rapids: Baker Book House, 1960), 340-341.

[25] Strong, *Systematic Theology*, 619.

[26] Ibíd., 601-603.

[27] David L. Smith, *With Wilful Intent: A Theology of Sin* (Wheaton: Victor Books, 1994), 363.

[28] Pinson, "Will the Real Arminius Please Stand Up?", 15, 16.

[29] James Arminius, *The Writings of James Arminius*, tomo 1, trad. James Nichols (Grand Rapids: Baker Book House, 1956), 317-319.

Capítulo 10

[1] Robert Baker Girdleston, *Synonyms of the Old Testament*, 2ª edición (1897; reimprimido, Grand Rapids: William B. Eerdmans, sin fecha), 117-118.

[2] Ibíd., 119.

[3] H. Dermot McDonald, *The Atonement and the Death of Christ: In Faith, Revelation, and History* (Grand Rapids: Baker Book House, 1985), 167.

[4] Alexander M. Renwick, "Gnosticism," *Baker's Dictionary of Theology*, 238.

[5] H. Dermot McDonald, *Jesus—Human and Divine* (Grand Rapids: Zondervan Publishing House, 1968). Publicado por arreglo especial con Pickering and Inglis Ltd., Londres), 20.

[6] H. Dermot McDonald, "Nestorius", *New Dictionary of Theology*, ed. Sinclair B. Ferguson y David F. Wright (Downers Grove, Intervarsity Press, 1988), 457.

[7] Strong, *Systematic Theology*, 672.

[8] Charles Hodge, *Systemic Theology*, tomo 2 (1871; reimprimido en Grand Rapids: William B. Eerdmans Publishing Company, 1986), 403.

[9] Thiessen, *Introductory Lectures* (1949), 305.

[10] Strong, 695.

[11] Tomado de una conferencia de teología sistemática por Warren C. Young, Northern Baptist Theological Seminary.

[12] Josh McDowell, *The Evidence Demands a Verdict* (San Bernardino: California, 1972), 185-273.

[13] Ver mi comentario *Romans, The Randall House Commentary*, 13.

[14] Buswell, *A Systematic Theology*, tomo 2 (Grand Rapids: Zondervan Publishing House, 1962), 69.

Capítulo 11

[1] H. Dermot McDonald, *The Atonement and the Death of Christ.* [Nota del traductor: también ver, "Expiación", Vernon C. Grounds, *Diccionario de Teología*, edición revisada, (Grand Rapids: Libros Desafío, 1999), 248-256.]

[2] Thiessen, *Introductory Lectures* (1949), 131.

[3] Buswell, *A Systematic Theology*, tomo 2, 114.

[4] Forlines, *Romans*, 55.

[5] Aprendí la esencia de esta ilustración de un concilio entre los atributos de Dios de la lectura de "El Sacerdocio de Cristo" por Jacobo Arminio. Lo leí en el año escolar de 1951-52 durante una asignatura sobre la teología arminiana, enseñada por el Dr. L. C. Johnson, el Presidente Fundador del Free Will Baptist Bible College [Welch College]. La lectura de Arminio me fue de mucha ayuda para desarrollar mi entendimiento y aceptación del punto de vista de la satisfacción penal de la expiación. Fui convencido en aquel entonces, y continúo así, que Arminio creía en la satisfacción penal de la expiación. [En ediciones más tarde de *The Writings of James Arminius*, el material es tratado distintamente. En el juego que tengo (publicado por la Baker Book House, 1956), "El Sacerdocio de Cristo" se encuentra en el tomo 1, pp. 2-51. El "Sacerdocio de Cristo" fue "dado en el 11 de julio de 1603, por Arminius, en la ocasión de haber recibido el Título de Doctor de Divinidad" (p. 2). La ilustración del concilio entre la Justicia, la Misericordia y la Sabiduría se encuentra en las páginas 28-31.]

[6] La clase de la teología arminiana mencionada previamente fue la ocasión de mi primera lucha con lo que era exactamente lo que Cristo hizo que resultara en la expiación de mis pecados. Retó mi pensamiento más que cualquier otra clase que he cursado. Durante este tiempo de tratar con el pensamiento de la redención, me di cuenta que Jesús, para ser nuestro Redentor, debe satisfacer las demandas de la Ley para una obediencia perfecta y el requisito del pago de una penalidad infinita. Fue en aquel entonces que descubrí el libro de Lorraine Boettner, *Studies in Theology*, 2ª edición (Grand Rapids, Eerdmans Publishing Company, 1951), 299-300. Este libro emplea los términos *obediencia activa* y *pasiva de Cristo*, proveyendo la terminología para desarrollar mi idea.

[7] William G. T. Shedd, *Dogmatic Theology*, tomo 2 (1889; reimprimido, Grand Rapids, Zondervan Publishing House, Classic Reprint Edition), 426-437.

[8] Forlines, *Romans*, 55.

[9] Ver Leon Morris, "Propiciación", *Diccionario de Teología*, 495.

[10] McDonald, *The Atonement and the Death of Christ*, 345.

[11] W. J. Conybear y J. S. Howson, *The Life and the Epistles of St. Paul* (reimprimido, Grand Rapids, Eerdmans Publishing Company, 1978), 511, nota 5. Corchetes suyos.

[12] Leroy Forlines, "A Study of Paul's Teachings on the Believer's Death to Sin and Its Relationship to a New Life", una tesis de master's no publicada, Winona Lake School of Theology, 1959.

[13] Shedd, *A Critical and Doctrinal Commentary on the Epistle of St. Paul to the Romans* (1879; reimprimido, Grand Rapids, Zondervan Publishing House, 1967), 148, 149.

[14] Shedd, *Dogmatic Theology*, tomo 2, 534.

[15] John F. Walvoord, "Identificación Con Cristo", *Diccionario de Teología*, 303.

[16] Loraine Boettner, *Studies in Theology*, 299.

[17] Robert Haldane, *An Exposition of the Epistle of Romans* (1852; reimprimido, McLean, Virginia: McDonald Publishing Company, 1958), 131, 132.

[18] Miley, *Systematic Theology*, 163.

[19] Charles H. Fairchild, *Elements of Theology* (Oberlin, Ohio: Pearce and Randolf Printers, 1892), 224.

[20] Miley, *Systematic Theology*, 163.

[21] Charles G. Finney, *Finney's Lectures on Systematic Theology*, edición revisada, James H. Fairchild, editor (1879; reimprimido, Grand Rapids: Eerdmans Publishing Company, 1953), 259.

[22] Miley, *Systematic Theology*, 165.

[23] Fairchild, *Elements of Theology*, 229.

[24] Ibíd., 227-228

[25] Ibíd., 277.

[26] Ibíd., 278.

[27] Finney, *Finney's Lectures of Systematic Theology*, 283-284.

[28] Para una exposición de la teoría de la influencia moral del liberalismo, ver Albert C. Knudson, *The Doctrines of Redemption* (Nuevo York: Abington-Cokesbury, 1933). Traté con la teoría de expiación de Knudson de la teoría de la influencia moral en "The Need of Atonement According to Representative Theologians" (una tesis no publicada de B.D., Northern Baptist Theological Seminary, 1962).

[29] En la tesis mencionada en la nota previa, traté con el punto de vista de Emil Brunner de la expiación. En cuanto a la cuestión de la aniquilación, Paul Jewett dice: "En su esperanza eterna, parece que Brunner ha abandonado la doctrina del infierno en favor de la aniquilación de los malvados. Una decisión negativa en cuanto a Cristo en esta vida no se cambiará en el mundo venidero, pero será terminada". [Paul K. Jewett, Emil Brunner an *Introduction to the Man and His Thought* (Chicago: InterVarsity Press, 1961), 23]. Brunner dice: "Sin detractar nada de su santidad, Dios podría hacer un fin del hombre pecaminoso". [Emil Brunner, *Dogmatics*, tomo 1, "The Christian Doctrina of Man", traducido Olive Wyon (Wheaton: Victor Books, 1987), 318-232.]

[30] Berkhof, *Systematic Theology*, 393.

[31] Millard J. Erickson, *Teología Sistemática,* 2ª edición (CLIE, 2008), 650-652. Ver también Charles C. Ryrie, *Teología Básica*, 337-338.

[32] "Infant Salvation" en *The New Schaff-Herzog Encyclopedia of Religious Knowledge*, ed. Samuel Macauley Jackson (1907; reimprimido, Grand Rapids, Baker Book House, 1950), 491.

[33] H. Orton Wiley, *Christian Theology*, tomo 2 (Kansas City, MO: Beacon Hill Press, 1952), 132.

[34] Forlines, *Romans*, 130.

[35] En una cita previa de Shedd, con respecto de la unión de Cristo con el creyente, él explica: "Porque ellos son uno espiritual, vital, eternal y míticamente con él, su mérito

es imputable a ellos, y su demérito es imputable a él". (Shedd, *Dogmatic Theology*, tomo 2, 534). Creo que este mismo razonamiento puede aplicarse a la identificación de Cristo con la raza" ("Identification of Christ", *Diccionario de Teología*, 303.

[36] De la citación previa de Walvood en el capítulo, él dice: "Cristo se identifica con la raza humana en su encarnación, pero sólo los creyentes verdaderos son identificados con Cristo" ("Identification with Christ", *Diccionario de Teología*, 303). Él hace la observación que la encarnación identificó a Cristo con la raza. Si esto es verdad, debería haber implicaciones teológicas que provienen de esta identificación. Creo que estas implicación son pertinentes a la salvación.

[37] Ver los comentarios sobre la revelación general en el capítulo 3.

[38] Millard J. Erickson, *Teología Sistemática*, 652.

[39] Ibíd.

[40] Ibíd., 651.

[41] Ibíd.

[42] Ibíd.

[43] James Leo Garrett, Jr., *Systematic Theology*, tomo 1 (Grand Rapids, Eerdmans Publishing Company, 1990), 487.

[44] Ibíd.

[45] Ver página 219.

Capítulo 12

[1] Charles G. Finney, *Finney's Lectures on Systematic Theology*, edición revisada, ed. J. H. Fairchild (1878; reimprimido, Grand Rapids: Eerdmans Publishing Company, 1953), 391, 392.

[2] Buswell, *A Systematic Theology*, tomo 2, 146.

[3] David Brown, *Acts—Romans,* en *A Commentary Critical, Experimental and Practical on the Old and New Testaments*, tomo 3, Rober Jamieson, A. R. Fausset y David Brown (1864-1970; reimprimido, Grand Rapids: Eerdmans Publishing Company, 1984), 226.

[4] Robert Haldane, *An Exposition of the Epistle of Romans* (1852, reimprimido, McLean, Virginia: McDonald Publishing Company, 1958), 248, 249.

[5] William Sanday y Arthur Headlam, *The Epistle to the Romans in the International Critical Commentary*, 5ª edición (1902, reimprimido, Edimburgo: T & T Clark, 1960), 218.

[6] Richard Chenevix Trench, *Synonyms of the New Testament*, (1854; reimprimido, Grand Rapids: Associated Publishers y Authors, Inc., sin fecha), 245.

[7] Ibíd., 243, 244.

[8] Ibíd., 246, 247.

[9] Ibíd., 247.

[10] La mayoría de los comentarios se acuerdan con la diferencia notada entre "conformado" (griego *suschēmatizō* y "trasformado" (griego *metamorfoō*). (Para las discusiones de los comentarios conformes, ver Barclay 157, 158; Hendriksen 405,

nota 338 y Cranfield II: 605, 608). [Esto se encuentra notado en mi comentario, *Romans*, 321.]

[11] Barclay M. Newman y Eugene A. Nida, *A Translator's Handbook on Paul's Letter to the Romans* (Nuevo York: United Bible Societies, 1973), 235.

[12] Joseph Henry Thayer, *Thayer's Greek-English Lexicon of the New Testament* (1889; reimprimido, Grand Rapids: Zondervan Publishing House, 1962), 429.

[13] Para una discusión más complete del problema de la actitud de una persona hacia sí misma, ver mi libro, *Biblical Ethics* (Nashville: Randall House Publications, 1962), 59-67.

[14] Para un sistema ético basado en la aplicación de los cuatro valores básicos de las cuatro relaciones, ver mi libro, *Biblical Ethics*.

[15] Ver el capítulo 9, "Diseñado para una relación con el orden creado".

[16] Wells, *No Place For Truth*, 169.

[17] De una conferencia para el día de las madres dada a La Sección Comarcal Independiente de AARP, Batesville, Arkansas. En este tiempo James fue pastor de la IBL Capilla de Allen de Batesville Arkansas. En el momento de escribir este libro, es Director del Departamento de las Misiones Foráneas de la National Association of Free Will Baptists, Antioch, Tennessee.

[18] Berkhof, *Systematic Theology*, 536.

[19] Robert Haldane, *An Exposition of the Epistle of Romans* (1852, reimprimido, McLean, Virginia: McDonald Publishing Company, 1958) 248, 249.

[20] Anteriormente en este capítulo he tratado los problemas involucrados en el uso de ilustraciones bajo el título, "Las Limitaciones de Ilustraciones para Explicar Nuestra Relación con Dios". El referirse a nuestras mentes subconscientes como siendo "programadas" es una metáfora que encuentra su analogía de la ciencia digital. La analogía entre programar un programa de computadora y la programación de la mente subconsciente es muy útil. No obstante, hay un punto donde la analogía deja de funcionar. Una vez escrito un programa, la computadora funciona en términos de *causa* y *efecto*. Al aplicarlo a la mente subconsciente, no hemos de ir más allá que tratemos de eliminar el elemento de elección o decisión.

[21] El material bajo "Los Resultados Garantizados de la Santificación", hasta este punto, con algunas modificaciones, de mi libro, *Biblical Ethics*, 34-36.

[22] La parte principal del material bajo "Santificación y Perfección" viene de mi libro *Biblical Ethics*, 138-140.

[23] Esta frase se basa en el estudio de mi tesis "Jesús y los Fariseos", una tesis de Th.M. no publicada, Chicago Graduate School of Theology, 1970.

[24] Siempre en los campus de las universidades seculares han habido evidencia de la preocupación para la moralidad básica y para las virtudes que llevan al refinamiento. Tenían reglas para sostener, mantener y promover esas virtudes. Todo eso fue atacado en el movimiento estudiantil radical de los años 1960.

[25] Para una discusión más completa sobre la libertad cristiana y el legalismo, ver mi libro, *Biblical Ethics*, capítulos 7 y 8.

[26] Myra Brooks Welch, "The Touch of the Master's Hand". en *Sourcebook of Poetry*, ed. Al Bryant (Grand Rapids: Kregel Publications, 1992) 568, 569.

Capítulo 13

[1] Richard Chenevix Trench, *Synonyms of the New Testament* (1854; reimprimido, Grand Rapids: Associated Publishers y Authors, Inc., sin fecha), 242.
[2] R. C. Sproul, *Willing to Believe: The Controversy Over Free Will* (Grand Rapids: Baker Books, 1997), 73.
[3] Ver página 211.
[4] R. C. Sproul, *Chosen by God* (Wheaton: Tyndale House Publishers, Inc., 1986), 118.
[5] Robert Haldane, *An Exposition of the Epistle of Romans* (1852; reimprimido, McLean, Virginia, McDonald Publishing Company, 1958), 248, 249.
[6] Berkhof, *Systematic Theology*, 536.
[7] Strong, *Systematic Theology*, 536.
[8] Berkhof, *Systematic Theology*, 517-520.
[9] Ibíd., 520.
[10] Ibíd., 518.
[11] Ibíd, 518, 519. Traducido por el Dr. Darrell Holley, profesor de latín del Free Will Baptist Bible College, Nashville, Tennessee.
[12] Ibíd., 519.
[13] John Piper, *The Justification of God* (Grand Rapids: Baker Book House, 1983), 67.
[14] Millard J. Erickson, *Christian Theology*, edición de un solo tomo (Grand Rapids: Baker, 1985), 932.
[15] Ibíd., 933.
[16] Ibíd., 931.
[17] Sproul, *Willing to Believe*, 189-202.
[18] Edward Mote, "The Solid Rock" en *Rejoice: The Free Will Baptist Hymn Book* (Nashville: National Association of Free Will Baptists, 1988), 419.
[19] Forlines, *Romans*, 105.

Capítulo 14

[1] Durante mucho tiempo los que sólo aceptaron el último punto del Calvinismo se han llamado "Calvinistas". Hay la tendencia entre algunos de estos a nombrarse como "arminianos". El hecho es que éstos son más arminianos que calvinistas.
[2] Lewis Sperry Chafer, *Systematic Theology*, tomo 3 (Dallas: Dallas Seminary Press, 1948), 316.
[3] Buswell, *A Systematic Theology*, tomo 2, 145.
[4] Millard J. Erickson, *Teología Sistemática*, 2ª edición, traducción, Beatriz Fernández (CLIE: Viladecavalls Barcelona, España, 1998, 2008), 992-995.
[5] Charles Stanley, *Eternal Security* (Nashville: Thomas Nelson Publishers, 1990), 11, 12.
[6] Ibíd, 92.
[7] M. R. Vincent, *Word Studies in the New Testament*, 2ª edición (1888; reimprimido, Wilmington, Delaware: Associated Publishers and Authors, 1972), 1059.
[8] Stanley, *Eternal Security*, 35.

[9] Forlines, *Romans*, 90-96.

[10] Zane C. Hodges, *The Gospel Under Siege: A Study of Faith and Works* (Dallas: Redención Viva, 1981).

[11] William Wilson Stevens, *Doctrines of the Christian Religion* (Grand Rapids: William B. Eerdmans Publishing Company, 1967), 258.

[12] Buswell, *A Systematic Theology*, tomo 2, 146.

[13] John H. Gerstner, "Perseverance", *Baker's Dictionary of Theology*, 404.

[14] Berkhof, *Systematic Theology*, 404.

[15] Herman Hoeksema, *Reformed Dogmatics* (Grand Rapids: Reformed Free Publishing Co., 1966), 258.

[16] John Henry Thayer, *Thayer's Greek-English Lexicon of the New Testament* (1889; reimprimido, Grand Rapids, Zondervan Publishing House, 1992), 663.

[17] Sobre el uso de arrepentimiento aquí, R. C. Sproul hace una observación interesante. Explica: "Pienso que el pasaje bien puede describir cristianos verdaderos. Para mí, la frase más importante es 'sean otra vez renovados para arrepentimiento'. Sé que hay un tipo de arrepentimiento falso que en otro lugar el autor llama el arrepentimiento de Esaú. Pero aquí habla de una renovación. El nuevo arrepentimiento, si es renovado, debe ser igual al arrepentimiento previo. El arrepentimiento renovado del que habla aquí es, sin duda, genuino. Por tanto, tomo por sentado que el primer arrepentimiento también fue genuino". [R. C. Sproul, *Chosen By God* (Wheaton: Tyndale House Publications, Inc., 1986), 185].

[18] J. D. O'Donnell, *Doctrinas Bautistas Libres*, trad. Steve Lytle y Lázaro Riesgo, (Nashville: Casa Randall de Publicaciones, 2016), 84.

[19] Robert E. Picirilli, *Perseverance* [librito] (Nashville: Randall House Publications, 1973), 20.

[20] I. Howard Marshall, *Kept by the Power of God: A Study of Perseverance and Falling Away* (Minneapolis: Bethany House, 1969), 142.

[21] Ibíd., 146.

[22] Ibíd., 148.

[23] Robert Shank, *Life in the Son: A Study of the Doctrine of Perseverance* (Springfield, MO: Wescott Publishers, 1960), 309.

[24] Ibíd, 328, 329.

[25] Se presentó este estudio en la conferencia de la Southeastern Region of the Evangelical Theological Society, Charlotte, North Carolina, 10 de marzo de 1994. Lo he incluido en el Apéndice 1 porque en este capítulo es imposible prestar la atención adecuada al tema.

[26] Se encontrará una discusión del nombre apropiado de esos pecados en el Apéndice 1.

[27] J. A. Motyer, "Courage, Boldness", en *The International Dictionary of New Testament Theology*, tomo 1, ed. Colin Brown (Grand Rapids: Zondervan Publishing House, 1975), 36.

[28] Millard J. Erickson, *Teología Sistemática*, 2ª edición, trad. Beatriz Fernández (CLIE: Viladecavalls Barcelona, España, 1998, 2008), 1000-1001.

[29] Ibíd., 999-1000.

[30] Shank, *Life in the Son*, 164, 165.

[31] Frecuentemente se refiere a Juan 15:1-8 como "La Parábola de la Enredadera y los Pámpanos". El pasaje más precisamente es una alegoría. Una parábola es un símil extendido, mientras una alegoría es una metáfora extendida. Un símil es una figura retórica introducción con "como" o "igual", como por ejemplo: "rojo como carmesí" o "blanco como la nieve" son símiles. Una parábola es un símil extendido, por ejemplo, "el reino del cielo se como…".

Por el otro lado, una metáfora elimina *como* o *igual*. Por ejemplo, Jesús dijo: "Soy el pan de vida". Cuando distinguimos entre alegorías y parábolas, se ve que el Evangelio de Juan no contiene parábolas, sino sólo alegorías. Dado que una alegoría es una metáfora extendida, las palabras de Jesús: "Soy la vida y vosotros los pámpanos" (Juan 15:5) y Su explicación extendida de esta declaración es una alegoría. La naturaleza de las alegorías exige que se preste más atención a sus detalles que a los de una parábola.

[32] *Palabra de Dios para Todos* (Liga Bíblica, 2015).

[33] Algunos que creen que es posible que una persona salvada pueda dejar de ser un cristiano y estar de nuevo bajo la ira de Dios, objetan al uso de "perder la salvación". Para estas personas les parece como si se dijera que puedes perder sin querer o por accidente perder la salvación. Comprendo su preocupación. No obstante, esta no es la única definición que "perder" puede tener. "Perder algo" simplemente significa que ya no tengo posición del objeto perdido.

El término "perder la salvación" se emplea tan comúnmente que casi es imposible hablar mucho del tema sin emplearlo. Aún si un individuo decide no usarlo, es una expresión que otras personas van a emplear.

[34] Chafer, 316.

[35] Picirilli, *Perseverance*, 22.

[36] Berkhof, *Teología Sistemática*, 657.

[37] Ibíd.

[38] Wayne Grudem, "Perseverance of the Saints: A Case Study from Hebrews 6:4-6 and the Other Warning Passages in Hebrews", en *The Grace of God, the Bondage of the Will*, tomo 1, ed. Thomas R. Schreiner y Bruce A. Ware (Grand Rapids: Baker Books, 1995) 139-150.

[39] Berkhof, *Teología Sistemática*, 656.

[40] Picirilli, *Perseverance*, 25, 26.

[41] Durante los años de 1960-70, Georgi Vinns fue una de las voces más significativas para la libertad religiosa dentro de los Estados Unidos de la Unión Soviética. Esto le costó dos términos en prisión. Él había pasado ocho años en prisión cuando el Presidente Carter de los EE.UU. negoció su libertad en el 1979. Llegó a los Estados Unidos y estableció el Ministerio del Evangelio Ruso (Elkhart, Indiana). El 18 de febrero de 1996, él y su esposa visitaron a una iglesia de la Convención de la Hermandad Bautista Autónoma de Kiev, Ucrania. Antes de estar en la prisión, Vinns fue uno de los pastores de esta iglesia. Fue la primera vez que había visitado a esa iglesia desde que salió de la prisión. Durante un culto de más de tres horas hubo más de mil personas en el edificio. Muchos de esos estuvieron de pie, incluyendo

muchos ancianos, durante todo el culto, mientras muchas otras personas llenaron las aulas del edificio. Georgi Vinns murió, el 11 de enero de 1998, de un tumor celebrar inoperable.

42 A la luz de la enseñanza del Antiguo Testamento sobre los pecados de "mano alta", parece que 1 Juan 3:9 debería comprenderse como decir que un cristiano no puede escoger el pecado como su estilo de vida. Tiene referencia más que a una mera repetición de un pecado. Sería una decisión deliberada para el pecado como el estilo de vida. Hay una diferencia significativa entre la vergüenza de estar derrotado por un pecado y el escoger el pecado como un estilo de vida.

Capítulo 15

1 Mucho de los materiales que aparecen en varios lugares del capítulo fue adaptado de "Observaciones Sobre La Elección" de mi comentario sobre *Romanos*, 232-238.

2 Millard J. Erickson, *Teología Sistemática*, 927.

3 Norman L. Geisler, "Freedom, Free Will, and Determinism", *Evangelical Dictionary of Theology*, 429.

4 J. A. Crabtree, "Does Middle Knowledge Solve the Problem of Divine Sovereignty?", *The Grace of God, the Bondage of the Will*, tomo 2, Thomas R. Schreiner y Brace A. Ware, editores (Grand Rapids: Baker Books, 1995), 429.

5 John S. Feinberg, "God, Freedom, and Evil in Calvinistic Thinking", *The Grace of God, the bondage of the Will*, tomo 2, 463, 464.

6 Gordon H. Clark, *Biblical Predestination* (Filadelfia: Presbyterian and Reformed Publishing Company, 1969), 60.

7 Ibíd, 45.

8 Richard A. Muller, "Grace, Election, and Contingent Choice: Arminians Gambit and the Reformed Choice", *The Grace of God, the Bondage of the Will*, tomo 2, 269-270.

9 Ibíd, 271.

10 Ibíd, 276. Material citado de William Perkins, *A Treatise of God's Free Grace and the Reformed Will* en *Workes*, 1:704, IA, 709.2C-710.IC.

11 Clark, *Biblical Predestination*, 121.

12 R. K. McGregor Wright, *No Place For Sovereignty: What's Wrong with Freewill Theism* (Downers Grove: InterVarsity Press, 1996), 41.

13 Buswell, *Una Teología Sistemática*, tomo 2, 41-48.

14 Ibíd, 48.

15 Loraine Boettner, *The Reformed Doctrine of Predestination* (Filadelfia: The Presbyterian and Reformed Publishing Company, 1969), 78.

16 Ibíd.

17 Ibíd., 222.

18 Ibíd.

19 Feinberg, "God Ordains All Things", *Predestination and Free Will: Four Views of Divine Sovereignty and Human Freedom*, David Basinger y Randall Basinger, editores (Downers Grove: InterVarsity Press, 1986), 24, 25.

[20] Ibíd, 37.

[21] Boettner, *The Reformed Doctrine of Predestination*, 42.

[22] Feinberg, "God Ordains All Things", 32.

[23] Crabtree, "Does Middle Knowledge Solve the Problem of Divine Sovereignty?", *The Grace of God, the Bondage of the Will*, tomo 2, 436.

[24] Buswell, *Una Teología Sistemática*, tomo 1, 43.

[25] Thiessen, *Introductory Lectures* (1949), 344-349.

[26] Henry C. Thiessen, *Introductory Lectures in Systematic Theology*, rev. Vernon D. Doerksen (Grand Rapids: Wm. B. Eerdmans Publishing Company, 1979), 257-262. La única indicación de un cambio de la elección *condicional* del punto de vista de Theissen de la primera edición al punto de vista de la elección *incondicional* en la revisión se encuentra en el "Prefacio a la Edición Revisada". Doerkson explica: "Varias de las porciones de la edición revisada, tales como la inspiración, elección, presciencia, creación, demonios, imputación del pecado y pretribulación, han sido revisadas extensivamente" (p. ix). [Escasamente pienso que una persona que conocía la enseñanza de la elección *condicional* la hubiera reconocido después de leer el tratamiento de la edición revisada que sostiene una elección *incondicional*.]

[27] J. A. Crabtree, "Does Middle Knowledge Solve the Problem of Divine Sovereignty?" *The Grace of God, the Bondage of the Will*, tomo 2, 449, nota de pie 18. (Crabtree llama la atención al hecho de que William Lane Craig se refiere a estos términos. Entonces da una explicación).

[28] Nash, *The Concept of God*, 54.

[29] *Oxford English Dictionary*.

[30] Berkhof, *Teología Sistemática*, 79.

[31] *Merriam Webster's Collegiate Dictionary*, edición 10ª.

[32] Norman Geisler, "God Knows All Things", *Predestination and Free Will: Four Views of Divine Sovereignty and Human Freedom*, ed. David Basinger y Randall Basinger, 76.

[33] Ibíd., 79.

[34] John Miley, *Systematic Theology*, tomo 1 (Nueva York: The Methodist Book Concern, 1894), 273.

[35] Ibíd.

[36] Norman Geisler, "God Knows All Things", *Predestination and Free Will: Four Views of Divine Sovereignty and Human Freedom*, ed. David Basinger y Randall Basinger, 73.

[37] Gordon H. Clark, *Biblical Predestination*, 120.

[38] Miley, *Systematic Theology*, tomo 1, 166-169.

[39] Al terminar con este libro, quiero volver al trabajo en un manuscrito, casi medio terminado, en que uso el título en bruto: "Comprenderse a Sí Mismo y a los Demás".

[40] Clark Pinnock, "From Augustine to Arminius: A Pilgrimage in Theology", *The Grace of God, the Will of Man: A Case for Arminianism*, Clark Pinnock, editor (Grand Rapids: Zondervan Publishing House, 1989), 25.

[41] Ibíd, 26.

[42] Clark Pinnock, "God Limits His Knowledge", *Predestination and Free Will: Four Views of Divine Sovereignty and Human Freedom*, ed. David Basinger y Randall Basinger (Downers Grove: InterVarsity, 1986), 144.

[43] Richard Rice, "Divine Foreknowledge and Free-Will Theism", *The Grace of God, the Will of Man: A Case for Arminianism*, ed. Clark Pinnock, (Grand Rapids: Zondervan Publishing House, 1989), 134.

[44] Ibíd., 135.

[45] Ibíd., 136.

[46] James Arminius, *The Writings of James Arminius*, tomo 3, traducción por James Nicholes (Grand Rapids: Baker Book House, 1956), 66.

[47] Jack Cottrell, "The Nature of the Divine Sovereignty", *The Grace of God, the Will of Man: A Case for Arminianism*, ed. Clark Pinnock, 111.

[48] Cottrell, "Conditional Election", *Grace Unlimited*, ed. Clark Pinnock, (Minneapolis: Bethany House, 1975), 59.

[49] Ibíd., 60.

[50] Robert E. Picirilli, manuscrito no publicado, *God's Decrees, Our Faith: Calvinism, Arminianism, and the Theology of Salvation*. (Al tiempo de este libro, Picirilli es Decano Asociado en Free Will Baptist Bible College. Durante años él fue el decano académico. Ha enseñado los Escritos Paulinos, Griego, Filosofía y Calvinismo y Arminianismo.) El material citado aquí puede encontrarse en "Capítulo 3: La Doctrina Arminiana Clásica de Predestinación", bajo "Áreas de Desacuerdo", bajo el sub-punto "La Relación entre certeza, contingencia y necesidad".

[51] William Lane Craig, *The Only Wise God: The Compatibility of Divine Foreknowledge and Human Freedom* (Grand Rapids: Baker Book House, 1987), 37.

[52] Feinberg, "God Ordains All Things", 24, 25.

[53] Feinberg, "God, Freedom, and Evil in Calvinistic Thinking", *The Grace of God, The Bondage of the Will*, tomo 2, 463, 464.

[54] Ibíd., 460.

[55] Ibíd., 451.

[56] Picirilli, *God's Decrees, Our Faith*, "Capítulo 3: "La Doctrina Arminiana Clásica de Predestinación", bajo "Áreas de Desacuerdo", bajo el sub-punto "An emphasis on the nature of man as personal".

[57] Richard Muller, "Grace, Election, and Contingent Choice", *Arminius' Gambit and the Reformed Response, The Grace of God, the Bondage of the Will*, tomo 2, 271.

[58] Ibíd., 277-278.

[59] Ver "God is Infinite en Relation to Time", páginas 90-93.

[60] Geisler, "God Knows All Things", *Predestination and Free Will: Four Views of Divine Sovereignty and Human Freedom*, editores David Basinger y Randall Basinger, 73.

[61] Arminius, *The Writings of James Arminius*, tomo 3, 66.

[62] William Lane Craig, "Middle Knowledge: A Calvinist-Arminian Rapprochement", *A Case for Arminianism: The Grace of God, the Will of Man*, ed. Clark Pinnock (Grand Rapids: Zondervan Publishing House, 1989) 141.

[63] Ibíd., 141-142.

[64] Craig, *The Only Wise God: The Compatibility of Divine Foreknowledge and Human Freedom* (Grand Rapids: Baker Book House, 1987), 131.
[65] Ibíd., 129.
[66] Craig, "Middle Knowledge: A Calvinistic-Arminian Rapprochement", 147.
[67] Ibíd., 130-131.
[68] Craig, *The Only Wise God*, 129.
[69] Arminius, *The Writings of James Arminius*, 66.
[70] Buswell, *A Systematic Theology*, tomo 1, 60.
[71] Berkhof, *Systematic Theology*, 67.
[72] Ibíd., 60.
[73] Picirilli, *God's Decrees, Our Faith*, "Capítulo 3: "La Doctrina Arminiana Clásica de Predestinación", bajo "Áreas de Desacuerdo", bajo el sub-punto "1. The relationship between certainty, contingency, and necessity".
[74] Ibíd.
[75] Ibíd., El sub-punto "b" bajo "1. The relationship between certainty, contingency, and necessity".
[76] Ibíd., El sub-punto "c".
[77] Ibíd.
[78] Ibíd.
[79] Cottrell, "The Nature of the Divine Sovereignty", *The Grace of God, the Will of Man: A Case for Arminianism*, Clark Pinnock editor, 111.
[80] Berkhof, *Systematic Theology*, 536.
[81] Shedd, *Dogmatic Theology*, tomo 1 (1888, reimprimido, Nashville: Thomas Nelson Publishers, 1980), 406.
[82] Thiessen, *Introductory Lectures* (1949), 344.

Capítulo 16

[1] En este trato de Romanos 9, me apoyo mucho en una investigación que escribí con el título: "La Elección de Romanos 9: ¿Condicional o Incondicional?" Para este ensayo hice uso mucho del comentario que escribí sobre Romanos. Leí ese ensayo en la conferencia del Southeastern Regional de la Evangelical Theological Society en la Universidad de Temple, Chattanooga, Tennessee (1997). En ese ensayo hice uso de la versión inglesa NASV. Me es más conveniente hacer uso de esta versión en este capítulo actual sobre Romanos 9.
[2] Forlines, *Romans*.
[3] Robert Haldane, *An Exposition of the Epistle to the Romans* (Londres, 1952; reimprimido, McLean, Virginia: MacDonald Publishing Co., 1958), 467.
[4] Everett F.. Harrison, *Romans* in *The Expositor's Bible Commentary*, tomo 10 (Grand Rapids: Zondervan Publishing House, 1976), 106.
[5] William S. Plumer, *Commentary on Romans* (Nuevo York: Anson D. F. Randolph & Co., 1879, reimprimido, Grand Rapids: Kregel Publications, 1979), 473.

[6] Shedd, *A Critical and Doctrinal Commentary on the Epistle of St. Paul to the Romans* (Charles Scribners, 1879; reimprimido, Grand Rapids: Zondervan Publishing House, 1976), 288.

[7] John Piper, *The Justification of God: An Exegetical Study of Romans 9:1-23* (Grand Rapids: Baker Book House, 1983), 100.

[8] Adam Clark, *The New Testament of Our Lord and Savior Jesus Christ*, tomo VI: *Romans-Revelation* (T. Mason & G. Lane, 1837; reimprimido, Nashville: Abingdon-Cokesbury Press, sin fecha), 111-112.

[9] F. L. Godet, *Commentary on the Epistle to the Romans*, trad. A. Cusin (Funk and Wagnall, 1883; reimprimido, Grand Rapids: Zondervan Publishing House, 1956), 350-51.

[10] William Sanday y Arthur C. Headlam, *A Critical and Exegetical Commentary on the Epistle to the Romans*, in *The International Critical Commentary* edición 5, ed. S. R. Driver, A. Plummer y C. A. Biggs (1895; reimprimido, Edinburgo: T. & T. Clark, 1960), 245

[11] Shedd, *Commentary on Romans*, 285.

[12] Hodge, *Commentary on Romans*, 306-307, 312.

[13] William Hendrikson, *New Testament Commentary, Exposition of Paul's Epistle to the Romans* (Grand Rapids: Baker Book House, 1982), 323, 24.

[14] John Murray, *The Epistle to the Romans*, tomo 2, in *The New International Commentary on the New Testament*, ed. F. F. Bruce (Grand Rapids: William B. Eerdmans Publishing Co., 1982), 15-19.

[15] Piper, *Study of Romanos 9:1-23*, 48-52.

[16] 2 Esdras en *The Apocrypha of the Old Testament*, Revised Standard Version (Nueva York: Thomas Nelson and Sons, 1957), 23. [Traducción al español por R. Callaway.]

[17] En la investigación para mi comentario sobre Romanos, visité un rabino judío ortodoxo. Le dije: "Cuando estudio sobre los puntos de vista judíos de la salvación, saco la idea de que creen que cuando Dios llamó a Abraham que Él salvó incondicionalmente a todos los judíos". Él me dijo: "Sí". Entonces, le dije: "También me parece que los judíos creen que la salvación es por las obras". Me replicó: "Sí". Esa contradicción aparente no le parece molestar en nada.

[18] E. P. Sanders, *Paul and Palestinian Judaism* (Filadelfia: Fortress Press: 1977), 120.

[19] Charles Hodge, *Commentary on the Epistle to the Romans* (1835; reimprimido de la edición revisada de 1886, Grand Rapids: William B. Eerdmans, 1982), 70, 71.

[20] Douglas J. Moo, *The Epistle to the Romans* in *The New International Commentary on the New Testament*, ed. Gordon D. Fee (Grand Rapids: William B. Eerdmans Publishing Company, 1996), 573.

[21] Hodge, *Romans*, 46, 47.

[22] "Resurrection" en *The Jewish Encyclopedia*, tomo 10, ed. Isidore Singer (Funk and Wagnalls, 1907; reimprimido Ktav Publishing House, Inc., 1964).

[23] Phillip Birnbaum, *A Book of Jewish Concepts* (Nueva York: Hebrew Publishing Co., 1964), 609, 610.

[24] Sanders, *Paul and Palestinian Judaism*, 180.

[25] Ibíd., 75. Ve también 236.
[26] Ibíd., 147.
[27] Ibíd., 33-59.
[28] Forlines, *Romans*, 175, 174.
[29] Ibíd., 249.
[30] Piper, *Study of Romans, 9.1-23*, 33.
[31] Ibíd. 246-255, 450-451.
[32] Ibíd., 44.
[33] Pienso que mi trato del "Punto de Vista de la Justificación Según la Satisfacción Penal de la Expiación" del capítulo 11 (páginas 255-260) demuestra que nadie puede culparme de exponer una salvación basada en las obras. Creo que he demostrado en el capítulo 15, bajo el subtítulo "Una Respuesta a la Tercera Suposición del Calvinismo" (página 450), que una persona puede creer en la elección condición sin basarse en las obras.
[34] Ve mi tratado de la fe salvífica bajo el título "La Cuestión del Sinergismo", Capítulo 13 (página 346).
[35] Piper, *Study of Romans 9.1-12*, 100.
[36] M. R. Vincent, *Word Studies in the New Testament*, edición 2 (Nuevo York, 1888; reimprimido en Wilmington, Delaware: Associated Publishers and Authors, 1972), 732.
[37] R. C. H. Lenski, *The Interpretation of St. Paul's Epistle to the Romans* (Minneapolis: Augsburg Publishing House, 1961), 606, 607. En el libro se ve la palabra *justicia* más bien que *injusticia*, pero del texto es obvio que Lenski quería decir *injusticia.*
[38] Ver H. P. Liddon, *Explanatory Analysis of St. Paul's Epistle to the Romans* (1892; reimprimido, Grand Rapids: Zondervan Publishing House, 1961) 162-63. Ve también Shedd, *Commentary on Romans*, 289.
[39] Robert Picirilli, *The Book of Romans* (Nashville: Randall House Publications, 1975), 183.
[40] Thomas R. Schreiner, "Does Romanos 9 Teach Individual Election unto Salvation?" en *The Grace of God, the Bondage of the Will*, tomo 1, ed. Thomas R. Schreiner y Bruce A. Ware (Grand Rapids: Baker Books, 1994), 99.
[41] Piper, *Study of Romans 1.1-23*, 133-34.
[42] Ibíd., 137.
[43] Hendriksen, *Commentary of Romans*, 326.
[44] Piper, 159.
[45] Ibíd, 274
[46] John Brown, *Analytical Exposition of the Epistle of Paul the Apostle to the Romans* (Robert Carter and Brothers, 1857; reimprimido, Grand Rapids: Baker Book House, 1981), 338.
[47] Forlines, *Romans*, 275-279.
[48] Ralph Earle, *Word Meanings in the New Testament*, tomo 3, Romans (Kansas City: Beacon Hill Press, 1974), 191.

[49] Henry C. Thiessen, *Introductory Lectures in Systematic Theology* (Grand Rapids, William B. Eerdmans Publishing Company, 1949), 129.

[50] Shedd, *Romans*, 298.

[51] Harrison, *Romans* en *The Expositor's Bible Commentary*, tomo 10, 107.

[52] Hodge, *Commentary on the Epistle to the Romans*, 321.

[53] Murray, *The Epistle to the Romans*, tomo 2, 36.

[54] Shedd, *Romans*, 299.

[55] Piper, *Study in Romans 9.1-23*, 194.

[56] Picirilli, *The Book of Romans*, 187.

[57] Lenski, *Romans*, 627.

[58] Forlines, *Romans*, 239-241.

[59] F. F. Bruce, *The Epistle of Paul to the Romans, Tyndale New Testament Commentaries* (Grand Rapids: William B. Eerdmans Publishing Co., 1963), 177.

[60] Hendriksen, *Exposition of Paul's Epistle to the Romans*, 285.

[61] August Wilhelm Meyer, *Meyer's Commentary on the New Testament*, tomo 10, *Critical and Exegetical Handbook to the Epistle to the Romans*, ed. Timothy Dwight, trad. y ed. William F. Dickson (T & T Clark, 1883; reimprimido, Winona Lake, Indiana, Alpha Greek Publications, 1980), 377.

[62] Murray, *The Epistle to the Romans*, tomo 1, 320.

[63] Godet, *Commentary on the Epistle to the Romans*, 327.

[64] Bruce, *The Epistle of Paul to the Romans*, 178.

[65] John Wesley, *Explanatory Notes Upon the New Testament*, tomo 2 (reimprimido, Grand Rapids: Baker Book House, 1981), páginas sin número.

[66] Robert W. Yarbrough, "Divine Election in the Gospel of John," *The Grace of god, The Bondage of the Will*, 69.

[67] Ver mi discusión en la página 346.

[68] Yarbrough, "Divine Election in the Gospel of John", 47.

[69] Ibíd.

[70] Ibíd., 47, 48.

[71] Parece que algunos de los judíos creían que era posible que si una persona pudiera repudiar su fe judía y hacerse apóstata. Es posible que algunos judíos trataban de decir que Jesús fue un apóstata (ver Mateo 12:24; 26:65; Marcos 3:22; 14:62-64; Lucas 11:15; Juan 8:48).

[72] Yarbrough, 47.

[73] Ibíd., 47, 48.

[74] Ibíd., 50, nota de pie 10.

[75] Ve F. F. Bruce, *Commentary on the Book of Acts* (Grand Rapids: William B. Eerdmans, 1955), 63, 64 para los requisitos de hacerse prosélito judío.

[76] Ibíd., 216.

Chapter 17

[1] Ve el Capítulo 15 bajo "El Conocimiento Previo de las Decisiones y los Actos Libres Humanos No se Basa en el Papel de un Espectador" (página 443).

[2] Paul Jacobs y Hartmut Krienke, "Foreknowledge, Providence, Predestination,", en *The International Dictionary of New Testament Theology*, tomo 1, Colin Brown, ed., traducido del alemán *Theologisches Begriffslexikon Zum Neuen Testament*, 1967-1971 (Grand Rapids: Zondervan Publishing House, 1975), 692-693.

[3] *Theological Dictionary of the New Testament*, tomo 1, Gerhard Kittle, ed. alemán, Geoffrey W. Bromiley, traductor y editor de *Theologisches Wörterbuch Zum Neuen Testament*, 1933-1973 (Grand Rapids: William B. Eerdmans Publishing Company, 1964-1974), 716.

[4] http://www.ecatolico.com/biblia/18_biblia_libro_judit.htm (16 de enero de 2021).

[5] Forlines, *Romans*, 236.

[6] Heinrich August Wilhelm Meyer, *Critical and Exegetical Hand-Book to the Epistle to the Romans,* 5ª edición, John C. Moore, B. A. y Edwin Johnson, traductores; William P. Dickson, ed.; Timothy Dwight, ed. norteamericano; *Meyers Commentary on the New Testament*, tomo 5 (Clark, 1884; reimprimido, Winona Lake: Alpha Publications, 1979), 337

[7] Godet, Frédéric Louis, *Commentary on the Epistle to the Romans*, A. Cusin, traductor (Funk y Wagnalls, 1883; reimprimido en Grand Rapids: Zondervan Publishing House, sin fecha), 325.

[8] Lenski, *Romans*, 557.

[9] Ibíd, 562.

[10] Ver el capítulo 16 bajo "Las Ocurrencias de la Palabra *Eklegomai*" (página 506).

[11] Thomas R. Schreiner, "Does Romanos 9 Teach Individual Election unto Salvation?" en *The Grace of God, the Bondage of the Will*, tomo 1, Thomas R. Schreiner and Bruce A. Ware, eds. (Grand Rapids: Baker Books, 1995), 99.

[12] Ve el capítulo 15 bajo "El Orden de los Decretos en el Calvinismo" (página 412).

[13] James Arminius, *The Writings of James Arminius*, tomo 3, 314.

[14] Ibíd., 315.

[15] Ve los commentaries en el Capítulo 13 bajo "Una Inconsistencia en el Calvinismo" (páginas 346-349) y "La Pregunta de la Gracia Soberana (346-349, 349-350)

[16] Arminius, *The Writings of James Arminius*, tomo 3, 314.

[17] Ibíd., 315.

[18] Ve la discusión del capítulo 11 bajo el título: "La Base de la Justificación" (255-256).

[19] Forlines, *Romans*, 239.

[20] Capítulo 15, página 402.

[21] Henry C. Thiessen, *Introductory Lectures in Systematic Theology* (Grand Rapids: William B. Eerdmans, 1949), 344.

[22] Strong, *Systematic Theology*, 771-773.

[23] Millard Erickson, *Teología Sistemática*, Beatriz Fernández, traductora (Viladecavallis, Barcelona: CLIE, 2008). Para los lectores que querrían una defensa más completa de

la expiación ilimitada que expongo aquí, recomiendo el tratamiento de Erickson.

[24] Thiessen, *Introductory Lectures in Systematic Theology*, 329-330.

[25] De Robert Picirilli, *God's Decrees, Our Faith*, ver el capítulo 15 "Argumentos Calvinistas a Favor de la Expiación Limitada", capítulo 6 "Argumentos a Favor de la Expiación Universal" y capítulo 7 "Evidencia del Nuevo Testamento para la Expiación Universal" (no publicado).

[26] Ver el capítulo 11 bajo "La Salvación Universal o la Expiación Universal, un Resultado Necesario", y "Pago Doble con Respecto a los Pecadores que Van al Infierno" (página 276-277).

[27] Berkhof, *Systematic Theology*, 393.

Capítulo 17

[1] Ve el Capítulo 15 bajo "El Conocimiento Previo de las Decisiones y los Actos Libres Humanos No se Basa en el Papel de un Espectador" (página 443).

[2] Paul Jacobs y Hartmut Krienke, "Foreknowledge, Providence, Predestination,", en *The International Dictionary of New Testament Theology*, tomo 1, Colin Brown, ed., traducido del alemán *Theologisches Begriffslexikon Zum Neuen Testament*, 1967-1971 (Grand Rapids: Zondervan Publishing House, 1975), 692-693.

[3] *Theological Dictionary of the New Testament*, tomo 1, Gerhard Kittle, ed. alemán, Geoffrey W. Bromiley, traductor y editor de *Theologisches Wörterbuch Zum Neuen Testament*, 1933-1973 (Grand Rapids: William B. Eerdmans Publishing Company, 1964-1974), 716.

[4] http://www.ecatolico.com/biblia/18_biblia_libro_judit.htm (16 de enero de 2021).

[5] Forlines, *Romans*, 236.

[6] Heinrich August Wilhelm Meyer, *Critical and Exegetical Hand-Book to the Epistle to the Romans,* 5ª edición, John C. Moore, B. A. y Edwin Johnson, traductores; William P. Dickson, ed.; Timothy Dwight, ed. norteamericano; *Meyers Commentary on the New Testament*, tomo 5 (Clark, 1884; reimprimido, Winona Lake: Alpha Publications, 1979), 337

[7] Godet, Frédéric Louis, *Commentary on the Epistle to the Romans*, A. Cusin, traductor (Funk y Wagnalls, 1883; reimprimido en Grand Rapids: Zondervan Publishing House, sin fecha), 325.

[8] Lenski, *Romans*, 557.

[9] Ibíd, 562.

[10] Ver el capítulo 16 bajo "Las Ocurrencias de la Palabra *Eklegomai*" (página ??).

[11] Thomas R. Schreiner, "Does Romanos 9 Teach Individual Election unto Salvation?" en *The Grace of God, the Bondage of the Will*, tomo 1, Thomas R. Schreiner and Bruce A. Ware, eds. (Grand Rapids: Baker Books, 1995), 99.

[12] Ve el capítulo 15 bajo "El Orden de los Decretos en el Calvinismo" (página 402).

[13] James Arminius, *The Writings of James Arminius*, tomo 3, 314.

[14] Ibíd., 315.

[15] Ve los commentaries en el Capítulo 13 bajo "Una Inconsistencia en el Calvinismo"

(páginas 346-349) y "La Pregunta de la Gracia Soberana (páginas ??)
[16] Arminius, *The Writings of James Arminius*, tomo 3, 314.
[17] Ibíd., 315.
[18] Ve la discusión del capítulo 11 bajo el título: "La Base de la Justificación" (páginas 255-256).
[19] Forlines, *Romans*, 239.
[20] Capítulo 15.
[21] Henry C. Thiessen, *Introductory Lectures in Systematic Theology* (Grand Rapids: William B. Eerdmans, 1949), 344.
[22] Strong, *Systematic Theology*, 771-773.
[23] Millard Erickson, *Teología Sistemática*, Beatriz Fernández, traductora (Viladecavallis, Barcelona: CLIE, 2008). Para los lectores que querrían una defensa más completa de la expiación ilimitada que expongo aquí, recomiendo el tratamiento de Erickson.
[24] Thiessen, *Introductory Lectures in Systematic Theology*, 329-330.
[25] De Robert Picirilli, *God's Decrees, Our Faith*, ver el capítulo 15 "Argumentos Calvinistas a Favor de la Expiación Limitada", capítulo 6 "Argumentos a Favor de la Expiación Universal" y capítulo 7 "Evidencia del Nuevo Testamento para la Expiación Universal" (no publicado).
[26] Ver el capítulo 11 bajo "La Salvación Universal o la Expiación Universal, un Resultado Necesario", y "Pago Doble con Respecto a los Pecadores que Van al Infierno" (páginas 276-277 ??).
[27] Berkhof, *Systematic Theology*, 393.

Capítulo 18

[1] Robert H. Bork, *Slouching Towards Gomorrah: Modern Liberalism and American Decline* (Nuevo York: Harper Collins Publishers, Inc., 1996), 6.
[2] Ve Apéndice 2, página 645.
[3] Paul R. Gross, Norman Levill y Martin W. Lewis, editores, *The Flight From Science and Reason* (Baltimore: John Hopkins Press, 1996 por La Académica de Ciencias de Nuevo York), 518, 519.
[4] William Bennett, *The Death of Outrage, Bill Clinton and the Assault on American Ideals* (Nuevo York: The Free Press, 1998)
[5] Origen, *Commentarii* citado por Thomas Oden, "Without Escuse: Classic Christian Exegesis of General Revelation", en el *Journal of the Evangelical Theological Society*, tomo 41, número 1 (marzo de 1998), 55, 67, 68.
[6] Lawrence J. Crabb, Jr., *Understanding People* (Grand Rapids: Zondervan Publishing House, 1987), 9, 10.
[7] Ibíd., 52.
[8] En los primeros párrafos de este capítulo, mencioné algunos cuadros británicos de los 1990 que mi esposa y yo vimos en un museo de San Petersburgo, Rusia. Uno de los cuadros se titula "Abandonado".
[9] Antes de mi decisión a escribir este libro, había escrito quince capítulos sobre el tema

de comprender y ayudar a la gente. Decidí dar una prioridad a terminar con *Búsqueda de la Verdad*, pero mi próximo proyecto de libro será sobre el tema de comprender y ayudar a las personas.

[10] He tratado con estos temas en el capítulo tres, bajo "La Revelación General".

[11] Wells, *No Place for Truth*, 80.

[12] Ibíd, 86.

[13] Chuck Colson, "Can We Be Good Without God?" *Imprimis*, abril de 1993, tomo 22, número 4. Reimprimido con permiso de *Imprimis*, la revista mensual de Hillsdale College, Hillsdale, Michigan.

Apéndice 1

[1] He examinado muchos comentarios sobre Levítico, Números, Salmos, Lucas, Hechos, 1 Corintios, 1 Timoteo y Hebreos. Casi los únicos estudios de este género de la biblioteca de Free Will Baptist Bible College que no consulté fueron los generales en naturaleza. He llamado la atención a los comentarios más significativos en cuanto al tema. La gran mayoría de los comentarios del Nuevo Testamento mantienen silencio sobre el tema. No encontré a nadie que haya desarrollado el significado actual de los pecados de ignorancia y de los pecados presuntuosos además de algunas frases exegéticas sobre los textos.
Este ensayo fue presentado en la reunión de la Southeastern Region of the Evangelical Theological Society, en su reunión en el Evangelical Southern Seminary, Charlotte, Carolina del Norte, 10 de marzo de 1995. Se incluye en este libro debido a la importancia de notar la diferencia entre los pecados presuntuosos y los pecados de ignorancia en relación a la doctrina de la perseverancia. Esto es particularmente verdad con referencia al pecado obstinado de Hebreos 20:36.

[2] Sir Lancelot C. L. Brenton, *The Septuagint Version: Greek and English* (1844, Apocrypha, añadido 1851; reimprimido por Zondervan Publishing House, Grand Rapids, 1981).

[3] William S. Plumer, *Psalms* en *The Geneva Series of Commentaries* (1867; Edimburgo: The Banner of Truth, 1978), 260.

[4] Mitchell Dahood, *Psalms I, 1-50, The Anchor Bible*, tomo 16, William Foxwell Albright y David Noel Freedman, editores generales (Garden City: Doubleday y Company, 1966), 124.

[5] Archdeacon Aglen, *The Psalms in Ellicott's Commentary on the Whole Bible*, tomo 4, ed. Charles John Ellicott, (1882-1884; reimprimido por Zondervan Publishing House, Grand Rapids, sin fecha), 115.

[6] Peter C. Craigie, *Psalms 1-50*, ed. John D. W. Watts, *Word Biblical Commentary*, tomo 19, David A. Hubbard y Glenn W. Barker, editores principales (Waco: Word Book, Editorial, 1983), 178.

[7] Ibíd, 182.

[8] Karl Bernhard Moll, *Psalms in Commentary on the Holy Scriptures*, tomo 9, John Peter Lange, editor del alemán: Philip Schaff, traductor al inglés (Nuevo York: Bible House,

1872; reimprimido Grand Rapids: Zondervan Publishing House, sin fecha), 154.

[9] Oehler, *Theology of the Old Testament*, 300-301.

[10] Patrick Fairbairn, *The Typology of Scripture*, edición nueva, 1900, tomo 2 (Edinburgo, 1945-47; reimprimido Grand Rapids: Zondervan Publishing House, sin fecha), 285-286.

[11] Walter C. Kaiser, Jr., *Toward Rediscovering the Old Testament* (Grand Rapids: Zondervan Publishing House, 1987), 131-132.

[12] Timothy R. Ashley, *The Book of Numbers, The New International Commentary on the Old Testament*. ed. R. K. Harrison, (Grand Rapids: Eerdmans Publishing Company, 1993), 288.

[13] Hay una question en cuanto a si esto formaba parte del texto original. No obstante, los eruditos que son conscientes del pueblo suelen dejarlo con una palabra de explicación. Aún si pudiera construir un caso en contra de la autenticidad de estas palabras como perteneciendo al texto original, no destruye su significado para nuestro tema. Si alguien lo insertó más tarde, la persona que lo habría hecho con el reconocimiento de su conexión con los pecados de ignorancia del Antiguo Testamento. También bien se ha establecido en otros pasajes bíblicos que la crucifixión de Jesús por los judíos y sus gobernantes fue considerada como un pecado de ignorancia (Hechos 3:17; 13:27; y 1 Corintios 2:8).

[14] Craig A. Evans, *Luke, New International Biblical Commentary*, ed. W. Ward Gasque, (Peabody, Massachusetts : Hendrickson Publishers, 1990), 340-341.

[15] I. Howard Marshall, *The Gospel of Luke, The New International Greek Testament Commentary*, ed. I. Howard Marshall y W. Ward Gasque, (Grand Rapids: Eerdmans Publishing Company, 1978), 867.

[16] John B. Polhil, *Acts, The American Commentary*, tomo 26, David S. Dockery, ed. (Nashville: Broadman, 1992), 133. David John Williams, *Acts, New International Biblical Commentary*, ed. W. Ward Gasque, (Peabody, Massachusetts: Hendrickson Publishers, 1988), 51.

[17] Gordon D. Fee, *1 and 2 Timothy, Titus, New International Biblical Commentary of the New Testament*, W. Ward Gasque, ed. (Peabody, Massachusetts: Hendrickson Publishers, 1988), 51.

Thomas D. Lea y Hayne P. Griffin, Jr., *1, 2 Timothy, Titus*, tomo 34, David S. Dockery, ed. (Nashville: Broadman Press, 1992), 73-74. Homer A. Kent, *The Pastoral Epistles* (Chicago: Moody Press, 1958), 91.

[18] Puede que sea útil tener en mente estas observaciones al analizar el significado de *agnoia* en Hechos 17:30; Efesios 4:18 y 1 Pedro 1:14)

[19] J. A. Motyer, "coraje, audacia", *The New International Dictionary of New Testament Theology*, tomo 1, ed. Colin Brown, (Grand Rapids: Zondervan Publishing House, 1975), 364-365.

[20] Paul Ellingworth, *The Epistle to the Hebrews, New International Greek Commentary* (Grand Rapids: Eerdmans Publishing Company, 1993), 531.

[21] Ibíd, 276

[22] Fairbairn, *The Typology of Scripture*, tomo 2, 286.

23 Henry George Lidell y Robert Scott, *A Greek-English Lexicon* (1813; Oxford, Claredon Press, 1958), 514.

24 Podemos pensar que a veces cuando leemos de otras referencias del Antiguo Testamento que se refieren a pecados presuntuosos, pero Números 15:30 y el Salmo 19:13 son textos definitivos. Todo lo que pensemos sobre otros textos en cuanto a pecados presuntuosos sería una aplicación de lo que aprendemos de estos dos textos.

25 Simon J. Kistemaker, *Exposition of The Epistle to the Hebrews, New Testament Commentary* (Grand Rapids: Baker Book House, 1984), 293.

26 Kaiser, *Toward Rediscovering the Old Testament*, 132.

27 Albert Barnes, *Hebrews, Notes on the New Testament* (1884-1885; Grand Rapids: Baker, 1983).

28 Donald Guthrie, *The Letter of the Hebrews*, ed. Leon Morris, (Grand Rapids: Eerdmans Publishing Company, 1983), 217.

29 Ellingworth, *The Epistle to the Hebrews*, 532.

30 Lea y Griffin, *2 Timothy, Titus*, 74.

31 Merrill C. Tenney, *Galatians: The Character of Christian Liberty* (Grand Rapids: William B. Eardmans), 150 nota de pie 128.

32 Andrew E. Hill explica, "La LXXX lee *zēd* incorrectamente por *zēd* en la MT, traduciendo *allotrios* 'extranjero, forastero, enemigo.'" Dr Andrew E. Hill, *Malachi*, The Anchor Bible (New York: Doubleday, 1998), 335.

33 Parace que la LXX estaba leyendo el hebreo igual en Malaquias 4:1 (hebreo, 3:19) como fue notado por Hill en la nota 32. Como *allotrois* ye *allogenēs* vienen de una palabra hebrea distinta, no debemos entender que *zēd* se puede entender como "extranjero" o "forastero".

Apéndice 2

1 Leí un ensayo titulado "Legalismo en el Libro de Gálatas" en la reunión de la Region Sureña de la Sociedad de Teología Evangélica en Kentucky del Oeste. Bowling Green, Kentucky alrededor de 1980. Este ensayo fue acortado y editado para un artículo en Dimension, tomo 1, n. 3 (Invierno 1984–85), publicado por Free Will Baptist Bible College, Nashville, Tennessee. Modifiqué este artículo un poco para incluirlo en este apéndice.

2 Henry Alford, Galatians, *Alford's Greek Testament*, tomo 3, (1871; reimpimido en Grand Rapids: Baker Book House, 1980, 36.

3 Ernest Dewitt Burton, *A Critical and Exegetical Commentary on the Epistle to the Galatians* (1921; reimprimido en Edinburgh: T. and T. Clark, 1959), 198.

4 John Eadie, *Commentary on the Greek Text of the Epistle of Paul to the Galatians* (1869, Edinburgh, T. & T. Clark, 1894, reimprimido en Grand Rapids: Zondervan, sin fecha), 279.

5 William Hendriksen, *New Testament Commentary: Exposition of Paul's Epistle to the Galatians* (Grand Rapids: Baker Book House, 1981), 146.

6 Archibald Thomas Robertson, *Word Pictures in the New Testament*, tomo 4 (Nashville: